2025

개정판

헌법의 이해

허　　　영

박영사

개정판을 내면서

작년 7월에 처음 나온 이 책은 독자들의 큰 사랑을 받아 9월에 중판을 찍었는데 1년 만에 개정판을 내게 되었다.

이 개정판에서는 그동안 새로 나온 헌법재판소와 대법원의 판례를 모두 추가하면서 판례색인도 만들었다. 부분적으로 책 내용도 보완해서 독자들이 더 이해하기 쉽게 했다. 간혹 발견한 오탈자도 바로잡았다.

지난 1년은 우리 헌정사에서 한 번도 경험한 적이 없는 격랑의 시기였다. 22대 국회를 완전히 장악한 거대 야당 민주당은 고위 공직자와 검사에 대해 29회 탄핵을 발의했으며 예산안을 단독 삭감·의결하고 여당인 국민의 힘과 아무런 협의 없이 위헌성의 법률안을 무더기로 단독 의결하는 등 다수결 원리를 악용했다.

이것이 한 계기가 된 작년 12월 3일 느닷없는 윤석열 대통령의 비상계엄 선포 후 우리 헌정질서는 헌정사상 가장 큰 격랑을 겪었다. 비상계엄을 선포한 윤 대통령에 대해 내란죄 혐의로 발의된 1차 탄핵소추안은 12월 7일 국회의 표결에서 의결정족수 부족으로 사실상 부결되었다. 12월 12일 국회에서 발의한 두 번째 탄핵소추안은 12월 14일 204인의 찬성으로 가결되어 윤 대통령은 국회에서 탄핵소추 되었다.

그 후 탄핵 찬반 집회가 이어지는 가운데 헌정사상 처음으로 현직 대통령이 체포·구속되었다가 위법한 체포·구속이라는 법원의 결정으로 석방되었다. 내란죄 형사재판은 아직도 진행 중이다. 헌법재판소의 탄핵 심판은 그 절차상 10여 가지의 위법 사항으로 학계와 법조계의 많은 비판을 받으면서도 헌법재판소는 그에 개의치 않고 올해 4월 4일 윤석열 대통령을 탄핵 파면했다. 최근 8년 안에 일어난 우리 헌정사상 두 번째 대통령의 탄핵 파면이다.

이런 과정을 겪는 동안 많은 헌법적인 문제가 제기되었다. 대통령 권한대행의 직무 범위, 대통령 권한을 대행하는 국무총리에 대한 탄핵소추의 의결정족수, 대통령의 공무원 임명권에도 불구하고 야당이 국회의 이름으로 추천한 헌법재판관 후보자는 무조건 임명해야 하는가 등이 그 대표적인 사례였다.

지난 6월 3일 실시한 제21대 대통령 보궐선거에서 민주당의 이재명 후보가 국민의 힘 김문수 후보를 누르고 대통령에 당선되었다. 우리 헌정사는 물론 세계 헌정사상 처음으로 다섯 건의 재판을 받고 있던 형사피고인이 대통령에 당선되었다. 그에 따라 대통령의 형사상 소추 특권을 정한 헌법 제84조와 헌법 제68조 제2항의 해석에 대한 다수 학자의 입장과는 달리 법원은 헌법 제68조 제2항은 무시한 채 헌법 제84조를 근거로 이재명 대통령에 대한 재판을 중단했다. 삼권 분립에 따른 사법권의 독립을 법원 스스로 무너뜨리고 정치권력에 굴종했다는 강한 비판을 받고 있다.

우리가 겪고 있는 이런 헌정사의 격랑 속에서 제기되는 많은 헌법적인 문제는 정치 논리가 아닌 헌법원리와 헌법의 규범 속에서 답을 찾아야 한다. 헌법은 정치생활을 이끌어가는 최고규범이기 때문이다. 헌법에 대한 올바른 이해가 그 어느 때보다 중요한 이유이다.

2025. 7.
저자 허영

머 리 말

[**출판의 동기**] 저자가 쓴 '한국헌법론'은 47판으로 이어오는 동안 독자들의 꾸준한 사랑을 받고 있다. 그러나 내용이 너무 어려워 이해하기 쉽지 않다는 말을 많이 들었다. 쉽고 책의 부피도 줄여서 출간해 달라는 요청을 직간접으로 많이 받았다. 이러한 독자들의 요청에 호응하는 책을 펴내기로 마음먹고 이 책을 집필했다.

[**집필의 방향**] 이 책은 독자들의 사랑을 받는 저자의 '한국헌법론'의 내용 중에서 기초적이고 핵심적인 중요한 주제를 빠짐없이 쉽게 요약했다. 헌법에서 꼭 알아야 할 헌법철학의 주제도 핵심만 쉽게 설명했다. 그래서 심화학습을 위한 문헌 소개의 각주는 모두 생략했다. 관련 출처나 문헌에 관심이 있는 독자는 저자의 '한국헌법론'을 보면 될 것이다.

[**헌법 판례**] 헌법은 국민의 일상생활 속에서 실현되는 실천규범이어서 구체적인 헌법분쟁은 궁극적으로 헌법재판소와 대법원의 판례로 해결된다. 그래서 이 책의 각 항목과 관련이 있는 헌법재판소 또는 대법원의 관점과 판시내용을 본문에서 함께 소개하면서 판례에 대한 저자의 견해도 밝혔다. 해당 판례의 출처는 각주로 처리했다. AI 기술의 발달로 이젠 판례검색을 아주 간편하고 빠르게 할 수 있게 되었다. 독자들은 헌법판례 만을 따로 공부하거나 암기할 필요성은 사라졌다. 그 대신 헌법재판소는 구체적인 헌법 주제에 어떤 관점을 가지는지를 관련 항목과 연계해서 이해하는 것이 더 중요하다. 이 책의 헌법판례는 그러한 필요성에 맞춰서 서술했다.

[**이 책의 독자**] 이 책은 헌법에 관심이 있는 모든 사람에게 헌법 입문서로 적합하게 서술했다. 특히 법학을 전공하지 않고 법학전문대학원에 들어온 원생들이 헌법의 기초를 빠르게 터득하기에 좋을 것이다. 또 대학의 법학 및 사회과학 전공 학

생이나 각종 국가시험을 준비하는 사람이 헌법을 공부할 때 도움이 될 것이다.

[**이 책의 공부방법**] 이 책은 쉽게 서술했으므로 먼저 처음부터 제4편 제3장까지 읽고 난 후 다시 처음부터 논리적인 내용을 음미하면서 두 번째 읽으면 거의 모든 내용이 이해될 것이다.

제4편 제4장 우리나라의 통치기관에 관한 서술은 국회법, 정부조직법, 법원조직법 등 실정법의 내용을 설명한 것이어서 이론적으로 어려운 부분이 없고 한번 읽어보면 될 것이다.

이 책을 출판하는 데 적극적인 권고와 편집은 물론 색인작업까지 맡아 책을 완성해준 사랑하는 제자 박영사 김선민 이사와, 늘 중요한 출판 정보를 알려주고 저자의 집필 의욕을 독려해준 조성호 이사님에게 마음속으로 감사한다. 44년 동안 변함없는 저자의 후원자이신 안종만 회장님과 안상준 대표님께도 깊이 감사한다.

2024. 6.

저자 허영

차 례

제1편 헌법의 기초원리

제1장 헌법의 본질

제2장 헌법의 제정과 개정

제3장 헌법의 해석

제4장 헌법의 보호(보장)

제2편 우리 헌법의 역사와 기본원리

제1장 우리 헌법의 역사

제2장 헌법의 근본이념과 기본원리

제3장 대한민국의 존립 기반과 국가형태

제3편 기 본 권

제1장 기본권의 일반이론

제2장 우리 헌법상의 개별적 기본권

제4편 통치구조

제1장 통치구조의 본질과 기능

제2장 자유민주적 통치구조의 근본이념과 기본원리

제3장 통치를 위한 기관의 구성원리

제4장 우리 헌법상의 통치기관

제 1 편

헌법의 기초원리

제1장 헌법의 본질

1. 헌법이란 무엇인가

모든 나라는 헌법을 가지고 있다. 그리고 헌법이 그 나라의 정치질서를 정한다. 물론 극히 예외적으로 영국처럼 성문헌법을 가지지 않은 나라도 있긴 하지만, 그런 나라도 오랜 정치 전통으로 확립된 일종의 관습헌법이 정치질서를 정하고 있다.

그렇다면 헌법은 한 마디로 어떻게 정의할 수 있는가. 헌법은 한 나라의 주인인 주권자 국민이 그 나라의 정치적인 통합을 이루기 위해서 중요하다고 생각하는 공감적인 가치를 법으로 정한 그 나라의 최고법이다. 그래서 헌법은 국민의 정치적인 뜻과 사회통합에 필요한 공감적인 가치와 법이라는 규범성의 세 가지 요소를 모두 담고 있다. 그런데 헌법의 궁극적인 목적은 헌법으로 상징되는 그 나라를 모든 국민이 공감하는 가치를 중심으로 통합하는 것이기 때문에 공감적인 가치 요소는 헌법의 핵심적인 요소라고 볼 수 있다. 예컨대 모든 국민은 태어날 때부터 존엄한 존재이고 모두가 평등해야 한다는 가치는 국민 누구도 반대할 수 없는 공감적인 가치이다. 그래서 이러한 공감적인 가치를 부인하거나 무시하는 정치질서는 허용할 수 없다.

이렇게 볼 때 헌법에서 정하는 정치질서는 결국 국민의 공감적인 가치를 실현해서 사회통합을 달성하도록 정해야 할 뿐 아니라 또 실제로도 그렇게 운용해야 한다. 국민 위에 군림하는 정치세력이 존재할 수 없고 공감적인 가치에 역행하는 권력 행사가 허용될 수 없는 이유이다.

2. 헌법이 갖는 기능

헌법의 정의에는 헌법이 하는 여러 가지 기능이 담겨 있다. 즉 헌법이 있어 한 나라가 비로소 탄생한다(**국가 창설적 기능**). 헌법이 없는 나라는 없다는 말은 그래서 생긴 것이다. 또 헌법은 한 나라의 정치질서를 정하는 법이기 때문에 그 나라의 정치 생활은 헌법이 그려놓은 궤도를 따라 이루어져야 하고 그 궤도를 벗어나서는 아니 된다(**정치 생활 주도기능**). 헌법은 헌법을 운용해야 할 국가기관을 정하고 그 각 국가기관에 구체적으로 일정한 권한을 주면서 그 권력이 남용 또는 악용되지 못하도록 권력 상호 간에 감시와 견제를 하도록 하는 장치도 함께 정하고 있다(**수권 및 권력제한 기능**). 나아가 헌법은 국민의 공감적인 가치를 실현해서 모든 국민이 평등한 생활을 함으로써 사회평화와 사회통합을 실현하도록 한다(**사회통합 기능**). 사회 정의를 실현한다는 말은 바로 사회적인 불평등이 생기지 않도록 헌법을 운용해서 사회평화를 달성하라는 이야기이다.

3. 헌법은 어떤 특성을 갖는가

1) 최고규범성

헌법은 한 나라의 법 중에서 가장 으뜸가는 법이다(**최고규범성**). 그래서 헌법은 모든 법질서의 기초이고 해석기준이다. 따라서 헌법에 어긋나는 법은 만들어도 안 되고 만일 실수나 고의로 만들었다면 당연히 효력이 없다. 헌법재판소가 위헌적인 법률을 가려내 무효로 만드는 역할을 한다. 헌법이 이 최고규범으로서의 특성을 잃게 되면 헌법은 하나의 장식물로 전락하게 된다. 독재국가의 헌법이 바로 그러한 장식물이다. 따라서 헌법이 그런 장식물로 전락하지 않도록 국민이 늘 권력기관을 감시하고 견제해야 한다.

2) 정치규범성

헌법은 정치질서를 정하는 법이다(**정치규범성**). 그래서 헌법은 정치적인 색채를 가질 수밖에 없다. 그런데 정치는 생물이라는 말이 뜻하듯 매우 유동적이고 가변적이다. 법이 정적인 것이라면 정치는 동적인 것이다. 그래서 이 유동적이고 가변적인 정치 생활을 규율하는 헌법이 실효성 있게 정치 생활의 큰 흐름을 이끌어 나가려면 이러한 정치의 생리와 특성을 잘 고려해서 만들어야 한다. 따라서 헌법은 다른 법률과는 다른 방법과 내용으로 만들어야 한다. 즉 유동적인 정치 생활을 잘 규율할 수 있도록 만들어야 한다. 특히 국민의 가치관이 변하거나 시대사상의 변화로 정치 상황의 큰 변화가 있으면 그에 맞도록 헌법도 일정한 절차를 거쳐 고칠 수 있어야 한다(**유동성**). 헌법의 최고규범성에 지나치게 집착해서 처음부터 헌법을 절대로 고칠 수 없게 만들면 오히려 헌법은 더 쉽게 장식물로 전락하게 된다. 또 헌법이 미래의 정치발전이나 정치상황에 적절하게 대응하기 위해서는 어느 정도 개방적인 내용일 수밖에 없다. 예컨대 국회의원의 수를 처음부터 300명으로 확정해 버리면 인구 증감 등으로 그 수를 줄이거나 늘려야 하는 상황이 생겼을 때 헌법을 고쳐야 한다. 그렇지만 우리 헌법처럼 국회의원의 수를 200명 이상으로 한다고 개방적으로 정하면 선거법만 고치면 된다(**개방성**). 나아가 헌법은 국가의 정치생활에 관한 가장 기본적이고 핵심적인 사항만을 정하고 이를 실현하기 위한 자세한 내용은 나머지 구체적인 개별 법률로 정할 수밖에 없다. 그런 의미에서 헌법은 미완성법이다(**미완성성**). 또 헌법은 유동적이고 개방적인 내용이기 때문에 다른 법률과는 달리 추상적인 정치용어나 불특정한 법률개념을 많이 포함할 수밖에 없다. 미래의 정치발전이나 정치상황을 효과적으로 규율하기 위해서는 확정적이고 명확한 개념 대신 유연한 해석의 여지를 갖는 추상적인 개념이 필요하다(**추상성**). 다른 법률을 명확하지 않고 다양한 해석이 가능하도록 제정하는 것은 절대로 용납되지 않지만 헌법은 유일한 예외이다.

이처럼 헌법이 유동성과 개방성, 그리고 미완성성과 추상성을 갖는 것은 정치규범인 헌법의 불가피한 결과이다.

3) 조직규범성

헌법은 국가를 창설하는 법이기 때문에 당연히 국가의 조직이나 기관 그리고 각 기관의 권한과 기관 간의 상호 견제 등 국가 생활의 핵심적인 사항을 정한다. 따라서 헌법은 사회공동체가 국가라는 형태로 조직되고 기능하기 위한 구조적인 틀이다(**조직규범성**). 헌법은 이러한 틀을 통해서 국가 생활을 질서 정연하게 규율한다.

그렇지만 헌법은 앞서 말한 개방성과 미완성성으로 인해서 국가 생활에 필요한 모든 사항을 빠짐없이 다 정할 수는 없다. 그러려면 헌법은 천 개 이상의 조문을 가져야 한다. (1787년 제정된 미국연방 헌법이 제정 당시 단 7개의 조문이었고 1791년 10개의 기본권 조항이 추가되어 모두 17개 조문으로 시작한 것도 그 때문이다.)

헌법에 담지 못한 국가조직과 활동에 관한 중요한 사항은 따로 법률로 정한다. 국회법, 정부조직법, 법원조직법, 헌법재판소법, 중앙선거관리위원회법, 감사원법, 공직선거법과 정당법 등이 그것이다. 이 모든 헌법 부속 법률은 헌법이 제 기능을 하기 위한 필수 불가결한 법률이기 때문에 일반적으로 실질적 의미의 헌법이라고 부른다. 그에 반해서 성문헌법은 형식적 의미의 헌법이라고 부른다. 따라서 영국에는 헌법이 없다는 말은 형식적 의미의 성문헌법은 없다는 뜻이다. 불문헌법의 나라 영국도 관습헌법과 국가조직과 활동에 관한 실질적 의미의 헌법은 가지고 있다.

4) 권력 통제규범성

헌법은 각 헌법기관에 일정한 권한을 주지만 그 권한이 악용 또는 남용되는 일이 없도록 기관 상호 간에 감시·견제·통제·문책하는 장치도 함께 정한다. 3권분립의 원칙에 따라 국가권력을 입법권, 행정권, 사법권으로 나누어 각각 입법부, 행정부, 사법부에 맡기면서도 이들 기관 상호 간의 견제와 감시장치도 함께 마련하는 이유도 그 때문이다. 국회의 입법권을 통제하는 대통령의 법률안거부권과 헌법재판소의 위헌법률심판제도가 그 대표적인 예이다.

그런데 입헌주의 초기에는 주권자인 국민이 직접 국가권력을 감시·견제하기 위해서 국가기관을 소환하는 국민 소환권, 국민이 중요한 법안을 발안하는 국민 발안권, 그리고 중요한 국정 사항에 대해서 국민이 직접 결정하는 국민투표권을 헌법에 규정했었다. 우리 헌법은 국민투표권만을 규정한다. (스위스는 아직도 국민의 직접적인 통제장치를 폭넓게 마련해서 시행하고 있다. 반면에 정치적인 선동에 속은 국민이 히틀러 정권을 탄생시키고 히틀러는 국민의 이름으로 권력을 악용하면서 유대인을 학살하고 전쟁을 일으켜 독일을 패망시키는 등 독재정권이 국민을 권력남용의 도구로 이용하는 뼈아픈 역사적인 경험을 거울삼아 독일은 국민의 직접적인 권력 통제 장치는 두지 않았다.)

5) 생활 규범성

헌법은 국민의 일상생활에 의해서 실현되고 발전하는 법이다. 따라서 헌법은 정치·경제·사회·문화 등 국민의 모든 생활영역에서 국민이 지키고 누려야 하는 가치규범이고 행동규범이다.

헌법의 생활 규범성은 모든 헌법에서 당연히 생기는 것은 아니다. 헌법이 국민의 생활 속에서 실제로 생활 규범으로 효력을 가지려면 헌법이 국민의 생활 태도와 행동을 실제로 유도하는 힘을 가져야 한다. 그러기 위해서는 헌법이 만들어지는 역사적인 시점에 존재하는 국민의 가치관이나 생활 감각과 시대사상이 최대한 가치 규범으로 헌법에 수용되어야 한다. 결국 헌법이 갖는 생활 규범성의 강약은 헌법에 수용된 가치 내용이 얼마나 국민의 생활 감각, 시대사상과 일치하는지에 의해서 결정된다.

그런데 시대의 흐름에 따라 국민의 생활 감각이나 시대사상은 변하기 마련이다. 그래서 헌법 규범과 생활 현실 사이에는 틈이 벌어질 수 있다. 그 결과 헌법의 생활 규범으로서의 효력도 시대 변천에 따라 약해질 수 있다. 이러한 생활 규범성의 약화는 헌법의 규범적인 효력을 약화시킨다. 따라서 헌법 규범과 헌법 현실 사이에 틈이 너무 크게 벌어지지 않도록 하는 장치가 필요하다. 변화한 시대사상이나 새로운 생활 감각에 맞도록 헌법의 관련 규정을 고치는 것도 하나의 방법이다. **헌법개정**이 헌법의 생활 규범성을 유지하는 중요한 수단이다. 헌법을 보호하기 위해서 헌법개정을 너무 어렵게 하면 오히려 헌법의 생활 규범성이 약해질 수 있다. 그렇다고 헌법을 너무 자주 고치는 것은 바람직하지도 않고 또 까다로운 개정 절차 때문에 가능하지도 않다. 따라서 그 대안으로 생각할 수 있는 것이 헌법 내용을 처음부터 시대 변천이나 시대사상의 변화에 따라 다양한 해석이 가능하도록 추상적으로 규정하는 것이다. 헌법이 추상성을 가질 수밖에 없는 하나의 이유이기도 하다. 이처럼 조문을 개정하지 않고 헌법조문을 해석을 통해서 최소한으로 달리 이해하는 것을 **헌법변천** 또는 **헌법변질**이라고 한다.

6) 역사성

헌법은 사회공동체가 국가를 창설하는 역사적인 시점에 만들어지는 법이기 때문에 제정 당시의 역사적인 상황을 반영한 역사성을 갖는다. 헌법은 다른 법률과 달리 사회통합을 달성하려는 공감적인 가치 규범이기 때문에 제정 당시의 시대사상이나 생활 감각 그리고 공감적인 가치관을 담을 수밖에 없다. 그러나 헌법이 역사성을 갖는다고 해서 헌법제정 당시의 시대적인 배경 속에서만 헌법을 이해해야 하는 것은 아니다. 헌법은 국가의 백년대계를 설계하는 초시대적인 청사진을 의미하기 때문에 시대 변천이나 역사 발전을 포용할 수 있는 힘이 있어야 한다. 헌법의 그러한 힘은 헌법의 유동성, 개방성, 미완성성에서도 생긴다.

결국 헌법의 제정을 불가피하게 한 역사적인 상황을 반영하고 있는 역사적인 산물로서의 헌법이 시간을 초월해서 과거와 현재, 미래의 동질성을 보장하는 일종의 살아 있는 역사로서 국가생활의 바탕이 되어야 한다는 것이 헌법이 갖는 역사성의 진정한 뜻이다.

제2장 헌법의 제정과 개정

1. 헌법의 제정

1) 헌법제정의 의의

헌법의 제정은 사회공동체를 정치적인 일원체인 국가로 조직하기 위한 법적인 기본질서를 마련하는 법 창조 행위이다. 따라서 헌법은 모든 국내법률의 기초이고 효력의 근거이다. 이것이 헌법이 최고규범성을 갖는 이유이다.

그런데 사회공동체가 헌법을 만들어 정치적인 일원체인 국가로 탄생하기 위해서는 몇 가지 전제 조건이 충족되어야 한다. 우선 그 사회공동체의 공동관심사를 해결하는 방법과 방향에 대한 사회공동체 구성원 간의 **공감적인 가치**(Konsens, consensus)가 있어야 한다. 또 이 공감적인 가치를 바탕으로 사회공동체를 정치적인 일원체인 국가로 발전시키려는 **중심세력**이 있어야 한다. 그리고 이 중심세력의 리드에 적극적으로 찬성하고 참여하려는 사회 구성원 대다수의 **참여 의지**가 있어야 한다. 이 세 가지 전제 조건이 충족되는 역사적인 환경 속에서 비로소 헌법은 제정된다. 헌법이 역사성을 갖는 이유이다. 1945년 8월 15일 광복 후 1948년 7월 17일 대한민국 헌법의 제정은 바로 이러한 역사적인 상황 속에서 이루어진 것이다.

2) 헌법제정권력

군주주권 시대가 지나고 루소(Rousseau)의 국민주권 사상이 관철된 오늘날 주권자인 국민이 헌법제정권력을 갖는 것은 당연하다.

그렇지만 헌법철학의 관점에서 **헌법제정권력의 정당성**이 어디에서 나오느냐에 대해서는 '권력의 시원성'이나 '국민의 입헌의지' 등을 그 근거로 보는 고전적인 설명이 대립하고 있다. 그렇지만 그러한 고전적인 설명 대신 보다 현실적인 설명이 필요하다. 즉 헌법제정권력과 이 권력에 의해서 제정된 헌법이 그 시대의 일반적인 '정치이념', '시대사상' 내지 '생활 감각'과 일치하기 때문에 정당성이 인정된다고 볼 수 있다. 이렇게 제정된 헌법은 생활규범으로서 국민의 생활 속에서 그 생명(규범력)을 유지할 것이 분명하다. 이처럼 헌법이 제정 당시의 시대 보편적인 이념에 근거해서 정당성을 갖는다고 볼 때 모든 헌법제정권력과 헌법이 언제나 정당성을 갖는 것은 아니다. 헌법제정권력의 한계성이 논의되는 이유이다.

3) 헌법제정권력의 한계

헌법제정권력의 정당성에 대한 고전적인 이론은 헌법제정권력의 한계를 부인한다. 그렇지만 헌법제정권력의 정당성을 제정 당시의 시대 보편적인 정치이념, 시대사상, 생활 감각에서 찾는 관점에서 보면 헌법제정에도 일정한 한계가 있다는 점을 부인하기 어렵다. 즉 이념적, 법원리적, 국제법적 한계가 바로 그것이다.

(1) 이념적 한계

헌법제정의 목적이 제정 당시의 공감적인 가치에 기초한 국가라는 법 공동체를 조직해서 사회평화와 사회질서가 확립되는 사회통합을 이루기 위한 것이기 때문에 헌법제정권력은 이 제헌 목적에 의한 한계를 의식하지 않을 수 없다. 따라서 헌법제정권력은 헌법제정 당시의 정치 상황을 지배하는 **정치이념, 시대사상, 생활 감각**에 의한 제약을 받을 수밖에 없다. 헌법제정권력은 아무런 제약을 받지 않는다는 고전적 이론에 동의할 수 없는 이유이다.

(2) 법원리적 한계

헌법의 제정이 법을 창조하는 행위이기 때문에 모든 법의 영역을 지배하는 '법적인 이성', '법적 안정성', '정의', '공정' 등의 기초적인 법원리를 무시할 수는 없다. 또 헌법의 제정 당시 그 사회공동체에 확립된 고유한 법 감정이나 법률 문화를 외면할 수도 없다.

(3) 국제법적 한계

헌법의 제정은 제정 당시의 역사적인 상황에서 형성된 국제질서에 의한 영향을 받을 수도 있다. 즉 패전국의 헌법제정은 승전국의 의사에 따라 영향을 받을 수밖에 없는데 제2차 대전의 패망국인 독일과 일본의 헌법제정이 승전 연합국의 간섭을 받았던 것이 그 예이다. 우리나라도 1948년 제헌 당시 전승국인 소련의 간섭으로 국토가 남북으로 분단되고 남쪽인 대한민국의 헌법만을 만들 수밖에 없었다.

4) 헌법제정 절차

헌법제정 절차는 국가형태에 따라 다르다. 즉 국가형태에 따라 헌법을 제정하는 주체가 다르기 때문이다. 그런데 이제는 군주가 헌법의 제정을 주도하는 군주국가는 존재하지 않는다(**흠정헌법**).

(1) 단일국가의 제헌 절차

현대의 대다수 국가는 사회공동체 구성원의 주권 의식이 강하게 확립된 국민주권의 나라이다.

국민주권의 나라에서는 헌법제정의 주체는 당연히 주권자인 국민이다. 다만 주권자인 국민이 헌법제정의 권한을 행사하는 방법은 다양할 수 있다. 즉 헌법제정을 이끄는 중심세력이 헌법안을 마련하고 이 헌법안을 국민이 국민투표를 통해서 헌법으로 확정할 수도 있다. 또 국민투표 대신 헌법을 제정할 대의기관을 선출해서 그 기관에 헌법제정을 맡길 수도 있다. 그리고 이 대의기관이 의결을 거친 헌법안을 국민투표로 확정하는 방법도 가능하다. 1948년 우리 대한민국의 건국헌법은 국민이 선출한 대의기관인 제헌의회에서 헌법안을 마련하고 확정했다.

(2) 연방국가의 헌법

여러 단일국가가 하나의 연방국가를 구성하는 경우 그 연방국가의 헌법제정에서는 단일국가들의 참여와 동의 및 비준 절차를 거쳐 제정된다. 즉 보통 단일국가의 의회의결에 의한 참여와 동의 및 비준 절차를 거쳐 연방헌법이 제정되는데, 그 연방헌법의 효력 발생 시점은 참여하는 대다수(2/3 또는 3/4) 단일국가의 의회의결과 비준을 마친 때이다. 연방국가 헌법의 효력 발생 시점까지 의회의결 절차를 마치지 못한 나라도 사후에 그 절차를 마치면 연방국가의 구성원이 된다. 미국, 스위스, 독일 등의 헌법은 이런 절차로 제정했다.

2. 헌법의 개정

1) 헌법개정의 의의

헌법개정이란 성문헌법의 규범적인 효력을 높이기 위해서 헌법이 정하는 일정한 절차에 따라 헌법의 조문이나 문구를 명시적으로 수정·삭제·증보하는 것을 말한다. 실질적 의미의 헌법인 헌법 부속 법률의 개정은 법률개정이지 헌법개정이 아니다. 헌법개정을 특별히 **헌법 개혁**이라고 표현할 때도 있는데 헌법을 고치는 규모가 아주 커서 헌법 조문의 내용을 전면적으로 바꾸는 경우이다. 1960년 4·19 혁명으로 자유당 정권이 붕괴한 후 개정된 제2공화국 헌법이 그 예인데 이 경우는 비록 헌법개정의 절차를 거쳤어도 사실상 새로운 혁명헌법이 제정된 것이라고 볼 수도 있다.

헌법침식은 헌법개정과 구별한다. 즉 헌법 조문을 명시적으로 고치는 대신 헌법개정에 필요한 절차만을 거쳐 헌법 내용과 다른 정치적인 조치를 하는 경우를 헌법침식이라고 한다. 헌법침식은 헌법의 규범적인 효력을 크게 약화하는 헌법 침해이다. 독일 나치정권이 탄생하는 과정에서 히틀러가 헌법개정 절차를 거친 이른바 수권법을 만들어 독일 바이마르 헌법을 침식한 경우가 그 대표적인 경우이다.

2) 헌법의 특성과 개정의 상호 관계

헌법은 공감적 가치에 의한 사회통합을 지향하는 정치 규범이기 때문에 유동적이고 개방적이고 미완성 규범의 형태를 가질 수밖에 없다는 것은 이미 설명했다. 따라서 헌법을 제정할 때 미래의 모든 정치발전 과정을 예견하고 모든 상황을 커버할 수 있는 내용으로 만들 수는 없다. 그 결과 시대가 변천하고 국민의 의식과 생활 형태가 바뀜에 따라 헌법은 사회현실과 일치하지 않게 되어 헌법 규범과 사회현실 사이에 틈이 벌어지게 된다. 그런 경우 헌법 규범이 사회현실을 커버할 수 있도록 현실 적응력을 높이기 위해서 헌법을 고쳐야 하므로 헌법의 특성과 헌법개정은 불가분의 상호 연관성이 있다. 그래서 헌법개정을 너무 어렵게 만드는 것은 오히려 헌법의 규범력과 생명력을 약하게 하는 일이다. 헌법을 '살아있는 규범'으로 유지케 하는 수단이 바로 헌법개정이기 때문이다.

3) 헌법개정의 방법과 절차

(1) 개정 방법의 경성

헌법은 국가의 최고법이기 때문에 일반 법률의 개정 방법과는 다른 방법과 절차로 개정한다. 헌법개정에는 까다로운 절차를 거치게 하는 이유도 그 때문이다. 그러나 앞서 말한 것처럼 헌법개정을 지나치게 까다롭고 어렵게 하는 것은 오히려 헌법의 현실 적응력을 떨어트려 헌법의 규범력이 약해지므로 너무 쉽지도 어렵지도 않도록 헌법개정 방법과 절차를 정하는 것이 바람직하다.

(2) 개정 방법

헌법개정 방법에는 고칠 조문을 직접 바꾸는 조문 변경식 개정과 기존의 조문은 그대로 둔 채 개정할 내용을 새로운 조문으로 추가하는 조문 추가식 개정이 있다. 우리 헌법은 전자이고 미국연방 헌법은 후자이다.

(3) 개헌의 전제 조건

헌법개정을 위해서는 헌법개정의 필요성과 방향 및 내용에 대한 국민의 폭넓은 공감대가 전제되어야 한다. 헌법개정 내용에 관한 국민의 공감대가 형성되지 않은 개헌은 **헌법침식**에 가깝다. 우리 헌법이 개헌의 필수절차로 개헌안을 20일 이상 공고하게 하는 이유는 개헌안 내용에 대한 국민의 자유로운 의견 개진의 기회를 주어 개헌의 필요성과 내용에 관한 공감대의 형성을 촉진하면서도 개헌안에 대한 공감대의 존재 여부를 확인하기 위해서이다.

(4) 개헌의 절차

헌법개정의 절차는 헌법제정의 절차와 큰 틀에서는 같다. 그래서 단일국가와 연방국가의 개헌의 절차가 다르다.

(가) 단일국가의 개헌절차

단일국가에서는 개헌안 발안권을 의회와 대통령이 갖는 경우가 대부분이다. 그리고 발안된 개헌안을 직접 국민투표에 부치는 경우와, 먼저 의회에서 심의·의결하고 국민투표로 확정하는 방법, 그리고 국민투표 없이 의회 심의·의결만으로 개헌하는 세 가지 유형이 있다.

우리 헌법은 국회의 심의·의결을 거친 후에 반드시 국민투표를 통해서만 개헌이 되도록 정했다.

또 우리 제4공화국 헌법처럼 대통령이 발의한 개헌안만 직접 국민투표로 개헌하기도 한다. 이처럼 대통령의 발안 개헌안을 직접 국민투표에 부치면 대통령에 대한 신임투표적 성격을 갖게 된다. 프랑스 드골(de Gaulle) 대통령이 1962년 대통령 직선제 개헌안을 직접 국민투표에 부칠 때 자신에 대한 신임과 결부시켰던 것이 그 예이다.

(나) 연방국가의 개헌절차

연방국가의 개헌절차에서는 연방을 구성하는 단일국가들의 참여와 동의가 필수적이다. 단일국가의 참여와 동의가 없는 개헌은 연방국가의 붕괴를 뜻하기 때문이다. 다만 단일국가가 개헌에 참여하고 동의하는 방법과 절차는 나라마다 다르다. 예컨대 미국(연방헌법 제5조)은 단일국가도 전체 단일국가(50)의 2/3(38) 의회가 개헌안을 심의·의결하는 헌법의회의 소집을 요구하는 방법으로 개헌안을 발의할 수 있게 하고 헌법의회에서 심의·의결한 개헌안을 단일국가 3/4이 인준해야만 개헌할 수 있게 정했다.

(5) 헌법개정의 한계

헌법개정 절차에 따르더라도 고칠 수 없는 헌법 규정을 인정할 수 있는가를 둘러싸고 부정설과 긍정설이 대립하고 있다. 또 부정설과 긍정설도 그 논증 방법은 다 다르다.

(가) 부정설

개헌은 무제한 허용된다는 주장이다. 따라서 헌법에 처음부터 고칠 수 없는 규정을 명시하는 **실정법적 한계 규정**이 있는 경우에도 그 한계 규정은 실효성이 없다고 주장한다. 왜냐하면 그 실정법적 한계 규정에도 불구하고 개헌 절차에 따라 그 규정을 고치면 '완성된 사실'이 성립해 누구도 무효를 주장할 수 없는 규범적 효력이 생긴다는 논리이다. 이 주장은 한 나라의 헌법 중에서 개헌의 절차 규정이 다른 모든 규정보다 가장 우선하는 효력을 갖게 되는 이유를 규범적으로 설명하기가 쉽지 않다. 흔히 같은 헌법 속에 개헌의 절차에 관한 규정과 개헌의 실정법적 한계 규정이 있을 때 그 절차 규정이 한계 규정보다 우선하는 효력을 갖는 이유는 완성된 개헌을 무효로 선언할 기관이 없기 때문이라고 주장한다. 그러나 그런 설명은 규범적인 설명이 아니라 힘으로 헌법을 얼마든지 고쳐도 된다는 정치적인 논리이다. 정치의 세계에서는 목적 달성을 위해서 모든 수단이 정당화된다는 힘의 철학이 지배하기 때문이다.

(나) 긍정설

개헌은 무제한 허용될 수 없다는 주장이다. 처음부터 개헌할 수 없는 조문을 명시한 실정법적 한계가 있는 경우는 물론이고 그런 한계 규정이 없더라도 개헌에는 일정한 한계가 있다는 주장이다. 이 주장에 따르면 **헌법제정권력**과 **헌법개정권력**은 구별해야 하고 헌법개정권력은 헌법제정권력이 정한 '근본적인 결단' 사항은 손댈 수 없다고 한다. 이 주장은 이 '근본적인 결단' 사항은 '**헌법**'이고 나머지 사항은 '**헌법률**'이라고 구별한다. 그래서 '헌법개정'은 사실상 '헌법률의 개정'이라고 표현해야 한다고 설명한다. 이 주장은 국민투표로 제정한 헌법을 같은 조건의 국민투표로 개정하는 경우 두 권력 사이에 왜 차이를 인정해야 하는지에 대한 설명이 궁색하다.

그래서 헌법개정의 한계를 인정하는 또 다른 설명은 헌법개정이 추구하는 기능적인 측면을 중요하게 여긴다. 즉 헌법은 사회공동체가 하나의 국가로 조직되기 위한 공감적인 가치를 담고 있는 규범으로서 국민의 일상생활에 의해서 실현되고 발전되는 생활 규범이므로 헌법개정은 헌법을 살아있는 생활 규범으로 유지하기 위한 불가피한 수단이라고 주장한다. 그래서 이러한 개헌의 기능적인 관점에서 볼 때 헌법의 규범적인 효력을 유지해 나가기 위한 불가피한 범위 내에서만 개헌은 허용된다고 설명한다. 결국 개헌이 논의되는 시점에서의 **정치이념 · 시대사상 · 생활감각** 등이 개헌의 한계를 정하는 중요한 판단기준이라고 논증한다. 그리고 이러한 판단기준에 대한 사회적인 공감대가 형성되지 않고 타협과 조정이 어려운 심한 다툼이 있다면 개헌의 필요성에 대한 공감대가 성숙하지 않은 상태라고 보아야 한다고 한다. 개헌의 한계를 인정하는 가장 합리적이고 설득력이 있는 주장이라고 생각한다.

(6) 우리 헌법의 헌법개정 규정

우리 헌법(제129조-제130조)이 정하는 헌법개정의 절차는 다음과 같다. 즉 개헌안 발의권은 대통령과 국회 재적의원 과반수가 갖는다. 발의된 개헌안은 반드시 20일 이상의 공고 기간을 거쳐야 한다. 그리고 개헌안이 공고된 날로부터 60일 이내에 국회에서 재적의원 2/3 이상의 찬성으로 개헌안을 의결한다. 국회의 의결 후에 30일 이내에 국민투표에 붙여 국회의원 선거권자 과반수의 투표와 투표자 과반수의 찬성을 얻어야 한다. 이렇게 확정된 헌법개정은 대통령이 즉시 공포해야 한다. 헌법개정의 발효 시점에 관한 규정은 따로 없으므로 개헌안의 부칙에서 그 발효 시점을 정하게 된다. 우리 헌법에는 헌법개정의 '**한계 규정**' 대신 대통령의 독단적인 장기집권을 막기 위한 **헌법개정 '효력의 한계 규정**'을 두고 있다. 즉 대통령의 임기연장 또는 중임변경을 위한 헌법개정은 가능은 하지만 그 개헌안 발안 당시의 대통령에게는 효력이 없도록 정했다.

제3장 헌법의 해석

1. 헌법해석의 의의

헌법해석이란 헌법이 정한 구체적인 의미와 내용이 국민 생활의 일상에서 또는 국가의 입법·행정·사법 작용 및 헌법재판에서 문제가 되면 그 헌법 규범의 진정한 의미와 내용을 찾아내어 다툼이 있는 구체적인 현안문제를 해결하기 위한 헌법 인식 작용을 말한다. 철학적인 표현을 쓴다면 구체적인 상황에서 침묵하는 헌법을 '**말하게 하는**' 것이다.

2. 헌법해석의 특성

헌법해석은 그 기능과 기준 및 규범의 구조가 일반 법률의 해석과는 다른 특성을 갖는다. 따라서 일반 법률의 해석 방법을 그대로 헌법해석에 적용할 수는 없다.

구체적으로 헌법해석은 다음과 같은 여러 가지 특성을 가진다.

즉 i) 헌법은 일반 법률과는 그 규범 구조와 내용이 다르다. 헌법은 특정한 정치 이념에 따라 사회를 통합하기 위한 이념법적인 성격을 갖는데 일반 법률은 일상생활에서 생기는 법적인 분쟁을 해결하기 위한 기술법적인 성격을 갖는다. ii) 헌법해석은 헌법이 실현되는 수단이므로 국가 생활의 중추 신경과 직결되지만, 일반 법률의 해석은 개별적인 분쟁을 해결하는 말초신경적인 기능을 가진다. iii) 헌법은 규범 구조가 개방적이고 추상적이고 미완성규범이기 때문에 구체적인 상황에서 해석을 통해 보충·형성하고 명확하게 할 필요가 크지만, 일반 법률은 명확성의 원칙과 예견 가능성이 충족되게 만든 규범이어서 해석에 의한 보충 내지는 형성의 여지가 적다. iv) 헌법은 국가 생활의 큰 흐름을 규범적으로 주도하기 위한 정치 규범이기 때문에 그 해석에 정치적인 관점이 작용할 여지가 있다. 반면에 일반 법률의 해석에서는 정치적인 요소는 절대로 개입해서는 아니 된다.

3. 헌법해석의 지침

헌법을 해석할 때 헌법의 정신과 헌법의 내재적인 내용을 존중하고 반영하기 위해서 일반적으로 통용되는 헌법해석의 지침으로 '헌법의 통일성', '헌법의 기능적 과제', '헌법의 사회 안정적 요소' 등을 들 수 있다.

1) 헌법의 통일성

헌법은 공감적 가치 질서에 의한 사회통합의 규범이기 때문에 모든 조문이 불가분의 밀접한 연관성을 가지고 상호 간에 보충·제한하는 기능을 가진다. 따라서 헌법을 해석할 때 헌법의 이러한 통일성을 지침으로 삼아야 한다. 즉 헌법에 내재할 수도 있는 규범 상호 간의 부조화 현상이 있는 경우에도 이를 최대한으로 완화하는 해석을 통해서 헌법이 조화로운 하나의 통합 규범으로 작용할 수 있도록 헌법의 통일성을 실현해야 한다. 그러기 위해서는 헌법이 담고 있는 모든 내재적인 가치를 최대한으로 조화하는 '**규범 조화적인 해석**'을 해야 한다. 우리 헌법재판소도 헌법해석에서 규범 조화적인 해석을 주로 활용하고 있다.

2) 헌법의 기능적 과제

헌법은 권력 통제적인 성격을 가지고 국가권력을 통제하는 기능을 가지기 때문에 헌법의 이러한 기능적인 과제가 최대한으로 실현될 수 있도록 헌법을 해석해야 한다. 예컨대 헌법은 기본권을 실현해서 사회통합을 이루기 위해 입법·행정·사법부를 구성하고 이들 기관에 일정한 권능을 주고 있으므로 이들 기관이 기본권 실현에 역행하는 권력 행사를 하는 경우 그러한 권력 남용·악용을 막도록 헌법을 해석하는 것이 헌법의 기능적인 과제에 충실한 헌법해석이다.

3) 헌법의 사회 안정적 요소

헌법을 해석할 때 그 해석 결과가 초래할 사회 안정적인 요소를 고려해야 한다. 헌법은 개방적·추상적·미완성 규범이기 때문에 많은 규범의 공백(틈)이 있기 마련이다. 헌법해석을 통한 보충·완성의 필요성이 클 수밖에 없다. 그래서 이 규범적인 공백을 채우는 해석을 통해서 오히려 헌법이 이루어 놓은 사회 통합적인 성과를 해쳐서는 아니 된다.

4. 법률의 합헌적 해석

헌법해석이 아니고 법률해석이지만 헌법해석과 불가분의 연관성을 갖는 것이 법률의 합헌적 해석(헌법합치적 해석)이다. 법률의 합헌적 해석은 법률의 위헌 여부를 심사하는 헌법재판에서 주로 활용하고 있다.

1) 법률의 합헌적 해석의 의미와 한계

법률의 합헌적 해석은 법률이 헌법에 합치하는지를 심사할 때 법률의 핵심 내용 중에 조금이라도 헌법에 합치하는 내용이 있으면 그 헌법에 합치하는 내용으로 법률을 해석해야 한다는 법률의 해석 지침을 말한다. 그런데 이 법률의 해석 지침을 지나치게 적극적으로 이해해서 법률의 내용을 무리하게 제한·보충·추가하는 것은 허용되지 않는다. 입법권을 침해할 가능성이 크기 때문이다. 합헌적 법률해석의 한계이다. 따라서 합헌적 법률해석은 소극적인 의미로 이해해야 한다.

법률의 합헌적 해석은 주로 법률의 위헌 심사(**규범통제**)에서 활용하고 있지만 두 제도가 언제나 같은 의미를 갖는 것은 아니다. 두 제도가 모두 헌법의 최고규범성을 전제로 하는 공통점이 있지만, 전자는 주로 법률의 효력을 되도록 지속시키려는 정신의 제도적인 표현인데 규범통제는 헌법의 최고규범성을 지키려는 사상의 제도적인 표현이기 때문이다. 그 결과 두 제도는 서로 간에 기능의 제약(한계)이 되는 관계이다.

2) 법률의 합헌적 해석의 이론적 근거

법률의 합헌적 해석이 필요하고 허용되는 근거는 법질서의 통일성, 권력 분립의 정신, 법률의 추정적 효력, 국가 간의 신뢰 보호 등이다.

(1) 헌법의 최고규범성에서 나오는 법질서의 통일성

한 나라의 법질서는 헌법을 최고법으로 하는 피라밋 형태의 통일적인 체계를 가지고 있다. 따라서 헌법은 하위법 효력의 근거인 동시에 그 해석의 기준이 되어야 한다. 그래서 어떤 법률규정이 합헌적인 해석과 위헌적인 해석을 함께 가능하게 하는 다의적인 내용이면 당연히 헌법에 맞는 해석을 해야 한다. 나라의 모든 법규범은 헌법의 내용을 실현하는 내용이므로 헌법 정신에 맞는 체계적인 통일성이 유지되어야 하기 때문이다. 법률의 합헌적 해석은 헌법을 정점으로 하는 법질서의 통일성을 지키기 위한 하나의 법 해석 수단이라고 할 수 있다.

(2) 권력 분립의 정신

권력 분립의 원칙에 따라 입법부가 입법권을 행사하는 것은 헌법적인 수권에 따른 헌법의 구체화이고 헌법을 실현하는 것이다. 이때 입법부도 헌법을 존중해서 입법권을 행사한다고 이해해야 한다. 국민의 선거로 구성되어 국민을 대표하는 민주적인 정당성을 갖는 입법부가 제정한 법률을 다른 국가기관이 함부로 위헌이라고 배척하는 것은 바람직하지 않다. 그래서 입법부가 제정한 법률의 효력을 되도록 유지하는 합헌적 법률해석을 하는 것은 권력 분립의 정신과 입법부의 민주적 입법 기능을 최대한 존중하는 결과가 된다. 법률의 합헌적 해석이 **규범통제의 한계**를 뜻한다고 보는 이유이다.

(3) 법률의 추정적 효력

권력 분립의 원칙에 따라 대의기관인 입법부가 제정한 법률은 헌법의 가치를 존중했을 것이므로 그 법률은 법적 안정성의 관점에서도 당연히 합헌성의 추정을 받는다. 따라서 그 법률의 위헌 여부가 다투어질 때 가능하면 법률의 효력을 유지하는 방향의 규범 유지적인 합헌적 해석을 하는 것이 바람직하다.

(4) 국가 간의 신뢰 보호

국제조약이나 그 동의법에 대한 합헌성의 논란이 있는 경우에 가능한 그 조약이나 동의법을 합헌적으로 해석해서 그 효력을 유지하는 것이 국가 간의 신뢰 보호와 신의 존중 사상에 부합한다는 이유이다. 합헌적 해석은 조약이나 그 동의법에 대한 위헌 결정으로 초래될 국가 간의 긴장 관계와 국제사회에서의 신뢰 상실을 방지하는 수단이다. 그렇지만 조약은 조약 당사국 간의 조약 내용에 대한 공감적인 합의에 근거한 것이므로 이 합의에 어긋나는 방향의 합헌적 해석은 허용할 수 없다. 따라서 이 합의를 벗어나지 않는 범위 내에서만 합헌적 해석이 가능하다.

3) 협헌적 법률해석의 한계와 기술

(1) 합헌적 법률해석의 한계

법률의 합헌적 해석은 입법권을 존중하기 위한 법률해석의 방법이므로 법률의 합헌적 해석으로 오히려 입법권이 침해되어서는 아니 된다. 따라서 입법권의 입법 형성권을 지나치게 제한하거나 박탈하지 않는 범위 내에서만 허용된다. 따라서 법률의 합헌적 해석은 해당 법조문의 말뜻이 다른 의미로 변질하지 않는 범위 내에서만 가능하다(**문의적 한계**). 또 법률의 합헌적 해석은 입법권자가 해당 법조문을 통해서 추구하는 정당한 입법목적을 무시하고 완전히 새로운 것을 추구해서는 아니 된다. 합헌적 해석의 명목으로 새로운 법을 만드는 것은 허용되지 않는다(**법목적적 한계**). 그리고 법률의 합헌적 해석은 법률을 헌법에 맞게 해석하는 것이지 거꾸로 헌법을 법률에 맞추기 위해서 헌법 내용의 정상적인 수용한계를 벗어난 지나친 확대 해석은 허용되지 않는다(**헌법수용적 한계**).

(2) 합헌적 법률해석의 기술(방법)

합헌적 법률해석의 한계 때문에 합헌적 법률해석은 그 구체적인 해석기술 면에서도 여러 제약을 받는다. 우선 일부 조문의 위헌으로 인해서 그 법률 전체의 입법 취지가 무의미해져 그 실효성이 없게 되는 경우를 제외하고는 원칙적으로 그 위헌인 조문만을 위헌으로 해야 한다(**전부무효와 부분무효**). 법률의 합헌적 해석은 입법권자의 입법 취지와 입법목적을 훼손하지 않는 범위 내에서만 허용되므로 해당 법조문을 제한적으로 해석하는 것이 일반적인 해석기술이다(**법률의 제한적 해석**). 그 결과 법조문 중에서 헌법에 맞는 내용으로만 효력을 유지하려는 규범통제의 주문 형식은 '**한정합헌결**

정'이다. 반대로 법조문 중에서 위헌으로 해석되는 내용만을 제외하고 나머지 법조문의 효력을 유지하도록 하는 주문 형식은 **한정위헌결정**이다. 법률의 합헌적 해석에서 허용되지 않는 기술은 입법권자가 뜻하지 않은 내용으로 법률을 확대해석하는 것이다. 그것은 분명한 입법권의 침해이기 때문이다(**확대 해석금지**). 다만 법조문이 일정한 내용으로 확대해석해야만 효력이 유지될 수 있다고 판단하는 때에 위헌결정 대신 '**헌법불합치결정**'을 해서 그 법조문의 효력을 잠정적으로 유지하게 함으로써 위헌결정으로 초래될 법적인 공백을 막고 법적 안정성을 유지하는 방법도 있다. 우리 헌법재판소가 자주 활용하는 해석 및 결정 방법이다.

제4장 헌법의 보호(보장)

1. 헌법보호와 국가보호의 의의

헌법은 국가를 창설해서 사회공동체를 공감적인 가치에 따라 통합하기 위한 최고 규범이므로 헌법에 따라 확립된 국가형태, 정치형태, 기본권적 가치가 훼손되는 것을 막아야 한다. 이것을 헌법보호라고 한다. 다시 말해서 헌법의 보호는 이런 여러 제도로 표현되는 '**국가의 특정한 존립형식**'을 지키는 것이다. 따라서 형식적 의미의 헌법뿐 아니라 실질적 의미의 헌법을 지키는 것도 헌법보호에 포함된다. 반면에 국가보호는 국가가 외부의 적에 의한 공격을 받아 국가의 존립 그 자체가 위협을 받는 것을 방어하는 것을 말한다. 즉 '**국가의 존립**' 그 자체를 지키는 것이다. 따라서 헌법보호와 국가보호는 엄밀한 의미에서 같은 개념이 아니다.

군주의 권한을 제한해서 국민의 정치적인 지위를 확립해 나가던 입헌주의 초기에는 군주로부터 입헌주의를 보장받는 것이 중요했기 때문에 헌법의 보장이라고 했다. 지금은 국민주권의 실현으로 국민이 헌법으로 보장한 것을 지켜야 하는 주체가 되었으므로 헌법의 보호가 올바른 표현이다.

헌법보호의 실효성은 모든 국민이 헌법을 지키려는 강력한 의지(**헌법에의 의지**)를 가질 때 비로소 실현된다. 헌법으로 마련한 제도가 아무리 훌륭해도 국민의 이 의지가 없으면 헌법은 지켜질 수 없다. '민주시민이 없는 곳에 민주주의가 꽃필 수 없는' 것과 같이 '헌법 시민이 없는 곳에 헌법은 뿌리 내릴 수' 없다.

2. 헌법보호의 수단

1) 헌법보호의 제도적 장치

(1) 권력기관을 대상으로 한 보호 수단

국가권력(입법 · 행정 · 사법권)의 악용과 남용에서 헌법을 지키기 위해서 헌법은 자체적으로 여러 가지 제도적인 장치를 마련하고 있다. 권력분립제도, 헌법소송제도, 대통령 임기제와 탄핵제도, 국무위원 해임 건의권, 고위 관직의 겸직금지, 정치적 중립과 신분보장을 주요 골자로 하는 직업공무원제도, 국민소환제도, 엄격한 헌법개정 절차와 헌법개정효력의 한계규정 등을 들 수 있다. 다만 국민소환제도는 아직은 지방자치단체의 선출직 공직자에게만 적용하고 있다. 또 내우 · 외환 · 천재지변 · 중대한 재정경제상의 위기와 전시 · 사변 · 이에 준하는 국가비상사태에서 대통령에게 부여한 국가긴급권(제76조, 제77조)도 헌법과 국가보호의 비상수단이다. 국가긴급권은 외형상 대통령에게 많은 권한을 준 것처럼 보이지만 그 본질은 대통령이 자의적으로 행사할 수 있는 **비상대권**이 아니라 **헌법보호의 비상수단**이다.

(2) 개인 또는 단체에 의한 헌법 침해에 대한 보호 수단

헌법 침해는 대부분 국가권력 기관에 의해서 생기지만 개인 또는 단체가 헌법을 침해할 때도 있으므로 이 경우의 헌법보호도 중요하다. 개인 또는 단체의 헌법 침해로부터 헌법적인 가치 질서를 지키기 위해서 헌법이 스스로 그 보호 수단을 정하기도 하지만(**헌법 내재적 보호 수단**) 일반 법률로 그에 대처하는 경우도 있다(**헌법외적 보호 수단**).

(가) 헌법 내재적 보호 수단

헌법 내재적인 보호 수단으로는 개인 또는 단체의 헌법 침해에 대항하는 **기본권 실효제도**와, 정당의 헌법 침해를 방어하는 **위헌정당해산제도**를 들 수 있다. 전자는 개인 또는 단체가 기본권을 악용해서 헌법적 가치 질서를 침해하는 경우 그 개인 또는 단체의 해당 기본권을 한시적으로 실효시켜 헌법을 보호하는 제도이다. 우리는 독일과 달리 이 제도를 채택하지 않았다. 후자는 헌법질서를 파괴할 목적으로 조직되거나 활동하는 정당을 해산시켜 헌법을 지키는 것이다. 정당 민주주의 헌법질서에서 정당은 국민의 정치적 의사를 국정에 반영하는 통로역할을 하는 필수 불가결한 정치조직이다. 그래서 우리 헌법도 정당 설립은 물론 정당의 민주적인 활동을 보장하면서 국고보조금을 지원할 수 있도록 했다. 그런데 정당이 헌법의 보호를 악용해서 오히려 우리 자유민주주의 헌법질서를 파괴할 목적으로 활동하는 때에는 그 정당은 더는 보호해줄 가치가 없으므로 해산시켜 헌법을 지켜야 한다. 우리 헌법도 정당해산제도를 규정하고 있다(제8조 제4항). 2014년 통합진보당에 대한 해산 결정이 그 예이다. 기본권 실효제도나 위헌정당해산제도는 헌법의 적으로부터 헌법을 지키려는 헌법의 자기방어 수단이므로 방어적 또는 투쟁적인 성격을 가져 이 제도를 흔히 **방어적 또는 투쟁적 민주주의 제도**라고 부른다. 그런데 방어적·투쟁적 민주주의 수단이 오히려 국민의 기본권과 정당 활동을 제한·억압하는 수단으로 악용 남용되는 일이 없도록 반드시 헌법재판소만이 그 권한을 갖게 했다.

(나) 헌법 외적 보호 수단

헌법 외적 보호 수단으로는 **형사법적** 또는 **행정법적** 보호 수단이 있다. 전자는 국가가 형벌권을 발동해서 사법 작용을 통해 헌법의 적으로부터 헌법을 지키는 것인데 형법상의 내란·외환죄와 국가보안법상의 여러 처벌 규정이 그 예이다. 후자는 국가의 행정작용인 경찰권 등 행정권을 발동해서 헌법을 지키는 것이다. 국가 공무원에 대한 신원조회제도, 각종 단체의 설립·변경·해산에 대한 등록제도 등이 그 예이다.

(다) 개인과 단체에 대한 헌법보호의 한계

헌법보호는 자유의 적에게는 자유를 인정할 수 없다는 사상이 표현된 방어적·투쟁적 민주주의 수단이기 때문에 반드시 헌법 침해를 전제로 한다. 따라서 헌법보호가 오히려 국민과 정당의 정당한 기본권 행사를 억압하는 수단으로 악용되는 일이 있어서는 아니 된다. 특히 국가권력에 대한 국민의 비판적인 복종의 자세를 저항권으로 이해하면 국민과 정당이 정치생활에서 언론의 자유, 보도의 자유, 집회 결사의 자유, 정당설립 및 활동의 자유 등을 행사해서 국가권력을 비판하는 것을 억압하는 수단으로 악용해서는 아니 된다. 이곳에 개인과 단체에 대한 헌법보호의 한계가 있다.

2) 헌법보호의 최후수단 — 저항권

헌법에 명문의 규정은 없어도 국민의 저항권은 헌법보호의 예비적인 최후수단이다. 즉 국가권력에 의한 헌법 침해가 국가기관 간의 상호 견제와 통제장치로 막을 수 없는 때에는 마지막으로 헌법제정권자인 주권자 국민이 나설 수밖에 없다. 따라서 저항권은 실정법을 떠나서 초실정법적으로 인정되는 기본권인 동시에 헌법보호의 예비적인 최후수단이다.

과거에는 저항권을 힘의 행사라고 생각해서 저항권의 인정은 무질서와 혼란으로 이어진다는 관점에서 저항권을 부인하기도 했으나 오늘에 와서는 저항권을 반드시 힘의 행사와 결부시키지 않고 국가권력에 대한 국민의 '**비판적인 복종의 자세**'로 이해하므로 부인할 이유가 없다. 구체적으로 저항권이란 국가권력에 대한 회의적인 자세, 공공연히 비판할 수 있는 용기, 불법적인 권력 행사에 대한 단호한 거부 태도 등을 통해 국가의 권력 행사를 수시로 통제하는 것이다.

독일처럼 저항권을 헌법(기본법 제20조 제4항)에서 인정하고 있는 경우에는 저항권의 남용에 의한 무질서를 방지하기 위해서 저항권의 행사요건을 엄격하게 해석하게 된다. 일반적으로 **보충성**(**예비성**), **최후수단성**, **성공가능성** 등이 저항권의 행사요건으로 인식되고 있다. 즉 저항권은 다른 모든 헌법적인 수단을 다 동원해도 국가권력에 의한 헌법 침해를 막을 수 없는 때에만 보충적 예비적으로만 행사해야 한다는 것이다. 또 저항권은 헌법이 침해되는 초기 단계가 아니라 끝까지 기다렸다가 헌법적 가치가 완전히 파괴되기 직전에 최후수단으로 행사해야 한다고 한다. 나아가 저항권의 행사는 성공 가능성이 있는 경우에만 행사하라는 것이다. 이 세 가지 행사요건을 충족하지 못하는 저항권의 행사는 불법적인 저항권의 행사로 취급되어 처벌의 대상이 된다.

그렇지만 이 세 가지 요건을 모두 충족할 수 있는 저항권의 행사는 사실상 불가능하다. 왜냐하면 헌법질서의 파괴를 효과적으로 막으려면 헌법 침해의 초기 단계에 저항권을 행사해야 하는데 이 초기 단계에서는 아직 최후수단성을 충족할 수 없고, 불법적인 국가권력이 견고하게 자리 잡은 후에 최후수단으로서의 저항권의 행사는 성공가능성이 희박하기 때문이다. 바로 이런 이유로 저항권을 실정법으로 규정하는 것은 큰 의미가 없다. 저항권을 국민의 일상생활에서의 국가권력에 대한 '비판적인 복종의 자세'로 이해하게 된 이유이다.

제 2 편

우리 헌법의 역사와 기본원리

제1장 우리 헌법의 역사

1. 건국헌법

1) 건국헌법의 제정 과정

우리나라는 일본이 제2차 세계대전에서 패망한 후 1945년 8월 15일 일본 식민 통치에서 광복을 되찾은 후에 38선으로 분단된 남·북이 극심한 이념적인 혼란을 겪었다. 그에 더하여 전승국 상호 간의 이해관계, 특히 북한 지역을 점령한 소련이 한반도 통일에 반대했다. 그 결과 1948년 2월 27일 유엔의 결의에 따라 1948년 5월 10일 우선 선거가 가능한 남쪽 지역에서만 헌법제정을 위한 제헌의원이 선출되었다. 이 제헌의회가 우여곡절을 겪으면서 1948년 7월 12일 단원제와 대통령제를 주요 골자로 하는 대한민국 헌법을 제정하고 이 헌법이 7월 17일 공포·시행되었다. 이 건국헌법의 제정으로 대한민국이 건국되고 1948년 12월 파리 제3차 유엔총회에서 대한민국을 한반도의 유일한 합법정부로 선언한 총회결의를 채택했다. 일본 식민 통치에 반대하며 우리 한민족이 국내외에서 끊임없이 집요하게 펼친 독립운동과 1919년 상해 대한민국 임시정부의 수립 등으로 표출된 건국의 열망이 마침내 결실을 거둔 것이다. 즉 일본 식민 통치를 벗어나 독립 국가를 건설하려는 국민 사이의 공감대가 확립된 상황에서 해외에서 활동하던 독립투사들이 귀국해서 중심세력을 형성하고 모든 국민이 적극적으로 그 리드에 참여하는(제헌의원 선거에서의 95.5% 높은 투표율) 역사적인 상황이 건국헌법 제정의 바탕이 되었다.

2) 건국헌법의 주요 내용

우리 건국헌법은 자유민주주의 헌법이 갖추어야 하는 내용을 담고 있다. 삼권분립, 사법권 독립, 4년 임기의 단원제 국회, 국회에서 선출하고 중임은 한차례만 가능한 4년 임기의 대통령제, 부통령과 국무총리제, 위헌법률의 심사를 위한 헌법위원회, 대통령 탄핵을 위한 탄핵재판소, 지방자치제, 통제경제 바탕의 경제질서, 국회 재적의원 2/3 찬성의 헌법개정 절차 등이다.

3) 건국헌법 개정의 역사

건국헌법은 이승만 대통령의 장기집권 야욕 때문에 1952년의 이른바 '발췌개헌'(**제1차 개헌**)과 1954년의 이른바 '사사오입 개헌'(**제2차 개헌**) 등 두 번 개정되었다. 제1차 개헌은 대통령 직선제와 국무원 불신임제의 도입을 그 핵심 내용으로 하는데, 개헌의 주체인 국회의원들을 위협 연금하는 등 공포 분위기 속에서 개헌안 공고절차도 생략하는 등 그 절차가 위헌·위법적인 개헌이었다. 제2차 개헌은 이 대통령의 3선 허용이 그 핵심적인 내용이었다. 그 밖에도 국민투표제 도입, 국무총리제 폐지 및 국무위원에 대한 개별적 불신임제 채택, 부통령의 대통령 지위 승계제도, 헌법개정의 국민발안 및 헌법개정의 한계 조항 신설, 군법회의의 헌법상 근거 명시, 자유 경제체제의 도입 등도 담고 있다. 이 2차 개헌은 개헌에 필요한 의결정족수를 사사오입 셈법으로 억지로 채워 이루어진 위헌·위법한 것이었다.

2. 제2공화국 헌법

1) 제2공화국 헌법의 제정 과정

이승만 자유당 정권이 자행한 1960년 '3·15 부정선거'를 규탄하는 '4·19' 학생시위를 시작으로 자유당 정권에 대한 국민의 저항 물결이 전국적으로 확산했다. 이 대통령이 물러나고 국회가 개헌과 총선거를 골자로 하는 시국 수습방안을 결의한 후 허정을 수반으로 하는 과도정부가 구성되어 시국 수습에 나섰다. 시국 수습방안의 하나로 1960년 6월 의원내각제를 채택한 개헌안(**제3차 개헌**)이 국회를 통과하고 공포 시행되었다. 국회는 개헌안을 통과시킨 후 7월 자진 해산하고 곧 다음 날 새 국회(민의원과 참의원의 양원)를 구성하기 위한 총선거가 실시되어 새 국회와 내각이 구성되었다. 의원내각제의 제2공화국이 탄생한 것이다.

제3차 개헌에 관해서는 혁명에 의한 헌법제정으로 보는 시각과 국민의 저항권 행사에 의한 헌법 개혁으로 보는 시각이 대립하고 있다. 4·19를 혁명으로 보는 시각에서는 구 국회가 제3차 개헌 후에 자진 해산하고 새 국회의원 총선거로 새 국회와 정부를 구성했다는 점을 들어 총선거가 개정헌법에 대한 국민투표의 의미를 갖는 헌법제정이라고 평가한다. 반면에 제3차 개헌이 새로운 헌법을 제정해야 할 역사적인 상황까지는 조성되지 않고 자유당 독재정권을 청산할 목적으로 구 헌법의 개정 절차에 따라 이루어졌다는 점에서 헌법의 전면적인 개혁이라고 평가한다.

2) 제2공화국 헌법의 주요 내용

제2공화국 헌법은 그 탄생 계기가 된 당시의 시대적인 요청인 대통령의 권력 제한과 국민의 기본권 보장 강화, 공명선거 보장 등을 반영한 것이었다. 그 결과 대통령제 대신 의원내각제 채택, 권력 통제를 위한 헌법재판소 신설, 대법원장과 대법관의 선거제를 통한 사법권 독립의 강화, 기본권 제한의 한계를 정하는 본질적 내용의 침해 금지조항 신설, 중앙선거관리위원회의 헌법적 지위 강화를 통한 선거의 실효적인 관리제도, 공무원의 정치적 중립의 헌법제도화, 지방자치단체 장의 선거제를 통한 지방자치제도의 강화 등을 그 핵심 내용으로 담고 있다.

3) 제2공화국 헌법의 개정 내용

제2공화국 헌법은 반민주행위자 처벌을 위해서 1960년 11월 헌법 부칙을 고쳐 3·15 부정 선거 관련자의 처벌, 자유당 정권의 반민주행위자 공민권 제한, 부정 축재한 사람의 행정·형사적 처리를 위한 특별법 제정 및 이들 사건을 맡을 특별 검찰부와 특별 재판소 설치에 관한 헌법상의 근거 조항을 마련했다(**제4차 개헌**).

3. 제3공화국 헌법

1) 제3공화국 헌법의 제정 과정

제2공화국은 민주당이 원내 2/3 이상의 의석을 차지한 가운데 출발했다. 그러나 당내의 구파와 신파의 당파 싸움으로 대통령에는 구파의 윤보선 대통령이 그리고 국무총리에는 신파의 장면 총리가 선출되는 등 처음부터 국정을 효율적으로 운영하는 정치력을 발휘하지 못했다. 사회적으로도 억압 받던 자유 의식의 발현으로 몹시 혼란한 상태였다.

이런 상황에서 1961년 5·16 박정희가 군사쿠데타를 일으켜 민주당 정권이 무너지고 국회도 해산되었다. 입법·행정·사법권은 군사혁명의 주체인 '국가재건최고회의' 의장인 박정희가 장악했다. 헌법의 효력은 상실되고 이 최고회의가 만든 '국가재건비상조치법'에 따라 국정이 운영되었다. 우리 헌정사상 처음으로 군사독재정권이 탄생한 것이다.

군사정부는 1962년 7월 민정 이양을 위해서 '헌법심의위원회'를 구성해서 헌법개정안을 만들도록 했다. 이 위원회가 마련하고 최고회의의 의결을 거친 헌법안이 1962년 12월 17일 국민투표로 확정되고 같은 달 27일 공포되었다(**제5차 개헌**). 이 헌법은 그 부칙이 정한 대로 이 헌법에 의한 국회가 처음 집회한 날인 1963년 12월 17일 효력을 발생했다.

이 헌법은 비록 그 전문에서 '1948년 7월 12일에 제정한 헌법을 국민투표로 개정한다'고 규정했으나 그 본질은 성공한 군사쿠데타 세력에 의한 새로운 헌법의 제정이라고 평가하는 것이 합리적이다.

2) 제3공화국 헌법의 주요내용

제3공화국 헌법은 구 헌법질서를 되도록 준수·보장하려는 혁명 주체 세력의 의지가 반영된 결과 자유민주주의를 실현하기 위한 헌법 제도를 많이 수용했지만 오히려 약화된 사항도 있다. 결과적으로는 제1공화국 헌법에 더 가까운 내용이었다. 즉 단원제 국회와 변형된 대통령제를 채택한 점이 그 대표적인 예이다. 그 밖에도 헌법개정에 대한 국민투표제도 도입, 인간의 존엄과 가치의 존중 조항 신설, 기본권 제한 가능성의 확대로 인한 기본권 보장의 약화, 정당 국가의 강화를 위한 임기 중 당적 이탈·변경자의 의원직 상실제도, 헌법재판소의 폐지 대신 위헌법률의 사법심사제도 도입, 대법원장과 대법관의 선거제 폐지와 법관추천회의의 추천에 의한 대통령 임명제 도입 등이 주요 내용이다.

3) 제3공화국 헌법의 개정 내용

군사쿠데타 세력은 민정 불참 선언을 뒤집고 1963년 3 · 16 군정 4년 연장을 선언한 가운데 1963년 8월 실시한 대통령 선거와 국회의원 선거에서 박정희가 대통령에 당선되고 사전 조직된 혁명 세력의 민주공화당이 절대다수 국회 의석을 차지했다. 1963년 12월 17일 국회가 개원하고 헌법도 이날 효력을 발생했다. 그러나 박정희 정부가 헌법 정신에 어긋나는 독재체제를 구축하면서 국회와 사법부는 행정부의 시녀로 전락했다. 그 결과 1967년 실시된 대통령 선거와 국회의원 선거에서도 박정희가 대통령으로 재선되고 민주공화당은 2/3의 국회 의석을 차지했다. 박정희는 장기집권을 위해서 1969년 야당 의원을 배제한 여당의원이 비밀리에 따로 모인 불법국회에서 대통령의 3선을 위한 헌법개정을 강행했다(**제6차 개헌**). 이 개헌안은 대통령 재임 기간을 3기로 제한했지만, 대통령에 대한 탄핵소추의 발의와 의결을 더욱 엄격하게 하고, 국회의원을 증원하면서 국무위원의 겸직을 허용했다.

4. 제4공화국 헌법

1) 제4공화국 헌법의 제정 과정

박정희는 1971년 3선에 성공했지만, 민주공화당은 국회에서 의석수가 크게 줄고 야당인 신민당의 의석수가 크게 늘어 정부 통제가 강화되었다. 그러자 박정희는 분단된 조국의 안보를 구실로 12월에 국가비상사태를 선포하고 대통령에게 초헌법적인 국가긴급권의 행사를 허용하는 '국가보위에 관한 특별조치법'을 만들어 국민의 기본권을 제한하는 독재체제를 강화해 나갔다.

1972년 남북간 비밀접촉의 산물인 이른바 '**7 · 4 남북 공동 성명**'을 발표하고 같은 해 10월 17일 전국에 비상계엄을 선포하고 두 달간 헌정 중단과 새 헌법제정을 위한 이른바 '**10 · 17 비상조치**'를 단행했다. 이 비상조치에 따라 개헌 임무를 맡은 비상국무회의가 마련한 개헌안을 10월 27일 공고한 후 국민투표에 부쳐 확정해서 12월 27일 공포 · 시행되었다. 이른바 '**유신헌법**'이 탄생한 것이다(**제7차 개헌**).

이 유신헌법은 현직 대통령이 정변을 일으켜 자의적으로 헌법의 효력을 중단시키고 초헌법적인 힘과 방법으로 만든 것이어서 헌법의 규범적인 테두리 내에서는 도저히 설명할 수 없는 결과물이기 때문에 국민투표를 통한 헌법개정을 강조하는 전문의 문구에도 불구하고 새 헌법제정의 성격을 부인할 수 없다고 할 것이다.

2) 제4공화국 헌법의 주요내용

제4공화국 헌법은 정변을 일으킨 정치 상황을 규범화한 내용이다. 즉 헌정질서를 통일접근체제로 만들기 위해 불가피하다는 이유로 국민의 기본권은 심각하게 약화하면서 대통령의 권한은 크게 강화하는 내용이었다. 즉 국민의 기본권 제한의 한계를 폐지해서 본질적인 내용까지 제한할 수 있게 하고, 인신권과 재산권 및 참정권을 많이 축소했다. 대통령 중임제한 규정을 없애 장기집권을 허용하면서 대통령 직선제 대신 '통일주체국민회의'에서 간접 선거하게 했다. 이 기구에 대통령이 추천한 국회의원 정수의 1/3의 선출권까지 부여해 대통령이 입법권까지 장악하게 했다. 대통령에게 긴급조치권과 국회해산권, 법관 임명권 등을 주어 그 권한을 크게 강화했다. 반면에 국회의 권한은 크게 약화해 국정감사권을 폐지하고 국회의 회기를 단축했다. 대통령에게 법관 임명권과 법관에 대한 징계파면권을 주어 사법권의 정치 예속화를 강화했다. 위헌법률의 사법심사제 대신 헌법위원회를 신설해 그 기능을 맡겼다. 헌법개정 절차를 국민투표에 의한 절차와 통일주체국민회의의 의결 절차로 2원화해서 대통령 발의 개헌안은 국민투표로 쉽게, 국회 발의 개헌안은 국회 의결과 통일주체국민회의의 의결의 2중 절차를 거치도록 어렵게 만들었다. 지방의회 구성을 통일 이후로 연기해 지방자치를 사실상 포기했다.

5. 제5공화국 헌법

1) 제5공화국 헌법의 제정 과정

1972년 12월 23일 통일주체국민회의에서 제8대 대통령으로 선출된 박정희 대통령(4선)의 여당은 1973년 2월 1구 2인의 중선거구제로 실시한 국회의원 선거에서도 원내 과반수 의석을 차지했다. 박 대통령이 추천해서 통일주체국민회의에서 뽑힌 여당 국회의원들은 원내 최대 교섭단체 '유정회'를 만들어 박 대통령의 독재정치를 적극적으로 지원했다. 박 대통령은 법원조직법 개정을 통한 법관 재임용의 방법으로 비협조적인 법관을 제거하는 방법으로 사법부까지 장악했다. 박 대통령은 '**공화적 군주**'로 군림하면서 독재정치를 강화해 나갔으나 국민의 저항은 날로 심해져 '유신헌법철폐', '정권타도'의 국민운동이 전국적으로 확산했다. 박 대통령은 긴급조치로 이에 대응하려 했으나 오히려 더욱 악화되어 '부산과 마산사태(**부마사태**)'로 이어지자 대통령 측근의 권력 암투가 발생해 박 대통령은 1979년 10월 26일 중앙정보부장에 의해서 살해되었다(**10·26 사태**). 18년의 박정희 독재정치의 종식이었다.

10·26 사태 이후 전국(제주도 제외)에 비상계엄이 선포된 가운데 최규하 국무총리가 대통령 권한을 대행하다가 12월에 10대 대통령으로 선출되어 긴급조치를 해제하는 등 헌법개정을 준비하는 등 민주화 작업을 추진했다. 그러나 권력욕을 가진 전두환(합동수사본부장) 등 일부 군부 세력이 '**12·12 사태**'(정승화 계엄사령관의 강제 연행 무력화)를 시작으로 이듬해 '**5·18 사건**'(광주 민주화운동 무력 진압)에 이르기까지 **단계적 군사쿠데타**를 일으켰다. 전두환은 1960년 '국가보위비상대책위원회'를 구성해서 그 상임위원장으로 실권을 장악했다. 1980년 8월 최규하는 사임하고 곧이어 전두환이 11대 대통령으로 선출되어 9월 1일 취임했다. 우리 헌정사상 두 번째 군사쿠데타였다. 전두환이 구성한 '헌법개정심의위원회'가 헌법개정안을 만들어 공고하고 10월 23일 국민투표로 확정되어 같은 달 27일 공포·발효했다(**제8차 개헌**). 새 헌법의 발효와 함께 국회와 통일주체국민회의는 해산되고 대통령이 임명한 81명으로 '국가보위입법회의'를 구성해서 헌법 시행에 필요한 각종 헌법 부속 법률을 제정하는 등 국회의 권한을 대행했다. 이 헌법은 아무리 개정의 형식을 밟았다고 해도 전두환 등 쿠데타 세력이 비상계엄이 선포된 가운데 만든 새로운 헌법의 제정이라고 보는 것이 합리적이다.

2) 제5공화국 헌법의 주요내용

제5공화국 헌법은 유신헌법의 비민주적인 여러 독소조항을 많이 폐지하고 국민의 기본권을 강화하는 여러 규정을 추가했다. 즉 행복추구권, 형사 피고인의 무죄 추정원칙, 사생활의 비밀과 자유 보호, 적정임금 보장, 환경권, 연좌제 금지, 전통민족문화의 계승·발전·창달 촉진 등을 신설하면서 기본권의 본질적 내용의 침해금지조항을 부활시켰다. 그 밖에도 구속적부심제도의 부활, 긴급구속 요건의 강화, 자백의 증거능력 제한 등의 규정으로 기본권 보장의 실효성을 높였다.

대통령의 권한도 많이 축소 약화했다. 즉 대통령의 국회해산권과 비상조치권의 제한, 대통령의 국회의원 1/3의 추천권 폐지, 대통령 선거에서의 정당 활동과 경쟁 선거의 보장, 대통령 임기를 7년 단임으로 제한했다. 그러나 대통령의 간선제는 유지하면서 통일주체국민회의 대신 '대통령선거인단'에서 선거하도록 했다. 그 밖에도 정당의 국고 보조제를 신설했고 국회의 국정조사권을 부활시켰다. 대법원장에게 법관 임명권을 주고 징계처분에 의한 법관 파면제를 폐지해서 사법권의 독립을 강화했다. 경제조항에서는 자유시장경제질서를 기본으로 하면서도 독과점 금지, 중소기업 보호육성, 소비자보호 등을 새로 신설했다. 헌법개정 방법의 2원주의도 폐지하고 헌법은 오로지 국회의 2/3 의결과 국민투표로만 고칠 수 있게 했다.

6. 제6공화국 헌법

1) 제6공화국 헌법의 제정 과정

1981년 2월 25일 전두환이 대통령선거인단에서 제12대 대통령으로 선출되어 3월 3일 취임했다. 3월 25일 국회의원 선거로 276명의 국회가 구성되고 4월 11일 그 활동을 시작했다.

그러나 전두환의 제5공화국은 단계적 군사쿠데타로 탄생해서 처음부터 정권의 민주적 정당성이 취약할 수밖에 없어 국민의 지속적인 저항에 맞서야 했다. 그래서 그 통치기반이 열악한 전두환은 국민 설득이 아닌 '힘'으로 정권을 지키려고 여러 가지 독재적인 수단을 남용했다. 그러나 대통령 직선제를 요구하는 국민의 저항은 더욱 거세져 1985년 2월 12일 총선거에서 대통령 직선제를 공약한 야당(신민 · 민한 · 국민당)이 크게 승리했다. 그런데도 전두환은 국민의 직선제 개헌 및 민주화의 요구를 거부한 채 개헌을 저지하는 정책으로 일관해서 국민을 더욱 분노하게 했다. 국민의 분노가 폭발한 1987년 '**6월항쟁**'에 굴복한 집권 세력은 노태우 민정당 대통령 후보가 국민의 요구를 수용하는 '**6 · 29 선언**'을 발표하고 전두환이 이를 수락함으로써 대통령 직선제 개헌이 가능해졌다. 그래서 여 · 야가 합의한 개헌안이 1987년 10월 12일 국회에서 의결되고 10월 27일 국민투표에서 확정되어 같은 달 29일 공포되었다(**제9차 개헌**). 우리 현행 헌법이 탄생한 것이다.

이 제9차 개헌은 구 헌법 조문의 많은 부분(약 37%)을 고친 것이지만 국민의 직선제 요구를 받아들여 철저히 구 헌법의 개헌 절차에 따라 이루어진 것이므로 헌법제정이 아닌 헌법 개혁에 해당한다. 그래서 이 제9차 개헌으로 탄생한 노태우 정권을 제6공화국으로 부르는 것은 헌법 이론적으로는 타당한 헌정의 시대구분이 아니다. 특히 노태우 정권은 전두환과 함께 단계적 군사쿠데타를 일으킨 동질적인 군부 세력이었기 때문에 헌정사의 시대구분을 바꿀 이유가 전혀 없다. 개헌 후에도 여전히 제5공화국의 연속이라고 보는 것이 가장 합리적이다. 그런데도 제6공화국으로 부르는 관행이 굳어졌다. 다만 제6공화국이라는 칭호를 1990년 3당 합당(민정 · 민주 · 공화당)으로 민주자유당이 탄생한 달라진 정치 상황과, 특히 1993년 김영삼 대통령이 제14대 대통령으로 선출되어 완전한 문민 정권이 실현된 정치적인 상황을 강조하는 의미로 이해할 수는 있을 것이다.

2) 제6공화국 헌법의 주요내용

제6공화국 헌법은 그 개정 배경의 역사적 상황을 반영한 내용이었다. 즉 대통령 직선제와 5년 단임제 도입과 기본권 강화, 군의 정치적 중립성 강조, '4 · 19' 민주 이념을 계승한 민주개혁과 자유민주적 기본질서에 입각한 평화통일의 역사적 사명 강조 등이 핵심 내용이다.

기본권 강화를 위한 구체적 내용을 살펴보면 적법절차의 신설, 체포 · 구속 시의 고지 및 가족에의 통지의무 명시, 언론 · 출판 · 집회 · 결사의 허가 · 검열 금지, 재산권 수용 시의 정당 보상제도 도입, 형사피의자와 불기소 처분자의 형사보상청구권 보장, 형사피해자의 공판진술권과 국가구조청구권 신설, 최저임금제 시행의 명문화, 근로자의 단체행동권 제한 사업체의 범위 축소, 여자 · 모성 · 노인 · 청소년 · 신체장애 등 생활무능력자의 권익 보호 등이다.

통치구조에서도 대통령 5년 단임의 직선제 도입 외에 대통령의 비상 조치권 폐지 등 국가긴급권 발동 요건 강화, 국회 해산제도 폐지, 국회의 연간 회기일수 제한의 폐지, 국정감사권의 부활, 국무총리 · 국무위원에 대한 해임의결권을 해임건의권으로 변경, 대법원 판사제를 폐지하고 대법관제도 부활, 헌법재판소 신설 등이 주요 내용이다.

제2장 헌법의 근본이념과 기본원리

1. 헌법전문

1) 헌법전문의 성격과 효력

헌법전문은 헌법제정의 유래와 헌법의 근본이념과 기본원리를 밝히는 헌법 규범의 연혁적·이념적 기초로서 헌법 전체를 이념적으로 지배하는 성문헌법의 도입 부분이다. 그러나 헌법전문이 없는 성문헌법도 있다(예컨대 오스트리아 헌법).

헌법전문의 성격과 효력에 대해서는 많은 견해 대립이 있었다. 하지만 이제는 헌법전문은 단순한 화려한 언어로 된 내실 없는 선언적인 규범이 아니라 헌법규범의 중요한 일부로서 규범적 효력을 갖는다는 것을 부인하는 견해는 드물다. 따라서 헌법전문은 헌법과 법률해석의 기준이 되어 특히 헌법재판에서 재판규범으로 기능한다. 우리 헌법재판소도 초창기부터 같은 취지로 그 결정문에서 헌법전문을 인용하고 있다.[1]

2) 헌법전문의 내용

우리 헌법전문은 헌법이 추구하는 사회통합의 당위성·방향·방법·목표를 제시하면서 우리 헌법이 나름으로 그리고 있는 **'인간상'**(**헌법시민의 모습**)을 밝히면서 우리 헌법이 추구하는 근본이념을 표명하고 있다.

---

1) 헌재결 1989. 9. 8. 88헌가6 참조.

(1) 사회통합의 당위성 · 방향 · 방법 · 목표

헌법전문은 '대한민국 임시정부의 법통'과 '4 · 19' 민주 이념을 계승한 '조국의 민주개혁과 평화적 통일의 사명' 완수에서 사회통합의 당위성을 찾으면서 '자유민주적 기본질서'의 확립을 사회통합의 방향으로 제시하고 있다. 그러면서 '정치 · 경제 · 사회 · 문화의 모든 영역에서 각인의 기회를 균등히 하고, 능력을 최고도로 발휘하게 하며, 자유와 권리에 따르는 책임과 의무를 완수하게 하는' 방법으로 사회통합을 추구한다고 밝히고 있다. 그리고 '안으로는 국민 생활의 균등한 향상을 기하고 밖으로는 항구적인 세계평화와 인류공영에 이바지함으로써 우리들과 우리들 자손의 안전과 자유를 영원히 확보'하는 것을 사회통합의 목표로 설정하고 있다.

(2) 헌법상의 인간상

헌법전문이 제시하고 있는 사회통합의 방향과 방법은 누구에게나 기대할 수는 없고 '주체성'과 '사회성'을 함께 구비한 '자주적 · 사회적' 인간에게만 기대할 수 있다. 따라서 우리 헌법은 이러한 인간상을 전제로 하고 있다고 보아야 한다. 즉 우리 헌법이 그리고 있는 인간상은 역사성이나 사회성에서 유리된 '개인주의적 인간'도 아니고 주체성이 없는 '집단주의적 인간'도 아닌 '**자주적 · 사회적 인간**'이다. 구체적으로는 사회공동생활을 책임 있게 함께 형성해 나갈 사명을 가진 인격체로서의 사회적 인간과 모든 생활영역에서 자결과 자유로운 개성 신장을 추구하고 실현할 수 있는 능력을 가진 인격체로서의 자주적 인간이다. 우리 헌법재판소도 우리 헌법이 전제로 하는 이 주체적이고 사회적인 민주시민으로서의 인간상을 강조한다.[1)]

(3) 헌법이 추구하는 근본이념

헌법전문은 우리 헌법이 추구하는 국민주권의 이념, 정의사회의 이념, 문화민족의 이념, 평화추구의 이념 등을 분명히 밝히고 있다.

---

1) 헌재결 1998. 5. 28. 96헌가5 참조.

2. 국민주권의 이념과 실현원리

1) 국민주권의 이념과 본질

우리 헌법은 헌법전문에서 '국민'을 헌법제정의 주체로 밝혔을 뿐 아니라 헌법 제1조에서도 '대한민국은 민주공화국이다. 대한민국의 주권은 국민에게 있고, 모든 권력은 국민으로부터 나온다'고 국민주권을 강조하고 있다. 우리 헌법도 루소(J.J. Rousseau)의 국민주권 사상을 수용한 것이다. 고전적인 군주주권론, 법 주권론, 국가주권론은 이제는 폐기된 이론이다.

그런데 국민주권 이념의 본질에 관한 고전적 이론은 **'주권'개념 실체설**과 **'국민'개념 2분설**로 나뉜다. 전자는 '주권'이란 국가의사를 결정하는 최고의 독립적이고 불가분적이고, 불가양적인 (**최고성, 독립성, 불가분성, 불가양성**) 권력을 뜻한다고 하면서 이 주권의 귀속 주체가 군주도 국가도 법도 아닌 국민이라는 것을 강조하는 것이 국민주권의 본질이라고 설명한다. 후자는 국민이라는 개념을 **'nation(국민)'**과 **'peuple(인민)'**로 나누는데 nation은 '전체로서의 국민'을, peuple은 '유권자의 전체'를 뜻해서 nation주권은 전체 국민에게 있지만 peuple주권은 유권자 전체에게 있으므로 유권자 한 사람은 총유권자 수를 분모로 하는 하나의 주권을 가진다고 한다.

그러나 주권개념 실체설은 선재하는 '주권'을 전제로 국민이 이를 쟁취한 정치형태를 국민주권이라고 설명한다. 그렇지만 오늘날 국민을 떠나서 선재하는 '주권'이라는 실체를 인정할 수는 없다. 국민개념 이분설도 국민을 전체로서의 국민과 유권자의 전체로 나누는 자체가 아무런 실익이 없는 작위적일 뿐 아니라 1789년 프랑스 혁명 과정에서 이데올로기로 등장한 고전적 개념이다. 나아가 국민은 전체로서의 국민이건 유권자 전체이건 하나의 통일된 행동을 할 수 있는 실체가 아니다. 국민은 다양한 개성과 능력과 이해관계를 가지는 사회공동체 구성 집단을 상징적으로 총칭하는 하나의 **'관념적 크기'**에 불과하다. 그래서 국민은 하나의 통일된 행동을 할 수 있는 '기관'이 아니다. 따라서 선재하는 주권을 전제로 한 주권실체설이나 관념적인 국민의 개념에서 출발하는 고전적인 이론은 이제는 더는 설 땅이 없는 진부한 이론이다. 더욱이 고전적인 주권이론의 뿌리가 군주통치 시대에 군주의 절대권력을 정당화하려는 데 있었기 때문에(**보댕(Bodin)의 군주주권설**) 국민주권이 확립된 오늘의 주권 이론과 이념적인 동질성을 인정할 수 없다.

따라서 오늘날 국민주권이란 국가권력의 정당성이 국민에게 있고, 국가 내의 모든 통치권력의 행사를 국민의 의사에 귀속시킬 수 있는 것을 뜻하는 **국가권력의 정당화 이론**이라고 이해해야 한다. 그래서 국민주권의 원리는 주권자인 국민이 언제나 통치권을 직접 맡아서 행사해야 하는 것은 아니다. 통치권의 담당자를 국민이 뽑고 국민의 선거로 구성된 국가기관의 통치권 행사에 민주적 정당성을 부여하는 것이지(**대의제도**), 국민이 직접 국가기관으로 권력을 행사하는 것은 아니다. 다만 국민은 예외적으로 국민투표를 통해서 직접 정책 결정에 참여할 때도 있다. 즉 '모든 권력은 국민으로부터 나온다'는 헌법(제1조)규정은 국민이 직접 통치권을 행사한다는 뜻이 아니고, 국민은 '국가권력의 샘'으로서 헌법제정권력으로 기능하고, 선거로 국가기관을 구성해서 통치권 행사를 맡겨 이들 국가기관의 권력 행사에 민주적 정당성을 제공해 줄 뿐 아니라 이들 국가기관의 정책 결정에 '여론'의 힘으로 영향력을 행사함으로써(input) 국가작용의 민주적인 조종자로서 기능한다는 뜻이다.

2) 국민주권의 실현원리

우리 헌법은 국민주권의 이념을 실현하는 수단으로 통치권을 국민의 기본권에 기속시키며 자유민주주의 원리와 법치주의원리를 채택하고 있다.

(1) 기본권에 기속되는 통치권(통치권의 기본권 기속성)

사회통합의 원동력이 되는 국민의 공감적인 가치가 헌법에 기본권으로 규범화된 것이기 때문에 주권자인 국민으로부터 위임받은 모든 국가권력(입법 · 행정 · 사법권)은 마땅히 이 기본권을 실현하기 위해서만 행사해야 한다. 따라서 통치권은 기본권 실현의 수단에 불과하다. 통치권이 기본권에 기속된다는 말은 그런 뜻이다. 우리 헌법은 이처럼 통치권을 기본권에 기속시키기 위해서 여러 가지 제도적인 장치를 마련했다. 권력의 집중에 따른 통치권의 남용과 악용을 막기 위해서 3권(입법 · 행정 · 사법권)을 각각 다른 기관에 맡겨(제40조, 제66조 제4항, 제101조 제1항) 서로가 견제와 통제를 하도록 했다. 또 입법권의 과잉 행사로 기본권 실현에 역행하는 일이 없도록 기본권을 제한하는 입법 작용의 헌법적인 한계를 명시했다(제37조 제2항). 나아가 행정권 행사의 법률유보 원칙에 따라 행정작용은 그 내용과 범위를 법률로 정하게 해서 법치행정을 실현하도록 했다(제96조, 제100조, 제114조 제7항 등). 사법권의 독립을 보장해서 공정한 재판을 통한 효과적인 권리구제가 되도록 했다(제101조-제106조). 그에 더하여 헌법재판소가 법률과 명령 · 규칙 · 처분에 대한 위헌 · 위법심사를 하도록 하고 헌법소원을 통해서 국가권력에 의한 기본권 침해에서 구제받도록 했다(제107조, 제111조-113조). 대통령의 국가긴급권 남용으로 인한 기본권 침해를 방지하기 위해서 이 권한의 행사요건을 엄격하게 제한했다(제76조, 제77조).

(2) 자유민주주의 원리

우리 헌법은 국민주권 이념을 실현하기 위해서 자유민주주의 원리를 채택하고 있다. 우리 헌법이 채택한 자유민주주의는 국가권력의 창설은 물론 국가 내에서 행사되는 모든 권력의 최후적인 정당성이 주권자인 국민의 정치적인 합의에 귀착될 수 있는 통치 형태이다. 따라서 국민이 국가권력의 주체인 통치 형태도 아니고 치자=피치자인 통치 형태도 아니다. 또 다수가 무엇이든지 결정할 수 있는 다수결에 의한 상대적 민주주의도 아니다. 다수결은 민주주의의 본질적 내용인 자유 · 평등 · 정의의 실질적인 가치를 실현하는 의사결정의 수단에 불과하므로 다수결이 자유민주주의의 본질은 아니다. 기계적 다수결은 다수의 독재이지 자유민주주의와는 거리가 멀다.

우리 헌법이 채택한 국민투표제도, 선거를 통한 대의제도, 복수정당제도, 지방자치제도는 자유민주주의를 실현하기 위한 제도이다.

(가) 국민투표제도

우리 헌법은 '외교 · 국방 · 통일 기타 국가 안위에 관한 중요정책'에 대한 임의적 국민투표제도(제72조)와 헌법개정에 대한 필수적 국민투표제도(제130조 제2항)를 채택했다.

(나) 선거를 통한 대의제도

우리 헌법은 기본적으로 국민이 뽑은 대의기관에게 정책결정과 정책집행의 권한을 주고 있다. 즉 국민이 선출한 대의기관은 국민의 신임과 위임을 받아 독자적으로 정책 결정과 집행을 하지만 그 결과에 대해서는 다음 선거에서 국민으로부터 책임을 추궁당하고 심판을 받는다. 모든 국민의 참정권을 보장하면서(제24조, 제25조), 보통 · 평등 · 직접 · 비밀 · 자유선거(제41조 제1항, 제67조 제1항)를 통해서 대의기관인 대통령과(제67조) 국회의원을 뽑고 지방자치를 위한 선거제도도 마련하고 있다(제118조). 이 주기적인 선거를 통한 책임추궁뿐 아니라 의사 표현과 청원을 통해서 대의기관의 정책결정이 국민의 공감대와 일치할 수 있도록 유도하기 위한 여러 가지 수시의 투입통로(input-channel)를 함께 마련하고 있다.

(다) 복수정당제도

오늘과 같은 다원사회에서 복수정당은 대의민주주의가 기능하기 의한 불가결한 요소이다. 정당은 국민의 정치적 의사가 국정에 반영될 수 있게 하는 중개자 내지는 통로 역할을 하는 정치결사체이다. 그래서 우리 헌법은 복수정당제도를 보장하면서 '정당은 그 목적, 조직과 활동이 민주적이어야 하며 국민의 정치적 의사 형성에 참여하는데 필요한 조직을 가져야 한다'(제 8조 제2항)고 정하고 있다. 그러면서 정당의 보호 규정(제8조 제3항)을 통해서 정당을 보호하면서도 위헌정당해산제도(제8조 제4항)를 통해서 자유민주주의에 역행하는 정당에 대한 제재수단도 함께 마련했다.

(라) 지방자치제도

현대의 다원적인 복합사회가 요구하는 정치적 다원주의와 자유민주주의를 실현하기 위해서 지방자치제도는 하나의 불가결한 제도이다. 더욱이 오늘날 지방자치제도는 기능적 권력통제수단으로 인식되고 있다. 그래서 우리 헌법도 지역 중심의 자치단체 · 자치기능 · 자치사무를 그 요소로 하는 지방자치제도를 보장하면서(제117조, 제118조), 주민이 선거하는 지방의회와 집행기관인 지방자치단체장의 2원적인 자치기구를 통해 서로 감시 · 견제하게 했다.

(3) 법치주의원리

우리 헌법은 국민의 위임을 받은 국가권력이 악용 · 남용되는 것을 막기 위해서 법치주의원리를 기본원리로 채택하고 있다. 우리 헌법의 법치주의는 국가작용이 '법률의 형식'만 갖추면 되는 '법률만능주의'의 **형식적 법치주의**가 아니라 자유민주주의의 핵심적인 가치인 자유와 평등과 정의를 실현해야 하는 **실질적 법치주의**이다. 따라서 합법성의 근거인 '법률'(lex)과 정당성의 근거인 '법'(jus)을 조화시키는 것이 핵심적인 과제이다.

(가) 법치주의의 의의와 기능

법치주의는 모든 국가작용이 대의기관에서 마련한 법규범을 따르게 해서 자유 · 평등 · 정의를 실현하려는 헌법상의 기본원리이고 자유민주국가의 구조적 원리를 뜻한다. 법치주의는 국가의 권력작용을 순화함으로써 평화롭고 정의로운 생활환경을 조성해서 국가 존립의 기초를 튼튼하게 하는 기능을 한다.

(나) 법치주의의 내용

(a) 법치주의의 실질적 내용

법치주의는 사회 구성원의 공감적인 가치인 자유·평등·정의의 실현을 그 실질적인 내용으로 한다. 다만 자유민주주의가 이런 가치를 국가의 정치 생활의 틀인 통치 형태를 통해서 실현하려는 것과 달리 법치주의는 이런 가치를 국가의 기능이나 조직 형태를 통해서 실현하려는데 차이점이 있다. 같은 가치를 다른 방법으로 실현한다는 점을 강조해서 '**자유민주주의적 법치국가**'라는 혼합개념이 자주 사용되는 이유이다.

따라서 법치주의는 처음부터 자유·평등·정의의 공감적인 가치를 실현할 수 있도록 국가의 기능적·조직적 구조 형태를 정하려는 것이다. 법치주의는 선재하는 국가권력에 대한 방어적 사후적인 통제원리가 아니다.

(b) 법치주의의 제도적 내용

법치주의는 국민의 공감적 가치인 자유·평등·정의가 규범적으로 표현된 기본권의 보장이 그 제도적 내용이다. **기본권 보장**이 없는 법치주의는 상상할 수 없다. 법치주의의 기본권은 선재하는 '국가권력으로부터의 자유'가 아니고, 국가권력을 창설하고 그에 참여하는 '국가에의 참여의 자유'를 뜻한다.

또 권력 집중에서 오는 권력의 악용과 남용의 위험성을 미리 제도적으로 방지하기 위한 **권력분립제도**도 빼놓을 수 없는 법치국가의 제도적 내용이다. 이 권력분립제도도 선재하는 국가권력을 기능적으로 나눈다는 뜻이 아니라 자유·평등·정의의 실현을 위한 국가작용을 처음부터 기능적으로 나누어서 각각 다른 기관에 맡김으로써 책임소재를 분명히 하고 이들 기관 상호 간의 견제와 균형(checks and balances)을 통해서 자유·평등·정의의 실현을 촉진한다는 데 그 참된 의미가 있다.

(c) 법치주의의 절차적·형식적 내용

법치주의가 실효성을 나타내기 위해서는 국가작용의 절차와 형식이 객관적인 기준에 맞도록 행사되어야 한다. 따라서 모든 국가작용은 명확성·특정성·예측 가능성·객관성·안정성 등의 절차적·형식적 요건을 갖추어야 한다. 그렇다고 해서 국가작용의 모든 분야를 빈틈없이 법제화할 것을 요구하는 것은 아니다. 그것은 오히려 형식적인 법률만능주의로 흐를 가능성이 크다.

그보다는 모든 입법작용이 헌법과 법원리에 어긋나지 않게 하고, **법치행정**을 실현하고, **효과적인 권리구제**가 되도록 하며, 정당한 **신뢰를 보호**하고, 국가작용의 **소급효력을 금지**하고, **과잉금지원칙**을 지키는 것 등이 법치주의의 중요한 절차적·형식적 내용이다.

(다) 우리 헌법상의 법치주의 제도

우리 헌법은 법치주의의 실질적·제도적 내용과 절차적·형식적 내용을 모두 규정하고 있다.

즉 기본권을 보장하고(제2장) 권력분립제도를 채택했으며(제40조, 제66조 제4항, 제101조), 입법작용을 헌법과 법원리에 따르게 하려고 헌법재판소를 설치해서 법률에 대한 위헌심사를 하도록 하고(제107조 제1항, 제111조 제1항 제1호, 제113조 제1항), 행정작용의 내용과 절차가 합법성을 유지하도록 법치행정을 보장했다(제75조, 제107조 제2항, 제3항, 제96조, 제100조, 제114조 제6항, 제7항). 나아가 효과적인 권리구제를 위해서 국가배상청구권(제29조), 손실보상청구권(제23조 제3항), 형사보상청구권(제28조), 청원권(제26조), 헌법소원심판청구권(제111조 제1항 제5호), 위헌법률심판청구권(제107조 제1항), 인신보호를 위한 여러 가지 사법절차적인 기본권(고문을 받지 아니할 권리, 불리한 진술거부권, 영장제시요구권, 변호인의 도움을 받을 권리, 체포·구속시에 이유와 권리를 고지받을 권리, 구속적부심사청구권, 합법적인 신속한 재판을 받을 권리) 등을 보장하고 있다. 그리고 신뢰의 보호를 위해서 법률의 소급효력을 원칙적으로 금지하고 죄형법정주의와 형벌불소급의 원칙 및 일사부재리 내지 이중처벌의 금지를 규정하고 있다(제13조 제1항, 제2항). 또 기본권 제한입법의 한계조항(제37조 제2항)을 통해 과잉금지원칙을 채택해서 기본권 제한 입법은 정당한 목적(**목적의 정당성**)과 목적 달성을 위한 가장 효과적인 방법(**수단의 적합성**)으로 최소한의 제한에 그쳐야 하고(**침해 최소성**) 사익과 공익 간의 법익 균형도 지켜야 하지만(**법익 균형성**) 기본권의 본질적 내용은 절대로 침해할 수 없다는 점을 분명히 밝히고 있다. 마지막으로 국가긴급권의 발동요건을 엄격하게 제한하고 국회의 사후통제를 통해 남용되는 일이 없도록 정했다(제76조, 제77조).

3. 정의사회의 이념과 실현원리

1) 정의사회 이념의 본질

우리 헌법이 추구하는 정의사회는 모든 경제적·경제외적인 불의를 배격하며 누구나 균등한 기회로 개성과 능력을 발휘해서 국민 생활이 고르고 풍요롭게 되는 정의로운 사회이다. 우리 헌법전문에서 '정의·인도와 동포애로써 민족의 단결을 공고히 하고, 모든 사회적 폐습과 불의를 타파하며, 모든 생활영역에서 기회를 균등히 하고 능력을 최고도로 발휘하게 하여 국민 생활의 균등한 향상을 기하'겠다고 밝힌 이념 지표가 바로 정의사회 이념이다. 그리고 사회적 기본권의 형식으로 사회국가원리를 채택하고, 정의사회 이념에 맞도록 개인과 기업의 경제상의 자유와 창의를 존중하면서도 경제정의의 실현을 위해서는 국가의 규제와 조정을 허용하고 있는 것도 정의사회의 이념에 따른 것이다. 이처럼 정의사회 이념은 '국가'영역과 '사회'영역을 구별해서 사회의 국가 지향적 활동 영역을 폭넓게 인정하면서도(input) 국가의 사회에 대한 간섭과 규제(output)의 가능성도 배제하지 않는다.

2) 정의사회의 실현원리

우리 헌법은 정의사회 이념을 실현하기 위해서 사회적 기본권을 보장해서 사회국가를 지향하고 사회적 시장 경제질서를 채택했다.

(1) 사회적 기본권의 보장

(가) 사회적 기본권의 내용

우리 헌법은 정의사회 이념을 실현하기 위해서 사회적 기본권(생활권적 기본권)을 폭넓게 보장하고 있다. 국민생활의 상향식 평준화를 통해서 정의사회를 실현하겠다는 의지의 표현이다. 이를 열거하면 다음과 같다. 모든 기본권의 이념적 기초인 인간의 존엄과 가치의 보장(제10조), 기본권 실현의 방법적 기초인 평등권(제11조), 국민 생활의 물질적 기초인 재산권보장과 그 사회기속성 강조(제23조), 직업의 자유(제15조), 교육의 기회균등(제31조), 근로의 권리와 최저임금제도(제32조), 노동3권(제33조), 인간다운 생활을 할 권리 및 생활무능력자에 대한 국가의 보호(제34조), 환경권(제35조), 보건권(제36조 제3항), 범죄피해자의 국가구조제도(제30조), 여자의 복지와 권리 및 기회균등의 보장(제32조 제4항, 제34조 제3항, 제36조), 연소근로자 보호(제32조 제5항) 등이다.

(나) 사회적 기본권의 성격

사회적 기본권은 단순한 주관적 권리의 성격만을 갖는 것은 아니다. 사회적 기본권을 주관적 권리로만 이해한다면 사회적 기본권은 거의 실효성이 없는 선언적인 규정에 불과하다. 사회적 기본권의 실현에는 국가의 많은 재정투자와 적극행정이 필요한데 국민이 사회적 기본권을 근거로 국가의 재정투자를 강제할 방법이 없기 때문이다. 따라서 사회적 기본권은 우리 헌법의 객관적 가치질서인 사회국가원리를 상징하는 구조적인 원리의 성격을 함께 갖는다고 이해해야 한다. 그래야 국가는 사회·노동·경제·조세정책 등을 통해서 이들 사회적 기본권을 실현해야 할 헌법상의 의무가 생긴다. 기본권의 양면성이 사회적 기본권에서는 특별히 중요한 의미가 있다. 다만 사회적 기본권을 실현하는 정책을 세울 때 언제나 정책목표가 '**자유 속의 평등**'을 지향해야지 반대로 '**자유 대신에 평등**'을 추구하면 아니 된다. 그것은 자유도 평등도 모두 잃게 되는 사회주의 국가로 변질될 위험성이 크기 때문이다.

(2) 사회국가원리

(가) 사회국가원리에 따른 국가의 정책 방향

우리 헌법은 국가의 사회보장·사회복지의 증진 노력 의무(제34조 제2항), 국가의 모성보호와 여자의 복지 및 권익향상 의무(제34조 제3항, 제36조 제2항), 노인과 청소년의 복지향상 등의 정책실시 의무(제34조 제4항), 생활 무능력자의 보호 의무(제34조 제5항), 재해예방과 국민보호 의무(제34조 제6항), 국민의 쾌적한 주거생활 환경 조성을 위한 주택개발정책 수립 의무(제35조 제3항) 등 사회국가 실현을 위한 정책 방향을 구체적으로 제시하고 있다.

(나) 사회국가원리의 법적 성격

사회국가원리는 국가의 구조적 원리에 속해 국가의 구조가 사회국가의 내용에 맞도록 형성될 것을 헌법이 명령하는 것이기 때문에 단순한 '선언적 규범'의 성격을 갖는 것이 아니다. 사회국가원리는 사회국가실현의 헌법 지침적 성격과 수권 규범적 성격을 가지고 있다고 보아야 한다.

(다) 사회국가의 내용

사회국가원리의 가장 핵심적인 내용은 실질적인 자유와 평등의 실현이다. 즉 자유주의의 영향으로 계약의 자유와 자율적 경제활동이 신성불가침한 것으로 인식되어 왔다. 그러나 사회의 많은 구성원이 자율적인 경제생활능력의 부족으로 그들 스스로의 힘만으로는 실질적인 자유와 평등을 누릴 수 없게 되었다. 그래서 국가가 사회·경제 정책으로 그들의 실질적인 자유와 평등의 실현을 적극적으로 뒷받침해 줌으로써 사회평화와 사회안정을 꾀하는 것이 사회국가의 내용이요 목표이고 당위성이다. 예컨대 직업선택의 자유가 실업으로 무의미해지지 않고, 균등한 교육을 받을 권리가 재력의 차이로 불평등한 교육의 원인이 되지 않도록 '자유'와 '평등'의 효과가 실질적으로 발휘될 수 있는 사회구조의 골격을 짜는 것이 사회국가의 실질적인 내용이다.

'자유'와 '평등'의 실질적 가치를 민주주의 원리는 통치형태적으로, 그리고 법치국가는 그것을 국가의 기능을 통해 실현하는 것이라면, 사회국가는 사회조직의 골격적인 틀을 통해서 실현하는 것이다. 따라서 민주주의 원리와 법치국가원리 그리고 사회국가원리는 자유와 평등을 실현하기 위한 3면경과도 같은 것이다.

사회국가는 **복지국가**와 같은 개념이 아니다. 국민의 모든 생활이 국가의 빈틈없는 사회보장제도에 의해서 철저하게 규율되는 것이 복지국가라면, 사회국가는 국민 개개인의 자율적인 생활설계를 근본으로 해서 자기 책임으로 스스로 생활을 형성해 나가되 국가는 보조적인 생활의 후원자로 기능하는 것이 사회국가이기 때문이다. 따라서 사회국가가 복지국가로 변질하지 않도록 사회의 구조적인 틀을 짜야 한다.

(라) 사회국가 실현의 방법적 한계

사회국가를 실현하려면 사회의 구조적인 골격을 짜는 많은 입법이 필요한데, 그 입법은 사회국가의 내용인 자유와 평등을 지나치게 제한하지 않는 범위에 그쳐야 한다. 즉 사회국가의 체계적합성에 부합하는 입법을 해야 한다.

사회국가실현에는 우선 **이념적인 한계**를 존중해야 한다. 즉 국민의 자율적인 생활설계와 생활영위를 존중해야 한다. 따라서 고소득층과 저소득층의 구별이 없는 획일적인 사회보장제도는 사회국가실현의 이념적 한계를 벗어난 것이다. 모든 국민의 생활 수준을 평준화하고 생활에서 오는 위험부담을 획일화하려는 그릇된 평등사상은 '자유 속의 평등'을 추구하는 사회국가의 이념적 한계를 벗어난 것이다. 따라서 평준화 또는 일원화의 과열 현상은 사회국가실현의 올바른 방법이 아니다.

사회국가실현에는 경제정책적·제도적·재산권적 한계도 존중해야 한다.

사회국가실현을 위한 여러 사회정책을 집행하기 위해서는 국가의 많은 재정투자가 필요하다. 이 재정투자는 국가의 재정 상태가 뒷받침해 주어야 하고, 국가의 재정 상태는 조세수입에 좌우된다. 그런데 조세수입이 증가하기 위해서는 국가의 경제가 성장해서 충분한 조세재원이 확보되어야 한다. 따라서 국가의 경제정책은 경제성장을 촉진할 수 있어야 한다. 경제성장을 저해하는 경제정책은 사회국가실현의 장애요인이 된다. 사회국가실현을 위한 **경제정책의 한계**이다. 사회국가 실현에 가장 이상적인 경제환경은 지속적인 경제성장, 물가안정, 완전고용, 무역수지의 균형이라고 평가되는 이유도 그 때문이다.

사회국가실현에는 제도적·재산권적인 한계를 지키는 것도 매우 중요하다. 사회국가 실현을 위해서 도입하는 여러 사회보장제도는 세대 승계적인 장기적인 제도의 지속을 그 본질로 한다. 또 사회보장제도에 의해서 얻은 법적인 지위, 예컨대 연금기대권, 실업 보조금 청구권, 기초생활비 수급권 등은 일종의 재산권적인 보호를 받게 되므로 쉽사리 폐기하거나 바꾸기도 어렵다. 흔히 사회보장제도를 '돌이킬 수 없는 국가시책'이라고 말하는 이유도 그 때문이다. 그래서 사회보장제도를 마련할 때는 이러한 특징을 생각해서 무리하지 않는 범위 내에서 서서히 단계적으로 실시해 나가야 한다는 **제도적·재산권적인 한계**가 있다. 특히 사회보장제도는 여러 세대에 걸친 **세대 승계적(세대재산)인 특성**을 가지므로 미래 세대에게 지나친 재정부담을 전가하거나 기금고갈로 그들의 보장내용이 축소될 수밖에 없는 제도는 최악이다. 사회보장제도로 수혜자가 갖게 된 '기대권'이나 '미래에의 꿈'이 무너지면 사회 혼란 내지는 사회혁명의 계기가 된다는 점을 명심할 필요가 있다.

(3) 사회적 시장경제질서

우리 헌법은 정의사회의 이념을 구현하기 위해서 경제생활영역에서는 사회적 시장경제질서를 채택했다. 우리 헌법재판소도 같은 취지로 설명한다.[1)]

(가) 사회적 시장경제질서의 의의와 탄생배경

사회적 시장경제질서는 자본주의원리를 기본으로 하면서도 시장과 경제영역에 대한 국가의 규제와 조정과 간섭을 최소한으로 허용하는 경제질서이다. 따라서 생산수단의 사유와 경제활동의 자유경쟁에 따른 자유시장원리의 완전한 포기가 아니다.

사회적 시장경제질서는 자유시장원리에 따른 철저한 사적 자치와 절대적인 계약의 자유 등이 초래한 많은 경제적인 폐단에 대한 반성에서 탄생했다. 즉 빈부의 계급대립, 부익부 빈익빈 현상의 심화, 소수 독점 자본가의 시장지배와 경제력 남용으로 인한 소비자 피해 등 경제적 부조리, 시장의 자율기능 장애로 인한 간헐적인 경제공황과 그로 인한 대량실업사태, 경쟁적인 해외시장개척을 둘러싼 국제적인 갈등과 긴장고조 등이 그 대표적인 문제점이다. 사회적 시장경제질서는 이런 문제점을 시정하고 극복함으로써 사회평화와 사회안정을 이뤄 정의사회 이념을 구현하기 위해서 도입된 경제질서이다.

(나) 우리 헌법상의 사회적 시장경제질서

우리 헌법은 국민의 경제적인 자립을 위한 자율적인 경제활동을 지원하는 여러

1) 헌재결 1996. 4. 25. 92헌바47; 헌재결 2004. 10. 28. 99헌바91 참조.

기본권을 보장하고 있다. 거주·이전의 자유(제14조), 직업의 자유(제15조), 재산권(제23조), 근로활동권(제32조, 제33조), 인간다운 생활을 할 권리(제34조) 등이 그것이다. 그에 더하여 국민의 경제적인 개성신장을 위해서 사회적 시장경제질서를 채택했다. 즉 국가는 '개인과 기업의 경제상의 자유와 창의를 존중함을' 원칙으로 하면서도 '균형있는 국민경제의 성장 및 안정과 적정한 소득의 분배를 유지하고 시장의 지배와 경제력의 남용을 방지하며, 경제 주체 간의 조화를 통한 경제의 민주화를 위해서 경제에 대한 규제와 조정을 할 수' 있도록 했다(제119조). 그러나 국가의 시장개입과 경제간섭은 필요한 최소한에 그쳐야 한다. 우리 헌법이 국민의 경제생활과 경제활동의 기초가 되는 사유재산권을 보장하고(제23조) 사영기업에 대하여 원칙적으로 국·공유화 또는 경영통제 및 관리를 금지하는 헌법 정신(제126조)은 시장경제의 완전한 포기를 허용하지 않기 때문이다. 국가의 지나친 시장과 경제간섭은 우리의 경제질서를 자칫 계획경제 내지 통제경제로 변질시킬 수도 있다. 우리 헌법재판소도 국가의 사기업에 대한 경영권 불간섭의 원칙을 강조하면서 국가에 의한 경제 규제의 헌법적 한계를 분명히 밝히고 있다.[1)]

사회적 시장경제질서의 내용은 재산권 보장과 경제조항에서도 확인할 수 있다. 우리 헌법은 재산권의 내용과 한계를 법률로 정하게 하고 재산권의 행사도 공공복리에 적합해야 한다고 재산권의 사회 기속성을 강조하고 있다(제23조). 농지소작제도의 원칙적 금지(제121조), 국토개발상 필요한 국토·자원 등에 대한 제한(제120조 제2항, 제122조), 소비자 보호를 위한 생산품 규제(제124조), 대외무역의 규제·조정(제125조), 사영기업의 예외적인 국·공유화 내지 그 경영의 통제·관리(제126조) 등은 사회적 시장경제질서에 따른 경제정책의 방향과 한계를 명시한 것이다. 그러나 이러한 경제조항을 구체적으로 해석·적용하는데 있어서는 사유재산권을 비롯해서 국민의 자유롭고 창의적인 경제생활을 보호하기 위한 여러 가지 기본권이 중요한 지침이 되어야 한다. 국가의 경제질서는 궁극적으로 국민의 경제생활을 풍요롭게 하기 위한 것이고, 합리적인 경제정책만이 경제성장·물가안정·완전고용·무역수지균형의 정책목표를 달성해서 국민의 경제생활을 풍요롭게 할 수 있다. 이 정책목표의 성취가 곧 사회 정의로 통하는 가장 효과적인 사회복지정책이다.

---

1) 헌재결 1993. 7. 29. 89헌마31(공권력에 의한 국제그룹해체의 위헌성 확인 결정) 참조.

4. 문화민족의 이념과 실현원리

1) 문화민족의 이념

우리 헌법은 전문에서 우리 민족의 유구한 역사와 전통의 계승을 강조하면서 문화생활영역에서도 기회균등과 개성신장을 통하여 '우리들과 우리들의 자손의 안전과 자유와 행복을 영원히 확보'할 것을 다짐함으로써 우리나라가 유구한 역사와 전통을 가지고 앞으로도 영원히 이어져 나갈 문화공동체이고, 헌법은 이 문화공동체의 통치질서라는 점을 밝힘으로써 문화민족의 이념을 그 바탕으로 하고 있다는 점을 분명히 했다.

2) 문화민족 이념의 실현원리

우리 헌법은 문화국가원리와 문명적인 혼인가족제도를 통해서 문화민족의 이념을 실현하고 있다.

(1) 문화국가원리

(가) 문화정책

문화국가원리는 국가의 문화정책과 불가분의 관계에 있다. 즉 문화정책이 문화국가원리의 실현수단이다. 전통적으로 국가의 문화정책은 시대에 따라 문화불간섭정책에서 문화간섭정책으로 그리고 문화현상에 대한 불편부당의 정책으로 변화해 왔다. 문화국가원리의 실현수단으로 가장 바람직한 문화정책은 당연히 국가가 문화현상에 대해서 철저하게 객관적인 자세를 유지하는 것이다. 즉 사회영역에서 형성되는 문화현상이 국가의 간섭·규제의 대상이 되어서는 아니 되고 철저히 사회의 자율영역에 맡겨지는 문화정책을 펴는 것이다.

그런데 모든 국민이 문화현상에 균등하게 참여할 기회를 제공해 주어야 한다는 이유로 문화단체의 조직과 활동에 대해서 간섭하는 문화복지정책을 시행할 때도 있다. 그렇지만 문화복지정책은 문화현상의 방향이나 내용을 간섭하는 것이어서는 안 된다. 참된 '문화'는 그 본질이 자유의 영역에서 생기는 것이므로 문화국가의 문화정책은 그 초점을 '문화' 그 자체에 두어서는 아니 되고 '문화'가 생겨날 수 있는 '**문화풍토**'를 조성하는데 두어야 한다. 문화복지정책의 한계가 여기에 있다.

(나) 우리 헌법상의 문화국가제도

우리 헌법은 전통문화의 계승·발전과 민족문화의 창달을 위해서 노력할 국가의 의무를 정하면서(제9조) 대통령의 취임 때도 이 의무이행을 선서하게 했다(제69조). 그리고 문화정책의 가치 기준이 되는 양심의 자유(제19조), 종교의 자유(제20조), 학문과 예술의 자유(제22조) 등을 보장함으로써 사상의 다원성이 실현되도록 했다. 또 문화국가의 기초가 되는 무상의무교육제도(제31조 제1항-제3항)와 평생교육제도(제31조 제5항) 등 국가의 교육책임을 강조하면서 교육의 다양성이 침해되지 않도록 교육의 자주성·전문성·정치적 중립성 및 대학의 자율성을 보장하고 있다(제31조 제4항). 나아가 건강하고 쾌적한 환경문화유산을 조성해서 후손에게 물려주어 문화국가가 단절 없이 계승·발전할 수 있도록 환경권의 권리성과 의무성을 동시에 강조하고 있다(제35조). 개성과 개인 책임을 중요하게 여기는 문화국가원리에 따라 전근대적인 연좌제도도 폐지했다(제13조 제5항). 그런데 우리 헌법이 추구하는 문화국가는 과거의 전통문화에만 집착하는 퇴영적이고 폐쇄적인 것이 아니고, 시대의 흐름에 따라가는 개방적이고 미래지향적인 문화국가라고 이해해야 할 것이다. 헌법재판소도 이 점을 강조하고 있다.[1)]

(2) 문명적인 혼인·가족제도

(가) 혼인·가족제도보장의 의의와 성격

우리 헌법은 문화민족의 이념에 알맞게 인간의 존엄과 양성의 평등을 기초로 하는 문명적인 혼인·가족제도를 채택했다(제36조 제1항). 혼인과 가족생활은 비록 사적인 영역이지만 사회통합의 기초적인 단위이므로 이 기초적인 단위부터 문화민족의 이념에 맞는 문명적인 기초를 마련해야 하기 때문이다. 그런데 우리 사회에 전통적으로 확립된 혼인·가족제도는 가부장적이고 전 근대적인 사상에 터 잡은 것이어서 우리 헌법전문에서 밝힌 것처럼 '사회적 폐습과 불의를 타파'하는 의미에서 혼인·가족제도도 문화민족의 이념에 부합하도록 인간의 존엄과 양성평등의 바탕 위에서 마련했다. 그래서 문명적 혼인·가족생활을 실현하는 국가와 국민의 역할이 매우 중요하다. 국가는 문명적인 혼인·가족생활에 어긋나는 신분법 등 모든 법제도를 적극적으로 개선해야 할 의무가 있다. 국민도 혼인·가족생활이 인간의 존엄과 양성평등의 바탕 위에서 성립·유지할 수 있도록 문화민족으로서의 혼인관과 가족관 등 윤리적인 생활철학을 가

1) 헌재결 1997. 7. 16. 95헌가6 등(병합)(동성동본금혼규정 위헌결정) 참조.

져야 한다.

(나) 우리 헌법이 보장하는 혼인 · 가족제도의 내용

우리 헌법이 보장하는 인간의 존엄과 양성평등을 기초로 성립되고 유지되는 혼인·가족제도는 가부장제도나 모계중심제도에서 통하는 중혼·축첩·강제결혼을 금지하는 결혼 당사자의 자유의사에 의한 일부일처제의 혼인·가족제도이다. 인신매매적 결혼, 약취·유인적 결혼 등 모든 강제결혼은 금지된다. 그러나 미성년자와 피성년후견인의 혼인에 대해서 부모 또는 후견인의 동의를 얻도록 하는 것은(민법 제808조) 혼인에서 개인의 존엄이나 자유의사를 침해한 것이라고 보기 어렵다. 또 우생학적으로 충분한 의학적 근거가 있는 근친혼제한도 정당하다고 할 것이다. 부계혈통주의의 유산인 여성의 재혼금지기간을 폐지한 것도 당연하다.

인간의 존엄과 양성평등에 바탕을 둔 우리 헌법의 혼인·가족제도는 기본권 실현의 방법적인 기초인 평등권의 신분법적인 실현 형태라고 볼 수 있어 민주적이고 남녀동권의 가족제도를 보장하고 있다고 할 것이다. 따라서 혼인과 가정생활에서 모든 가족 구성원의 인격이 존중되고 부부관계와 부모자녀관계 그리고 자녀 상호 간의 관계에서 모두가 같은 권리와 의무를 가지는 가족관계를 뜻한다.

5. 평화추구의 이념과 실현원리

1) 평화추구의 이념

우리 헌법은 전문에서 '평화적 통일의 사명'을 강조하고, '밖으로는 항구적인 세계평화와 인류공영에 이바지'하겠다는 뜻을 분명히 밝힌 평화추구의 이념을 바탕으로 하고 있다. 우리나라가 통일을 지향하되 반드시 평화적 통일정책을 수립하고 추진하도록 했으며(제4조), 우리나라가 국제평화의 유지에 노력하고 침략적 전쟁을 부인한다는 점을 분명히 천명하고(제5조 제1항) 국제법을 존중하며 국제법에 따라 외국인의 지위도 보장해 주는(제6조) 등 국제사회의 평화적인 공존 질서 확립에 함께 노력하겠다는 의사를 밝힌 것 등은 평화추구의 이념에 따른 것이다.

2) 평화추구이념의 실현원리

우리 헌법은 평화추구의 이념을 실현하기 위해서 평화통일의 원칙과 국제법 존중의 원칙을 채택했다.

(1) 평화통일의 원칙

우리 헌법은 분단된 조국의 현실을 인식하고 평화적인 방법으로 조국 통일을 실현하겠다는 것을 하나의 기본원리로 밝히고 있다. 우리 헌법은 평화적 통일의 구체적 방법에 대해서는 자유민주적 기본질서에 입각한 통일이라는 점을 분명히 하고 있다(제4조). 자유민주적 기본질서에 입각한 통일이란 우리 헌법이 추구하는 국민주권의 이념과 정의사회의 이념이 존중되는 통치 질서에 의한 통일을 뜻한다. 그래서 대통령에게는 조국의 자유민주적 기본질서에 입각한 평화적 통일을 위해서 노력할 의무를 지우고 있다(제66조 제3항, 제69조). 그러나 대통령이 통일정책을 수립하면서 헌법 취지를 벗어나 독단에 흐르는 것을 방지하고 통일이 갖는 정책적 중요성도 고려해서 통일정책에 대해서는 예외적으로 국민투표를 통해서 그 정책의 민주적 정당성을 확보하도록 했다(제72조). 따라서 통일정책에 관해서는 주권자인 국민이 최종적인 결정권을 갖도록 했다.

(2) 국제법 존중의 원칙

우리 헌법은 우리나라가 평화추구의 이념에 따라 국제법을 존중하는 국제사회의 평화애호적인 구성원임을 분명히 밝히고 있다. 우리 헌법에 담긴 국제법 존중의 원칙은 구체적으로 침략적 전쟁의 금지, 조약 및 국제법규의 국내법 수용, 외국인의 법적 지위 보장 등으로 표현되고 있다.

(가) 침략적 전쟁의 금지

우리 헌법은 UN헌장에 정한 무력행사금지의 원칙을 수용해서 우리나라가 침략적 전쟁을 부인한다는 점을 분명히 하고 있다(제5조 제1항). 그렇지만 우리나라가 외국의 침략에 대항하는 자위수단으로서의 전쟁까지 부인하는 것은 아니다. 국군의 조직과 활동에 관한 여러 가지 헌법규정을 둔 이유도 그 때문이다. 구체적으로 국민의 국방의무(제39조), 국군의 국토 방위의무와 정치적 중립 준수 의무(제5조 제2항), 대통령의 국군통수권(제74조), 군인 신분에 대한 규정(제29조 제2항, 제87조 제4항), 군사법원에 관한 규정(제27조 제2항, 제110조), 군사에 관한 중요사항의 국무회의 심의규정(제89조 제2호, 제6호, 제16호), 계엄규정(제77조), 선전포고 등 군사행동에 대한 국회의 동의권 규정(제60조 제2항) 등이다.

(나) 조약 및 국제법규의 국내법 수용

우리 헌법은 '헌법에 의하여 체결·공포된 조약과 일반적으로 승인된 국제법규는 국내법과 같은 효력을 가진다'(제6조 제1항)는 규정을 통해서 국제법 존중의 의지를 명확히 표현하고 있다.

(a) 조약의 국내법적 효력

조약은 국가 간에 국제법상의 일정한 권리와 의무에 관해서 합의·약속한 사항을 정리 기록한 외교문서의 일종이다. 우리 헌법은 조약이 국내법적 효력을 갖기 위한 조약의 체결·비준·동의요건을 상세히 규정하고 있다. 즉 조약의 체결·비준권은 대통령이 국무회의의 심의를 거쳐 행사하지만(제73조, 제89조 제3호), 상호원조 국가안보에 관한 조약 등 특히 중요한 사항에 관한 조약은 국회의 동의를 받도록 했다(제60조 제1항). 이처럼 국회의 동의를 받아야 하는 조약의 경우 국회의 동의는 대통령의 조약에 대한 비준 행위를 국내법적으로 합법화해서 국내법과 같은 효력을 발생시킨다는 성격을 가진다. 그런데 조약이 국회의 동의를 거쳐 국내법적인 효력을 갖게 되는 것과 구별해야 하는 것이 조약의 국제법적 효력이다. 조약은 체결·비준 절차를 거치고 비준서를 교환하는 등 일정한 절차를 거치면 국회의 동의요건 충족 여부와 무관하게 국제법상의 효력을 발생한다. 조약의 국제법상의 효력은 체결 당사국의 국내법이 아닌 국제법에 의해서 결정되는 것이기 때문이다.

조약의 내용에 따라서는 조약이 국내법적인 효력을 가지려면 국회 제정의 법률 또는 행정부의 명령·규칙 등 일정한 후속 조치를 해야 할 때도 있다. 조약 당사국이 조약의 국내법적 효력 발생요건인 조약 부속 법령을 제정하지 않아 조약 상대국에 조약상의 의무를 이행할 수 없게 되는 경우 국제법상으로는 조약 불이행의 책임을 져야 한다. 조약 부속 법령의 위헌결정으로 조약 이행이 불가능해진 경우도 마찬가지이다. 다만 조약의 국내법적 효력은 평화추구의 이념을 실현하기 위한 것이라는 점과 조약이 갖는 국제정치적인 의미와 조약 내용의 통일성을 고려할 때 조약 부속 법령에 대한 위헌결정은 매우 신중해야 한다. 우리 헌법재판소가 '한미방위조약 제4조에 의한 시설과 구역 및 미군의 지위에 관한 협정'[1]과 '한일어업협정'[2]에 대해서 위헌이 아니라고 결정한 이유도 그런 점을 고려한 결과라고 할 것이다.

---

1) 헌재결 1999. 4. 29. 97헌가14 참조.
2) 헌재결 2001. 3. 21. 99헌마139 등 참조.

(b) 국제법규의 국내법 수용

우리 헌법은 일반적으로 승인된 국제법은 조약과 달리 특별한 수용 절차 없이 바로 국내법과 같은 효력을 갖도록 했다. 일반적으로 승인된 국제법규는 세계 대다수 국가에 의해서 승인된 국제법규를 말한다. 이 경우 대다수 국가의 의미는 해당 국제법규의 내용과 관련해서 생각해야 한다. 즉 해상권에 대한 국제법규는 대다수 해상국가에 의해서 승인되었을 때 비로소 일반적으로 승인된 국제법규가 된다. 국제법규에는 성문의 국제법규뿐 아니라 불문의 국제관습법(전쟁 포로의 살해금지, 외교관의 대우에 관한 일반원칙 등) 그리고 일반적으로 승인된 국제조약(포로에 관한 제네바 협정, 집단학살(genocide) 금지협정 등)이 모두 포함된다.

일반적으로 승인된 국제법규가 국내법과 같은 효력을 갖는지 또는 그 내용이 우리 헌법에 저촉되지 않는지에 대한 다툼이 생긴 경우 결국은 헌법재판소가 그 문제를 심사해서 결정할 수밖에 없다. 따라서 조약과 달리 일반적으로 승인된 국제법규의 국내법 수용에서는 헌법재판소의 역할이 중요하다. 예컨대 헌법재판소는 양심적 병역거부권이 일반적으로 승인된 국제법규인지에 대해서 그것을 명문화한 국제인권조약은 아직 없으며 그에 관한 국제관습법이 형성된 것도 아니어서 일반적으로 승인된 국제법규로 수용할 수 없다고 결정했다.[1)]

(다) 외국인의 법적 지위 보장

우리 헌법은 '외국인은 국제법과 조약이 정하는 바에 의하여 그 지위가 보장된다'(제6조 제2항)고 외국인의 법적인 지위를 보장하고 있다. 외국인의 법적 지위 보장은 국제법적으로 상호주의 원칙이 적용되므로 우리도 이 원칙에 따라서 한다. 우리 국민의 법적 지위를 보장하지 않는 나라의 외국인은 우리도 보장할 의무가 없다. 외국인의 법적 지위 보장내용에는 국제법상의 상호주의 원칙에 따라 외국인도 제한된 범위 내에서 우리 헌법의 기본권적인 보호를 받는다고 할 것이다.

---

1) 헌재결 2011. 8. 30. 2007헌가12 등 참조.

제3장 대한민국의 존립 기반과 국가형태

1. 대한민국의 존립 기반

대한민국의 존립 기반은 공간적으로는 한반도와 그 부속 도서이고 사람으로는 한민족이다. 즉 대한민국은 한반도에 정착한 한민족이 우리 사회공동체의 생활감각, 시대사상, 사회윤리, 정의관, 정치이념 등 공감적인 가치를 최대한 수렴해서 이를 가장 효과적으로 조정·실현함으로써 사회공동체를 조직·통합하기 위해서 건국한 나라이다. 우리나라는 한반도에 터 잡은 모든 한민족의 이러한 폭넓은 합의에 그 권력적인 조직기반을 두고 건국한 민주공화국이다.

1) 대한민국의 공간적 존립 기반(영토)

우리나라는 한반도와 그 부속 도서를 공간적인 존립 기반으로 한다(제3조). 한 나라의 공간적인 존립 기반을 영토라고 하는데 우리 헌법이 '대한민국의 영토는 한반도와 그 부속 도서로 한다'(제3조)고 규정한 것은 그 때문이다. 한 국가가 그 영토에 대해서 갖는 배타적 지배권을 **영토고권**이라고 부르는데, 영토고권은 그 나라의 영해와 영공에도 미친다. 따라서 대한민국의 영토고권은 한반도와 그 부속 도서의 지표면과 지하까지 미친다. 그리고 우리의 영토는 '영해 및 접속수역법'에 따라 한반도와 그 부속 도서의 육지(영해기선: 해안저조선)에 접한 12해리까지의 영해를 포함한다. 그리고 영해기선으로부터 24해리에 이르는 수역에서 영해를 제외한 수역을 접속수역으로 설정해서 우리의 관할권을 행사한다(영해 및 접속수역법 제3조의2). 또 대륙붕에 관한 조약에 따라 우리 연안으로부터 수심 200m까지의 해저 대륙붕에서 천연자원을 개발할 수 있는 권한도 갖는다. 우리의 영토고권은 그 본질이 침해되지 않고 국제법상의 상호주의 원칙에 부합하는 범위 내에서 국제법상의 무해항해권과 무해항공권 및 우주 개발권 등에 의해서 제약을 받을 수도 있다. 우리 영토의 변경은 우리의 공간적·인적 존립 기반과 법질서에도 변화를 가져오는 것이어서 헌법개정 없이는 불가능하다.

북한지역도 당연히 우리 대한민국의 영토이다. 그러나 북한지역에는 '조선민주주의인민공화국'이 사실상 그 지역에 대한 통치권을 행사하고 있어서 우리의 통치권이 미치지 못하고 있다. 그래서 북한지역은 헌법 규정에도 불구하고 우리의 영토고권이 미치지 못하는 우리 통치권의 사각지대이다. 이러한 통치권의 사각지대가 생긴 이유는 1948년 건국헌법 제정 당시에 우리 한반도에서 전개되던 국제정치적인 시대 상황으로 분단국가를 건국할 수밖에 없었던 헌법의 역사성 때문이다. 우리 헌법이 담고 있는 강력한 통일 의지와 평화통일의 원칙은 이러한 역사성을 극복하고 언젠가는 북한지역에도 우리의 영토고권이 미치도록 하겠다는 규범적인 표현이라고 할 것이다. 따라서 우리 헌법의 영토조항(제3조)과 통일지향규정(제4조)은 상호 모순이라는 논리는 우리 헌법 탄생의 역사성을 외면한 형식적인 주장으로 설득력이 없다.

1991년 남북한 동시 유엔 가입과 그 후 전개된 남북 간의 여러 합의와 공동선언을 통해 지금은 북한을 실제적인 통치집단으로 인정하고 있다. 그렇지만 북한은 아직도 '적화통일'의 목표를 버리지 않고 여러 도발을 계속하고 있어 군사적인 대결과 긴장 관계가 조금도 해소되지 않고 있다. 따라서 대한민국의 존립·안전과 국민의 생존과 자유를 지키기 위해서 북한을 반국가단체로 규정하고 이에 동조하는 반국가활동을 규제하는 것은 헌법의 국제평화주의나 평화통일의 원칙에 위배된다고 할 수 없다. 우리 헌법재판소와 대법원도 같은 관점에서 북한은 '대화와 협력의 동반자인 동시에 반국가단체라는 성격도 함께 갖고 있다'고 판시하고 있다.[1)]

아직 북한까지 우리 영토고권이 미치지 못하고 있더라도 북한 주민이 북한지역을 탈출해서 우리의 통치권 영역으로 들어오는 경우 당연히 대한민국의 국민으로 보호받아야 한다. 1996년 제정한 '북한이탈주민의 보호 및 정착지원에 관한 법률'이 그 보호 내용을 자세히 규정해서 시행하고 있다.

---

1) 헌재결 1997. 1. 16. 92헌바6 등; 헌재결 2000. 7. 20. 98헌바63; 대법원 1992. 7. 24. 선고 92도1148 판결 참조.

2) 대한민국의 인적 존립 기반(국민)

우리나라는 한민족을 중심으로 대한민국의 국적을 취득한 국민을 그 인적인 조직 기반으로 하고 있다. 한민족이 아니라도 우리 국적을 취득했으면 대한민국 국민이고, 한민족이라도 우리 국적을 취득하지 않았거나 상실했으면 대한민국 국민이 아니다. 따라서 민족과 국민은 같은 개념이 아니다. 헌법(제2조 제1항)이 정한대로 국적법에서 대한민국의 국민이 되는 요건을 규정하고 있다.

(1) 국적의 취득

국적취득의 방법에는 선천적 취득과 후천적 취득의 두 가지가 있다.

선천적 취득은 출생으로 바로 국민이 되는 것이다. 우리 국적법은 부모의 국적에 따라 자녀의 국적이 정해지는 **부모양계 혈통주의**(부모 중 한쪽이 국민)를 원칙으로 하지만, 출생자의 부모가 모두 불명하거나 무국적일 때에는 우리나라에서 출생했거나 발견된 기아는 예외적으로 우리 국민이 되게 하는 **속지주의**를 가미하고 있다(법 제2조).

후천적 취득은 인지 · 귀화 · 국적회복 등 출생 이외의 요건을 충족해서 국민이 되는 국적취득의 예외적인 방법이다. 예컨대 i) 우리 국민과 혼인한 외국인이 일정한 요건을 갖추고 간이귀화허가를 받은 자(법 제6조 제2항), ii) 우리 국민인 부모 한쪽이 인지한 미성년자(법 제3조), iii) 우리 국적을 취득한 부모 한쪽과 함께 귀화 허가를 신청한 미성년자(법 제8조), iv) 법무부장관의 허가를 얻어 귀화한 사람은 모두 후천적으로 우리 국적을 취득한다(법 제4조-제7조).

(2) 국적의 상실과 회복 및 재취득

국적법은 국적 상실 · 회복 · 재취득의 사유를 정하고 있다. 우리 국민은 다음의 사유가 있으면 국적을 상실한다. 즉 i) 자진해서 외국 국적을 취득한 때(법 제15조 제1항), ii) 외국인과 혼인하여 그 배우자의 국적을 취득한 때, iii) 외국인의 양자로서 그 국적을 취득한 때, iv) 외국인의 인지로 외국 국적을 취득한 때, v) 외국 국적취득으로 국적을 상실하게 된 경우 그 배우자 또는 미성년자로서 함께 그 외국 국적을 취득한 후 6월 이내에 우리 국적 보유 의사를 신고하지 않은 때(법 제15조 제2항), vi) 우리 국적을 취득한 외국인이 특별한 예외 사유에 해당하지 않는데도 1년이 지나도 그 외국 국적을 포기하지 않은 때(법 제10조), vii) 복수 국적자가 법정기간 내에 우리 국적을 선택하지 않거나 우리 국적 이탈신고를 한 때(법 제12조-제14조) 등인데, 출생 등의 사유로 복수국적자가 된 미성년자에 대해서는 성년이 될 때까지 한시적으로 복수국적을 허용하고 있다.

우리 국적을 상실한 사람은 법무부장관의 허가를 받아 다시 국적을 회복할 수 있다(법 제9조). 그리고 우리 국적을 취득한 외국인이 외국 국적 포기 의무를 지키지 않아 우리 국적을 상실한 후 1년 이내에 그 외국 국적을 포기하면 우리 국적을 재취득할 수 있다(법 제11조). 우리 국적 상실자는 국민으로 얻은 권리 중에서 양도 가능한 것은 별도의 규정이 없으면 3년 이내에 우리 국민에게 양도해야 한다(법 제11조).

(3) 재외국민

우리 헌법(제2조 제2항)에 따라 우리 국민이 외국에서 영주하거나 장기간 체류하며 생활해도 국가의 보호를 받는다. 그래서 '재외동포의 출입국과 법적 지위에 관한 법률'로 그들의 법적 지위를 보장해 주고 있다. 재외국민 보호의 1차적인 책임은 우리의 해외공관이 지고 있는데 재외국민등록제도를 실시하고 있다. 정부는 우리 국민이 국제사회에서 자긍심을 가질 수 있도록 국제적인 시각에서 재외국민 정책을 적극적으로 개발하고 추진해 나가야 할 헌법적인 의무를 지고 있다.

3) 대한민국의 권력적 존립 기반(주권)

우리나라는 한반도와 그 부속 도서에 정착한 한민족이 3·1 운동으로 건립된 대한민국 임시정부의 법통을 계승하여 민주공화국을 건설하겠다는 정치적 합의에 그 권력적인 조직 기반을 두고 있다. 따라서 우리나라에서 행사되는 모든 국가권력의 원천은 바로 국민 사이에 형성된 공감적인 정치적 합의에 있다. 따라서 우리나라에서는 권력 중심의 자기 목적적인 통치나 통치자 개인의 이익을 추구하는 권력 행사가 허용될 수 없다. 통치자는 언제나 공감적 가치에 따른 사회통합의 의무를 소홀히 해서는 아니 된다. 세습적인 왕권이나 독재자의 힘에 그 권력적인 존립 기반을 두는 군주국가 또는 독재국가와 다른 점이다. 우리 헌법상의 국가형태가 자유민주주의를 추구하는 민주공화국인 이유도 그 때문이다.

2. 국가형태

1) 국가형태의 분류

국가형태는 사회공동체가 정치적인 하나의 집단으로 조직·통일되는 형식이다. 국가형태는 그 나라의 헌법으로 정해진다. 수많은 국가의 다양한 헌법만큼 국가형태도 다양하고 시간적으로도 다양하게 변해 왔다. 국가형태를 분류하는 기준과 방법도 다양하게 변해 왔다. 그중에서 '주권의 소재'와 '통치권의 행사방법'을 기준으로 '국체'와 '정체'를 구별하려는 이론과, 투입(input)과 산출(output)을 기준으로 국가형태를 구별하려는 이론이 가장 최근의 이론이다.

주권의 소재와 통치권의 행사 방법을 기준 삼는 이론은 먼저 '주권의 소재'를 기준으로 군주국과 공화국으로 나누고, 또 이와는 별도로 '통치권의 행사방법'에 따라 직접정체와 간접정체, 전제정체와 제한정체, 민주정체와 독재정체, 단일제와 연방제를 구별하거나 단순히 전제정체와 입헌정체로 나누기도 한다. 또 이 이론의 변형은 국체와 정체를 구별하기도 한다. 즉 '국가권력의 담당자'에 따라 국체를 군주국, 귀족국, 계급국, 민주국 등으로 나누고, '통치권의 행사방법'에 따라 정체를 군주정과 공화정, 간접민주주의와 직접민주주의, 연방제와 단일제, 입헌정과 비입헌정으로 나눈다.

그러나 국민주권사상이 확립된 오늘에 와서는 '주권의 소재'는 당연히 국민에게 있어 국민 이외의 '주권자'와 '국가권력의 담당자'를 상정할 수 없으므로 그런 분류 방법은 현실적인 의미를 가질 수 없다. 또 대의민주주의가 정착되어 통치권이 한시적으로 대의기관에 위임되어 행사되는 시대에 '통치권의 행사 방법'에 따른 구별도 특별한 의미를 가질 수 없다.

input와 output를 기준으로 하는 분류 방법은 사회와 국가 사이에 상호 미치는 영향의 크기에 따라 국가형태를 구별하는 이론이다. 즉 국가의 사회에 미치는 영향(output)이 사회의 국가에 미치는 영향(input)에 비해서 큰 정도에 따라 국가형태를 전체주의 모델, 권위주의적 모델, 제도적 모델, 자유민주주의적 모델 등으로 나눈다. 특히 제도적 모델에서는 사회와 국가를 이어주는 중재적 기능을 하는 직업공무원제도, 정당제도, 지방자치제도, 대의제도, 각종 시민사회단체(pressure groups) 등이 제도화된 모델이다. 이 분류 방법은 국민주권이 확립된 현대 국가에서도 의미가 있다.

2) 우리나라의 국가형태

우리 헌법(제1조 제1항)은 대한민국의 국가형태는 민주공화국이라고 명시하고 있다. 그것은 우리나라에서는 세습적인 국가권력이 존재할 수 없다는 뜻이다. 따라서 우리나라에서는 영국, 일본 등과 같은 실권 없는 군주의 존재를 바탕으로 한 입헌군주제도는 허용되지 않는다. 나아가 우리나라의 민주공화국이라는 국가형태가 '국체'인지 '정체'인지의 논쟁도 무의미하고 불필요하다. '국체'와 '정체'의 구별 자체가 주권이나 국가권력 담당자를 기준으로 한 이론인데 우리나라는 헌법(제1조 제2항)이 밝힌 대로 국민이 주권자인 국민주권의 나라이기 때문이다.

우리나라의 헌법 내용, 특히 기본권 보장과 경제질서에 관한 규정을 살펴볼 때 우리 헌법질서 내에서는 개인과 사회의 자율적 영역에 대한 국가의 간섭과 규제(output)는 어디까지나 예외적으로만 허용된다고 할 것이다. 반면에 직업공무원제도, 정당제도, 지방자치제도, 청원제도, 국민투표제도 등 여러 가지 제도를 통한 사회의 국가 지향적 활동 영역(input)을 비교적 넓게 보장했다는 점에서 우리의 국가형태는 자유민주주의적 모델과 제도적 모델의 요소를 함께 가지고 있다고 할 것이다.

제 3 편

기 본 권

제1장 기본권의 일반이론

1. 인권사상의 유래와 헌법에의 수용

1) 인권사상의 유래

기본권의 본질과 기능을 바르게 이해하기 위해서는 인권사상의 역사적인 유래를 파악하는 것이 중요하다. 즉 인간 공동생활에서 인권사상이 어떤 역사적인 상황에서 싹터서 어떤 과정을 거쳐 오늘날 기본권의 형태로 헌법에 수용되었는지를 살펴보는 것이 필요하다. 인권은 군주 또는 국가가 베푸는 만큼의 '국가에 의한 자유'라는 국가중심적인 인권사상에서 시작해서 '인권 존중과 실현'을 위한 국가라는 인권 중심의 국가사상으로 발전해 오는 동안 사상적·역사적으로 많은 우여곡절을 거친 복합적인 성질의 것이므로 간단히 설명하기는 어렵다. 다만 인권사상은 Sokrates, Platon, Aristoteles로 대표되는 고대 그리스 철학에서 싹터 중세에 Thomas von Aquin의 신학적 인권사상과 대헌장(Magna Carta)으로 상징되는 영국의 왕권 제한을 거쳐 발전해 왔지만, 특히 르네상스와 계몽주의 및 자연법사상의 영향을 받은 자유주의 인권사상에서 크게 활력을 얻어 발전해 왔다고 요약할 수 있을 것이다. 그러나 이처럼 자유주의 인권사상으로 발전하는 과정에도 중세의 암흑기와 종교전쟁이 초래한 혼란한 사회현상을 배경으로 탄생한 **군주주권이론**(J. Bodin)과 **질서국가사상**(Thomas Hobbes)에 의해서 크게 위축된 적도 있었다. 그렇지만 **자유주의 인권사상**은 자유주의 국가사상(J.

Lock)과 신 자연법사상(S. Pufendorf)으로 이어져 오늘에 이르고 있다. 즉 자유주의 국가관과 신 자연법사상은 인간의 천부적인 권리를 강조하고 선천적인 인권의 존중과 보호를 국가의 존립 근거이고 본질적인 과제라고 인식한다. 역사적으로 인권사상이 여러 나라의 인권선언과 헌법에 기본권으로 수용되는 터전이 마련된 것이다.

2) 인권의 헌법에의 수용

자유주의 인권사상은 영국에서 인권선언으로 구체화하기 시작하면서부터 인권이 기본권적인 의미를 갖는 실질적인 인권으로 발전한 것이다. 즉 영국의 인권선언을 시발점으로 해서 미국독립과 미국연방 헌법제정에 영향을 미치고 프랑스 혁명과 프랑스 인권선언의 사상적인 기폭제가 됨으로써 인권은 비로소 입헌국가의 불가결한 기본권으로 헌법에 수용하게 되었다.

(1) 영국에서의 인권선언

록크(John Locke)의 **자유주의 인권사상**이 '생명'·'자유'·'재산'을 인권의 핵심적인 3요소라고 정의한 것이 영국의 여러 인권선언 탄생의 직접적인 원동력이 되었다. 즉 신체의 자유와 정당한 사법절차 등을 보장한 1628년의 '권리청원'(Petition of Rights), 평등권, 종교·양심의 자유, 신체의 자유, 재산권 등을 강조한 1647년의 '국민합의서'(Agreements of the people), 구속적부심제도를 통해 신체의 자유를 강화한 1679년의 '인신보호법'(Habeas Corpus Act) 등이다. 그리고 1688년 명예혁명의 '권리선언'(Declaration of Rights)과 1689년의 '권리장전'(Bill of Rights)에서는 앞선 여러 인권선언의 보장내용 외에도 의회 선거제를 제도화해서 의회의 정부 통제기능을 강화했다. 영국은 불문헌법의 나라지만 여러 인권선언에 표현된 인권 규정은 오늘에도 여전히 중요한 기능을 하고 있다.

(2) 미국에서의 인권선언

미국에서는 자유주의 인권사상이 독립과 건국의 추진력으로 작용하고 인권은 인간의 천부적인 자유와 권리로 인식되고 보장되었다. 이러한 미국적인 인권 의식의 구체적인 표현이 생명·자유·재산권뿐 아니라 저항권도 보장한 '버지니아 권리장전'이다. 이것은 근대적인 인권선언의 효시로 평가될 만큼 중요한 의미를 가져 1789년의 프랑스 인권선언과 함께 인권의 헌법적 수용에 큰 촉매 역할을 했다. 미국에서 인권이 헌법에 정식으로 보장된 것은 '버지니아 권리장전'과 '독립선언'의 정신을 계승해서 제정한 1776년의 펜실베이니아(Pennsylvania) 헌법을 비롯한 13개 독립국가의 헌법이다. 그 후 1787년 제정한 미국연방 헌법은 처음 제정 당시에는 인권 규정을 포함하지 않았지만 1791년의 제1차 개정에서 비로소 종교의 자유, 언론출판의 자유, 평화로운 집회의 자유, 청원권 등을 비롯한 10개의 인권조항을 추가함으로써 인권을 헌법에 수용한 최초의 근대국가의 헌법이 되었다.

(3) 프랑스에서의 인권선언

자유주의 인권사상은 프랑스에서 몽테스키외(Montesquieu)의 **권력분립 이론**과 루소(J.J. Rousseau)의 **국민주권이론**으로 발전하여 1789년 프랑스혁명의 사상적인 기폭제가 되고 '**인간과 시민의 권리선언**'으로 이어졌다. 이 인권선언은 그 전문에서 인권의 자연법성과 천부적인 성격 그리고 불가양성을 분명히 밝히면서 인권보장과 권력분립이 되지 않은 나라는 헌법을 가졌다고 볼 수 없다고 선언했다. 프랑스 인권선언은 1791년에 제정된 혁명 헌법에 수용되어 인권이 헌법에 수용된 또 하나의 선례가 되었다.

(4) 독일에서의 인권보장

국가주의 사상이 강했던 독일은 인권보장의 후진국이었다. 그래서 인권의 헌법수용도 매우 타율적으로 되었다. 즉 Napoleon이 세운 서북부의 베스트팔른(Westfalen)왕국에서 프랑스 인권선언과 프랑스 헌법을 모방해서 1807년 만든 인권보장헌법이 처음이었다. 이 헌법이 1808년 남부 바이언(Bayern)왕국 헌법의 표본이 되었다. 그러나 독일에서 자율적인 인권보장헌법은 그보다 후인 1849년 제정된 독일제국헌법(흔히 파울스교회헌법)인데, 이 헌법이 비로소 독일의 자유주의와 이상주의를 표현하고 법의 이념을 강조하며 국가작용과 개인 역할의 합리적인 조화를 모색했다. 그러나 이 헌법은 시행되지 않았으나 이 헌법의 인권보장 전통이 현대적인 헌법의 효시인 1919년의 바이마르(Weimar)헌법으로 계승되고 1949년의 서독 기본법에서 수용되어 1990년부터는 통일독일의 기본법으로 시행되고 있다.

3) 인권보장의 현대적 상황

20세기에 들어서 인권보장에 대한 인식은 크게 변하게 되었다. 사회국가 내지 복지국가의 이념이 확산하고 국가 간의 교류가 증가했으며, 기술문명의 발달로 인권보장의 영역과 대상이 cyber space까지 넓혀졌기 때문이다.

(1) 자유권의 생활권화 현상

기본권이 헌법에 수용된 역사가 말해주듯 본래 기본권은 인간의 천부적인 권리보장을 뜻하는 자유권이 기본권의 핵심적인 내용으로 인식되었다. 그러나 20세기에 접어들어 자유권 중심의 생활 질서가 사회적 불평등과 폐단을 초래해서 사회불안의 불씨가 되었다. 그러자 정치적 안정과 사회평화를 유지하기 위해서는 정의 사회를 구현하는 것이 불가피하다는 인식이 커지면서 **사회국가 내지 복지국가의 이념**이 국가의 중요한 정책적인 가치지표로 자리 잡았다. 1919년의 독일 바이마르헌법이 사회적 기본권을, 그리고 독일 기본법이 사회국가원리를 헌법에 규정한 것도 그 때문이다. 그에 더하여 자유권의 의미와 기능도 단순히 국가권력에 대한 방어권이 아니라 국민의 경제생활까지 영향을 미치는 생활권으로 인식하는 경향이 강해졌다. 이것을 '자유권의 생활권화 현상'이라고 부른다.

(2) 인권의 국제화 현상

인권은 본래 국가와 국민 사이의 국내적인 문제로 인식했었다. 그러나 두 차례의 세계대전을 겪은 후 범국가적인 국제기구가 창설되어 국가 간의 교류가 늘어나 인권의 중요성에 대한 국제적인 관심이 커짐에 따라 인권 문제는 국내문제가 아닌 국제적인 공동관심사가 되었다. 그 결과 다른 나라의 인권 문제에 대한 간섭은 이제는 내정간섭으로 볼 수 없게 되었다. 인권의 국제화 현상이다. 인권의 국제화 현상을 상징하는 것이 국제연합헌장(1945), 국제연합(UN)의 **세계인권선언**(1948), 유럽인권규약(1950), 국제연합의 **인권규약**(1966) 등이다. 이 국제적인 인권규약은 비록 강제력은 없으나 이 인권규약의 존중 여부는 국제사회에서 무시할 수 없는 국가의 평가 지표로 작용하고 있다.

(3) 기본권의 직접적 효력의 강화

기본권의 헌법수용 초기에 기본권은 선언적 · 프로그램적 성격이 강해서 기본권이 국가권력을 기속하는 직접적 효력을 갖는다는 인식은 없었다. 그러나 제2차 세계대전을 계기로 나치즘, 파시즘, 군국주의의 심각한 인권유린을 체험한 인류는 기본권의 효력에 대한 과거의 인식을 탈피해서 기본권은 국가권력을 기속하고 국가권력은 기본권 실현을 위한 수단에 불과하다는 인식이 확산했다. 그 결과 기본권을 단순한 선언적인 규범으로 보는 인식은 자취를 감추었다.

(4) 기술문명의 발달로 인한 인권 보호영역의 확대

기본권 보장은 본래 농업사회와 산업사회의 현실 공간에서의 생활 형태를 토대로 이루어져 왔다. 그러나 이제는 기술문명의 발달과 인터넷 문화의 확산으로 현실 공간뿐 아니라 가상공간(cyber space)에서 오히려 생활이 더 활발히 이루어지고 있는 정보화 사회이다. 인터넷을 통한 정보수집, E-mail 통신, 인터넷을 통한 금융 및 상품거래, E-book의 출현, SNS를 통한 신속한 의사소통과 정보확산 등 **정보화 사회의 생활 형태**는 크게 변하고 있다. 그와 함께 스팸(spam) · 해킹(hacking) · 피싱(phishing) · 사이버스토킹(cyber stalking) · 유튜브(youtube) 등에 의한 기본권 침해가 동시에 확산하고 있다. 따라서 현실 공간의 생활 형태를 전제로 한 기본권의 보장영역과 대상보다 그 범위와 대상이 많이 확대되었다. 종래 아날로그 시대의 기본권 보장만으로는 정보화 사회에서 크게 변화한 인간 생활을 모두 보장할 수 없기 때문이다. 특히 SNS를 통한 인격권의 침해는 과거 아날로그 시대와는 비교할 수 없게 침해의 정도가 훨씬 크고 광범위하다. 나아가 생명공학의 발달로 인간 복제가 가능해지고 유전자조작에 의한 '맞춤형 인간'의 생산이 가능해지는 등 기본권 이론의 외연 확대가 불가피하다. 또 인공지능기술(Artificial Intelligence Technique=AI)발달로 정보생산의 영역이 넓어지고 deep-fake를 이용한 인격권 침해가 정교해졌다. 그 결과 국가는 인공지능을 활용한 새로운 생활 형태에도 늦지 않게 대처해서 AI 기술의 악용을 방지하고, 정보통신망의 건전하고 안전 · 평등한 이용환경을 조성하며, 전자거래의 안전성과 신뢰성을 확보하고, 인터넷 주소자원의 부정한 목적의 선점 등록을 방지하는 등의 실효적인 정책을 펴야 할 의무가 있다. 무엇보다 정보화 사회에서 발생하는 새로운 형태의 인권침해에 효과적으로 대처해서 부당하고 억울한 희생자가 생기지 않도록 기본권의 내용을 변화한 생활환경에 맞게 해석 적용하는 등 효율적인 대책을 확립해야 한다.

4) 우리 헌법의 인권수용

우리나라는 1948년 건국헌법에서 처음으로 광범위하게 인권을 수용했지만 건국할 때의 시대사정으로 인해서 다분히 선언적인 성격의 것이었다. 그 후 4 · 19 혁명으로 탄생한 제2공화국 헌법에서 비로소 기본권 보장이 강화되어 기본권의 본질적 내용의 침해 금지규정을 신설하고, 개별적 법률유보조항을 삭제했으며, 언론·출판·집회·결사에 대한 허가·검열을 금지했다. 제3공화국 헌법에서는 '인간의 존엄과 가치'의 존중 조항이 처음으로 신설되었다. 제4공화국 헌법에서는 기본권 보장이 많이 약화되어 기본권의 본질적 내용의 침해 금지규정을 삭제하고 기본권의 개별적 법률유보조항을 다시 두었으며 특히 신체의 자유·표현의 자유·재산권·노동 3권에 대한 제한 가능성을 확대했다. 제5공화국 헌법은 기본권 보장을 다시 강화했다. 기본권의 본질적 내용 침해 금지규정을 다시 두고 기본권의 개별적 법률유보 규정을 줄이며, 행복추구권·사생활의 비밀과 자유·환경권 등을 새로 추가했다. 그 밖에도 인신권을 강화하는 연좌제 금지, 구속적부심사제도와 무죄추정의 원칙 등을 두었으며 재산권과 노동자의 권리도 개선했다. 제6공화국 현행헌법은 우리 헌정사상 가장 진보적이고 자유주의적 내용을 수용했다. 즉 적법절차 조항을 신설해서 인신권 보장을 강화했으며 범죄피해자구조청구권·쾌적한 주거생활권·근로자의 최저임금제 등을 신설했고, 표현의 자유·노동 3권·재산권·대학의 자유·여성의 지위 등을 강화했으며, 사회보장제도의 확충을 통해서 사회국가이념을 반영했다.

2. 기본권의 본질과 기능

기본권이 무엇이며 어떤 성격과 기능을 가지는 것인가의 문제는 국가와 헌법의 본질을 이해하는 관점과 불가분의 관계 속에서 변화 발전해 왔다.[1)]

1) 기본권 이론의 변천 과정

(1) 국가 목적적 기본권 이론

국가를 국민과 무관하게 선재하는 법질서라고 이해하면서 기본권은 국가의 고유목적 추진에 방해가 되지 않는 범위 내에서 국민에게 베푸는 시혜적인 것이라고 이해한다. 그래서 국민은 '국가가 베푸는 은혜로서의 자유' 내지는 국가권력의 '힘의 자제에 의한 반사적 이익으로서의 자유'를 누릴 따름이다. 이 이론은 천부인권은 인정하지 않으면서 기본권은 통치구조의 장식품 내지는 통치 기술상의 전시품에 지나지 않아

1) 이 부분을 조금 더 자세히 알고 싶다면 저자의 '한국헌법론' 제20판(2024)을 참고하면 되고, 더 깊이 있게 공부하려면 저자의 '헌법이론과 헌법' 제9판(2021)이 도움이 될 것이다.

선언적 프로그램적 성격을 가질 뿐이라고 한다.

이 이론은 국민이 국가권력의 원동력인 동시에 그 존립 근거라는 것을 부인하는 진부한 19세기적인 이론이다. 국가는 국민을 떠나서 존재할 수도 없고, 국민의 이익을 떠난 또 다른 국가목적을 인정할 수도 없다.

(2) 자유권 중심의 기본권 이론

기본권은 인간의 **선천적이고 천부적인 자유와 권리**이므로 국가와 무관한 비정치적인 국가 이전의 것이라고 이해한다. 그래서 기본권은 **'국가로부터의 자유'** 내지는 국가권력에 대한 방어권의 성격을 갖는 것이어서, 기본권을 정치적인 국가권력으로부터 지키기 위해서 비정치적인 법치국가 원리가 필요하다. 그래서 국가 창설적인 민주주의 정치원리와 기본권 방어적인 비정치적 법치주의원리는 서로 대립하는 기능원리이다. 그 결과 헌법은 법치국가원리가 지배하는 기본권 부분과 민주주의 원리가 지배하는 통치구조 부분으로 구성되어 **기본권과 통치구조는 완전히 별개의 기능**을 가진다. 따라서 기본권을 떠난 민주주의와 통치구조가 가능하다.

이 이론은 천부인권을 강조해서 국가 목적적 기본권 사상을 극복한 점은 큰 공헌이다. 그러나 이 이론은 기본권을 '국가로부터의 자유'를 그 본질로 하는 자유권 중심으로 이해하기 때문에 국가 지향적인 참정권 등 권력 창설적인 기본권과 '국가의 생활간섭'을 불가피하게 하는 사회적 기본권을 설명하기가 어렵다. 또한 국가는 기본권의 기능과는 별개로 이미 존재하는 것이라고 설명해서 기본권의 국가권력 창설적인 민주주의 기능을 배제하는 점도 문제점이다. 국민의 기본권과 국가권력은 결코 이념적·기능적인 단절 관계일 수 없다. 따라서 민주주의 원리와 법치주의원리는 다 같이 국가권력의 창설과 기본권의 보장에 상호 불가분의 보완기능을 갖는 관계이다.

(3) 사회의 통합가치로서의 기본권 이론

기본권은 사회공동체의 공감적인 가치 질서로서 사회통합의 가치지표인 동시에 실질적인 원동력이라고 이해한다. 국가는 주권자인 국민의 헌법제정으로 비로소 창설되는 것이므로 국민을 떠난 선제하는 국가권력은 존재할 수 없다. 국민은 사회 내의 공감적인 가치를 수렴해서 실현함으로써 사회공동체를 정치적인 하나의 조직체로 통합하기 위해서 헌법을 만들고 국가를 창설한 것이다. 따라서 헌법에 규범화된 공감적인 가치 실현을 통한 사회통합의 목적 이외의 또 다른 국가목적은 존재할 수 없다.

사회통합의 공감적인 가치에는 자연법에 근거한 천부인권도 있고 그 밖에도 사회통합의 실질적인 가치라고 볼 수 있는 사회적 기본권 등도 당연히 포함된다. 통치구조는 사회의 공감적 가치인 기본권을 실현해서 사회통합의 국가목적을 달성하기 위해서 조직된 것이므로 **기본권과 유리된 통치구조**는 존재할 수 없다. 민주주의 원리와 법치주의원리는 다 같이 이 국가목적을 달성하기 위한 정치형태적·국가기능적인 실현수단이어서 서로 대립하는 관계가 아니다. 기본권은 국가창설의 원동력인 동시에 국가 존립에 정당성을 부여하는 가치 '**질서의 원리**'이기도 하다. 그러므로 모든 국민은 이 '질서'를 지키고 존중해서 사회통합을 실현할 책임과 의무를 진다. 그래서 기본권은 국민의 권리인 동시에 국민이 지키고 존중해야 하는 **객관적 질서라는 양면성**을 갖는다.

이 이론은 맹목적이고 단편적인 천부적인 기본권 이론을 극복하고 기본권의 통합가치적인 성격을 강조하며 기본권과 통치구조의 기능적인 연관성을 분명히 한 점은 큰 이론적인 발전이라고 할 것이다. 특히 기본권을 단순한 권리의 관점에서만 보지 않고 기본권의 가치'질서'적인 내용을 강조해서 국민의 권리뿐 아니라 국민의 사회통합의 책임과 의무를 함께 강조한 점은 기본권 이론의 새로운 지평을 연 것이라고 할 것이다. 결과적으로 현대 국가의 기본권 이론으로 가장 설득력이 있다고 할 것이다. 다만 이 이론을 우리 헌법의 기본권 이론으로 수용하는 데는 기본권의 '질서'적인 기능보다는 '자유'와 '권리'의 기능을 더 앞세우는 바탕에서 서로 충분한 보완 작용이 생기게 해야 사회통합을 실현할 수 있다고 인식하는 태도가 필요하다.

2) 우리 헌법상 기본권 보장의 의의와 성격

우리 헌법이 보장하는 기본권은 국가권력의 자제를 전제로 한 '법률 속의 자유' 또는 '은혜적인 자유'가 아니다. 또 기본권의 '정치성'과 '국가 형성적 기능'을 배제한 단순한 자연법상의 '선 국가적'이고 '천부적'인 인간의 자유와 권리를 보장한 것도 아니다. 우리 헌법은 우리 민족의 정치적 통합을 실현하기 위해서 사회공동체의 공감적인 가치를 기본권으로 보장하고 있다. 따라서 기본권은 비정치적인 '천부적'인 성격만 갖는 것이 아니라 국가권력을 창설하고 국가권력을 감시 통제하는 국가 형성적 '정치적' 성격도 갖고 있다. 그 결과 기본권 보장은 단순한 자연법적인 차원을 넘어서 우리 사회가 정치적으로 통합되기 위한 불가결한 전제 조건이다. 기본권이 갖는 **정치적 성격**과 **국가 형성적인 기능**을 부인할 수 없는 이유이다.

우리 헌법은 사회통합의 공감적인 가치의 핵심인 '인간의 존엄과 가치'를 기본권 보장의 이념적인 지표인 동시에 최고의 가치 규범으로 보장하고 있다(제10조). 따라서 우리 헌법의 기본권은 '인간으로서의 존엄과 가치'를 그 핵심적인 내용으로 하는 '자주적 인간'들의 통합질서이다. 우리 헌법이 보장하는 여러 가지 기본권은 궁극적으로 '**인간으로서의 존엄과 가치**'를 모든 생활영역에서 실현하는 수단에 지나지 않는다. 예컨대 근로조건의 기준도 '인간의 존엄성'이 보장되도록 정해야 하고(제32조 제3항), 혼인과 가족생활도 '개인의 존엄'을 기초로 성립·유지되어야 한다(제36조 제1항). 우리 헌법이 국가의 기본권 보장 의무를 강조하고(제10조 후문) 기본권 제한 입법의 한계조항과 본질적 내용의 침해금지 규정(제37조)을 둔 이유도 그 때문이다. 우리 헌법재판소도 '인간의 존엄과 가치는 모든 기본권 보장의 궁극적 목적이라 할 수 있는 인간의 본질이며 고유한 가치'라고 판시하고 있다.[1)]

우리 헌법의 통치기능과 통치구조는 '인간의 존엄과 가치'를 그 핵심적인 내용으로 하는 기본권적인 가치를 실현해 우리 사회공동체의 정치적인 통합을 이루기 위한 기술적인 메커니즘에 불과하다. 우리 헌법은 '**통치 기술로서의 기본권**'을 보장한 것이 아니라, '**기본권 보장의 실현을 위한 통치질서**'를 마련하고 있다. 우리 헌법의 기본권 이해와 해석·적용에서 반드시 명심할 내용이다.

3. 기본권의 주체

기본권을 누릴 수 있는 기본권의 주체는 국민과 외국인 그리고 법인이지만, 그 내용과 범위는 다 같지 않다.

1) 국민

우리나라 국적을 가진 자연인은 모두 기본권을 누릴 수 있다. 과거에는 국민이라도 군인·공무원·학생·수형자 등 국가와 특수한 신분관계인 사람은 '**특별권력관계 이론**'에 따라 기본권을 누릴 수 없다고 생각한 때도 있었지만 지금은 그 이론은 폐기되었다. 다만 이들 **특수한 신분관계**인 사람들은 그 특수한 신분 관계가 요구하는 생활 질서

1) 헌재결 1990. 9. 10. 89헌마82 참조.

를 유지하기 위한 불가피한 범위 내에서는 일반 국민보다 기본권을 누릴 수 있는 범위가 줄어들 수는 있다. 예컨대 군인의 영내 거주가 의무화되어 거주이전의 자유가 제한되고 수형자의 서신 수발의 검열로 통신의 자유가 제한되는 것이 불가피한 것 등이다.

국민이 기본권의 주체인 경우에도 추상적으로 기본권의 주체가 되는 능력(**기본권 능력**)과 실제 구체적으로 기본권을 '**행사할 수 있는 능력**'은 늘 일치하는 것은 아니다. 기본권의 성격에 따른 것일 수도 있고 헌법이나 법률의 규정 때문일 수도 있다. 예컨대 기본권의 주체인 영아가 집회·결사의 자유를 행사할 수 없는 것은 기본권의 성격 때문이지만, 40세 미만 국민이 대통령 피선거권을 행사할 수 없는 것은 헌법 규정(제67조 제4항) 때문이다. 미성년자의 거주·이전의 자유가 친권자의 거소지정권(민법 제914조)으로 제약을 받는 것은 법률로 기본권의 행사 능력을 제한하는 경우이다. 그러나 법률로 기본권의 행사 능력을 구체화·제한하는 경우에는 헌법상의 한계인 과잉금지원칙을 존중해야 한다. 헌법재판소가 18세 미만자의 당구장 출입을 금지하는 법령은 행복추구권의 내용인 일반적인 행동의 자유의 침해라고 결정한 것도 입법의 한계를 강조한 것이다.[1] 그리고 부모와 자녀 관계에서도 부모의 자녀에 대한 교육권의 행사는 자녀의 인격적 가치와 조화가 이루어질 수 있는 범위 내에서 행해져야 한다.

또 헌법상의 기본권 능력과 기본권의 행사 능력은 민법상의 '**권리능력**' 또는 '**법률 행위능력**'과도 일치하지 않는다. 예컨대 민법상 원칙적으로 '권리능력'이 없는 태아도 생명권의 주체인 기본권능력을 가지며, 성년은 당연히 민법상 '법률행위 능력'을 가져도 누구나 대통령의 피선거권을 가질 수 없는 것은 그 때문이다.

2) 외국인

우리 헌법은 우리나라에 거주·체류하는 외국인이 기본권을 누릴 수 있는지에 대해서 아무런 규정을 하지 않고 있다. 다만 외국인은 국제법과 조약에 따라 지위를 보장한다는 규정(제6조 제2항)만 있다.

그래서 기본권의 본질과 기능을 이해하는 시각에 따라 외국인의 기본권 능력의 인정 여부가 갈린다. 기본권을 국가권력이 국민에게 베푸는 '시혜적인 법률 속의 자유'라고 본다면 외국인이 포함될 수는 없다. 그러나 기본권을 선천적인 천부인권이라고

---

1) 헌재결 1993. 5. 13. 92헌마80 참조.

본다면 인간의 권리에 속하는 기본권(**절대적 기본권**)은 외국인도 당연히 누릴 수 있지만, 참정권 또는 사회적 기본권처럼 국적을 전제로 하는 기본권(**상대적 기본권**)은 누릴 수 없다. 기본권을 사회통합의 공감적인 가치 질서로 이해한다면 외국인이 우리 헌법상 정치적 통합의 대상이 될 수 있느냐에 따라 기본권 능력의 인정 여부가 정해진다. 생각건대 인권의 국제화 시대에 외국인의 기본권 능력을 획일적으로 부인할 수는 없다. 다만 외국인에게 기본권 보호를 하는 때에도 우리 사회공동체의 가치 지향적인 통합을 해치지 않는 범위 내에서 해야 한다. 따라서 같은 기본권도 합리적인 이유가 있으면 외국인을 국민과 다르게 보장할 수도 있다.[1] 결국 외국인의 기본권 능력은 처음부터 획일적으로 정할 수 있는 문제가 아니고 사회통합의 여건과 상황에 따라 달라질 수 있다. 참정권 등 국가권력 창설적인 기본권은 외국인이 누릴 수 없는 것은 당연하다. 그리고 외국인에게 기본권 능력을 인정하는 때에도 모든 나라를 획일적으로 취급할 수는 없고 국제법상의 **상호주의 원칙**에 따라 국가별로 달리 정하는 것은 불가피하다. 오늘날 국제화·세계화의 흐름에 따라 세계시민의 인식이 확산하고 있고 국제법상의 상호주의 원칙이 적용되고 있어 외국인의 기본권을 인정하는 것은 외국에서 생활하는 우리 국민을 보호하는 수단일 수도 있다. 우리 헌법재판소도 외국인의 기본권 주체성을 원칙적으로 인정하고 있다.[2]

3) 법인

법인은 구체적인 법률로 그 법인격이 인정되는 결사체이다. 그런데 우리 헌법에는 법인의 기본권 주체성에 관한 명문의 언급이 없다. 그래서 법인이 기본권을 누릴 수 있느냐의 문제는 기본권의 본질과 기능을 이해하는 시각에 따라 **긍정**과 **부정**이 갈린다. 기본권을 국가가 국민에게 베푸는 시혜적인 것이라고 이해하고 자연인과 법인을 같은 법인격체로 보면 법인도 기본권의 주체가 된다. 그러나 기본권을 인간의 천부인권이라고 보는 시각에서는 법인은 천부인권을 누릴 수 없다. 반면에 기본권을 사회통합의 공감적인 가치로 이해한다면 법인은 사회통합의 과정에서 형성된 결사체로서 사회통합의 형식이고 수단일 수 있으므로 기본권의 주체가 된다.

생각건대 현대생활은 개인주의가 아닌 협동의 형태로 이루어져 결사체는 사회생활의 불가결한 단위로 자리 잡았다. 따라서 여러 형태의 결사체는 사회통합의 형식이

1) 헌재결 2023. 9. 26. 2019헌마1165 참조.
2) 헌재결 2001. 11. 29. 99헌마494 참조.

고 수단이라고 볼 수 있다. 결사체의 조직이 결사의 자유의 실현 형태라면 결사체의 조직은 공감적 가치인 결사의 자유에 의한 사회통합의 형식이고 수단이 된다. 정당의 설립과 활동도 사회통합의 형식이고 수단이다. 또 기본권이 '자유'와 '권리'뿐 아니라 '책임'과 '의무'를 내포한 하나의 '객관적인 질서'라면 기본권적인 자유와 책임을 다해서 사회를 통합할 의무는 자연인은 물론 법인도 함께 지는 것이다. 따라서 법인도 기본권의 주체가 된다.

법인의 기본권 주체성을 인정하는 것은 법인이 자연인을 구성원으로 하는 결사체이기 때문은 아니다. 자연인을 그 구성요소로 하지 않는 재단법인이 기본권 주체가 되는 것처럼 법인의 규성 요소와 무관하게 법인의 독자적인 기본권 능력을 인정하는 것이다. 기본권의 주체가 되는 결사체에는 사법인과 '권리능력 없는 사단'(정당·노동조합·종친회 등) 그리고 재단법인 등이 있다. **공법인**은 예외적으로 공법인성과 사법인성을 함께 가지는 특수법인(예컨대 축협 중앙회)에 제한된 범위에서 기본권 능력을 인정한다.[1)] 이들 결사체(법인·사단·단체)가 누리는 기본권의 종류와 내용은 그 설립목적에 따라 다르다. 예컨대 출판 목적의 법인에는 '언론·출판의 자유'가, 교육 목적의 재단법인에는 '학문과 예술 및 대학의 자율성' 등 교육 관련 기본권이 중요하다. 그런데 법인의 기본권 능력에는 기본권의 성격에서 오는 한계가 있다. 즉 생명권, 신체의 자유, 양심의 자유 등 자연인을 전제로 한 기본권을 법인이 누릴 수 없는 것은 당연하다.

우리 헌법재판소도 사단법인·재단법인·영리법인·비영리법인·법인 아닌 사단·재단이라도 성질상 법인이 누릴 수 있는 기본권의 주체가 된다고 판시하면서 한국영화인협회의 기본권 능력을 인정했다.[2)] 그 밖에도 법인격과 권리능력이 없는 한국신문편집인협회,[3)] 정당[4)]의 기본권 능력을 인정하고, 공법상의 영조물인 서울대학교는 공권력 행사의 주체인 동시에 학문의 자유와 대학의 자율권이라는 기본권의 주체라고 결정했다.[5)]

1) 헌재결 2000. 6. 1. 99헌마553 참조.
2) 헌재결 1991. 6. 3. 90헌마56 참조.
3) 헌재결 1995. 7. 21. 92헌마177 참조.
4) 헌재결 1991. 3. 11. 91헌마21 참조.
5) 헌재결 1992. 10. 1. 92헌마68 등 참조.

4. 기본권의 내용과 효력

기본권은 전통적으로 국민과 국가와의 관계에서 논의되는 문제였다. 기본권은 본질적으로 인간의 천부적이고 초국가적인 자유와 권리로서 '국가권력에 대한 방어적 권리' 내지는 '국가로부터의 자유'라고 이해하면 기본권의 효력은 당연히 국가에 미치므로 기본권의 대국가적 효력이 중요하다. 이 기본권의 대 국가적인 효력을 '**주관적 공권**'이라고 부른다. 그러나 사회통합의 공감적 가치 **질서로서의 기본권**은 '자유'와 '권리'만이 아니라 '책임'과 '의무'를 함께 포함하는 객관적인 가치 질서이어서 기본권 주체 모두가 존중하고 실현해야 하는 것이어서 기본권의 효력은 어떤 형태로든 국민 상호 간에도 미친다. 기본권의 '**사인 간의 효력**' 내지는 '대사인적 효력'의 문제이다. 기본권의 사인 간의 효력으로 인해서 일상생활에서 서로의 기본권이 충돌하는 상황이 생길 수도 있다. **기본권의 상충관계**의 문제이다.

1) 주관적 공권

(1) 주관적 공권이론의 발전과정

주관적 공권의 내용은 기본권의 발전과정에서 함께 발전하며 변해왔다. 주관적 공권은 처음에 국가의 강제 질서에 의해서 규제되지 않는 범위 안에서만 자유로울 수 있는 매우 소극적이고 선언적인 성질의 것이었다. 그래서 국가를 상대로 적극적으로 무엇을 요구하는 힘은 생각할 수 없었다. 그 후 주관적 공권은 국가에 대한 적극적이고 능동적인 힘을 갖는 내용으로 발전해서 자유권뿐 아니라 수익권과 참정권까지 발전했다. 더 나아가 천부 인권적인 자유의 무제한성에 비해 국가권력은 제한적이어서 주관적 공권은 국가권력에 직접적인 효력을 미친다. 그 결과 초국가적인 자유 영역의 본질적인 내용은 국가권력이 침해할 수 없다고 하면서, 그런 주관적 공권을 내용으로 하는 기본권과, 주관적 공권으로서의 힘이 없는 **제도적 보장**(지방자치제도, 직업공무원제도 등)을 구별했다.

(2) 주관적 공권의 올바른 이해

생각건대 주관적 공권을 단순히 소극적 선언적인 것으로 이해하는 이론은 이미 구시대인 19세기적인 고전적 이론에 불과하다. 또 기본권의 자연법적인 천부인권성을 강조하면서 기본권을 자유권 중심으로 파악하고 이 천부적인 자유의 영역을 지키기 위한 주관적 공권만을 국가권력에 대한 기속력을 인정하고 수익권·참정권 등 비천부적인 영역에서는 그런 효력을 부인하는 이론도 이미 극복되었다. 기본권과 국가권력을 서로 유리된 대립적인 관계로 보고 기본권의 국가 창설적·사회통합적 기능을 무시한 채 기본권의 내용을 이런 기능과 무관한 주관적 공권만으로 좁혀서 이해하는 태도는 옳지 않다.

2) 객관적 질서로서의 기본권(기본권의 양면성)

기본권은 사회공동체의 통합을 달성하기 위해서 꼭 존중되고 실현해야 하는 사회의 '가치적인 공감대'이기 때문에 기본권은 국민의 주관적 공권인 동시에 사회통합의 기본이 되는 '객관적 질서'이다. 이처럼 기본권이 '**권리성**'과 '**질서성**'을 함께 그 내용으로 하는 것을 기본권의 '**양면성**'이라고 한다. 이 양면성을 갖는 기본권을 실현하기 위해서 국가권력이 창설되고 국가의 권력 행사가 정당화되므로 기본권은 국가권력의 창설적 기능과 사회통합의 기능을 함께 갖는다. 따라서 국가권력의 행사가 이 가치적인 공감대로서의 기본권에 기속되는 것은 너무나 당연하다. 기본권이 국가권력을 기속한다는 것은 국가의 모든 권력 행사가 궁극적으로 기본권적인 가치의 실현을 위한 것이어야 하므로 모든 국가권력(입법·행정·사법)은 마땅히 기본권을 존중해야 할 헌법적인 기속을 받는다는 뜻이다. 즉 국가권력을 기속하는 기본권의 효력은 기본권의 양면성에서 나오는 당연한 논리적인 귀결이다. 따라서 기본권과 국가권력은 대립 관계가 아니다. 우리 헌법(제10조 제2문)도 국가의 기본권 보장 의무를 강조하고 있다.[1] 다만 자유민주주의 헌법질서에서 행사되는 국가권력도 권력의 속성상 악용·남용의 가능성이 있으므로 주관적 공권으로서의 기본권의 방어적 기능도 여전히 무시할 수 없다.

3) 사인 간의 기본권 효력

기본권은 권리뿐 아니라 책임과 의무를 함께 내포하고 있어 권리성과 질서성의 양면성을 가지고 국민의 모든 생활영역에서 효력을 가진다. 그런데 오늘의 국민 생활은 예전과 달리 국가 의존성을 벗어나 사회 구성원 상호 간의 사회 의존적인 다원적인 형태로 변했다. 그 결과 사회 구성원 상호 간에서도 기본권적인 접촉이 많아졌고 그와

---

1) 우리 헌법재판소도 우리 헌법 제10조를 근거로 기본권의 적극적 효력을 강조하는 판시를 하고 있다. 헌재결 1997. 1. 26. 90헌마110 참조.

함께 사회 영역에서 오는 기본권의 위협도 커졌다. 따라서 이제는 사인뿐 아니라 여러 형태의 사회세력으로부터도 기본권을 보호할 현실적인 필요성이 있다. 사인 간의 '기본권 효력' 내지는 '기본권의 대 사인적 효력'의 문제이다.

(1) 기본권의 대 사인적 효력 이론구성의 다양성

(가) 미국의 국가작용 의제이론

기본권의 대 사인적 효력의 이론은 처음에 미국에서 시작되었다. 즉 미국 연방대법원이 미국 수정헌법(제14조 Sec. 1)의 '적법절차조항'과 '법의 평등보호조항'을 근거로 기본권의 효력이 사인 간에도 미칠 수 있다는 '**국가작용 의제이론**(state-action doctrine)' 내지는 '**국가 동시설**(doctrine of looks like government)**이론**'을 정립했다.[1] 건국 당시부터 자연법적인 기본권 사상이 지배하고 있었던 미국에서는 기본권의 효력은 국가권력에만 미친다는 사상이 확고했기 때문에 기본권의 사인 간의 효력을 인정할 수 없었다. 그래서 미국 연방대법원은 사인 간에도 기본권의 효력을 미치게 하려면 사인의 행위를 국가의 행위와 같이 보거나 적어도 국가의 행위로 의제하지 않으면 아니 된다는 이론을 개발했다. 그래서 사인의 행위도 어떤 형태로든 국가와의 연관성이 있으면 국가작용으로 보고 기본권의 효력을 미치게 하려고 했다. 미국 연방대법원은 특히 1937년대부터 기본권의 사인 간의 효력의 범위를 넓히기 위해서 사인행위와 국가작용과의 상호 관련성을 찾아내려고 노력했다. 그 결과 사인의 행위에 국가가 어떤 형태로든지 관련되었거나 앞으로 관련될 것이라는 작은 단서만 있어도 국가작용과 같이 보는 판례를 축적했다. 즉 사인의 행위가 i) 국가의 행정적 기능의 수행에 의한 것이든, ii) 사법적인 집행을 통해서든, iii) 국가의 물질적·시설적 지원에 의한 것이든, iv) 국가의 재정적 원조 또는 v) 조세법상의 특혜에 의한 것이면 국가 행위와 같이 보거나 국가작용으로 의제해서 그 사인의 행위에 기본권의 효력을 미치게 하고 있다. 인종차별, 의사표현의 자유 및 종교의 자유, 보도의 자유 등의 사례에서 뚜렷하게 나타난다.

(나) 간접적 사인 효력설과 직접적 사인 효력설

이 두 이론은 기본권의 객관적 질서로서의 성질을 근거로 기본권은 사생활영역에서도 적용되어야 한다고 한다. 다만 어떤 절차와 방법을 통해 기본권이 사인 간에도 적용되느냐에 대해서만 '간접적 사인 효력설'과 '직접적 사인 효력설'이 나뉘고 있다.

---

1) 이 이론을 처음 정립한 판례는 1883년 Civil Rights Cases, 109 U.S. 3, 17(1883)인데 1948년의 Shelley v. Kraemer, 334 U.S. 1, 13 판례가 더 잘 알려지고 있다.

(a) 간접적 사인 효력설

기본권은 국가 존립의 기초이고 정당성의 근거가 되는 객관적 가치 질서이므로 국민의 모든 공적·사적 생활영역에 '**파급효과(방사효과)**'를 미치게 된다. 다만 사인 간의 사적인 법률관계에 적용되는 것은 우선 사법이기 때문에 기본권은 이 사법의 일반원칙(예컨대 신의성실, 권리남용금지, 공서양속, 공정성, 불법행위 금지원칙 등)의 매개물을 통해서 간접적으로 사인 상호 간에도 효력을 미치게 된다. 즉 사인 간의 법률관계에 사법상의 일반원칙을 해석·적용하는 경우에는 반드시 기본권의 파급효과를 존중해서 기본권적인 가치의 실현에 초점을 맞추어야 한다. 그래서 사법상의 일반원칙의 규범적인 내용을 찾아내서 구체적인 사건에 해석·적용해야 하는 법관에게 기본권은 법해석의 지침이 된다.

(b) 직접적 사인 효력설

헌법에 직접적 사인 효력에 관한 명문의 규정이 있거나 기본권의 성질상 사인 상호 간에도 적용할 수 있는 기본권은 구태여 사법상의 일반원칙과 같은 매개물을 통할 필요 없이 직접 사인 간의 법률관계에도 적용된다. 즉 기본권을 근거로 하는 사법상의 권리가 생길 수 있어서 사인 간의 사법상 계약이라도 그것이 기본권을 무시하고 체결되었다면 마치 민법상의 금지규범을 어긴 법률행위처럼 당연히 무효가 된다.

(c) 결론

미국의 국가작용 의제 이론이 말해주듯 이제 기본권의 대 사인적 효력은 당연한 것으로 인식되고 있다. 그런데 기본권의 내용에 '주관적 공권'과 유사한 '주관적 사권'을 포함해 사인 간에도 기본권은 직접효력을 미친다는 직접적 사인효력설은 헌법에 기본권의 직접적 사인 효력을 명문화한 경우(예컨대 독일 기본법 제9조 제3항[1]) 외에는 일반적으로 통용되기 어렵다. 공·사법의 2원적인 법체계를 채택하고 사법의 분야에서는 '사적 자치'와 '계약의 자유'를 중요시하는 이유는 '사적 자치'와 '계약의 자유'의 보장이 바로 국민의 자율적 책임과 자유의 신장에 도움이 되는 길이기 때문이다. 따라서 공·사법의 2원적 법체계와 사적 자치의 완전한 배제효과를 초래하는 직접적 사인 효력설은 수용하기 어려운 이론이라고 할 수 있다.

결론적으로 간접적 사인 효력설이 학설과 판례를 통해서 일반적인 지지를 받는 이론이다.

---

1) 이 조항은 근로자에게 근로조건과 경제적 지위 향상을 위해서 단체를 조직할 권리를 보장하면서, 이 권리를 제한하거나 방해할 목적의 어떠한 협약이나 조치도 위법하고 무효라고 정하고 있다.

(2) 우리 헌법과 사인 간의 기본권 효력

우리 헌법에는 사인 간의 기본권 효력에 관한 아무런 명문 규정이 없다. 다만 '언론·출판의 자유'(제21조 제4항) 규정에서 그 한계와 책임을 명시함으로써 사인 간에도 기본권 침해가 생길 수 있다는 점을 암시하고 있을 뿐이다. 따라서 기본권의 사인 간의 효력 문제는 학설과 판례에 맡겨진 상태이다. 학계에서 다양한 주장이 대립하고 있는 것도 그 때문이다. 그러나 지배적인 견해는 간접적 사인 효력설이다. 즉 기본권은 그 성질상 사인 간에도 적용될 수 없는 것을 제외하고는 사법상의 일반원칙(민법 제2조, 제103조 등)을 통해서 간접적으로 사인 간에도 효력을 미친다는 것이다.

생각건대 우리 헌법은 '언론·출판의 자유'가 자유 민주국가에서 가지는 여론 형성적·민주적·사회통합적 기능 때문에 언론의 사회적 책임을 강조하고 사회적 통합의 분위기를 촉진하려는 의도로 이 규정을 둠으로써 이 기본권에 대해서 특별히 직접적 사인 효력을 인정하고 있다고 이해하는 것이 우리 헌법해석상 가장 무리가 없다고 할 것이다. 따라서 나머지 기본권은 성질이 허용하는 한 사법상의 일반원칙이라는 창구를 통해 간접적으로만 사인 간에 적용될 수 있다.

4) 기본권 상호 간의 충돌(경쟁 및 상충관계)

기본권의 효력과 관련해서 재판 실무에서 중요하게 제기되는 문제가 기본권의 충돌문제이다. 즉 기본권 주체가 국가를 상대로 기본권을 주장하거나, 또는 사인 상호 간의 관계에서 기본권이 적용되는 때에 기본권의 해석과 관련해서 자주 발생하는 문제이다. 기본권의 경쟁(경합)과 기본권의 상충의 두 가지 유형이 있다.

(1) 기본권의 경쟁(경합) 관계

한 사람이 특히 국가에 대해서 더 분명하고 확실하게 자신의 기본권적인 지위를 보장받기 위해서 여러 가지 기본권의 효력을 동시에 주장하면 그 여러 기본권은 서로 경쟁하는 사이이다. 이 경우 헌법과 법률이 그들 기본권의 제한 가능성과 제한의 정도를 각각 다르게 정하고 있다면 그들 기본권의 효력을 어느 정도 인정할 것인가를 정해야 한다. 이것을 기본권의 경쟁 관계라고 부른다.

경쟁 관계에 있는 기본권은 그 성질상 **특별과 일반**, **보완**, **택일**(**배타**)적인 경우가 대부분이다. 예컨대 종교 목적의 집회를 제한하는 경우 종교의 자유와 집회의 자유 중에 종교의 자유가 집회의 자유에 우선해서 적용되는 것은 이 경우 종교의 자유가 일종의 특별법이기 때문이다. 반면에 국가가 균등한 직업 선택의 기회를 제한한다면 평등권과 직업 선택의 자유는 상호 보완관계이다. 경쟁하는 기본권이 성질상 상호 보완관계라면 그만큼 기본권의 효력이 강화된다. 그렇지만 서로 경쟁하는 기본권의 성질상 하나의 기본권만을 선택해서 보호해야 할 때도 있다. 이런 경우에는 기본권을 주장하는 기본권 주체의 의도와 기본권을 제한하는 공권력의 동기를 참작해서 경쟁하는 기본권 간의 효력의 우열을 개별적으로 판단하되 기본권의 효력이 되도록 강화되는 방향의 해결책을 모색해야 한다. 우리 헌법재판소도 같은 취지로 '기본권 침해를 주장하는 제소자와 제청 법원의 의도 및 기본권을 제한하는 입법자의 객관적 동기 등을 참작하여 사안과 가장 밀접한 관계에 있고 또 침해의 정도가 큰 주된 기본권을 중심으로 해서 그 제한의 한계를 따져 보아야 한다'고 판시했다.[1)]

(2) 기본권의 상충관계

법적인 분쟁을 벌이는 대립하는 기본권 주체가 각각 자신의 기본권 효력을 주장하면 그 대립하는 기본권은 서로 상충관계이다. 이 경우 그 분쟁을 해결해야 하는 국가는 상충하는 기본권 사이에서 합리적인 판단을 통해 어느 쪽에도 기본권적인 보호가 미흡하지 않도록 하는 최선의 해결책을 찾아내야 한다. 따라서 기본권의 상충관계는 대립하는 기본권 주체와 국가권력의 삼각관계의 성질을 갖기도 한다.

(가) 이익형량의 방법

헌법과 모든 법 분야에서 통용되는 이익형량의 방법으로 해결책을 찾으려는 것이다. 즉 기본권의 한계와 기본권의 위계질서를 전제로 상충하는 기본권을 이익형량하는 것이다. 그러나 모든 기본권의 가치적인 핵인 인간의 존엄성과 생명권을 제외하면 기본권 상호 간에 분명한 위계질서가 있다고 보기 어렵다. 그래서 기본권 간의 효력의 우열을 정하기 쉽지 않다.

그렇지만 이익형량에서 **상위 기본권 우선의 원칙, 인격적 가치 우선의 원칙, 자유 우선의 원칙** 등의 기준이 일반적으로 통용되고 있다. 인간의 존엄성과 생명권이 다른 기본권과 상충한다면 당연히 인간의 존엄성과 생명권 보호가 우선되어야 한다. 예컨

1) 헌재결 1998. 4. 30. 95헌가16 참조. 예컨대 집회는 의사표현의 자유와 집회의 자유가 경쟁하는 경우이다. 그런데 집회에서의 의사표현을 이유로 해산명령이 있는 경우와 전염병 예방 또는 폭력사태의 방지 등 순수한 국민건강 또는 치안목적을 이유로 해산명령이 있는 경우 전자는 의사표현의 자유가 후자는 집회의 자유가 해산명령의 위법상 판단기준이 되어야 한다.

대 임산부의 개성 신장의 자유와 태아의 생명권이 상충하는 경우 상위 기본권인 생명권의 보호를 위해서 낙태 행위는 금지한다. 또 우리 헌법재판소는 혐연권은 생명권과 건강권에 근거한다는 이유로 흡연권보다 상위 기본권으로 보고 흡연권은 혐연권을 침해하지 않는 한에서 인정된다고 판시했다.[1] 인격적 가치를 보호하는 기본권과 재산적 가치의 보호 기본권이 상충하면 인격적 가치를 보호하는 기본권이 이익형량에서 우선적 효력을 갖는다. 나아가 자유와 평등의 가치가 서로 상충하면 자유 실현의 기본권을 우선해서 '자유 속의 평등', '자유의 평등'을 실현해야 한다. '평등'은 평등 그 자체에 의미가 있지 않고 '자유'의 조건으로서 자유를 실효성 있는 것으로 실현하는데 그 본래의 의미와 기능이 있기 때문이다.

이익형량의 방법으로 해결할 수 있는 기본권의 상충관계는 매우 제한적이다. 그래서 또 다른 해결 방법이 필요하다.

(나) 규범 조화적 방법

기본권 상충 시에 그 우열을 따지지 않고 헌법의 통일성을 지키기 위해서 상충하는 기본권 모두가 최대한으로 그 기능과 효력을 나타낼 수 있는 조화의 방법을 찾아서 해결하려는 것이다. 기본권의 위계질서를 전제로 하지 않을 뿐 아니라, 한쪽의 기본권에만 우선적인 효력을 인정하지 않는다는 점에서 이익형량의 방법과 다르다.

규범 조화적인 해결 방법은 상충하는 기본권 상호 간의 갈등과 부조화 현상을 최대한으로 완화해 서로가 조화적인 효력을 갖도록 하려는 것이므로 그 조화점을 찾는 방법이 중요한데 과잉금지, 대안의 모색, 최후수단의 억제 등의 세 가지 방법이 통용되고 있다.

과잉금지는 상충하는 기본권의 효력을 양립시키기 위해서 상충 기본권 모두에게 가해지는 제약을 양립의 목적 달성에 필요한 최소한에 그치도록 하는 방법이다. 우리 헌법재판소는 언론기관의 보도·편집·편성의 자유와 언론피해자의 정정보도청구권 상충 사건[2]을 비롯한 안마사 자격의 비맹자 제외 사건[3]에서 이 방법을 활용했다. **대안의 모색**은 상충 기본권을 직접 제약하지 않는 다른 대안을 찾아서 해결하는 방법이다. 예컨대 독일 연방헌법재판소는 병역의무와 종교를 이유로 하는 집총 거부가 상충하는 사건에서 현역 복무 대신 상응하는 다른 형태의 복무 의무를 부과해서 해결하는

1) 헌재결 2004. 8. 26. 2003헌마457 참조.
2) 헌재결 1991. 9. 16. 89헌마165 참조.
3) 헌재결 2008. 10. 30. 2006헌마1098 참조.

방법을 모색했다. **최후수단의 억제**는 대안의 모색을 통해서도 해결이 어려운 상충관계의 경우에 우세한 기본권을 위해서 열세의 기본권을 가장 마지막 수단으로 제한하지 않는 방법이다. 즉 상충하는 기본권의 조화를 위해서 극단적인 수단까지는 동원하지 않는 방법이다. 독일 연방헌법재판소가 종교상의 확신을 이유로 기도 이외의 다른 모든 의학적인 치료를 거부해서 결국 배우자를 사망에 이르게 한 구조부작위죄(독일 형법 제323c조) 피고인에게 가장 강력한 형법상의 형벌을 가하는 것은 종교의 자유의 파급효과를 제대로 인식하지 못한 위헌적인 처사라고 판시한[1] 것이 그 한 예이다.

규범조화적인 방법은 기본권의 상충관계를 해결하는 중요한 판단기준이고 이익형량의 방법에 비해서 공평하며 활용가치가 더 큰 것은 사실이지만 역시 모든 상충관계를 이 방법으로 해결할 수 있는 것도 아니다. 따라서 상충하는 기본권의 문제는 이익형량 등 모든 해결 방법을 다 활용해서 다각적인 검토를 해야 한다고 할 것이다.

5. 기본권의 내재적 한계

1) 유사 개념과의 구별

기본권의 내재적 한계는 실정법과는 무관한 헌법 이론적인 개념으로서 기본권 속에서 침묵하는 불문의 한계를 찾아내려는 논리 형식이다. 따라서 기본권을 헌법 스스로 제한하는 기본권의 '**헌법적 한계**' 또는 기본권이 법률유보에 따라 법률로 타율적으로 제한되는 '**법률에 의한 기본권 제한**'과는 다른 개념이다. 그래서 이 세 가지 개념을 혼용하는 것은 옳지 않다.

2) 기본권의 내재적 한계의 본질

헌법이 기본권을 제한할 수 없는 절대적인 기본권으로 보장했다고 해도 과연 어떤 상황에서도 기본권을 제한할 수 없는 것인가의 의문이 제기될 수 있다. 예컨대 종교의 자유를 절대적인 기본권으로 보장했다고 해서 코로나와 같은 악성 전염병이 확산하는 지역에서 종교적인 집회와 의식을 금지하는 것이 불가능한 것인가의 현실적인 의문이 생기기 때문이다. 나아가 기본권은 사회통합의 공감적인 가치질서로서 '자유'

---

1) BVerfGE 32, 98 참조.

와 '권리'뿐 아니라 '책임'과 '의무'도 함께 내포하고 있는 것이라면 기본권은 일종의 침묵하는 내재적 한계를 간직하고 있다고도 볼 수 있기 때문이다. 타율적으로 행해지는 기본권의 제한은 이 기본권의 내재적 한계를 전제로 한 것이라고도 할 수 있다. 특히 기본권의 상충관계를 해결하기 위한 여러 기술적인 수단도 이 내재적 한계를 전제로 한 것이라고 볼 수 있다. 그렇더라도 기본권의 내재적 한계를 지나치게 강조하는 것은 자칫 기본권 보장을 약화할 수도 있어 필요한 최소한의 범위에서만 논의해야 한다.

3) 기본권의 내재적 한계의 논증형식

기본권의 내재적 한계는 처음에 독일의 기본권 해석에서 정립된 이론이다. 즉 독일 기본법은 우리와 달리 기본권의 일반적 법률유보조항 대신 각 기본권에 다른 내용의 개별적인 법률유보조항을 두면서도 양심과 종교의 자유 및 학문과 예술의 자유에서는 아무런 법률유보 없이 절대적인 기본권으로 보장하고 있다. 그래서 절대적인 기본권을 전제로 그것을 제한하는 이론으로 정립된 것이다.

기본권의 내재적 한계를 인정하는 논리 구성에는 세 가지 유형이 있다. 우선 독일 기본법이 규정하는 개성 신장의 자유(제2조 제1항)에서 그 이론적인 근거를 찾으려고 했다. 즉 개성신장의 자유는 '타인의 권리'를 침해하지 않고 '헌법질서'와 '도덕률'에 반하지 않는 범위 내에서만 보장된다는 규정은 다른 모든 기본권에도 적용되는 내재적 한계라는 논리구성이다(**3한계 이론**). 두 번째는 법률유보조항이 없는 예술의 자유의 경우 '예술'의 개념에 '윤리적 요소'를 가미함으로써 기본권의 개념을 좁게 해석해서 '윤리적인 예술 활동'만을 예술의 자유로 보호하려는 내재적 한계이론이다(**개념 내재적 한계이론**). 세 번째는 비록 법률유보가 없는 기본권이라도 타인의 기본권 또는 다른 헌법적인 가치와 충돌하는 기본권의 행사는 헌법의 통일성과 헌법이 추구하는 전체적인 가치 질서의 관점에서 제한이 불가피하다는 이론이다(**규범 조화적 한계이론**).

생각건대 기본권의 양면성에 따라 그 객관적 가치질서로서의 성격과 사회통합기능을 인정하는 관점에서 볼 때 기본권은 사회 구성원 모두에게 균등하게 효력을 미치는 질서의 원리인 동시에 공감적인 가치를 뜻하므로 타인의 기본권은 물론이고 사회통합을 위한 다른 공익적인 가치를 다치지 않는 범위 내에서만 보호를 받을 수 있는 것은 당연하다. 나아가 기본권의 내용인 자유는 그 본질상 결코 무제한할 수 없다. 나의 자유가 소중한 만큼 남의 자유도 소중하므로 내 자유를 존중받기 위해서는 남의 자유도 존중해야 한다는 의미의 '**자유의 한계성**'은 바로 자유의 본질이다. 그래서 자유가

'다양성'과 '타인의 개성'에 대한 우호적인 포용력을 상실하고 타인에 대한 절대적인 힘으로 횡포해지면 기본권이 추구하는 사회통합은 기대하기 어렵다. 따라서 기본권의 본질과 기능의 시각에서는 물론이고 자유의 본질면에서도 기본권의 내재적 한계는 부인할 수 없다고 할 것이다.

4) 우리 헌법과 기본권의 내재적 한계

우리 헌법은 모든 기본권에 적용되는 일반적인 법률유보조항을 두고 있어 기본권의 내재적 한계는 제한적으로만 논의될 수 있을 것이다. 즉 양심의 자유처럼 법적인 규제가 불가능한 영역에 있는 기본권이 다른 기본권 또는 다른 헌법적인 가치와 충돌하는 경우 그것을 해결하기 위한 수단으로 내재적 한계가 원용될 수는 있을 것이다. 따라서 내재적 한계이론의 그 이상의 확대는 우리 헌법의 기본권 보장체계와 맞지 않을 뿐 아니라 자칫 기본권의 본질적 내용의 보장마저 무력화할 수도 있다. 기본권 제한을 합리화하는 것보다 기본권의 내재적 한계에 의한 제약을 주장하는 것이 훨씬 편한 방법이기 때문이다. 결과적으로 우리 헌법질서에서 기본권의 내재적 한계는 **기본권 제한의 이념적인 전제**라는 의미 정도로 이해하는 것이 가장 바람직하다.

우리 헌법재판소는 간통죄 합헌결정에서 '국민의 성적 자기 결정권도 국가적·사회적 공동생활의 테두리 안에서 타인의 권리·공중도덕·사회윤리·공공복리 등을 존중해야 할 내재적 한계가 있다'[1]고 판시함으로써 3한계 이론을 연상시키는 논증을 한 일이 있다. 그 후에도 이와 유사한 논리로 계속 합헌결정을 하다가 2015년에는 간통죄 규정을 위헌이라고 결정했다.[2]

6. 기본권의 제한

자유민주국가에서 헌법과 법률에 따른 합리적인 기본권 제한이 불가피하더라도 기본권 제한의 기준과 방법 및 한계를 헌법에 명문화해서 기본권의 불필요한 과잉 제한을 방지해야 한다. 우리 헌법도 한편으로는 국가의 기본권 보장 의무를 강조하면서도(제10조), 또 한편 기본권의 헌법적 한계를 명시하고(예컨대 제21조 제4항), 일반적인

1) 헌재결 1990. 9. 10. 89헌마82 참조.
2) 헌재결 2015. 2. 26. 2009헌바17 등 참조.

법률유보조항(제37조 제2항)을 통해 필요 불가피한 기본권 제한을 허용하고 있지만 기본권 제한 입법의 한계를 함께 명시하고 있다. 또 우리 헌법은 많은 기본권 조항에서 기본권의 내용을 실현하기 위한 입법의 필요성을 제시함으로써 기본권 형성적 법률유보를 여러 형태로 규정하고 있다. 그리고 특수한 신분관계에 의한 기본권 제한과 국가긴급권에 의한 기본권 제한에 관해서도 정하고 있다.

1) 기본권의 헌법적 한계

(1) 우리 헌법 규정

우리 헌법은 두 가지 형태로 기본권의 헌법적 한계를 규정하고 있다. 즉 **기본권의 주체** 또는 **기본권의 내용**에 관한 헌법적 한계 규정이 그것이다. 먼저 근로자의 노동3권과 국가배상청구권에 대해서는 그 주체의 헌법적 한계를 정하고 있다. 즉 공무원에게는 노동3권을 예외적으로만 인정하고(제33조 제2항), 군인·군무원·경찰공무원에게는 그 직무집행과 관련된 배상청구권을 인정하지 않으며(제29조 제2항), 근로자의 단체행동권 중에서 법률이 정하는 주요 방위산업체에 종사하는 근로자의 단체행동권은 법률로 이를 제한하거나 인정하지 않을 수 있는 헌법적인 근거를 두고 있다(제33조 제3항). 그리고 언론·출판의 자유와 재산권 및 정당활동의 자유에 대해서는 그 각각의 기본권 내용에 관한 헌법적 한계를 명시하고 있다. 즉 언론·출판의 자유를 보장하면서도 타인의 명예나 권리 또는 공중도덕이나 사회윤리를 침해하지 못하도록 그 한계를 명시하고(제21조 제4항), 국민의 사유재산권을 보장하면서도 공공복리에 적합하게 재산권을 행사하도록 하며(제23조 제2항), 정당설립의 자유를 보장하면서도 정당의 목적이나 활동이 민주적 기본질서를 위배하지 못하도록 위헌정당해산제도를 마련해 놓고 있다(제8조).

(2) 기본권의 헌법적 한계의 기능과 효과

기본권의 헌법적 한계는 입법권자에 대한 **방어적 기능**, **기본권 남용에 대한 경고적 기능**, 헌법의 통일성 유지를 위한 **헌법 정책적 기능**을 갖는다고 볼 수 있다. 먼저 기본권의 헌법적 한계는 입법권자가 법률로 기본권을 제한하면서 지켜야 하는 재량권의 한계를 처음부터 헌법에 명시함으로써 입법권자에 대한 방어적인 기능을 갖는다. 예컨대 정당 활동에 대한 헌법적 한계 규정으로 인해서 헌법재판에 의하지 않은 정당해산은 입법권자가 규정할 수 없다. 우리 헌법재판소도 언론·출판의 헌법적 한계 규정(제21조 제4항)은 언론·출판에 따르는 책임과 의무를 강조하는 동시에 입법권자의 언론·출판의 자유에 대한 제한요건을 명시한 규정으로 보아야 한다고 판시함으로써 입법권자에 대한 방어적 기능을 강조하고 있다.[1)]

그리고 기본권의 헌법적 한계 규정은 기본권 주체가 해당 기본권을 악용 또는 남용하지 못하도록 경고하는 기능도 갖는다. 예컨대 정당설립과 활동의 자유를 악용·남용해서 자유민주주의의 헌법 가치를 침해하면 반드시 정당 해산의 응징이 따른다고 경고함으로써 정당 활동이 헌법의 테두리를 벗어나지 않게 하는 것이다. 우리 헌법재판소도 언론·출판의 자유의 내용인 알 권리도 다른 법익(개인적·사회적·국가적)을 침해하면 보호받을 수 없다고 판시함으로써 언론·출판의 자유의 헌법적 한계의 경고적 기능을 강조하고 있다.[2)] 나아가 기본권의 헌법적 한계 규정은 기본권의 규범 조화적 실현을 통해 헌법의 통일성을 유지하려는 헌법 정책적 기능도 갖고 있다. 예컨대 헌법상의 직업공무원 제도와 노동 3권을 조화시키기 위해서 공무원의 노동 3권을 예외적으로만 인정하는 것이 바로 그런 경우이다.

2) 법률에 의한 기본권의 제한(기본권의 법률유보)

(1) 법률유보의 의미와 유형

국민의 대의기관인 국회에서 제정하는 형식적인 법률로만 기본권을 제한할 수 있도록 기본권 제한의 방법으로 '**법률의 형식**'을 요구하는 것을 기본권의 법률유보라고 말한다. 법률유보의 참뜻은 법률로 기본권을 얼마든지 제한할 수 있다는 뜻이 아니고(**역기능적 의미**), 기본권을 제한하려면 반드시 입법권자가 적법절차에 따라 제정하는 법률에 따르거나, 적어도 법률의 근거가 있어야 한다는 뜻이다(**순기능적 의미**). 즉 법률유보는 기본권 제한의 백지 수권규정이 아니라 **기본권 제한의 한계 규정**이다. 이처럼 법률유보의 의미와 내용을 정확히 이해하는 것은 기본권 보장의 실효성을 위해서 매우 중요하다. 법률유보에는 **개별적인 법률유보**와 **일반적인 법률유보**의 두 가지 유형이 있다. 전자는 제한 가능한 기본권에만 법률유보조항을 두는 것인 데 반해서 후자는 모든 기본권에 적용될 수 있도록 법률유보를 일반적으로 규정하는 것이다. 우리 헌법은 후자의 일반적인 법률유보 규정을 두고 있다(제37조 제2항).

그러나 법률유보는 법률에 규정할 구체적 내용의 범위까지 제시하는 개념은 아니

1) 헌재결 2009. 5. 28. 2006헌바109 참조.
2) 헌재결 1992. 2. 25. 89헌가104 참조.

다. 따라서 법률에서는 기본적이고 중요한 사항만을 정하고 더 구체적이고 지엽적인 사항은 하위 법령인 **행정입법**(대통령령, 부령 등)에 위임할 수도 있다. 이 경우 위임입법에는 일정한 한계가 있는데, 기본권 제한의 본질적인 내용이나 국가 공동생활의 핵심적인 영역을 정하는 것은 국회의 전속적인 입법사항이기 때문에 국회가 정해야지 행정입법에 위임해서는 아니 된다. 이것을 **의회유보**라고 말한다. 포괄적인 위임입법이 금지되는 것은 이 의회유보 때문이다. 따라서 법률유보와 의회유보는 동의어가 아니다. 우리 헌법재판소는 처음에는 이 두 가지 개념을 구별하지 않고 국회가 국민의 기본권 제한의 본질적인 사항을 스스로 정해야 한다고 TV 수신료 결정에서 국회를 배제한 것은 법률유보의 원칙에 위배된다고 판시했는데,[1] 이 경우 의회유보의 원칙에 위배된다고 판시하는 것이 정확하다. 그러나 우리 헌재도 2015년 판례[2]에서 구별하기 시작했다.

(2) 법률에 의한 기본권 제한의 한계

법률에 의한 기본권 제한에는 법률유보가 기본권 제한의 한계 규정이라는 법률유보의 개념 **본성적인 한계**뿐 아니라 법률로 기본권을 제한해도 지켜야 하는 일정한 규범적인 한계가 있다. 우리 헌법은 이 규범적인 한계로 본질적 내용의 침해금지와 과잉금지원칙을 명시하고 있다. 우리 헌법재판소도 일관해서 기본권 제한의 규범적 한계를 강조하는 판시를 하고 있다.[3]

우리 헌법은 기본권 제한의 **규범적 한계**에 관해서 목적 · 형식 · 내용 · 방법상의 한계를 명시하고 있다. 즉 기본권의 제한은 국가안전보장 · 질서유지 · 공공복리를 위한 목적으로, 반드시 법률의 형식으로 본질적인 내용을 침해하지 않는 범위 내에서 필요한 때에만 가능하다고 밝히고 있다(제37조 제2항). 이러한 규범적인 한계의 의미는 우리 헌법이 기본권 제한 입법의 한계를 명백히 밝히고자 한 순기능적인 것이라고 이해해야 한다. 이 법률유보는 우리 헌법이 지향하는 법치주의의 한 내용일 뿐이어서 신뢰보호의 원칙, 소급입법의 금지, 명확성의 원칙 등 법치주의의 모든 내용을 다 포함하고 있는 것은 아니다.

---

1) 헌재결 1999. 5. 27. 98헌바70 참조.
2) 헌재결 2015. 5. 28. 2013헌가6 참조.
3) 예컨대 헌재결 1990. 9. 3. 89헌가95 참조.

(가) 목적상의 한계

기본권 제한의 목적은 헌법적 가치를 통일적으로 실현하기 위한 것이어야 한다는 뜻으로 우리 헌법은 기본권 제한이 국가안전보장·질서유지·공공복리의 목적으로만 가능하다는 점을 분명히 하고 있다. 이 세 가지 개념은 헌법의 특성에 따른 추상적인 개념이긴 하지만 그 내용을 지나치게 확대해석하면 안된다. 즉 국가안보가 아닌 '정권안보'를 위한 목적으로 기본권을 제한하거나 막연히 '사회에 해악'을 끼친다는 이유로 기본권을 제한하는 것은 목적상의 한계를 벗어난 것이다. 우리 헌법재판소는 **국가안보의 개념**은 '국가의 존립, 헌법의 기본질서의 유지 등을 포함하는 개념으로서 국가의 독립, 영토의 보전, 헌법과 법률의 기능, 헌법에 의하여 설치된 국가기관의 유지 등의 의미로 이해할 수 있다'고 판시했다.[1] 그리고 처음 도입 당시와 달리 시대 상황이 변한 현시점에서는 동성동본금혼제도의 입법목적의 정당성을 인정할 수 없다고 부인했다.[2] 그러나 정정보도청구권(반론권)[3]과 정기간행물 등록제도,[4] 징발토지의 환매기간 설정[5] 등의 입법목적은 정당하다고 판시했다.

(나) 형식상의 한계

기본권 제한은 법률의 형식으로만 가능한데, 이때 법률은 불특정한 다수인을 상대(규범 수범자의 다수)로 불특정한 다수의 경우(규율 대상의 일반성)를 규율하는 **일반적·형식적인 법률**이어야지 특정한 사람을 대상으로 특정한 경우에만 적용하는 '**처분적 법률**'이어서는 아니 된다. 헌법상 법 앞의 평등 원칙과 특권 배제 사상의 당연한 결과이다. 우리 헌법재판소도 이 형식상의 한계를 강조하면서도[6] 5·18 특별법상의 공소시효 정지 규정의 합헌결정에서는 '우리 헌법이 처분적 법률의 제정을 금지하는 명문의 규정을 두지 않았다'는 이유로 개별사건 법률에 대한 제한적인 허용의 태도를 보여 논증상의 오류가 있다.[7] 헌법이 기본권 제한의 형식으로 요구하는 벌률은 처분적 법률의 제정금지 규정의 유무와 관계없이 당연히 일반적인 효력을 갖는 법률을 뜻하기 때문이다.

---

1) 헌재결 1992. 2. 25. 89헌가104 참조.
2) 헌재결 1997. 7. 16. 95헌가6 등 참조.
3) 헌재결 1991. 9. 16. 89헌마165 참조.
4) 헌재결 1997. 8. 21. 93헌바51 참조.
5) 헌재결 1995. 2. 23. 92헌바12 참조.
6) 헌재결 2000. 12. 14. 2000헌마659 참조.
7) 헌재결 1996. 2. 16. 96헌가2 등 참조.

(다) 내용상의 한계

기본권 제한입법은 **기본권의 본질적 내용**을 침해해서는 아니 되는 내용상의 한계를 존중해야 한다. 헌법이 보장하는 기본권은 그 핵심인 '인간의 존엄과 가치'를 모든 생활영역에서 실현하기 위한 공감적 가치 질서이므로 인간의 존엄과 가치를 침해하는 기본권 제한입법은 허용되지 않는다. 우리 헌법(제37조 제2항)도 이 내용상의 한계를 분명히 밝히고 있다. 우리 헌법재판소의 판시에 따르면 '본질적 내용은 만약 이를 제한하면 기본권 그 자체가 무의미해지는 경우에 그 본질적인 요소를 말하는 것으로서 이는 개별 기본권마다 다를 수 있다.'[1] 그러면서 사형제도는 '최소한 동등의 가치가 있는 다른 생명 또는 그에 못지않은 공공의 이익을 보호하기 위한 불가피성이 충족되는 예외적인 경우에 적용되는 한 그것이 비록 생명을 빼앗는 형벌이라도 생명권의 본질적 내용의 침해가 아니'라고 결정했다.[2] 반면에 우리 헌법재판소는 선거운동원이 아닌 사람의 선거운동을 금지하는 것은 국민의 참정권과 표현의 자유의 본질적 내용의 침해라고 결정했다.[3]

(라) 방법상의 한계

기본권을 제한하는 법률은 기본권 제한으로 추구하는 정당한 목적을 달성하는데 가장 적합한 방법으로(**적합성의 원칙**), 기본권이 필요한 정도를 넘어서 조금이라도 더 침해되는 일이 없도록 해야 한다(**침해최소의 원칙**). 또 기본권 제한의 정도와 그 제한으로 추구하는 공익을 엄격하게 이익 형량해서 공익목적의 비중이 제한되는 기본권의 사익보다 큰 경우에만 기본권을 법률로 제한할 수 있다(**비례성 원칙**). 결국 적합성의 원칙과 침해최소의 원칙 그리고 비례의 원칙을 어긴 기본권의 제한 입법은 방법상의 한계를 벗어난 것이다. 이 방법상의 한계를 '**과잉금지의 원칙**'이라고 하는데 기본권 질서의 실효성을 담보하는 가장 중요한 원칙이다. 그래서 기본권 침해에 대한 사법적 심사의 대상도 대부분 이 방법상의 한계의 위반여부를 심사하는 것으로 집약

1) 헌재결 1995. 4. 20. 92헌바29 참조.

2) 헌재결 1996. 11. 28. 95헌바1 참조. 그러나 사형이 생명권의 본질적 내용의 침해가 아니라는 논증은 납득하기 어렵다. 생명 그 자체를 박탈하면 생명권은 더는 아무런 의미도 가질 수 없기 때문이다. 그러한 모순적인 논증보다는 우리 헌법(제110조 제4항)이 사형의 형벌을 규정하고 있다는 점을 지적하면서 필요 불가피성이 충족되는 예외적인 때에 한해서 적용한다면 헌법의 규범 조화의 관점에서 헌법 침해로 볼 수 없다고 논증하는 것이 더 헌법의 취지에 맞는다고 할 것이다. 헌법에서 인정하고 있는 사형의 형벌에 대해서 또 다른 헌법 규정을 근거로 그 내용상의 한계를 논하는 것은 옳지 않기 때문이다.

3) 헌재결 1994. 7. 29. 93헌가4 참조.

될 정도로 헌법재판에서 매우 중요한 의미가 있다. 우리 헌법재판소는 우리 헌법(제37조 제2항)에서 과잉금지원칙을 명문으로 인정하고 있다고 판시하면서 기본권 제한입법이 기본권 제한의 한계를 일탈했는지의 여부를 판단하는 가장 중요한 기준이라고 설명한다.[1] 그러면서 과잉 금지의 원칙의 내용인 목적의 정당성, 방법의 적정성, 침해 최소성, 법익의 균형성의 네 가지를 심사기준으로 삼아 그 어느 하나에도 저촉되면 위헌이라고 판시하고 있다.[2]

3) 기본권 형성적 법률유보

기본권 형성적 법률유보란 기본권 제한적 법률유보와 달리 기본권 제한보다는 기본권 실현에 주안점을 둔 법률에 의한 기본권 실현을 말한다. '기본권의 법률유보'가 기본권 제한 형식으로서의 법률을 뜻하는 개념형식이라면 '기본권 형성적 법률유보'는 기본권의 실현형식으로서의 법률을 뜻하는 개념 형식이다. 헌법이 보장하는 많은 기본권은 그 기본권으로서 효력을 나타내기 위해서는 그 내용을 구체화하는 법률의 제정이 선행되어야 한다. 그런데 법률로 기본권의 내용을 구체화하는 형성작업은 제한적인 의미를 함께 갖는 경우가 적지 않다. 기본권 제한적인 법률유보와 기본권 형성적 법률유보를 혼동하게 되는 이유이다.

우리 헌법은 두 가지 유형의 기본권 형성적 법률유보를 두고 있는데, **기본권 실현적·행사절차적 법률유보**와 **기본권 강화 내지는 보호적 법률유보**가 그것이다. 예컨대 재산권의 내용(제23조 제1항 제2문), 손실보상의 방법과 내용(제23조 제3항), 선거권(제24조), 공무담임권(제25조), 청원권(제26조), 형사보상청구권(제28조), 국가배상청구권(제29조 제1항), 범죄피해자의 구조청구권(제30조), 형사피해자의 공판진술권(제27조 제5항), 생활무능력자의 보호청구권(제34조 제5항), 환경권(제35조 제2항) 등은 이들 내용을 구체화하는 법률의 제정으로 비로소 실현되거나 행사할 수 있는 기본권 실현적·행사절차적 법률유보이다. 그리고 국선변호인의 도움을 받을 권리(제12조 제4항), 저작자·발명가·과학기술자와 예술가의 권리(제22조 제2항), 재산권 제한과 보상의 법률유보(제23조 제3항), 정당한 재판을 받을 권리(제27조 제1항), 민간인에 대한 군사재판의 특례(제27조 제2항), 근로조건의 법정주의(제32조 제2항, 제3항) 등은 이들 기본권을 법률로써 보호하고 더 강화하려는 취지가 강한 기본권 강화 내지는 보호적인 법

1) 헌재결 1992. 12. 24. 92헌가8 참조.
2) 헌재결 1989. 12. 22. 88헌가13 참조.

률유보이다.

4) 특수한 신분 관계와 기본권 제한

공무원, 군인, 수형자, 학생 등 특수한 신분 관계에 있는 사람들은 일반 국민과 다른 형태의 기본권 제한을 받을 수 있다. 과거에는 이들 신분 관계에 있는 사람들에게는 법률유보가 적용되지 않는다는 이른바 '**특별권력관계이론**'이 통용되기도 했지만 지금은 폐기된 이론이다. 따라서 특수한 신분관계에 있는 사람들에게도 다른 국민과 똑같이 기본권의 효력이 미친다는 것이 지배적인 견해이다. 다만 이들 특수한 신분 관계에 있는 사람들은 일반 국민보다 더 많은 권리를 가질 수 있는 동시에 더 많은 의무를 부담할 수도 있다. 특수한 신분관계는 사회공동체가 정치적인 일원체로 기능하기 위해서 없으면 안되는 '**특수한 생활관계**'인데 그 특수한 생활관계의 유지를 위해서는 '**특수한 생활 질서**'가 필요하고 이 특수한 생활 질서의 유지에 필요한 범위 내에서는 일반 국민보다 기본권 제한을 더 받을 수 있을 따름이다.

우리 헌법도 공무원 근무관계(제7조, 제29조, 제33조 제2항, 제78조), 병역복무관계(제39조, 제27조 제2항), 학생 교육 관계(제31조), 수형자 복역 관계(제12조, 제13조, 제27조, 제28조) 등의 특수한 신분관계를 설정하고 있다. 이들 특수한 신분 관계는 우리 사회공동체가 기능하는데 꼭 필요한 특수한 생활 관계로서 각각 고유한 생활 질서에 의해서 유지되는 것이므로 그 각각의 생활 질서가 요구하는 범위 내에서 법률로써 기본권을 최소한으로 제한하는 것은 그러한 생활 질서를 설정한 헌법적인 요구이기도 하다고 할 것이다. 즉 법률에 의한 기본권 제한의 예외가 아니고 법률에 의한 기본권 제한의 한 유형에 불과하다. 우리 헌법재판소도 수형자에 대해서 특수한 신분 관계에 의한 기본권 제한을 인정하면서 '기결수용자도 통신의 자유의 주체이지만 수형자의 구금의 목적을 달성하기 위해서는 수형자의 서신에 대한 검열은 불가피하되 합리적인 방법으로 운용되어야 한다'고 판시했다.[1] 병역 복무 관계[2]와 공무원 근무 관계[3]도 결코 기본권의 사각지대가 될 수 없고 기본권의 효력이 미치기 때문에 권리구제가 가능하다고 판시하고 있다.

우리 헌법은 한 걸음 더 나아가 특수한 신분 관계를 유지하기 위해서 기본권 주

---

1) 헌재결 1998. 8. 27. 96헌마398 참조.
2) 헌재결 1989. 10. 27. 89헌마56 참조,
3) 헌재결 1993. 12. 23. 92헌마247 참조.

체에 관한 헌법적 한계 규정도 두고 있는데, 예컨대 공무원의 특수한 신분 관계와 조화될 수 있는 범위 내에서 법률로써 그들의 노동 3권을 제한할 수 있도록 했다(제33조 제2항). 군인·군무원의 재판청구권을 일반법원이 아닌 군사법원의 재판청구권으로 제한하고(제110조) 이들과 경찰공무원 등이 가지는 국가배상청구권을 제한하고 있는 것(제29조 제2항)도 모두 이들의 특수한 신분 관계를 유지하기 위한 불가피한 헌법의 규제 내지는 제한이라고 할 것이다.

5) 국가긴급권에 의한 기본권의 제한

헌정 생활의 기초인 헌법적 가치 질서가 명백하고 현존하는 위협을 받는 **국가비상사태** 내지는 **국가 긴급사태**에 실효성 있게 대처함으로써 최대한 빠른 시일 안에 헌법적 가치 질서를 회복하기 위한 헌법 보호 수단을 국가긴급권이라고 말한다. 국가긴급권은 국가비상사태를 전제로 하는 개념이므로 헌법기관의 헌법적인 직무수행이 일시적으로 원활하지 못한 **헌법장애상태**에서는 허용되지 않는다. 헌법장애상태는 헌법과 법률이 정한 통상적인 절차와 방법으로 얼마든지 수습할 수 있기 때문이다.

국가긴급권은 그 본질상 헌법보호의 비상수단이지 국가원수의 비상대권이 결코 아니다. 그런데도 국가긴급권이 독재의 수단으로 악용·남용된 사례가 많아 헌법은 국가긴급권의 발동기준과 내용 및 한계에 관해서 상세하게 규정함으로써 국가긴급권의 역기능 현상을 미리 차단하고 있다. 헌법의 명문 규정의 유무와 관계 없이 국민의 저항권도 하나의 강력한 국가긴급권의 역기능 방지 수단이다.

그래서 헌법이 정한 요건을 충족하는 국가긴급권의 발동은 헌정질서의 회복과 보호를 위한 불가피한 수단이므로 그로 인해서 발생하는 기본권의 제한은 정상적인 상황에서의 기본권 제한과는 그 성질이 다르다. 국가긴급권에 의한 기본권 제한은 역설적으로 그 자체가 기본권 보호의 수단이기도 하다.

우리 헌법도 국가긴급권 발동의 요건과 내용 및 효력에 대해서 상세히 규정하고 있다(제76조, 제77조).

(1) 긴급재정 · 경제명령에 의한 기본권의 제한

(가) 긴급재정 · 경제명령의 발동요건

우리 헌법은 긴급재정·경제명령의 발동요건으로 네 가지 요건을 정하고 있다. 즉 내우·외환·천재·지변 또는 중대한 재정·경제상의 위기 상황이 발생해(**상황요건**),

국가안전보장 또는 공공의 안녕질서를 유지하기 위해서 긴급조치가 필요한데(**목적요건**) 국회의 집회를 기다릴 하루의 여유조차 없는 긴급한 때에 한해서(**긴급요건**) 최소한으로 필요한 재정·경제상의 처분을 내용으로 하는(**과잉금지요건**) 긴급명령을 발동할 수 있도록 정했다. 우리 헌법재판소도 '긴급재정·경제명령은 사전적·예방적으로 발할 수 없을 뿐 아니라, 공공복지의 증진과 같은 적극적 목적을 위해서도 발할 수 없는 등 위기의 직접적 원인의 제거에 필수 불가결한 최소한의 한도 내에서 헌법이 정한 절차에 따라 행사되어야 하고 그 발동요건은 엄격히 해석되어야 한다'[1]고 판시함으로써 발동요건을 지켜야 한다는 점을 강조하고 있다.

(나) 긴급재정 · 경제명령의 발동 효과

긴급재정·경제명령은 법률의 효력을 가지므로(제76조 제1항) 기존 법률의 개정·폐지도 가능하다(제76조 제4항). 또 국민의 재정·경제생활을 제한할 수도 있다. 그러나 이 경우에도 법률에 의한 기본권 제한의 형식상의 한계를 제외한 내용상·방법상의 한계는 지켜야 한다.

(다) 긴급재정 · 경제명령에 대한 통제

긴급재정·경제명령은 국회의 사후 승인 절차로 통제된다. 즉 명령 발동 후에 지체없이 국회의 소집을 요구하고 국회에 보고하여 그 사후 승인을 받아야 한다. 국회의 승인을 받지 못하면 그 명령은 그때부터 효력을 상실할 뿐 아니라 그 명령으로 개정·폐지된 법률은 바로 효력을 회복하므로 대통령은 이 사실을 지체없이 공포해야 한다(제76조 제3항, 제4항, 제5항).

(2) 긴급명령에 의한 기본권 제한

(가) 긴급명령의 발동요건

긴급명령을 발동하기 위해서는 국가의 안위에 관계되는 중대한 교전 상태가 발생해서(**상황요건**), 국가의 보위를 위한 긴급조치가 필요하고(**목적 및 필요요건**), 국회의 집회가 불가능해야 한다(**국회집회불능요건**)(제76조 제2항).

(나) 긴급명령의 발동 효과

긴급명령은 법률과 같은 효력을 가지므로 기존 법률의 개폐는 물론이고 국민의 기본권을 제한하는 조치를 할 수 있다. 제한되는 기본권은 재정·경제생활영역에 국한

1) 헌재결 1996. 2. 29. 93헌마186 참조.

되지 않고 더 포괄적이지만 기본권 제한의 내용·방법상의 한계는 반드시 지켜야 한다.

(다) 긴급명령에 대한 통제

긴급명령은 국회의 사후 승인을 받아야 하고 승인을 받지 못하면 그때부터 효력을 상실하고 긴급명령으로 개정·폐기된 법률은 즉시 회복하며 대통령이 즉시 공포해야 하는 점은 긴급재정·경제명령과 같다(제76조 제3항, 제4항).

(3) 비상계엄에 의한 기본권의 제한

(가) 비상계엄의 선포요건

비상계엄을 선포하려면 전시·사변· 또는 이에 준하는 국가 비상 사태가 발생하고(**상황요건**), 병력으로써 군사상의 필요에 응하거나 공공의 안녕질서를 유지할 필요가 있어(**필요요건**), 법률(계엄법)이 정하는 절차와 방법에 따른 것이어야 한다(**준법요건**)(제77조 제1항).

(나) 비상계엄의 선포 효과

비상계엄이 선포되면 계엄법의 규정에 따라 영장제도와 언론·출판·집회·결사의 자유를 제한하거나 정부나 법원의 권한에 관하여 특별한 조치를 할 수 있다(제77조 제3항). 이 제한은 사전에 제정한 **계엄법에 따른 기본권의 제한이**어서 법률의 효력을 가진 사후 명령에 의한 기본권 제한과 다르다. 또 헌법(제110조 제4항)과 계엄법(제10조)은 비상계엄이 선포되면 민간인에 대해서도 군사법원이 재판할 수 있게 하면서 사형선고의 경우를 제외하고는 예외적으로 군사법원에 의한 단심재판을 허용하고 있다. 그러나 비상계엄에 의한 기본권 제한의 경우에도 법률에 의한 기본권 제한의 규범적인 한계는 반드시 지켜야 한다. 또 **경비계엄의 선포**(제77조 제2항)는 이러한 효과가 발생하지 않는다.

(다) 비상계엄에 대한 통제

비상계엄도 국회의 사후 통제를 받는다. 즉 비상계엄을 선포한 대통령은 지체없이 국회에 통고해야 하는데 국회가 그 재적의원 과반수의 찬성으로 그 해제를 요구하면 대통령은 이를 해제해야 한다(제77조 제4항, 제5항). 비상계엄이 해제되면 모든 행정·사법사무가 평상상태로 복귀한다(계엄법 제12조). 국회의 계엄 해제 의결정족수는 긴급재정·경제명령 또는 긴급명령에 대한 국회의 승인요건보다 더 가중된 것이어서 국회의 통제가 그만큼 더 어렵다.

7. 기본권의 보호

기본권은 사회통합의 공감적인 가치이므로 기본권 주체의 주관적인 권리인 동시에 국가 생활의 객관적 가치 질서이기 때문에 모든 국가기관은 이를 존중하고 실현해야 하는 헌법적인 의무를 지고 있다(**국가권력의 기본권 기속성**). 따라서 기본권의 국가권력 기속력과 기본권의 보호는 서로 이념적인 연관성이 있다. 다만 기본권의 기속력은 국가권력의 기본권 실현·구체화의 의무적인 내용이 강한데 반면에 기본권의 보호는 기본권의 기속력이 무시되고 기본권을 침해하는 때에 그 구제방법을 모색하는 내용이 강하다는 차이가 있다. 그 결과 입법·행정·사법기능은 언제나 기본권 보호와 기본권 침해의 양면성을 가진다. 입법·행정·사법권에 의한 기본권 보호와 입법·행정·사법권에 대한 기본권 보호를 나누어서 살펴야 하는 이유이다. 그렇지만 후자가 더 현실적이고 중요한 의미가 있다.

1) 입법기능과 기본권의 보호

(1) 입법권에 대한 기본권의 보호

입법권은 주로 위헌법률의 제정과 부작위에 의해서 기본권을 침해하는 경우가 많다.

(가) 위헌법률 제정에 대한 기본권 보호

입법권자는 국민의 대의기관이므로 강한 민주적인 정당성을 갖는다. 그 결과 그의 입법행위는 원칙적으로 헌법적인 가치를 존중했으리라는 강한 추정을 받게 된다(**법률의 합헌성 추정**). 이 법률의 합헌성 추정은 입법권에 대한 기본권 보호를 어렵게 하는 하나의 요인이지만 장애요인은 아니다. 법률의 합헌성 추정으로 위헌입법의 입증책임이 위헌을 주장하는 사람에게 전가될 따름이다. 또 입법권자는 입법의 대상·내용·범위에 대해서 스스로 결정할 넓은 형성의 자유를 갖는다. 이 형성의 자유는 입법대상과 영역마다 달라서 예컨대 침익적 입법보다 급부의 수익적 입법에서 더 넓게 인정된다.[1] 하지만 어느 경우이건 이 형성의 자유를 악용·남용해서는 아니 되는 제약을 받는다. 따라서 입법 형성의 자유도 입법권자에게 자의적인 입법을 허용하는 것은 아니

---

1) 같은 취지의 헌재결 1998. 11. 26. 97헌바67 참조.

다. 특히 입법 절차는 국회법에 정한 절차를 지켜야 하므로 절차에 관한 형성의 자유는 매우 좁다. 우리 헌법재판소도 '입법의 형성의 자유는 무한정으로 허용될 수는 없으며 그 입법의 내용이 정의와 형평에 반하거나 자의적으로 이루어지면 평등권 등의 기본권을 본질적으로 침해한 입법권 행사로서 위헌성을 면하기 어렵다'고 판시했다.[1)]

우리 헌법은 위헌입법에 대한 보호 수단으로 일차적으로 대통령이 법률안거부권(제53조 제2항)을 행사할 수 있게 하지만 국회의 재의결권(제53조 제4항)으로 그 실효성이 적다. 그보다는 헌법재판소의 위헌법률심사제도(제107조 제1항, 제111조 제1항 제1호)와 헌법소원제도(제111조 제1항 제5호)가 더 실효적인 보호 수단이다. 그러나 헌법소원제도는 제도적인 미비점이 많아 개선의 여지가 많은데 우리 헌법재판소가 판례로써 그 미비점을 일부 보완하고 있다. 즉 우리 헌법재판소는 법률이 직접 그리고 현실적으로 국민의 권리를 침해하거나 박탈한 때에는 보충성 요건의 예외를 인정해서 누구나 다른 구제절차를 거치지 않고도 피해구제를 위한 헌법소원심판청구를 할 수 있도록 했다.[2)]

(나) 입법권자의 부작위에 대한 기본권 보호

입법권자가 국민 생활을 위해서 필요한 법률제정을 하지 않아 기본권의 침해가 발생하는 때도 있다. 입법부작위에 의한 기본권 침해이다. 입법부작위에 의한 기본권 침해가 인정되기 위해서는 우선 입법 의무의 내용과 범위를 분명히 정한 법률제정의 명백한 **헌법상의 수권 위임**이 입증되어야 한다. 입법부작위에 의한 기본권 침해는 입법권자가 입법개선의무를 지키지 않는 경우와 단순한 입법부작위의 경우로 나눌 수 있다.

(a) 입법개선의무 위반(부진정입법부작위)에 의한 기본권 침해

입법권자의 입법은 언제나 기본권에 기속되어 법률제정 후에도 그 후의 상황변화 등을 고려해서 항상 기본권 침해가 생기지 않는 방향으로 법률을 꾸준히 개선해 나가야 하는 입법개선의무를 지고 있다. 즉 입법 당시의 입법상황에 대한 예상이 현저하게 빗나갔거나 입법 후의 입법상황 변화로 입법 당시에는 생각할 수 없었던 기본권 침해가 현실적으로 생겼는데도 입법권자가 그 법률을 고치지 않고 그대로 방치함으로써 기본권 침해상황을 방관하는 경우이다. 처음부터 불완전한 법률을 만들어 기본권을 침해하는 것도 여기에 포함된다. 우리 헌법재판소는 불완전한 입법을 **부진정입법부작**

1) 헌재결 1992. 4. 28. 90헌마24 참조.
2) 헌재결 1989. 3. 17. 88헌마1 참조.

위라고 분류한다.[1] 그러나 처음에는 완전한 입법을 했으나 그 후의 상황변화로 입법개선의무가 생긴 경우도 함께 부진정입법부작위에 포함하는 것이 옳다. 입법 개선 의무를 어긴 기본권 침해와 관련한 헌법소송에서는 주로 **과소보호원칙**의 위배 여부를 기준으로 판단하기도 한다. 즉 명백성을 기준으로 명백하게 부적절하거나 명백하게 부족해서 보호 목적에 현저히 미달하는지와, 실효성을 기준으로 보호 목적을 달성하기 위한 적절하고 효율적인 최소한의 보호조치를 취했는지를 사안에 따라 선택적 또는 병행적으로 적용한다.[2]

입법개선의무 위반으로 생기는 기본권 침해에 대한 보호 수단으로 헌법소원제도를 들 수 있다. 그런데 우리 헌법재판소는 불완전 입법에 의한 기본권 침해의 경우 입법부작위가 아닌 결함 있는 해당 법률 규정 그 자체가 위헌임을 주장하는 적극적인 헌법소원(**법령소원**)을 제기해야 하므로 제소기간의 준수가 중요하다고 판시한다.[3] 이에 따르면 사회환경의 변화 등으로 생기는 사후적인 불완전 입법의 경우에는 제소기간의 경과로 권리구제가 불가능해진다. 그러나 시원적인 불완전 입법뿐 아니라 사후적인 불완전 입법까지를 부진정 입법부작위에 포함시켜 법령소원 외에도 입법개선의무 위반 위헌확인소송도 허용하도록 판례를 개선할 필요가 있다. 그런데 헌법재판소가 위헌법률심사에서 헌법불합치결정으로 국회에 기간을 정해서 입법개선의무를 부과했는데도 국회가 이를 어기는 경우가 흔히 발생하고 있는데 현실적으로 입법개선의무 이행을 강제할 방법이 없다. 제도상의 결함이다.

(b) 진정입법부작위에 의한 기본권 침해

입법권자가 헌법의 구체적이고 명시적인 입법 위임을 무시함으로써 기본권을 침해하는 경우이다. 즉 헌법에서 기본권을 보장하기 위하여 명시적인 입법 위임을 했음에도 불구하고 입법자가 이를 이행하지 아니하거나, 헌법해석상 특정인에게 구체적인 기본권이 생겨 이를 보장하기 위한 국가의 행위의무 내지 보호의무가 발생했음에도 불구하고 아무런 입법 조치를 하지 아니한 경우에는 진정입법부작위에 의한 기본권 침해가 발생한다. 우리 헌법재판소도 일관해서 이 입장을 취하고 있다.[4] 따라서 피해 국민은 헌법재판소에 **입법부작위 위헌확인소송**을 제기할 수 있다.[5] 실제로 헌법재판

1) 예컨대 헌재결 1993. 9. 27. 89헌마248 참조.
2) 예컨대 헌재결 2008. 7. 31. 2006헌마711; 헌재결 2015. 9. 24. 2013헌마384 참조.
3) 헌재결 1996. 10. 31. 94헌마108 참조.
4) 예컨대 헌재결 1989. 3. 17. 88헌마1 참조.
5) 예컨대 헌재결 1989. 3. 17. 88헌마1 참조.

소는 입법부작위에 의한 재산권 침해를 인정하는 결정을 하기도 했다.[1)]

(2) 입법권에 의한 기본권의 보호

입법권이 헌법 정신에 따라 기본권 실현의 수단으로 행사된다면 입법활동 그 자체가 기본권보호의 수단이다. 그래도 특히 범죄피해자의 구조청구권(제30조), 형사보상청구권(제28조), 손실보상청구권(제23조 제3항)처럼 입법기관이 절차법을 제정하지 않고는 실현될 수 없는 기본권의 경우에는 입법기관의 절차법 제정으로 비로소 그 내용이 보장된다. 그 외에도 입법자가 합리적인 행정절차를 보장할 수 있는 행정절차법 등을 제정하는 것도 기본권 보호의 수단이다. 나아가 입법기관은 국민의 청원을 신속하고 공정하게 처리함으로써 청원권을 비롯한 기본권을 보호할 수 있다.

2) 집행권기능과 기본권의 보호

(1) 집행권에 대한 기본권의 보호

집행권에 의한 기본권 침해의 유형에 따라 그 기본권 보호 수단도 다르다. 탄핵심판, 사법절차, 행정입법의 위헌심사 등의 보호 수단이 있다.

(가) 탄핵심판에 의한 기본권의 보호

대통령, 국무총리, 국무위원, 행정 각부의 장, 중앙선거관리위원회 위원, 감사원장, 감사위원 기타 법률에 정한 행정 고위공무원이 그 직무집행에 있어서 헌법이나 법률을 어기고 기본권을 침해하면 국회가 탄핵의 소추를 의결하고(제65조) 헌법재판소가 탄핵의 결정(제111조 제1항 제2호)을 할 때까지 그 권한 행사를 정지시킴으로써(제65조 제3항) 기본권을 보호할 수 있다. 실제로 대통령에 대한 두번의 탄핵파면이 있었다[2)]

(나) 사법절차에 의한 기본권의 보호

국가배상청구권, 사법절차적 기본권의 행사, 행정소송 등의 기본권 보호 수단이 있다.

먼저 공무원의 직무상 불법행위로 인한 기본권 침해에 대해서는 국가 또는 공공단체에 정당한 배상을 요구하는 국가배상청구권(제29조 제1항)을 행사해서 보호를 받을 수 있다. 또 집행권에 의한 위법한 인신권의 침해에 대해서는 헌법이 보장하는 여

---

1) 헌재결 1994. 12. 29. 89헌마2 참조.
2) 박근혜 대통령에 대한 탄핵 파면 결정(헌재결 2017. 3. 10. 2026헌나1)과 윤석열 대통령 탄핵파면 결정(헌재결 2025. 4. 4. 2024헌나8) 참조.

러 사법 절차적 기본권을 행사해서 생명권과 신체의 자유를 보호받을 수 있다. 즉 불리한 진술거부권(제12조 제2항), 영장제시요구권(제12조 제3항), 체포·구속의 이유를 알 권리(제12조 제5항), 변호인의 도움을 받을 권리(제12조 제4항), 체포·구속적부심사청구권(제12조 제6항), 정당한 재판청구권(제27조), 민간인의 군사법원 재판거부권(제27조 제2항), 신속한 공개재판을 받을 권리(제27조 제3항, 제109조), 형사보상청구권(제28조) 등이 그것이다.

그리고 위법한 행정행위로 기본권 침해를 받은 국민은 행정소송법과 행정심판법에 따라 행정법원에 행정소송을 제기해서 기본권의 보호를 받을 수 있는데 행정재판의 전심절차로서 임의적인 행정심판제도를 두고 있다. 행정심판법상의 행정심판에서는 임시처분과 이의신청제도 등 절차적 권리의 강화는 물론 국선대리인 선임제도, 조정절차의 도입, 재결에 대한 기속력 부여, 인용 결정 불이행 때 이행할 때까지의 금전배상을 통한 간접강제 제도 등을 통해서 기본권을 더욱 보호하고 있다. 나아가 국가를 상대로 하는 당사자소송의 경우에는 가집행의 선고를 제한하는 행정소송법 규정(제43조)이 평등원칙에 반한다는 헌법재판소의 결정으로 행정소송에 의한 기본권 보호를 더욱 강화했다.[1)]

(다) 행정입법의 위헌 심사에 의한 기본권의 보호

대통령, 국무총리, 행정 각부의 장, 지방자치단체장 등이 법률의 위임을 받아 명령·규칙 등 행정입법을 하면서 헌법과 법률에 위반되는 내용의 행정입법으로 기본권을 침해하는 때에는 그 명령·규칙이 적용된 구체적인 재판에서 그에 대한 법원의 위헌 심사(구체적 규범통제)를 통해서 그의 적용을 배제함으로써 기본권을 보호받을 수 있다(제107조 제2항). 그리고 예외적으로 헌법소원을 통해서 헌법재판소가 그 명령과 규칙 등의 효력을 상실시킴으로써 기본권의 보호를 받을 수도 있다.[2)]

(2) 집행권에 의한 기본권의 보호

집행권의 주체는 크게 대통령, 국무총리와 국무위원 그리고 행정 공무원으로 나눌 수 있는데 이들 각각의 주체가 기본권을 보호하는 방법도 다양하다.

(가) 대통령에 의한 기본권 보호

대통령은 국정의 최고 책임자로서 헌법수호 의무(제66조 제2항)와 국민의 자유와

1) 헌재결 2022. 2. 24. 2020헌가12 참조.
2) 헌재결 1990. 10. 15. 89헌마178 참조.

복리의 증진에 노력할 의무(제69조)가 있으므로 모든 국가기관에 의한 기본권 침해를 감시·지적하고 그 시정을 요구함으로써 국민의 기본권을 보호한다. 이런 포괄적인 보호 수단뿐 아니라 대통령은 법률안 공포권에 포함된 실질적 심사권을 통해서 법률안이 기본권을 침해한다고 판단하면 그 서명·공포를 보류하고 이의서를 붙여 국회에 환부하는 **법률안거부권**을 통해서도 기본권을 보호할 수 있다(제53조 제2항). 물론 국회는 그 법률안을 재의결함으로써 법률안을 법률로서 확정할 수 있지만, 재의결에는 국회 재적의원 과반수 출석과 출석의원 2/3 이상의 높은 의결정족수가 필요하므로 기본권 보호의 의미가 크다. 그 밖에도 대통령은 국무총리, 대법원장, 헌법재판소의 장, 대법관 및 감사원장을 비롯한 공무원 임면권(제78조)에서 기본권 침해 인사를 배제함으로써 기본권을 보호할 수 있다. 또 대통령은 헌법(제79조)에 따른 사면·감형·복권 명령을 통해서 그릇된 사법권의 행사로 야기될 수 있는 기본권 침해를 구제할 수 있다. 그리고 대통령이 행사하는 국가긴급권(제76조, 제77조)도 기본권 보호의 한 수단이다.

(나) 국무총리와 국무위원에 의한 기본권 보호

국무총리와 국무위원은 최고의 국정 심의기관인 국무회의의 구성원으로서 광범위한 국정 심의에 참여한다(제89조). 그뿐 아니라 이들은 대통령의 국정 행위 문서에 대한 부서권을 갖는데(제82조) 기본권을 침해하는 대통령의 국정 행위 문서에 부서를 거부함으로써 기본권을 보호할 수 있다. 물론 대통령이 갖는 이들에 대한 임면권으로 인해서 그 실효성이 크지 않은 것이 사실이다. 부서를 거부하고 해임당하는 것을 감수한 소신 있는 부서권자가 없었던 것도 그 때문이다.

(다) 행정 공무원에 의한 기본권 보호

행정 공무원은 행정업무를 수행할 때 행정 기본법과 행정절차법을 지켜야 할 뿐 아니라 기본권을 침해하는 법률·명령·규칙·행정지시 등을 맹목적으로 집행할 것이 아니라 기본권 침해요소가 있는 상급자의 명령·지시 등에 대해서 먼저 이의를 진술해서 상급자가 시정되도록 노력해야 한다. 이의 진술을 통해서 기본권 침해가 시정되지 않으면 행정 공무원은 그 명령·지시 등을 그대로 집행해야 하지만, 그로 인해서 스스로 형법상의 범죄를 범하게 되거나 인간의 존엄성이 크게 훼손된다면 그에 따르지 않아도 된다는 것이 지배적인 견해이다.

3) 사법기능과 기본권의 보호

(1) 사법권에 대한 기본권의 보호

(가) 사법 절차상의 기본원리

우리 헌법은 사법절차에서의 인신보호를 위한 기본원리로 적법절차원리(제12조 제1항, 제3항), 죄형법정주의(제13조 제1항), 이중처벌의 금지원칙(제13조 제1항), 연좌제 금지(제13조 제3항), 자백의 증거능력 제한(제12조 제7항), 무죄추정의 원칙(제27조 제4항) 등을 채택하고 있다.

(나) 심급제도에 의한 기본권의 보호

법원이 사실 판단과 법률적용을 잘못해서 기본권 침해가 발생할 수 있으므로 심급제도를 채택해서 상급법원에 상소(항소·상고)하거나 재심청구를 통해서 기본권을 보호를 받을 수 있다.

(다) 형사보상청구권에 의한 기본권의 보호

형사피의자로 구금되었다가 불기소처분을 받거나 법원의 재판 잘못으로 유죄로 확정되어 복역함으로써 인신권의 침해를 받아 정신적 물질적인 손해를 본 국민은 상소 또는 재심을 통해서 무죄가 확정되면 형사보상법에 따라 국가에 형사보상청구를 함으로써 기본권 보호를 받을 수 있다.

(라) 대통령의 사면권에 의한 기본권 보호

대통령은 헌법에 정한 사면·감형·복권을 명함으로써(제79조) 법원의 재판으로 야기될 수 있는 기본권 침해를 회복할 수 있고, 정당한 형벌로부터 오는 여러 제약에서 벗어나게 해서 기본권을 다시 완전히 누릴 수 있게 할 수 있다.

(마) 법관에 대한 탄핵심판에 의한 기본권 보호

법관이 그 직무를 집행하면서 헌법·법률을 어기고 기본권을 침해한 때에는 국회의 탄핵소추로 그 권한 행사를 정지시키고 헌법재판소의 탄핵심판으로 기본권을 보호받을 수 있다(제65조).

(바) 헌법소원에 의한 기본권의 보호

법원이 구체적인 재판과정에서 소송 당사자의 위헌법률에 대한 위헌심판제청신청을 기각하거나 헌법재판소가 이미 위헌결정한 법령을 적용해서 기본권을 침해하면 예외적으로 그 법률과 재판에 대한 헌법소원을 제기해서 기본권을 보호받을 수 있다.

(2) 사법권에 의한 기본권의 보호

(가) 정당한 재판을 통한 기본권의 보호

국민은 헌법과 법률이 정한 법관에 의해서 정당한 재판을 받을 권리(제27조 제1항)를 행사함으로써 공권력 또는 사인에 의한 기본권 침해로부터 보호받을 수 있다. 행정·형사·민사·가사소송이 그것이다. 우리 헌법은 재판을 통한 기본권 보호의 실효성을 높이기 위한 여러 가지 수단을 함께 두고 있다. 사법권의 독립(제103조), 군사법원을 제외한 특별법원의 설치금지(제110조 제1항), 법관 자격 법정주의(제101조 제3항), 심급제도(제101조 제2항, 제110조 제2항), 변호인의 도움을 받을 권리(제12조 제4항), 신속한 공개재판을 받을 권리(제27조 제3항), 형사피해자의 재판절차진술권(제27조 제5항) 등이 그것이다.

(나) 법률의 위헌심판제청권에 의한 기본권의 보호

법원은 법률의 위헌 여부가 재판의 전제가 되면 직권 또는 소송 당사자의 신청을 받아 헌법재판소에 그 위헌심판을 제청함으로써 위헌법률에 의한 기본권 침해로부터 기본권을 보호할 수 있다.

(다) 명령 · 규칙에 대한 위헌심사에 의한 기본권의 보호

법원은 명령·규칙의 위헌 여부가 재판의 전제가 되면 그 명령·규칙의 위헌 여부를 심사해서 위헌으로 판단하면 그 적용을 배제함으로써 헌법·법률에 어긋나는 명령·규칙으로부터 기본권을 보호할 수 있다.

4) 헌법재판 기능과 기본권의 보호

(1) 헌법재판에 대한 기본권의 보호

우리 헌법질서에서 헌법재판소는 헌법과 기본권 보호의 최후 보루의 지위를 갖는 기관이다. 따라서 입법권·집행권·사법권 등이 기본권을 침해하는 경우 그들 권력의 기본권 침해를 시정해서 침해된 기본권의 효력을 회복시켜 기본권을 보호해야 하는 헌법상의 책무를 진다. 그래서 헌법재판소가 스스로 기본권을 침해하는 비정상적인 상황에서는 그에 대한 제도상의 구제 수단은 없다. 그런 상황에서는 국민이 스스로 기본권을 보호할 수밖에 없는데 비제도적인 저항권의 행사가 바로 그것이다.

(2) 헌법재판에 의한 기본권의 보호

(가) 헌법재판에 의한 직접적인 기본권 보호 수단

우리 헌법은 **구체적 규범통제**와 **헌법소원**을 헌법재판에 의한 직접적인 기본권 보호 수단으로 채택하고 있다. 즉 법원의 구체적인 재판에서 법률의 위헌 여부가 재판의 전제가 되면 법원은 그 위헌 여부를 심사해서 위헌이라는 합리적인 의심이 들면 그 법률의 적용을 보류하고 그 법률의 위헌 심사를 헌법재판소에 제청한 후 헌법재판소가 그 위헌 여부를 심사해서 위헌법률의 효력을 상실시킴으로써 위헌법률로부터 기본권을 보호할 수 있다.

또 공권력의 행사 또는 불행사로 기본권을 침해받은 국민은 헌법재판소에 그 공권력 행사가 위헌임을 확인해 달라는 헌법소원심판을 청구하고 헌법재판소가 그 청구를 인용함으로써 기본권을 보호받을 수 있다(제111조 제1항 제5호, 헌법재판소법). 다만 공권력에 의한 기본권 침해를 구제받을 수 있는 법률상의 다른 구제 절차가 있는 경우에는 먼저 그 구제 절차를 모두 거친 후에야 헌법소원을 제기할 수 있다(**헌법소원의 보충성**). 그리고 법원의 재판에 의한 기본권 침해에 대해서는 헌법소원(**재판소원**)을 제기할 수 없도록 했는데, 이것은 헌법소원의 보충성의 원칙과도 어긋나는 불합리한 제도이다. 제도개선이 시급한 사항이다. 다만 구체적인 재판의 소송당사자가 적용 법률의 위헌심사의 제청을 법원에 신청했는데 법원이 이 신청을 기각하면 소송당사자는 직접 헌법재판소에 그 법률의 위헌심사를 요청하는 위헌소원을 제기할 수는 있다.

(나) 헌법재판에 의한 간접적인 기본권 보호 수단

대통령 등 고위공무원에 대한 **탄핵심판제도**와 국가기관 상호 간의 **권한쟁의심판제도** 그리고 **위헌정당해산제도**는 헌법재판에 의한 간접적인 기본권 보호 수단이다. 이들 수단은 규범 통제와 헌법소원처럼 직접 기본권 보호의 효과가 생기지 않고 간접적으로 기본권 보호 효과가 나타난다.

헌법(제65조, 제111조 제1항 제2호)이 정하는 탄핵심판제도는 집행권에 대한 기본권 보호에서 설명했으므로 여기서는 생략한다. 권한쟁의심판제도는 국가기관 상호 간에 헌법과 법률로 주어진 권한과 의무에 대한 다툼이 생긴 경우 헌법재판소가 그 권한 다툼을 조정·해결해서 국정 수행을 원활하게 하는 헌법재판제도이다(제111조 제1항 제4호 및 헌법재판소법). 실제로도 국가기관 상호 간, 국가기관과 지방자치단체, 지방자치단체 상호 간에 권한쟁의가 자주 발생하고 있다.

위헌정당해산제도는 정당의 목적이나 활동이 민주적 기본질서에 반하면 정부가 그 정당의 해산을 헌법재판소에 제소하고 헌법재판소가 그 정당을 해산시킴으로써 민주적 헌법질서를 지키고 민주적 기본질서에 포함된 기본권도 간접적으로 보호하는 방어적 민주주의 수단이다(제8조 제4항, 제111조 제1항 제3호 및 헌법재판소법). 우리 헌법재판소는 2014년 우리 헌정사상 처음으로 통합진보당에 대한 해산 결정을 했다.[1)]

5) 기본권 보호의 최후수단 — 저항권의 행사

공권력에 의한 기본권 침해로부터 기본권을 보호하기 위한 모든 가능한 제도상의 수단과 방법에 의해서도 기본권 침해가 해소되지 않고 계속되는 매우 비정상적인 상황에서는 국민은 기본권 보호의 최후수단으로 비제도적인 저항권을 행사할 수밖에 없다. 그러나 저항권은 어디까지나 예비적·보충적·최후수단적·비제도적인 기본권 보호 수단이라는 점과 저항권이 반드시 폭력행사만을 뜻하는 개념이 아니라는 점은 이미 앞의 헌법보호의 항목에서 자세히 설명했다.

1) 헌재결 2014. 12. 19. 2013헌다1 참조.

제2장 우리 헌법상의 개별적 기본권

우리 헌법은 기본권의 이념적인 기초를 '인간의 존엄성'에 두고, 존엄한 인간으로서의 평등한 지위를 사생활과 정신생활을 비롯한 정치·경제·사회·문화 등 모든 생활영역에서 실현하기 위한 자유와 권리를 기본권으로 보장하고 있다. 동시에 국가의 존립과 정상적인 기능을 위해서 국민이 반드시 지켜야 하는 국민의 의무도 정하고 있다.

1. 기본권의 이념적 기초로서의 인간의 존엄성

1) 인간의 존엄과 가치의 보장

인간의 존엄과 가치는 기본권적인 공감적 가치 질서의 기초가 되는 핵심적인 내용이기 때문에 우리 헌법(제10조)은 기본권 보장의 첫머리에 '모든 국민은 인간으로서의 존엄과 가치를 가지며 행복을 추구할 권리를 가진다'고 하면서 '국가는 개인이 가지는 불가침의 기본적 인권을 확인하고 이를 보장할 의무를 진다'고 선언함으로써 국가권력의 기본권 기속성을 분명히 밝히고 있다.

(1) 인간의 존엄과 가치의 규범적 의미와 헌법상의 인간상

헌법에서 인간으로서의 존엄과 가치를 보장하는 것은 모든 국민의 '**인격의 내용을 이루는 윤리적 가치**(명예·이름·초상 등)'를 보장한다는 말로서 '인격의 내용을 이루는 윤리적 가치'는 우리 헌법의 기본권 질서 내에서 최고의 가치로 규범화된 것이다. 우리 헌법재판소도 인간의 존엄성 보장은 '모든 기본권 보장의 종국적 목적(기본이념)이라 할 수 있는 인간의 본질이며 고유한 가치인 개인의 인격권을 보장하는' 것이라고 판시함으로써[1] **인격권**의 헌법적인 근거 조항으로 인간의 존엄성을 들고 있다.

우리 헌법이 모든 국민의 인격의 내용을 이루는 윤리적 가치를 보장하는 것은 모든 국민이 양도할 수도 포기할 수도 없는 고유한 윤리적 가치의 주체이면서 동시에 사회공동체의 구성원으로서 고유한 인격 내지는 개성의 신장을 통해서 사회 공동생활을 책임 있게 함께 형성해 나갈 사명을 간직한 **자주적 인간**(**헌법상의 인간성**)을 전제로 한 것이라고 볼 수 있다. 우리 헌법재판소도 '헌법상의 인간상은 자기 결정권을 가진 창의적이고 성숙한 개체로서의 국민'이라고 판시하고 있다.[2]

그러나 인격권이 인간의 존엄성에서 나오는 것이라 해도 엄밀히 말하면 인간 존엄성의 핵심인 '인격의 내용을 이루는 윤리적 가치'와 '인격권'은 구별해야 한다. 왜냐하면 죽은 사람이 생존할 때 가졌던 인간의 존엄성 즉 윤리적인 가치(명예 · 이름)는 사후까지도 파급효력을 미쳐 보호해야 하지만, 죽은 사람이 인격권의 주체가 될 수는 없기 때문이다. 죽은 사람의 명예 등이 훼손되어서는 아니 되는 이유는 사후까지 인간의 존엄성의 내용을 이루는 윤리적 가치를 보호해야 하기 때문이다. 따라서 사자의 명예를 훼손하는 의사 표현은 이익형량의 대상이 될 수 없고 사자의 명예가 우선적인 효력을 갖는다. 그에 반해서 인격권의 주체인 산 사람의 명예를 훼손하는 의사 표현의 경우에는 인격권과 의사 표현의 자유의 상충문제로 해결해야 한다. 따라서 우리 헌법재판소가 인간의 존엄성과 인격권을 동일시하면서 사자도 인격권의 주체로 보는 듯한 판시[3]를 하는 것은 옳지 않다.

(2) 인간의 존엄성 규정의 헌법상 의의

우리 헌법의 인간의 존엄성 규정은 헌법질서의 최고가치와 기본권 보장의 가치지표를 밝힘과 동시에 기본권 실현의 목적과 국가작용의 가치적 실천기준을 제시하고 있다는 헌법상의 의의가 있다.

---

1) 헌재결 1990. 9. 10. 89헌마82 참조.
2) 헌재결 1998. 5. 28. 96헌가5 참조.
3) 헌재결 2010. 10. 28. 2007헌가23 참조.

(가) 헌법질서의 최고가치

인간으로서의 존엄과 가치는 우리 기본권 질서의 이념적·정신적인 출발점인 동시에 모든 기본권의 가치적인 핵심으로서의 성격을 가지므로 우리 헌법질서의 바탕이어서 절대적이고 양보할 수 없는 최고의 가치적인 공감대를 뜻한다. 따라서 인간의 존엄성을 보장하는 헌법 규정은 개정할 수 없는 헌법개정의 한계인 동시에 기본권 제한 입법의 한계를 뜻하므로 인간의 존엄성을 부인하는 헌법개정과 기본권의 본질적 내용을 침해하는 기본권 제한은 허용되지 않는다.

(나) 기본권 보장의 가치

우리 헌법이 인간으로서의 존엄과 가치를 보장하는 것은 그것이 단순히 자연법적인 가치이기 때문만은 아니다. 그보다는 우리 사회의 공감적인 가치에 해당하는 인간으로서의 존엄과 가치가 존중되고 보호되지 않고는 우리 사회가 통합되는 것을 기대할 수 없다는 인식에서 기본권 보장의 가치 지표를 제시하고 있다고 할 것이다.

(다) 기본권 실현의 목적

인간으로서의 존엄과 가치는 우리 헌법이 추구하는 통합의 가치 질서 내에서 가치 피라밋의 최정점을 차지하는 목적에 해당하고 나머지 기본권은 이 인간으로서의 존엄과 가치를 모든 생활영역에서 실현하기 위한 수단에 불과하다는 점을 분명히 함으로써 기본권 실현의 목적을 제시하고 있다고 할 것이다.

(라) 국가작용의 가치적인 실천기준

인간으로서의 존엄과 가치는 국가가 주는 것이 아니고 국가는 단순히 이를 '확인하고 보장할 의무를 지기' 때문에 모든 국가작용의 가치적인 실천기준을 뜻한다. 따라서 우리 헌법질서 내에서는 인간으로서의 존엄과 가치의 실현과 보장 목적 이외의 또 다른 국가목적은 존재할 수 없다. 즉 국민이익에 우선하는 국가이익은 인정할 수 없다는 점을 분명히 밝힌 것이다.

(3) 인간의 존엄과 가치 규정에 대한 헌법 판례와 문제점

우리 헌법재판소는 헌법 제10조를 인용할 때 대부분 '인간으로서의 존엄과 가치'와 '행복추구권'을 함께 언급하고 있다. 그러면서 헌법 제10조가 '다른 헌법 규정을 기속하는 최고의 헌법원리'이며[1] '헌법 이념의 핵심인 인간의 존엄과 가치를 보장'하고

---

1) 헌재결 1992. 10. 1. 91헌마31 참조.

있다고[1] 판시함으로써 헌법 제10조가 우리 헌법질서와 기본권 보장의 가치 지표임을 확인하고 있다.[2] 그리고 '헌법 제10조는 모든 기본권 보장의 종국적 목적(기본이념)이라고 할 수 있는 인간의 본질이며 고유한 가치인 개인의 **인격권**과 **행복추구권**을 보장하고 있다. 개인의 인격권과 행복추구권에는 개인의 **자기 운명 결정권**이 전제되는 것이고, 자기 운명 결정권에는 **성적 자기 결정권**과 특히 혼인의 자유와 혼인에 있어서 상대방을 결정할 수 있는 자유가 포함되어 있다'고 판시함으로써[3] 헌법 제10조에서 행복추구권 이외에 인격권이라는 구체적 기본권을 끌어내려는 입장을 취한다.[4] 이러한 입장은 '개인의 일반적 인격권은 인간의 존엄성에서 유래한다'[5]는 등 다른 판례[6]에서도 반복되고 있다. 더욱이 헌법재판소는 죽음을 앞둔 연명치료 중인 환자는 인간의 존엄과 가치를 지키기 위해서 연명치료 중단에 관한 자기 결정권을 갖는다고 판시함으로써[7] **존엄사**라는 이름의 죽을 권리로 확대하기도 한다.

헌법재판소의 여러 판례에서 보듯이 헌법재판소는 헌법 제10조의 인간의 존엄과 가치를 일반적 인격권의 근거 규정으로 이해하고 있다. 그러나 헌법 제10조만을 근거로 일반적 인격권을 끌어내기보다는 헌법의 통일성의 관점에서 '국민의 자유와 권리는 헌법에 열거되지 아니한 이유로 경시되지 아니한다'는 **헌법 제37조 제1항과의 연관성**을 도외시해서는 아니 된다고 생각한다. 헌법 제37조 제1항의 규범적 의미를 무시해서는 아니 되기 때문이다. 따라서 우리 헌법에 구체적으로 열거되지 않은 **일반적인 행동의 자유, 일조권, 인격권, 초상권, 성명권, 명예권, 자신의 혈통을 알 권리** 등도 헌법에 열거된 기본권과 마찬가지로 인간의 존엄과 가치를 실현하기 위한 수단이라고 이해하는 것이 합리적인 헌법해석이다.

또 헌법재판소는 '사자(죽은 사람)는 헌법 제10조에서 유래하는 일반적 인격권의 보호를 받아야 하므로 사후에도 인격적 가치의 중대한 왜곡으로부터 보호되어야 한다. 나아가 사자의 사회적 명예와 평가의 훼손은 사자와의 관계를 통해 스스로의 인격상을 형성하고 명예를 지켜온 그들 후손의 인격권, 즉 유족의 명예 또는 사자에 대한 경

1) 헌재결 1992. 4. 14. 90헌마82 참조.
2) 헌재결 2016. 12. 29. 2013헌마82 참조.
3) 헌재결 1990. 9. 10. 89헌마82 참조.
4) 헌재결 2003. 6. 26. 2002헌가14 참조.
5) 헌재결 2002. 7. 19. 2000헌마546 참조.
6) 헌재결 1991. 4. 1. 89헌마160 참조.
7) 헌재결 2009. 11. 26. 2008헌마385 참조.

배 추모의 정을 제한하는 것이'[1]라는 판시를 통해서 마치 사자도 인격권의 주체가 될 수 있는 것처럼 설명하는 것은 옳지 않다. 사람이 죽으면 인격권은 소멸하므로 사자는 인격권의 주체가 될 수 없기 때문이다. 사자는 살아 있을 때 가졌던 인간의 존엄성의 파급효력이 사후에도 미칠 따름이다. 따라서 사후에까지 미치는 인간의 존엄성의 파급효과 때문에 사자의 명예도 보호해야 한다고 논증했어야 한다.

2) 행복추구권

우리 헌법은 헌법 제10조에서 '모든 국민은 인간의 존엄과 가치를 가지며 행복을 추구할 권리를 가진다'고 행복추구권을 함께 규정하고 있다.

(1) 행복추구권의 본질과 내용

인간으로서의 존엄과 가치는 기본권 보장의 이념적인 기초이며 가치 지표이기 때문에 헌법에 명문화하는 것이 필요하고 당연하다. 반면에 행복추구권은 그 핵심 개념인 '행복'의 상대성과 다양성 및 세속성 때문에 규범적인 차원에서 쉽사리 그 가치로서의 성격을 인정하기 어렵다. 그래서 행복추구권을 기본권 보장의 가치 지표인 인간의 존엄과 가치와 함께 규정한 제10조는 조문 구조상 문제가 있다. 사람이 행복을 추구하는 것은 인간의 본능에 속하는 일이어서 처음부터 규범화의 대상이 될 수 없기 때문이다. 사람이 갖는 '행'·'불행'의 감정은 법적인 규제가 미칠 수 없는 지극히 개인적인 영역이다. 국가가 실현할 수도 없는 행복을 모든 국민에게 보장한다는 것은 넌센스다.

따라서 헌법이 언급한 행복추구권은 독자적인 기본권을 보장한 것이 아니라 '인간의 존엄과 가치'를 존중받으며 살아갈 수 있는 모든 국민의 당위적이고 이상적인 삶의 지표를 설정해 놓음으로써 '인간의 존엄과 가치'가 갖는 윤리 규범적 성격과 실천 규범적 성격을 강조한 것이라고 이해하는 것이 합리적이다. 이러한 삶의 지표는 국민의 모든 생활영역에서 다 의미가 있으므로 행복추구권은 일종의 **포괄적인 성격**을 갖는다고 할 수 있다. 따라서 다른 기본권의 규범적인 효력을 강화하는 **보완적인 규정**으로 기능한다고 볼 수 있다.

---

1) 헌재결 2010. 10. 28. 2007헌가23 참조.

(2) 행복추구권에 대한 판례와 문제점

우리 헌법재판소는 행복추구권을 하나의 구체적이고 독자적인 기본권으로 인정하는 관점에서 행복추구권 속에 **일반적 행동자유권**과 **개성의 자유로운 발현권** 등이 함축되어 있다고 이해한다.[1] 또 사적 자치권과 '계약의 자유'도 일반적 행동자유권에서 파생된다고 설명하는[2] 등 행복추구권이 하나의 **포괄적 기본권**으로서의 성질을 가진 것으로 판시한다.[3]

헌법재판소가 행복추구권을 하나의 독자적인 기본권으로 이해하면서 그 속에 일반적 행동자유권과 개성의 자유 발현권 등이 들어있다고 주장하려면, 헌법 제10조의 조문 구조상 먼저 그들 기본권이 '인간의 존엄과 가치'와는 무관하게 행복추구권에만 함축되어야 하는 이유를 설득력 있게 논증했어야 한다. 또 헌법재판소가 '인간의 존엄과 가치' 및 행복추구권을 근거로 인간의 자기 운명 결정권을 인정하고 성적 자기 결정권을 그 속에 포함하려면, '일반적 행동 자유권' 및 '개성의 자유로운 발현권' 등은 왜 인간의 존엄과 가치 및 행복추구권을 함께 근거로 하지 않고 오로지 행복추구권에서만 그 규범적인 근거를 찾아야 하는지도 합리적인 설명을 해야 할 것이다. 따라서 헌법재판소는 행복추구권에 대한 입장을 면밀하게 재검토해야 할 것이다. 다행히도 최근에는 헌법재판소가 '행복추구권은 다른 기본권에 대한 **보충적 기본권**으로서의 성격을 지니므로, 공무담임권이라는 우선적으로 적용되는 기본권이 존재하여 그 침해 여부를 판단하는 이상, 행복추구권 침해 여부를 독자적으로 판단할 필요가 없다'는 판시'[4] 등을 통해서 다른 기본권과 행복추구권을 동시에 적용하려던 종래의 태도[5]를 지양하고 행복추구권을 다른 기본권에 대한 보충적 기본권으로 적용하는 방향으로 관점을 바꾸는 듯한 판시를 함으로써 개선의 의지를 보이고 있다.

결론적으로 행복추구권은 그 본질상 독자적인 기본권으로 인정하기 어렵고 다른 기본권에 대한 보충적인 기능을 갖는다고 할 것이다.

---

1) 헌재결 1998. 5. 28. 96헌가5 참조.
2) 헌재결 1998. 5. 28. 96헌가5 참조.
3) 헌재결 1995. 7. 21. 93헌가14 참조.
4) 헌재결 2000. 12. 14. 99헌마112; 헌재결 2003. 4. 24. 2002헌마611 참조
5) 헌재결 1997. 10. 30. 96헌마109 참조.

2. 평등권

1) 평등권 보장의 헌법상 의의

우리 헌법(제11조)은 모든 국민의 평등권을 보장하고 있다. 기본권의 이념적 기초이며 가치적인 핵심인 인간의 존엄과 가치는 모든 사람에게 똑같이 존중되어야 하므로 평등권은 인간의 존엄과 가치를 핵심으로 하는 기본권을 국민의 사생활을 비롯한 정치·경제·사회·문화의 모든 생활영역에서 실현하기 위한 방법적인 기초로서의 의미와 기능을 갖는다고 볼 수 있다. 그래서 평등권은 기본권 실현의 방향을 제시하는 하나의 기본원리라고 할 것이다. 평등권이 자주 '평등의 원리'로 표현되는 이유도 그 때문이다. 우리 헌법재판소가 '평등의 원리는 국민의 기본권 보장에 관한 우리 헌법의 최고원리로서 국가가 입법을 하거나 법을 해석 집행함에 있어 따라야 할 기준인 동시에 국민의 기본권 중의 기본권'이라고 판시[1]하는 이유도 이러한 인식에서 나온 것이라고 할 것이다. 평등권은 다른 기본권과 구별되는 **기본권 중의 기본권**이라고 강조한 것이다.

2) 평등권의 기능

평등권은 모든 국민에게 여러 생활영역에서 균등한 기회를 보장해 주는 것을 내용으로 한다. 따라서 평등권은 모든 국민에게 기회균등을 보장하고 자의적인 공권력 행사를 금지함으로써 국민이 균등한 기회로 사회통합과정에 참여케 해서 기본권의 생활 규범성을 높이고 기본권의 사회통합 효과를 증대시켜 주는 기능을 갖는다.

3) 평등권의 내용

(1) 평등권과 자유와의 관계

존엄성의 주체인 국민은 누구나 같은 인격체로서 자기실현을 추구하기 때문에 같은 자유를 주장할 수 있다. 자유는 존엄한 인간의 자기실현의 수단이기 때문이다. 따라서 국민의 자유와 평등은 인간의 존엄성과 불가분의 연관성을 갖는다. 국민은 자유의 영역에서 차이가 있을 수 없다. 나의 자유가 소중하다면 내 이웃의 자유도 소중하

1) 헌재결 1989. 1. 25. 88헌가7 참조.

다. 그래서 자유의 한계는 이미 자유 속에 들어 있다. 즉 자유권의 한계는 바로 평등한 자유에서 나온다. 자유가 자기 실현의 기능을 다 하려면 누구나 남과 더불어 같은 자유의 주체라는 인식으로 내 이웃의 같은 자유를 존중해야 한다. 그런 의미에서 평등은 자유를 극대화하기 위한 수단이며 자유의 전제조건으로서 자유 속의 평등만이 자유와 평등 둘 다 제 기능을 다 할 수 있게 한다. 즉 평등은 **자유의 전제조건**이며 **자유를 증대시켜 주는 수단**이기 때문에 평등보다는 자유의 가치가 더 우선한다. 자유를 떠난 평등이나 자유를 희생시킨 평등은 이미 평등과는 거리가 멀고 자유까지 잃게 된다.

(2) 평등권의 구조적인 특성

평등권은 자유권과는 다른 구조적인 특성을 가진다. 즉 자유권은 서로 다른 일정한 **보호범위**(**영역**)를 가지고 있으나 평등권은 일정한 보호범위를 가지고 있지 않다. 평등권에서는 보호범위 대신에 **비교집단**이 있다. 평등권의 보호범위를 구태여 논한다면 누구나 '정의 기준에 부합하는 대우'를 받을 권리라는 관념적인 보호범위를 가질 따름이다. 그 결과 자유권에서는 그 보호범위를 제한하는 공권력 행사에 대해서 그 제한의 헌법적인 정당성을 판단하기 위해서 과잉금지원칙을 심사기준으로 삼는다. 반면에 평등권에서는 보호범위를 전제로 하는 '제한' 내지 '침해'라는 개념은 엄밀한 의미에서 성립하지 않는다. 평등권에서는 '제한' 내지 '침해'가 아닌 비교집단 상호 간의 평등원리 '위반' 현상만이 있을 따름이다. 따라서 평등권에 대해서도 관행적으로 '제한' 내지 '침해'라는 개념을 사용한다고 해도 내용으로는 **평등의 원리 위반**을 뜻하는 것으로 이해하는 것이 옳다. 평등권 위반에 대한 심사에서는 과잉금지원칙이 아닌 **형평성 내지는 균형성** 심사 또는 **자의금지 위반 여부**가 심사기준이 된다. 우리 헌법재판소가 **완화심사**(합리성 내지는 자의성 심사)와 **엄격심사**(비례성 심사)를 구별한다고 해도 정도의 차이가 있을 뿐 실제로는 같은 내용의 심사를 하는 것에 불과하다.

(3) 법 앞의 평등의 의미

오늘날 평등의 규범적 의미는 '산술적인 의미의 절대적인 평등'을 뜻하는 것이 아니라 아리스토텔레스가 주장한 '배분적 정의에 입각한 **상대적 평등**'을 의미한다는 점에 대해서는 이견이 없다. 흔히 '같은 것은 같게, 같지 않은 것은 같지 않게'로도 표현한다. 따라서 국가의 공권력 행사는 항상 이 원칙을 존중해야 한다. '같은 것'과 '같지 않은 것'을 구별하는 판단기준으로는 **합리성의 원칙**(영미법) 또는 **자의금지의 원칙**(대륙법)이 통용되고 있고 우리 헌법재판소도 이 원칙을 적용하고 있다.[1] 그러나 이 기준에 따른다고 해도 '합리성'과 '자의' 여부를 구별할 또 다른 판단기준이 필요하다. 그 판단 기준은 결국 평균적인 같은 시대 사람의 **정의감정**에 따를 수밖에 없다. 그렇다고 해도 '정의'의 실체에 대한 통일적인 학설이 확립되지 않아 '정의'는 '정의'(定義)할 수 없다는 인식이 강한 현 상황에서 평등의 규범적 의미가 완전히 해결된 것은 아니다. 다만 평등과 정의는 상호 불가분한 표리의 관계에 있는 것은 분명하므로 평균적인 같은 시대 사람의 정의 감정을 해치는 **진지성**의 정도에 따라 평등의 원리 위반 여부를 판단할 수밖에 없다고 할 것이다. 예컨대 입법자가 입법에서 '사항적으로 분리 취급해야 할(must) 사항을 분리 취급하지 않은 때'에는 정의 감정을 해치는 정도가 커서 평등의 원리 위반을 인정해야겠지만, '사항적으로 분리 취급할 수도 있는(can) 사항을 분리 취급하지 않은 때'에는 정의 감정을 해치는 정도가 약하기 때문에 평등의 원리 위반이 아니라고 판단해야 할 것이다. 우리 헌법재판소는 예컨대 장애인과 비장애인 후보자를 구분하지 않고 선거운동 방법을 제한한 선거법 규정은 서로 다른 것을 자의적으로 같게 취급한 것이 아니어서 평등의 원칙에 위배되지 않는다고 결정했다.[2]

4) 평등권의 효과(개별적 평등권)

평등권은 기본권 실현의 방법적인 기초로서 국민의 생활영역에 영향을 미치므로 모든 생활영역에서 차별대우가 금지되고, 사회적 특수계급이 부인되며, 영전에 따른 특권인정이 금지되고, 가족과 혼인 생활에서의 남녀평등이 강조되며, 교육의 기회균등이 보장되고, 선거권의 평등이 존중되며, 경제질서에서의 사회적 평등이 강조된다. 이 모든 사항은 법 앞의 평등이라는 일반적인 평등권의 효과로 나타나는 일이지만 통상 개별적인 평등권으로 분류된다.

(1) 차별 대우 금지

'누구든지 성별·종교 또는 사회적 신분에 의하여 정치적·경제적·사회적·문화적 생활의 모든 영역에서 차별을 받지 아니한다'(제11조 제2문). 헌법에 열거한 차별 사유는 예시적 규정에 불과해서 그 밖의 인종·출신 지역 등에 따른 차별대우도 금지된다. 우리 헌법은 고용·임금 및 근로조건에서 여자 근로자의 차별대우를 특히 금지하

---

1) 예컨대 헌재결 1997. 1. 16. 90헌마110 등 참조.
2) 헌재결 2009. 2. 26. 2006헌마626 참조.

고 있다(제32조 제4항). 차별 대우 금지 효과는 구체적으로 차별 입법의 금지, 행정재량권의 한계, 조세 평등의 원칙, 교육의 기회균등, 종교평등, 병역평등 등으로 나타난다.

차별대우금지에도 불구하고 모든 차별을 금지하는 것이 아니라 합리적인 사유와 기준에 의한 차별 대우는 허용된다. 예컨대 병역평등에도 불구하고 남·녀를 구별해서 남자만의 병역의무를 규정하는 것은 허용된다. 헌법재판소도 같은 결정을 했다.[1] 또 같은 교원이라도 사립학교 교원의 경우 국·공립학교 교원에 비해서 직권면직·징계의 사유와 절차를 달리해도 차별 대우는 아니다.[2]

(2) 사회적 특수계급의 금지

'사회적 특수계급의 제도는 인정되지 아니하며, 어떠한 형태로도 이를 창설할 수 없다'(제11조 제2항). 따라서 오랜 유교문화에서 유래하는 반·상 신분제도에 따른 차별이나 귀족제도나 노예제도 등은 허용되지 않는다.

(3) 특권 제도의 금지

'훈장 등의 영전은 이를 받은 자에게만 효력이 있고, 어떠한 특권도 이에 따르지 아니한다'(제11조 제3항). 영전의 세습제나 영전의 특권화를 배제하는 '**영전 일대의 원칙**'을 천명한 것이다. 그러나 독립유공자와 그 유족에게 서훈의 등급에 따라 부가연금을 차등 지급하는 것은 평등권과 영전 일대의 원칙에 위배되지 않는다.[3]

(4) 혼인과 가족생활에서의 남녀평등

'혼인과 가족생활은 개인의 존엄과 양성의 평등을 기초로 성립되고 유지되어야 하며, 국가는 이를 보장한다'(제36조 제1항). 혼인과 가족생활은 사회통합의 기초적인 생활 형태이어서 이 영역에서 남녀평등의 중요성을 특별히 강조한 것이다. 따라서 혼인 종료 후 300일 이내에 출생한 자를 전 남편의 친생자로 추정하는 민법 규정은 입법형성의 한계를 벗어나 모가 가정생활과 신분 관계에서 누려할 인격권의 침해이며 혼인과 가족생활에서의 남녀평등에 위배된다.[4]

---

1) 헌재결 2010. 11. 25. 2006헌마328 참조.
2) 헌재결 1997. 12. 24. 95헌마29 등(병합) 참조.
3) 헌재결 1997. 6. 26. 94헌마52 참조.
4) 헌재결 2015. 4. 30. 2013헌마623 참조.

(5) 교육의 기회균등

'모든 국민은 능력에 따라 균등하게 교육을 받을 권리를 가진다'(제31조 제1항). 이 권리를 뒷받침해 주기 위해서 '모든 국민은 그 보호하는 자녀에게 적어도 초등교육과 법률이 정하는 교육을 받게 할 의무를' 지도록 하면서(제31조 제2항) 무상 의무교육 제도를 도입했다(제31조 제3항). 지금은 중학교까지 무상 의무교육이 실시되고 있다(교육기본법 제8조). 교육의 기회균등은 중·고등 교육뿐 아니라 대학교육과 평생교육에서도 존중해야 하므로 국가는 교육여건의 개선을 위해서 노력할 의무가 있다. 그런데 대학입시 전형자료로 학생부의 평가 방법을 개선 보완하는 것은 균등한 교육을 받을 권리의 침해가 아니다.[1)]

(6) 선거권의 평등

우리 헌법은 모든 국민에게 선거권(제24조)과 공무담임권(제25조) 및 국민투표권(제72조, 제130조)을 보장하면서 이 참정권의 행사가 평등의 원칙에 따라 행해지도록 평등선거의 원칙을 채택하고 있다. 따라서 대통령·국회의원·지방자치 선거와 국민투표에서 투표권의 평등이 실현될 수 있는 선거제도와 국민투표제도가 마련되어야 한다. 그러기 위해서는 각종 선거에서 투표의 산술적 계산 가치의 평등뿐 아니라 그 성과가치의 평등까지도 함께 실현되도록 선거구의 분할과 비례대표의 선출 및 의석 배분 방법에 이르기까지 합리적인 제도가 마련되어야 한다. 또 선거운동의 기회균등도 보장되어야 한다(제116조 제1항). 그러나 우리의 선거제도는 아직도 투표 가치의 평등과 선거구 분할 및 비례대표제도 등에서 선거권의 평등에 어긋나는 사항이 많아 반드시 개선해야 한다. 2020년 도입한 이른바 준 연동형 비례대표선거제도가 그 대표적인 사례이다.

(7) 경제질서에서의 사회적 평등

우리 헌법은 모든 국민에게 경제생활에서도 기회를 균등히 하고 능력을 최고도로 발휘하게 하여(헌법전문), 개인과 기업의 경제상의 자유와 창의를 존중하는 자유 경제질서를 추구하면서도(제119조 제1항), 소득의 분배를 유지하고 시장의 지배와 경제력의 남용을 방지하는 사회 정의의 실현과 균형 있는 국민경제의 발전을 위해서는 필요한

1) 헌재결 1997. 7. 16. 97헌마38 참조.

범위 안에서 경제에 관한 규제와 조정을 함으로써(제119조 제2항) 경제질서에서의 사회적 평등을 실현하는 것을 경제질서의 목표로 삼고 있다.

5) 평등권의 제한

(1) 평등권의 헌법적 한계

우리 헌법은 평등권의 예외를 인정하는 평등권의 헌법적 한계 규정을 두고 있다. 근로자의 노동3권을 공무원과 주요 방위산업체의 근로자에게는 제한하고(제33조 제2항, 제3항), 군인·군무원·경찰 공무원 등에게는 국가배상청구권을 제한하고(제29조 제2항), 군인·군무원에 대해서는 군사법원의 심판을 받도록 그 재판청구권을 제한하고(제110조), 일반 결사보다 정당을 특별히 보호하고(제8조), 대통령에게 형사상의 특권을 인정하고(제84조), 국회의원에게는 불체포특권(제44조)과 면책특권(제45조)을 인정하고, 현역군인은 국무총리와 국무위원에 임명될 수 없게 하고(제86조 제3항, 제87조 제4항), 국가유공자·상이군경 및 전몰군경의 유가족에게 우선적인 근로의 기회를 보장하는 것(제32조 제6항) 등이 바로 그것이다. 이들 헌법규정에 따른 평등권의 제한 내지 특권은 모두가 헌법제정권자가 내린 헌법정책적·사회정책적인 결정이어서 법률에 의한 평등권의 제한이 아닌 평등권의 헌법적 한계에 해당한다.

(2) 법률에 의한 평등권의 제한

법률로 평등권을 제한하는 것은 비교집단 상호 간을 불합리하게 또는 자의적으로 차별한다는 것이므로 대부분 그 차별대우로 이익을 얻는 집단(**수혜집단**)과 손해를 보는 집단(**피해집단**)이 동시에 생기게 된다. 그 결과 피해집단을 구제하려고 수혜집단이 누렸던 혜택을 박탈하면 수혜집단의 기득권을 침해하는 결과로 이어져 신뢰보호의 원칙을 어기는 결과가 될 수 있다. 그래서 피해집단의 손해도 감소·해소하고 수혜집단이 누렸던 이익도 훼손되지 않게 하거나 훼손을 줄이는 구제 수단을 찾아야 한다. 또는 두 비교집단을 모두 만족시킬 수 있는 제3의 방법을 찾아야 한다. 재판 실무에서 평등권 침해 사례의 해결이 어려운 이유가 여기에 있다. 그래서 법률에 의한 평등권 제한이 쟁점이 되는 때에는 일정한 보호법익을 갖는 다른 기본권과는 다른 심사 방법이 적용된다. 우선 i) 비교집단을 확정해서 ii) 차별 대우의 유무를 확인하고, 차별 대우가 확인되면 iii) 그 차별 대우가 헌법적으로 정당한가를 심사한 후, iv) 차별 대우의 해소방안을 제시해야 한다.

(가) 비교집단의 확정 및 차별 대우의 유무확인

평등권 침해는 항상 '누구' 또는 '무엇'과 비교해서 차별을 하는가를 먼저 살펴야 하므로 먼저 비교집단을 확정해야 한다. 즉 **비교의 대상과 기준**을 정해야 한다. 그러나 이때 비교의 대상은 부분적으로 동일성과 차이성을 함께 갖기 때문에 그 동일성 또는 차이성을 판단하는 비교기준을 정해야 한다. 이 비교기준을 정하려면 심사대상 법 규정의 의미와 목적의 검토가 필요하다. 심사대상 법 규정은 차별하는 배경이 있고 차별을 통해서 달성하려는 입법의 목적을 가지기 때문이다. 예컨대 자동차세를 부과하면서 배기가스의 배출량이 적은 차에 대해서 자동차세를 감액해 주는 법 규정이 쟁점이 되었다면 이 법 규정은 환경보호를 위해서 자동차의 배기가스 배출량을 줄이려는 입법목적을 가졌다고 볼 수 있으므로 비교 대상은 차종이 아니라 배기가스의 배출량이다. 따라서 차종과 관계없이 배기가스가 적은 차는 모두 자동차세 감액 혜택을 받아야 한다. 그런데도 배출가스 배출량이 같은데 화물차만 또는 차령이 많은 차를 감액 대상에서 제외한다면 분명히 차별 대우를 한 것이다. 따라서 그러한 차별대우를 헌법적으로 허용할 수 있는지를 심사해야 한다.

(나) 헌법적 정당성 심사

차별대우의 정당성 심사에서는 그 심사기준으로 합리성 내지 자의성 심사와 비례원칙이 활용되고 있다. **합리성 내지 자의성 심사**는 입법목적에 비추어 차별에 대한 합리적인 근거가 있거나 사물의 본성에서 나오는 합리적인 이유가 있는지를 검토하는 것이다. 검토 결과 차별에 대한 합리적인 근거를 찾을 수 없거나 사물의 본성에 비추거나 내용으로도 해명할 수 있는 근거가 없다면 그 차별은 합리성이 없는 자의적인 차별이 된다.

비례원칙에 따른 **비례성 심사는** 비교 대상의 차이와 차별대우의 내용을 비교 형량해서 법적인 차별을 정당화할 수 있을 정도의 비중에 맞는 비교 대상 간의 차이가 있는지를 검토하는 심사 방법이다. 즉 법적인 차별 대우와 차별(입법)목적 간의 비례관계를 밝히는 것이 심사의 핵심이다. 그래서 심사의 순서는 i) 차별목적의 헌법적 정당성 심사, ii) 차별대우의 차별목적 실현의 적합성 심사, iii) 입법목적 달성을 위한 차별대우의 필요·불가피성 심사, iv) 입법목적과 차별대우 비중의 적절한 균형성 심사 등이다. 이러한 비례성 심사는 자유권에서 활용되는 과잉금지원칙에 따른 심사 방법과는 다르다. 자유권에서는 자유의 제한을 통해서 달성하려는 공익과 제한되는 자유권 사이의 비교형량인데 반해서, 평등권에서의 비교형량은 차별목적인 공익 또는 비교

대상 간의 사실상의 차이와 법적인 차별대우의 정도를 비교형량하는 것이기 때문이다.

우리 헌법재판소는 자의금지 원칙에 따른 합리성심사를 **완화심사**로, 비례성 심사를 **엄격심사**라고 표현하면서 어느 심사 방법에 따를 것인지는 입법자의 **입법 형성권의 정도**에 따라 정해진다고 한다. 즉 입법 형성권이 크면 완화심사, 입법 형성권이 좁으면 엄격심사를 해야 한다고 한다. 헌법재판소에 따르면 엄격한 기준에 따라 비례성 심사를 해야 하는 경우는 i) 헌법에 차별의 근거로 삼아서는 아니 되는 기준이나 차별금지영역을 제시하는 등 헌법상 특별히 평등을 요구하고 있는 경우와, ii) 차별 취급으로 관련 기본권에 중대한 제한을 초래하게 되는 경우이다.[1)]

우리 헌법재판소의 심사 방법에는 논리적으로 납득하기 어려운 부분이 있다. i) 헌법재판소는 차별 취급으로 관련 기본권에 중대한 제한을 초래하게 되는 경우는 엄격심사를 해야 한다는 관점이지만, 이는 심사기준과 심사 결과를 혼동한 것이다. 차별 취급으로 관련 기본권에 중대한 제한을 초래하게 될는지의 여부는 심사를 통해서 비로소 밝혀질 내용이지 심사 전에 미리 판단할 사항은 아니기 때문이다. ii) 헌법재판소는 비례성에 따른 엄격심사를 내용상으로는 자유권 심사 때와 같이 과잉금지원칙을 그대로 적용하고 있다. 그러나 자유권의 제한과 평등권에서의 차별대우는 본질적으로 구조적인 차이가 있어 자유권 심사 방법과 평등권 심사 방법이 같을 수가 없다. iii) 헌법재판소는 완화심사와 엄격심사가 전혀 다른 심사 방법인 것처럼 보고 있다. 그러나 자의금지 원칙에 따른 합리성심사에서도 합리성을 판단할 때 어느 정도 비례성의 검토가 불가피하므로 두 심사 방법은 심사 정도의 차이가 있을 따름이다. 그 결과 같은 사례를 각각 두 가지 심사 방법으로 심사해도 결과는 크게 달라지지 않는다는 사실이 독일 연방헌법재판소의 제1원과 제2원의 판례로 확인된 바 있다. 따라서 자의금지 원칙에 따른 합리성심사와 비례성 원칙에 따른 엄격심사는 전혀 다른 심사 방법이 아니라 심사를 효율적으로 하기 위한 편의적인 수단으로 상호 보완적인 관계이기 때문에 다른 결과에 이르기 위한 수단이거나 완전히 다른 결론에 이르는 것은 아니라고 할 것이다.

(다) 차별대우의 해소방안

평등원칙에 어긋나는 차별대우를 해소해서 피해자를 구제하기 위한 수단을 선택할 때 피해자를 구제하면서도 수혜자의 기득권에 대한 신뢰도 보호하는 길을 모색해야 한다. 또는 지금까지와는 완전히 다른 제3의 방법으로 두 집단을 동시에 만족시키

1) 헌재결 1999. 12. 23. 98헌마363 참조.

는 방법도 고려할 수 있다. 그러나 그런 구제 방법은 헌법재판소의 권한이 아니라 입법자의 입법 형성권의 영역이기 때문에 헌법재판소가 쉽게 선택할 수 있는 해소방안은 아니다. 그렇다고 해서 평등원칙에 어긋나는 차별대우의 해소방안으로 헌법적 정당성이 없는 위헌적인 법률을 위헌결정해서 효력을 잃게 하면 수혜집단이 누렸던 혜택도 함께 소멸하게 되어 신뢰의 침해가 생긴다. 그래서 평등권을 침해하는 법률에 대해서는 그런 위헌결정 대신에 **헌법불합치결정**을 통해서 위헌성을 확인하면서도 그 개선 방안은 입법자가 마련하도록 입법개선의무를 부과하는 방법이 자주 활용되고 있다. 이 경우 위헌으로 확인된 법률은 헌법재판소가 정한 시한까지는 효력을 유지하는 것이 원칙이다(다만 형벌 법규는 정의의 관점에서 효력 유지가 있을 수 없다. 형벌 법규에 대한 헌법불합치결정이 부적절한 이유이다). 우리 헌법재판소도 헌법불합치결정의 해소방안을 자주 활용하고 있다.[1)]

3. 인신권

우리 헌법은 존엄한 인격체인 국민의 생명권과 신체의 자유를 보장함과 동시에 이 기본권을 실효성 있게 보장하기 위해서 입법권자가 존중해야 하는 헌법적인 기속원리를 채택함과 동시에 체포·구속·압수·수색·심문·재판과정에서의 여러 가지 사법 절차적 기본권을 보장하고 있다.

1) 생명권

(1) 생명권과 헌법 규정

우리 헌법에는 생명권에 관한 명문 규정이 없다. 그러나 인간의 존엄성을 헌법의 최고이념으로 보장하고 인간의 존엄과 가치를 기본권 질서의 핵심적인 내용으로 하므로 생명권은 우리 기본권 질서의 논리적인 기초이다. 인간의 생명과 유리된 인간의 존엄성을 생각할 수 없고 생명이 없는 인간의 자유와 권리도 논할 수 없다. 그래서 헌법의 명문 규정이 없어도 생명권은 당연한 헌법상의 권리로 인정된다. 우리 헌법재판소도 같은 취지로 '인간의 생명은 존엄한 인간존재의 근원이다. 이러한 생명에 관한 권

1) 예컨대 헌재결 1989. 9. 8. 88헌가6; 헌재결 1991. 3. 11. 91헌마21; 헌재결 2000. 8. 31. 97헌가12 참조.

리는 비록 헌법에 명문의 규정이 없어도 헌법에 규정된 모든 기본권의 전제로서 기능하는 기본권 중의 기본권이라고' 판시했다.[1]

(2) 생명권 보장의 의의

생명권 보장의 가장 큰 의의는 어떤 경우에도 인간의 생명은 국가목적의 수단일 수 없다는 점을 분명히 한 것이다. 따라서 **보호 가치 없는 생명** 내지는 **생존 가치 없는 생명**을 전제로 한 국가 정책은 허용되지 않는다. 다만 자연현상으로서의 생명의 '시작'과 '끝'을 정하는 것은 허용된다. 우리 헌법재판소가 '수정 후 착상 전의 초기 배아의 기본권 주체성(즉 생명권)을 인정하기 어렵다'고 판시한 것[2]도 같은 취지이다.

(3) 생명권 침해의 헌법적 한계

국가권력이 법률로 생명권을 침해하는 것은 언제나 다른 인간의 생명을 구하기 위한 불가피한 경우에만 비례의 원칙과 최소 침해의 원칙을 존중하는 선에서 그쳐야 하는 헌법적인 한계를 지켜야 한다. 그래서 종신형으로 충분히 형벌 목적의 달성이 가능하다면 사형선고는 되도록 하지 말아야 한다. '사형이란 특정한 생명의 희생 위에 이루어지는 형사정책적인 실험'에 불과하다는 말의 뜻을 새겨서 사형선고는 매우 신중하게 극히 예외적으로만 행해져야 한다. 우리 헌법재판소도 '사형이 비례의 원칙에 따라서 최소한 동등한 가치가 있는 다른 생명 또는 그에 못지않은 공공의 이익을 보호하기 위한 불가피성이 충족되는 예외적인 경우에만 적용되는 한 기본권의 본질적 내용의 침해 금지에 어긋나는 것으로 볼 수 없다'고 판시했다.[3]

(4) 생명권과 특수한 신분 관계

군인·경찰 공무원 등 국가방위 내지는 치안 질서의 유지 업무를 수행하고 있는 특수한 신분 관계에 있는 국민도 자기 생명의 희생을 감수하고 다른 다수의 생명을 구하라고 강요하는 직무명령을 따라야 할 의무는 없다고 할 것이다. 따라서 그러한 직무명령의 위반을 이유로 하는 국가 형벌권의 행사는 허용되지 않는다. 원칙적으로 생명권과 생명권이 대립하는 때에 **다수의 생명**이 **한 사람의 생명**보다 항상 우선한다는 논

---

1) 헌재결 1996. 11. 28. 95헌바1 참조.
2) 헌재결 2010. 5. 27. 2005헌마346 참조.
3) 헌재결 1996. 11. 28. 95헌바1 참조.

리는 성립할 수 없다. '한 사람의 생명'을 구하기 위해서 '다수의 생명'을 희생시켜야 하는 때도 있을 수 있기 때문이다. 생명과 생명을 비교 대상으로 하는 생명권에 대한 법적인 이익형량이 어렵다고 평가되는 이유이다.

2) 신체의 자유

(1) 신체의 자유 보장의 의미와 내용

우리 헌법은 신체의 자유를 보장하고 있다(제12조 제1항). 신체의 자유는 기본권 행사의 전제이기 때문이다. 신체의 자유를 보장한다는 것은 내용으로 '신체적 완전성'과 '신체활동의 임의성'이 외부로부터 침해되는 일이 없도록 한다는 뜻이다. 우리 헌법은 신체의 자유를 보호하기 위한 두 가지 제도적인 장치를 마련하고 있다. 첫째 신체의 자유를 제한하는 때에 공권력이 반드시 존중해야 하는 헌법상의 기속 원리를 명백히 밝히고 있다. 둘째 체포·구속·압수·수색·심문·재판과정에서 신체의 자유를 보호하기 위한 여러 가지 방어적 권리를 사법 절차적 기본권으로 보장하고 있다.

(2) 신체의 자유 보장을 위한 헌법상의 기속 원리

우리 헌법은 신체의 자유를 실효성 있게 보장하기 위해서 국가권력이 존중해야 하는 일곱 가지의 기속 원리를 규정하고 있다. 즉 i) 적법절차원리(제12조 제1항, 제3항), ii) 죄형법정주의(제12조 제1항 제2문, 제13조 제1항, 제2항), iii) 이중처벌의 금지(제13조 제1항 후단), iv) 사전영장주의(제12조 제3항, 제16조), v) 연좌제금지(제13조 제3항), vi) 자백의 증거능력 제한(제12조 제7항), vii) 유죄확정시까지의 무죄추정원칙(제27조 제4항) 등이 그것이다.

(가) 적법절차원리

헌법의 적법절차원리는 누구든지 정당한 절차에 의해서 제정되고 실체적(내용적)으로도 정당한 법률의 근거가 있고, 적법한 절차에 의하지 않고는 체포·구속·압수·수색을 당하지 않을 뿐 아니라 형사처벌은 물론 행정벌과 보안처분, 그리고 강제노역을 받지 않는 것을 보장하는 것이다. 우리 헌법재판소도 신체의 자유를 제한하는 법률은 적법절차원리에 따라 형식적 절차와 실체적 법률 내용이 모두 합리성과 정당성을 갖춘 적정한 것이어야 한다고 절차적·실체적 정당성을 강조하면서 '헌법 제12조 제1항과 제12조 제3항이 규정하고 있는 적법절차의 원칙은 그 대상을 한정적으로 열거하고 있는 것이 아니고 그 적용대상을 예시한 것에 불과하다'고 같은 취지의 판시를 했다.[1] 나아가 헌법재판소에 따르면 적법절차의 원칙은 헌법 조항에 규정된 형사 절차상의 제한된 범위 내에서만 적용되는 것이 아니라, 기본권 제한과 관련되든 관련되지 않든 모든 입법 작용 및 행정작용에서 광범위하게 적용된다고 해석해야 한다.[2] 또 헌법재판소는 구 사회보호법(제5조 제1항)에서 규정한 '필요적 보호감호처분'은 법관의 선고 없이 행해지는 것이기 때문에 적법절차원리에 위배되는 위헌적인 조문이라고 결정했다.[3] 적법절차원리를 위반한 공권력의 행사는 헌법소원의 대상이 되어 헌법재판소의 심판을 받게 된다. 실제로 헌법재판소는 법률의 위헌 여부를 판단하는 하나의 기준으로 적법절차원리를 적용하고 있다.[4]

(나) 죄형법정주의

(a) 죄형법정주의의 내용

죄형법정주의는 행위시의 법률에 의해서 범죄를 구성하지 않는 행위로 처벌받지 않는 원칙을 말하는데, 구체적으로는 i) 법률 없으면 범죄 없다, ii) 사전에 제정된 법률에 의하지 아니하고는 처벌되지 아니한다, iii) 죄 없으면 벌 없다는 세 가지를 내용으로 한다.

그런데 죄형법정주의의 세 가지 내용을 실효성 있게 보장하려고 i) 형벌 법규의 성문법주의 및 관습 형법의 금지, ii) 소급 효력의 금지, iii) 유추해석의 금지, iv) 절대적 부정기형의 금지, v) 불명확한 구성요건의 금지 등 다섯 가지 파생원칙을 함께 존중할 것을 요구하고 있다. 우리 헌법재판소는 이 중에서 형법 법규의 성문법주의와 형벌 불소급의 원칙을 형사법에 관한 헌법의 2대 원칙이라고 평가하면서[5] **구성요건 명확성의 원칙**도 강조하는데 '명확성의 원칙은 누구나 법률이 처벌하고자 하는 행위가 무엇이며 그에 대한 형벌이 어떠한 것인가를 예견할 수 있고 그에 따라 자신의 행위를 결정할 수 있도록 구성요건 명확성을 요구하지만 그렇다고 다소 광범위하고 법관의 보충적인 해석이 필요한 개념을 사용하였다고 하더라도 그 적용단계에서 다의적으로 해석될 우려가 없는 이상 그 점만으로 명확성의 요구에 배치된다고 보기는 어렵다'고 설명하고 있다.[6] 그러면서 '처벌법규의 규성요건이 어느 정도 명확해야 하는가는 일

---

1) 헌재결 1992. 12. 24. 92헌가8 참조.
2) 헌재결 1992. 12. 24. 92헌가8 참조.
3) 헌재결 1989. 7. 14. 88헌가5 등(병합) 참조.
4) 헌재결 2016. 12. 29. 2015헌바280 참조.
5) 헌재결 1993. 5. 13. 92헌마80 참조.
6) 헌재결 1989. 12. 22. 88헌가13 참조.

률적으로 정할 수 없고, 각 구성요건의 특수성과 그러한 법적 규제의 원인이 된 여건이나 처벌의 정도 등을 고려하여 종합적으로 판단해야 한다'고 하면서,[1] '명확성 원칙의 위반 여부는 통상의 판단 능력이 있는 사람이 그 의미를 이해할 수 있는가를 기준으로 판단해야 하고, 당해 법규범의 수범자에게 법규의 의미를 알 수 있도록 공정한 고지를 함으로써 예측 가능성을 주고 있는지와 당해 법규범이 구체적이고 충분한 내용을 규율함으로써 자의적인 법 해석이나 집행이 배제되고 있는지가 기준이 된다'고 구체적인 판단기준을 제시한다.[2] 헌법재판소는 사회복무요원이 정당 이외의 '정치단체에 가입하는 등 정치적 목적을 지닌 행위'를 금지하고 위반 시에 복무기간을 연장하는 불이익을 주는 병역법규정(제33조 제2항 본문 제2호)은 명확성의 원칙에 위배된다고 결정했다.[3]

또 벌칙 규정의 **일반적·포괄적 위임입법**은 형벌 법규의 성문법주의에 반하기 때문에 허용되지 않고, 적어도 처벌원칙, 형벌의 종류, 최고형 등 형벌의 상한과 폭 등에 대한 명확한 기준은 처벌의 근거 법률에서 제시되어야 한다.[4] 따라서 처벌법규를 행정입법에 포괄적으로 위임하는 것은 허용되지 않는다. 그래서 헌법재판소는 18세 미만자의 당구장 출입 금지 표시를 하도록 규정한 체육시설의 설치·이용에 관한 법률시행규칙(제5조)은 모법의 위임 없이 모법의 처벌조항의 구성요건을 정한 것이어서 위헌이라고 결정했다.[5]

(b) 형벌 강화와 공소시효 연장 및 보안처분의 소급입법

죄형법정주의의 정신상 소급입법에 의한 형벌의 강화는 허용되지 않는다. 그러나 공소시효에 관한 규정은 소급 효력의 금지에 해당하지 않는다.[6] 보안처분은 행위자의 과거 범죄에 대한 징벌이 아니라 장래 위험성에 근거한 비형벌적 성격의 처분이므로 원칙적으로 재판 당시 현행법을 소급 적용할 수 있다. 성범죄자에 대한 전자장치 부착명령 및 신상정보 공개 고지 명령이 그 예이다. 그러나 보안처분이라도 형벌적 성격이 강하여 신체의 자유를 박탈하거나 그것에 준하는 정도로 신체의 자유를 제한하는 때에는 소급처벌 금지원칙이 적용된다. 보안처분의 이름으로 형벌불소급의 원칙을 무력

1) 헌재결 1990. 1. 15. 89헌가103 참조.
2) 헌재결 2021. 4. 29. 2018헌바100 참조.
3) 헌재결 2021. 11. 25. 2019헌마534 참조.
4) 예컨대 헌재결 1991. 7. 8. 91헌가4 등 참조.
5) 헌재결 1993. 5. 13. 92헌마80 참조.
6) 헌재결 1996. 2. 16. 96헌가2 등(병합) 참조.

화하는 것을 허용할 수 없기 때문이다.[1)]

(c) 범죄 책임과 형벌 간의 비례성 보장

죄형법정주의의 내용인 '죄 없으면 벌 없다'의 원칙은 범죄가 없으면 당연히 형벌도 없어야 한다는 뜻이지만, 죄가 있어서 처벌을 받는 때에도 범죄 책임에 상응하는 정도의 비례적인 형벌만을 받아야 한다는 의미도 함께 내포하고 있다. 헌법재판소도 일관해서 비례성의 존중 여부를 기준으로 처벌법령이 정하는 형벌과 형량의 적절성을 판단하고 있다. 예컨대 가족 중 성년자가 예비군 훈련 통지서를 본인에게 전달하여야 할 의무는 국가에 대한 행정 절차적 협조의무에 불과한데도, 그 위반행위에 대해서 과태료 등 행정 처벌 대신 형사 처벌하도록 정한 예비군법 조항(제15조 제10항)은 책임과 형벌 간의 비례원칙을 어겨 위헌이라고 결정했다.[2)]

(다) 이중처벌의 금지(일사부재리의 원칙)

(a) 이중처벌 금지의 내용과 헌법상 의의

이중처벌의 금지는 누구든지 동일한 범죄에 대하여 거듭 처벌받지 않는다는 것이다. 따라서 한번 형사판결이 확정되어 기판력이 생기면 같은 사건에 대해서는 다시 심판할 수 없다. 이중처벌 금지원칙은 법치국가의 중요한 내용인 법적 안정성과 신뢰보호를 위한 일사부재리의 원칙의 형벌권적인 내용이다. 이중처벌 금지와 일사부재러의 원칙은 다 같이 법적 안정성과 신뢰보호에 그 바탕을 두고 있어도 완전히 동의어는 아니다.

(b) 이중처벌 금지원칙의 효과

이중처벌 금지의 구체적인 효과는 두 가지이다. 즉 이미 확정판결이 있으면 '면소의 선고'를 해야 하고(형소법 제326조 제1호), 유죄의 확정판결에 대한 재심은 그 선고받은 자의 이익을 위해서만 가능하도록 법률로 정했다(형소법 제420조). 따라서 무죄의 확정판결이 있은 경우에는 설령 새로운 사실이나 증거에 의해서 범죄의 확증이 생기더라도 선고받은 자의 불이익을 위한 재심절차는 허용되지 않는다.

(c) 이중처벌 금지의 적용 범위

우리 헌법재판소에 따르면 '이중처벌 금지원칙에서 말하는 '처벌'은 원칙적으로 범죄에 대한 국가의 형벌권 실행으로서의 과벌을 의미하는 것이고, 국가가 행하는 일체의 제재나 불이익처분을 모두 그 '처벌'에 포함시킬 수 없다.'[3)] 따라서 누범가중처벌

---

1) 같은 취지의 헌재결 2012. 12. 27. 2010헌가82 등 참조.
2) 헌재결 2022. 5. 26. 2019헌가12 참조.
3) 헌재결 1994. 6. 30. 92헌바38 참조.

제도[1]와 상습범 가중처벌,[2] 형벌의 집행을 마친 사람에게 별도로 보안관찰처분을 하는 것이나,[3] 형벌과 보호감호를 서로 병과하여 선고하는 것,[4] 공무원 또는 공무원이었던 사람의 범죄행위에 대해 형벌을 과하는 외에 다시 연금급여를 제한하는 것,[5] 미성년자에 대한 성범죄로 처벌받은 사람의 신상정보를 공개하는 것,[6] 공정거래위원회가 부당내부거래를 한 사업자에게 형벌과 과징금을 함께 부과하는 것[7] 등은 이중 처벌이 아니다.

(라) 사전영장주의

(a) 사전영장주의의 내용과 헌법상 의의

사전영장주의는 사람에 대한 체포·구속·압수·수색은 물론, 주거에 대한 압수·수색(가택수색)에는 반드시 법관이 발부한 영장을 사전에 제시해야 하는 것을 말한다. 구속 전 필요적 피의자 심문제도(**영장실질심사제도**)(형소법 제201조의2)는 사전영장주의의 실현을 위한 제도이다.[8]

사전영장주의는 사법권 독립으로 신분이 보장된 법관이 인신의 자유를 제한하는 수사 과정과 체포·구속·압수·수색의 개시 시점은 물론이고 구속 후 구속 영장의 효력의 유지 여부까지를 심사·판단하게 해서 신체의 자유의 보호를 강화한다는데 그 헌법상 의의가 있다. 우리 헌법재판소가 '검사가 10년 이상 구형한 때에는 법원의 무죄판결에도 불구하고 구속영장의 효력을 지속하도록 한 형소법규정(제331조)은 영장주의와 적법절차원칙에 위배된다'[9]고 결정한 이유도 그 때문이다.

(b) 사전영장주의의 예외

우리 헌법(제12조 제3항 단서)은 사전영장주의의 예외 사유를 정하고 있다. 즉 i)

---

1) 헌재결 1995. 2. 23. 93헌바43 참조.
2) 헌재결 1995. 3. 23. 93헌바59; 헌재결 2015. 2. 26. 2014헌가16 등 참조.
3) 헌재결 1997. 11. 27. 92헌바28 참조.
4) 헌재결 1991. 4. 1. 89헌마17 등 참조.
5) 헌재결 2002. 7. 18. 2000헌바57 참조.
6) 헌재결 2003. 6. 26. 2002헌가14 참조.
7) 헌재결 2003. 7. 24. 2001헌가25 참조.
8) 대법원은 영장실질심사를 심사 당일에 종결하지 않고 새 심문기일에 다른 판사가 심문을 종결한 뒤 구속영장을 발부한 것은 위법하다며 제기한 상고사건에서 '특별한 사정이 없는 한 구속 전 피의자 심문을 속행하는 게 바람직하지는 않지만, 그 다음날 심문이 종결돼 구속영장이 발부됐고 그 구속영장의 집행으로 구속이 이뤄졌다면 이를 적법절차에 반하는 위법한 구금이라고 할 수는 없다'고 판시했다(대법원 2025. 3. 13. 선고 2022도9819 판결). 그러나 이 판결은 대법원 인신구속사무 처리에 관한 예규 제45조 제3항의 '심문기일은 속행해서는 안 된다'는 규정에는 어긋나는 판결이다.
9) 헌재결 1992. 12. 24. 92헌가8 참조.

현행범인인 경우와 긴급체포를 요하는 장기 3년 이상의 형에 해당하는 죄를 범하고 도피 또는 증거인멸의 염려가 있는 때, ii) 대통령이 비상계엄을 선포한 경우(제77조 제3항)이다. 이 헌법의 예외 사유를 구체화한 형사소송법은 현행범인이라도 경미한 죄의 현행 범인이면 주거가 불명한 때만 체포영장 없이 체포가 가능하고(법 제214조), 긴급체포의 경우에도 사후에 구속 영장을 반드시 제시해야 하는데, 체포 후 지체없이 48시간 내에 영장청구를 해야 하고, 긴급체포 후 피의자를 석방한 때에는 석방 사유 등을 법원에 사후 통지하도록 정하고 있다(법 제200조의3, 4).

우리 헌법(제16조)에 **주거에 대한 압수·수색**의 경우에는 영장주의의 예외에 관한 규정이 없지만, 우리 헌법재판소는 이 경우에도 현행범인 체포 및 긴급체포의 경우에는 영장주의의 예외를 인정할 수밖에 없다고 해석하고 있다. 그래서 체포영장에 의한 체포의 경우에도 체포영장이 발부된 피의자가 타인의 주거 등에 '소재할 개연성'이 소명되고, 그 장소를 수색하기에 앞서 별도로 수색영장을 발부받기 어려운 '긴급한 사정'이 있는 등 두 가지 요건이 모두 충족된 경우에만 영장주의의 예외를 인정할 수 있다고 한다.[1)]

(c) 사전영장주의의 효과

사전영장주의의 효과로 이른바 '**별건체포·구속**'의 수사 방법은 허용되지 않는다. 즉 영장 신청이 쉬운 증거자료에 의하여 우선 영장을 발부받아 사람을 체포·구속해 놓고, 발부된 영장에는 표시되지 않은 다른 범죄를 주로 수사하는 것은 허용될 수 없다. 또 사전영장주의는 신체의 자유를 제한하는 모든 국가작용의 영역에서 모두 존중되어야 한다. 그 결과 헌법재판소에 따르면 참고인에 대한 동행 명령제도와 동행 거부에 대한 벌금형 규정은 영장주의 원칙에 위배되고 과잉금지원칙에 어긋나 신체의 자유와 평등권의 침해이다.[2)] 그러나 헌법재판소는 '도로교통법상의 음주 측정은 당사자의 자발적 협조가 필수적이다. 그래서 당사자의 협력이 궁극적으로 불가피한 측정 방법을 두고 영장을 필요로 하는 강제처분이라고 할 수 없어 영장주의에 위배되지 않는다'고 결정했다.[3)]

(d) 디지털 시대와 사전영장주의

디지털 시대의 생활필수품인 휴대폰은 소유자의 모든 신상정보를 포함한 민감한

---

1) 헌재결 2018. 4. 26. 2015헌가19 참조.
2) 헌재결 2008. 1. 10. 2007헌마1468 참조.
3) 헌재결 1997. 3. 27. 96헌가11 참조.

사생활 정보까지 모두 저장하고 있다. 따라서 수사목적으로 휴대폰을 압수·수색·탐색 남용하는 것은 인격권과 개인정보 자기 결정권 및 사생활의 비밀과 자유를 침해할 가능성이 크다. 따라서 법관은 필요 최소한의 범위로 휴대폰의 압수·수색·검색 영장을 발부해야 한다. 그리고 범죄 피의자의 체포현장에서 비록 임의로 제출받은 휴대폰이라도 휴대폰에 저장된 정보에 대한 강제적인 검색은 적법절차에 따라야 하고 반드시 법관이 발부한 영장이 필요하다고 할 것이다. 특히 압수한 휴대폰의 비밀번호를 밝히라고 강요하는 것은 자기에게 불리한 진술거부권(제12조 제2항)을 침해하는 위헌적인 일이어서 허용되지 않는다. 우리 대법원은 현행범 체포현장에서 소지자 등이 임의로 제출하는 휴대폰은 법률(형소법 제218조)에 의하여 영장 없이 압수하는 것이 허용되고, 이 경우 검사나 사법경찰관이 별도로 사후에 영장을 받을 필요가 없다고 판결했지만[1] 사전영장주의의 정신에 비추어 동의하기 어렵다. 더욱이 이 판결은 항소심[2]의 올바른 판결을 파기한 것이어서 앞으로 판례를 변경할 필요가 있다.

(마) 연좌제금지

헌법(제13조 제3항)은 자기의 행위가 아닌 친족의 행위로 인하여 불이익한 처우를 받지 아니한다고 우리 사회의 오랜 병폐인 연좌제를 금지하고 있다. 이는 근대법의 기본원리인 자기책임의 원리를 수용한 것이다. 연좌제에서 말하는 불이익에는 형사법상·행정법상·정치상의 불이익이 모두 포함된다. 헌법재판소는 연좌제금지는 친족의 행위와 본인 간에 실질적으로 의미 있는 아무런 관련성이 없는데도 오로지 친족이라는 사유 그 자체만으로 불이익한 처우를 하지 못하도록 하는 것이므로 배우자가 선거법 위반으로 형사처벌을 받으면 당선을 무효로 할 뿐 아니라 반환받은 기탁금 및 선거비용을 다시 반환하도록 하는 관련 법 규정은 연좌제에 해당하지 않는다고 결정했다.[3] 연좌제금지는 친족의 행위뿐 아니라 타인의 행위로 인한 불이익도 포함한다. 그러나 하급자의 행위에 대한 책임을 물어 상급자에게 인사조치의 불이익한 처우를 하는 것은 연좌제금지에 반하지 않는다. 왜냐하면 감독관청이 지는 감독 불충분의 책임은 타인의 행위에 의한 불이익이 아니고, 바로 감독 태만의 자기 행위에 대한 책임이기 때문이다.

1) 대법원 2019. 11. 14. 선고 22019도13290 판결 참조.
2) 의정부지법 2019. 8. 22. 선고 2018노2757 판결 참조.
3) 헌재결 2005. 12. 22. 2005헌마19; 헌재결 2016. 9. 29. 2015헌마548 참조.

(바) 자백의 증거능력 제한

(a) 자백의 증거능력 제한의 내용과 헌법상 의의

자백의 증거능력 제한은 '임의성이 없는 자백'과 자백이 '피고인에게 불리한 유일한 증거'인 경우에는 자백을 뒷받침해 주는 다른 보강증거가 없는 한 이를 유죄의 증거로 삼거나 이를 이유로 처벌할 수 없다는 것을 뜻한다. 자백의 증거능력 제한은 고문 등의 불법적인 방법으로 받아 낸 '임의성이 없는 자백'과 '보강증거가 없는 자백'의 증거능력을 제한함으로써 자백 강요를 위한 고문 등 신체의 침해를 막을 수 있을 뿐 아니라 진범발견을 촉진해 형벌권에 의한 정의를 실현하고 형사보상청구권(제28조)사건을 줄여서 국가의 재정에 기여한다는 다원적인 헌법상의 기능과 의의가 있다.

(b) 자백의 증거능력과 증명력

자백의 증거능력과 증명력은 다르다. 즉 '임의성 있는 자백'이 유일한 범죄의 증거인 때에는 그 증거능력은 인정되지만, 그 증명력이 인정되기 위해서는 '임의성 있는 자백'이 보강증거에 의하여 뒷받침되어야 한다. 즉 증거의 증거능력과 증명력이 모두 인정될 때만 유죄의 증거로 삼을 수 있다(형소법 제309조, 제310조). 이 경우 전문증거(hearsay evidence)는 원칙적으로 보강증거로 볼 수 없다(형소법 제316조). 또 적법한 절차에 따르지 않고 수집한 증거는 증거로 할 수 없다(형소법 제308조의2). 그러나 즉결심판과 같은 약식재판 절차에서는 보강증거 없는 유일한 자백만으로 처벌할 수 있는데(즉결심판절차법 제10조), 정식재판의 길이 열려 있기 때문이다.

(사) 유죄확정시까지의 무죄추정원칙

(a) 무죄추정원칙의 내용과 헌법상 의의

무죄추정원칙은 피고인이라도 유죄의 확정판결이 있기까지는 그 누구도 범인으로 단정해서는 아니 된다는 뜻이다. 헌법재판소는 유죄 확정판결 전의 피고인에 대한 불이익도 필요 최소한에 그쳐야 하므로 형사 절차상의 처분에 의한 불이익뿐 아니라 그 밖의 기본권 제한과 같은 처분에 의한 불이익도 있어서는 아니 된다고 결정했다.[1)]무죄추정원칙은 재판제도를 갖는 법치국가에서의 당연한 논리적인 귀결일 뿐 아니라 인간의 존엄성을 기본권 질서의 핵심적인 가치로 보장하고 있는 우리 헌법질서 내에서 국가 형벌권의 필연적인 기속 원리를 강화하는 데 그 의의가 있다.

---

1) 헌재결 1990. 11. 19. 90헌가48 참조.

(b) 무죄추정원칙의 적용대상

무죄추정원칙은 형사피고인뿐 아니라 형사피의자에도 적용된다. 형사피고인에게 적용하면서 공소 제기 전의 형사피의자를 제외하는 것은 모순이기 때문이다. 무죄추정원칙에서 말하는 '유죄의 판결'에는 실형의 판결은 물론이고 형의 면제, 선고·집행유예의 판결도 포함된다. 그러나 면소판결은 제외되는데 실체적인 문제에 관한 판단 없이 재판을 형식적으로 종결한 것이기 때문이다.

(c) 무죄추정원칙의 효과

무죄추정원칙으로 인해서 국가의 수사권·공소권·재판권·행형권 등의 행사는 일정한 방법상의 제약을 받게 된다. 즉 수사기관이 유죄의 입증책임을 회피하는 방법으로 무죄의 입증책임을 피의자(피고인)에게 전가한다든가, 의심이 간다는 사실만으로 확증도 없이 피의자(피고인)에게 불리한 처분을 한다든지, 유죄의 확정판결 전에 피고인의 인권을 경시·무시하는 처우를 하는 것 등은 허용되지 않는다. 그래서 단지 고발만 있을 뿐 아직 공소 제기도 되지 않은 단계에서 공정거래위원회가 기업에 법 위반 사실을 공표하도록 명령하는 것은 무죄추정원칙에 위배되고 불리한 진술거부권도 침해한다는 헌법재판소의 결정이 있다.[1]

또 무죄추정원칙으로 인하여 불구속수사·재판을 원칙으로 하고 예외적으로 피의자 또는 피고인이 도망할 우려가 있거나 증거를 인멸할 우려가 있는 때에만 구속수사·재판이 인정된다.[2] 불구속 수사·재판의 원칙을 확립하기 위해서는 구속의 재심사유에 해당하는 구속적부심사청구권(제12조 제6항)을 재판 실무에서 실효성 있게 운용해야 한다.

(3) 신체의 자유의 보호를 위한 사법 절차적 기본권

우리 헌법은 모든 국민이 수사와 재판과정에서 부당하게 신체의 자유를 제한받지 않도록 사법절차에서의 여러 가지 방어적인 권리를 보장하고 있다. 즉 i) 고문을 받지 아니할 권리 및 불리한 진술거부권(제12조 제2항), ii) 영장제시 요구권(제12조 제3항), iii) 변호인의 도움을 받을 권리(제12조 제4항), iv) 체포·구속시 이유와 권리를 고지받을 권리(제12조 제5항), v) 구속적부심사 청구권(제12조 제6항), vi) 정당한 재판을 받을 권리(제27조 제1항-제3항, 제101조, 제103조, 제109조), vii) 형사보상 청구권(제28조) 등이

1) 헌재결 2002. 1. 31. 2001헌바43 참조.
2) 헌재결 1992. 1. 28. 91헌마111 참조.

그것이다.

(가) 고문을 받지 아니할 권리 및 불리한 진술거부권

(a) 고문을 받지 아니할 권리

수사를 받는 형사 피의자(피고인)가 수사과정에서 어떠한 심리적·육체적인 폭력도 받지 아니할 권리이다. 고문 등에 의한 자백의 증거 증력을 제한하고, 고문한 공무원에 대해서는 직권남용죄로 처벌하고(형법 제125조), 고문당한 사람에게 공무원의 직무상 불법행위를 이유로 하는 국가배상청구권(제29조)을 인정한 이유도 고문을 받지 아니할 권리의 실효성을 높이기 위한 것이다.

(b) 불리한 진술거부권

형사피의자와 형사피고인 그리고 형사절차에서의 증인·감정인 등은 유죄 여부의 기초가 되는 사실뿐 아니라 양형의 기초가 되는 사실에 대해서도 자기에게 불리하다고 생각하는 진술을 거부할 수 있는 권리이다. **묵비권** 또는 자기부죄 진술거부권이라고도 부른다. 이 권리는 내사단계에서도 보장되며, 형사절차 외에 행정절차와 국회에서의 조사절차 등에서도 보장된다. 국회증언감정법상의 증인이 자기 형사책임과 관련한 증언 거부권을 적극적으로 행사할 수 있다는 헌법 판례도 있다.[1] 또 교통사고를 일으킨 운전자에게 신고 의무를 부담시키고 있는 도로교통법 규정은 자기부죄 진술거부권을 침해할 소지가 있어서 피해자의 구호 및 교통질서의 회복을 위한 조치가 필요한 상황에만 적용하고, 형사책임과 관련되는 사항에는 적용하지 말아야 한다는 것이 헌법재판소의 견해이다.[2] 그러나 음주 측정 요구는 불리한 진술 강요에 해당하지 않는다는 헌법 판례[3]가 있다.

거짓말 탐지기를 사용하는 수사는 본인의 명시적인 동의가 있고 과학적 수단에 의한 합리적이고 객관적인 신빙성이 있도록 실시하면 불리한 진술거부권에 위반되지 않는다고 할 것이다. 수사기관이 피의자를 심문하면서 미리 진술거부권을 알리지(고지) 아니한 경우에는 그 자백의 증거능력을 인정할 수 없다는 대법원의 판례[4]가 있다. 그리고 법원의 공판절차에서도 재판장은 피고인에게 진술거부권을 알려야 한다(형사소송규칙 제127조).

---

1) 헌재결 2015. 9. 24. 22012헌바410 참조.
2) 헌재결 1990. 8. 27. 89헌가118 참조.
3) 헌재결 1997. 3. 27. 96헌가11 참조.
4) 대법원 1992. 6. 23. 선고 92도682 판결 참조.

(나) 영장 제시 요구권

누구든지 체포·구속·압수·수색과 주거에 대한 압수·수색을 당할 때는 법관이 발부한 체포·구속 영장 또는 압수·수색영장을 요구할 수 있는 권리이다. 이를 사전영장제도라고 부르는데, 현행범인 등 긴급체포가 필요한 예외적인 때에는 48시간 내에 사후영장을 청구해야 한다. 또 긴급 체포된 사람을 상대로 한 긴급 압수·수색·검증도 긴급체포 후 24시간 내에만 허용되고, 계속 압수 등을 할 필요가 있으면 체포 후 48시간 내에 사후압수·수색영장을 청구해야 한다(형소법 제217조). 구속영장 없이 형사피의자를 경찰서 보호실에 유치한 것은 적법한 공무수행이라고 볼 수 없으므로 이러한 위법한 공무집행을 방해한 행위에 대해서는 공무집행방해죄가 성립하지 않는다는 대법원 판례가 있다.[1]

(다) 변호인의 도움을 받을 권리

누구든지 체포·구속을 당한 때에는 즉시 변호인의 도움을 받을 권리를 갖는데, 형사절차뿐 아니라 행정절차에도 적용된다.[2] 또 불구속 피의자나 피고인도 변호인의 도움을 받을 권리를 갖는다. 변호인의 도움을 받을 권리는 국가권력이 부당하게 신체의 자유를 침해하는 것을 막기 위한 매우 중요한 사법절차적인 기본권인데 **무기평등의 원칙**을 형사절차에서 구체화하기 위한 것이다. 우리 헌법(제12조 제4항 단서)이 형사피고인이 경제상의 이유 등으로 스스로 변호인을 선임할 수 없는 경우에 국선변호인의 도움을 받도록 정한 것도 그 때문이다.

변호인의 도움을 받을 권리는 변호인의 충분한 도움을 받을 권리를 말한다. 그래서 피의자 신문에 변호인을 참여시켜 조력하게 하고, 구속된 피의자(피고인)가 변호인과 자유로이 접견·협의할 수 있어야 하므로, 변호인 접견 때 관계공무원이 입회해서 녹취·청취·촬영하거나[3] 미결수용자와 변호인 사이의 서신을 검열하는 것은[4] 허용되지 않는다. 또 변호인이 소송기록을 자유로이 열람할 수 있어야 하는데, 변호인의 수사서류 열람·등사권은 변호인의 도움을 받을 권리의 중요한 내용이고 구체적 실현 수단이다.[5] 그래서 검사가 보관하는 수사기록을 제1회 공판기일 이전에는 변호인이 열람·등사하지 못하도록 하는 것은 변호인의 도움을 받을 권리의 침해

1) 대법원 1994. 3. 11. 선고 93도958 판결 참조.
2) 헌재결 2018. 5. 31. 2014헌마346 참조.
3) 헌재결 1992. 1. 28. 91헌마111 참조.
4) 헌재결 1995. 7. 21. 92헌마144 참조.
5) 헌재결 2010. 6. 24. 2009헌마25 참조.

이다.[1)]

변호인의 도움을 받을 권리가 실효성 있게 보장되기 위해서는 변호인과 의뢰인 간의 신뢰 관계 형성·유지가 중요하기 때문에 변호인과 의뢰인 사이의 교신자료에 대한 비밀보장은 지켜져야 한다. 변호사에 대한 압수·수색의 경우에 반드시 유념해야 할 사항이다.

헌법재판소에 따르면 가사소송은 신체의 자유와는 관련이 없으므로 신체의 자유를 보장하기 위해서 마련한 변호인의 도움을 받을 권리의 보호영역에 포함되지 않는다.[2)]

(라) 체포 · 구속시 이유와 권리를 고지받을 권리

누구든지 체포·구속(행정절차상의 구속 포함[3)])의 이유와 변호인의 도움을 받을 권리가 있음을 고지받지 아니하고는 체포·구속을 당하지 않는 권리와 체포·구속을 당한 자의 가족 등이 그 이유와 일시, 장소를 지체없이 통지받을 수 있는 권리이다. 이는 체포·구속이 그 당사자는 물론이고 가족의 생활 관계에 미치는 심각한 영향을 고려해서 '체포·구속시 이유고지 및 가족통지제도'를 필수적인 형사사법제도로 마련함으로써 신체의 자유의 보호를 위한 사법절차적 기본권을 한층 강화하기 위해서 미국에서 확립된 '**미란다**(Miranda)**원칙**'을 도입했다는 헌법상의 의의가 있다.

형사소송법에서는 이 권리를 구체화하는 규정을 두고 있다. 즉 피고인(피의자)에 대하여 범죄사실의 요지, 구속의 이유와 변호인을 선임할 수 있음을 말하고 변명할 기회를 준 후가 아니면 구속할 수 없다(제72조). 또 피고인(피의자)을 구속할 때는 변호인이 있는 경우에는 변호인에게, 변호인이 없는 경우에는 피고인(피의자)의 법정대리인, 배우자, 직계친족, 형제자매와 가족, 동거인 중에서 피고인(피의자)이 지정한 사람에게 피고사건명, 구속일시·장소·범죄사실의 요지·구속의 이유와 변호인을 선임할 수 있다는 취지를 지체없이 서면으로 통지해야 한다(제30조 제2항, 제87조). 비수사기관이나 민간인이 현행범을 체포한 때에는 즉시 검사나 사법경찰관리에게 인도해야 하고(제213조 제1항), 현행범인을 인도받은 검사나 사법경찰관리는 즉시 앞서 말한 형사소송법상의 절차를 밟아야 한다.

---

1) 헌재결 1997. 11. 27. 94헌마60 참조.
2) 헌재결 2012. 10. 25. 2011헌마598 참조.
3) 헌재결 2004. 3. 25. 2002헌바104 참조.

(마) 체포 · 구속 적부심사청구권

누구든지 체포·구속을 당한 때에는 그 적부의 심사를 법원에 청구할 권리를 가진다(제12조 제6항). 사전영장주의를 시행하면서 체포·구속적부심사청구권을 보장하는 것은 체포·구속영장 발부에 대한 재심사의 기회를 마련함으로써 신체의 자유의 보호에 만전을 기한다는 의의가 있다. 즉 사전영장주의에 대한 일종의 보완적 기능을 가진다. 따라서 원칙적으로 영장발부에 관여한 법관은 체포·구속 적부심사절차에는 참여하지 못한다(형소법 제214조의2 제12항).

형사소송법은 이 권리의 내용을 더욱 구체화하는 규정을 두고 있다. 즉 구속적부심사 청구권자를 체포·구속의 당사자뿐 아니라 가족통지를 받을 사람으로 하며 청구대상을 모든 유형의 체포·구속된 자로 정하고, 적부심사 시한을 48시간 이내로 제한하고 있다(제214조의2 제1항, 제4항). 또 구속된 피의자를 보증금의 납부를 조건으로 석방할 수 있도록 수사단계의 보석제도도 마련했다(제214조의2 제5항-제7항). 그리고 체포·구속 적부심사청구 후 검사가 전격 기소한 피고인에게도 법원이 석방결정을 할 수 있다(제214조의2 제4항 후단 및 제5항).

체포·구속 적부심사는 체포·구속 집행 당시의 사정과 적부심사의 시점을 함께 고려해서 신체의 자유의 보호에 유리한 방향으로 결정해야 한다. 법원의 적부심사 결정에 대해서는 항고할 수 없으므로 검사와 피의자가 이를 더 다툴 수 없다(제214조의2 제8항). 그리고 체포·구속 적부심사의 결정으로 석방된 사람을 동일한 범죄사실을 이유로 다시 체포·구속할 수 없다(제21조의3).

(바) 정당한 재판을 받을 권리

정당한 재판을 받을 권리는 구체적으로 i) 헌법과 법률이 정한 법관에 의하여 법률에 의한 재판을 받을 권리(제27조 제1항, 제101조, 제103조), ii) 민간인의 군사법원 재판 거부권(제27조 제2항), iii) 신속한 공개재판을 받을 권리(제27조 제3항, 제109조) 등을 말한다.

(a) 헌법과 법률이 정한 법관에 의하여 법률에 의한 재판을 받을 권리

이 권리는 실체적 기본권으로서의 재판청구권과 신체의 자유를 보호하기 위한 사법절차적 권리의 두 가지 성격을 함께 가지고 있다. 즉 i) 권리·의무에 관한 법적인 다툼이 생긴 경우 헌법과 법률이 정한 법관에 의한 재판을 요구할 수 있는 재판청구권과 ii) 재판청구가 있으면 헌법과 법률이 정한 법관에 의해서 적법한 절차의 공정하고 신속한 재판을 받을 수 있는 사법절차적 권리가 그것이다.

① 재판청구권

재판청구권은 '법적 분쟁이 있는 경우 독립된 법원에 의하여 사실관계와 법률적 관계에 관하여 적어도 한 차례 법관에 의하여 심리·검토를 받을 기회를 부여받을 권리'를 말한다.[1] 재판청구권은 법률에 의한 재판을 받을 권리뿐만 아니라, 비밀재판을 배제하고 일반 국민의 감시하에서 심리와 판결을 받음으로써 공정한 재판을 받을 권리를 말하는데, 이 공정한 재판을 받을 권리 속에는 신속하고 공개된 법정의 법관의 면전에서 당사자주의와 구두변론주의가 보장되어 공격·방어권이 충분히 보장되는 재판을 받을 권리가 포함되어 있다.[2] 따라서 재판청구권을 제한하는 공권력 행사는 허용되지 않는다. 그래서 예컨대 지방세 부과처분에 대해 무조건적으로 2중의 행정심판절차를 거쳐야만 행정소송을 제기할 수 있게 제약하는 것은 사법적 권리구제를 부당하게 방해하는 것이어서 재판청구권의 침해이다.[3]

② 헌법과 법률이 정한 법관에 의해서 적법한 절차의 공정하고 신속한 재판을 받을 사법절차적 권리

이 사법절차적인 권리는 구체적으로 i) 재판 담당기관의 독립성·중립성·전문성의 보장, ii) 재판준거법률의 합헌성보장, iii) 재판절차의 합헌성 보장, iv) 형사피해자의 재판절차진술권을 보장하는 것이다.

㉠ 재판기관의 독립성·중립성·전문성의 보장

헌법상 그 신분과 직무의 독립성이 보장되고 헌법과 법률이 정한 법관의 전문적인 자격을 구비한 사람의 재판을 받을 권리를 보장하는 것이다. 따라서 이러한 요건을 갖추지 않은 사람의 재판을 거부할 권리를 갖는다. 법관의 제척·기피·회피제도도 이러한 사법 절차적 권리의 한 표현이다. 그러나 명백히 소송 지연을 목적으로 하는 기피신청은 신청을 받은 법원이 기각할 수 있게 정한 법조항(형소법 제20조 제1항)은 사법절차적 권리의 침해가 아니다.[4] 또 사법보좌관에게 소송비용액 확정결정절차를 처리하도록 정한 법원조직법 규정은 실질적 쟁송에 해당하지 않는 사항에 관한 것이어서 법관에 의한 재판받을 권리의 침해가 아니다.[5] 그리고 군사법원의 재판은 헌법과 법률에 의한 재판을 받을 권리의 침해가 아니다. 군사법원의 설치 근거가 헌법이고(제

1) 헌재결 2000. 6. 29. 99헌바66 등 참조.
2) 헌재결 1996. 1. 25. 95헌가5 참조.
3) 헌재결 2001. 6. 28. 2000헌바30 참조.
4) 헌재결 2006. 7. 27. 2005헌바58 참조.
5) 헌재결 2006. 7. 27. 2005헌바58 참조.

110조 제1항), 군사법원의 법관 자격도 법률로 정하게 되어 있고(제110조 제3항), 군사법원의 상고심은 대법원이 관할하기 때문이다(제110조 제2항). 그러나 군사법원의 재판관할권은 법률이 정하는 군사 범죄에 국한한다. 따라서 군사법원이 일반 국민의 군형법상 범죄에 대해 재판권을 갖게 되었다고 하더라도 경합범으로 공소 제기된 일반 범죄에까지 재판권이 미치지는 않는다.[1)]

ⓛ 재판준거법률의 합헌성 보장

모든 국민은 헌법에 위반되지 않는 법률·명령·규칙에 의한 재판을 받을 권리를 가진다. 따라서 자신의 재판에 적용되는 법률 등이 위헌이라는 생각이 들면 법률에 대한 위헌심사(제107조 제1항)와 명령·규칙에 대한 위헌·위법 심사(제107조 제2항)를 청구할 수 있다. 헌법재판소도 재판이 합헌적인 실체법과 절차법에 따라 행해져야 한다는 점을 매우 강조한다.[2)]

ⓒ 재판절차의 합헌성 보장

모든 국민은 심급제에 따라 적법한 절차에 따른 재판을 받을 권리를 갖는다. 피고인이 형사재판에서 사실·법리·양형과 관련해서 자신에게 유리한 자료를 제출하는 기회를 보장받는 권리도 포함한다.

우리 헌법은 심급제에 의한 적법절차에 따른 재판을 보장하기 위해서 법원의 조직을 최고법원인 대법원과 각급 법원으로 정하고 있다(제101조 제2항). 그래서 비상계엄하의 군사재판을 단심으로 할 뿐(사형선고의 경우 제외)(제110조 제4항), 군사재판의 상고심도 대법원으로 정하고 있다(제110조 제2항).

헌법재판소는 중죄인 또는 외국에 도피 중인 피고인에게 상소의 제기 또는 상소권 회복청구를 전면 봉쇄하는 것은 재판청구권의 침해라고 결정했다.[3)] 그러나 또 한편 헌법재판소는 개인회생절차에서의 면책취소신청 기각결정에 대한 즉시 항고권을 규정하지 아니한 법규정(채무자회생 및 파산법 제627조)[4)]과 청구 액수의 다과에 따라 상고권을 제한한 법규정(소액사건심판법 제3조)[5)]은 합헌이라고 결정하면서 심급제가 모든 사건에 대해서 상소권 내지 상고심 절차에 의한 재판을 받을 권리까지 당연히 포함하지는 않는다고 설명했다. 또 상고심 절차에서의 심리불속행제도를 통해서 무익한 상

1) 대법원 2016. 6. 16. 선고 2016초기318 판결 참조.
2) 헌재결 2006. 12. 28. 2005헌바35 참조.
3) 헌재결 1993. 7. 29. 90헌바35 참조.
4) 헌재결 2017. 7. 27. 2016헌바212 참조.
5) 헌재결 1992. 6. 26. 90헌바25 참조.

고나 상고 남용을 제한하는 상고심절차에 관한 특례법도 재판청구권의 침해가 아니라고 결정했다.[1)]

㉣ 형사 피해자의 재판절차진술권 보장

형사피해자는 법률이 정하는 바에 의하여 당해 사건의 재판절차에서 진술할 권리를 갖는다(제27조 제4항). 범죄 사건의 실체적 진실발견에 도움이 될 뿐 아니라 형사피해자의 권리구제를 통한 사법적 정의의 실현을 위해서도 필요하기 때문이다. 헌법재판소가 업무상 과실 또는 중대한 과실로 인한 교통사고로 피해자가 중상해를 입은 경우까지 가해 운전자가 자동차 종합보험에 가입했으면 원칙적으로 공소를 제기할 수 없도록 한 법규정에 대해서 형사피해자의 재판절차진술권과 평등권의 침해라고 결정한 것도 그 때문이다.[2)]

(b) 민간인의 군사재판 거부권

일반 국민은 평화·전시를 막론하고 원칙적으로 군사법원에 의한 재판을 거부할 권리를 갖는다. 다만 예외적으로 민간인도 i) 중대한 군사상 기밀, 초병·초소·유독음식물공급·포로·군용물에 관한 죄 중 법률이 정한 경우와, ii) 비상계엄이 선포된 경우에만 군사법원의 재판을 받을 수 있다(제27조 제2항). 헌법재판소는 이 예외 규정을 엄격하게 해석하는 판시를 하고 있다. 즉 '군용물'에는 군사시설이 포함되지 않기 때문에 군사시설 중 전투용에 쓰이는 시설을 손괴한 일반 국민이 평상시에도 군사법원에서 재판받도록 정한 구 군사법원법 규정은 기본권 침해라고 결정했다.[3)]

(c) 신속한 공개재판을 받을 권리

모든 국민은 신속한 재판을 받을 권리를 가지며, 형사피고인은 원칙적으로 공개재판을 받을 권리를 가진다(제27조 제3항). 다만 헌법은 국가의 안전보장 또는 안녕질서를 방해하거나, 선량한 풍속을 해할 염려가 있는 예외적인 경우만은 법원의 결정으로 심리만은 비공개재판을 할 수 있도록 정했다(제109조). 신속한 재판을 받을 권리는 특히 형사피고인의 구속이 부당하게 장기화하는 것을 막고, 공개재판을 받을 권리는 객관적인 진실발견을 위해서 매우 중요하다. 헌법재판소가 사건의 성격상 증거 수사 등에 많은 시간이 소요되지 않는 경미한 사건들까지도 구속기간을 최장 50일까지 연장할 수 있도록 정한 국가보안법 규정(제19조)의 일부 내용은 신속한 재판을 받을 권

---

1) 헌재결 1997. 10. 30. 97헌바37 등 참조.
2) 헌재결 2009. 2. 26. 2005헌마764 등 참조.
3) 헌재결 2013. 11. 28. 2012헌가10 참조.

리의 침해라고 결정한[1] 이유도 그 때문이다. 또 항소법원에 기록을 송부할때 검사를 거치도록 한 구 형소법 규정(제361조 제1항, 제2항)에 대해서 신속·공정한 재판을 받을 권리의 침해라고 결정했다.[2] 현행 형소법은 공판준비절차(제266조의5)와 집중심리 및 즉일 선고원칙(제267조의2, 제318조의4)을 통해서 재판 지연을 제도적으로 막고 있다. 그런데 선거재판의 경우 강행규정으로 180일의 선고 기간을 정하고 있는데도(공직선거법 제225조) 법원이 이를 훈시규정으로 해석해서 법정 선고 기간을 지키지 않는 위헌·위법적인 관행은 하루빨리 시정되어야 한다. 헌법재판소가 법원의 일반적인 재판 지연에 대해서 헌법 및 법률상의 작위 의무의 위반으로 볼 수 없다고 헌법소원을 부적법하다고 결정했지만[3] 선거재판의 지연은 분명히 법률상의 작위의무의 위반이므로 위헌이라고 결정해야 한다.

(사) 형사보상청구권

(a) 형사보상청구권의 의의 및 헌법상의 기능

우리 헌법(제28조)은 형사피의자 또는 형사피고인으로서 구금되었던 자가 법률이 정하는 불기소처분을 받거나 무죄판결을 받은 때에는 법률이 정하는 바에 의하여 국가에 정당한 보상을 청구할 수 있는 형사보상청구권을 보장하고 있다. 헌법이 말하는 '법률'은 단순히 청구 절차에 관한 절차법에 불과하고 청구권은 헌법에 따라 직접 발생한다(**직접효력설**). 국가의 잘못된 형사사법 때문에 받은 신체적·물질적·정신적 피해에 대한 사후 구제의 권리를 보장하고 있다는 의의가 있다. 주로 사전적·예방적 의미를 갖는 다른 사법 절차적 기본권과 성질이 다르다.

(b) 형사보상청구권의 본질

형사보상청구권은 국가의 잘못된 형사사법 작용으로 생긴 신체의 자유의 침해에 대한 책임을 국가에 지워 신체의 자유 침해 결과에 대해서 사후적으로 국민에게 권리구제를 해 주는 제도이다. 따라서 형사보상청구권은 형사사법 작용의 위법성 또는 공무원의 고의·과실 등과는 무관한 일종의 무과실·결과책임으로서의 손실보상이다(**손실보상설**). 국가의 불법행위에 대한 원인 책임의 성격이 강한 국가배상청구권(제29조)과는 본질적으로 다르다. 형사보상청구와 국가배상청구를 동시에 할 수 있는 것도 두 가지의 본질이 다르기 때문이다.

---

1) 헌재결 1992. 4. 14. 90헌마82 참조.
2) 헌재결 1995. 11. 30. 92헌마44 참조.
3) 헌재결 1999. 9. 16. 98헌마75 참조.

(c) 형사보상청구권의 내용

① 형사보상청구권의 발생요건

형사보상청구권의 절차법인 '형사보상 및 명예회복에 관한 법률'이 이 권리의 발생요건을 정하고 있다.

㉠ 형사피의자의 보상요건

형사피의자로서 구금되었던 자가 법률이 정하는 불기소처분 또는 사법경찰관의 불송치 결정을 받으면 청구권이 생기는데 다음 세 가지 경우를 제외한 모든 불기소처분 또는 불송치 결정을 포함한다. 즉 i) 구금된 이후에 비로소 불기소처분 또는 사법경찰관의 불송치 결정 사유가 생긴 경우와, ii) 불기소처분이 종국적인 것이 아니거나, iii) 정상을 참작해서 불기소처분한 경우 등은 제외된다(법 제27조 제1항). 그리고 공소제기 대신 치료감호가 청구된 경우 무혐의로 청구기각판결이 확정되어도 형사보상청구가 가능하다(법 제26조 제1항 제2호). 그러나 보상의 전부 또는 일부를 하지 않을 수 있는 경우도 정하고 있다(법 제27조 제2항). 즉 i) 기소유예 또는 기소중지처분 등 기소편의주의에 따른 불기소처분, ii) 형사피의자가 수사 또는 재판을 그르칠 목적으로 허위자백을 했기 때문에 구금된 것으로 인정되는 경우, iii) 구금기간중에 다른 사실에 대하여 수사가 행해지고 그 사실에 관하여 범죄가 성립된 경우, iv) 보상을 하는 것이 선량한 풍속 기타 사회질서에 반한다고 인정할 특별한 사정이 있는 경우 등이다.

㉡ 형사피고인의 보상요건

형사피고인의 형사보상청구권은 형사피고인으로서 구금되었다가 무죄판결을 받아야 생기는 권리이다. 무죄판결에는 판결주문에서 무죄가 선고된 경우뿐만 아니라 판결이유에서 무죄로 판단된 부분도 포함한다.[1] 불구속기소 후 무죄판결을 받은 사람은 청구권이 없다. 그러나 구금중에 이루어진 무죄판결인 이상 그것이 당해 절차에 의한 것이건, 재심·비상상고 절차에 의한 것인지를 가리지 않는다. 또 면소와 공소기각의 재판은 외형상으로는 무죄판결과는 달라도 실질적인 재판효과면에서는 무죄판결과 같다고 볼 수 있다(**실질설=효과설**). 반면에 보상청구권의 발생요건을 갖춘 경우라도 법원이 보상청구를 기각할 수 있는 세 가지 사유를 정하고 있다(법 제4조). 즉 i) 형사미성년자 또는 심신장애자의 행위라는 이유로 무죄판결이 난 경우, ii) 본인이 수사 또는 심판을 그르칠 목적으로 허위의 자백을 한 경우, iii) 경합범의 경우 범죄의 일부에

1) 대법원 2019. 7. 5. 자 2018모906 결정 참조.

대해서만 무죄판결이 난 경우 등이다.

② 정당한 보상의 내용

헌법이 정하는 정당한 보상에는 구금중에 받은 적극적인 재산상의 손해뿐 아니라, 구금되지 않았더라면 얻을 수 있었던 소극적인 이익의 상실, 그리고 구금으로 인한 정신상의 고통과 신체상의 손상 등에 대한 보상이 다 포함된다(법 제5조 제2항). 법은 구금에 대한 보상액을 1일당 보상 청구의 원인이 발생한 연도의 최저임금법에 따른 일급 최저임금액 이상 대통령령이 정하는 금액 이하의 비율에 따른 보상금으로 정하고 있다(법 제5조 제1항). 그리고 사형집행에 대한 보상은 사형 전 구금에 대한 보상액 외에 3천만원 이내를 가산한 금액으로 정하고 있다(법 제5조 제3항).

또 형사소송법(제194조의2-5)에는 형사보상청구권과는 별도로 **형사비용보상청구권**에 관해서 규정하고 있다. 즉 무죄가 확정된 피고인에게는 구속 여부와 관계없이 국가가 그 재판에 소요된 소송비용(공판출석 여비 · 일당 · 숙박료 · 변호사 보수)을 보상하도록 정했다. 그러나 형사비용의 전부 또는 일부를 보상하지 않을 수 있는 경우도 정하고 있다. 즉 i) 형사피고인이었던 사람이 수사 또는 재판을 그르칠 목적으로 거짓 자백 등으로 기소된 경우, ii) 경합범의 일부에 대해서만 무죄판결이 확정된 경우, iii) 형사미성년 또는 심신장애를 이유로 하는 무죄판결인 경우, iv) 그 형사 비용이 피고인이었던 사람에게 책임 지울 사유로 발생한 경우 등이다(법 제194조의2 제2항). 헌법재판소는 군사법원 피고인의 비용 보상청구권의 제척기간을 형사보상법에 따른 5년의 제척기간보다 짧게 무죄판결이 확정된 날로부터 6개월로 정한 법규정(구 군사법원법 제227조의12)은 재판청구권, 재산권, 평등권 등을 침해하는 위헌이라고 결정했다.[1)]

(d) 형사보상청구의 절차와 방법

형사피의자는 불기소처분 또는 불송치결정의 통지를 받은 날부터 3년 이내에 불기소처분 또는 불송치결정 사실을 증명하는 서류를 첨부해서 불기소처분을 한 검사의 소속 지방검찰청 또는 불송치결정을 한 사법경찰관이 소속한 경찰관서의 관할 지방검찰청의 피의자보상심의회에 보상을 청구해야 한다. 심의회의 결정에 대해서 이의가 있으면 행정심판 또는 행정소송을 제기할 수 있지만 그렇지 않으면 보상결정을 송달받은 후 2년 이내에 보상금 지급청구를 해야 하고 이 청구기간이 지나면 그 권리를 상실한다(법 제28조).

---

1) 헌재결 2023. 8. 31. 2020헌바252 참조.

형사피고인의 형사보상청구는 무죄판결이 확정된 사실을 안 날로부터 3년 이내, 무죄재판이 확정된 때부터 5년 이내에 무죄판결을 행한 법원에 하는데 이 보상청구에 대해서는 법원 합의부에서 재판한다(법 제7조, 제8조, 제14조, 형소법 제194조의3 제2항). 법원은 보상액을 산정할 때 재심에서 무죄가 된 실질적 이유를 고려해야 한다(법 제5조 제2항 제4호). 보상청구를 받은 법원은 6개월 이내에 보상 결정을 해야 한다(법 제14조 제3항). 법원이 보상청구를 기각하면 즉시항고를 할 수 있고, 법원의 형사보상결정에 대해서도 1주일 이내에 즉시항고를 할 수 있다(법 제20조). 법원이 보상결정을 해서 보상결정서를 송달하면 2년 이내에 그 법원에 대응한 검찰청에 보상금지급을 청구하고, 해당 검찰청은 3개월 이내에 보상금을 지급해야 하는데, 이 기간 이후부터는 지급일까지의 지연 일수에 대한 법정 지연이자를 지급해야 한다(법 제21조의2). 보상결정에 대한 보상청구권은 청구기간 2년이 지나면 권리를 상실한다(법 제21조 제3항).

법원은 보상결정 확정 후 2주일 이내에 보상결정의 요지를 관보에 게재하여 공고해야 하는데, 보상결정을 받은 사람은 관보공시 외에 2종 이상의 일간신문을 지정하여 공시하도록 신청할 수 있고, 이 경우 신청일로부터 30일 이내에 그 신문에 공시해야 한다. 다른 법률에 따른 충분한 손해배상이 이루어졌다는 이유로 보상청구를 기각하는 결정이 확정되었을 때에도 공시규정은 준용된다(법 제25조). 그 밖에도 명예 회복을 위해서 무죄 재판서를 법무부 홈페이지에 게재하도록 요구할 수 있다(법 제30조-제34조).

4. 사생활영역의 보호

우리 헌법은 주거의 자유(제16조), 사생활의 비밀과 자유(제17조), 통신의 비밀(제18조) 등을 보장함으로써 국민의 사생활이 공간·내용적으로 최대한으로 보호되도록 했다. 혼인과 가족생활의 보호(제36조 제1항)도 사생활 영역의 보호와 관련이 있다. 국민의 사생활영역은 국민의 사회생활에서 가장 원초적인 영역이며 인간 공동생활의 기초이므로 사생활영역을 보호하는 것은 사회 공동생활의 활력소를 위해서도 매우 중요하다. 따라서 사생활영역을 보호하는 기본권도 국가권력뿐 아니라 사회구성원 모두가 지켜야 하는 객관적인 가치 질서이다.

1) 주거의 자유

(1) 주거의 자유의 의의

(가) 주거의 자유의 보호 대상과 범위

모든 국민은 주거의 자유를 침해받지 않을 권리를 가진다. 주거에 대한 무분별한 압수·수색은 주거의 자유에 대한 중대한 침해이기 때문에 반드시 법관이 발부한 영장이 있어야 한다고 정했다(제16조). 주거의 자유를 보장하는 것은 국민의 '사생활공간'의 보호를 통해서 '사생활의 내용'을 실효성 있게 보호하기 위한 것이다.

국민의 사생활 공간인 **주거**는 반드시 '주택'만을 뜻하지 않고 '공간적으로 외부와 구획된 모든 사적인 생활공간'을 포함해서 넓게 이해해야 하므로 사생활이 이루어지는 호텔의 객실·상점·공장·회사·학교·작업장까지도 포함한다.

(나) 주거의 자유의 주체

주택의 거주자가 주거의 자유의 주체인 것은 의문의 여지가 없다. 그리고 넓어진 주거의 범위에 속하는 공장·회사·학교·작업장 등에서는 원칙적으로 그 생활공간의 책임자(공장장·사장·학교장·작업장 감독)가 주거의 자유의 주체가 된다. 그러나 호텔 객실의 경우에는 호텔 소유자가 아닌 객실의 현재 거주자가 주거의 자유의 주체이다.

(2) 주거의 자유의 내용

주거의 자유는 거주자의 동의 없는 침입 금지, 가택 압수·수색의 영장주의, 주거 내의 도청장치 금지 등을 그 내용으로 한다.

(가) 거주자의 동의 없는 침입금지

거주자의 동의 없이 그의 사적인 생활공간에 들어가는 것은 주거의 자유의 침해이다. 거주자의 '동의'에는 **명시적·묵시적 동의**가 다 포함되므로 거주자의 사적인 생활공간에 들어가는 것이 그의 의사에 반하지 않는다고 추정할 수 있는 경우에는 주거의 자유의 침해가 아니다. 거주자의 동의 없이 그의 주거에 들어가면 주거침입죄(형법 제319조 이하)로 처벌받고 거주자는 자력구제를 할 수 있다(민법 제209조).

(나) 가택수색의 영장주의

(a) 영장주의의 원칙

국가권력이 주거에 대한 압수·수색을 남용하지 못하도록 주거에 대한 압수·수색에는 검사의 신청으로 법관이 발부한 압수·수색영장을 제시하도록 했다. 가택수색은 주거에 '숨겨진 비밀의 발견'을 목적으로 하는 것이어서 남용되면 주거의 자유에 대한 침해가 매우 크기 때문에 영장주의는 형사상의 목적뿐 아니라 행정상·사법상의 목적에 따른 때도 모두 적용된다. 현대생활의 필수품인 **전자정보의 저장매체**(휴대폰 또는 컴퓨터)에 대한 압수·수색이 제한 없이 행해지면 사생활에 미치는 부정적인 영향이 특히 크다. 그래서 그러한 저장매체의 출력·복제·외부반출 등은 혐의사실과 직접적인 관련성이 있는 정보에 국한해야 하고 그 탐색 과정에서 별도의 혐의에 대한 정보를 우연히 발견한 때에는 그 별도의 혐의에 대한 영장을 다시 발부받은 경우에만 그러한 정보에 대해서도 압수·수색할 수 있다.[1)]

(b) 영장주의의 예외

법치주의의 요청을 충족하는 단순한 주거 제한의 경우에는 영장주의가 적용되지 않는다. 즉 행정공무원이 경찰·소방·위생·세무·영업감독 등의 목적으로 개인의 주거에 들어가는 경우 그것이 법률에 근거가 있고, 행정상의 목적달성을 위해서 꼭 필요한 합리적인 범위 내의 일이라면 주거의 자유에 대한 침해가 아니어서 영장주의가 적용되지 않는다. 또 사법상의 목적으로 영장 없이 개인의 주거에 들어가는 것이 허용되는 때도 있다. 즉 민사집행법상의 강제집행절차에 따라 집행관이 그의 강제력사용권(법 제5조)으로 주거에 대한 압수·수색을 하는 때에도 영장은 불필요하다. 법관의 집행판결에 따른 강제집행에는 이미 대상 주거의 압수·수색을 허용하는 법관의 의사가 포함되어 있기 때문이다. 나아가 형사소송법(제216조)에도 현행범인을 체포하는 경우 등에는 영장 없이 주거에 들어갈 수 있는 영장주의의 예외를 정하고 있다.

(다) 주거 내의 도청 장치 금지

주거 내에서는 누구나 자유롭게 사적인 대화와 행위를 할 수 있어야 한다. 따라서 주거 내에 거주자의 동의 없이 도청 장치나 비밀 카메라를 설치해서 사적인 대화와 행위를 엿보는 행위는 주거의 자유에 대한 중대한 침해이기 때문에 허용되지 않는다. 그러한 도청 장치 또는 비밀 카메라가 설치된 주거는 개방된 상태와 같아 사적인 주거의 기능은 없어지기 때문이다. 그리고 주거 내가 아닌 주거의 창문 등에 음성증폭기 등을 설치해서 주거 내의 사적인 대화를 엿듣는 행위에 대해서는 아직 확립된 판례와 학설은 없다. 주거의 창문 등도 주거의 중요한 구성 부분이기 때문에 허용되지 않는다고 생각한다. 이 경우 사생활의 비밀의 침해가 되는 것은 의문의 여지가 없다. 그러나

1) 대법원 2015. 7. 16. 자 2011모1839 결정 참조.

기계적인 장치를 사용하지 않고 주거의 외부 창가에서 주거 내의 사적인 대화를 엿듣는 행위는 새생활의 비밀의 침해이지 주거의 자유의 침해는 아니라고 할 것이다.

(3) 주거의 자유의 제한과 한계

주거의 자유를 제한하는 때에는 헌법(제37조 제2항)이 정하는 기본권 제한 입법의 한계를 반드시 존중해야 한다. 즉 헌법이 정하는 과잉금지원칙에 따라 정당한 목적을 달성하는 적합한 수단으로 필요 최소한의 제한을 하면서도 제한의 공익목적과 제한되는 주거의 자유 사이에 법익의 균형성도 지켜야 한다. 따라서 경찰공무원이 경찰관 직무집행법(제7조)에 따라 인명·신체 또는 재산에 대한 위해가 절박한 때에 그 위해를 방지하거나 피해자를 구조하기 위해서 부득이한 경우에 필요한 범위 내에서 타인의 주거에 출입하는 것은 주거의 자유에 대한 합리적인 제한이다.

그런데 형사소송법(제216조)은 현행범인을 체포하는 경우, 긴급체포해야 하는 경우, 체포·구속영장을 집행하는 경우 등에는 영장 없이도 주거에 대한 강제처분을 할 수 있도록 정하고 있는데 그 강제처분이 과잉금지원칙에 어긋나지 않는 한 불가피한 주거의 자유의 제한이라고 할 것이다.

2) 사생활의 비밀과 자유

(1) 사생활의 비밀과 자유 보장의 헌법상 의의

우리 헌법(제17조)은 모든 국민은 사생활의 비밀과 자유를 침해받지 않을 권리를 보장하고 있다. 사생활의 비밀과 자유의 보장은 사적인 생활영역에서 이루어지는 사적인 내용을 보장하는 것인데, 사적인 생활내용과 양상이 나의 뜻에 따라 이뤄지고 이 **나만의 영역**이 내 의사에 반해서 남에게 알려지지 않고 나만 간직할 수 있도록 보장함으로써 개성 신장을 촉진한다는 헌법상 의의가 있다.

사생활의 비밀과 자유는 존엄한 인간의 행복을 위한 전제이며 최소한의 조건이다. 따라서 사생활의 비밀과 자유를 존중받고 사는 것은 바로 인간의 존엄성을 지키는 것이다.

(2) 사생활의 비밀과 자유의 내용

(가) 사생활의 자유와 사생활의 비밀

사생활의 자유는 사생활의 설계 및 그 내용에 대해서 외부로부터의 간섭을 받지 않을 권리이다. 그리고 사생활의 비밀은 사생활에 관한 사적인 '나만의 영역'이 나의 의사에 반해서 다른 사람에게 알려지지 않도록 나만이 간직할 수 있는 권리이다. 사생활의 비밀과 자유의 보장은 이 두 가지를 함께 보장하는 것이다. 그래서 사생활의 비밀과 자유를 보장하는 것은 다른 말로 개인의 **프라이버시를 보장**하는 것이다. 모든 국민은 자신의 프라이버시에 대한 외부의 간섭과 침해가 없도록 방어하고 통제할 수 있는 권리를 갖는다. 그래서 자신의 의사에 반해서 생기는 대화의 녹음, 일기장의 열람·공표, 사진도용, 신상정보의 무단 사용 등은 허용되지 않는다. 그 결과 자신의 동의 없이 이뤄진 대화의 녹음파일은 원칙적으로 자신의 동의 없이는 재판절차에서 증거자료로 사용할 수 없다. 다만 사생활의 비밀과 자유의 보호 가치를 훨씬 능가하는 중대한 공익목적을 달성하기 위해서 불가피한 경우에는 공익과 사익의 엄격한 이익형량을 통해서 예외적으로만 허용된다고 할 것이다. 그러나 어떤 경우에도 개인의 핵심적인 프라이버시는 공익과의 이익형량의 대상이 될 수 없다. 사생활의 비밀과 자유의 본질적인 내용에 해당하기 때문이다.

(나) 혼인과 가족관계의 사생활

혼인과 가족관계의 사생활도 당연히 사생활의 비밀과 자유의 보호영역이다. 따라서 혼인 여부, 혼인 시기, 배우자 선택, 자녀의 출생 및 수 등 사생활의 형성에 관한 사항은 기본권 주체만이 결정할 수 있는 영역이어서 외부적 간섭을 배제할 수 있다. 혼인·출산 기피로 인한 인구감소에 의한 민족의 소멸을 방지하기 위한 공익목적의 혼인·출산 장려 정책이 한계를 가질 수밖에 없는 이유도 여기에 있다.

(3) 사생활의 비밀과 자유의 한계

(가) 공적 인물의 사생활의 비밀과 자유

정치인, 연예인, 체육인 등 유명인사(public figures)의 생활은 늘 대중이 관심을 갖는 사항이어서 그들의 **공적인 생활**과 **사적인 생활**의 한계는 애매할 수밖에 없다. 그들의 사생활도 공적인 관심사가 되어 이미 공공이익의 한 부분을 이루고 있기 때문이다. 따라서 그들이 '나만의 사생활 영역'을 주장하는 데는 한계가 있을 수밖에 없다. 헌법재판소가 공적 인물과 사인, 공적인 관심 사안과 사적인 영역에 속하는 사안에 따라 명예훼손의 성립 여부에 대한 판단기준이 다를 수밖에 없다고 말하는[1] 이유도 그 때

---

1) 헌재결 1999. 6. 24. 97헌마265 참조.

문이다. 공직선거에 후보자로 등록하려는 사람은 실효된 형을 포함한 금고 이상의 형의 전과 기록을 제출하고 선거 기간 중에 이를 선거구민에게 공개하는 것은 사생활의 비밀과 자유, 개인정보자기결정권 및 평등권의 침해가 아니라는 헌법판례[1]도 있다. 또 **범죄인의 사생활영역**을 보호하는 데도 한계가 있다. 범행과 관련 있는 사생활의 비밀은 보호 가치가 없을 뿐 아니라 그것을 공개하는 것은 오히려 공공의 이익에 속하기 때문이다.

(나) 행정조사와 사생활의 비밀과 자유

(a) 행정조사의 허용조건

국가는 행정 목적을 달성하기 위해서 행정상 꼭 필요한 국민의 신상에 관한 사항(이름 · 연령 · 생년월일 · 초상 · 가족관계 · 주소 · 직업 · 종교 · 재산 정도 등)을 조사할 수 있다. 정기적으로 실시되는 **인구조사**가 그 예이다. 이러한 행정조사는 그 조사자료를 행정 목적으로만 사용하는 한 사생활의 비밀과 자유의 침해라고 할 수 없다. 국민의 기초적인 신상정보를 조사하는 것은 국민의 권리와 의무를 실현하기 위해서도 필요하다. 즉 국민의 교육을 받을 권리와 의무(제31조), 근로의 권리와 의무(제32조), 인간다운 생활을 할 권리 및 생활 무능력자의 보호 요구권(제34조), 납세의 의무(제38조), 국방의 의무(제39) 등을 실현하기 위해서는 그 정책 수립의 기초자료인 국민의 신상정보가 필요하기 때문이다.

(b) 국민의 개인정보 자기결정권과 국가의 개인정보 보호 의무

국민을 상대로 한 행정조사와 개인정보 요구가 허용되는 때에도 국민의 생활영역에 따라 그 조사 내지 정보 요구의 정도는 다르다. 즉 국가가 합리적인 경제정책 또는 조세정책 등을 수립하는데 필요한 국민의 경제적인 사생활영역에 관련된 재산, 소득 상황 등을 파악하기 위한 행정조사와 정보요구는 비교적 폭넓게 허용된다. 반면에 국민의 비경제적인 사생활영역과 관련된 신상정보의 조사에는 엄격한 제한이 따른다. 사생활의 비밀과 자유의 본질적인 내용이라고 볼 수 있는 민감한 '나만의 핵심영역'을 다칠 위험이 크기 때문이다. 따라서 이 영역에서는 국가의 개인정보 보호 의무가 강화된다. '개인정보법'에서 이를 구체적으로 정하고 있다. 그에 따라 국민은 자기 정보를 본인이 직접 관리 · 통제하는 **자기 정보 관리통제권**을 갖는다. 헌법재판소는 이 국민의 개인정보 자기 결정권을 사생활의 비밀과 자유를 비롯해서 인간의 존엄성을 기초로

1) 헌재결 2013. 12. 26. 2013헌마385 참조.

한 일반적 인격권과 국민주권 및 민주주의 원리 등을 이념적 기초로 하는 헌법에 명시되지 아니한 독자적 기본권으로 이해하고 있다.[1] 이 권리는 개성 신장과 사회생활에서 큰 의미를 갖는 개인정보가 본인의 의사와 무관하게 생산되어 무분별하게 조사·수집·보관·처리·이용되는 것으로부터 보호받을 권리이다. 이때 개인정보는 공적 생활에서 형성된 정보와 이미 공개된 정보를 포함한다는 것이 헌법재판소와 대법원의 입장이다.[2] 따라서 인간의 가장 '내면적인 사생활영역'에 관한 국가의 정보요구권에는 한계가 있다. 법률상 근거 없이 국가가 개인의 정치적 견해에 대한 정보를 수집·보유·이용하는 등의 행위를 하는 것은 법률유보원칙에 반하는 자기정보결정권의 침해이다.[3] 디지털 정보의 생활 밀접도가 높아져 개인정보 보호의 필요성은 날로 커져 국가의 개인정보 보호 의무도 더 강화될 것이 요청된다. 헌법재판소가 주민등록법상의 지문정보의 수집·보관·활용에 대하여 그 목적·대상과 범위·기한 등의 요건을 구체적으로 규정하는 입법개선이 필요하다고 촉구[4]하는 이유도 그 때문이다.

(4) 사생활의 비밀과 자유의 제한

현대사회에서 국민은 사회로부터 유리된 개체가 아니라 사회구성원 서로가 의존해서 도우며 살아가고 있다. 또 국가도 사회국가를 실현하기 위해서 국민의 생존을 배려하는 활동을 확대하고 있다. 그 결과 국민의 사생활의 비밀과 자유는 국민 서로 간에 또는 국가에 의해서 제한될 가능성이 커지고 있다.

어느 경우이건 국민의 사생활의 비밀과 자유의 제한은 더 큰 공공의 이익을 위해서 꼭 필요하고 그 제한으로 인해서 사생활의 **핵심영역** 내지는 **내면적인 사생활영역** 등 본질적인 내용을 다치지 않는 범위 내에서만 허용된다. 즉 국가가 다른 공적 기능(형사사법작용·경찰작용·정보활동·인구정책·조세정책·사회복지정책·노동정책·교육정책 등)을 수행하기 위해서 부득이 행하는 때에도 과잉금지원칙을 존중해야 한다. 헌법재판소가 피고인이나 변호인에 대한 공판정에서의 녹취는 진술인의 인격권 또는 사생활의 비밀과 자유의 침해를 수반하므로 녹취를 금지해야 할 필요성이 녹취를 허용함으로써 달성하고자 하는 이익보다 큰 경우에는 녹취를 금지·제한하는 것이 타당하다고

1) 헌재결 2005. 5. 26. 99헌마513 등 참조.
2) 헌재결 2019. 7. 25. 2017헌마1329; 대법원 2016. 8. 17. 선고 2014다235080 판결 참조.
3) 헌재결 2020. 12. 23. 2017헌마416 참조.
4) 헌재결 2015. 5. 28. 2011헌마731 참조.

결정한 이유도 그 때문이다.[1] 또 사인 상호 간에 생기는 사생활의 비밀과 자유와 제한은 대부분 **기본권의 상충의 형태**로 나타난다. 사인의 사생활의 비밀과 자유와 관련된 초상권 또는 명예가 언론기관의 보도의 자유와 상충하는 것이 그 예이다. 이 경우 헌법의 통일성을 존중하는 규범조화적 해결방법을 활용해서 프라이버시를 가장 잘 보호하면서도 보도의 자유도 존중하는 합리적인 방안을 찾도록 노력해야 한다. 예컨대 유명인사의 사진을 카탈로그에만 사용하기로 하고 월간잡지 광고에도 사용했다면 개인정보인 초상권의 침해이다. 헌법재판소는 언론피해자의 신분(공인·사인), 보도 내용의 성질(공적인 관심사·순수한 사적 영역의 사안), 언론 피해자의 책임(위험자초 여부), 보도 내용의 민주적 기능(공공성·사회성 구비한 사실로 여론형성에의 기여 여부) 등을 종합적으로 판단해서 평가해야 하므로 개별사례별로 결론이 달라질 수밖에 없다고 설명했다.[2]

3) 통신의 비밀

(1) 통신의 비밀보장의 특수성

헌법(제18조)에 따라 모든 국민은 통신의 비밀을 침해받지 아니할 권리를 갖는다. 통신의 비밀을 보장하는 것은 사생활의 보호를 위해서 매우 중요한 의미가 있다. 그런데 현대생활의 필수품에 속하는 통신수단을 관리하는 통신업무가 국가와 공기업 또는 소수의 기업에 독점되어 있어 국민은 그들이 지배하는 통신수단을 이용할 수밖에 없는 **사실상의 이용 강제**의 상황에 있다. 그 결과 통신의 비밀은 통신수단을 운영·관리하는 국가기구와 통신업체의 적극적인 협조 없이는 보장될 수 없다는 특수성을 가진다. 사생활의 보호를 위한 주거의 자유와 사생활의 비밀과 자유와 달리 통신의 비밀이 침해될 개연성도 그만큼 더 커질 수밖에 없다.

(2) 통신의 비밀보장의 의의와 헌법상 기능

(가) 통신의 비밀 보장의 의의

통신의 비밀을 보장한다는 것은 국민이 현대생활의 필수적인 수단인 편지·전보·전화·소포·우편환·텔렉스·이메일 등 통신수단을 이용할 때 그 통신과 관련된 모든 사항(통신형태·통신의 당사자·통신내용·배달방법·전송여부 등)이 본인 의사에 반해서 공개되지 않도록 보장한다는 뜻이다.

---

1) 헌재결 1995. 12. 28. 91헌마114 참조.
2) 헌재결 1999. 6. 24. 97헌마265 참조.

(나) 통신의 비밀보장의 헌법상 기능

(a) 사생활 보호의 수단

다양한 통신수단을 통해서 이루어지는 의사 교환의 비밀을 보장하는 것은 사생활의 내용과 비밀을 보장하는 불가결한 수단이다. 나아가 통신의 비밀을 보장하는 것은 사생활영역이 제한적인 주거로 국한되지 않고 공간적으로도 넓어진다는 의미가 있다. 사생활의 비밀에 대한 침해가 대부분 주거의 자유 및 통신의 비밀 침해로 야기된다는 점을 생각할 때 통신의 비밀을 보장하는 것은 넓어진 사생활의 공간적인 영역과 함께 사생활의 비밀을 보호하는 방어적인 기능을 갖는다.

(b) 커뮤니케이션 촉진 수단

통신의 비밀을 보장하는 것은 사회구성원 서로 간에 두려움 없는 의사소통을 할 수 있도록 촉진하는 기능을 갖는다. 정치·경제·사회·문화의 모든 생활영역에서 활발하게 이루어지는 사회구성원 간의 커뮤니케이션은 사회구성원 간의 유대를 강화하고 민주적 여론형성에도 도움이 되므로 통신의 비밀 보장은 언론·출판·집회·결사의 자유와 함께 민주정치를 뒷받침하는 기능을 갖는다.

(3) 통신의 비밀보장의 내용과 한계

(가) 통신의 비밀 보장의 내용

(a) 통신의 공개금지

통신의 비밀은 모든 통신수단의 내용·형태·통신의 당사자·전달방법·전달여부 등이 본인의 의사에 반하여 공개되는 일이 없도록 보장한다는 뜻이다. 구체적으로 통신수단의 열람 금지, 누설금지, 정보 금지를 주요 내용으로 한다. 즉 통신물을 개봉하고·읽고·도청하는 행위, 통신업무를 통해서 알게 된 통신 관련 사실이나 내용을 누설하는 행위, 통신업무 내용을 정보활동에 제공·요구하는 행위 등이 금지된다.

(b) 사인에 의한 통신 침해금지

통신의 비밀 보장은 객관적인 가치질서로서 사인에게도 효력이 미쳐 사인에 의한 통신의 비밀침해도 금지된다. 그 결과 통신의 비밀침해 행위는 형법상 비밀침해죄(제316조)에 해당하고 통신비밀보호법(제16조)에 따른 처벌 대상이며, 전자통신서비스 제공자도 개인정보보호법(제58조, 제59조, 제71조 제5호, 제6호)에 따라 처벌될 뿐 아니라 민법상 불법행위책임도 져야 한다.

(c) 통신시설의 하자로 인한 침해금지

모든 통신시설·수단의 운영·관리 업체의 운영·관리의 부실로 일어날 수 있는 통신의 비밀의 침해가 발생하지 않도록 가능한 인적·기술적인 방법으로 철저하게 관리·운영할 것을 요구할 수 있다.

(나) 통신의 비밀보장의 한계

(a) 통신수단 이용의 전제와 한계

통신의 비밀보장은 합법적이고 정당한 통신의 이용을 보호하는 것이다. 따라서 통신수단을 이용한 헌법질서의 침해나 범죄행위는 보호대상이 아니다. 국가·공공기관이 통신시설을 독점적으로 운영·관리하는 경우 국민의 합법적이고 정당한 통신시설 이용을 거부할 수 없다. 그렇지만 국가안보·공공질서·공서양속을 해치거나 법률규정을 어기는 통신시설의 이용은 거부할 수 있다. 공공시설을 불법한 목적으로 위법하게 이용할 수 있는 권리는 누구도 가질 수 없기 때문이다.

(b) 통신기관의 조사·점검으로 인한 한계

통신기관의 통신업무에 종사하는 사람은 통신시설의 하자 없는 관리·보수를 위해서 필요한 통신시설의 조사·점검을 정기적으로 할 수 있다. 따라서 그러한 조사·점검이 합법적으로 행해진다면 그로 인한 일시적인 이용 제한은 통신의 비밀 침해가 아니다. 그러나 그러한 조사·점검을 사실상 통신의 비밀을 탐지하는 수단으로 악용하는 것은 허용되지 않는다. 그런데 통신업무를 수행하다가 우연히 사형 또는 무기징역의 중죄에 해당하는 범죄의 예비·음모 사실을 알게 된 경우에 그 사실을 수사기관에 알리는 것은 통신의 비밀의 침해가 아니라고 할 것이다. 이 경우는 범죄예방을 위한 수사기관에의 고지의무와 누설금지의무가 상충하는 경우인데 중죄 방지를 위한 고지의무가 우선한다고 할 것이다. 그러나 통신물 자체를 수사기관에 제공하는 것은 통신물의 압수에 해당되어 법관의 영장이 필요하다.

(4) 통신의 비밀의 제한

(가) 법률유보와 과잉금지원칙

통신의 비밀은 헌법이 정하는 기본권 제한의 한계 내에서 제한할 수 있는데, 반드시 법률의 근거가 있어야 하며 과잉금지원칙을 존중해야 한다(제37조 제2항). 이 제한의 한계를 존중하면 통신내용의 열람·누설·정보금지에 위배한다고 볼 수 없다.

(나) 실정법상의 통신제한조치

통신을 제한하는 여러 실정법이 있다. 먼저 통신비밀보호법은 국가안보와 범죄수사를 위한 통신의 비밀 제한을 규정하고 있는데 범죄 수사를 위한 우편물의 검열과 전기통신의 감청 등 통신제한조치를 하려면 반드시 법원의 사전 허가를 받아야 하며(법 제5조, 제6조), 국가안보를 위한 정보수사기관의 통신제한조치는 고등법원 수석부장판사의 허가가 필요하고, 외국인의 경우에는 대통령의 승인이 있어야 한다(법 제7조). 그 밖에도 국가보안법(제8조)은 반국가단체와의 통신을 금하고, 행형법(제43조 제4항)은 수용자의 서신수수의 무검열원칙을 제한하며, 파산법(제484조 제2항)은 파산관재인에게 채무자의 우편물 개피를 허용하고, 형사소송법(제91조, 제107조)은 피고인에 관련된 우편물의 검열, 제출명령과 압수처분을 규정하고 있다. 그러나 이들 실정법에 따른 통신의 자유의 제한은 통신의 자유를 보장하는 헌법정신과 헌법이 정하는 기본권제한의 한계를 존중해야 한다. 헌법재판소가 교도소 수용자가 외부로 보내려는 모든 서신을 미봉함 상태로 교정시설에 내게 하는 법규정은 과잉금지원칙에 어긋나는 통신 비밀의 자유의 침해라고 결정한 이유도 그 때문이다.1)

(다) 전화도청과 영장주의

전화도청은 그것이 어떤 형태와 방법으로 행해지든 통신의 비밀에 대한 중대한 제한을 뜻할 뿐 아니라 사생활의 비밀을 침해하고 때로는 주거의 자유에 대한 침해도 되기 때문에 법률의 근거가 있는 때 극히 예외적으로만 허용된다고 할 것이다. 통신비밀보호법(제3조)은 타인 간의 비밀대화를 녹음하거나 도청할 수 없다고 하면서도 법률에 따른 예외를 허용하고 있는데 이 경우 반드시 법원의 사전영장이 필요하다고 할 것이다. 따라서 불법적인 도청으로 얻은 자료는 증거능력을 인정할 수 없다. 헌법재판소는 통신비밀보호법(제5조 제2항)에 따라 수사기관이 인터넷 회선을 통한 송·수신을 감청하는 것은 동일한 회선을 이용하는 불특정 다수인의 통시자료까지 포함되므로 통신에 의한 사생활의 비밀을 침해한다고 결정했다.2)

1) 헌재결 2012. 2. 23. 2009헌마333 참조.
2) 헌재결 2018. 8. 30. 2016헌마263 참조.

5. 정신 · 문화 · 건강생활영역의 보호

우리 헌법은 인간의 존엄과 가치가 정신·문화·건강생활 영역에서도 실현될 수 있도록 양심의 자유(제19조)와 종교의 자유(제20조), 학문과 예술의 자유(제32조), 교육을 받을 권리(제31조), 보건에 관한 권리(제36조 제3항)와 환경권(제35조) 등을 보장하고 있다.

1) 양심의 자유

사람은 누구와도 바꿀 수 없는 나만의 양심에 따라 행동함으로써 인격적인 자기실현을 할 수 있으므로 양심의 자유는 인간 존엄성의 가장 기초적인 실현 수단이다. 양심의 자유는 종교의 자유, 학문과 예술의 자유, 정치활동의 자유, 법관의 양심에 따른 사법권의 독립 등이 실질적으로 보장될 수 있는 초석이다. 양심의 자유가 인간의 존엄성을 실질적으로 실현하는 '최상의 기본권'이라고 인식되는 이유도 그 때문이다.

(1) 양심의 자유의 의의 및 헌법상 기능

(가) 양심의 자유의 의의

(a) 양심의 의의와 본질적 특성

우리 헌법(제19조)은 양심의 자유를 보장하고 있다. 양심은 어떤 일의 옳고 그름을 판단할 때 그렇게 행동하지 않고는 자신의 인격적인 존재가치가 파멸하고 만다는 강력하고 진지한 **마음의 소리**이며 인간의 **내면적인 법관**이다. 양심은 누구와도 바꿀 수 없는 **비대체성**, 상황에 따라 쉽게 바뀔 수 없는 **불가변성**, 외부의 압력 또는 간섭으로 결코 바꿀 수 없는 **진지성**, 합의가 불가능한 **비동화성** 등의 본질적인 특성을 가진다. 이 네 가지 특성을 갖지 않는 양심은 '사이비 양심'에 불과하다. 우리 헌법이 보장하는 양심의 자유는 '사이비 양심'이 아닌 이러한 네 가지 본질적인 특성을 가진 진정한 양심을 보호하려는 것이다. 헌법재판소가 음주측정거부를 처벌하는 것은 양심의 자유의 침해가 아니라고 판시하는 이유도 음주측정에 응할지 말지의 고민은 헌법이 보호하려는 양심의 본질적 특성을 갖추지 못했기 때문이다.[1]

---

1) 헌재결 1997. 3. 27. 96헌가11 참조.

(b) 종교의 자유와의 차이

연혁적으로 '신앙과 양심의 자유'가 하나의 기본권 유형으로 발전해 왔지만, 양심의 자유는 종교의 자유와는 구별하는 것이 옳다. 종교의 자유는 '신과 피안에 대한 내적 확신으로서의 신앙'을 보호하기 위한 것이기 때문이다. 인간 내지 사물의 본성에 관한 고차원적이고 철학적인 인식과 이해를 바탕으로 하는 신앙의 세계와, 인간의 윤리적이고 도덕적인 자기실현을 본질로 하는 양심의 세계와는 그 지향하는 범주가 다르다. 그래서 우리 헌법도 종교의 자유를 따로 보장하고 있다.

(나) 양심의 자유의 헌법상 기능

(a) 사회의 정신적인 성숙을 촉진하는 기능

디지털과 AI 등 고도로 발달하고 있는 기술·산업 사회에서 상실하기 쉬운 개성과 윤리적인 인간성을 지키고, 사물의 선악에 대한 국가의 독점적인 결정권을 배제함으로써 다양한 윤리적인 가치관이 함께 존중되는 가운데, 사회공동체가 품격있는 집단지성과 풍요로운 정신적인 성숙을 이룰 수 있도록 뒷받침해 주는 기능이 있다.

(b) 동화적 통합기능

다수결 원리가 지배하는 민주주의 국가에서 '비동화성'의 본질을 갖는 양심의 자유를 보장하는 것은 다수의 결정에 대한 무조건의 승복을 강요하지 않고, 각자의 양심에 따른 자발적인 승복의 길을 열어줌으로써 사회공동체의 동화적인 통합을 이루게 하는 기능이 있다.

(c) 자유민주주의 정당화 기능

모든 국민의 양심의 자유를 보호함으로써 사물의 옳고 그름에 대한 각 개인의 판단을 존중해서 국민의 자유의사에 따른 사회적인 합의에 이르게 해서 자유민주적 기본질서를 정당화하는 기능이 있다.

(d) 불법권력 예방기능

양심의 자유는 사물의 옳고 그름에 대한 다양한 판단을 존중함으로써 의제된 절대적인 진리를 구실로 선악에 대한 다른 판단을 억압하는 것을 배척해서 '합법을 가장한 불법'이나 불법적인 통치권력이 출현하지 못하게 예방하는 기능이 있다.

(2) 양심의 자유의 내용

양심의 자유는 자기 양심에 반하는 신념이나 행동을 강요당하지 않고, 자기 양심에 따라 행동할 수 있는 **양심 강제로부터의 자유**를 그 내용으로 한다. 구체적으로 '양심형성 및 결정의 자유', '양심을 지키는 자유', '양심실현의 자유' 등이다.

(가) 양심형성 및 결정의 자유

양심형성 및 결정의 자유는 구체적인 사항에 관한 양심의 형성 내지 결정 과정에서 어떠한 외부적인 간섭·압력·강제도 받지 않고 오로지 자기의 '내면적인 소리'(양심)에만 따를 수 있는 자유이다. 따라서 다수의 도덕적 가치관이나 윤리적 확신이 항상 옳다는 이른바 '의제된 진실'의 논리를 앞세워 다수의 양심이 소수의 양심을 무시하거나 소수의 양심이 다수에게 강요당하는 것은 허용되지 않는다. 결국 사물의 선·악, 옳고 그름의 판단에 관한 자유로운 합의의 분위기와 **양심의 다수화 금지**는 양심형성 및 결정의 자유의 핵심적인 내용이다.

(나) 양심을 지키는 자유

양심을 지키는 자유는 인간의 내면세계에서 형성·결정된 양심의 표명을 직·간접으로 강요당하지 않는 자유이다. 양심을 말이나 행동으로 표명하도록 강제되지 않는 자유와, 양심에 어긋나는 행동을 강요당하지 않는 자유를 함께 보장한다. 이 중에서 특히 양심을 말로 표명하도록 강요당하지 않는 자유를 '침묵의 자유'라 하며, 십자가 밟기나 불경 태우기 등 양심을 일정한 행동으로 간접적으로 표명하도록 강요당하지 않는 자유를 '양심추지의 금지'라고 말한다. 따라서 양심을 지키는 자유는 구체적으로 **침묵의 자유**, **양심추지금지**와 **양심에 반하는 작위의무로부터의 해방**의 세 가지를 그 내용으로 한다고 말할 수 있다.

그런데 사법절차적 기본권인 '불리한 진술거부권'(제12조 제2항)과 보도의 자유의 내용인 **취재원 묵비권**(제21조 제1항)은 여기에서 말하는 '침묵의 자유'와는 그 성격과 목적이 다르다. 우리 헌법재판소는 양심에 반하는 작위의무로부터의 해방을 근거로 언론 기사에 의한 명예훼손의 경우 법원이 판결로써 사죄광고를 명하는 것은 양심의 자유에 대한 침해라고 결정했다.[1] 그러나 성폭력 가해학생에게 피해학생에 대한 서면사과를 규정한 법규정은 가해학생의 선도와 피해학생의 피해회복 및 정상적인 교육관계 회복을 위한 특별한 교육적 조치이므로 양심의 자유의 침해가 아니라고 결정했다.[2]

(다) 양심실현의 자유

양심실현의 자유는 양심의 결정을 구체적인 행동으로 실현할 수 있는 자유이다.

---

1) 헌재결 1991. 4. 1. 89헌마160 참조.
2) 헌재결 2023. 2. 23. 2019헌바93 참조.

양심실현의 자유에 대해서는 이를 부정하거나, 부작위에 의한 양심의 실현만을 제한적으로 인정하려는 견해가 있다. 그러나 양심실현의 자유를 뺀 양심의 자유는 별 의미가 없다. 양심형성 내지 결정과 같은 인간의 내심영역은 그 본질상 국가권력이 간섭할 수 없는 권력 밖에 있으므로 이 같은 내심영역만을 보호하는 것은 양심의 자유를 기본권으로 보장하는 아무런 의미가 없다. 따라서 양심의 자유에는 양심실현의 자유도 포함된다고 보는 것이 옳다. 다만 양심의 자유에도 일정한 내재적인 한계는 있어 양심실현의 자유도 헌법질서의 유지와 사회공동체의 법적인 평화를 위해서 그 내재적 한계에 의한 제약을 받는 것은 당연하다. 우리 헌법재판소도 양심의 자유는 내심적인 자유뿐만 아니라 양심실현의 자유도 포함한다고 설명하면서 내심적 자유는 절대적 자유이고 양심실현의 자유는 타인의 기본권이나 다른 헌법적 질서와 저촉되는 경우 헌법 제37조 제2항에 따라 제한될 수 있는 상대적인 자유이지만 양심실현은 작위와 부작위의 어느 방법으로도 가능하다고 판시했다.[1]

(3) 양심의 자유의 제한형태

(가) 2원적 제한 구조

(a) 내재적 한계에 의한 제한과 법률유보에 의한 제한

양심의 자유에 대한 제한은 내재적 한계에 의한 제한과 헌법 제37조 제2항에 의한 제한의 이원적인 구조를 갖는다. 즉 양심의 표현이나 실현이 그 내재적인 한계를 넘지 않는 경우라도 그것이 헌법질서 또는 타인의 권리를 침해하면 이를 규범적으로 조화시키기 위해서 과잉금지의 원칙에 의한 제한이 불가피하다. 그러나 내재적인 한계에 의한 제한과 과잉금지원칙에 의한 제한에서 그 구체적인 제한 사유의 차이를 정확히 구별하는 것은 매우 어려운 헌법이론적인 문제이다.

(b) 양심의 자유의 제한과 규범조화적 해석

양심의 자유에 대한 제한은 내재적 한계에 의한 제한이건 법률에 의한 제한이건 양심의 실현이 헌법적 가치와 상충하거나 타인의 자유와 권리를 침해하는 때에 생긴다고 볼 수 있다. 그러나 그 어느 경우이건 헌법의 통일성에 입각한 규범조화적인 해석으로 필요한 최소한의 범위 내에서 제한이 행해져야 한다. 따라서 양심의 자유에 대한 제한의 방법과 정도는 '추상적 · 일반적 공식'에 따라 일률적으로 말할 수 없고, 제

---

1) 헌재결 1998. 7. 16. 96헌바35 참조.

한이 행해지는 구체적인 경우마다 규범조화적인 해석에 따라 '개별적'으로 판단할 수 밖에 없다고 할 것이다. 양심상의 이유로 인한 병역거부가 일반적으로 인정될 수 없는 것도 헌법상의 국방의무와의 규범조화적인 해석의 결과로서 당연하다. 헌법재판소가 양심적 병역거부자의 형사처벌이 양심의 자유의 침해가 아니라고 결정한 이유도 그 때문이다.[1)]

(나) 양심실현의 한계

(a) 양심범과 국가의 형벌권

진정한 '양심의 소리'에 따라 법규범을 어긴 양심범의 처벌 문제는 양심의 자유에 관한 논의에서 가장 어려운 문제이다. 그러나 양심범에게도 법의 기속력과 국가의 형벌권이 미친다는 것을 부정하기는 어렵다. 그렇지만 양심범에게도 법의 기속력과 형벌권이 미친다는 것과, 양심범을 비양심범과 완전히 동일한 기준으로 법을 집행·적용해야 한다는 것은 법리적으로 그 성질이 다르므로 동일하게 보는 것은 옳지 않다. 양심범과 국가형벌권의 갈등을 합리적으로 해결하는 기초는 바로 그 두 가지를 구별해서 판단하는 것이다.

양심범은 일반 범죄와 달리 양심의 실현으로 생긴 범죄라는 점을 고려해서 국가의 형벌권은 양심범의 특수성을 최대한 존중하는 방향으로 행사해야 한다고 할 것이다. 즉 양심의 자유에는 **달리 생각하는 양심에 대한 법의 양보 요구**도 함께 들어있다고 이해해서 양심범에 대해서는 최대한의 관용을 베풀어 비례의 원칙에 반하는 형벌권의 행사를 자제해야 할 의무가 있다고 할 것이다. 양심범에 대해서는 일반형벌과 다른 도덕 중성적인 특별형벌이 적용되어야 한다는 주장이 있는 것도 그 때문이다.

그렇다고 해서 헌법과 법질서의 존중을 통한 사회평화의 유지라는 헌법적인 가치를 완전히 도외시하는 것도 옳지 않다. 그래서 이 헌법적 가치와 양심범의 특수성을 함께 존중할 수 있는 균형적인 해결 방법을 진지하게 모색해야 한다. 그러한 방법을 찾기 위한 하나의 기준으로 형벌권과의 갈등에 행위자의 의도가 어느 정도의 영향을 미쳤는지를 살펴보는 것도 가능하다. 즉 갈등 발생이 행위자의 의도와는 별로 관계가 없는 어떤 외부적인 사정 때문에 생기는 경우처럼 행위자의 직접적인 영향이 적을수록 양심을 보다 우선적으로 보호하는 것이 옳다. 그 반대의 경우에는 국가 형벌권의 행사가 불가피하다. 이 경우에도 양심범을 일반 예방성격의 형벌로 처벌하는 데는 한

1) 헌재결 2004. 8. 26. 2002헌가1 참조.

계가 있다고 할 것이다.

(b) 양심실현과 타인의 권리

양심실현으로 타인의 권리(생명·자유·건강·재산 등)를 침해하는 것은 보호받을 수 없다. 타인의 희생 위에 이뤄지는 내 양심의 실현은 허용되지 않기 때문이다. 그러나 양심의 실현으로 생기는 타인의 권리침해가 양심의 자유의 내재적 한계를 벗어났다고 볼 수 없는 가벼운 것이라면 그러한 양심실현은 보호받아야 한다. 이때 양심의 실현과 침해된 타인의 권리 사이에는 기본권의 상충관계가 성립하므로 합리적인 이익형량과 헌법의 통일성에 입각한 규범조화의 방법을 모두 활용하는 다원적인 해결책이 모색되어야 한다.

(다) 양심의 자유의 본질적 내용

양심의 자유의 내용 중에서도 양심의 형성 및 결정의 자유가 양심을 지키는 자유와 양심실현의 자유보다는 양심의 자유의 본질적 내용에 더 가까운 것은 사실이지만, 그렇다고 양심의 형성 및 결정의 자유가 곧 양심의 자유의 본질적인 내용은 아니다.

양심의 자유의 본질적 내용은 국가권력이 모든 국민에게 외형적인 복종을 넘어 복종의 당위성에 관한 **내적인 확신**을 강요할 수는 없다는 데 있다. 이 본질적 내용을 지키는 것이 양심의 자유의 본질적 내용을 지키는 것이다.

2) 종교의 자유

(1) 종교의 자유의 의의

우리 헌법(제20조)은 종교의 자유를 보장하면서 국교는 인정되지 아니하며 종교와 정치는 분리된다고 규정하고 있다(**정교분리의 원칙**). 종교의 자유의 보장은 인간의 내면적인 정신영역에서의 개성신장을 촉진하는 기능을 갖는다. 종교의 자유는 신앙의 다원화를 실현하는 객관적인 가치질서이기도 하다. 헌법이 국가의 종교적인 중립성을 강조하는 이유도 그 때문이다.

종교란 인간의 형이상학적인 신앙을 그 내용으로 하는데 상념의 세계에 존재하는 초인적인 절대자에 대한 귀의 또는 신과 내세(피안)에 대한 내적인 확신의 집합개념이다. 종교이기 위해서는 **신과 피안에 대한 우주관적인 확신**을 필요로 한다. 따라서 신과의 관련성이 없는 **사상**은 그것이 아무리 내적인 확신에 기초한 것이라도 종교와는 다르다. 또 종교는 **미신**과도 구별해야 한다. 종교는 과학의 방법적 기초가 되는 자연법칙의 기원을 철학적으로 추구하는 초과학적인데, '미신'은 과학의 방법적 기초가 되는 자연법칙을 부인하거나 자연법칙에 역행하려는 비과학적이기 때문이다. '미신'은 다분히 현존하는 물질세계를 전제로 내세(피안)지향성보다 복을 빌고 액운을 면하려는 현세지향성이 강하다. 그래서 미신은 사회의 평균적인 시대감각에 맞지 않을 때가 많다.

(2) 종교의 자유의 내용

종교의 자유는 구체적으로 '신앙의 자유'와 '신앙실행의 자유'를 그 내용으로 한다.

(가) 신앙의 자유

신앙의 자유는 신앙을 갖거나 갖지 않는 자유이다. 신앙을 갖는 자유는 신앙선택, 신앙변경(개종), 신앙포기, 신앙고백, 신앙침묵의 자유 등을 말한다. 무신론도 일종의 신앙으로 보호를 받는다. 신앙의 자유의 내용인 신앙고백의 자유는 누구나 자신의 종교적인 확신을 언어(말과 글)와 예술(음악 · 그림 · 조각 · 연극 등) 등의 행동 형식으로 표시하는 것을 말하는데, **적극적인 신앙고백**뿐 아니라 **소극적인 신앙고백**(**침묵**)도 포함한다. 따라서 적극적인 신앙고백을 강요해서 신앙의 침묵을 지킬 수 없게 하는 것은 침묵의 자유의 침해이다. 일률적으로 종교적인 형식의 선서를 강요하는 행위, 비종교학교에서 특정종교의식에 따른 기도시간에 모든 학생의 참여를 강요하는 행위가 금지되는 이유는 신앙침묵의 자유를 침해할 소지가 크기 때문이다. 그러나 국가기관의 종교정책을 위한 종교 분포통계조사, 병원 입원환자의 정신적인 의료간호를 위한 종교조사, 수형자의 교회목적의 종교조사 등은 신앙침묵의 자유의 침해가 아니다.

(나) 신앙실행의 자유

신앙실행의 자유는 다양한 종교행사 내지는 종교활동을 통해서 신앙을 실천하는 자유인데 구체적으로 종교의식의 자유, 종교선전(포교)의 자유, 종교교육의 자유, 종교적 집회 · 결사의 자유 등을 말한다.

(a) 종교의식의 자유

종교의식의 자유는 일정한 종교의식을 통해서 신앙을 구체적으로 실천하는 자유이다. 종교의식에 속하는 모든 행사가 다 포함되는데, 예배 · 독경 · 예불 · 예배행진 · 성찬식 · 종울림 · 헌금 등과 같은 종교상의 의식과 축전 등의 행사를 할 수 있는 자유이다. 헌법재판소는 구치소 내에서 실시하는 종교의식에 무죄가 추정되는 미결수용자에게만 참석을 금지한 구치소장의 조치는 종교의 자유의 침해라고 결정했다.[1)]

---

1) 헌재결 2011. 12. 29. 2009헌마527 참조.

(b) 종교선전(포교)의 자유

종교선전의 자유는 자신의 신앙을 타인에게 선전하고 전파함으로써 신앙을 실천하는 자유이다. 포교는 자기 신앙에 대한 동조자를 모집·규합하기 위한 적극적인 신앙 실천행위이다. 다른 종교를 비판하고 다른 신앙을 가진 사람을 적극적으로 개종시키는 자유도 포함한다. 종교단체의 봉사·자선활동도 종교상의 교리를 실현하는 행위이며 포교의 의미도 포함하고 있어 보호의 대상이다.

종교선전은 종교의식과는 다르다. 종교의식은 종교상의 교리와 관행에 따라서 행해지는 종교내적인 행사인데 반해서 종교선전은 다른 종교의 신자 또는 무신론자를 그 대상으로 하는 외향적인 행사이기 때문이다.

종교선전은 공정한 방법으로 해야 하므로 다른 종교에 대한 교리적인 비판을 넘어 사이비 종교라고 배척하는 것은 허용될 수 없다. 종교의 선전은 자신의 신앙을 선전하는 만큼의 인내와 관용을 다른 종교에 대해서도 베풀어야 할 의무를 수반한다고 보아야 한다. 따라서 여러 종교 사이에 종교선전의 갈등이 생긴 경우에는 어느 한 종교만을 보호할 수는 없다. 또 정교분리의 원칙을 무시하고 공권력이 종교선전에 관여하는 것도 허용되지 않는다. 특히 국·공립학교의 종교교육이 특정 종교를 선전하지 말아야 하는 이유이다.

(c) 종교교육의 자유

종교교육의 자유는 가정과 종교학교에서 종교의 교리에 입각한 교육을 할 수 있는 자유이다. 가정에서의 종교교육은 부모의 교육권과 자녀의 종교의 자유를 합리적으로 조화시킬 수 있도록 규범조화적인 방법으로 행해져야 한다. 종교학교의 종교교육도 신앙침묵의 자유와 신앙을 갖지 않을 소극적인 신앙의 자유를 침해하지 않는 방법으로 행해져야 한다.

(d) 종교적 집회 · 결사의 자유

종교적 집회·결사의 자유는 같은 신앙인끼리 종교적 목적의 단체를 조직하고 종교행사를 위해서 모일 수 있는 자유이다. 종교적 집회·결사의 자유는 일반적인 집회·결사의 자유의 특별법에 해당하기 때문에 일반적인 집회·결사보다 특별한 보호를 받는다. 그러나 일반적인 집회·결사의 자유의 내용인 결사조직의 자유, 결사활동의 자유, 가입·탈퇴의 자유, 강제결사금지, '움직이는 집회'(시위) 등은 종교의 자유의 정신에 저촉되지 않는 범위 내에서 그대로 적용된다.

(3) 종교의 자유의 한계와 제한

종교의 자유에도 일정한 한계가 있어 헌법이 정하는 기본권 제한입법의 한계조항(제37조 제2항)에 의해서 제한을 받을 수 있다. 특히 제한의 대상이 되는 종교의 자유는 신앙실행의 자유이다. 신앙실행의 자유는 헌법의 통일성의 관점에서 헌법질서와 타인의 기본권을 침해하지 않는 범위 내에서 그리고 사회공동체의 질서유지를 위해서 제정한 일반법 규정을 어기지 않는 범위 내에서 주장할 수 있는 내재적 한계의 제약을 받기 때문에, 이 내재적 한계를 일탈하는 신앙실행은 법률로 규제와 제한을 할 수 있다. 대법원이 종교적인 양심을 이유로 환자에 대한 최선의 치료법인 수혈을 완강히 반대해서 환자를 사망하게 한 여호와의 증인을 유기치사죄로 처벌하는 것은 정당하다고 판결한 이유도 그 때문이다.[1] 그 밖에도 종교적인 의식이라는 미명하에 행해지는 간음행위나 인간제물, 공무원이 근무시간 중에 종교적 집회를 하는 행위 등은 모두 종교의 자유의 내재적 한계를 일탈하는 신앙의 실행행위여서 제한이 불가피하다. 그런데 이처럼 내재적 한계의 일탈이 없는 신앙실행행위를 국가안전보장·질서유지·공공복리 등의 이유로 제한할 수 있느냐의 문제는 논란이 있다.

생각건대 교회 인근 주민을 소음공해로부터 보호하기 위한 교회 종울림의 심야 제한처럼 제한의 정도가 크지 않은 것은 종교의 자유의 침해가 아니어서 교회가 수인하는 것이 옳다. 그리고 제한의 정도가 다소 큰 경우에도 수용해야 하는 경우가 있을 수 있다. 예컨대 코로나 전염병이 심각하게 확산하고 사망자가 속출하는 보건상의 위기 상황에서 감염병 확산지역에서 시한부로 종교적 의식이나 종교적 집회를 금지하는 것은 가능하다고 할 것이다. 이 경우 종교의 자유 제한의 필요성 여부의 판단기준으로는 **명백하고 현존하는 위험의 원리**를, 그리고 제한의 정도에 대한 판단기준으로는 **과잉금지원칙**을 적용할 수 있다고 할 것이다. 이 두 가지 원칙에 어긋나는 종교의 자유의 제한은 종교의 자유의 본질적 내용을 침해하는 것이다.

(4) 국가의 종교적 중립성의 원칙

(가) 국교부인과 정교분리의 원칙

국교부인과 정교분리의 원칙은 종교의 자유의 당연한 결과이다. 따라서 국가권력이 특정한 종교적인 확신을 모든 국민에게 심어주기 위한 정책적인 노력을 하는 것은 국가의 종교적인 중립성의 원칙에 명백히 어긋나는 일이다. 헌법재판소가 육군 훈련

---

1) 대법원 1980. 9. 24. 선고 79도1397 판결 참조.

소 훈련병들에게 훈련소 내 종교시설에서 개최되는 개신교, 불교, 천주교, 원불교 종교행사 중 하나에 참석하도록 권유한 행위는 정교분리원칙을 어긴 종교의 자유의 침해라고 결정한 이유도 그 때문이다.[1]

(나) 정교분리원칙의 헌법상 의의와 기능

헌법이 종교의 자유의 당연한 내용인 정교분리의 원리를 따로 강조하는 것은 종교 평등의 원칙을 분명히 하고, **정치의 종교화**와 **종교의 정치화**를 금지함으로써 종교의 자유가 수행해야 하는 객관적 가치질서로서의 기능을 강조하는데 그 참된 헌법적 의미가 있다고 할 것이다. 즉 평등권과의 관계에서 종교평등의 원칙을 분명히 해서 차별 없는 종교생활의 보장을 통해서 정신적인 생활영역에서도 동화적인 통합분위기를 조성하려는 헌법적인 의도가 담겨 있다. 또 북한에서처럼 '정치의 종교화' 즉 통치자의 신격화 내지 우상화 현상을 막고, '종교의 정치화', 즉 신앙실행의 자유가 정치활동화하는 것을 방지함으로써 정치의 세계와 종교의 세계가 2원적으로 독자적인 생활질서를 형성해 나가게 하려는 헌법적인 의도가 담겨 있다. 따라서 국가권력이 특정 종교를 특별히 보호 내지 우대하거나, 탄압 내지 적대시하는 행위, 국가권력이 종교선전 또는 종교교육 등의 종교활동을 하는 행위, 국가권력이 종교에 간섭하거나 종교단체가 정치에 개입하는 행위 등은 주관적 공권으로서의 종교의 자유의 침해일뿐 아니라 객관적 가치질서로서의 종교의 자유도 침해하는 위헌적인 일이다.

3) 학문과 예술의 자유

(1) 학문과 예술의 자유의 헌법상 의의

우리 헌법(제22조)은 학문과 예술의 자유를 보장하면서 모든 국민은 학문과 예술의 자유를 가진다. 저작자·발명가·과학기술자와 예술가의 권리는 법률로써 보호한다고 정했다.

학문과 예술의 자유를 보장하는 것은 단순한 주관적 공권뿐 아니라 다음과 같은 여러 가지 헌법상의 기능을 강조하는 의미를 갖는다. 즉 i) 학문과 예술의 자유는 정신·문화생활영역에서의 개성신장의 수단이며, ii) 문화국가 실현의 수단이고, iii) 학문과 예술의 다양성 보장 수단이며, iv) 문화풍토 조성을 통한 국가 간의 문화교류와 국제사회에서의 문화적인 지위 향상을 꾀하는 수단이다. 따라서 학문과 예술의 자유

---

1) 헌재결 2022. 11. 24. 20119헌마941 참조.

는 이러한 여러 기능을 갖는 객관적 가치질서로서의 성격을 가지므로 국가는 학문과 예술의 자유가 추구하는 이러한 문화국가의 목표를 달성하기 위한 적극적인 문화·예술진흥정책을 추진할 헌법상의 의무를 진다.

(2) 학문과 예술의 자유와 다른 기본권과의 경쟁관계

학문과 예술의 자유는 그 행사과정에서 다른 기본권과 경쟁관계가 되는 경우가 자주 있다. 특히 언론·출판·집회·결사의 자유와 직업의 자유와의 경쟁관계가 흔한데, 이 중 언론·출판·집회·결사의 자유와의 경쟁은 **배제적인 경쟁관계**(특별법 관계)이고 직업의 자유와의 경쟁은 **보완적인 경쟁관계**라고 볼 수 있다. 즉 학문과 예술 활동을 통해서 생산되는 언론·출판은 예술의 자유의 보호 대상이므로 언론·출판의 자유의 규제대상에서 제외된다. 학문적·예술적인 의사표현도 마찬가지이다. 또 학문과 예술 활동을 위한 집회·결사도 집회·결사의 자유가 아닌 학문과 예술의 자유에 의해서 보호된다. 학술단체와 학술집회가 집회·시위에 관한 법률(제15조)의 규제대상에서 제외되는 이유도 그 때문이다. 반면에 학문과 예술의 자유와 직업의 자유의 경쟁관계는 보완적인 경쟁관계여서 두 기본권의 효력이 상호 보완되어 더 강한 보호를 받는다. 예컨대 교수의 자유와 직업행사(수행)의 자유가 경쟁하는 경우 어느 한쪽을 규제하면 다른 쪽에도 영향을 미치므로 매우 엄격한 규제조건의 충족이 필요하다.

(3) 학문의 자유

(가) 학문의 자유의 의의

(a) 진리탐구의 자유

학문의 자유를 보장하는 것은 바로 진리탐구를 보장하는 것이다. 진리탐구란 진리를 찾아내려는 모든 인간적인 노력의 대명사이다. 구체적으로 진리탐구는 인간의 생활권 내에서 일어나는 실체적·관념적 현상과 그들 상호관계를 논리적·철학적·실험적 방법으로 분석·정리함으로써 새로운 사실과 진리를 찾으려는 모든 인간적인 노력의 대명사여서 매우 포괄적인 개념이다. 진리탐구의 방법도 매우 다양하므로 보호영역도 그만큼 넓다. 탐구한 결과를 활용하는 응용학문의 경우 단순한 지식의 활용을 넘어 그 활용을 통한 새로운 진리탐구의 노력이 수반하면 보호의 대상이다.

(b) 학문과 지식의 차이

학문과 지식은 구별해야 한다. 학문은 진리탐구의 과정까지를 포함하는 개념이지만, 지식은 단순히 학문연구의 결과일 따름이기 때문이다. 따라서 학문의 자유의 내용인 **교수의 자유**도 **교육의 자유**와는 구별해야 한다. '교수의 자유'는 진리탐구를 위한 학문활동의 한 형태지만 '교육의 자유'는 단순한 지식의 전달과 인격형성을 내용으로 하는 교육활동이기 때문이다. 그래서 교육의 자유는 교육에 관한 기본권(제31조)의 보호영역이다. 헌법재판소도 대학에서의 교수의 자유와 초·중·고교에서의 수업의 자유를 구별하는 판시를 하고 있다.[1)]

(나) 학문의 자유의 내용

학문의 자유는 진리탐구를 위한 인간적인 노력을 보호 대상으로 한다. 구체적으로 학문연구의 자유, 학술 활동의 자유, 학문기관의 자유 등을 그 내용으로 한다.

(a) 학문연구의 자유

학문연구의 자유는 연구과제를 자유로 선택·변경할 수 있는 '연구과제의 자유', 연구 방법을 자유로 결정할 수 있는 '연구 방법의 자유', 연구 기간의 장단과 구체적 시기를 정할 수 있는 '연구 기간의 자유', 연구장소를 선택·이동할 수 있는 '연구장소의 자유' 등을 말한다. 학문연구의 자유가 최대한으로 보호받기 위해서는 **학문내적인 자율통제**의 메커니즘이 제대로 작동해야 한다. 학문연구가 당위성을 가지려면 학문연구의 과제·방법·기간·시기 등의 선택이 학문내적인 자율통제를 통해서 학문적인 설득력을 가져야 한다. 그래서 학문의 자유에 대한 가장 강력하고 효율적인 규제는 학문내적인 자기통제라고 볼 수 있다. 따라서 학문연구가 공공의 안녕질서 또는 타인의 기본권과 갈등을 일으켜 제약이 불가피한 경우에도 공권력의 직접적인 개입과 간섭보다는 우선 학문내적인 자율통제장치의 작동 여부를 감시하는 선에 그쳐야 한다. 학문내적인 자율통제장치가 제대로 작동하지 않으면 공권력에 의한 규제와 제한은 불가피하다. 학문의 자유는 새로운 것을 창조하려는 노력이므로 이 연구자료가 기존의 사상 및 가치체계와 상반되거나 저촉된다고 하여도 용인해야 한다는 대법원 판결이 있다.[2)] 또 순수한 학문연구의 목적으로 반국가단체를 이롭게 하는 내용의 문서·도서·기타 표현물을 제작·수입·복사·취득 등을 하는 행위는 찬양·고무죄(국보법 제7조 제5항)가 아니라는 판결도 있다.[3)]

1) 헌재결 1992. 11. 12. 89헌마88 참조.
2) 대법원 1982. 5. 25. 선고 82도716 판결 참조.
3) 대법원 1983. 2. 28. 선고 82도2894 판결 참조.

(b) 학술활동의 자유

교수의 자유, 연구 결과 발표의 자유, 연구를 위한 집회 · 결사의 자유를 그 내용으로 한다.

① 교수의 자유

교수의 자유는 교수 내용의 자유와 교수 방법의 자유를 보장하는 것인데, 교수는 연구 결과를 정확하게 전달하는 행위인 동시에, 수강자에게 진리에 대한 자주적이고 비판적인 사고능력을 길러 줌으로써 함께 진리탐구를 모색하는 것이어서 그 자체가 하나의 연구과정을 뜻한다. 그러나 교수의 자유에도 내재적 한계가 있어 우리 헌법내용에 대한 학문적 비판이나 우리 법질서에 대한 학문적인 조명과 비판의 차원을 넘어 우리 헌법상의 민주적 기본질서나 법치주의를 파괴하는 내용의 교수의 자유는 허용되지 않는다.

② 연구 결과 발표의 자유

연구 결과 발표의 자유는 학문연구의 결과인 학문적인 인식을 교수 이외의 방법(학술지게제 · 저서출판 · 학술강연 · 학술세미나 등)으로 발표하는 자유인데, '발표내용의 자유'와 '발표방법의 자유'가 주요내용이다. 여기에서 발표대상이나 발표장소보다는 발표내용의 학문성이 중요하다. 연구결과 발표의 자유도 학문외적인 제약보다는 학문 내의 자율통제에 의해서 그 진위와 가치가 판별될 수 있을 때 가장 큰 통제 효과를 나타낸다.

③ 연구를 위한 집회 · 결사의 자유

연구를 위한 집회 · 결사의 자유는 각종 학회 · 학술단체 · 학술세미나 · 학술강연회 · 출판기념회 등을 조직하고 개최하는 것처럼 학문연구의 목적으로 모임을 하고 단체를 조직할 수 있는 자유이다. 연구 결과 발표의 자유와 불가분의 관계에 있다.

(c) 학문기관의 자유

학문기관의 자유는 학문연구기관이 외부의 간섭없이 자율적이고 독립적으로 운영될 수 있는 자유이다. 본래 학문연구는 대학을 중심으로 행해졌기 때문에 학문기관의 자유는 대학의 자유와 동의어로 인식했지만, 이제는 학문연구기관도 다원화되어 대학 이외에도 학문연구기관이 있으므로 학문기관의 자유는 이들 학문연구기관을 모두 포괄하는 기본권이다. 그러나 아직도 주된 학문연구기관은 대학이기 때문에 대학의 자유의 내용은 다른 학문연구기관에도 적용된다.

① 대학의 자유의 본질

㉠ 대학의 자치 보장

대학의 자유는 대학의 자치를 통해서 보장되기 때문에 대학의 운영에 관한 모든 사항을 공권력의 간섭없이 자율적으로 결정할 수 있는 제도적인 장치가 마련되어야 한다. 대학의 자치는 학문의 자유에 내포된 객관적 가치질서로서의 성격에서 나오는 당연한 결과이다. 헌법(제31조 제4항)이 '대학의 자율성은 법률이 정하는 바에 의하여 보장된다고' 정하고 있는 이유도 그 때문이다. 헌법재판소도 대학의 자율성은 학문의 자유의 확실한 보장 수단으로서 반드시 필요한 것이어서 대학에 부여된 헌법상의 기본권이라는 점을 강조하면서 대학입시 방법의 자율성을 강조하는 결정을 했다.[1] 그리고 대학의 교수임용 자율권에 따른 기간임용제의 채택은 허용된다고 판시하면서도, 재임용의 구체적인 기준·요건·배제사유의 사전통지절차 및 재임용거부에 대한 구제절차 등을 규정하지 않은 법률규정은 교원지위법정주의(제31조 제6항)에 위배된다고 결정함으로써 대학의 자율성과 교원의 지위를 조화시키는 결정을 했다.[2]

㉡ 대학의 자치보장의 헌법상 의의

대학의 자유는 대학의 자치를 그 본질로 하는데 대학의 자치는 결코 자기목적적인 제도가 아니고 학문연구의 주체로서의 대학이 학문연구와 학술활동을 실효성 있게 수행케 하기 위한 수단을 보장한다는 헌법상의 의의가 있다. 이렇게 볼 때 대학의 자율성 보장에 관한 헌법규정은 대학의 자치의 근거규정이라기보다는 학문연구의 자유에 내포된 대학의 자치의 보완규정이라고 이해하는 것이 옳다.

② 대학의 자유의 내용

㉠ 대학운영의 자주적 결정권

대학의 자치를 그 본질로 하는 대학의 자유는 대학인사·대학학사·대학질서·대학재정 등 대학운영과 관련된 모든 분야에서 공권력 등 외부의 간섭 없는 자주적인 결정권을 그 주된 내용으로 하는데, 대학의 주관적 공권으로서의 성격을 가지므로 대학운영에 간섭하려는 공권력에 대한 방어권을 당연히 포함한다. 따라서 대학의 자치 실현 수단인 대학 내의 각종 기구(교수회·위원회·학생회 등)나 보직의 설치·활동 및 학생선발에 대한 공권력의 간섭과 규제도 허용되지 않는다. 헌법재판소가 오랜 전통의 여자대학교가 전통을 유지하기 위해서 남성 배제의 입시전형계획을 마련하는 것은 대

1) 헌재결 1992. 10. 1. 92헌마68 등(병합) 참조.
2) 헌재결 2003. 2. 27. 2000헌바33 등(병합) 참조.

학의 자율성의 본질적인 부분이므로 이를 보장해야 한다고 결정한 이유도 그 때문이다.[1]

ⓛ 대학구성원의 결정참여권

대학의 구성원은 대학운영(인사 · 학사 · 재정 · 질서 · 시설 등)에 관해서 발언하고 각종 대학 내 기구에 참여할 수 있는 권리를 갖는다. 그러나 민주주의를 대학 운영에 결부해(**대학민주주의**) 모든 대학 내의 기구에 대학구성원(교수 · 조교 · 학생 · 사무직원)이 같은 비율로 참여할 것을 주장할 수는 없다. 대학의 자치는 학문연구의 실적을 높이기 위한 것이지 민주주의를 대학 내에서 실험해 보기 위한 것이 아니기 때문이다. 그 결과 대학구성원의 참여권은 대학자치의 본질인 '학문성'을 벗어나지 않는 범위에서만 허용된다고 할 것이다. 헌법재판소가 대학생들의 대학자치에의 참여권은 인정하지만 대학생들의 건의내용과 다른 학사 결정을 했어도 참여권의 침해는 아니라고 결정한 이유도 그 때문이다.[2]

(다) 학문의 자유의 한계와 제한

학문의 자유도 내재적 한계에 의한 제약을 받는다. 그리고 학문은 학문적인 비판과 질타에 가장 약하고 학문 내의 자율적인 자체 통제력에 의해서 발전하고 성숙해 가는 영역이다. 따라서 학문의 자유에 대한 제한은 학문의 자유가 자체 통제력을 상실하고 공공의 안녕질서에 중대한 위해를 끼칠 명백하고 현존하는 위험이 있는 경우에 과잉금지원칙을 어기지 않는 범위 내에서만 허용된다고 할 것이다.

학문의 자유의 본질적 내용의 침해 여부는 절대적인 기준인 **일반성**과 상대적인 기준인 **개별성**을 나누어서 판단해야 한다. 즉 학문의 자유에 대한 제한으로 학문의 자유 그 자체가 무의미해지는 것은 일반성의 제한이어서 금지된다. 반면에 보다 큰 법익을 보호하는 데 필요 불가피한 최소한의 범위 내에서 어느 특정 주체의 학문의 자유를 개별적으로 제한하는 것은 가능하다고 할 것이다.

(4) 예술의 자유

(가) 예술의 자유의 의의

예술의 자유는 사람의 **미적인 감각세계** 내지는 **창조적인 경험세계**의 다양한 표현형태를 보호하는 기본권이다. 즉 객관화할 수 있는 주관적 · 미적 감각세계를 창조적이

---

1) 헌재결 2013. 5. 30. 2009헌마514 참조.
2) 헌재결 1997. 3. 27. 94헌마277 참조.

고 개성적으로 추구하고 표현할 수 있는 자유이다.

(a) 예술의 개념정의

예술이란 무엇이며 그 예술성의 평가 주체가 누구인가의 문제는 많은 견해가 대립한다. 일반적으로 '**미**'(**아름다움**)를 추구하는 것이 예술의 본질이라고 하더라도 '미'가 무엇이냐의 문제가 바로 등장하기 때문이다. 철학자들도 '미'의 본질에 대한 견해가 다르다. Platon은 '형상과 원형의 일치', Kant는 '완전성', Thomas v. Aquin은 '조화', Hegel은 '이상의 지각 형태' 등으로 정의하고 있지만 그들의 표현 자체를 이해하기도 쉽지 않다. 또 '미'를 '미'라고 평가하는 주체가 예술가 본인인지 제3자인지 또는 국가인지를 가리는 문제도 답하기가 쉽지 않다.

그래서 이런 문제를 먼저 밝히지 않으면 예술의 자유는 그 보호의 실체가 애매해질 수밖에 없다.

지금까지 예술의 개념 정의와 관련해서는 처음부터 무엇이 예술인가를 정의하지 말아야 한다는 **정의 금지설**과, 그 반대로 예술의 자유는 예술의 정의를 전제로 하는 기본권이기 때문에 정의가 불가피하다는 **정의 명령설**이 대립하고 있다. 또 예술의 판단 주체에 대해서도 예술가 자신이라는 **주관설**, 객관적인 예술성을 평가하는 것은 제3자여야 한다는 **객관설**, 예술을 질적인 미학의 관점이 아닌 외형적인 형태에 따라 형식적으로 평가하려는 **형식설** 등이 대립하고 있다.

생각건대 예술은 그 보호 대상이 예술이기 때문에 예술의 개념을 정의하는 것은 불가피하다고 할 것이다. 정의할 수 없는 것은 보호하기도 어렵기 때문이다. 그리고 예술성의 판단 주체는 법의 집행·적용자가 판단할 수밖에 없다고 할 것이다. 다만 그 판단이 기속력을 가지려면 자의적인 것이 아니라 일반적으로 받아들일 수 있도록 어느 정도의 미학적인 시각에서의 관념적(실질적)인 평가이어야 할 것이다. 그렇지만 예술 감각의 가변성을 무시하는 지나치게 과장된 예술성을 요구하는 것이어서는 아니된다. 지나치게 과장된 객관적인 예술성을 요구하는 경우 예술의 자유가 자칫 모든 국민의 자유가 아닌 예술적인 천재들만의 특권으로 변질할 가능성이 있기 때문이다.

(b) 예술의 특질

예술은 예술가의 미적인 감각세계의 창조적이고 개성적인 표현 형태를 뜻하고, 그 표현 형태가 다른 사람의 지각능력(보고·듣고·느끼는)에 의해 하나의 예술작품으로 수용되는 과정에서 유형·무형의 정신적인 대화가 이루어지는 것이기 때문에 예술작품은 그 주안점이 **표현**에 있지 **전달**에 있지 않다는 특질을 갖는다. 즉 예술은 어떤 목적을 전제로 한 수단 또는 도구가 아니라 자기목적적인 것이어서 예술적인 '표현' 그 자체에 목적과 의의가 있으므로 '전달'에 그 주안점이 있는 학문의 자유 및 의사표현의 자유와 다른 점이다.

(나) 예술의 자유의 내용

예술의 자유는 예술창작영역을 보호하는 예술창작의 자유와, 예술영향영역을 보호하는 예술표현의 자유 및 예술적 집회·결사의 자유를 그 내용으로 한다.

(a) 예술창작의 자유

예술창작의 자유는 예술 창작소재, 창작형태, 창작과정 등을 임의로 결정할 수 있는 모든 예술창작활동을 보호하는 것이다. 그러나 예술의 특질인 자기목적성 때문에 목적이 아닌 수단·도구로서 행해지는 상업광고물 등은 예술형태를 갖춘 것이라 해도 예술창작의 자유에 의한 보호대상은 아니다. 또 예술창작의 자유는 자기실현적인 예술창작활동을 보호하기 위한 것이므로 단순히 숙달된 기능적인 능력의 발휘에 속하는 여러 가지 작업활동(요리·수공업 등)도 예술창작의 자유의 보호에서 제외된다.

(b) 예술표현의 자유

예술표현의 자유는 창작한 예술품을 일반대중에게 전시·공연·보급할 수 있는 자유이다. 예술품을 보급하는 예술출판사와 음반제작사 등도 예술표현의 자유의 보호를 받을 수 있다. 음반제작에 필요한 기본시설이 음반제작자의 자기소유일 때만 등록할 수 있다고 해석하는 것은 예술의 자유 등을 침해할 수 있다는 헌법재판소의 결정이 있다.[1] 예술품을 예술품 표현을 넘어 경제적으로 활용하는 것은 재산권의 보호대상이다. 또 예술품 보급을 내용으로 하는 직업은 직업의 자유의 영역에 속한다. 그리고 표현된 예술품에 대한 예술비평은 언론의 자유의 문제이다. 예술표현의 자유가 국가를 상대로 예술품 전시 등의 장소제공이나 대중이 예술품에 쉽게 접근할 수 있는 여건의 조성을 요구할 권리까지 인정하는 것은 아니다.

(c) 예술적 집회·결사의 자유

예술적 집회·결사의 자유는 예술활동을 위한 결사를 조직하고 집회를 할 수 있는 자유이다. 예술의 개념에 내포된 강한 자기실현적 성격 때문에 예술기관과 단체(극장·영화관·미술관·박물관·예술학교 등)는 그 자체로서 예술의 자유의 주체로 볼 수는 없다. 교향악단도 예술적 결사체이지만 그 자체로서 예술의 자유의 주체로 볼 수 없고

1) 헌재결 1993. 5. 13. 91헌바17 참조.

예술의 자유의 주체인 그 구성원들이 집단적으로 예술의 자유를 함께 행사하고 있다고 볼 수 있다.

(다) 예술의 자유의 한계와 제한

예술의 자유도 내재적 한계를 가지며 법률에 의한 제한을 받는다.

(a) 예술의 자유의 내재적 한계

예술의 자유가 우리 헌법의 민주적 기본질서에 어긋나거나, 타인의 권리와 명예, 재산권 등을 침해하는 것은 내재적 한계를 벗어난 것이다. 또 사회공동생활의 기초인 공중도덕이나 사회윤리에 벗어나는 예술활동도 허용되지 않는다. 사회공동생활의 윤리적 기초가 되는 공중도덕이나 사회윤리를 어기는 예술활동도 마찬가지이다. 공산주의를 찬양하는 예술작품, 타인의 명예나 권리를 침해하는 예술작품, 음란물의 제작·반포행위가 허용될 수 없는 것은 당연하다. 법질서를 어기는 예술작품은 법적인 규제를 받을 수밖에 없다.

(b) 예술의 자유의 제한

예술의 자유가 다른 공익과의 갈등을 일으키거나 기본권의 상충관계를 초래하면 법적인 제한이 불가피하다. 이 경우에도 과잉금지원칙에 따른 필요 최소한의 제한에 그쳐야 한다. 특히 공중도덕이나 사회윤리를 이유로 하는 예술의 자유에 대한 제한은 자칫 예술의 개방성을 무시하고 예술의 새로운 경향성을 억압하는 일이 없도록 매우 신중해야 한다. 결국 예술의 자유의 제한은 내재적 한계를 벗어난 때에 이루어지는 규범조화적·실정법적 제한이 주종을 이룬다고 할 수 있다. 예술의 자유 중에서도 예술창작의 자유에 대한 제한은 더욱 엄격한 기준에 따라야 하는데, 예술형태·내용·경향 등에 국가의 간섭은 자칫 **예술의 수준심사**로 이어져 예술의 자유의 본질적 내용을 침해하기 때문이다. 그러나 예술의 자유의 객관적 가치질서를 실현하기 위해서 국가가 다양한 예술진흥정책을 추진하는 것은 예술간섭이 아니다.

(5) 저작자 · 발명가 · 과학기술자와 예술가의 보호

헌법(제22조 제2항)이 정하는 저작자·발명가·과학기술자와 예술가의 보호는 예술의 자유에 내포된 문화국가실현의 실효성을 높이기 위한 것이다. 따라서 국가는 학자·발명가·과학기술자·예술가의 지식재산권 내지는 무체재산권을 보호하기 위한 적극적인 정책을 추진해야 할 헌법적인 의무를 지고 있다. 저작권, 산업재산권(특허권·실용신안권·상표법·의장권 등), 예술공연권 등의 지식재산권을 보호하기 위한 여러 법

률(저작권법 · 특허법 · 영화법 · 공연법 · 지식재산기본법 · 발명진흥법 등)이 제정 · 시행되고 있다. 그러나 인터넷과 컴퓨터가 일상생활에 널리 사용되는 상황에서 컴퓨터 프로그램 저작권 등 새로운 형태의 지식재산권을 보호해야 할 필요성이 커지고 있다. 대법원이 인터넷상의 무분별한 불법복제물의 유통에 제동을 걸어 콘텐츠 창작자들을 보호하는 판결을 한 것은 의미가 있다.[1] 나아가 인공지능(AI)과 메타버스(metaverse)의 기술이 발달함에 따라 가상공간에서 생산된 창작 표현물에 대한 권리와 재화에 대한 지식재산권을 보호해야 할 필요성도 함께 대두되고 있다. 국가는 이런 새로운 유형의 지식재산권을 보호하는 정책과 입법에도 지속적인 관심을 가지고 실효성 있게 추진해야 한다.

4) 교육을 받을 권리

우리 헌법(제31조)은 '모든 국민은 능력에 따라 균등하게 교육을 받을 권리를 가진다'고 교육을 받을 권리를 보장하면서 이 권리의 실현이 가정과 국가의 공동책임이라는 점도 함께 밝히고 있다.

(1) 교육을 받을 권리의 헌법상 의의와 기능

교육을 받을 권리가 갖는 헌법상 의의와 기능은 네 가지로 요약할 수 있다. 즉 i) 국민에게 능력계발의 기회를 주어 개성을 신장할 수 있게 하고, ii) 모든 국민의 교육을 통해서 국민의 지적 수준을 높여 헌법이 추구하는 문화국가가 실현될 수 있게 하며, iii) 무상 의무교육과 평생교육을 통해서 국민이 윤리적 생활철학을 터득해 모든 국민이 자유민주주의의 기초인 헌법상의 인간상을 갖도록 해서 민주주의가 제대로 정착 · 기능하게 하고, iv) 능력에 따른 균등한 교육을 통해서 직업 · 경제생활영역에서 실질적인 평등이 실현되어 사회국가의 목표를 달성하게 하는 기능을 갖는다.

(2) 교육을 받을 권리의 복합적 성격

교육을 받을 권리는 앞에서 말한 대로 다원적인 헌법상의 의의와 기능을 갖기 때문에 직업의 자유 및 평등권과도 불가분의 관련이 있고 문화국가와 민주국가 등 국가의 구조적인 원리와도 상관성이 있다. 따라서 교육을 받을 권리는 여러 가지 복합적인 성질을 갖는 주관적 공권인 동시에 객관적인 가치질서로서의 성질을 가진다. 교육을

---

1) 대법원 2017. 9. 7. 선고 2017다222757 판결 참조.

받을 권리에 관한 헌법조항에서 가정과 국가의 교육책임을 강조하고, 교육의 자주성·전문성·정치적 중립성 및 대학의 자율성을 보장하며, 교육제도의 법정주의를 함께 규정하고 있는 이유도 그 때문이다. 헌법재판소도 교육을 받을 권리가 복합적인 성질을 가진 기본권이라는 점을 강조하고 있다.[1)]

(3) 교육을 받을 권리의 내용과 그 보장책

(가) 교육을 받을 권리의 내용

(a) 취학의 기회균등

교육을 받을 권리가 내용으로 하는 것은 취학의 기회균등과 능력에 상응하는 취학 기회의 보장 그리고 교육외적 영향력을 차단하는 것이다. 즉 취학의 기회균등이란 교육영역에서 평등권을 실현하기 위한 것으로 모든 국민이 유치원에서 대학원에 이르기까지 같은 교육을 받아야 한다는 뜻이 아니고, 모든 국민에게 '취학의 기회'가 평등하게 보장되어야 한다는 뜻이다. 취학의 기회를 균등하게 보장한다는 것은 구체적으로 사람의 선천적·후천적 능력의 차이를 고려해서 모든 국민이 능력의 우열과 관계없이 각자의 능력에 상응하는 교육을 받을 수 있도록 보장해야 한다는 뜻이다. 그러기 위해서는 교육시설이 지역 또는 종별로 편중되지 않고 지역적 종별적으로 고르게 분포되도록 해야 하며, 영재교육과 평균인의 교육, 지진아의 교육도 함께 이뤄져 이들 모두에게 능력과 재능에 맞는 취학의 기회가 보장되어야 한다. 헌법재판소는 특수목적고교에 비교평가에 의한 내신 특례를 인정하고 그 시행에 따른 합리적인 경과조치를 정하는 것은 교육의 기회균등에 대한 침해가 아니라고 결정했다.[2)] 또 지능이나 수학능력 등이 있다고 해서 만 6세가 되기 전에 앞당겨 입학을 허용하지 않는다고 해서 능력에 따라 균등하게 교육을 받을 권리의 본질적 내용의 침해라고 볼 수 없다는 결정도 있다.[3)] 마지막으로 교육의 기회균등은 취학에서 기본권 주체의 수학능력 이외의 모든 교육외적 요인(성별·종교·사회적 신분·재산·신체조건 등)에 의한 제한이 배제되어야 한다. 학생선발이나 입시에서 지원자의 수학능력보다 교육외적 요인이 더 강하게 작용하는 방법은 교육의 기회균등에 어긋난다.

---

1) 헌재결 1991. 2. 11. 90헌가27 참조.
2) 헌재결 1996. 4. 25. 94헌마119 참조.
3) 헌재결 1994. 2. 24. 93헌마192 참조.

(b) 교육시설에의 참여권

교육은 국민의 직업생활 · 사회생활 · 경제생활 등에 많은 영향을 미치므로 국가가 교육시설을 사실상 독점 · 통제하고 있는 영역에서는 교육의 기회균등은 이들 교육시설에 균등하게 참여할 수 있는 권리를 포함하는 것으로 보는 것이 옳다.

(나) 교육을 받을 권리의 보장책

우리 헌법은 교육을 받을 권리의 보장책으로 국가의 교육책임을 강조하고, 교육의 자주성 · 전문성 · 정치적 중립성 및 대학의 자율성을 보장하며 교육제도의 법정주의를 규정하고 있다.

(a) 가정과 국가의 교육책임

헌법(제31조 제2항)은 모든 국민이 그 보호하는 자녀에게 적어도 초등교육과 법률이 정하는 교육을 받게 할 의무를 진다고 밝혀 자녀에 대한 교육은 제1차적으로 그 부모와 보호자의 권리인 동시에 의무라는 점을 강조함으로써 교육을 받을 권리가 실질적으로 실현될 수 있도록 보장하고 있다. 헌법재판소도 부모의 자녀교육권이 다른 교육주체와의 관계에서 원칙적인 우위에 있다고 강조했다.[1] 그러나 교육을 받을 권리와 보호자의 교육관련 권리와 의무는 국가의 교육정책적인 뒷받침이 필요하므로 국가는 반드시 무상의무교육제도를 마련하고(제31조 제3항) 교육의 권리와 의무의 실현에 필요한 교육여건을 갖출 책임이 있음을 함께 강조하고 있다. 따라서 현재 법률에 따라 국가가 무상의 의무교육 책임을 지고 있는 초 · 중 교육의 영역에서는 수요에 맞는 충분한 교육시설을 확보해야 한다. 헌법재판소도 앞의 결정에서 모든 국민이 능력에 따른 교육을 받을 수 있는 설비와 제도를 마련할 국가의 의무가 있음을 강조했다. 나아가 모든 국민의 교육을 받을 권리가 학령기에 그치지 않고 평생 보장받을 수 있도록 국가의 평생교육 진흥책임도 규정했다(제31조 제5항). 대학의 시간제 등록제, 산업체근무자를 위한 기술대학제도, 학력인정 및 학점은행제, 독학사제도 등의 평생교육제도가 시행되고 있다.

(b) 교육의 자주성 · 전문성 · 정치적 중립성 및 대학의 자율성 보장

헌법(제31조 제4항)이 정하는 교육의 자주성 · 전문성 · 정치적 중립성과 대학의 자율성은 교육기관의 자유, 교육의 자유, 교육환경의 자유와 대학의 자치를 보장함으로써 달성할 수 있다.

---

1) 헌재결 2000. 4. 27. 8헌가16 등 참조.

① 교육기관의 자유

교육기관의 자유는 교육을 담당하는 교육기관이 국가와 사립학교 설립자의 간섭 없이 교육운영에 관한 자주적인 결정을 할 수 있는 자유이다. 교육을 담당하는 교원에 대한 신분보장은 교육기관의 자유의 중요한 전제이다. 그러나 교원으로서의 의무 내지 책임에 상응하는 최소한의 자질과 근무를 확보하는데 필요한 사항을 규정하는 것은 교원의 신분보장 및 교육의 자주성 등의 침해가 아니라는 헌법재판소의 결정이 있다.[1)]

② 교육의 자유

교육의 자유는 교육내용이나 교육 방법 등에 관한 자주적인 결정권을 말한다. 교육의 자유는 교육효과를 높이기 위한 불가결한 수단이다. 민주국가의 교육은 '획일인간'을 양성하기 위한 것이 아니고, 피교육자의 능력과 소질을 계발함으로써 개성신장을 촉진하기 위한 것이므로 그 교육내용과 교육 방법도 다양성을 가질 수밖에 없다. 그래서 그에 대한 결정권은 전문적인 교육자에게 맡겨야 한다. 교육은 지극히 인간적인 영역이기 때문에 교육내용·교육 방법 등에 대해서 국가가 간섭하고 비교육자가 개입해서는 아니 되는 영역이다. 따라서 민주주의가 필요로 하는 다양한 세계관과 다양한 사상의 형성에 역행하는 어떠한 교육내용이나 교육 방법에 대한 간섭도 용납할 수 없다. 헌법재판소도 교육이 외부세력의 부당한 간섭에 영향받지 않도록 교육자 내지 교육전문가에 의해서 주도되고 관할되어야 한다는 점을 강조했다.[2)] 그러나 국정교과서 제도는 교육의 자유의 침해가 아니라는 헌법재판소의 결정이 있다.[3)]

③ 교육환경의 자유

교육환경의 자유는 교육의 기능과 목적을 달성하기 위해서 정치적인 오염으로부터 교육환경을 지키는 것을 내용으로 한다. 교육기본법(제14조 제4항)이 교원은 정치의 목적으로 학생을 지도 또는 선동할 수 없도록 금지하는 이유도 그 때문이다. 교원노조의 집단적인 정치활동을 금지하는 것은 교육의 정치적 중립성을 확보하고 학생들의 학습권 보장을 위한 것이므로 과잉금지원칙에 위배되지 않는다는 헌법재판소의 결정이 있다.[4)]

---

1) 헌재결 1997. 12. 24. 95헌바29 등 참조.
2) 헌재결 1996. 4. 25. 94헌마119 참조.
3) 헌재결 1992. 11. 12. 89헌마88 참조.
4) 헌재결 2014. 8. 28. 2011헌바32 등 참조.

④ 대학의 자치

대학의 자치는 학문의 자유에 속하는 대학의 자유의 실현 수단인 동시에 그 본질에 속하는 것이므로 학문의 자유에 의해서 당연히 보장되는 것이다. 따라서 대학의 자율성에 관한 헌법규정은 학문의 자유의 보완 규정이라고 볼 수 있다. 헌법재판소가 대학의 자율성은 학문의 자유의 확실한 보장 수단으로 꼭 필요한 것으로서 이는 대학에 부여된 헌법상의 기본권이라고 말하는 이유도 그 때문이다.[1] 나아가 헌법재판소는 이 결정에서 대학의 자율은 대학시설의 관리 · 운영만이 아니라 학사관리 등 전반적인 것이어야 하므로 연구와 교육의 내용, 그 방법과 대상, 교육과정의 편성, 학생의 선발, 학생의 전형도 자율의 범위에 속해야 하므로 입학시험제도도 자주적으로 마련할 수 있어야 한다고 판시하면서 서울대학교가 일본어를 입시선택과목에서 제외한 것은 적법한 자율권의 행사라고 판시했다.

(c) 교육제도의 법률주의

헌법(제31조 제6항)은 교육제도에 관한 기본적인 사항, 즉 학교교육 · 평생교육 · 교육제도와 운영 · 교육재정 · 교원의 지위 등은 법률로 정하도록 규정했다. 교육제도의 법률주의는 본질성이론에 따라 교육에 관한 기본방침의 결정은 행정기관이 아닌 입법기관의 권한에 속한다는 점을 분명히 한 것이다. 다만 교육제도에 관한 입법형성권은 자기목적적인 것이 아니라 교육을 받을 권리를 실효성 있게 보장하기 위한 수단에 불과하다는 점을 명심해야 한다. 사학분쟁을 조정하기 위하여 대통령과 국회의장이 각 3인 그리고 대법원장이 위촉하는 5인 등 11인의 위원으로 구성하는 사립학교법에 따른 사학분쟁조정위원회의 설치 · 기능 · 조정은 교육제도의 법정주의에 위배되지 않으며 대학의 자율성도 침해하지 않는다는 헌법판례가 있다.[2] 교육제도에 관한 법률로는 교육기본법을 비롯해서 많은 법률이 제정 · 시행되고 있다.

5) 보건에 관한 권리

헌법(제36조 제3항)은 '모든 국민은 보건에 관하여 국가의 보호를 받는다'고 보건권을 정하고 있다.

---

1) 헌재결 1992. 10. 1. 92헌마68 등 참조.
2) 헌재결 2015. 11. 26. 2012헌바300 참조.

(1) 보건에 관한 권리의 헌법상 의의와 성격

보건에 관한 권리는 인간의 존엄과 가치를 건강생활영역에서도 존중·실현하기 위한 구체적인 표현이다. 따라서 보건에 관한 헌법 규정은 건강하고 위생적인 생활환경을 조성함으로써 모든 국민이 가정과 사회에서 질병의 고통을 받지 않고 개성을 신장시키며 행복하게 살아가도록 적극적인 보건정책을 펴나갈 국가의 의무를 수반하는 국민의 권리이다. 보건에 관한 권리가 환경권·개성을 신장할 권리·행복추구권 등과 기능적인 연관성을 갖는다고 평가되는 이유도 그 때문이다. 보건에 관한 권리를 혼인·가족생활에 관한 규정에서 함께 정하고 있는 것은 건강한 가정생활의 기초인 모자보건에 관한 국가의 특별한 관심과 모성의 보호를 통해서 우리 국민이 지속적으로 건강한 생활을 할 수 있게 하겠다는 의지를 밝힌 것이라고 볼 수 있다.

(2) 보건에 관한 권리의 내용

(가) 국가의 건강생활 침해금지와 적극적인 보호의무

보건에 관한 권리는 국가권력에 의해서 건강생활이 침해받지 않고 건강생활을 침해하는 여러 환경으로부터 국가가 적극적으로 보호할 의무를 진다는 것을 그 내용으로 한다. 헌법재판소도 보건권을 국가에 대하여 건강한 생활을 침해하지 않도록 요구할 수 있을 뿐 아니라 보건을 유지하도록 국가에 대하여 적극적으로 요구할 수 있는 권리로 이해하고 있다.[1] 국가가 국민건강을 해치는 강제적인 예방접종을 자제하고, 국민건강을 해치지 않도록 오염된 상수도를 개선해서 깨끗한 상수도 시설의 유지에 노력하고, 비위생적인 오물처리 과정이나 시설을 관리해서 전염병의 발생을 방지하는 것 등은 국가의 건강생활 침해금지에 의한 것이다. 반면에 비위생적인 식품의 제조와 그 유통과정을 철저히 감시·관리하고, 마약의 단속을 철저히 하며, 전염병 환자를 격리하고, 전염병 오염지역을 소독하며, 전염병 확산지역의 집회를 금지하는 것 등은 국가의 적극적인 건강보호의무에 속하는 일이다.

(나) 보건권과 담배

많은 국민이 하는 흡연은 마약과 같이 건강에 해롭다는 흡연해독설이 의학적으로 입증되고 있다. 그래서 국가는 국민의 보건권을 실현하기 위해서 흡연이 흡연자 본인뿐 아니라 흡연자와 함께 있는 다른 사람에게도 해롭다는 점을 적극적으로 홍보할 필

1) 헌재결 1998. 7. 16. 96헌마246 참조.

요가 있다. 담배의 과다 선전을 규제하고, 담뱃갑에 담배의 해독 사실과 흡연이 유발하는 질병을 표시하게 하며, 미성년자의 담배구입을 금지하고, 공공시설과 많은 사람이 이용하는 다중시설에는 흡연구역과 흡연금지구역을 구분하게 해서 간접흡연의 피해를 줄이는 등 적극적인 대책을 마련해야 한다. 헌법재판소가 국민건강을 위해서 혐연권은 흡연권보다 상위 기본권으로 보호되어야 한다고 결정한 것은 당연한 일이다.[1] 다행히 2011년 국민건강진흥법이 개정되어 흡연 해독을 홍보하고, 공중이용시설을 폭넓게 금연 구역화하며, 담배에 관한 경고문구를 담뱃갑에 표시하게 하고, 담배 광고를 금지·제한할 수 있도록 규정한 것은 보건권을 위한 바람직한 입법개선이다.

(3) 보건에 관한 권리침해와 구제수단

보건권의 제한은 바로 건강의 악화로 이어지게 된다. 따라서 보건권에서는 보건에 관한 권리침해에 대한 구제 수단이 중요하다. 즉 공공기관의 권력적·사실적 행위로 건강을 해친 국민은 헌법상의 국가배상청구권(제29조)을 행사해서 구제받을 수 있다. 예컨대 코로나 전염병 예방접종의 부작용으로 건강을 해친 국민은 국가에 배상을 청구할 수 있다. 그러나 이러한 배상 청구에 대한 국가의 지극히 소극적인 자세로 많은 국민이 구제를 받지 못한 것이 우리의 현실이다.

(4) 보건권 주체의 의무

보건권이 실효성을 나타내기 위해서는 그 주체가 자신의 생활영역에서 타인의 건강을 해치는 원인이 생기지 않도록 노력해야 할 의무를 진다. 또 국가가 법에 따라 부여하는 합리적인 범위 내의 의무에 대해서는 이를 이행하고 수인해야 할 의무를 진다. 그러한 의무를 이행하는 것은 자신의 건강을 위하는 일이기도 하기 때문이다. 예컨대 전염병예방법에 따라 실시되는 건강검진과 예방접종을 수인하고, 신고 의무를 이행하며, 결핵예방법에 따른 결핵환자에 대한 격리와 업무종사의 일시 제한조치를 감수하는 것 등이 그것이다.

6) 환경권

우리 헌법(제35조)은 국민건강과 직결되는 환경권을 기본권으로 보장하면서 '모든 국민은 건강하고 쾌적한 환경에서 생활할 권리를 가지며, 국가와 국민은 환경보전을

---

1) 헌재결 2004. 8. 26. 2003헌마457 참조.

위하여 노력하여야 한다'고 정하면서 환경권의 법정주의와 국민의 쾌적한 주거생활을 위한 국가의 주택개발의무를 함께 규정하고 있다. 그런데 환경권은 다른 기본권과는 다른 특성을 가진 기본권이어서 권리와 의무가 함께 내포되어 있고 국가의 환경정책적인 노력이 없으면 실효성을 기대할 수 없는 성질을 가지고 있다.

(1) 환경권의 의의와 특성

환경권은 건강하고 쾌적한 환경에서 공해 없는 건강한 생활을 할 수 있는 권리이다. 국민의 생활은 주거와 직장 및 자연환경에서 이뤄지는데, 그중에서 환경권이 말하는 쾌적한 환경은 자연환경의 비중이 가장 크다고 볼 수 있다. 그러나 **자연환경**은 자연법칙이 지배하는 영역이어서 권리의 객체 내지 법적 규율의 대상으로 삼기에 한계가 있다. 그리고 자연환경에 악영향을 미치는 일은 주로 국가와 국민이 유발하기 때문에 환경권의 내용인 '건강하고 쾌적한 자연환경'을 유지하려면 국가와 국민이 자연환경에 해를 끼치는 행위를 규제 또는 자제해야 가능한 일이다. 환경권 보장 규정에서 국가와 국민의 환경보전의무를 함께 정하고 있는 것도 그 때문이다.

그런데 환경권은 다른 기본권과 다른 몇 가지 특성을 가진다, 즉 i) 국민이 자연환경에 나쁜 영향을 미칠 행위를 자제해야 할 환경보전의무의 이행은 생활방식의 제한이 따를 수밖에 없다. 그래서 환경권은 **다른 기본권의 제한**을 전제로 하는 기본권이다. ii) 환경권은 다른 기본권에 비해서 **의무성**이 강해서 의무이행을 통해서만 실현될 수 있는 기본권이다. iii) 환경권은 현존세대만이 아니라 미래세대와도 직접적인 관련이 있는 **세대초월적인 기본권**이다.

(2) 환경권에 내포된 포괄적 의미와 기능

(가) 환경보호정책과 상충하는 기본권 행사의 제한

국가가 환경보전 의무를 이행하기 위한 환경보호정책은 환경에 영향을 미치는 국민의 행동 내지 경제활동을 규제·조정하는 환경관리기능을 그 본질로 한다. 국가의 환경관리정책은 수익자와 피해자를 동시에 생기게 하는 양면적 효력을 갖는 행정행위이다. 그 결과 피해자로서는 환경권이 자신의 기본권 행사를 제한한다고 볼 수 있다.

(나) 국제적인 환경보호정책의 필요성

환경권의 규율대상인 자연환경은 범지구적이어서 한 나라의 국경에서 끝나지 않는다. 그래서 국제협조적인 환경보호정책이 없으면 자연환경의 보전은 불가능하다. 산업 선진국에서 유발하는 대기오염으로 인한 지구온난화로 인해서 생기는 여러 가지 자연재해가 국제적인 환경보호정책의 필요성을 잘 말해주고 있다. 그런 의미에서 환경권은 단순히 한 나라 국민의 기본권에 그치지 않고 **세계시민의 인권**으로서의 성격도 갖는다고 할 것이다. 그래서 모든 나라는 이 인권으로서의 환경권을 존중하는 의미에서 이웃 나라와 지구환경에 나쁜 영향을 미칠 수 있는 환경오염을 자제하고 통제하는 적극적인 정책을 펴야 할 의무를 지고 있다.

(다) 환경산업의 발전촉진

환경권은 외형상 산업공해를 가져오는 산업발전과 상극적인 관계인 것처럼 인식될 수도 있다. 그렇지만 실상은 그 정반대이다. 산업공해가 산업활동에서 생기고 자연환경을 해치는 것은 부인할 수 없지만, 그러한 산업공해를 방지하는 것이 바로 국가의 환경보호정책인데 산업공해를 방지할 수 있는 것은 **환경산업의 육성**이므로 국가는 산업환경을 육성할 의무가 있다. 환경산업의 육성에는 많은 경제적인 투자가 필요하고 환경산업은 전문적인 기술집약적인 산업이므로 기술발전도 촉진한다. 국가는 전문적인 입법과 행정으로 기술집약적인 환경산업의 육성을 뒷받침해야 한다. 그래서 환경권은 산업발전에 방해요인이 아니라 오히려 환경산업의 성장과 발전을 촉진해 경제성장에 도움이 되고 환경 전문적인 국가정책의 기폭제가 된다.

(라) 타 기본권의 전제조건

환경권은 인간의 존엄과 가치를 비롯한 생명권·신체적 완전성의 권리·보건권·재산권 등의 기본권이 실효성 있게 실현될 수 있도록 지원해 주는 '기본권의 전제조건을 보호'하는 **종합적 기본권**이라는 의의와 기능을 가진다. 헌법재판소도 환경권을 종합적 기본권으로 이해하고 있다.[1)]

(3) 환경권의 법적 성격

환경권은 다음과 같은 법적인 성격을 갖는다. 즉 i) 권리와 의무의 복합형태의 기본이다. ii) 다른 기본권의 실현을 위한 전제조건적인 기본권이다. iii) 환경권은 쾌적한 삶을 위해서 환경오염을 유발하는 일상적인 생활방식의 자제와 변화를 요구하기 때문에 헌법이 전제로 하는 윤리적 인격체인 국민의 당위적인 생활질서이다. iv) 환경권은 효과적인 환경보전정책을 위한 전문화된 환경입법을 통해서만 실효성을 기대할 수 있

1) 헌재결 2008. 7. 31. 2006헌마711 참조.

으므로 환경보전을 위한 전문화된 법률제도를 보장하는 제도적인 보장이기도 하다.

(4) 환경권의 내용

헌법이 정하는 환경권의 법률주의로 인해서 환경권의 구체적인 내용은 국회의 입법형성권으로 정해진다. 그렇지만 건강하고 쾌적한 환경에서 생활할 수 있는 환경권은 최소한 i) 국가의 환경침해에 대한 방어권, ii) 타인의 생활권에서 생기는 환경오염을 막아줄 것을 요구하는 공해배제청구권, iii) 건강하고 쾌적한 생활환경 조성 청구권 등을 그 내용으로 한다고 볼 수 있다.

(가) 국가의 환경침해에 대한 방어권

국가의 관리영역에서 발생하는 환경오염행위를 방어할 수 있는 권리이다. 환경보호에 어긋나는 국가시책을 지양할 것을 요구할 수 있는 권리라고 볼 수도 있다. 예컨대 국·공영기업에서 발생하는 매연과 폐수로 인한 환경오염, 오물수거 과정이나 그 처리시설에서 나오는 환경오염 등에 대해서 방어할 수 있는 권리이다. 다만 이 방어권은 국민이 사회공동생활에서 감수해야 하는 수인의 한계를 넘는 침해에 대해서만 행사할 수 있다.

(나) 공해배제청구권

국가작용 이외의 다른 원인에 의해서 발생하는 환경오염을 막아달라고 요구할 수 있는 권리이다. 따라서 국가가 환경보전의무를 망각하고 공해배제를 위한 불완전한 입법을 하거나 행정작용을 하는 등의 부작위에 대해서도 행사할 수 있다. 헌법재판소도 공직 선거운동 과정에서 확성장치의 최고 출력 및 소음규제 기준에 관한 규정을 두지 않은 것은 국가가 국민의 건강하고 쾌적한 환경에서 생활할 권리를 보호하기 위한 적절하고 효율적인 보호조치를 하지 않은 것이어서 과소보호원칙에 비추어 위헌이라고 결정했다.[1] 또 헌법재판소는 기후위기 대응을 위한 탄소중립·녹색성장 기본법에 따른 온실가스 감축목표를 정하면서 2031년부터 2049년까지의 감축목표에 관해서 아무런 정량적인 기준도 정하지 않아 미래에 과중한 부담을 이전하는 방식으로 감축목표를 정한 것은 기후위기라는 위험상화에 상응하는 보호조치로서 필요한 최소한의 성격을 갖추지 못하여 과소보호원칙과 의회유보를 포함한 법률유보원칙을 어기고 기본권보호의무를 위반했으므로 환경권을 침해한다고 결정했다.[2]

---

1) 헌재결 2019. 12. 27. 2018헌마730 참조.

2) 헌재결 2024. 8. 28. 2020헌마389 등 참조. 과소보호금지원칙이란 기본권 침해가 예상되어 필요한

공해배제청구권은 사적 영역에서 발생하는 환경오염에 대해서 국가의 명령 · 금지를 구하는 것이다. 그런데 그 명령 · 규제는 국가의 **환경관리행정**의 일환으로 행해질 수 있고, 타인의 기본권 행사에 대해서도 행사될 수 있다. 예컨대 수질오염을 막고 물의 이용을 조정하기 위한 환경오염규제는 물의 경제성을 높이기 위한 환경관리의 성질을 갖는다. 따라서 자연환경을 구성하는 여러 자연환경요소(물 · 공기 · 동식물 · 자연경관 등)를 이용하는 권리는 환경관리행정에 의해서 제한될 수 있다. 그리고 국민의 기본권 행사로 생기는 환경오염에 대한 공해배제명령 · 금지는 그러한 기본권 행사를 존중하며 공공복리를 위한 기본권 제한의 한계를 지키는 선에서 이뤄져야 한다. 지하수 판매를 위한 무분별한 지하수개발을 막기 위해서 먹는 샘물개발업체에 수질개선부담금을 부과하는 것은 환경침해적 행위를 억제하고 환경보전에 적합한 행위를 유도하기 위한 환경관리적인 환경오염규제여서 타당성이 있다는 헌법판례가 있다.[1)]

(다) 쾌적한 생활환경 조성청구권

건강하고 쾌적한 생활환경을 만들고 보전해줄 것을 국가에 요구할 수 있는 권리이다. 즉 삶의 질을 높이기 위한 환경급부적 생존배려를 요구할 수 있는 권리이다. 예컨대 국가와 지방자치단체에게 상수도 취수원을 깨끗하게 보전함으로써 깨끗한 상수도물을 공급해 주도록 요구하는 것이다. 헌법(제35조 제1항, 제3항)에서 국민의 쾌적한 주거생활을 위한 국가의 환경보전의무와 주택개발정책의 의무를 명하고 있고, 환경권이 다른 기본권의 실현을 위한 전제조건적인 기본권이기 때문에 환경권에 이러한 권리가 포함되는 것은 당연하다. 다만 이 권리행사로 국가가 농경지에 주택단지를 조성하는 등의 적극적인 환경조성을 하면서 여러 가지 환경요소(국 · 공립공원, 해수욕장, 개발 제한된 산림 등)에 대한 접근 · 이용권을 제한하는 경우 국민의 기본권을 제한하고 평등권을 침해하는 역기능이 생기지 않도록 해야 한다. 그래서 헌법재판소는 택지상한법에 따른 소유 제한 범위 내의 택지인지 여부에 관계없이 토초세 과세 여부를 결정하는 법규정은 인간다운 생활을 할 권리와 쾌적한 주거생활보장의무에 배치된다고 결정했다.[2)]

'위험상황'에 대응하는 '보호조치'의 내용이 문제되는 위험상황의 성격에 상응하는 보호조치로서 필요한 최소한의 성격을 갖고 있는지의 여부에 따라 판단하되 위험상황의 성격 등은 '과학적 사실'과 '국제기준'에 근거해서 객관적으로 검토하는 원칙을 말한다.

1) 헌재결 1998. 12. 24. 98헌가1 참조.
2) 헌재결 1994. 7. 29. 92헌바49 등 참조.

(5) 환경권의 한계와 제한

(가) 환경권의 한계

국민의 생활환경은 국민 서로가 영향을 미치는 **타인과의 상린관계**적인 것이다. 따라서 가벼운 환경침해에 대해서는 서로가 수인하고 감수해야 하는 내재적 한계를 가지고 있다. 국가에 대한 환경권의 행사에서도 이러한 내재적 한계는 적용된다. 이 내재적 한계는 환경권에 내포된 의무이기도 하다. 그렇다고 수인의 한도를 지나치게 높이는 것은 환경권의 보장 정신에 반하기 때문에 구체적인 사안에 관련 법익의 이익형량을 통해 최대한 규범조화적인 수인의 한도를 정해야 한다.

(나) 환경권 제한의 한계

환경권의 제한 필요성은 공공복리 등의 공익과 환경권이 갈등관계에 있거나 기본권이 상충관계에 있을 때 생긴다고 볼 수 있는데, 기본권 제한입법의 한계조항에 따라 **과잉금지원칙**을 어기지 않은 범위 내에서 제한해야 한다. 즉 환경권의 제한은 환경침해를 불가피하게 하는 목적의 합헌성, 제한 방법(수단)의 적합성, 침해최소성, 법익균형성에 반하지 않는 범위 내에서 허용된다. 이 같은 과잉금지원칙을 어긴 환경권의 제한은 환경권의 본질적 내용의 침해에 해당한다. 헌법재판소는 국가의 환경보전의무의 이행 여부에 대해서는 **과소보호원칙**을 기준으로 심사한다.[1)]

(6) 환경권 침해에 대한 권리구제의 특수성

(가) 다른 기본권과의 관계

수인한도를 넘는 위법한 환경권의 침해에 대해서는 기본권 보호의 일반원칙에 따른 구제가 가능하다. 그러나 환경권이 갖는 다른 기본권의 전제조건이라는 성격 때문에 환경권의 침해가 동시에 다른 기본권에 대한 침해의 형태로 생길 때도 있다. 위법한 환경오염으로 인해서 생기는 생명·건강·재산 등의 피해가 그런 예이다. 이 경우에는 **기본권의 경쟁관계의** 이론에 따라 권리구제가 이루어져야 한다.

(나) 조화적인 권리구제와 사전적·예방적 권리보호의 중요성

생산기업에서 나오는 공해처럼 사적인 생활영역에서 생기는 위법한 환경권의 침해는 기업활동과 환경권이 최대한으로 조화될 수 있게 규범조화적인 구제방법을 찾아야 한다. 기업에게 공해방지의무를 지우거나 공해방지를 위한 환경산업투자를 장려하

1) 헌재결 2008. 7. 31. 2006헌마711; 헌재결 2024. 8. 29. 2020헌마389 등 참조.

고 피해자도 적절한 피해배상을 받을 수 있는 조화적인 구제방법을 찾아야 한다.

이처럼 환경권의 침해에 대한 사후적인 권리구제보다 환경권의 침해가 생기기 전에 사전에 예방적인 방법을 마련하는 것이 가장 효율적인 구제방법이다. 헌법이 국가와 국민에게 환경보전의무를 지도록 한 것은 환경침해가 생기지 않도록 사전에 예방적인 정책을 추진·장려하라는 것을 명령한 것이라고 볼 수 있다. 국가가 공해방지를 위해 환경산업을 육성·발전시키는 것은 그 하나의 방법이다.

(다) 당사자적격과 인과관계 증명의 어려움

환경권에 대한 권리구제의 특수성은 구제주체의 당사자적격과 인과관계의 증명에서도 나타난다. 즉 환경권에 대한 권리구제는 누구든지 자신의 권리침해가 있을 때만 받을 수 있는데, 환경권을 침해하는 환경정책으로 피해를 받는 피해자의 범위를 먼저 정해야 한다. 그런데 **피해자의 범위**를 어떤 기준으로 정하는가에 따라 범위가 확대 또는 축소될 수 있다. 앞에서도 말한 것처럼 환경정책은 양면성(피해자와 수익자의 동시발생)을 갖기 때문에 피해자의 범위를 정하는 일은 더욱 어렵다. 예컨대 원자력 발전소에서 나오는 방사능 피해의 범위를 직경 또는 반경 몇 km로 정하느냐에 따라 당사자 적격자의 수도 크게 차이가 난다.

나아가 환경침해에 대한 권리구제는 그 당사자적격의 범위 문제뿐 아니라 환경침해와 피해발생 사이의 인과관계를 증명하는 문제도 쉽지 않다. 그 증명의 기준이 **필연성**이냐 **개연성**이냐에 따라 증명의 난이도가 달라진다. 우리 대법원은 연탄공장 주변 주민의 진폐증 피해에 대해서 개연성 기준을 적용해서 환경침해와 피해 발생 사이에 상당한 정도의 가능성만 있으면 권리구제를 해주고 있다.[1)]

(7) 환경보호를 위한 환경입법의 전문성

환경권의 보호를 위한 환경법의 규율영역은 대기 보전, 소음·진동규제, 수질·토양보전, 오물처리대책, 방사선 물질규제, 자연 생태계보호 등 자연과학의 전문적인 지식 없이는 다루기 어려운 사항들이다. 그 결과 이들 전문적인 환경입법을 위한 국회의 전문화가 필요하다. 그 하나의 방법이 특수분야 기술자·전문가를 입법과정에 참여시켜 환경법의 전문성을 높이는 길이다. 그러나 대의민주주의 본질상 이들 전문가의 입법 참여와 영향력에는 한계가 있다. 그들의 영향은 입법조언자의 역할로 끝나야 하기

---

1) 대법원 1984. 6. 12. 선고 81다558 판결 참조.

때문이다. 그런 조언자의 역할은 기속력이 없어 전문적인 환경입법에 크게 도움이 되지 않을 수 있다. 그래서 그 전문가 그룹이 단순한 조언자의 역할에 그치지 않고 책임자의 자격으로 의사결정과정에서 실질적인 영향력을 행사할 수 있게 하고, 그들이 그들의 결정에 법적·정치적인 책임을 지도록 하는 새로운 입법의 메커니즘이 필요하다. 그런 방법으로 전문화된 환경법을 제정하는 것은 입법기관이 환경문제 전문성의 취약점을 전문화된 행정기관의 위임입법으로 보완하려는 경향을 줄이고, 국민의 환경권 보호에도 도움이 된다. 본질성이론에 따른 위임입법의 한계는 환경법에서도 존중해야 하기 때문이다.

6. 경제생활영역의 보호

우리 헌법은 인간의 존엄과 가치를 경제생활영역에서도 실현해서 경제적인 개성신장을 촉진해 모든 국민에게 인간다운 생활을 할 수 있는 경제적인 자립 터전을 마련해 주기 위해서 국민의 경제활동을 보호하는 여러 기본권을 보장하고 있다. 거주·이전의 자우(제14조), 직업의 자유(제15조), 재산권(제23조), 근로활동권(제32조, 제33조), 인간다운 생활을 할 권리(제34조) 등이 그것이다. 그리고 국민의 경제적인 개성신장과 직접적인 관련성이 있는 경제질서에 대해서도 자유시장경제를 채택하고 있다. 즉 '국가는 개인과 기업의 경제상의 자유와 창의를 존중'해야 하는 전제에서 '균형있는 국민경제의 성장 및 안정과 적정한 소득의 분배를 유지하고 시장의 지배와 경제력의 남용을 방지하며, 경제주체 간의 조화를 통한 경제의 민주화를 위해서는 경제에 관한 규제와 조정을 할 수 있게'(제119조) 하고, 원칙적으로 '사영기업을 국유 또는 공유로 이전하거나 그 경영을 통제 또는 관리'하지 못하도록 정하고 있다(제126조). 경제질서에 관한 이런 규정은 경제생활에 관한 여러 기본권을 뒷받침하는 기능을 하므로 그 해석·적용에서도 자율적인 생활 설계를 통한 자립적인 생활을 하기 위한 자유롭고 창의적인 경제활동을 보장하는 방향으로 해야 한다. 임대차 존속기간을 20년으로 제한하는 민법규정(제651조 제1항)은 현재의 사회경제적인 현상을 제대로 반영하지 못할 뿐 아니라 사적 자치에 의한 자율적인 거래관계 형성을 왜곡하고 사회경제적 효율성에도 문제가 생길 수 있으므로 과잉금지원칙을 어긴 계약의 자유의 침해라는 헌법판례가 있다.[1)]

1) 거주 · 이전의 자유

우리 헌법(제14조)은 모든 국민이 원하는 곳에서 자유롭게 살아갈 수 있게 거주·이전의 자유를 보장하고 있다. 거주·이전의 자유는 개성을 신장하기 위한 중요한 수단이다.

(1) 거주 · 이전의 자유의 의의와 기능

거주·이전의 자유는 국가의 간섭없이 자유롭게 원하는 체류지와 거주지를 결정할 수 있는 자유이다. 거주·이전의 자유는 자유로운 거주지 선택을 통해서 생활을 영위할 수 있는 권리이므로 국가의 수사권과 관련해서 신체활동의 임의성을 보장하기 위한 신체의 자유와는 그 본질이 다르다.

거주이전의 자유는 직업생활을 포함한 삶의 터전을 자유롭게 선택할 수 있는 자유이므로 경제적인 개성 신장의 수단인 동시에 문화·건강·정치적인 사회활동의 터전도 원하는 대로 자유롭게 형성해 나갈 수 있어 이들 생활영역과 관련한 여러 기본권의 실효성을 높여 주는 중요한 기능을 갖는다.

(2) 거주 · 이전의 자유의 내용

거주·이전의 자유는 국내에서의 거주·이전의 자유와 해외여행과 이주의 자유 및 국적변경의 자유를 그 내용으로 한다.

(가) 국내에서의 거주 · 이전의 자유

거주·이전의 자유는 우선 우리나라의 영토 안에서 체류지와 거주지를 자유롭게 선택하고 변경하며 어디든 여행할 수 있는 자유이다. 이러한 체류지·거주지의 자유 선택 및 변경의 자유는 목적과 무관한 포괄적인 것이어서 직업·영업상의 이유는 물론 휴양·관광·여행·방문을 위해서도 보장된다. 체류지와 거주지의 자유 선택으로 고향도 정해질 수 있으므로 **고향의 권리**도 보호대상이다. 따라서 국가정책으로 추진하는 지역개발·인구정책·직장알선 등의 이유로 거주지 또는 고향을 떠나 다른 지역으로 이주할 것을 강요당하지 않는다. 다만 영세민 구호와 같은 사회보장정책의 수익자를 위한 거주지 제한은 허용된다. 또 자연재해의 이재민을 위한 임시적인 집단거주지를

1) 헌재결 2013. 12. 26. 2011헌바234 참조.

설치하고 입주하게 하는 것은 입주 강요가 아니면 허용된다. 부모가 1차적인 교육권(제31조 제2항)을 갖는 미성년자의 거주·이전의 자유는 부모의 거소지정권(민법 제914조)에 의해서 제한되므로 가출의 자유는 인정될 수 없다. 또 혼인가족제도(제36조 제1항)의 내용인 부부의 동거의무(민법 제826조 제1항) 때문에 부부의 거주·이전의 자유도 제약을 받는 것은 불가피하다. 그런데 직업과의 관계에서 거주·이전의 자유를 제한하는 사법상의 계약의 효력은 획일적으로 논할 수 없고 구체적인 계약 내용에 따라 개별적으로 판단해야 한다. 거주·이전의 자유를 제한하는 사법상의 계약은 신의성실·공서양속·권리남용금지 등의 사법상의 일반원칙을 통해서 간접적으로 사인 간에도 효력을 미치기 때문이다(기본권의 대사인적 효력).

(나) 해외여행 및 해외이주의 자유

(a) 출국의 자유와 입국의 자유

우리나라의 통치권이 미치지 않는 곳으로 자유롭게 여행하고 이주할 수 있는 자유이다. 출국의 자유와 입국의 자유가 그 핵심적인 내용이다. 정치적 망명자를 보호하기 위한 제네바협정에 의한 정치적 망명권의 실질적인 전제조건이기도 하다. 헌법재판소는 해직공무원의 보상금 산출 기간을 정할 때 해외 이민을 제한 사유로 정한 것은 거주·이전의 자유 내지 국외 이주를 제한하는 규정이 아니라고 결정했다.[1)]

(b) 북한 주민의 입국의 자유

북한은 우리의 통치권이 미치지 않는 지역이지만 헌법(제3조)에 따라 우리나라의 영토이므로 북한 주민이 우리 통치지역으로 들어오는 것도 입국의 자유의 보호를 받는다. '북한이탈주민 보호 및 정착지원법'이 이를 구체적으로 보장하고 있다. 따라서 귀순병이나 탈북민을 본인 의사에 반해서 강제로 북한으로 돌려보내는 것은 위헌적인 조치이다.

(c) 출국의 자유의 제약과 한계

국민의 국방의무(제39조)를 규정하고 있는 헌법질서에서 병역기피 목적의 출국을 막기 위한 병역의무자의 출국을 제한하는 것은 출국의 자유의 제한이 아니다. 또 국가의 형벌권 실현을 위한 불가피한 최소한의 출국 제한도 허용된다. 법무부령이 정하는 금액 이상의 추징금 미납자와 형사재판에 계속 중인 사람의 출국금지는 출국의 자유의 침해가 아니라는 헌법판례가 있다.[2)] 출국의 자유의 사실상의 제약을 뜻하는 여권

---

1) 헌재결 1993. 12. 23. 89헌마189 참조.
2) 헌재결 2004. 10. 28. 2003헌가18; 헌재결 2015. 9. 24. 2012헌바302 참조.

제도는 출국 허가제가 아닌 단순한 출국 신고의 성격을 갖도록 운영하면 출국의 자유의 제한이 아니다. 출국의 자유는 출국이 자유의사에 의한 것이어야 하므로 누구도 출국을 강요당하지 않을 권리를 갖는다. 자국민을 외국에 인도하는 것이 금지되는 이유도 그 때문이다.

(다) 국적변경의 자유

국적변경의 자유는 우리 국적을 가진 국민이 우리 국적을 버리고 외국에 영주하거나 귀화해서 그 나라의 국적을 취득할 수 있는 자유이다. 국적 변경의 자유의 이념적인 기초는 국가성립에 관한 사회계약설이다. 불법적인 통치권의 영향에서 벗어나기 위해서 다른 나라의 국적을 취득할 수 있는 권리는 사회계약의 당연한 내용으로 인식되었다. 그러나 탈세·병역기피 등 범죄목적으로 국적을 변경하는 것은 국적 변경의 자유의 보호를 받을 수 없다. 헌법재판소는 이중국적자가 국적 선택제도를 병역의무 면탈 목적으로 악용하지 못하도록 국적이탈 신고 기간을 정하면서 기간이 지나면 사회통념상 정당한 사유가 있는 경우까지 예외 없이 국적이탈신고를 할 수 없게 정한 국적법규정은 과잉금지원칙을 어긴 국적이탈의 자유의 침해라고 결정했다.[1)]

(3) 거주 · 이전의 자유의 제한

거주·이전의 자유는 기본권제한입법의 범위 내에서 제한할 수 있다. 즉 과잉금지의 원칙을 존중해서 합법적인 목적을 위해서 효과적인 수단과 방법으로 필요 불가피한 최소한으로 법익의 균형성을 어기지 않는 범위의 제한이 가능하다. 예컨대 군사작전상 필요에 의한 군사작전 지역에서의 거주·이전의 제한, 국가안보상의 필요에 의한 북한지역에의 여행제한, 국제외교상의 필요와 국민의 안전을 위한 미수교국 내지 분쟁지역의 여행제한, 군인 등 특수한 신분관계의 필요에 의한 거주·이전의 제한, 수사상 불가피한 거주지 제한, 국민보건상의 필요에 의한 전염병 감염지역의 여행제한 등은 허용된다. 거주지를 기준으로 중·고등학교의 입학을 제한하는 것은 거주·이전의 자유의 제한이 아니며,[2)] 지방자치단체장의 피선거권의 자격요건으로 90일 이상의 해당 지역 주민등록을 요구하는 것은 거주·이전의 자유의 침해가 아니라는 헌법판례가 있다.[3)] 그러나 서울의 인구집중을 막기 위해서 서울의 전입을 막는 입법은 그 입

1) 헌재결 2020. 9. 24. 2016헌마889 참조.
2) 헌재결 1995. 2. 23. 91헌마203 참조.
3) 헌재결 1996. 6. 26. 96헌마200 참조.

법내용에 따라서는 거주·이전의 자유의 침해가 될 수 있다. 헌법재판소는 수도권의 인구 및 경제력 집중을 억제하기 위한 간접적인 방법으로 법인 등이 업무용으로 사용하기 위해서 수도권에서 취득하는 부동산에 대하여 중과세제도를 채택하는 것은 거주·이전의 자유의 침해가 아니라고 결정했다.[1)]

2) 직업의 자유

(1) 직업 선택을 포함한 직업의 자유의 보장

우리 헌법(제15조)은 경제적 개성 신장의 필수적인 조건인 직업의 자유를 보장하면서 '모든 국민은 직업선택의 자유를 가진다'고 규정하고 있다. 헌법은 직업의 자유를 '직업선택의 자유'로 표현하고 있지만 단순한 직업의 선택뿐 아니라 직업에 종사하고 직장을 바꿀 수 있는 등 직업생활과 관련되는 종합적이고 포괄적인 직업의 자유를 보장하고 있다고 보아야 한다. 헌법재판소도 같은 판시를 했다.[2)] 국민이 자유롭게 직업을 선택하고 직업에 종사하며 경제적인 활동을 하는 일은 경제적인 개성신장의 필수적인 전제이고 모든 국민의 경제적인 자립을 통해 사회 정의를 실현하려는 사회국가의 요청이기도 하다.

(2) 직업의 자유의 의의

직업의 자유는 국민의 사회적·경제적 생활의 기초가 되는 직업(일자리)에 관한 종합적이고 포괄적인 기본권이다. 헌법재판소는 직업을 생활의 기본적 수요를 충족시키기 위한 계속적인 소득활동을 의미하며 그 종류나 성질은 중요하지 않다고 설명하고 있지만[3)] 헌법이 보호하는 직업은 그에 더하여 공공에 해가 되지 않아야 한다고 생각한다. 공공에 해가 되는 직업은 생활수단일 수는 있어도 헌법의 보호 대상은 아니기 때문이다. 따라서 헌법이 보호하는 직업은 생활수단인 **소득활동성, 계속성, 공공무해성**의 세 가지 요건을 충족해야 한다. 둘 이상의 생활수단적 소득 활동도 둘 다 직업의 자유의 보호 대상이다. 생활수단적인 소득활동이 아닌 단순한 취미활동은 직업이 아니다. 또 직업은 어느 정도의 계속성이 있어야 한다. 계속성의 판단 기준은 구체적인 직업의 상황에 따라 다를 수 있다. 그리고 헌법이 말하는 직업은 공공에 해가 되지 않

1) 헌재결 2000. 12. 14. 98헌바104 참조.
2) 헌재결 1993. 5. 13. 92헌마80 참조.
3) 헌재결 1993. 5. 13. 92헌마80 참조.

는 생활수단적인 소득활동이어야 한다. 매춘, 밀수업자, 불법 도박업자 등은 그것이 아무리 계속적인 생활수단적 소득활동이라도 헌법의 보호를 받는 직업일 수는 없다.

(3) 직업의 자유의 양면성

직업의 자유는 양면성을 가져서 자유로운 직업선택과 직업종사를 보장받는 주관적 공권인 동시에 사회적 시장경제질서의 불가결한 요소로서 우리 헌법질서를 구성하는 객관적인 가치질서를 뜻한다. 헌법재판소도 같은 취지의 판시를 했다.[1] 모든 국민이 직업을 가지고 능력과 노력에 상응하는 대가를 받아 살아갈 수 있게 보장하는 것은 우리 헌법이 추구하는 민주복지국가 내지는 사회적 시장경제질서의 가치지표이다.

(4) 법인의 기업 · 영업의 자유

자연인뿐 아니라 법인도 직업의 자유의 주체이다. 헌법재판소도 법인은 직업수행의 자유의 주체가 될 수 있다고 판시했다.[2] 그런데 법인이 직업의 자유의 주체가 되는 경우 본질상 기업의 자유 내지는 영업의 자유를 뜻하게 된다. 자연인의 직업의 자유는 기업·영업의 자유를 당연히 포함한다. 영업은 직업의 한 형태이기 때문이다. 하지만 법인의 직업의 자유는 법인의 설립목적이나 기능상 기업 또는 영업의 자유를 의미한다는 점을 유의해야 한다. 따라서 기업 내지 영업이 직업의 한 형태라고 해서 자연인의 직업의 자유와 법인의 기업·영업의 자유를 명확히 구별하지 않는 것은 옳지 않다고 할 것이다.

(5) 직업의 자유의 내용

직업의 자유는 직업에 관한 종합적이고 포괄적인 자유와 권리를 그 내용으로 한다. 구체적으로 세분한다면 직업선택의 자유, 직업교육장 선택의 자유, 직업행사(종사)의 자유, 직장선택의 자유를 내용으로 한다. 그러나 직업교육장 선택의 자유는 교육 후의 직업선택과 불가분의 관계에 있으므로 넓은 의미의 직업선택의 자유에 포섭할 수 있다. 이 경우 직업선택의 자유는 직업결정 내지 시작의 자유, 직업계속의 자유, 직업포기 내지 변경의 자유를 모두 포함한다.

그리고 직장선택의 자유는 직업수행의 한 형태이므로 넓은 의미의 직업행사(종사)

1) 헌재결 1996. 8. 29. 94헌마113 참조.
2) 헌재결 1996. 3. 29. 94헌바42 참조.

의 자유에 포함된다고 할 것이다. 이렇게 볼 때 직업의 자유는 크게 **직업선택의 자유**와 **직업행사(종사)의 자유**의 두 가지로 구별할 수 있다. 이 두 가지 구별은 직업의 자유의 제한에서 그 제한의 한계가 다르므로 의미가 있다. 헌법재판소는 직업의 자유에는 직업선택의 자유, 직업종사(행사)의 자유, 직업변경의 자유, 직장선택의 자유, 전직의 자유 등의 포함된다고 세분하는 판시를 했다.[1)]

(6) 직업의 자유에 대한 제한과 그 한계

직업의 자유는 헌법(제37조 제2항)에 따라 국가안전보장 · 질서유지 · 공공복리를 위하여 필요한 경우에는 기본권제한입법의 한계조항의 범위 내에서 법률로 제한할 수 있지만 본질적 내용은 침해할 수 없는 한계를 지켜야 한다. 그런데 직업의 자유의 제한에서 이 한계를 존중한다고 해도 구체적으로 어느 정도로 제한이 가능한지가 늘 중요한 쟁점으로 등장한다. 직업의 자유와 관련된 사건에서는 바로 그 제한의 정도와 한계가 핵심적인 쟁점으로 다루어진다.

(가) 직업의 자유의 제한에 관한 단계이론

직업의 자유는 경제적인 개성신장의 중요한 수단이므로 그 제한의 정도에 따라 경제적인 개성신장에 미치는 영향은 다르다. 즉 직업선택의 자유의 제한은 처음부터 원하는 직업선택 그 자체를 제한하는 것이어서 침해의 진지성이 크고 경제적인 개성신장에 미치는 영향도 매우 크다. 반면에 직업행사 내지는 직업종사의 자유를 제한하는 것은 직업선택의 제한보다는 개성신장에 미치는 침해의 진지성과 영향이 적다. 그 결과 직업의 자유에 대한 제한의 정도는 직업선택의 자유와 직업종사의 자유 사이에 다르게 판단해야 한다. 이처럼 직업의 자유에서 직업선택과 직업행사에 따라 제한의 정도를 다르게 정하는 것을 단계적 제한이론(단계이론)이라고 말한다. 이 단계이론은 독일 연방헌법재판소가 판례로 확립한 이론인데 우리 헌법재판소도 그대로 적용하고 있다. 따라서 직업의 자유의 제한이 불가피한 경우에는 우선 개성신장에 대한 침해의 정도가 가장 적은 직업행사(수행)의 자유의 제한으로 목적달성을 추구해 보고, 목적달성이 불가능한 경우에만 다음 단계인 직업선택의 자유를 제한하는 식으로 단계적인 제한이 이루어져야 한다는 것이 단계이론의 핵심이다.

---

1) 헌재결 1989. 11. 20. 89헌가102 참조.

(a) 제1단계: 직업행사(수행)의 자유의 제한

경제적인 개성신장을 위한 직업의 자유에 대한 제한에서 침해 정도가 가장 약한 것이 제1단계인 직업행사(수행)의 자유의 제한이다. 백화점 바겐세일의 연중 횟수와 기간의 제한, 택시의 합승행위금지, 보석감정업자의 밀수품 감정행위 제한[1] 등이 그 예이다. 이러한 직업수행의 자유의 제한은 다음 단계의 제한보다는 그 허용의 폭이 크다.

그렇지만 직업수행의 자유의 제한이라도 제한목적과 방법이 합리적이고 합목적적인, 필요 불가피한 최소한의 범위 내에서 법익균형성을 어기지 않을 때만 허용된다. 즉 **필요성 · 적합성 · 최소성 · 법익균형성**의 네 가지 요건을 모두 충족하는 제한인지에 따라 그 제한의 위헌 여부가 정해진다. 헌법재판소는 초 · 중 · 고등 · 대학교 환경위생정화구역 안에서 여관영업을 금지하는 것은 직업수행의 자유의 침해가 아니라고 결정했다.[2] 반면에 학원의 임원이 학원법을 위반하여 벌금형을 선고받으면 일률적으로 학원법인의 등록을 실효시키는 학원법규정은 최소침해성과 법익균형성을 어긴 법인의 직업수행의 자유의 침해라고 결정했다.[3]

(b) 제2단계: 주관적 사유에 의한 직업선택의 자유의 제한

변호사, 의사, 간호사, 변리사, 회계사, 세무사, 건설중장비 기사 등처럼 그 직업을 선택하려면 일정한 자격증 · 면허증 · 수료증 등을 가져야 하고 그것을 얻는 것이 기본권 주체의 노력으로 충분히 해결 · 극복할 수 있는 사유로 직업선택의 자유를 제한하는 것이 주관적 사유에 의한 직업선택의 자유의 제한이다. 이처럼 주관적 사유에 의해서 직업선택의 자유를 제한하는 것은 그 직업의 정상적인 수행을 위해서 일정한 전문성 · 기술성 등이 꼭 필요하기 때문이다. 직업선택의 자유의 제한이 주관적 사유와 함께 기본권 주체와는 무관한 객관적 사유도 함께 작용했다면 그것은 제2단계의 제한과 제3단계의 제한의 경계선에 있으므로 2단계보다는 더욱 엄격한 요건을 충족하는 경우에만 허용된다.

주관적 사유에 의한 직업선택의 자유의 제한은 국가안전보장 · 질서유지 · 공공복리 등 공익목적의 달성과 직업선택의 자유를 제한하는 방법 사이에 **합리적인 비례관계**가 유지되는 범위 내에서만 정당화된다고 할 것이다. 따라서 그 직업의 정상적인 수행에 필요한 전문성 · 기술성의 수준을 지나치게 높게 정해서 직업선택을 제한하는 것은

---

1) 헌재결 1998. 3. 26. 97헌마194 참조.
2) 헌재결 2004. 10. 28. 2002헌바41; 헌재결 2006. 3. 30. 2005헌바110 참조.
3) 헌재결 2015. 5. 28. 2012헌마653 참조.

허용되지 않는다. 예컨대 미용사 직업을 선택하려면 미용사 자격증 외에 추가로 인체 생리학 등 의학적 전문교육의 수료증까지 요구하거나 자동차정비사 직업에 반드시 공업고등학교 또는 공과대학 기계과 졸업을 전제조건으로 하는 것 등은 목적과 제한방법 사이에 합리적인 비례관계가 유지되지 않는 경우이다.

(c) 제3단계: 객관적 사유에 의한 직업선택의 자유의 제한

기본권 주체의 노력만으로 극복·해결할 수 없는 어떤 객관적인 사유로 직업선택의 자유를 제한하는 경우이다. 직업의 자유의 제한에서 가장 침해의 진지성이 커서 그 허용의 폭이 제일 적은 경우이다. 예컨대 경비업자에게 경비업 이외의 영업을 금지하는 경우인데 헌법재판소는 그런 제한은 과잉금지원칙에 어긋나는 객관적 사유에 의한 직업선택의 자유의 제한으로 위헌이라고 결정했다.[1] 또 변호사 시험에 코로나19 확진자의 응시를 금지하고, 자가격리자 및 고위험자의 응시를 제한하는 것은 직업선택의 자유의 침해라는 결정도 있다.[2]

객관적 사유에 의한 직업선택의 자유의 제한은 **명백하고 현존하는 위험의 원리**에 따라 직업의 자유보다 월등하게 더 중요한 공공의 이익에 대한 명백하고 현존하는 위험을 방어하기 위해서만 허용된다. 따라서 명백하고 현존하는 위험과는 무관한 일정 업종의 적정분포, 기존업체의 보호, 동일업종의 수 제한 등의 사유로 직업선택의 자유를 제한하는 것은 제한의 한계를 벗어난 것이다. 목욕장업 상호 간의 거리 제한과 같은 분포의 적정을 이유로 영업의 자유를 제한할 수 없다는 대법원 판례가 있다.[3] 헌법재판소도 변호사의 개업지를 제한하는 변호사법규정(제10조 제2항)은 위헌이라고 결정했다.[4]

(나) 직업의 자유의 본질적 내용

직업의 자유에 대한 제한은 앞에서 말한 단계적 제한의 한계 외에 본질적 내용의 침해금지의 한계도 지켜야 한다. 즉 우리 헌법의 가치적인 핵인 인간의 존엄과 가치를 기초로 하는 자주적인 인간의 개성 신장을 불가능하게 할 정도로 객관적 사유로 직업선택의 자유를 제한하는 것은 직업의 자유의 본질적 내용의 침해라고 보아야 한다. 따라서 직업의 자유를 객관적 사유로 제한하는 때에는 '명백하고 현존하는 위험의 원리'

---

1) 헌재결 2002. 4. 25. 2001헌마614 참조.
2) 헌재결 2023. 2. 23. 2020헌마1736 참조.
3) 대법원 1963. 8. 22. 선고 63누97 판결 참조.
4) 헌재결 1989. 11. 20. 89헌가102 참조.

를 지키지 않아 위헌인 경우와 본질적 내용의 침해금지에 어긋나 위헌인 경우가 모두 포함된다. 헌법재판소는 건축사의 업무 범위 위반행위를 필요적 등록취소사유로 규정하는 것은 직업의 자유의 본질적 내용의 침해라고 결정했다.[1] 또 후속 판례가 합헌으로 변경했지만 그 선행판례는 비시각장애인은 안마사자격인정을 받지 못하게 정하는 것은 당사자의 능력이나 자격과 상관없이 객관적 허가요건에 의한 직업선택의 자유의 과잉제한이어서 직업선택의 자유의 본질적 내용까지 침해하는 위헌이라는 결정도 있었다.[2]

3) 재산권의 보장

우리 헌법(제23조)은 국민의 재산권을 보장하면서 그 내용과 한계를 법률로 정하도록 하고(제1항), 재산권의 행사는 공공복리에 적합해야 한다는 재산권의 사회기속성을 강조하며(재산권행사의 헌법적 한계)(제2항), 공공필요에 의한 재산권의 수용·사용·제한 및 그에 대한 보상은 법률로써 하되 정당한 보상을 지급하도록 하면서(제3항), 재산권은 소급입법으로 박탈당하지 않도록 했다(제13조 제2항). 재산권 보장은 모든 국민이 자율적 생활의 물질적 토대를 스스로 마련해서 관리·처분할 수 있게 보장하는 것이다. 우리 헌법(제119조)이 채택하고 있는 자유시장경제질서는 재산권과 불가분의 관계에 있다. 그리고 사영기업의 국·공유화 내지는 그 경영의 통제·관리를 예외적으로 허용하고(제126조), 농지소작제도를 원칙적으로 금지하며(제121조), 국토개발상 필요한 국토·자원 등에 대한 제한(제120조 제2항, 제122조), 소비자 보호를 위한 생산품 규제(제124조), 대외무역의 규제·조정(제125조) 등 재산권을 직·간접으로 제한하는 경제조항도 재산권과 관련이 있는데, 이들 규정은 재산권과 헌법이 추구하는 사회국가 이념을 조화시키기 위한 것이다.

(1) 재산권 보장의 헌법상 의의와 기능

재산권 보장은 사유재산에 대한 임의적인 처분·관리권과 그 침해에 대한 방어권을 보장하는 주관적 공권을 보장하는 동시에 아래에서 설명하는 여러 가지 중요한 기능을 수행하는 객관적 가치질서로서의 성격도 함께 가지고 있다.

---

1) 헌재결 1995. 2. 23. 93헌가1 참조.
2) 헌재결 2006. 5. 25. 2003헌마715 등 참조.

(가) 생활의 물질적 기초확보

재산권은 생활의 기본적인 수요를 스스로 충족시킬 수 있는 경제활동의 물질적인 바탕을 마련해줌으로써 경제적인 개성신장을 촉진한다는 의의와 기능을 가진다. 재산권은 경제활동의 물질적인 기초로서 경제적인 개성신장의 수단인 동시에 자유의 기초요 그 전제조건이므로 재산권이 갖는 **자유보장 기능**을 무시할 수 없다. 헌법재판소는 재산권이 갖는 자유보장기능을 강조하면서 재산권의 자유보장기능은 재산권을 어느 정도 제한할 수 있는가 하는 사회적 의무성의 정도를 결정하는 중요한 기준이 된다고 판시했다.[1]

(나) 자유시장경제질서의 기초

재산권 보장은 개인의 경제상의 자유와 창의의 존중을 그 바탕으로 하는 자유시장경제질서의 이념적인 기초인 동시에 그 전제조건이다. 헌법재판소도 같은 취지의 판시를 했다.[2] 따라서 사유재산권을 부인하거나 공권력의 자의적인 간섭은 허용되지 않는다. 헌법재판소가 공권력이 사영기업인 국제그룹을 해체한 것은 위헌이라고 결정한 이유도 그 때문이다.[3]

(다) 사회국가실현의 수단

재산권 보장은 사회국가 실현의 이념적인 바탕인 동시에 그 수단이다. 사회국가가 추구하는 모든 국민의 물질적인 최저생활의 보장은 최소한의 재산형성이 없으면 불가능하기 때문이다. 사회국가의 요청에 따른 각종 사회보장정책도 결국 최소한의 재산형성을 돕는 일이다.

(라) 직업의 활력소

재산권 보장은 직업생활에 동기를 부여하고 활력을 불어넣는 활력소이다. 즉 재산권이 부인되는 경우 재산권과 결부된 직업의 수행이 불가능하고, 직업수행의 중요한 활력소인 **재산형성의 꿈**이 사라져 창의적인 직업활동과 직업이 갖는 개성신장으로서의 기능은 기대할 수 없게 된다. 그렇게 되면 직업의 활력소가 줄어들고 직업이 단순한 생활수단적 기능만 갖게 되어 창의적이고 경제발전의 동력으로서의 기능은 사라진다.

---

1) 헌재결 1998. 12. 24. 89헌마214 참조.
2) 헌재결 1997. 8. 21. 94헌마19 등 참조.
3) 헌재결 1993. 7. 2.9. 89헌마31 참조.

(2) 재산권의 의의 및 범위

(가) 재산권의 의의

헌법이 보장하는 재산권은 사적인 유용성과 임의적인 처분권이 인정되는 재산가치 있는 모든 **사법상·공법상의 권리**를 뜻한다. 그래서 재산권은 **민법상의 소유권**보다 넓은 개념이다.

(나) 재산권의 범위

(a) 재산권에 포함되는 권리

동산·부동산에 대한 물권(소유권·질권·저당권·전세권·점유권·지상권 등), 재산가치 있는 사법상의 채권(급여청구권·이익배당청구권·회원권·주주권·임차권·손해배상청구권 등), 특별법상의 권리(광업권·어업권·수렵권 등)가 모두 헌법상의 재산권에 포함된다. 그리고 **상속권**도 재산권에 포함되며 상속과 관련된 유언의 자유도 함께 보호된다. 헌법재판소도 상속권을 재산권의 일종으로 보면서 상속인이 귀책사유 없이 상속재산을 초과하는 상속채무까지 전부 부담하게 하는 민법규정은 상속인의 재산권과 사적자치권을 침해한다고 결정했다.[1)]

재산가치 있는 공법상의 권리(공무원의 급여청구권·연금청구권), 군사원호대상자의 원호보상급여청구권, 손실보상청구권 등은 그것이 기본권 주체의 노력으로 얻어진 대가로서의 성질이 강하고, 자신과 가족의 특별한 희생(생명·건강·자유·재산 등)으로 얻어진 보상의 성질이 강한 권리이면 역시 재산권에 포함된다. 헌법재판소도 연금수급권의 재산권적 성질을 인정하면서 지급정지되는 연금액이 본인의 기여금에 상당한 1/2을 초과하면 재산권 침해라고 결정했다.[2)] 재산가치 있는 공법상의 권리까지 재산권에 포함한 것은 소유물에 의존한 자급자족의 생활양식이 상호의존적·사회보장적인 생활양식으로 변한 사회경제구조의 변화 및 사회국가의 요청 때문이다.

지식재산권(저작권·산업재산권·출판권·공연권 등)도 재산권에 속하는데 헌법은 학문과 예술의 자유(제22조)에서 따로 보호하고 있다.

(b) 재산권에 속하지 않는 법적 지위

단순한 기대이익, 반사적 이익, 경제적인 기회, 영리 획득의 단순한 기회, 기업활동의 사실적·법적 여건, 우연히 생긴 법적 지위 등은 재산권에 속하지 않는다. 헌법재판소도 같은 취지의 판시를 하면서 치과전문의 자격의 불비로 인하여 급료를 정함에

1) 헌재결 1998. 8. 27. 96헌가2 참조.
2) 헌재결 1994. 6. 30. 92헌가9 참조.

있어 불이익을 받는 것은 사실적 · 경제적 기회의 문제에 불과할 뿐 재산권의 침해가 아니라고 결정했다.[1)]

(3) 재산권 보장규정과 법률유보

(가) 제23조 제1항의 법률유보

헌법(제23조)은 재산권을 보장하면서 그 내용과 한계를 법률로 정하도록 법률유보를 두고 있는데, 이 법률유보는 **재산권형성적 법률유보**로서 헌법으로 보호받을 수 있는 재산권의 구체적인 범위를 정하는 기능을 가진다. 재산권 형성적 법률유보에 의해서 재산권의 내용이 정해진 다음에 비로소 공익상의 필요에 의한 재산권의 한계가 정해질 수 있다. 따라서 **재산권의 내용**과 **재산권의 한계**는 분명히 구별해야 한다. 그렇지 않고 재산권의 내용을 곧 재산권의 한계로 이해하는 경우 헌법상의 재산권이 법률상의 재산권으로 격하되어 '법률에 따른 재산권'으로 변질될 위험성이 있다. 그렇게 되면 입법자의 뜻에 따라 재산권의 내용과 한계가 동시에 정해지기 때문에 헌법상 재산권 보호규정은 무의미해진다. 헌법재판소도 재산권 보장에 관한 법률유보는 재산권 형성적 법률유보의 형태를 띠고 있어 재산권의 내용과 한계를 정하는 법률은 재산권을 제한한다는 의미가 아니라 재산권을 형성한다는 의미를 가진다고 판시했다.[2)]

(나) 제23조 제3항의 법률유보

헌법(제23조 제3항)은 공공필요에 의한 재산권의 수용 · 사용 · 제한 및 그에 대한 보상은 법률로써 하되 정당한 보상을 지급해야 한다고 법률유보를 두고 있는데, 이 법률유보는 **재산권 보장적 법률유보**로서 재산권 제한은 반드시 정당한 손실보상을 지급하도록 하는 기능을 갖는다. 이 재산권 보장적 법률유보는 단순한 입법방침규정이 아니라 직접효력규정이므로 국가권력을 기속하는 강행규정의 성격을 갖는다.

(4) 재산권 보장의 내용

재산권 보장은 사유재산을 허용하는 법률제도와 이 법률제도에 의해서 인정된 사유재산에 관한 사적인 이용 · 수익 · 처분권 등 구체적인 권리로서의 주관적 공권의 보장을 그 내용으로 한다. 따라서 재산권 보장은 **사유재산 제도**와 **사유재산권**을 보장한

1) 헌재결 1998. 7. 16. 96헌마246 참조.
2) 헌재결 1993. 7. 29. 92헌바20 참조.

다는 이중적인 의미가 있다. 헌법재판소도 재산권 보장이 갖는 이중적인 의미를 강조하는 판시를 했다[1].

(가) 사유재산제도의 보장

(a) 생산수단의 사유보장

사유재산제도의 보장은 생산수단의 사유를 허용하는 법률제도의 보장을 그 내용으로 한다. 즉 구체적으로 재산권 보장의 또 다른 내용인 '사유재산권'의 법적인 효과를 가능하게 하는 최소한의 법률제도(규범질서)를 보장하는 것이다. 사유재산을 허용하는 법률제도의 보장은 사유재산에 대한 사적인 이용·수익·처분권 등 주관적 공권이 인정되기 위한 필수적인 전제조건일 뿐 아니라 재산권보장에 관한 객관적 가치질서를 뜻한다. 따라서 사유재산을 부인하는 법률제도는 재산권보장에 관한 객관적 가치질서의 침해이므로 재산권 형성적 법률유보에 의해서 정당화할 수 없다.

(b) 국 · 공유화 정책 및 상속제도 제한의 한계

또한 모든 생산수단을 원칙적으로 국·공유화하는 것도 허용되지 않는다. 보상을 조건으로 모든 사영기업을 국·공유화하는 것은 위헌이다. 헌법(제126조)이 사영기업의 국·공유화를 원칙적으로 금지하고 있는 것도 그 때문이다. 그리고 상속제도는 사유재산제도와 불가분의 이념적·제도적 상관관계이므로 상속제도를 원칙적으로 부인하는 입법 조치도 허용될 수 없다. 나아가 모든 생산수단의 국·공유화를 전제로 하는 계획경제 체제의 도입도 금지된다.

(나) 사유재산권의 보장

(a) 사유재산권 보장의 내용

사유재산권은 사유재산제도로 인정된 사유재산을 임의로 이용·수익·처분할 수 있는 주관적 공권이다. 이 사유재산권은 재산권 행사의 공공복리 적합 의무와 재산권 형성적 법률유보에 의한 제약을 받는다. 그렇다고 해도 사유재산권은 그러한 제약의 범위 내에서 다음과 같은 실질적인 내용을 보장하고 있다. 즉 i) 법률의 근거가 없거나 위법한 사유재산권의 침해를 방어할 권리(**위법한 재산권 침해금지**), ii) 공공필요에 의한 사유재산권의 침해시에 정당한 보상을 요구할 수 있는 권리(**재산권의 무보상침해금지**), iii) 소급입법으로 사유재산권을 침해받지 않을 권리(**소급입법에 의한 사유재산권 침해금지**), iv) 사인에 의한 사유재산권 침해에 대해서 국가의 보호를 요구할 수 있는 권리(**사인에**

1) 헌재결 1993. 7. 29. 92헌바20; 헌재결 1994. 2. 2.4. 92헌가15 등 참조.

의한 침해에 대한 국가의 보호의무) 등이다. 헌법재판소는 상호신용금고의 부실 경영에 책임이 없는 임원과 과점주주에게 기업의 채무에 대해 연대책임을 지우는 것과,[1] 대학 총장선거에서 후보자에게 기탁금을 납부하게 하면서 후보자가 15/100 이상을 득표한 경우에만 기탁금의 반액을 반환하도록 하고 그 나머지 기탁금은 대학발전기금에 귀속되도록 정하는 것은 최다득표자조차도 기탁금의 반액을 반환받지 못할 정도로 지나치게 까다로운 규정이어서 재산권의 침해라고 결정했다.[2]

(b) 재산권과 세금부과의 한계

조세는 국가의 재정수요를 충족시킨다는 본래의 기능 외에도 소득의 재분배, 경기 조정 등 여러 가지 사회·경제적 기능을 가지고 국민의 납세의무에 기초해서 부과하는 것이어서 원칙적으로 재산권의 침해가 아니다. 그러나 조세 부과로 납세의무자의 사유재산에 관한 사적인 이용·수익·처분권이 중대한 제한을 받게 되고 그로 인해 사유재산이 심각하게 감소하는 대에는 세금징수도 예외적으로 사유재산권의 침해가 될 수 있다. 헌법재판소도 같은 취지의 판시를 했다.[3] 그 밖에도 부부나 가족관계를 기준으로 한 공동사업자 합산과세제도는 조세회피목적이 없다는 반증의 기회를 납세자에게 제공하지 않아 회복할 수 없는 피해를 초래하게 되므로 피해의 최소성과 법익균형성을 어긴 사유재산권의 침해라는 헌법판례도 있다.[4]

세금과는 성질이 다른 특별부담금의 부과에도 헌법적 한계가 있다. 즉 **특별부담금**은 특별한 공익적 정책과제를 실현할 필요성이 아주 절실할 때 상호 밀접한 관련성(**집단적 동질성·객관적 이해 관련성·집단적 책임·집단적 효용성**)이 있는 일부 국민에게만 부과하는 경우에만 허용된다. 그런데도 헌법재판소는 수도요금에 부가해서 물부담금을 별도로 부과하는 것은 재정조달 목적의 수익자 부담금의 성격을 갖지만, 부담금 부과의 헌법적 정당성을 가져 수도요금과 함께 부과되더라도 중복적인 재원 부담이 아니어서 사유재산권을 침해하지 않는다고 결정했는데,[5] 이 결정은 헌법재판소가 조세와 부담금을 정확히 구별하지 않고 재정조달 목적의 부담금을 정당화한 것이어서 앞으로 개선할 필요가 있다.

---

1) 헌재결 2002. 8. 29. 2000헌가5 등 참조.
2) 헌재결 2021. 12. 23. 2019헌마825 참조.
3) 헌재결 1997. 12. 24. 96헌가19 등 참조.
4) 헌재결 2006. 4. 27. 2004헌가19 참조.
5) 헌재결 2020. 8. 28. 2018헌바425 참조.

(c) 사유재산권과 사유재산의 이용 · 수익 · 처분제한

문화재적 가치가 있는 건축물에 대한 사적인 변경·처분금지, 절대농지의 확보를 위한 농지의 처분제한 등의 입법은 사유재산에 대한 임의적인 이용·수익·처분권을 제한하는 것이어서 허용되지 않지만, 제한할 필요가 있는 공공이익과의 합리적인 비례관계를 벗어나지 않는 범위 내에서 예외적인 경우에만 허용된다고 할 것이다. 헌법재판소는 문화재를 선의 취득한 후에 비로소 도굴된 것이라는 사실을 알게 되었는데도 계속 보유·보관하는 행위를 처벌하고 그 문화재를 필요적으로 몰수하게 하는 문화재보호법 규정은 사유재산권의 침해라고 결정했다.[1)]

(5) 재산권의 사회기속성(헌법적 한계)

(가) 사회기속성의 의의와 그 이론적 근거

우리 헌법(제23조 제2항)은 재산권의 행사는 공공복리에 적합하도록 하여야 한다고 재산권의 헌법적 한계를 분명히 함으로써 재산권의 사회기속성을 강조하고 있다. 재산권은 재산권형성적 법률유보에 의해서 그 내용과 한계가 정해지는데 재산권의 사회기속성의 내용도 함께 정해진다. 재산권의 사회기속성이 강조되는 것은 사회구성원의 경제적인 생활 형태가 소유물 중심의 자급자족의 생활형태에서 상호의존적·역무교환적·국가의존적인 생활형태로 변한 것과 불가분의 관계이다. 즉 19세기적인 자유주의적 재산권 사상에 따른 사유재산의 무제한 이용·수익·처분권은 사회평화와 사회통합에 부정적인 영향을 미치므로 더는 허용될 수 없고 일정한 제약이 불가피해졌다. 그러한 제약의 대가로 재산권 보장의 범위를 사소유물에 국한하지 않고 재산가치 있는 모든 사법상·공법상의 권리까지 확대해서 모든 국민에게 생존보장의 실효성을 확보해 주려고 재산권의 사회기속성을 강조한 것이라고 볼 수 있다.

(나) 사회기속성의 헌법상 의의와 기능

헌법이 정한 사회기속성은 다원적인 의의와 기능을 가진다. 즉 i) 이웃과 서로 도우며 함께 살아가야 하는 사회에서 모든 국민에게 생존보장의 실효성을 확보해 준다. ii) 재산권과 관련된 사익과 공공복리의 공익 사이에 적절한 조화를 추구한다. iii) 헌법이 추구하는 사회정의의 실현과 사회통합을 이루기 위한 헌법제정권자의 헌법정책적인 결정이다. iv) 헌법의 경제조항(제9장)이 정하는 여러 가지 재산권 제한을 정당화

1) 헌재결 2007. 7. 26. 2003헌마377 참조.

하는 이념적 기초이다. 즉 농지소작제도의 원칙적인 금지(제121조), 국토개발상 필요한 국토·자원 등에 대한 제한(제120조 제2항, 제122조), 소비자보호를 위한 생산품 규제(제124조), 대외무역의 규제·조정(제125조), 사영기업의 예외적인 국·공유화 내지는 그 경영의 통제·관리(제126조) 등은 경제질서의 원활한 기능 보장을 위해 경제정책의 방향과 한계를 정한 것이지만 동시에 재산권을 바탕으로 한 경제활동의 제한을 의미하므로 이념적으로 재산권의 사회기속성과도 불가분의 관계이다.

(다) 사회기속성의 한계

재산권의 사회기속성을 구체화하는 입법권자의 입법형성권은 재산권 보장의 실효성을 해치지 않는 범위 내에서만 행사할 수 있다고 할 것이다. 사회기속성을 지나치게 확대하는 입법은 허용되지 않는다. 헌법재판소도 그린벨트제도의 위헌결정에서 '입법자가 재산권의 내용을 구체적으로 형성함에 있어서 헌법상의 재산권 보장과 재산권의 제한이 필요한 공익 등 재산권의 사회기속성을 함께 고려하고 조정하여 양 법익이 조화와 균형을 이루도록 해야 한다'고 강조했다.[1)]

그런데 재산권의 사회기속성의 한계를 정하는 때에 반드시 보상이 따르는 재산권 수용과의 한계를 정하는 일은 쉽지 않다. 특히 헌법이 재산권의 '공용사용' 내지는 '공용제한'까지 공용수용으로 확대했기 때문에 보상이 필요한 공용수용과 보상이 없어도 되는 재산권의 사회적인 제약의 구별이 더욱 어렵게 되었다. 예컨대 문화재적 가치가 있는 건물의 소유자가 그 건물을 유지·보수하는데 감당하기 힘든 많은 관리비용이 필요한데도 불구하고 그 건물을 현상태대로 계속 보존하라고 강요하는 것이 재산권의 사회적 제약인지 공용수용인지의 구별에 관해서는 견해가 갈릴 수 있다. 헌법재판소는 북한의 공격으로 우리 천안함이 침몰한 후 통일부장관의 개성공단 신규 투자 불허 및 투자 확대 금지 등의 대북 조치로 인하여 개성공단 경제협력사업자가 입은 손실에 대하여 개성공단이라는 특수한 지역에 위치한 사업용 재산이 받는 사회적 제약일 뿐 보상 의무가 발생하는 공용제한은 아니라고 결정했다.[2)]

재산권의 사회기속성의 한계를 정하는 기준설정에 관해서는 여러 가지 이론이 대립하고 있다. 즉 i) 사유재산에서 나오는 위험방지를 위한 방어적인 제한인지 아니면 공익목적을 위한 사유재산에 대한 능동적 제한인지에 따라 구별하려는 **사회기속이론**, ii) 재산권 제한의 효과가 일반성을 가져 모두에게 미치는 것이냐 아니면 개별적인 성

1) 헌재결 1998. 12. 24. 89헌마214 참조.
2) 헌재결 2022. 5. 26. 2016헌마95 참조.

질을 가져 당사자에게 특별한 희생을 뜻하느냐에 따라 구별하려는 **특별희생이론**, iii) 재산권 제한의 결과가 기본권 주체에게 수인을 기대할 수 있는 정도인지에 따라서 구별하려는 **기대가능성이론**, iv) 재산권이 제한된 상태에서도 사적인 유용성이 유지되고 있는지에 따라 구별하려는 **사적유용성이론**, v) 토지 등의 부동산 재산권의 제한이 그 부동산의 자연적인 형상을 현 상태대로 보전하기 위한 것인지 아닌지에 따라 구별하려는 **상황기속이론** 등이다.

생각건대 재산권의 사회적인 제한과 보상이 필요한 재산권의 공용수용과의 구별에서 어느 하나의 이론만으로 획일적으로 판단하기는 어렵다. 예컨대 도시계획에 따른 건축 제한의 경우 대지 소유자 모두를 기준으로 하면 특별희생에 해당하지만, 도시계획선에 걸린 대지 소유자만을 기준으로 하면 특별희생에 해당하지 않는다. 따라서 재산권의 사회기속성의 한계는 구체적인 경우마다 관련되는 여러 가지 기준을 함께 고려한 종합적인 평가가 바람직하다고 하다. 그러나 어떤 판단기준을 적용한다고 해도 과잉금지원칙을 어기는 재산권의 제한은 단순한 재산권의 제한이라고 평가하기 어렵다. 헌법재판소는 그린벨트지정으로 토지를 종래의 목적으로 사용할 수 있으면 합헌이지만, 종래의 목적으로 사용할 수 없거나 전혀 이용 방법이 없는 경우에 보상을 하지 않는 것은 재산권의 침해라고 결정했는데[1] 이 결정은 상황기속이론을 적용한 것이라고 볼 수 있다.

(6) 재산권 제한과 그 한계

우리 헌법(제23조 제3항)은 정당한 보상을 전제로 공공필요에 의한 재산권의 수용·사용·제한을 허용하고 있다. 그리고 재산권의 사회기속성을 이념적 기초로 해서 경제활동을 보상 없이 제한하는 여러 규정을 경제조항 중에 두고 있다. 이러한 제한은 모두 헌법이 허용하는 적법한 재산권의 제한이다. 그러나 현실적으로는 i) 법률의 근거가 없거나 위법한 재산권 침해, ii) 입법 의무 불이행으로 인한 재산권 침해, iii) 사실행위에 의한 재산권 침해, iv) 다른 행정 목적을 위한 공권력 행사에 의한 재산권 침해 등이 생길 수 있다. 이 중 네 번째 경우의 예로는 후출원 상표의 출원 후에 선등록 상표를 무효로 한다는 심결이 확정되어 소급효가 생긴 경우에도 후출원 상표의 등록을 거절하거나 후등록 상표에 대한 무효심결을 해서 생기는 재산권 침해이다.

---

1) 헌재결 1998. 12. 24. 89헌마214(병합) 참조.

이 사례에서 헌법재판소는 그 근거가 된 상표법규정은 상표권과 재산권을 침해한다고 결정했다.[1)]

(가) 적법한 재산권 제한과 보상

헌법이 정하는 적법한 재산권 제한은 i) 공공필요성, ii) 법률의 형식, iii) 정당한 보상의 세 가지 요건을 충족한 경우이다.

(a) 공공필요성

공공필요성이란 국가안전보장 · 질서유지 · 공공복리 등의 공익목적을 달성하기 위한 공익사업의 시행을 위해서 재산권의 제한이 불가피한 경우이다. 공공필요에 의한 재산권의 제한은 헌법이 정하는 과잉금지원칙에 따라 목적달성을 위한 적합한 방법으로 최소한의 제한에 그쳐야 한다.

따라서 국가가 공공재산을 증식하거나 단순한 재산취득의 목적만으로 재산권을 제한하는 것은 허용되지 않는다. 예컨대 토지수용은 부동산취득이 목적이 아니고 공익사업을 위해서 필요한 토지의 확보가 목적이기 때문에 공용수용한 토지를 장기간 그대로 방치하는 것은 허용되지 않는다. 따라서 공익사업의 폐지 · 변경 · 축소 등으로 취득한 토지의 전부 또는 일부가 필요 없게 된 경우에는 토지소유자에게 **환매권**이 생겨 토지를 돌려받을 수 있다. 헌법재판소도 환매권은 헌법이 보장하는 재산권의 내용에 포함되는 권리이므로 피수용자가 수용 당시 이미 정당한 손실보상을 받았다는 사실로 인해서 부정되지 않는다고 판시했다.[2)]

(b) 법률의 형식

재산권 제한은 국회가 입법 절차에 따라 제정한 일반적인 효력을 갖는 법률로만 가능한데, 대통령의 국가긴급권 발동에 의한 법률의 효력을 갖는 긴급명령에 의한 제한도 가능하다. 그러나 행정입법 또는 조례에 의한 제한은 허용되지 않는다.

그리고 재산권을 제한하는 법률은 그 제한에 따르는 보상의 기준과 방법도 함께 규정해야 한다. 즉 재산권 제한과 보상은 서로 뗄 수 없는 사항이므로 함께 정해야 하는 **불가분조항**의 요건을 충족해야 하기 때문이다. 이처럼 재산권 제한법률에서 보상에 관해서도 함께 정하는 것은 재산권 보장을 강화하는 의미도 있지만, 재산권 제한을 구상하는 입법자에게 재산권 제한에 따르는 재정부담도 함께 고려하도록 촉구하는 의미도 있다.

---

1) 헌재결 2009. 4. 30. 2006헌바113 등 참조.
2) 헌재결 1994. 2. 24. 92헌가15 등 참조.

(c) 정당한 보상

재산권 제한은 반드시 정당한 보상을 지급해야 한다. 정당보상은 헌법재판소의 판시대로[1] 원칙적으로 **완전보상**을 의미한다. 따라서 시가보다 훨씬 낮은 공시지가에 따른 보상은 완전보상이라고 볼 수 없다. 그러나 시가와 공시지가 사이에 차이가 없다면 개발이익을 보상액의 산정에서 배제하는 것은 정당보상의 원리에 어긋나지 않는다. 헌법재판소도 같은 취지의 판시를 했다.[2] 보상의 방법은 금전보상과 현물보상이 모두 가능하지만, 채권보상은 정당한 보상방법이라고 보기 어려운데도 현행법은 금전보상보다는 대토보상과 채권보상을 장려하고 있다. 보상액의 산정시기는 원칙적으로 보상시기를 기준으로 하고, 보상액의 지급시기가 늦어지면 지급시기 또는 판결시기가 그 기준이 되어야 한다. 현행 토지보상법은 토지보상액의 산정시기 및 방법에 관해서 사업인정 고시일에 가장 가까운 시점에 공시된 공시지가를 기준으로 하되(제70조 제4항), 보상액을 산정할 때 당해 공익사업으로 인한 개발이익은 배제하도록 정했다(제67조 제2항). 헌법재판소는 이 규정에 대해서 재산권 침해가 아니라고 결정했다.[3]

(나) 위법한 재산권 침해와 권리구제

공공필요성, 법률의 형식, 정당한 보상 등의 요건을 갖추지 않은 재산권 제한과 과잉금지원칙을 어긴 재산권 제한은 재산권 침해이다. 헌법재판소는 공무원연금법의 연금지급정지제도는 연금을 대체할 만한 소득이 전제되어야 하는데도, 그 전제가 충족되지 않은 경우에도 일률적으로 연금 전액의 지급을 정지하는 것은 연금정지제도의 본질 및 취지에 어긋날 뿐 아니라 침해 최소성과 법익 균형성을 어긴 재산권의 침해라고 결정했다.[4]

위법한 재산권 침해가 있으면 권리구제를 받아야 하는데, 고의 과실이 없는 재산권 침해의 경우에는 **재산권 수용유사의 침해**이론에 따라 공법상의 손실보상이론을 확대적용해서 손실보상을 받는다. 그러나 고의 과실이 있는 재산권 침해의 경우에는 공무원의 직무상 불법행위로 인한 손해배상청구권(제29조)과 재산권 수용유사의 침해이론에 의한 보상청구권이 함께 인정된다. 따라서 이 경우에는 단순한 재산 가치의 회복에 그치지 않고 간접적인 손해도 보상받을 수 있어야 한다.

---

1) 헌재결 1998. 3. 26. 93헌바12 참조.
2) 헌재결 2005. 4. 28. 2002헌가25 참조.
3) 헌재결 2009. 9. 24. 2008헌바112 참조.
4) 헌재결 2022. 1. 27. 2019헌바161 참조.

(다) 사실행위에 의한 재산권 침해와 권리구제

공권력의 사실행위에 의해서 재산권 침해가 생기면 **재산권 침해 유사의 침해이론**에 따라 손실보상을 해야 한다. 예컨대 국가가 제조한 돼지콜레라백신 접종의 부작용으로 돼지가 죽으면 국가를 상대로 죽은 돼지의 보상을 청구할 수 있다.

(라) 재산권 제한의 한계(재산권의 본질적 내용)

적법한 재산권의 제한도 일정한 한계를 지켜야 한다. 즉 i) 사유재산제도와 상속제도의 전면적인 폐지는 재산권 보장에 내포된 객관적 가치질서로서의 제도적 보장의 성격 때문에 절대로 허용되지 않는다. ii) 소급입법에 의한 재산권의 박탈은 재산권의 본질적 내용의 침해이므로 위헌이다. 헌법재판소도 사유재산제도의 전면적인 부정, 재산권의 무상몰수, 소급입법에 의한 재산권 박탈 등은 재산권의 본질적인 내용의 침해라고 판시했다.[1] 헌법재판소는 그 후 이 판시와 다르게 친일반민족행위자의 재산을 국고에 귀속시키는 진정소급입법을 예외적으로 합헌 결정했다.[2] 이 결정의 논거로 헌법전문의 정신, 예상 가능했던 소급입법, 추구하는 공익의 중대성, 크지 않은 신뢰보호 이익 등을 제시했지만, 재판관들의 견해가 다양하게 나뉜 것을 보아도 큰 설득력이 있는 논증이라고 보기는 어렵다. 따라서 이 결정은 합법성보다는 국민 정서를 고려한 합목적성에 따른 결정이라고 이해할 수 있다. iii) 재산가치의 정당한 보상이 없는 재산권 제한은 재산권의 본질적 내용의 침해이다. 헌법재판소는 조세채권이 담보물권의 우선권을 제한하고 담보물권에 우선하도록 허용하는 것은 과잉금지원칙에 위배되고 재산권의 본질적 내용의 침해라고 판시했다.[3] 이러한 현상은 재산권형성적 법률유보를 지나치게 확대해서 재산권의 사회기속성의 한계를 너무 넓게 설정하므로 생기는 일이다. 또 헌법재판소는 헌법(제23조 제항 제2문 및 제122조)이 소위 '토지공개념'의 기초가 된다고 전제하면서도 이를 근거로 하는 토지소유자 등에 대한 여러 가지 의무부과 및 제재라도 헌법(제37조 제2항)에 의한 한계가 있고 재산권의 본질적 내용을 침해할 수 없다고 판시했다.[4]

그런데 헌법재판소는 과잉금지원칙에 따라 재산권 침해 여부를 심사할 때 **이원적인 심사기준**을 제시하면서 '추구하는 공익이 침해되는 사익보다 현저히 적어 합리적인

1) 헌재결 1998. 12. 22. 88헌가13 참조.
2) 헌재결 2011. 3. 31. 2008헌바14 등 참조.
3) 헌재결 1990. 9. 3. 89헌가95 참조.
4) 헌재결 1998. 6. 25. 95헌바35 참조.

입법형성권의 한계를 일탈한 것이 아닌 이상 헌법에 위배되지 않는 완화된 심사기준을 적용하기로 한다'[1]고 판시하면서 **완화된 심사**와 **엄격한 심사**가 다른 것처럼 논증했다. 그러나 공익과 사익 중 어느 쪽이 얼마만큼 더 크고 작은지는 이익형량을 통해서 비로소 밝혀질 수 있는 사항이므로 과잉금지원칙에 따른 심사의 결과이다. 따라서 완화 또는 엄격심사의 기준으로 삼는 것은 주객이 전도된 논증이다. 따라서 재산권 침해 여부의 심사는 과잉금지원칙에 따른 하나의 심사기준이 적용되어야 한다. 평등권 심사 방법을 재산권 심사에 그대로 적용하려는 판시의 태도는 지양해야 한다.

4) 근로활동권

(1) 헌법규정의 내용과 다른 기본권과의 관계

(가) 헌법규정의 내용

우리 헌법은 근로의 권리(제32조)와 근로자의 노동3권(제33조)을 보장하고 있는데, 이것을 근로활동권이라고 말한다. 모든 국민이 일할 기회를 가지고 근로조건의 향상을 위한 노력을 통해 합리적인 작업환경을 유지하며 작업능력을 높이는 것은 근로자 개인의 이익인 동시에 헌법이 추구하는 사회정의와 사회평화의 유지 및 경제성장에도 중요한 의미가 있다. 그래서 국가의 고용증진 의무와 적정임금 보장의무를 강조하고 최저임금제를 시행하도록 했다. 나아가 근로의 의무도 규정하면서 국가는 근로의무의 내용과 조건을 민주주의 원칙에 따라 법률로 정하도록 하면서(제32조 제2항), 근로조건의 기준도 인간의 존엄성을 보장하도록 했다(제32조 제3항). 여성근로자의 특별보호 및 차별금지(제32조 제4항) 그리고 연소근로자의 특별보호(제32조 제5항), 국가유공자 등과 그 가족의 우선적인 근로기회부여(제32조 제6항)도 규정했다. 그리고 근로자의 근로조건 향상을 위한 단결권·단체교섭권·단체행동권 등 노동3권도 보장했다(제33조).

(나) 다른 기본권과의 관계

근로활동권은 여러 가지 기본권 및 경제질서와 불가분의 관계이다. 즉 i) 근로활동권은 인간다운 생활을 할 권리(제34조)와 불가분의 관계이다. 근로활동권은 인간다운 생활을 할 권리를 실현하는 수단이기 때문이다. ii) 근로활동권은 직업의 자유(제15조)와도 뗄 수 없는 관계이다. 근로활동의 자유를 떠난 직업의 자유를 이념적으로 생각할 수 없기 때문이다. 그리고 직업과 근로는 경제적인 개성 신장의 수단이며 경

1) 헌재결 2017. 9. 28. 2016헌바76 참조.

제활동의 출발점이라는 공통점을 가지고 있다. 다만 직업의 자유와는 달리 근로활동권은 자연인만의 권리라는 차이는 있다. iii) 근로활동권은 우리 헌법상의 경제질서(제119조)의 이념적인 기초이다. 우리 헌법이 추구하는 자유시장경제질서는 국민의 자유롭고 창의적인 직업활동과 근로(노동)시장의 자율성과 개방성을 그 바탕으로 하고 있기 때문이다. iv) 근로활동권은 집회·결사의 자유(제21조)와의 관계도 깊다. 집회·결사의 자유를 떠나서 근로자의 노동3권을 생각할 수 없기 때문이다. 근로활동을 위한 노동3권과 일반적인 집회·결사의 자유는 특별법과 일반법의 관계이다. v) 근로활동권은 거주·이전의 자유(제14조)를 떠나서 그 실효성을 기대할 수 없다. 자유로운 거주·이전은 근로활동의 전제이고 수단일 수 있기 때문이다. vi) 근로활동권은 재산권 보장(제23조)과도 무관하지 않다. 근로자의 임금청구권과 적정임금을 보장받기 위한 노동3권은 재산가치 있는 사법상·공법상의 권리를 확보하기 위한 불가피한 수단이기 때문이다.

(2) 근로의 권리(일할 권리)

(가) 근로의 권리의 의의와 헌법상 기능

(a) 근로의 권리의 의의

근로의 권리는 자신의 일할 능력을 임의로 상품화할 수 있는 권리인데 정신적·육체적인 일을 모두 포함한다. 일할 권리는 생활의 기본적인 수요를 충족시킬 수 있는 생활 수단적 경제활동을 보장하는 것이다.

(b) 근로의 권리의 헌법상 기능

근로의 권리를 보장하는 것은 다음과 같은 여러 가지 의의와 기능이 있다. 즉 i) 헌법의 인간상인 자주적인 인간의 불가피한 생활수단의 보장이다. ii) 국민에게 생활의 기본적 수요를 스스로 충족하게 한다는 의의가 있다. iii) 헌법이 추구하는 자본주의 경제질서의 이념적·방법적 기초로서의 의의를 가진다. iv) 생활무능력자에 대한 국가의 생존 배려의 보호 의무를 덜어주는 기능이 있다. v) 국가가 고용증진·임금·남녀고용 평등 정책과 노사분쟁의 조정, 직업훈련계획, 산업대책, 산업재해대책 등을 마련하는 헌법적 방향지표로서의 기능을 갖는다.

(나) 근로의 권리의 법적 성격

근로의 권리의 법적 성격에 관해서는 자유권설, 프로그램규정설, 규범적 기대권설, 법적 권리설, 근로의 공기능설 등 다양한 견해가 대립하고 있다. 이러한 다양한 학설은 일할 권리를 단순히 '일할 자리'에 관한 권리로 이해하면서 일할 권리가 수행하는 여러 헌법 실현적 기능을 도외시한 결과라고 할 것이다. 그러나 일할 권리는 근로활동권의 전체적인 테두리 내에서 근로활동권이 갖는 기능적인 시각에서 종합적으로 평가해야 한다고 생각한다. 즉 일할 권리는 **일할 자리**에 관한 권리뿐 아니라 **일할 환경**에 관한 권리도 함께 포함하고 있으므로 건강한 작업환경, 정당한 보수, 합리적인 근로조건 보장 등을 요구할 수 있는 권리가 모두 일할 권리에서 나온다고 할 수 있다. 따라서 일할 권리는 헌법에 따라 직접 효력이 발생하는 종합적인 성질의 법적 권리라고 보는 것이 옳을 것이다. 다만 일할 권리의 구체적인 내용에 따라 그 법적 성격은 다르게 평가할 수 있다. 즉 일할 자리에 관한 권리는 일종의 **복합적 성격의 권리**이지만 일할 환경에 관한 권리는 원칙적으로 **생활권적 성질의 구체적 권리**이다. 헌법재판소는 근로기본권은 자유권의 성격보다는 생존권 내지 사회권적 성격이 보다 강하다고 평가하면서 그 권리의 실질적인 보장을 위한 국가의 적극적인 개입을 강조하고 있다.[1)]

(다) 근로의 권리의 내용

근로의 권리는 '일할 자리'에 관한 권리와 '일할 환경'에 관한 권리를 내용으로 한다.

(a) 일할 자리에 관한 권리

일할 자리에 관한 권리는 구체적으로 i) 일할 의사와 능력이 있는 국민이 공권력에 의해서 취업의 기회를 방해받거나 박탈당하지 않을 권리(**자유권적인 소극적 권리**), ii) 고용증진을 위한 사회정책·경제정책·남녀고용평등정책을 요구할 수 있는 권리(**생활권적 구체적 권리**), iii) 원호대상자의 우선적인 **취업의 기회 요구권** 등을 그 내용으로 한다. 헌법재판소는 헌법의 명시적인 근거 없이 6급 이하 공직자 채용시험에서 국가유공자 등의 가족들에게 10%의 가산점을 주는 제도는 다른 응시자의 평등권과 공무담임권을 침해한다고 결정했다.[2)]

그러나 일할 자리에 관한 권리는 국가를 상대로 일자리를 요구하거나 일자리를 주지 못하면 대신 생활비를 달라고 요구할 수 있는 권리를 보장하는 것은 아니다. 헌법재판소는 근로자의 **직장존속보장 청구권**은 근로의 권리에 들어 있지 않고 헌법에 근거도 없다고 판시하면서 두 개의 국영사업체를 통·폐업하는 법률에서 직원들의 고용관계 당연승계에 관한 규정을 두지 않았어도 근로자의 권리를 침해하는 것은 아니라

1) 헌재결 1991. 7. 22. 89헌가106 참조.
2) 헌재결 2006. 2. 23. 2004헌마675 참조.

고 결정했다.[1] 또 국가가 알선한 일자리를 거절하고 그 대신 실업급여(실업보험금)의 지급을 요구할 수도 없다. 그리고 최저임금보다 더 많은 실업보험금을 받기 위해서 일자리를 떠나는 것은 일할 의무(제32조 제2항)의 위반이다.

(b) 일할 환경에 관한 권리

일할 환경에 관한 권리는 구체적으로 i) 합리적인 근로조건의 보장을 요구할 수 있는 권리, ii) 일의 대가에 알맞은 적정한 임금의 보장 내지 최저임금제의 시행을 요구할 수 있는 권리를 그 내용으로 한다.

① 합리적인 근로조건의 보장을 요구할 수 있는 권리

헌법이 정하는 합리적인 근로조건이란 i) 인간의 존엄성을 존중하고(제32조 제3항), ii) 여자근로자를 특별히 보호하며 부당하게 차별하지 않고(제32조 제4항), iii) 연소근로자를 특별히 보호하며(제32조 제5항), iv) 민주주의 원칙에 어긋나지 않는 근로조건을 말한다. 특히 민주주의 원칙에 어긋나지 않는 근로조건이란 근로자가 기업주와 동일한 경영참여·결정권을 가져야 한다는 것이 아니라 근로조건 개선을 위한 노사협의 기구에서 근로자의 참여와 발언권을 존중해야 한다는 뜻이다. 합리적인 근로조건에는 헌법이 정한 네 가지 이외에 **부당해고로부터의 보호 조건**도 포함된다고 보아야 한다. 따라서 근로계약은 이 다섯 가지 근로조건이 실현될 수 있는 내용으로 체결해야 한다. '근로기준법'과 '근로자참여 및 협력증진에 관한 법률'에서 그 구체적인 사항을 자세히 규정하고 있다. 헌법재판소는 근로자가 기본적 생활수단을 확보하고 인간의 존엄성을 보장받기 위하여 최소한의 근로조건을 요구할 수 있는 권리는 자유권적 기본권의 성격도 아울러 가지므로 외국인 근로자에게도 적용된다는 결정을 했다.[2]

② 적정한 임금의 보장과 최저임금제의 시행을 요구할 수 있는 권리

모든 근로자는 헌법에 따라 적정한 임금 내지 최저임금을 보장해 주도록 요구할 수 있는 권리를 갖는다. 이 권리와 관련해서 판례[3]와 법률(노동조합 및 노동관계조정법 제44조)은 **무노동·무임금의 원칙**을 따르고 있으므로 근로자는 파업기간 중에는 임금을 청구할 수 없다. 헌법이 정하는 최저임금제에 따라 매년 최저임금을 정해 시행하고 있으므로 법률이 정하는 최저임금 이하의 임금으로 근로자를 사용할 수 없다.

1) 헌재결 2002. 11. 28. 2001헌바50 참조.
2) 헌재결 2007. 8. 30. 2004헌마670 참조.
3) 대법원 1995. 12. 21. 선고 94다26721 판결 참조.

(3) 근로자의 노동3권

(가) 노동3권의 의의 및 헌법상 기능

(a) 노동3권의 의의

'일하는 사람의 기본권'인 노동3권이란 근로자가 근로조건의 유지·향상을 위해서 자주적으로 단체를 조직하고(**단결권**), 단체의 이름으로 사용자와 단체교섭을 하며(**단체교섭권**), 소기의 목적을 달성하기 위해서 집단적으로 태업·파업 등 시위를 할 수 있는 권리(**단체행동권**)를 말한다.

(b) 노동3권의 헌법상 기능

근로자의 노동3권은 여러 가지 헌법상의 의의와 기능을 갖는다. 즉 i) 근로자의 일할 환경에 관한 권리의 실효성을 보장해 주는 수단이라는 의의와 기능을 갖는다. ii) 근로자에게 인간다운 생활을 할 권리를 보장해 주기 위한 제도적인 장치라는 기능을 갖는다. iii) 경제적 약자인 근로자에게 경제적 강자인 사용자에 대항할 수 있는 권리를 보장함으로써 사회평화와 사회정의의 실현에 기여하는 기능이 있다. iv) 계약자유의 원칙과 재산권 보장의 역기능적 현상을 줄여 헌법이 추구하는 실질적 평등이 노사관계에서도 실현되도록 뒷받침해 준다는 의의와 기능을 가진다.

(나) 노동3권의 법적 성격

노동3권의 법적 성격에 관해서는 자유권설, 생활권설, 혼합권설 등이 대립하고 있다. 그러나 그러한 획일적 논증은 '자유권의 사회권화 현상'을 외면하는 것으로 노동3권이 갖는 본질을 파악하는데 한계가 있다고 할 것이다.

생각건대 노동3권은 경제·사회생활영역에서 근로자와 사용자 간의 심한 불균형을 해소함으로써 실질적인 평등을 실현하고 사회공동체의 사회적 평화와 통합을 촉진하기 위해서 인정되는 기본권이므로 자유권과 생활권의 **복합적 기본권**이라고 할 것이다. 헌법재판소도 노동3권은 '사회적 보호기능을 담당하는 자유권' 또는 '사회권적 성격을 띤 자유권'이라고 설명함으로써 복합적 성격을 강조한다.[1)]

(다) 노동3권의 주체(향유자)

노동3권의 주체는 근로자인데, 근로자란 직업의 종류를 불문하고, 임금·급여 기타 이에 준하는 수입으로 생활하는 사람이다. 결국 근로자가 노동3권을 향유하려면 세 가지 요건을 갖추어야 한다. 즉 i) 노동력(정신·육체) 제공의 대가로 생활하는 사람(외

1) 헌재결 1998. 2. 27. 94헌바13·26 등(병합) 참조.

국인 포함)이어야 한다. 다만 헌법(제33조 제2항)에 따라 공무원인 근로자는 법률이 정하는 자에 한하여 노동3권을 가질 수 있는데, 관련 법률은 단순히 노무에 종사하는 공무원은 노동3권을 가질 수 있다고 정하면서 그 구체적인 범위는 대통령령 또는 지방자치단체의 조례가 정하게 했다. 헌법재판소는 지방자치단체가 노무에 종사하는 공무원의 범위에 관한 조례를 정당한 이유 없이 36년간 제정하지 않은 조례입법부작위는 지방공무원의 헌법상의 노동3권을 향유할 권리를 사전에 차단·박탈하는 진정입법부작위로서 위헌이라고 결정했다.[1] 공무원 노조법의 제정으로 2006년부터는 6급 이하의 일반직 공무원도 공무원 노조를 설립할 수 있고 단체교섭권과 단체협약 체결권을 가지지만 단체행동과 정치활동은 금지된다. ii) 노동력을 제공하는 사람과 그 대가를 지급하는 사람이 같은 사람이 아니어야 한다. 즉 비자영사업자이어야 한다. iii) 현실적으로 노동력제공의 의사와 능력을 가진 사람이어야 한다. 따라서 일시적인 실업자나 구직하고 있는 사람이라도 노동력 제공의 의사와 능력을 가진 사람은 노동3권을 향유할 수 있다. 사용자의 부당해고 등에 효과적으로 대항할 수 있게 하기 위해서이다. 헌법재판소는 해직자가 배제된 현재의 근로자만이 조합원이 될 수 있게 정한 노조법(제2조 제4호 라목)에 대해서 합헌이라고 결정했다.[2]

(라) 노동3권의 내용

노동3권은 단결권·단체교섭권·단체행동권을 그 내용으로 한다.

(a) 단결권

① 단결권의 의의

단결권은 근로자가 작업환경의 유지·개선을 실현하기 위해서(**목적성**) 자주적으로(**자주성**: 타율성과 강제성 배제) 단체(노동조합 또는 그 연합체)를 조직할 수 있는 권리를 말한다. 따라서 공권력의 자주성 침해는 위헌이고, 사용자의 자주성 침해는 부당노동행위가 된다. 대법원은 사용자가 단체협약에 따라 노조 전임자에게 비슷한 경력의 다른 노동자보다 지나치게 많은 급여를 지급하는 것은 노조 전임자 급여지원행위나 노조 운영비 지원행위로 볼 수 있어 부당 노동행위에 해당한다고 판결했다.[3] **계속성**은 단결권의 필수요소가 아니다.

---

1) 헌재결 2009. 7. 30. 2006헌마358 참조.
2) 헌재결 2015. 5. 28. 2013헌마671 참조.
3) 대법원 2018. 5. 15. 선고 2018두33050 판결 참조.

② 단결권의 내용

근로자의 단결권은 결사의 자유의 특별법적인 성질을 가지는데, 근로자가 앞에 말한 목적성과 자율성을 갖춘 단체 또는 쟁의단체를 조직할 수 있는 자유를 내용으로 한다. 단결권에는 조직할 수 있는 권리 외에 조직에 가입·탈퇴하는 자유 및 가입하지 않을 자유도 포함된다. 근로자의 단결권은 근로자가 혼자서는 실현할 수 없는 일을 단체의 힘으로 하기 위한 권리라는 점에서 혼자서도 할 수 있는 일을 단체의 힘으로 하려는 결사의 자유와 본질적으로 다르다. 그래서 근로자 단체(노동조합 또는 그 연합체)는 근로조건의 개선 목적을 달성하기 위한 단체교섭 내지 단체행동이 소기의 성과를 거둘 수 있도록 필요한 요건을 갖추어야 한다. 즉 i) **자주조직**, ii) **독립성**, iii) **이해상반자의 참여금지**, iv) 단체협약 내용을 조직 내부에 침투시킬 수 있는 충분한 **대의조직** 등의 그것이다. 따라서 정치·사회운동을 목적으로 하는 근로자 단체는 노동조합으로 인정받지 못한다. 헌법재판소가 노동조합의 정당에 대한 정치자금 기부 금지규정을 위헌결정하면서 노동조합의 권리와는 무관한 표현의 자유와 결사의 자유의 침해를 논거로 삼은 것도 그 때문이다.[1] 근로자의 단결권은 근로자 개인의 권리인 동시에 조직된 단체의 권리이기도 하다. 그 결과 여러 산업별 단체가 산업별 연합단체를 구성하고 다시 이 연합단체가 총연합단체를 구성할 수도 있다.

③ 단결권이 효력

근로자의 단결권은 국가와 사인 상호 간에도 미친다.

㉠ 단결권의 대 국가적 효력

단결권은 국가가 단결권에 간섭하는 것을 배제하는 **소극적 효력**을 갖는데, 단결권에 간섭하는 국가는 위헌으로 인한 불법행위책임을 지게 된다. 또 단결권은 사용자의 부당노동행위로 단결권행사가 방해받지 않도록 하는 국가의 보호 의무를 생기게 하는 **적극적 효력**도 갖는다. 이 보호의무를 어기는 국가권력은 부작위에 의해서 단결권을 침해하는 것이어서 소극적 효력과 같은 위헌의 불법행위책임을 진다.

㉡ 단결권의 대사인적 효력

단결권은 사용자와 근로자 상호 간에도 간접적인 효력을 미친다. 근로자는 사용자가 근로자의 단결권을 침해하는 **부당노동행위**를 하지 못하게 방어하는 효과를 가진다. 사용자의 부당노동행위에 대해서는 구제신청 내지 행정소송을 할 수 있는데 이

1) 헌재결 1999. 11. 25. 95헌마154 참조.

경우 노동위원회의 구제명령 내지는 법원의 판결로 구제받는다. 또 단결권은 근로자 상호 간에도 단체탈퇴 또는 소극적 단결권을 서로 존중해야 하는 헌법적인 의무를 지게 하는 효력을 갖는다. 헌법재판소는 union-shop을 허용하는 법규정(노조법 제81조 제2호 단서)은 근로자의 소극적 단결권과 평등권의 침해가 아니라고 결정했다.[1] 그런데 대법원은 union-shop 협정이 체결된 경우 근로자가 노조에서 임의로 탈퇴했다가 그 탈퇴 의사를 철회한 경우 그 철회 의사를 노조측에서 수용하지 않았다고 하더라도 그것은 결코 해고 사유가 될 수 없다고 판결해서 단결권의 대사인적 효력을 강조했다.[2] 앞서 언급한 노조법도 union-shop협정이 체결된 경우 근로자가 그 노동조합에서 제명된 것 또는 그 노동조합을 탈퇴하여 새로 노동조합을 조직하거나 다른 노동조합에 가입한 것을 이유로 사용자가 근로자에게 불이익한 행위를 하지 못하도록 정했다.

(b) 단체교섭권

① 단체교섭권의 의의와 내용

근로자의 단체교섭권이란 근로자가 근로조건의 개선을 위해서 근로자 단체의 이름으로 사용자 또는 사용자단체와 자주적으로 교섭할 수 있는 권리이다. 헌법재판소는 노동조합의 자주성이 저해되거나 저해될 위험이 현저하지 않은 경우까지 사용자의 운영비원조행위를 금지하는 것은 수단의 적합성, 침해최소성, 법익균형성에 어긋나는 단체교섭권의 침해라고 결정했는데,[3] 이 결정은 노조 전임자 급여지원행위를 위헌이라고 결정한 헌법재판소의 결정과 판단기준을 달리했다. 그러나 대법원은 그에 앞서 사용자가 노동조합에 최소한의 비품과 시설의 제공을 넘어 통신비·전기·수도료 등 사무실 유지비와 사무용품 등을 지급하는 것은 부당노동행위에 해당해 위법이라고 판결했었다.[4] 노조 대표의 단체교섭권에는 **단체협약체결권**이 포함된다. 헌법재판소와[5] 대법원[6]도 같은 입장이다. 하나의 사업장에 2개 이상의 복수노조의 조직이 허용되는 때에는 대표권을 갖는 교섭 대표노조를 정해야 하는 이유도 그 때문이다. 헌법재판소는 단체교섭에서 교섭 대표가 된 노조에만 단체교섭권을 부여하는 법 규정은 비교섭

1) 헌재결 2005. 11. 24. 2002헌바95 등 참조.
2) 대법원 1993. 2. 4. 선고 92가합64489 판결 참조.
3) 헌재결 2018. 5. 31. 2012헌바90 참조.
4) 대법원 2017. 1. 12. 선고 2011두13392 판결 참조.
5) 헌재결 1998. 2. 27. 94헌바13 등 참조.
6) 대법원 1993. 4. 27. 선고 91누12257 판결 참조.

대표노조의 단체교섭권을 침해하지 않는다고 결정했다.[1] 또 복수노조가 자율적으로 교섭창구를 단일화하지 못하거나 사용자가 단일화절차를 거치지 아니하도록 동의하지 않은 경우 과반수노조가 교섭대표노조가 되도록 하는 조항은 비교섭단체노조의 단체교섭권을 침해하지 않으며 교섭대표노조에 의하여 주도되지 아니한 쟁의행위를 금지하는 조항도 그들의 단체행동권을 침해하지 않는다고 결정했다.[2] 단체교섭권은 작업환경의 유지·개선을 위한 목적으로 인정되는 근로자의 권리이므로 그와 무관한 사업장의 관리·운영 등에 관한 사항은 단체교섭의 대상이 될 수 없다. 대법원도 같은 취지로 판결했다.[3] 단체교섭의 결과 체결되는 단체협약은 다른 사법상의 계약보다 더 강한 기속력을 갖는다고 보는 것이 합리적이다.

② **단체교섭권의 효력**

단체교섭권은 노사 협약에 공권력이 불필요하게 간섭하는 것을 배제할 수 있는 효력(**소극적 효력**)과 국가에 효과적인 단체교섭제도의 마련과 단체협약의 내용이 존중·실현되도록 적절한 조치를 시행하도록 요구할 수 있는 효력(**적극적 효력**)을 갖는다. 소극적 효력과 관련해서 택시사납금제 금지규정에 의한 단체협약의 자유에 대한 제한은 헌법이 입법자에게 부과한 과제의 이행을 위해서 필요한 범위 내에서 이루어진 것이므로 노사의 단체협약체결의 자유를 침해한 것이 아니라는 헌법판례가 있다.[4] 또한 정부출연·위탁기관인 고속철건설공단이 회계·인사·보수에 관한 사항을 단체협약으로 정하거나 변경하는 경우 건교부장관의 승인을 얻도록 한 것은 단체교섭권과 평등권의 침해가 아니라는 판례도 있다.[5]

단체교섭권은 사용자에게도 효력을 미치는데 사용자는 단체교섭에 성실하게 응해야 할 의무가 있다. 사용자가 정당한 이유 없이 단체교섭에 불응하거나 무성의하면 단체교섭권을 침해하는 부당노동행위에 해당해 불법행위책임을 져야 하고, 노조의 단체행동(쟁의)을 정당화하는 사유가 된다.

(c) 단체행동권

① **단체행동권의 의의**

근로자의 단체행동권이란 근로자 단체가 근로조건의 개선을 관철하기 위해서 집

1) 헌재결 2012. 4. 24. 2011헌마338 참조.
2) 헌재결 2024. 6. 27. 2020헌마237 등 참조.
3) 대법원 2017. 8. 18. 선고 2012두10017 판결 참조.
4) 헌재결 1998. 10. 29. 97헌마345 참조.
5) 헌재결 2004. 8. 26. 2003헌바28 참조.

단적으로 시위행동(태업·파업)을 함으로써 사업장 업무의 정상적인 운영을 방해하는 권리를 말한다. 이를 근로자의 **쟁의권**이라 부르고 쟁의권에 의한 단체행동을 **쟁의행위**로 표현하기도 한다. 쟁의행위는 노사 간의 단체교섭이 성립하지 않은 때에 허용되는 근로자의 최후수단적인 권리이다. 근로자의 쟁의행위는 사용자에게 심각한 피해가 발생하므로 사용자는 직장폐쇄와 무노동무임금의 실행으로 쟁의행위에 대항할 수 있다. 헌법(제33조 제3항)은 법률이 정하는 주요방위사업체에 종사하는 근로자에게는 법률이 정하는 바에 의하여 그 단체행동권을 제한·부인할 수 있게 정했는데, 방산업체에 종사하는 근로자의 쟁의행위는 국가의 존립과 사회·경제질서에 심각한 영향을 미치기 때문이다. 노조법(제41조 제2항, 제42조의2 내지 제42조의5, 제71조 제2항))은 방산업체 종사 근로자 중 전력·용수 및 주로 방산물자 생산업무에 종사하는 근로자와, 필수공익사업의 업무 중 그 정지·폐지가 공익을 현저히 해치는 업무로서 대통령령이 정하는 필수 유지 업무에 대한 쟁의행위는 금지했다. 헌법재판소는 특수경비원이 수행하는 경비업무의 정상적인 운영을 저해하는 쟁의행위를 금지하는 규정(경비업법 제15조 제3항)은 단체행동권의 침해가 아니라고 결정했다.[1)]

② **단체행동권의 내용 및 효과**

쟁의행위의 구체적인 내용은 집단적으로 노동력 제공을 거부하는 **동맹파업**, 의도적으로 작업능력을 떨어뜨리는 **태업**, 사용자가 생산하는 상품을 사지 않는 **불매운동**, 파업상태를 순찰 감시하는 **감시행위**, 생산시설을 점유해서 기업경영을 하는 **생산관리** 등이다. 이 중에서 생산관리는 사용자의 재산권에 대한 심각한 침해이므로 재산권 및 경제질서에 관한 헌법규정과 규범조화가 가능한 범위 내의 예외적인 수단이어야 한다.

근로자의 정당한 쟁의행위는 형사·민사책임을 발생시키지 않고, 사용자도 쟁의행위를 이유로 근로자를 해고하거나 불이익한 처우를 해서는 아니 되는 효과가 있다. 쟁의행위 기간 중의 근로자 대체제도는 당해 사업 내의 대체근로만 허용되고 근로자 파견은 원칙적으로 금지된다. 무기평등의 원칙에 따라 사용자가 불가피한 경우 **직장폐쇄**로 쟁의행위에 대항하는 것을 막을 수는 없다. 헌법재판소는 정당성을 결여한 집단적 노무제공 거부행위를 형법(제314조)의 위력업무방해죄로 처벌하는 것은 근로3권을 침해하지 않는다고 결정했다.[2)]

---

1) 헌재결 2009. 10. 29. 2007헌마1359; 헌재결 2023. 3. 23. 2019헌마937 참조.
2) 헌재결 1998. 7. 16. 97헌바23 참조.

③ 단체행동권의 한계

쟁의행위는 근로조건의 개선을 위한 목적으로, 이 목적을 달성하기 위한 가장 효과적인 방법으로 단체교섭이 실패한 때에 **조정·중재 등의 조정절차**를 먼저 거치고 법률이 정한 조정기간 내지 중재기간 등의 전치절차를 거친 후에 비폭력적인 방법으로 행사해야 하는 한계를 지켜야 한다. 따라서 명백한 정치적 목적의 쟁의행위(**정치적 파업**)는 쟁의행위의 한계를 벗어난 위법한 쟁의행위로 민·형사상의 책임을 면치 못한다. 헌법재판소는 사업장의 안전보호시설의 유지·운영을 정지·폐지·방해하는 행위를 처벌하는 노조법(제42조 제2항)규정은 단체행동권의 침해가 아니라고 결정했다.[1]

(마) 노동3권의 제한과 그 한계

근로자의 노동3권은 헌법(제37조 제2항)이 정하는 **과잉금지원칙**(목적의 정당성·수단의 적합성·침해 최소성·법익 균형성)을 존중해서 본질적 내용을 침해하지 않는 범위 내에서 법률로 제한할 수 있다. 따라서 노동조합의 조직을 금지하거나, 복수노조의 설립을 금지하고, 노조의 내부적인 인사 문제에 국가가 간섭하는 행위, 필수 유지 업무 지정권 내지 긴급 조정권의 남용 등 단체교섭 과정에 공권력이 부당하게 간섭해서 단체교섭의 자율성을 침해하는 행위, 쟁의행위를 필요 이상 제한하는 입법, 공무원의 노동3권을 원칙적으로 부정하는 입법, 주요 방산업체 종사 근로자들의 단체행동권을 전면적으로 부인하는 입법행위 등은 노동3권 제한의 한계를 벗어난 것이다. 그러나 공무원 노조의 쟁의행위를 금지하는 것은, 공무원이 국민 전체에 대한 봉사자이며 국민에 대하여 책임을 지도록 정한 헌법규정(제7조 제1항)과의 규범조화적인 관점에서 정당한 제한이라고 할 것이다. 교육노조의 쟁의행위를 금지한 것도 헌법(제31조 제1항)이 정한 국민의 교육을 받을 권리와의 규범조화의 관점에서 정당한 제한이다. 헌법재판소는 공익사업장의 쟁의 전에 거치도록 한 강제중재제도와 긴급중재제도는 상호보완적인 관계에 있는 불가피한 쟁의조정제도이며,[2] 필수공익사업장에서의 쟁의를 파업 전에 노동위원회의 직권중재로 해결하는 제도는 단체행동권의 과잉제한이 아니라고 결정했는데,[3] 그 후 직권중재제도는 폐지되었다. 또 노조 전임자에 대한 급여지급금지에 따른 절충안으로 노조 전임자에 대한 근로시간면제제도를 도입했는데도 노조가 이를 어기고 급여지급을 요구하면서 쟁의행위를 하지 못하게 정하

1) 헌재결 2005. 6. 30. 2002헌바83 참조.
2) 헌재결 1996. 12. 26. 93헌바17 등 참조.
3) 헌재결 2003. 5. 15. 2001헌가31 참조.

는 법규정(노조법 제24조 제5항)은 노사자치의 원칙 또는 단체교섭권과 단체행동권의 침해가 아니라는 헌법판례도 있다.[1] 반면에 헌법재판소는 청원경찰 업무의 공공성을 이유로 청원경찰의 구체적 직무내용 · 근무장소의 성격 · 근로조건이나 신분보장 등 여러 요소를 전혀 고려하지 않고 모든 청원경찰의 근로3권 전부를 획일적으로 제한하는 법규정(청원경찰법 제5조 제4항 중 관련부분)은 침해최소성과 법익균형성을 어긴 근로3권의 침해라고 결정했다.[2]

5) 인간다운 생활을 할 권리

(1) 인간다운 생활을 할 권리의 의의와 헌법상 기능

(가) 헌법규정의 내용과 의의

우리 헌법(제34조)은 모든 국민에게 인간다운 생활을 할 권리를 보장하면서(제1항) 이 권리의 실효성을 확보하기 위해서 국가의 여러 가지 사회정책적 의무를 함께 강조하고 있다. 즉 사회보장 · 사회복지의 증진에 노력할 의무(제2항), 여자의 복지와 권익향상을 위하여 노력할 의무(제3항), 노인과 청소년의 복지향상을 위한 정책실시 의무(제4항), 생활능력이 없는 국민을 보호해야 할 의무(제5항), 재해예방 및 재해위험으로부터 국민을 보호할 의무(제6항) 등이 그것이다.

이 헌법규정에서 말하는 '인간다운 생활을 할 권리'는 인간의 존엄과 가치를 지킬 수 있는 '**물질적인 최저생활을 할 수 있는 권리**'를 뜻한다. 즉 인간의 존엄과 가치를 지킬 수 없을 정도의 '**물질적인 궁핍으로부터 벗어날 수 있는 권리**'를 보장하는 것이다. 따라서 이 기본권을 그 이상 확대해석하는 것은 옳지 않다. 헌법재판소도 같은 관점에서 '인간다운 생활을 할 권리로부터는 인간의 존엄에 상응하는 생활에 필요한 '최소한의 물질적인 생활'의 유지에 필요한 급부를 요구할 수 있는 구체적인 권리가 상황에 따라서는 직접 도출될 수 있다고 할 수는 있어도, 이 기본권이 직접 그 이상의 급부를 내용으로 하는 구체적인 권리를 발생케 한다고는 볼 수 없다'고 판시했다.[3]

(나) 인간다운 생활을 할 권리의 헌법상 기능

인간다운 생활을 할 권리는 세 가지 헌법상 의의와 기능을 갖는다고 볼 수 있다.

---

1) 헌재결 2014. 5. 29. 2010헌마606 참조.
2) 헌재결 2017. 9. 28. 2015헌마653 참조.
3) 헌재결 1995. 7. 21. 93헌가14 참조.

즉 i) 우리 헌법의 최고가치인 인간의 존엄과 가치를 실현하기 위한 최소한의 방법적인 기초를 마련했다는 의의와 기능을 가진다. ii) 헌법이 추구하는 경제질서의 가치지표로 작용하면서 모든 국민이 자조적인 경제활동을 통해서 생활의 기본적인 수요를 충족하게 촉구하는 기능을 가진다. iii) 국가의 사회국가 실현의 의무와 방법을 제시하고 있다는 의의와 기능을 가진다. 헌법이 국가의 사회보장·사회복지증진 의무 등 다양한 사회정책적인 의무를 강조하고 있는 것도 이러한 기능을 뒷받침하고 있다.

(2) 인간다운 생활을 할 권리의 법적 성격

인간다운 생활을 할 권리의 법적 성격에 관해서는 프로그램(방침)규정설, 추상적 권리설, 구체적 권리설이 대립하고 있다.

생각건대 이들 학설은 모두 인간다운 생활을 할 권리의 헌법상 의의와 기능을 옳게 이해하고 있다고 보기 어렵다. 앞서 설명한 대로 인간다운 생활권은 인간의 존엄성을 실현하기 위한 최소한의 방법적인 기초를 마련하고, 경제생활과 관련된 기본권들의 이념적 기초로서 국가의 경제정책과도 불가분의 함수관계이며, 사회국가실현을 위한 국가의 여러 의무를 내포하는 국민의 구체적 권리라고 할 것이다. 구체적으로 **생활무능력자의 보호청구권**과 각종 **사회복지수혜권**을 내용으로 한다. 앞에 소개한 헌법재판소 판례도 인간다운 생활권에서 인간의 존엄에 상응하는 생활을 위한 최소한의 물질적인 생활 유지에 필요한 급부를 요구할 수 있는 구체적인 권리가 도출될 수 있다는 점을 분명히 하고 있다.

인간다운 생활권의 법적 성격은 국가의 당위적인 과제 내지는 국가의 존립근거의 이해와도 관련되는 문제이다. 즉 인간의 존엄과 가치의 보장을 최고이념으로 하는 헌법질서에서 생활무능력자에게 인간의 존엄에 상응한 물질적인 궁핍에서 벗어날 수 있도록 하는 것은 가장 본질적인 국가의 과제이고 의무라고 볼 수 있는데, 국가가 이러한 본질적인 과제와 의무를 다하지 못하는 경우 그 존립의 정당성이 문제될 수 있다. 헌법재판소가 생활무능력자에 대한 국가의 보호의무를 규정하고 있는 헌법 제34조는 모든 국가기관을 기속하므로 국가기관이 생계보호에 관한 입법을 전혀 하지 않았거나 그 내용이 현저히 불합리하여 헌법상 용인할 수 있는 재량의 범위를 명백히 벗어나면 위헌이라고 판시하는[1] 이유도 그 때문이다.

1) 헌재결 1997. 5. 29. 94헌마33 참조.

(3) 인간다운 생활을 할 권리의 내용

인간다운 생활을 할 권리의 내용은 생활무능력자가 국가에 물질적인 궁핍으로부터의 해방을 요구할 수 있는 권리와 국가의 사회국가실현의무를 그 내용으로 한다.

(가) 생활무능력자의 보호청구권

생활무능력자의 보호청구권이란 신체장애 · 질병 · 노령 기타 근로능력의 상실로 자신의 힘으로는 생활 유지의 능력이 없는 국민이 국가에 생계 보호 및 의료보호 등을 요구할 수 있는 구체적인 권리를 말한다. 이 권리의 실현을 위해서 국민기초생활보장법과 의료급여법 등 많은 사회보장법률을 제정 시행하고 있다. 그래서 생활이 어렵고 자활 능력이 없는 국민은 누구나 국가로부터 최저생계비를 지원받을 수 있게 되었다. 또 소득이 최저생계비에 못 미치는 가구는 국가로부터 생계급여와 수급자의 필요에 따라 주거 · 의료 · 교육 · 장제 · 해산 · 자활급여를 함께 받게 되었다.

(나) 국가의 사회국가 실현 의무

국가의 사회국가 실현 의무란 국민이 물질적인 궁핍과 재난으로 고통받는 일 없이 자신의 생활 설계에 의한 생활 유지가 가능하도록 사회보장제도를 마련할 의무를 말한다. 헌법이 국가에 부여한 여자 · 노인 · 청소년의 복지 및 권익향상과 재해예방 및 재해위험으로부터의 국민 보호의무는 합리적이고 **실효성 있는 사회보장정책**을 시행하도록 명한 것이라 할 수 있다. 따라서 국가는 적어도 모든 국민에게 최저한의 생계비와 양호를 보장하고, 지나친 빈부격차가 생기지 않도록 하며, 자신의 노력으로 성취한 생활 수준을 악화시키는 경제 · 사회 정책을 피하는 사회보장정책을 시행할 의무를 진다. 이러한 내용의 사회국가는 모든 생활수단을 국가가 나누어 주고 국민의 일상생활이 국가의 간섭과 규율을 받아야 하는 **배급국가** 내지는 **복지만능국가**와는 다르다. 자신의 생활을 자신의 책임 아래 설계하고 영위할 수 있는 것은 모든 자유의 핵심을 뜻하기 때문에 헌법이 추구하는 사회국가는 **자유의 조건으로서의 사회국가**이지 **자유의 대가로서의 사회국가**가 아니다. 이것이 바로 **사회국가실현의 방법적인 한계**이다. 사회국가를 실현하기 위해서 앞서 말한 생활보호청구권과 관련된 법률 이외에 사회보장기본법, 각종 연금법, 국민건강보험법, 산업재해보상보험법, 아동 · 노인 · 장애인 복지법 등을 시행하고 있다. 헌법재판소는 인간다운 생활을 할 권리를 실현해야 하는 사회국가의 요청 때문에 국민의 소득 중에서 최저생계비는 비과세대상이라는 점을 강조한다.[1)]

---

1) 헌재결 1999. 11. 25. 98헌마55 참조.

(4) 인간다운 생활을 할 권리의 제한과 그 한계

인간다운 생활을 할 권리에 속하는 생활무능력자의 보호청구권을 구체화하고 실현하는 것은 그 자체가 공공복리에 속하므로 헌법이 정하는 공공복리 등을 이유로 하는 제한은 이론적으로 성립할 수 없다. 그러나 인간다운 생활을 할 권리의 또 다른 내용인 국가의 사회국가실현의무는 공공복리 등의 이유로 제한할 수 있는데, 그 제한이란 국가의 재정 및 기금 사정 등을 고려한 단계적이고 점진적인 실현이 가능하다는 뜻이다. 헌법재판소도 국가가 사회복지정책의 구체적인 내용을 정하는 일은 넓은 형성의 자유에 속한다는 점을 강조하고 있다.[1] 그렇더라도 생활무능력자의 보호청구권을 충족하기 위한 정도의 사회보장 제도는 인간다운 생활을 할 권리의 본질적인 내용에 속하므로 국가의 재량결정 사항이 아니다.

7. 정치 · 사회생활영역의 보호

우리 헌법은 자유민주주의와 대의민주주의를 실현하고 사회통합을 촉진하기 위해서 참정권, 청원권, 언론 · 출판의 자유, 집회 · 결사의 자유 등 정치 · 사회생활 영역을 보호하는 기본권을 보장하고 있다. 우리 헌법이 이념적 지표로 삼고 있는 자유민주주의와 대의민주주의는 주권자인 국민이 국가권력의 원천으로 국가권력을 창설하고 모든 권력 행사에 정당성을 부여하는 통치의 메커니즘이므로 국민의 정치참여와 국가의 권력행사에 대한 지속적인 투입(input)은 필수 불가결의 요소이다. 따라서 국민의 참정권, 청원권, 언론 · 출판 · 집회 · 결사의 자유는 자유민주주의가 기능하기 위한 필수적인 기본권이다. 또 사회통합의 목표 달성은 사회구성원의 자유로운 소통과 접촉을 통해서 실현될 수 있으므로 헌법이 보장하는 이들 기본권은 사회통합의 수단이기도 하다.

1) 헌재결 1996. 10. 31. 93헌바55 참조.

1) 참정권

(1) 참정권의 의의와 헌법상 기능

(가) 참정권의 의의

참정권이라 함은 주권자인 국민이 정당설립 · 선거 · 공무담임 · 국민투표 등을 통해서 국가권력의 창설과 그 행사과정에 적극적으로 참여함으로써 자신의 정치적인 소신과 철학을 국정에 반영할 수 있는 권리를 말한다.

(나) 참정권의 헌법상 기능

참정권은 국가권력을 창설하고, 국민의 정치적인 공감대를 형성하며, 국정수행에 대한 투입(input) 수단적인 기능을 갖는다. 즉 i) 참정권은 자유민주주의와 대의민주주의 통치질서에서 주권자인 국민이 국가권력을 창설하고 국가권력에 정당성을 부여하는 불가피한 수단이다. 참정권을 배제하고는 국가권력의 정당성과 자유민주주의와 대의민주주의 통치질서를 생각할 수 없다. ii) 또 참정권은 정치철학을 같이 하는 동질집단이 정당을 조직하고 모든 국민이 자유로운 의사표현 · 집회 · 결사를 통해서 정치적인 공감대를 형성해 나가는 불가피한 수단이다. iii) 나아가 참정권은 주기적인 선거와 부단한 투입을 통해서 국민이 직접 국정에 참여하고 영향을 미치는 수단이기 때문에 **'국민의, 국민에 의한, 국민을 위한'** 통치를 실현하는 방법이기도 하다. 따라서 참정권이 단순한 주관적 공권에 그치지 않고 자유민주주의와 대의민주주의가 기능하기 위한 객관적 가치질서로서의 성격도 함께 갖는다. 헌법재판소도 참정권은 선거를 통해서 통치기관을 구성하고 그에 정당성을 부여하는 한편, 국민 스스로 정치형성과정에 참여하여 국민주권 및 대의민주주의를 실현하는 핵심적인 수단이라는 점에서 아주 중요한 기본권 중의 하나라고 설명하고 있다.[1)]

(2) 참정권의 행사 능력

참정권은 상징적으로 모든 국민의 권리이지만, 구체적인 참정권의 행사 능력은 헌법 또는 법률이 따로 정하고 있다. 즉 헌법(제67조 제4항)에서 대통령의 피선거권을 40세로 정하고, 공직선거법(제15조, 제16조)에서 대통령 선거권을 18세로 정하고 국회의원과 지방자치단체의 의회의원 및 장의 선거권과 피선거권을 18세로 정해 선거권과

1) 헌재결 1995. 5. 25. 91헌마67 참조.

피선거권의 행사 능력을 제한하고 있다. 또 헌법(제105조 제4항)과 법원조직법(제45조 제4항) 및 헌법재판소법(제7조 제2항)에 따른 법관 및 재판관의 정년제로 공무담임권의 행사능력도 제한하고 있다.

(3) 참정권의 내용

참정권은 구체적으로 정당설립 및 활동의 자유, 선거권, 공무담임권, 국민투표권 등을 그 내용으로 한다.

(가) 정당설립 및 활동의 자유

(a) 정당설립 및 활동의 자유의 의의

우리 헌법(제8조 제1항)은 '정당의 설립은 자유이며, 복수정당제는 보장된다'고 정당설립 및 활동의 자유를 보장하고 있다. 정당설립 및 활동의 자유는 정권획득 내지 영향력 행사를 목적으로 국민의 정치적 의사 형성에 참여하는 **계속적 정치결사체**인 정당을 자발적으로 조직하고 활동할 수 있는 자유이다. 정당은 국민의 정치적 의사 형성에 참여해서 국민과 국가권력의 매개체로 기능하므로 대의민주주의 통치질서에서 중요한 기능을 수행하고 있다. 오늘날 **정당민주주의**란 개념이 자주 사용되는 이유도 그 때문이다. 헌법재판소도 정당은 현대의 대의민주주의에 없어서는 안 될 중요한 공적 기능을 수행하고 있다고 강조한다.[1]

(b) 정당설립 및 활동의 자유의 내용

정당설립 및 활동의 자유는 정당설립과 정당 활동에 대한 국가의 간섭·통제로부터 자유로울 수 있는 **외향적 자유**와, 정당 당원이 정당 내에서 정치활동을 하는데 다른 당원의 간섭에서 자유로운 **내향적 자유**를 그 내용으로 한다. 정당설립 및 활동의 자유의 당연한 결과가 **복수정당제**의 보장이다. 정당설립허가제는 허용되지 않는다. 그러나 정당을 설립하려면 각 1천인 이상의 법정 당원 수를 가지는 5개 이상의 시·도당을 필요요건으로 정하고, 등록을 정당설립요건으로 정하며, 등록된 정당만이 정당 명칭을 사용할 수 있게 정하는 정당법 규정은 정당설립의 자유와 정당 활동의 자유 등 정당의 자유를 침해하지 않는다는 헌법판례가 있다.[2] 정당이 후원회를 통해서 정당 활동에 필요한 정치자금을 모금하는 것도 정당 활동에 속하므로 정당후원회 제도의 전면적인 금지는 정당 활동의 보장 정신에 어긋나기 때문에 그 대신 후원회의 모금 한

1) 헌재결 1996. 8. 29. 96헌마99 참조.
2) 헌재결 2022. 11. 24. 2019헌마445; 헌재결 2023. 9. 26. 2021헌가23 참조.

도를 제한하고 기부 내역을 완전히 공개하는 등 정치자금 투명성 확보 수단을 마련하는 것이 헌법정신에 부합한다는 헌법판례가 있다.[1] 정당 활동의 내향적 자유는 정당원이 될 수 있는 16세 이상의 국민이 자유롭게 정당에 입당·탈당하고 정당 내에서 자유로운 정치적인 의사 표현을 통해 정당의 정책 결정에 참여하고 정당 수뇌부의 당 운영에 대해서 비판하고 시정을 요구할 수 있는 자유이다. 정당 가입의 자유가 있다고 해도 복수정당의 당원이 되지 못하게 금지하는 것은 정당 가입·활동의 자유의 침해가 아니라는 헌법판례가 있다.[2]

(c) 정당활동의 기회균등

정당활동의 기회균등은 복수정당제도에 당연히 내포되어 있는데 선거제도에서 중요한 의미가 있다. 헌법재판소가 정당이 선거에서 기회균등을 보장받을 수 있는 정당활동의 기회균등의 보장은 헌법상 참정권 보장에 내포되어 있다고 판시하는 이유도 그 때문이다.[3] 그러나 정당활동의 기회균등은 절대적인 기회균등을 의미하지는 않으므로 정당의 선거득표율에 따라 국고보조금의 지급 등에서 상대적인 차별대우를 하는 것은 허용된다. 그렇더라도 국회의원 선거에서 의석을 얻지 못하고 유효투표총수의 2% 이상을 득표하지 못한 정당에 대한 등록취소제도는 과잉금지원칙에 반하는 정당설립의 자유의 침해라는 헌법판례가 있다.[4]

정당은 헌법(제8조 제2항)에 따라 그 '조직과 활동이 민주적이어야 하며, 국민의 정치적 의사형성에 필요한 조직을 가져야' 하므로 정당활동의 기회균등은 정당 내에서의 정치활동에서도 지켜져야 한다.

(d) 정당설립 및 활동의 자유의 헌법적 한계

헌법(제8조 제4항)은 정당활동의 헌법적 한계를 명시하고 있다. 즉 정당은 그 조직과 활동이 민주적이어야 하므로 '정당의 목적이나 활동이 민주적 기본질서에 위배될 때에는 정부는 헌법재판소에 그 해산을 제소할 수 있고, 정당은 헌법재판소의 심판에 의하여 해산'된다. 이러한 정당설립 및 활동의 자유의 헌법적 한계조항은 정당의 형태로 조직해 활동하면서 우리 헌법의 자유민주주의 헌법질서를 파괴하려는 정당에 대항하는 헌법의 자기방어적인 장치라고 볼 수 있다. 이처럼 위헌정당해산제도를 제도화

1) 헌재결 2015. 12. 23. 2013헌바168 참조.
2) 헌재결 2022. 3. 31. 2020헌마1729 참조.
3) 헌재결 1991. 3. 11. 91헌마21 참조.
4) 헌재결 2014. 1. 28. 22012헌마431 참조.

한 민주주의를 **방어적·투쟁적 민주주의**라고 부른다. 우리 헌정사상 처음으로 '통합진보당'이 위헌정당해산제도에 의해서 해산되었다.[1)]

(나) 선거권

(a) 선거권의 의의와 기능

우리 헌법(제24조)은 모든 국민의 선거권을 보장하고 있는데, 선거권은 주권자인 국민이 통치권을 담당하는 대의기관을 구성하기 위해서 투표를 통해서 주권을 행사하는 것을 말한다. 우리 헌법(제1조 제2항)이 규정한 국민주권의 참뜻은 주권자인 국민이 직접 통치권을 담당·행사해야 한다는 뜻이 아니라, 통치권 행사기관을 국민이 뽑아 국민이 그 통치기관의 권력 행사에 정당성을 부여한다는 뜻이다. 그래서 선거는 직접 민주주의가 아닌 **대의민주주의의 기능적인 전제조건**이다. 그래서 선거권은 주권자인 국민이 주권을 행사하는 주관적인 공권인 동시에 국민주권에 입각한 대의민주주의를 실현하기 위한 객관적 가치질서로서의 성격을 함께 갖는다.

(b) 선거권의 구체적인 내용

헌법은 모든 국민에게 대통령선거권(제67조 제1항), 국회의원선거권(제41조 제1항)을 부여하면서 선거권의 구체적인 내용은 법률로 정하도록 했는데(제24조), 공직선거법(제15조)은 18세가 된 모든 국민은 대통령, 국회의원, 지방의회의원 및 지방자치단체장의 선거권을 갖도록 정했다. 선거권을 행사할 수 있는 나이는 점점 낮아지는 것이 세계적인 경향이다.

(c) 선거권과 선거제도

우리 헌법(제41조 제1항, 제67조 제1항)은 선거제도의 기본원칙으로서 보통·평등·직접·비밀선거의 원칙만을 명시하고 있지만 자유선거의 원칙도 당연히 함께 포함된다고 보아야 한다. 이것을 **민주적 선거법의 5대 기본원칙**이라고 부르며 민주국가의 선거제도는 이 기본원칙을 존중하는 내용으로 마련되어야 한다. **보통선거**는 선거권자이면 누구나 선거할 수 있어야 하고, **평등선거**는 선거권자의 선거를 위한 투표가 모두 산술적·성과적으로 같은 가치를 가질 수 있도록 투표가치가 평등해야 하며, **직접선거**는 선거권자가 직접 선출될 사람을 뽑을 수 있어야 하고, **비밀선거**는 선거권자의 투표내용이 외부에 공개되어서는 아니 되며, **자유선거**는 선거권자가 자유의사에 의해서 선거권의 행사 여부 및 선거내용을 정할 수 있어야 하는 것을 말한다. 이러한 선거법의

1) 헌재결 2014. 12. 19. 2013헌다1 참조.

5대 기본원칙을 어기는 선거제도는 선거권을 침해하는 위헌이다. 선거제도에 관한 입법권자의 입법형성권은 이 5대 기본원칙을 어기지 않아야 하는 한계를 갖는다.

따라서 법률로 지나치게 넓은 결격사유를 정해서 선거권 행사를 제한하는 것은 허용되지 않는다. 특히 수형자와 전과자의 선거권을 제한하는 선거제도가 문제된다. 형사책임과 주권 행사는 헌법이론적으로 전혀 다른 차원의 문제이기 때문이다. 공직선거법(제18조)은 형의 집행유예를 받은 사람을 제외한 1년 이상의 징역 또는 금고형의 선고를 받은 사람의 선거권을 제한했다. 또 선거범으로 100만원 이상의 벌금형이 확정된 후 5년을 지나지 않은 자 또는 선거범으로 받은 집행유예의 선고가 확정된 후 10년을 지나지 않은 자의 선거권을 제한하고 있다.

헌법재판소는 1년 이상의 실형을 선고받고 그 집행이 종료되지 않은 사람은 가석방처분 여부와 관계없이 선거권을 제한하는 공직선거법(제18조 제1항 제2호)은 과잉금지원칙에 어긋나지 않아 선거권의 침해가 아니라고 결정했다.[1] 그리고 선거범에 대한 선거권 제한은 선거의 공정성 확보, 법원의 합리적 평가의 가능성, 제한되는 선거권 횟수의 제한성 등을 종합적으로 고려할 때 선거권의 침해로 볼 수 없다고 결정했다.[2]

(다) 공무담임권

(a) 공무담임권의 의의와 기능

우리 헌법(제25조)은 모든 국민에게 공무담임권을 보장하고 있는데, 공무담임권은 선거직·임명직 등 모든 공직에 취임할 수 있는 권리를 말한다. 이 공직취임권은 주권자인 국민에게 직접 국정의 담당자로서 정책결정에 참여하도록 참정권을 행사할 수 있는 길을 열어놓고 있다는 의의가 있다.

(b) 공무담임권의 내용

공무담임권은 현실적인 권리가 아니라 모든 국민에게 **공무 담임의 기회를 보장**하고 취임한 공직을 부당하게 박탈당하지 않도록 보장하는 것이다. 헌법(제24조)은 공무담임권의 구체적인 내용을 법률로 정하도록 했기 때문에 공직 취임의 조건으로 피선거권과 선거에서의 당선, 공직채용 시험의 합격 등 주관적인 전제조건을 정해서 공직취임을 제한하는 것은 공무담임권에 내포된 당연한 제약이다. 그러나 5급 공무원 공채시험 응시연령 상한을 32세까지로 제한하는 것은 32세 이상 국민의 공무담임권의 침

1) 헌재결 2017. 5. 25. 2016헌마292 등 참조.
2) 헌재결 2018. 1. 25. 2015헌마821 참조.

해이고,[1] 자격정지 이상의 형의 선고유예를 받으면 군공무원직과 경찰공무원직에서 당연히 제적하도록 정한 관련법 규정은 과잉금지원칙에 어긋나 공무담임권의 침해이며,[2] 아동·청소년 이용 음란물임을 알면서 이를 소지한 죄로 형을 선고받아 그 형이 확정된 사람은 국가·지방의 일반직 공무원으로 임용하지 못하게 정한 관련 법규정은 침해최소성을 어긴 공무담임권의 침해이고,[3] 국가공무원이 피성년 후견인이 되면 곧바로 당연퇴직하게 해서 공무원 신분을 박탈하는 국가공무원법 규정은 침해최소성과 법익균형성을 어긴 공무담임권의 침해라는[4] 헌법판례가 있다. 그 밖에도 과거 3년 이내의 모든 정당원 경력을 예외 없이 법관임용 결격사유로 정한 법원조직법 규정은 과도하게 공직취임의 기회를 제한하는 것이어서 과잉금지원칙에 어긋나 공무담임권을 침해한다는 결정도 있다.[5] 공무원의 승진기대권은 공직신분의 유지나 업무수행과 같은 법적 지위에 직접 영향을 미치는 것이 아니고, 간접적·사실적 또는 경제적 이해관계에 영향을 미치는 것에 불과해 공무담임권의 보호영역에 포함되지 않으며,[6] 공무원이 특정 장소에서 특정 보직을 받아 근무하는 공직 수행의 자유도 공무담임권의 보호영역에 포함되지 않는다는 헌법판례가 있다.[7]

(라) 국민투표권

국민투표권이란 주권자인 국민이 특정한 국정사안의 결정에 직접 참여함으로써 직접적으로 주권을 행사할 수 있는 권리를 말한다. 국민투표권은 **직접민주주의의 수단**이어서 대의민주주의를 채택하고 있는 우리 헌법질서에서는 하나의 예외적인 참정권의 유형이다. 우리 헌법은 **필수적 국민투표제도**(제130조 제2항, 제3항)와 **임의적 국민투표제도**(제72조)를 통해서 모든 국민에게 국민투표권을 보장하고 있다. 즉 헌법개정안에 대한 국민투표제도는 전자이고, 외교·국방·통일 기타 국가안위에 관한 중요정책에 대한 국민투표제도는 후자이다. 헌법개정안은 국회의 의결 후에 반드시 국민투표를 통해서만 확정되므로 필수적인 헌법개정 절차이지만, 임의적 국민투표는 대통령이 국민투표의 필요성을 인정해서 국민투표에 부치는 경우에만 거치게 되는 임의적인 정

---

1) 헌재결 2008. 5. 29. 2007헌마1105 참조.
2) 헌재결 2003. 9. 25. 2003헌마293; 헌재결 2004. 9. 23. 2004헌가12 참조.
3) 헌재결 2023. 6. 29. 2020헌마1605 참조.
4) 헌재결 2022. 12. 22. 2020헌가8 참조.
5) 헌재결 2024. 7. 18. 2021헌마460 참조.
6) 헌재결 2010. 3. 25. 2009헌마538 참조.
7) 헌재결 2008. 6. 26. 2005헌마1275 참조.

책결정 절차이다. 우리 헌법은 직접민주주의의 또 다른 제도인 국민발안제도와 국민소환제도는 채택하지 않았지만, 우리 헌정의 현실에 비추어 이 중 국회의원이나 지방의회의원에 대한 국민소환제는 도입할 필요가 있다고 생각하지만 헌법개정을 통해서만 가능한 일이다.

(4) 참정권의 제한과 그 한계

참정권도 기본권 제한입법의 한계 규정에 따라 과잉금지원칙에 어긋나지 않는 범위 내에서 제한할 수 있지만, 헌법(제13조 제2항)은 소급입법에 의한 참정권 제한을 금지하고 있다. 참정권은 선거권과 공무담임권 및 정당가입 나이의 제한 등 참정권의 행사능력을 제한하는 법률에 의해서도 제한되지만 그것은 **기본권 실현과 행사절차에 관한 법률유보**에 따른 것이어서 불가피하다. 다만 참정권의 행사 절차에 관한 법률로 참정권을 지나치게 제한하는 것은 허용되지 않아 위헌이다. 따라서 공직선거에 입후보하려면 과다한 고액의 기탁금을 내도록 함으로써 경제력이 약한 계층의 참정권을 제한하는 선거제도는 위헌이며,[1] 국회의원 비례대표 후보자에게도 지역구 후보자와 동일한 액수의 기탁금을 규정하는 법조항은 공무담임권의 침해이고,[2] 언론인의 선거운동은 그 기간·방법·태양 등을 불문하고 모두 금지하고 언론인이 언론매체를 이용하지 않고 업무외적으로 개인적인 판단에 따른 선거운동조차 할 수 없도록 하는 선거법 규정은 정당가입이 허용되는 언론인의 선거운동의 자유의 침해[3]라는 것이 헌법재판소의 판례이다.

2) 청원권

(1) 청원권의 의의와 그 헌법상 기능

(가) 청원권의 의의

우리 헌법(제26조)은 '모든 국민은 법률이 정하는 바에 의하여 국가기관에 문서로 청원할 권리를 가진다. 국가는 청원에 대하여 심사할 의무를 진다'고 청원권을 보장하고 있다. 청원권이란 국민이 공권력과의 관계에서 일어나는 여러 가지 이해관계 또는 국가정책에 관해서 자신의 의견이나 희망을 진술할 수 있는 권리를 말한다.

---

1) 헌재결 1989. 9. 8. 88헌가6 참조.
2) 헌재결 2016. 12. 29. 2015헌마1160 등 참조.
3) 헌재결 2016. 6. 30. 22013헌가1 참조.

(나) 청원권의 헌법상 기능

청원권은 국민의 모든 생활영역에서 중요한 기능을 수행하고 있다. 즉 i) 청원권은 국민적 관심사를 국가기관에 표명할 수 있는 수단이다. 국민은 언론·출판·집회·결사를 통해서도 관심사를 표명할 수 있지만, 청원에 대해서는 국가가 심사할 의무를 진다는 점에서 더 효과적인 수단이다. ii) 청원권은 국민과 국가기관의 기능적인 유대를 지속 내지 강화할 수 있는 수단이다. 특히 국민의 대변자로 자처하는 국회는 청원을 통해서 국민의 관심사를 확인하고 입법의 자료로 삼을 수도 있고 다른 국가기관에 넘겨 정책에 반영할 수 있도록 촉구함으로써 국민의 대변자 역할에 충실할 수 있다. iii) 청원은 국가기관의 정책수행에 대한 통제수단이다. 즉 특히 입법의 미비나 행정상의 비리와 부조리 현상에 대한 청원은 관련 기관이 자기통제와 시정을 하게 하는 강력한 동인으로 작용한다. iv) 청원권은 제한적이긴 하지만 비정상적인 권리구제수단이다. 정상적인 권리구제절차가 당사자적격, 소의 이익, 출소기간, 전심절차 등 엄격한 절차와 형식을 지켜야 하는 것과 달리 청원은 그러한 절차와 형식에 구애받지 않고 권리를 구제받을 수 있는 수단이다. 국민권익위원회와 지방자치단체의 시민고충처리위원회가 그런 역할을 하고 있다.

(2) 청원권의 법적 성격

청원권은 그 다양한 기능에서 보듯이 매우 **복합적인 성격의 기본권**이다. 즉 청원권은 관심사에 관해서 자유롭게 의견이나 희망을 진술할 수 있는 자유권적 성격과, 국가가 청원에 대한 심사의무를 지게 하는 청구권적 성격, 국가의 자기통제를 촉구하는 투입(input) 수단적 성격, 비정상적인 권리구제수단으로서의 기본권 보장적 성격 등을 함께 갖는다.

(3) 청원권의 내용

청원권은 국민이 공권력과의 관계에서 일어나는 여러 가지 이해관계 또는 국가정책에 관해서 국가기관·지방자치단체와 그 소속기관·공적인 기능을 수행하는 법인·단체 또는 그 기관이나 개인에 문서로 의견이나 희망을 진술할 수 있는 권리를 그 내용으로 한다. 청원권의 구체적인 내용은 **청원방해금지**, 청원을 이유로 하는 **불이익처분금지**, **청원수리 및 심사요구권** 등이다. 이러한 청원권을 구체화한 청원법(제9조)은 국가기관이 청원의 수리·심사는 물론 처리·통지의무까지 지도록 했다.

(가) 청원처리기관과 청원사항

입법부·행정부·사법부를 포함해서 지방자치단체와 그 소속기관 또는 행정권을 위임·위탁받은 법인·단체 또는 그 기관이나 개인 등 청원대상 기관은 모두 청원처리기관이다. 청원법(제3조, 제9조)은 모든 청원대상 기관이 그 소관 업무에 관해서 청원을 처리할 수 있다고 정했다.

청원법(제4조)이 정하는 청원 사항은 피해의 구제, 공무원과 관련된 사항, 입법에 관한 사항, 공공제도 및 시설에 관한 사항, 기타 공공기관의 권한에 속하는 사항 등 광범위하다. 반면에 청원법(제5조)은 불수리사항도 정하고 있다. 즉 i) 다른 법령에 따른 조사·불복·구제 절차가 진행 중인 사항, ii) 허위사실로 타인을 형사 또는 징계처분 받게 하거나 국가기관 등의 중상모략 사항, iii) 사인 간의 권리관계 또는 개인의 사생활에 관한 사항, iv) 청원인의 성명·주소 등이 불분명하거나 내용이 불명확한 청원사항 등은 수리하지 않고 불수리 사유를 명시해서 통지해야 한다. 같은 내용의 청원을 같은 기관에 반복해서 하는 청원은 허용되지 않는다(법 제8조). 그리고 타인을 모해하는 허위사실의 청원은 금지하고 있다(법 제11조).

(나) 청원의 절차와 방법

헌법은 청원을 **문서**로 하도록 정해 구두 청원은 허용하지 않는다. 그 밖에 청원의 방법과 절차는 청원법에서 자세히 규정하고 있다. 즉 청원서에는 청원의 이유·취지를 명시하고 필요한 참고자료를 첨부한 후 청원인의 성명·주소 또는 거소 등을 기재하고 서명해야 하는데 공동청원의 경우에는 3인 이하의 대표자를 선임해서 청원서에 표시해야 한다(법 제6조). 청원서는 청원사항을 관장하는 기관에 제출하고, 어떤 처분 또는 처분의 시정을 요구하는 청원은 처분 관서에 제출해야 한다(법 제7조 제1항). 국회에 대한 청원은 국회의원의 소개를 받거나 국회규칙으로 정하는 일정한 수의 국민의 동의를 받도록 했는데(국회법 제123조 제1항-제3항) 헌법재판소는 이 규정이 청원권의 침해가 아니라고 결정했다.[1)]

(다) 청원의 효과

헌법에 따라 청원서가 제출되면 그것을 받은 기관이 접수·수리·심사할 의무가 생긴다는 것이 청원의 1차적인 효과이다. 정부에 제출된 청원서가 정부의 정책관련 사항이면 그 청원의 심사는 국무회의의 심의사항이다(제89조 제15호). 청원서를 접수한

1) 헌재결 2006. 6. 29. 2005헌마604 참조.

모든 주관 관서는 청원사항을 성실·공정·신속하게 심사·처리하고 원칙적으로 90일 이내에 그 결과를 청원인에게 통지해 주어야 한다(법 제9조 제1항, 제3항). 부득이한 사유가 있으면 60일의 범위에서 한번만 처리기간의 연장이 허용되지만, 이 경우 그 사유와 처리 예정 기간을 지체없이 청원인에게 통지해야 한다(법 제9조 제4항). 청원이 이 기간 내에 처리되지 않으면 청원인은 청원을 관장하는 기관에 이의신청을 할 수 있다(법 제9조의2). 청원인에 대한 처리통지는 심사·처리한 내용을 알려야 하지만 법률에 특별한 규정이 없는 한 그 처리이유를 밝혀야 할 의무는 없고 그 청원을 어떻게 처리하였거나 처리하려 하는지를 알 수 있는 정도의 통지로 충분하다고 하는 것이 헌법재판소의 견해이다.[1] 국회에 대한 청원에 대해서는 그 처리절차와 효과를 국회법(제124조 제1항, 제126조 등)에서 자세히 정하고 있다. 청원법(제12조)에 따라 누구든지 청원을 했다는 이유로 차별대우를 받거나 불이익을 강요당하지 않는 것도 청원의 또 다른 효과이다. 그러나 청원법(법 제13조)은 모해목적의 청원을 금지하는 규정(법 제11조)을 어긴 사람은 형사처벌의 대상이 된다는 점도 밝히고 있다.

(4) 청원권의 제한과 그 한계

청원권은 기본권 제한입법의 한계규정에 따라 과잉금지원칙을 어기지 않는 범위 내에서 제한할 수 있다. 청원법에서 정하는 청원금지사항과 반복청원의 금지는 청원권의 제한에 해당한다. 그러나 청원권의 제한은 언제나 합당한 사유로 이루어져야 하고, 제한의 방법도 적당해야 하며, 제한의 정도도 필요한 최소한에 그쳐야 한다. 따라서 청원금지사항도 아닌 청원서의 수리·심사를 원칙적으로 거부하는 것은 위헌이며, 청원처리를 무기한 지연시키고 그 처리결과를 통지하지 않아도 되게 정하는 입법은 청원권의 본질적 내용의 침해이다.

3) 언론·출판의 자유

우리 헌법(제21조)은 '모든 국민은 언론·출판의 자유와 집회·결사의 자유를 가진다'고 언론·출판의 자유와 집회·결사의 자유를 함께 보장하고 있는데, 언론·출판과 집회·결사는 다 함께 의사표현의 수단이라는 공통점에도 불구하고 그 내용과 행사 방법이 전혀 따르기 때문에 나누어서 설명하기로 한다.

언론·출판의 자유는 흔히 **표현의 자유**라고 불리는 것처럼 모든 국민이 자유로운

1) 헌재결 1994. 2. 24. 93헌마213 참조.

의사표현을 통해서 국민 상호 간에 소통하며 국가에 대해서도 지속적인 투입을 함으로써 국정이 국민의 의사와 멀어지는 것을 견제하는 중요한 수단이다. 언론·출판의 자유는 민주시민이 자유민주국가에서 갖는 핵심적인 기본권이다.

(1) 언론 · 출판의 자유의 헌법상 의의와 기능

언론·출판의 자유는 개성 신장의 수단이며, 사회통합을 위한 여론형성의 촉진 수단이고, 자유민주주의 통치질서의 가능적인 전제조건이다.

(가) 인간의 존엄성을 위한 개성 신장의 수단

언론·출판의 자유는 우리 헌법이 전제로 하는 자주적 인간의 정치·경제·사회·문화·지적인 개성신장의 수단으로서의 의의와 기능을 갖는다. 모든 국민에게 의사표현의 자유를 보장함으로써 누구나 모든 생활영역에서 자유롭게 견해를 밝힐 수 있도록 하는 것은 국민에게 자기실현에 필요한 '생명의 공기'를 공급해 주는 것이라고 할 수 있다.

(나) 사회통합을 위한 여론형성의 촉진수단

언론·출판의 자유는 국민 상호 간에 의사 접촉을 가능하게 하고 여론형성을 촉진해 사회를 동화·통합시키는 수단으로서의 의의와 기능을 갖는다. 자유로운 의사 접촉 없이는 여론형성도 사회통합도 불가능하다.

(다) 자유민주적 통치질서의 기능적 전제조건

언론·출판의 자유는 자유민주주의 통치질서가 성립하고 기능하기 위한 필수적인 전제조건으로서의 의의와 기능을 갖는다. 언론·출판의 자유를 통해서 자유로운 의사표현과 정보의 교환에 의한 여론을 형성하고, 여론의 투입(input) 통로를 열어 지속적인 국정평가를 가능하게 하는 것은 자유민주주의 실현을 위한 불가결한 전제조건이다. 언론·출판의 자유의 보장상황은 자유민주주의의 성숙도를 평가하는 중요한 가치 기준이라고 할 것이다. 헌법재판소도 언론·출판의 자유는 자유민주주의의 존립과 발전에 필수불가결한 기본권이며 이를 최대한으로 보장하는 것은 자유민주주의 헌법의 기본원리의 하나라고 설명한다.[1)]

(2) 언론 · 출판의 자유의 법적 성격

언론·출판의 자유는 국가권력의 간섭과 방해를 받지 않는 자유로운 의사표현을

1) 헌재결 1992. 6. 26. 90헌가23 참조.

통해서 여론형성에 참여하고, 자신의 의견을 정하는데 필요한 정보를 수집·활용할 수 있는 주관적 공권의 성격을 갖는다. 그러나 언론·출판의 자유는 주관적 공권에 그치지 않고 의사표현과 여론형성 그리고 정보의 수집·전달을 통해서 국민의 정치적 공감대에 바탕을 둔 민주정치를 실현하고 사회적 통합을 이루기 위한 객관적 가치질서로서의 성격을 함께 갖는다. **언론·출판의 자유의 양면성이** 바로 그것이다. 언론·출판의 자유의 양면성은 언론·출판의 자유의 구체적인 내용에 따라 그 중점과 비중이 다르게 나타난다. 즉 의사표현의 자유와 알 권리에서는 주관적 공권의 성격이 강하게 나타나지만, 보도의 자유에서는 오히려 그 객관적 가치질서의 성격이 보다 강하게 나타난다.

객관적 가치질서로서의 언론·출판의 자유는 **자유언론제도의 보장**을 통해서 비로소 그 기능을 다 할 수 있다. 자유언론제도는 매스 미디어(mass media)의 다원적 구조와 언론기관 내부조직의 민주화를 통해서 다양한 의견들을 균형 있게 표출할 수 있는 의사표현의 통로를 열어놓고, 여론형성의 과정을 보호함으로써 실현할 수 있다. 따라서 사회 내의 다양하고 서로 다른 의견이 굴절 없이 그대로 표현될 수 없고, 여론형성이 인위적으로 조작될 위험성이 따르는 언론기관의 독과점현상은 객관적 가치질서로서의 언론·출판의 자유와 조화될 수 없을 뿐 아니라 자유언론제도에 대한 심각한 위협이다.

(3) 언론 · 출판의 자유의 내용

언론·출판의 자유는 의사표현의 자유, 정보의 자유(알 권리), 보도의 자유, 보도매체접근이용권(access권)의 네 가지를 그 내용으로 한다.

(가) 의사표현의 자유

(a) 의사표현의 자유의 의의와 내용

의사표현의 자유는 자신의 의사를 자유롭게 표현하고 전달하며, 자신의 의사표명을 통해서 민주적인 여론형성에 참여할 수 있는 권리를 말한다. 의사표현과 전달의 형식 및 매개체는 어떤 형태이건 제한이 없다. 따라서 언어·문자·도형·전단·플래카드·현수막·제스처·상징물·표지·광고·비디오물·인터넷 등을 이용한 의사표현이 모두 포함된다. 음란표현도 언론·출판의 자유의 보호영역이라는 것이 헌법재판소의 판례이다.[1)]

의사표현의 자유는 그 내용을 **소극적인 자유**와 **적극적인 자유**로 나눌 수 있다. 즉

1) 헌재결 2006. 5. 28. 2006헌바109 등 참조.

공권력의 간섭·방해를 받지 않고 자신의 의사를 자유롭게 표현하고 전달할 수 있는 자유는 소극적인 내용이고, 자신의 의견표명을 통해서 민주적인 여론형성에 참여할 수 있는 자유는 적극적인 내용이다. 의사표현의 자유는 이 두 가지 내용이 다 중요하지만, 같은 의사표현이라도 민주적인 여론형성과의 관계가 크면 클수록 그 보호의 가치가 커진다고 할 수 있다. 민주정치는 여론정치이고 건전한 여론형성은 국민의 적극적인 참여가 중요하기 때문이다. 특히 대의민주정치의 기능적인 전제조건인 선거 기간 중에는 정당의 정책이나 후보자의 행적 및 인품에 대한 검증이나 의견표명을 통한 여론형성을 더욱 폭넓게 보호해야 한다. 헌법재판소가 공직선거법상의 지나친 정치적 의사표현의 제한규정들에 대해서 위헌결정을 하는 것은[1] 바람직하다. 그러나 국민을 속이기 위한 거짓표현과 악의적인 험담은 건전한 민주적인 여론형성을 왜곡할 가능성이 커 오히려 해가 되기 때문에 그 보호가치가 줄어 들 수밖에 없다.

(b) 의사의 개념

의사표현의 자유에서 말하는 '의사'의 개념에 대해서는 **평가적 의사설**과 **사실전달 포함설**이 대립하고 있다.

생각건대 표현자의 주관이 배제된 '단순한 사실의 전달'과 주관이 가미된 '평가적인 의사'를 확실하게 구별하기는 쉽지 않다. '단순한 사실의 전달'이라도 전달할 사실을 선택하는 그 자체가 이미 주관이 작용한 것으로 볼 수 있기 때문이다. 그래서 엄격한 의미에서는 표현하는 사람의 주관적인 평가인 '평가적인 의사'만이 의사의 개념에 포함되지만, '사실의 전달'이라도 전달자의 평가적인 요소가 많이 가미되어 '평가적인 의사'로서의 성격이 강하게 나타나면 의사의 개념에 포함된다고 할 수 있다. 그 결과 의사표현의 자유는 원칙적으로 **합리적인 사고과정을 거친 '평가적인 의사'를 표현·전달**하고, 그 의사표현을 통해서 민주적인 여론형성에 직접 참여할 수 있는 자유를 보호하기 위한 것이라고 보아야 한다. 이 경우 '평가적인 의사'의 수준과 설득력은 중요하지 않다고 할 것이다.

(나) 알 권리(정보의 자유)

(a) 알 권리의 의의와 내용

알 권리란 일반적으로 접근할 수 있는 정보원으로부터 의사형성에 필요한 지식과 정보를 수집하고 수집한 정보를 취사·선택할 수 있는 권리를 말한다. 의사표현의 자

1) 헌재결 2022. 7. 21. 2017헌가1 등(병합) 참조.

유는 알 권리를 통해서 의사형성에 필요한 지식과 정보를 가지고 있을 때만 그 실효성을 기대할 수 있다. 헌법재판소는 알 권리를 법률로 구체화하는 것이 바람직하지만 알 권리는 법률이 없어도 헌법에 따라 **직접 보장되는 권리**라고 설명하고 있다.[1]

(b) 알 권리의 헌법상 의의와 기능

i) 알 권리 내지 정보의 자유에서 정보는 의사형성의 기초자료를 뜻하므로 의사표현의 선행조건으로서의 의의를 갖는다. ii) 또 누구나 관심사에 대해서 정보를 수집하고 알고자 노력하는 것은 자주적인 인간의 당연한 자기실현의 수단이기도 하다. iii) 나아가 생활에 필요한 정보를 빠르게 알게 되는 것은 경제적인 이익이 될 수도 있으므로 생활권적인 의미도 갖는다. 오늘의 정보가 어제의 자본과 같다고 평가되는 이유도 그 때문이다. iv) 그리고 정치현실과 사회현상에 대해서 정확히 아는 것은 올바른 판단의 기초이고 바른 판단으로 민주적인 여론형성에 기여할 수 있다는 뜻에서 참정권적인 의미도 갖는다.

(c) 알 권리와 정보의 공개

알 권리 내지는 정보의 자유는 정보의 취득을 통해서 의사를 형성하고 의사표현을 하기 위한 선행조건이므로 국가가 모든 정보를 차단하는 것은 알 권리를 침해하는 위헌적인 조치이다. 그래서 국민은 알 권리를 근거로 국가기관에게 필요한 정보의 공개를 요구할 수 있다. 그러나 국가의 모든 정보를 다 공개하라고 요구할 수는 없다. 국가안보나 중대한 공익을 위해서 공개할 수 없는 정보도 있기 때문이다. 따라서 정보공개는 알 권리와 정보봉쇄를 불가피하게 하는 공익과의 규범조화가 가능한 범위 내에서만 가능하다고 할 것이다. 헌법재판소는 국민이 국가기관이 갖는 정보자료의 공개를 요구할 경우 타인의 사생활이나 공익을 침해하는 사항이 아닌 한 공개해야 한다고 결정했다.[2] 또 변호사시험 성적 비공개는 입법목적 달성을 위한 적절한 수단이 아니며 침해 최소성과 법익균형성을 어겨 알 권리(정보공개청구권)를 침해한다고 결정했다.[3] 정보공개법에서 정보공개의 대상과 한계를 정하고 있다.

(d) 일반적으로 접근할 수 있는 정보원

일반적으로 접근할 수 있는 정보원이란 그 수를 예상할 수 없는 불특정 다수인에게 개방된 정보원을 말한다. 신문 · 잡지 · 방송 · TV · 인터넷 · sns · youtube · 뉴스영화 ·

---

1) 헌재결 1991. 5. 13. 90헌마133 참조.
2) 헌재결 1989. 9. 4. 88헌마22 참조.
3) 헌재결 2015. 6. 25. 2011헌마769 참조.

기록영화·공공도서관의 소장도서 등이 그 대표적인 예이다. 일반적으로 접근할 수 있는 정보원의 이용에 일정한 대가를 요구하는 것은 허용되지만, 접근을 지나치게 어렵게 하거나 정보수집을 불가능 내지는 힘들게 하는 국가시책은 알 권리 내지 정보의 자유의 침해가 될 수 있다. 헌법재판소는 미결수용자가 자비로 신문을 구독하는 것은 일반적으로 접근할 수 있는 정보에 대한 접근권의 행사이지만 신문의 일부 기사를 삭제하는 교도소장의 행위는 알 권리의 과잉제한이 아니라고 결정했다.[1] 반면에 정치자금법상 회계자료의 열람기간을 공고일부터 3월간으로 제한한 것은 열람기간을 지나치게 짧게 정한 것이어서 침해 최소성과 법익균형성을 어겨 알 권리를 침해한다고 결정했다.[2]

(다) 보도의 자유

(a) 보도의 자유의 의의와 기능

보도의 자유란 출판물 또는 전파매체 내지 인터넷으로 의사를 표현하고 사실을 전달함으로써 민주적인 여론형성에 참여할 수 있는 자유를 말한다. 흔히 **매스컴**(mass communication)**의 자유**라고 부른다. 보도의 자유는 '평가적인 의사표현'만이 아니라 '단순한 사실의 전달'을 함께 내포하고 있고 의사표현과 의사전달의 수단으로 출판물·전파매체·인터넷 등을 이용한다는 점이 그 특징이다. 보도의 자유는 그 의사표현을 전달하는 매개체가 광범위하며 신속한 전파력을 갖고 높은 정보효과가 있어 여론형성에 미치는 영향이 매우 커서 사회통합과 국가권력을 감시·통제하는 중요한 기능을 맡고 있다. 자유언론제도의 확립이 필요한 이유이다. 따라서 보도의 공정성과 보도기관의 자주성 및 독립성, 다원성 및 민주적인 구조 등을 해치는 **언론기관의 독과점현상**은 자유언론제도에 배치된다. 그렇다고 해서 언론기업의 소유 제한을 지나치게 좁게 정하는 것은 허용되지 않는다. 헌법재판소가 이종미디어(신문·통신·방송) 간의 겸영금지는 허용되지만, 모든 일간신문의 지배주주에게 신문의 복수 소유를 일률적으로 금지하는 것은 신문의 자유를 침해하는 위헌이라고 결정한[3] 이유도 그 때문이다.

(b) 보도의 자유의 내용

보도의 자유는 출판물에 의한 보도의 자유와 전파매체에 의한 보도의 자유를 그 내용으로 한다.

---

1) 헌재결 1998. 10. 29. 98헌마4 참조.
2) 헌재결 2021. 5. 27. 22018헌마1168 참조.
3) 헌재결 2006. 6. 29. 2005헌마165 등 참조.

① 출판물에 의한 보도의 자유

출판물에 의한 보도의 자유는 신문·잡지·통신 등 활자로 표현되는 출판물에 의한 언론의 자유를 말한다. 보도·논평·여론 등을 전파할 목적으로 기사를 취재·편집하고 신문을 발행해서 보급하는 **신문의 자유**가 대표적이다. 신문의 자유는 구체적으로 신문발행의 자유, 신문 편집·보도의 자유, 취재의 자유, 신문보급의 자유 등이 그 내용이다.

신문에 관한 신문법(제2조 제1호, 제2호)은 신문을 모든 분야에 관한 보도·논평·여론 및 정보 등을 전파하기 위하여 같은 명칭으로 월 2회 이상 발행하는 간행물이라고 정의하면서 일간·주간·일반·특수신문 및 인터넷 신문으로 구분해서 정의하고 있다.

㉠ 신문발행의 자유

신문발행의 자유에도 불구하고 현실적으로 여러 가지 제약을 받고 있다. 즉 신문법(제9조, 제13조 제3항)은 등록한 법인만이 신문을 발행할 수 있고, 인터넷 신문 또는 인터넷 뉴스서비스를 전자적으로 발행하는 때에도 등록하도록 했다. 또 대기업의 일반일간신문의 소유를 제한하고 있다(법 제18조). 그런데 시장점유율(1개 사업자 30% 이상 또는 3개 사업자 60% 이상)의 기준으로 여론집중도를 추정해서(구법 제17조) **여론독과점현상**과 **신문의 횡포**를 방지하려던 규정은 위헌결정되었다. 즉 헌법재판소는 독자의 선택결과인 발행부수의 많음 하나만을 기준으로 쉽게 시장지배적 사업자로 추정하여 규제의 대상으로 삼고 신문발전기금의 지원대상에서 배제하는 것은 신문사업자의 평등권과 신문의 자유를 침해하고 자유로운 신문제도에 역행하며 시장경제질서에 어긋나 위헌이라고 판시했다.[1] '신문의 횡포'는 다양한 신문의 자유경쟁에 의해서만 가장 효과적으로 방지할 수 있으므로 신문발행의 자유를 최대한으로 보장함으로써 자유경쟁을 제도화하는 것이 더 바람직하다. 헌법재판소도 대립하는 다양한 사상과 의견들의 경쟁을 통하여 해로운 언론·출판의 해악이 자체적으로 해소될 수 있다면 국가의 개입은 최소한도에 그쳐야 한다고 자유경쟁을 강조한다.[2]

㉡ 신문편집·보도의 자유

신문편집·보도의 자유는 편집·보도내용에 대한 공권력의 간섭을 배제할 수 있는 것이 그 주된 내용이다. 그래서 편집·보도 내용에 대한 사전검열은 허용되지 않는

1) 헌재결 2006. 6. 29. 2005헌마165 참조.
2) 헌재결 1998. 4. 30. 95헌가16 참조.

다. 그러나 사후검열로 반국가적 내용을 발견한 경우 관련 신문을 압수하는 등의 사후조치는 허용된다. 또 신문은 여론형성의 중요한 공적 기능을 가지므로 의식적으로 허위사실을 보도하는 것은 편집·보도의 자유의 보호를 받을 수 없다. 편집·보도의 자유는 언론사 내부에서도 존중해야 한다. 그래서 경영권과 편집권의 분리를 비롯한 신문사 **내부조직의 민주화**가 강력히 요청된다. 신문사 내부에서 경영인과 기자들의 상호관계는 원칙적으로 사법상의 계약에 따라 정해진다. 그렇지만 편집·보도의 자유를 제한하는 내용의 사법상의 계약은 신문의 자유의 객관적 가치질서로서의 성격에 어긋난다. 언론의 자유와 언론기업인의 자유는 구별해야 한다. 헌법재판소도 같은 입장이다.[1)]

ⓒ 취재의 자유

보도 내용을 취재하는 취재의 자유는 신문의 자유의 불가결한 내용이다. 보도 내용을 발굴하는 취재는 기자의 본질적인 업무이므로 반드시 보장해야 한다. 취재한 내용이 아니고 공권력이 **주는 뉴스**만을 보도하는 것은 공권력의 홍보물에 불과해서 신문으로 평가할 수 없다. 그러나 취재 활동의 자유도 다른 공익을 해치지 않는 범위 내에서만 허용된다. 즉 사생활을 침해하고, 중요한 국익을 해치며, 위법적인 방법의 취재 활동은 허용할 수 없다.

취재원을 밝히지 않을 **취재원 묵비권**은 취재의 자유의 본질적인 내용이다. 취재원 묵비권이 인정되지 않으면 취재원의 접촉기피와 침묵으로 진실·사실·공정보도를 통한 신문의 공적 기능을 다 하기 어렵다. 따라서 취재원 묵비권은 진실보도·사실보도·공정보도를 위한 불가결한 전제조건이다.

ⓔ 신문보급의 자유

신문보급(배포)의 자유는 공권력의 간섭없이 신문을 널리 보급·배포할 수 있는 자유이다. 신문보급의 자유에 대한 국가의 간섭이나 방해는 여론형성 매체로서의 신문의 공적 기능을 막는 신문의 자유의 중대한 침해를 뜻한다. 신문법(제33조)에 따라 신문의 원활한 유통을 지원하기 위해서 설립하는 한국언론진흥재단의 신문유통지원기구가 오히려 신문보급의 자유를 제약하는 요인으로 작용하지 않도록 해야 한다.

② 전파매체에 의한 보도의 자유

전파매체에 의한 보도의 자유는 방송·TV 등 유선·무선의 전파매체에 의한 보도의 자유를 말하는데 방송과 방영의 자유가 그 내용이다. 방송과 방영의 자유는 **방송편**

1) 헌재결 1992. 6. 26. 90헌가23 참조.

성의 자유가 그 핵심내용이다. 즉 방송사업자가 공권력의 간섭없이 방송 프로그램을 기획·편성·제작하고 방송프로그램을 왜곡없이 송신하는 자유이다. 따라서 방송·방영 내용에 대한 사전검열은 금지된다. 광고회사가 자신들이 만든 자막광고가 나오도록 방송프로그램을 내 보내는 것은 방송의 자유의 침해라는 대법원 판례가 있다.[1)]

방송·방영의 자유는 신문의 자유와 비교해 보도의 신속성은 훨씬 빨라도 심층적인 보도에서는 뒤떨어지기 때문에 주로 보도·정보기능을 한다. 또 방송·방영은 그 시설과 기술을 위한 많은 투자가 필요하고 전파의 주파수가 제한되어 시장독점현상이 신문보다 더 클 수 있다. 방송기관 내부조직의 다원화와 민주화가 더욱 필요하다.

방송법(제2조)에서 TV·라디오·데이터·이동 멀티미디어 방송 등을 통합적으로 규정하고 있다. 또 방송통신위원회법에 따라 방송통신업무를 전담하는 방송통신위원회를 설치 운영하고 있다.

(라) Access권(보도매체접근이용권)

(a) 엑세스권의 의의와 내용 및 기능

엑세스권이란 매스미디어에 접근해서 매스미디어를 의사표현의 수단으로 이용할 수 있는 권리를 말한다. 엑세스권에는 자신과 관련된 보도에 대해서 반론 내지 해명의 기회를 요구할 수 있는 **반론권** 및 **해명권**도 포함된다. 엑세스권은 모든 국민에게 민주적 여론형성에 효과적으로 참여하는 기회를 부여하고 반론권 및 해명권을 통해서 인간의 존엄성을 바탕으로 한 인격권을 보호하는 기능을 갖는다.

(b) 엑세스권의 특성과 근거

엑세스권은 국민의 국가에 대한 권리가 아니고 공적인 기능을 수행하는 보도기관에 대한 권리라는데 그 특성이 있다. 여론형성에 중대한 영향을 미치는 보도매체에 접근해서 그것을 의사표현의 수단으로 이용하고, 자신과 관련된 보도에 대해서 반론 및 해명의 기회를 요구함으로써 공정한 여론형성에 이바지하는 것은 모든 민주시민의 당연한 권리이다. 엑세스권은 강한 공적인 기능과 진실보도의 책임을 지는 보도기관에 자기통제의 계기를 마련해 준다는 의의도 갖는다. 엑세스권은 보도의 자유가 갖는 객관적 가치질서로서의 성격에 그 헌법이론적인 근거가 있다고 할 것이다. 즉 보도의 다양성을 보장함으로써 다양한 의견의 분출구를 제공해 주고 사회통합을 촉진하고 여론에 의한 국정 통제의 실효성을 높이는 것은 민주주의 실현의 중요한 객관적인 가치질

1) 대법원 2014. 5. 29. 선고 2011다31225 판결 참조.

서이기 때문이다.

(c) 엑세스권의 한계

국민의 엑세스권이 보호의 대상인 것과 같이 보도기관의 보도의 자유도 존중되어야 하므로 이 두 가지는 **기본권의 상충관계**이다. 따라서 기본권의 상충관계 해결방안에 따라 조정이 불가피하다. 즉 보도기관의 인격적 가치의 침해에 대한 반론권 및 해명권은 우선적인 보호를 받아야 한다. 또 엑세스권을 통해서 요구하는 내용이 민주적인 여론형성과 관계가 크면 클수록 그 보호의 필요성과 가치도 커진다고 볼 수 있다. 헌법재판소도 인격권이 언론의 자유와 서로 충돌하는 때에는 헌법을 규범조화적으로 해석해서 조화시키기 위한 노력이 따르지 않을 수 없다고 판시하면서 정정보도청구권 제도를 합헌 결정했다.[1)]

언론보도로 피해를 본 국민은 언론관계법(언론중재 및 피해구제법)이 정하는 **정정보도청구권**과 **반론보도청구권** 및 **추후보도청구권** 등 엑세스권을 통해서 구제받을 수 있다. 반론보도의 대상은 사실적 주장에 한하고, 의견표명이나 비평기사(사설·논평·칼럼)는 반론보도청구의 대상이 될 수 없다는 대법원 판례[2)]가 있다. 그리고 이들 권리행사에 따른 분쟁을 조정·중재하고 언론침해사항을 심의하기 위해서 '언론중재위원회'를 두고 있지만, 이 기관을 거치지 않고 바로 법원에 직접 소송을 제기할 수도 있다. 헌법재판소는 정정보도청구권이 언론사의 고의·과실이나 위법성을 필요로 하지 않아, 손해배상이나 형사책임과는 성격이 다른 청구권으로서, 반론보도청구권의 불충분한 피해구제를 보충하는 기능을 하는 것이어서 신문의 자유의 침해가 아니라고 결정했다. 그러나 정정보도청구의 소를 가처분절차에 따라 재판하는 것은 언론의 자유의 침해라고 판시했다.[3)]

(4) 언론·출판의 자유의 헌법적 한계

(가) 헌법규정과 헌법상 의의

우리 헌법(제21조 제4항)은 '언론·출판은 타인의 명예나 권리 또는 공중도덕이나 사회윤리를 침해하여서는 아니 된다. 언론·출판이 타인의 명예나 권리를 침해한 때에는 피해자는 이에 대한 피해의 배상을 청구할 수 있다'고 언론·출판의 자유의 헌법적

1) 헌재결 1991. 9. 16. 89헌마165 참조.
2) 대법원 2006. 2. 10. 선고 2002다49040 판결 참조.
3) 헌재결 2006. 6. 29. 2005헌마165 참조.

한계를 밝히고 있다.

언론·출판의 자유가 자유민주주의 헌법질서에서 차지하는 순기능적인 중요성이 큰 만큼 그의 역기능 현상으로 생기는 폐단은 사회통합과 자유민주주의 실현에 큰 장애요인으로 작용한다. 그래서 헌법은 언론·출판의 자유의 순기능을 촉진하고 그 역기능을 최대한으로 억제하기 위해서 언론·출판의 자유가 갖는 헌법적인 한계를 강조한 것이라고 할 것이다. 언론 피해자의 권리구제는 이 헌법적 한계규정이 없어도 민법상(제751조)의 불법행위책임에 관한 규정으로 해결할 수 있는데도 불구하고 헌법에서 따로 배상책임을 강조한 것은 언론·출판의 자유에 직접적인 사인효력을 인정함으로써 언론의 자유의 사회적 책임을 강조하고 **순기능적인 언론 환경을 조성**해서 사회통합을 촉진하려는 헌법적 결단으로서의 의의가 있다고 할 것이다.

(나) 언론 · 출판의 자유의 헌법적 한계의 내용

언론·출판의 자유에 대한 헌법적 한계 규정은 다음과 같은 내용을 갖고 있다. 즉 i) 헌법이 핵심적인 가치로 보호하고 있는 인간의 존엄과 가치 및 그를 바탕으로 하는 인격권과 사생활의 비밀보호와 조화할 수 없는 '타인의 명예와 권리' 침해를 금지하고 있다. 따라서 헌법에서 말하는 '명예'는 형법에서 명예훼손죄로 보호하려는 '명예'보다 더 넓은 개념이다. ii) 폭력을 영웅시하는 것처럼 청소년보호 내지 청소년교육에 역행하는 언론·출판은 '공중도덕이나 사회윤리'에 반하는 것이어서 금지하고 있다. 근친혼 등을 장려하는 것처럼 헌법이 지향하는 문화국가(제9조)의 정신에 어긋나는 언론·출판도 여기에 속한다. 나아가 일부다처제의 선전 등 헌법이 정하는 남녀평등에 바탕을 둔 혼인가족제도(제36조 제1항)에 역행하는 언론·출판도 금지된다. iii) 공산주의 내지는 독재정치를 미화하는 것처럼 헌법이 추구하는 자유민주적 기본질서(제1조, 제4조, 제8조)에 역행하는 반민주적인 언론·출판은 금지된다.

(다) 헌법적 한계를 벗어난 언론 · 출판의 책임

언론·출판이 헌법적 한계를 벗어나면 언론·출판의 자유의 보호를 받을 수 없는 것은 물론이고 그 일탈의 구체적 내용에 따라 민사·형사·행정법상의 책임을 진다. 그런데 언론·출판이 헌법적 한계를 벗어나 법적 책임을 져야 하는지의 판단에는 균형있는 이익형량과 규범조화적인 해석을 해야 한다. 이때 언론·출판의 자유의 보장과 침해가 금지되는 헌법적인 공익 간에는 일종의 **교차효과적인 관계**가 성립한다는 점을 유의할 필요가 있다. 즉 언론의 피해로부터 보호하려는 여러 가지 헌법상의 공익가치는 언론자유의 헌법적 한계가 되지만, 그 헌법상의 공익가치를 구체적으로 해석·적용하는 데는 언론의 자유가 그 해석 지침이 된다. 예컨대 헌법의 보호 대상인 사람의 명예는 언론의 자유의 헌법적 한계가 되지만, 또 명예권의 구체적인 내용의 해석에는 언론의 자유가 그 해석 지침이 된다. 이때 언론·출판의 내용이 민주주의 실현을 위한 여론형성과의 관계가 크면 클수록 언론의 자유의 보호 가치도 더 커지지만 언론의 자유의 헌법적 한계는 그만큼 줄어든다. 헌법재판소도 인격권과 언론의 자유의 규범조화적 해석의 필요성을 강조하면서,[1] 언론에 의한 명예훼손의 경우 그 표현이 국민의 알 권리를 충족시켜 주는 것이고 민주적 여론형성에 이바지하는 것이라면 그 제한은 순수한 사적 영역의 경우보다 더 완화되어야 한다고 판시했다.[2] 대법원도 정당 대표를 역임한 인물처럼 공적 인물에 대해서 단순히 '종북'이나 '주사파'라는 부정적인 표현으로 비판했다고 해서 명예훼손이라고 단정할 수 없다고 판시하면서 공적 인물의 비판 수용성을 강조하고 언론의 자유를 더 강하게 보호하는 판시를 한다.[3] 독일연방헌법재판소는 표현의 자유의 관점에서 사람을 험담·비방·모욕하는 말이 인격권을 침해하는 명예훼손죄에 해당하는지를 판단하는 세밀한 기준을 제시하고 있다.[4]

(5) 언론 · 출판의 자유에 대한 제한과 그 한계

(가) 언론 · 출판의 자유에 대한 제한의 전제와 기준

우리 헌법은 언론·출판에 대한 허가·검열제도를 금지하고(제21조 제2항), 통신·방송의 시설기준과 신문의 기능을 보장하기 위하여 필요한 사항을 법률로 정하도록 했다(제21조 제4항). 따라서 이러한 헌법규정의 취지에 어긋나는 제한은 위헌이다. 다만 방송사업에 대한 진입규제로서의 사업허가제는 허용된다는 헌법판례가 있다.[5] 또 언론·출판의 자유가 민주주의 헌법질서에서 갖는 중요한 기능을 생각할 때 언론·출판의 자유에 대한 제한은 필요한 최소한에 그쳐야 한다. 기본권 제한입법의 한계조항(제37조 제2항)에 따라 제한하는 때에 다음 세 가지 기준을 충족하는 제한만이 허용된다고 할 것이다. 즉 i) 언론·출판의 자유를 제한하지 않으면 국가안전보장·질서유지·공공복리가 **명백하고 현존하는 위험**에 처하게 되는 경우에(**제한사유**), ii) **명확성의 원칙**과 **수단의 적합성**을 충족하는 형식적 의미의 일반적인 법률로(**제한방법**), iii)

1) 헌재결 1991. 9. 16. 89헌마165 참조.
2) 헌재결 1999. 6. 24. 97헌마265 참조.
3) 대법원 2018. 10. 30. 선고 2014다61654 판결 참조.
4) 저자의 한국헌법론 전정 20판(2024), 662면 각주 1) 독일판례 참조.
5) 헌재결 2001. 5. 31. 2000헌바43 등 참조.

필요 불가피한 **최소한의 제한**만이(**제한정도**) 허용된다고 할 것이다. 헌법재판소도 표현의 자유를 규제하는 법률의 합헌성의 요건으로 명확성의 원칙을 강조하면서,[1] 공익을 해할 목적으로 인터넷 등 전기통신설비를 이용하여 공연히 허위사실을 유포한 사람을 처벌하는 전기통신기본법(제47조 제1항)은 '공익' 개념이 모호하고 추상적이며 포괄적이어서 명확성의 원칙에 위배되어 표현의 자유를 과잉제한하므로 위헌이라고 결정했다.[2] 또 '명백하고 현존하는 위험의 원칙'과 '명확성의 원칙'을 기준으로 국가보안법 규정(제7조)을 한정합헌결정한 헌법판례도 있다.[3] 나아가 침해최소성과 법익균형성을 기준으로 북한 접경지역에서의 대북전단살포를 금지하고 위반자를 처벌하는 남북관계발전법 해당부분을 위헌결정하기도 했다.[4]

앞에 말한 세 가지 기준으로 언론·출판의 자유를 제한하는 때에도 개별적인 상황에 따라 그 적용의 양태는 다를 수 있다. 즉 일반 국민과 **특수한 신분관계**에 있는 사람들의 표현의 자유의 제한 기준은 다를 수밖에 없다. 특수한 신분관계인 사람에 대한 표현의 자유의 제한에서는 '명백하고 현존하는 위험의 원칙'과 과잉금지원칙의 요건이 완화될 수도 있기 때문이다. 예컨대 공무원이 공무상 알게 된 사실을 공표하지 못하도록 하는 것은 과잉금지원칙에 반하는 표현의 자유의 침해로 볼 수 없다.

(나) 언론·출판의 자유의 본질적 내용

언론·출판의 자유의 본질적 내용은 '허가·검열 금지'처럼 헌법에서 정한 경우 이외에도 언론·출판의 자유가 민주적인 헌법질서에서 수행하는 중요한 공적 기능(여론형성·투입·사회통합 등)을 방해하는 형태의 제한은 본질적 내용의 침해에 해당한다고 할 것이다. 즉 i) 실질적으로 허가·검열제와 같거나 비슷한 법적 효과를 가져오는 언론·출판의 신고제와 등록제를 도입하는 입법조치, ii) 모든 정보원을 국·공유화하기 위해서 국·공영 보도기관만을 허용하는 입법조치, iii) 행정기관의 임의적인 등록취소가 가능하도록 등록취소요건을 지나치게 넓게 정하는 입법조치 등은 본질적 내용의 침해라고 볼 수 있다.

헌법재판소는 언론·출판의 **사전검열금지원칙**은 모든 형태의 사전적인 규제를 금지하는 것이 아니라 의사표현의 발표 여부가 오로지 행정권의 허가에 따라야 하는 사

1) 헌재결 1998. 4. 30. 95헌가16 참조.
2) 헌재결 2010. 12. 28. 2008헌바157 참조.
3) 헌재결 1990. 4. 2. 89헌가113 참조.
4) 헌재결 2023. 9. 26. 2020헌마1724 참조.

전심사만을 금지하는 것으로 이해하면서 다음의 기준을 제시하고 있다. 즉 i) 허가를 받기 위한 표현물 제출의무의 존재, ii) 행정권이 주체가 된 사전심사절차의 존재, iii) 허가를 받지 아니한 의사표현의 금지, iv) 심사절차를 관철하기 위한 강제수단의 존재 등 4가지 요건을 갖춘 사전심사절차의 경우만 절대적 사전검열금지원칙의 위반이라고 판시하고 있다.[1] 같은 이유로 건강기능식품의 기능성 광고는 상업광고지만 표현의 자유의 보호대상이므로 사정검열금지 대상인데도 건강기능식품의 기능성 광고를 대상으로 사전검열에 해당하는 네 가지 요건을 모두 충족한 사전검열을 하도록 한 건강기능식품법 규정(제18조 제1항 제6호 등)은 헌법에 위반된다고 결정했다.[2]

(다) 국가비상사태와 언론 · 출판의 자유의 제한

헌법(제77조 제3항)은 비상계엄이 선포된 때에는 언론·출판의 자유에 관하여 특별한 조치를 할 수 있다고 정하고 있다. 여기서 말하는 언론·출판의 자유에 대한 **특별한 조치**는 언론·출판에 대한 허가 또는 사전검열 등을 뜻하는 것으로 언론·출판의 자유의 본질적인 내용의 침해에 해당한다. 그렇지만 그 자체가 헌정질서의 정상 회복을 앞당기기 위한 불가피한 수단이어서 과잉금지원칙을 지키는 범위 안의 조치라면 표현의 자유의 침해라고 볼 수 없다. 언론·출판의 자유의 규범적 효력을 일시 정시시켜 헌법 전체의 완전한 규범적인 효력을 회복하는 것은 그 자체가 헌법보호의 비상수단으로 정당화되기 때문이다.

4) 집회 · 결사의 자유

우리 헌법(제21조 제1항)은 '모든 국민은 집회·결사의 자유를 가진다'고 집회·결사의 자유를 보장하고 있다. 집회·결사의 자유는 언론의 자유를 기능적으로 보완하는 기본권이기 때문에 헌법에서 함께 규정하고 있다. 집회·결사의 자유는 집단으로 여론형성에 참여해서 민주정치를 실현하고 사회통합을 촉진하는 매우 중요한 기본권이다. 집회·결사의 자유는 여러 사람의 집단행동 내지 집단적인 의사표현을 보장하는 것이어서 개인의 경우보다 더 강력하고 효과적인 투입 수단이다. 집회·결사의 자유는 다수인의 집단적 행동에 의한 강력한 투입 수단인 것과 비례해서 공공의 안녕질서와 갈등을 일으킬 가능성도 커진다. 집회의 자유와 결사의 자유는 그 내용과 행사 방법이 다르므로 따로 살펴보기로 한다.

---

1) 헌재결 2010. 7. 29. 2006헌바75 참조.
2) 헌재결 2018. 6. 28. 2016헌가8 등 참조.

(1) 집회의 자유

(가) 집회의 자유의 의의와 그 헌법상 기능

집회의 자유란 공동의 목적을 가진 다수인이 자발적으로 일시적인 모임을 가질 수 있는 자유를 말한다. 공동의 목적을 가진 사람끼리 접촉을 통해 정보를 교환하고 공동관심사를 함께 논의하며 집단적인 의사표현을 위해서 집회하는 것은 정치적인 의사형성과정에서 가장 보편적이고 효과적인 의사표현 방법이다.

집회의 자유는 여론형성을 통한 민주적인 헌정질서에서 매우 중요한 헌법상의 기능을 수행하고 있다. 즉 i) 사회공동생활을 함께 하는 사회적 인간에게 타인과 접촉하고 의견과 정보를 교환하며 공동의 목적을 위해서 집단적으로 의사표현을 하게 보장하는 것은 개성신장의 길을 넓게 열어주고 사회통합을 촉진한다는 의의와 기능을 갖는다(**집단적 의사표현에 의한 개성신장 및 사회통합촉진 기능**). ii) 타인과의 의견교환을 통해 공감대를 형성하고 그 공감적인 의견을 집단으로 표현하도록 보장하는 것은 개별적인 의사표현의 취약점을 보완해서 의사표현의 투입효과를 한층 높이는 기능을 갖는다(**의사표현의 투입효과 증대기능**). iii) 다수인의 집회를 통한 집단적인 의사표현은 제대로 기능을 하지 못하는 대의기능을 보완하는 직접민주주의의 수단으로서의 기능을 갖는다(**부족한 대의기능을 보완하는 직접민주주의의 수단적 기능**). iv) 의사표현의 수단과 통로가 제한된 소수집단에게 집단적인 의사표현의 기회를 보장하는 것은 소수의 의사가 국정에 반영될 가능성을 높이는 기능을 갖는다(**소수의견의 국정반영창구로서의 기능**). 집회의 자유가 갖는 이러한 여러 기능은 민주정치의 실현을 위한 불가결한 객관적 가치질서로서의 성격을 가진다. 그 결과 집회의 자유는 공권력의 간섭이나 방해를 받지 않고 집단적인 의사표현을 할 수 있는 주관적 공권으로서의 성격과 민주정치의 실현에 불가결한 객관적 가치질서로서의 성격을 갖는다. 집회의 자유의 양면성이다.

(나) 집회의 자유의 내용

집회의 자유는 공동의 관심사와 목적을 가진 다수인이 공권력의 간섭없이 평화적으로 일시적인 모임을 가질 수 있는 자유를 그 내용으로 한다. 집회의 자유에는 장소이동적인 **시위의 자유**가 당연히 포함되므로 집회·시위의 자유로 표현되기도 한다. 구체적으로 집회를 주최·주관·진행하고 집회에 참여할 수 있는 적극적인 자유와 집회에 불참할 수 있는 소극적인 자유가 다 포함된다. 집회가 일시적인 모임이라는 점에서 지속적인 조직인 결사와 구별된다.

집회의 자유와 관련해서 집회가 성립하기 위한 여러 가지 요건이 있다. 즉 집회의 인적 · 목적적 · 집회형식적 · 주최자 · 의사표현의 요건 등이 그것이다.

(a) 집회의 인적요건

집회의 인적 요건은 집회가 성립하기 위해서는 최소한 3인의 모임이 필요하다.

(b) 집회의 목적요건

집회의 목적적 요건은 추구하는 '공동의 목적'의 범위에 관한 것인데, 협의설 · 광의설 · 최광의설이 대립하고 있다. 그러나 '공동의 목적'을 지나치게 좁게 해석하면 (**협의설**) 집회의 자유의 보호영역이 너무 좁아진다. 또 '공동의 목적을 단순히 타인과의 접촉의 목적으로 그 범위를 최대한 넓히면(**최광의설**) 집회의 자유가 지나치게 사교적인 권리의 성격을 갖게 된다. 따라서 집회가 성립하기 위한 '공동의 목적'은 집회의 자유가 언론의 자유의 보완적인 기능을 갖는다는 점에서 집단적인 의사표현을 필요로 하는 범위의 목적으로 이해하는 것이 가장 바람직하다고 할 것이다. 이 경우 공동의 목적을 가진 다수인 사이에는 '내적인 유대감'에 의한 의사접촉이 있어야 하므로 이 요소를 갖추지 못하는 **군집**과는 구별해야 한다. '군집'은 우연히 다수인이 모이게 되는 것을 말한다. 집회는 헌법의 보호대상이지만, 군집은 경찰법상의 규제대상이다. 또 공동의 목적이 정당활동, 학 · 예술활동, 종교활동, 근로활동과 관련된 때에는 집회의 자유가 아닌 각각 관련 기본권에 의한 보호를 받는다.

(c) 집회의 형식요건

집회의 형식요건은 집회의 형태가 **평화적**이어야 한다는 것이다. 헌법에 명문의 규정은 없어도 비평화적인 폭력적인 집회의 자유를 보장했다고 생각할 수 없다. 헌법재판소도 같은 입장이다.[1] 평화적인 집회이면 집회형식(옥내 · 옥외 · 공개 · 비공개 · 장소고정적 · 장소이동적(시위))에는 제한이 없다. 다만 집회형식에 따라 집회의 자유에 대한 제한은 다르다. '집회 및 시위에 관한 법률'(집시법)에서 자세히 정하고 있다. 다수인이 통행하는 공공도로상의 연좌시위의 경우 평화적인 집회로 볼 수 없다는 주장(**심리적 폭력설**)도 있지만, 물리적인 폭력이 없는 한 평화적인 집회로 인정해야 한다는 주장(**물리적 폭력설**)이 다수설이다.

(d) 집회의 주최자 요건

집회의 주최자 요건은 협의의 집회에서는 필수적인 요건이지만 군집까지 포함하는 광의의 집회에서는 필수적인 요건으로 볼 수 없다. 보통 계획적인 집회에는 주최자

1) 헌재결 2003. 10. 30. 2000헌바67 등 참조.

또는 주관자가 있기 마련이지만, '**우발적인 집회**(**군집**)'에는 주최자 · 주관자가 없을 수도 있기 때문이다.

(e) 집회의 의사표현요건

집회에서의 의사표현은 집회의 본질적인 내용이다. 집회를 주최 · 주관 · 진행하며 집회에 참여하는 그 자체가 의사표현이라고 볼 수 있어 의사표현과 무관한 집회를 생각할 수 없다. **침묵시위**를 주최 · 주관하고 거기에 참여하는 것도 일종의 의사표현이다. 집회에서 표출되는 의사표현의 내용에 따라 집회의 성격이 정해지는데, 이때 의사표현의 내용에 따라 제한에 차등을 두는 것은 집회의 검열에 해당해 허용되지 않는다.

(다) 집회의 자유에 대한 제한과 그 한계

(a) 집회의 자유의 역기능 방지를 위한 제한

집회의 자유는 여론형성을 통한 민주주의 실현과 사회통합에 불가결한 순기능을 갖지만, 집회의 자유가 오히려 민주주의를 파괴하기 위한 집단적인 폭력의 수단으로 악용되는 역기능도 무시할 수 없다. 집회의 자유의 **양극현상**이다. 따라서 집회의 자유가 역기능을 하면 공공의 안녕질서에 큰 해를 끼치게 되므로 제한이 불가피하다. 다만 이처럼 제한이 불가피한 경우에도 집회의 자유를 최대한으로 존중하는 수단과 방법을 찾아야 한다. 명백하고 현존하는 위험의 원리와 과잉금지원칙 및 규범조화적인 헌법해석 등이 그 기준이 될 수 있다. 집시법에서 옥외집회의 사전신고의무(30일 전부터 48시간 전) 등 제한의 기준과 내용을 구체적으로 정하고 있다. 그러나 헌법재판소는 야간 옥외집회를 24시까지 허용하고[1] 대통령 집무실과 국회 및 주요 공관 등 집회 금지 장소를 크게 줄이는[2] 등 집시법의 관련 과잉제한 규정을 위헌으로 결정했다. 나아가 헌법재판소는 시위에 대한 해산명령을 관철하는 수단으로 사용하는 직사살수행위는 사람의 생명 · 신체에 중대한 위험을 초래할 수 있는 공권력 행사이므로 최소한의 범위에서 법익의 균형성을 갖춰야 하는데도 그렇지 않게 과잉 행사해서 시위 참여자가 사망에 이르게 한 것은 생명권 및 집회의 자유를 침해한 공권력의 행사라고 판시했다.[3]

---

1) 헌재결 2009. 9. 24. 2008헌가25; 헌재결 2014. 3. 27. 2010헌가2 등 참조.
2) 예컨대 헌재결 2018. 5. 31. 2013헌바322; 헌재결 2023. 3. 23. 2021헌가1; 헌재결 2023. 9. 26. 2019헌마1417 참조.
3) 헌재결 2020. 4. 23. 2015헌마1149 참조.

(b) 집회의 자유의 본질적 내용

헌법(제21조 제2항)이 금지하는 집회허가제를 도입하거나 집회신고제를 허가제와 같게 운영하는 것은 집회의 자유의 본질적 내용의 침해이다. 그 밖에도 기본권 제한입법의 한계를 벗어난 집회의 자유의 제한은 본질적 내용의 침해에 해당할 수 있다. 예컨대 사전신고가 불가능한 우발적 집회에 사전신고제를 적용해서 해산시키는 것은 집회의 자유의 본질적 내용의 침해이다. 우발적 집회가 주최자 요건을 제외한 집회의 성립요건을 갖추고 있다면 사전신고가 없어도 신고된 집회와 같게 보호해야 한다. 또 긴급집회의 경우 긴급집회의 특성을 고려해서 48시간 전에 사전 신고해야 하는 요건을 완화해 줄 필요가 있을 수도 있다.

(2) 결사의 자유

(가) 결사의 자유의 의의와 그 헌법상 기능

(a) 결사의 자유의 의의

결사의 자유란 공동의 목적을 가진 다수인이 자발적으로 지속적인 단체를 조직할 수 있는 자유를 말한다. 누구나 타인과 함께 단체를 조직하고, 견해를 같이하는 사람끼리 일정 기간 결합함으로써 공동의 목적을 추구하고, 단체의사를 형성하며 그 조직의 구성원으로 생활하면서 개성을 신장하는 것은 사회공동체의 가장 기본적인 조직형태이다. 결사의 자유를 보장해야 하는 이유이다.

(b) 결사의 자유의 헌법상 기능

결사의 자유는 여러 가지 헌법상의 기능이 있다. 즉 조직생활을 통한 국민의 개성신장의 수단이며, 사회통합의 수단이고, 사회의 소외계층에게 사회접촉을 가능하게 하는 수단이며, 집단적인 여론의 수렴과 형성에 유리한 수단이라는 기능을 갖는다.

(나) 결사의 자유의 법적 성격

결사의 자유는 국가의 간섭없이 자유롭게 사적인 단체를 조직할 수 있는 주관적 공권으로서의 성격을 갖는다. 그에 더해서 결사의 자유는 사회공동체를 국가적인 영향권으로부터 분리·독립시켜 사회의 자율성을 강화하는 객관적 가치질서의 성격도 갖는다. 결사의 자유는 **결사 그 자체**를 보호하는 결사의 **제도보장적 성격**도 갖기 때문에 국가는 결사의 종류·형태·등록 및 존립요건 등을 법률로 정할 수 있으나 결사를 제도적으로 금지하는 것은 허용되지 않는다.

(다) 결사의 자유의 내용

(a) 결사의 자유의 구체적 내용

결사의 자유는 공동의 목적을 추구하는 다수인이 자유롭게 지속적인 단체를 조직할 수 있도록 보장하는 것을 그 내용으로 한다. 구체적으로 사적 결사에 대한 국가의 간섭배제를 그 내용으로 하는 **결사조직의 자유, 결사가입·탈퇴의 자유, 결사활동의 자유, 결사존립의 자유, 결사해산의 자유** 등의 적극적인 자유와 사적인 결사의 조직을 강요당하거나 사적 결사에 가입하도록 강제되지 않는 **소극적인 자유**를 그 내용으로 한다. 그런데 변리사가 변리사회에 의무적으로 가입하게 정한 변리사법[1]과 안마사가 사법상 결사체인 안마사회에 의무적으로 가입하도록 정한 의료법규정[2]은 소극적 결사의 자유의 침해가 아니라는 헌법판례가 있다. 또 결사의 자유에는 결사내부조직, 내부적인 의사결정기구, 업무처리방법 등에 대한 **결사내부적 자율권**도 함께 보장되고 있다. 그에 더하여 **결사 그 자체**의 자유도 결사의 자유의 내용이다. 헌법재판소도 법인 등 결사체는 그 조직과 의사형성에 있어서, 그리고 업무수행에 있어서 자기결정권을 가지고 있어 결사의 자유의 주체가 된다고 판시했다.[3]

(b) 결사의 결사목적적 한계

결사의 목적에는 제한이 없다. 영리·비영리·친목·사회봉사 등을 목적으로 하는 모든 사법적인 결사가 허용된다. 그러나 범죄목적의 결사, 반민주주의 결사, 국제평화에 반하는 결사 등 법률이 금하는 목적을 위한 결사는 보호받을 수 없다. 그리고 정당·종교단체·학술·예술·연예단체·노동조합 등은 결사의 자유의 특수형태이어서 각각 관련 기본권의 보호를 받는다.

(c) 공법상의 강제결사

결사의 자유는 사적 결사를 보호하기 위한 것이므로 공법상의 강제결사는 허용되지 않는다.

따라서 '공적 과제'를 수행하고 있다는 이유로 공법상의 강제결사를 허용할 수는 없다. 다만 극히 예외적으로 i) **직업의 전문성·공익성** 때문에 공익목적을 달성하기 위해서 공법상의 강제결사가 필요 불가피하고, ii) 결사구성원 상호 간에 직업적·신분적인 **연대의식 내지는 동질의식**이 형성된 때에만 공법상의 강제결사는 허용할 수 있다고

1) 헌재결 2008. 7. 31. 2006헌마666 참조.
2) 헌재결 2008. 10. 30. 2006헌가15 참조.
3) 헌재결 2000. 6. 1. 99헌마553 참조.

할 것이다. 변호사법에 의한 변호사회, 변리사법에 의한 변리사회, 의료법에 의한 각종 의료인 단체, 약사법에 의한 약사회 등이 그 예이다. 헌법재판소가 변리사의 변리사회 의무가입규정이 소극적 결사의 자유의 침해가 아니라고 결정한 이유도 그 때문이다.

(라) 결사의 자유에 대한 제한과 그 한계

(a) 결사의 자유의 제한

결사의 자유는 기본권제한입법의 한계 내에서 제한할 수 있다. 따라서 결사의 자유의 제한에는 언제나 과잉금지원칙, 명백하고 현존하는 위험의 원리, 규범조화적 해석원리 등을 존중해야 한다. 이런 원리를 어긴 결사의 자유의 과잉 제한, 필요요건을 갖추지 않은 공법상의 강제결사 등은 결사의 자유의 침해라고 할 것이다. 또 공권력이 비영리민간단체(NGO)에 활동지원금을 지원하면서 지나치게 간섭·규제하는 것도 제한의 한계를 벗어날 수 있다. 요건을 갖춘 사회단체의 등록신청에 대해서 설립목적 등이 유사한 다른 사회단체가 이미 등록되었다는 이유로 행정관청이 그 등록접수를 거부하는 것은 결사의 자유의 침해라는 대법원 판례가 있다.[1] 또 초·중등교원은 정당 이외의 '그 밖의 정치단체의 결성에 관여하거나 이에 가입할 수 없다'고 정한 국공법 규정(제65조 제1항 중 관련부분)은 규제나 형벌조항에 대해서 헌법이 요구하는 명확성의 원칙의 엄격한 기준을 충족하지 못하여 정치적 표현의 자유와 결사의 자유를 침해한다는 헌법판례가 있다.[2]

(b) 결사의 자유의 본질적 내용

헌법(제21조 제2항)은 결사에 대한 허가제를 금지하고 있으므로 결사의 허가제를 도입하는 것은 본질적 내용의 침해이다. 그 밖에도 결사 그 자체를 금지하는 입법조치, 결사조직의 사전허가제를 도입하는 입법조치, 사법상의 강제결사를 허용하는 입법조치, 요건을 갖추지 않은 공법상의 강제결사를 도입하는 입법조치 등은 결사의 자유의 본질적 내용의 침해이어서 위헌이다. 헌법재판소는 동종의 업종별 축협이 복수로 설립되는 것을 금지하는 것은 조합공개의 원칙에 반하고 양축인이 자주적으로 협동조합을 설립하여 그들의 권리를 보호할 수 있는 결사의 자유와 직업행사의 자유의 본질적 내용을 침해한다고 결정했다.[3] 국가비상사태에서 대통령이 헌법(제77조 제3항)에

---

1) 대법원 1989. 12. 26. 선고 87누308 판결 참조.
2) 헌재결 2020. 4. 23. 2018헌마551 참조.
3) 헌재결 1996. 4. 25. 92헌바47 참조.

따라 비상계엄을 선포하여 결사의 자유를 필요한 범위 내에서 제한하는 것은 국가긴급권의 헌법보호적인 기능상 결사의 자유의 침해가 아니다.

8. 권리구제를 위한 청구권

우리 헌법은 공권력의 작위·부작위에 의해서 국민의 자유와 권리가 침해된 때에 권리구제를 받을 수 있는 여러 가지 청구권을 규정해서 기본권 보장의 실효성을 높이고 있다. 좁은 의미에서는 **국가배상청구권**(제27조)과 **형사보상청구권**(제28조) 및 **범죄피해자구조청구권**(제30조)이 그것인데, 넓은 의미에서는 청원권(제26조)과 재판청구권(제27조)도 여기에 포함할 수 있다. 좁은 의미의 세 가지 권리구제청구권은 그 구체적인 내용과 기능이 달라도 일종의 권리구제를 위한 절차적인 기본권으로서의 성격을 갖는다는 점에서는 유사하다. 또 청원권은 정치·사회생활영역을 보호하기 위한 기본권으로서의 성격도 강하게 갖고 있고, 재판청구권과 형사보상청구권은 인신보호를 위한 사법절차적 기본권으로서의 성격이 강해서 각각 해당 부분에서 이미 설명했다.

1) 국가배상청구권

(1) 국가배상청구권의 의의와 법적 성격

우리 헌법(제29조)은 '공무원의 직무상 불법행위로 손해를 받은 국민은 법률이 정하는 바에 의하여 국가 또는 공공단체에 정당한 배상을 청구할 수 있다. 이 경우 공무원 자신의 책임은 면제되지 않는다'고 국가배상청구권을 보장하고 있다. 이 청구권은 '공무원은 국민 전체에 대한 봉사자이며 국민에게 책임을지'도록 정한 헌법(제7조 제1항) 정신과 법치국가를 실현하기 위한 기본권이다. '국가배상법'에서 국가배상청구권의 구체적인 내용을 정하고 있다.

(2) 국가배상청구권의 법적 성격

국가배상청구권의 법적 성격에 관해서는 입법방침규정설, 재산권설, 사권설 등 여러 견해가 있지만, 국가배상청구권은 헌법규정(제29조)에 따라 직접 효력을 발생하는 **재산가치 있는 공권적인 청구권**이라고 할 것이다. 국가배상청구권은 모든 국민에게 공무원의 불법행위로부터 권리를 구제받게 하려고 보장된 헌법상의 권리이지 국가배상법 때문에 비로소 인정되는 권리가 아니다. 따라서 국가배상법의 성질에 따라 국가배상청구권의 법적 성격이 달라질 수는 없다. 그 결과 국가배상법이 국가배상사건을 소송절차상 민사사건으로 다루고 있는 것과 국가배상청구권의 법적 성격을 공권으로 보는 것과 서로 모순되는 것이 아니다. 국가배상청구권의 법적 성격과 그 소송절차는 다를 수 있다. 공권적인 청구권이라도 소송절차를 민사사건으로 하는 것이 권리구제에 더 효과적이라는 인식이 반영된 결과일 뿐이다. 즉 국가작용이라도 사법상의 일반원칙에 기속되게 함으로써 철저한 당사자주의를 적용해서 국가권력의 탈선과 권리침해를 막는다는 효과를 기대했던 전통적인 인식이 제도적으로 반영된 것이라고 할 수 있다. 헌법재판소는 국가배상사건은 민간인 상대의 손해배상사건과는 다른 측면이 있어 순수하게 사법적인 것으로만 단정할 수 없으므로 국가가 가집행된 국가배상금을 회수하기 위해서 행하는 국가채권의 납입고지에 대해서 민법상의 최고의 경우와 달리 종국적인 시효중단의 효과를 인정한다고 해도 국고작용의 영역에서 국가를 합리적 이유 없이 우대한 것은 아니라고 판시함으로써[1] 국가배상청구권이 일반 손해배상사건과는 다른 성질을 갖는 점을 인정하고 있다.

(3) 국가배상청구권의 주체

대한민국 국민이면 자연인, 법인의 구별 없이 누구나 국가배상청구권의 주체이다. 다만 헌법(제29조 제2항)에 따라 군인·군무원·경찰공무원 등은 국가배상청구권을 가질 수 없다. 헌법재판소도 향토예비군대원과 전투경찰순경의 국가배상청구권을 배제한 국가배상법 규정(제2조 제1항 단서)은 합헌이라고 결정했다.[2] 외국인은 국제법상의 상호주의원칙에 따라 국가배상청구권을 갖는다.

(4) 국가배상청구권의 내용과 범위

국가배상청구권은 공무원의 직무상 불법행위로 인한 손해배상청구권과 공공시설의 하자로 인한 손해배상청구권을 그 내용으로 한다.

(가) 공무원의 직무상 불법행위로 인한 손해배상청구권

공무원 또는 공무를 위탁받은 사인의 직무상 불법행위로 손해를 받은 국민이 국가 또는 지방자치단체에 그 손해의 배상을 청구할 수 있는 권리이다. 이 권리가 발생하려면 i) **공무원의 행위**, ii) **직무상의 행위**, iii) **불법행위**, iv) **손해발생**의 네 가지 요건

1) 헌재결 2004. 3. 25. 2003헌바22 참조.
2) 헌재결 1996. 6. 13. 94헌마118 참조.

을 충족해야 한다. 즉 i) 공무원 또는 공무를 위탁받은 사인의 행위가 있어야 하는데, 공무원인지는 신분(**신분설**)이 아니라 실질적인 담당업무(**업무설**)에 따라 정해지므로 촉탁·고용원·구청이 위촉한 교통자원봉사대원 등도 공무원에 포함된다. 그러나 시영버스운전자·의용소방대원 등은 공무원이 아니라는 대법원 판례가 있다.[1] ii) 직무상의 행위가 있어야 하는데, 직무의 범위에는 권력작용과 관리작용만이 포함되고 사법상의 국고작용은 포함되지 않는다.[2] 직무상의 행위는 직무 그 자체는 물론이고 직무행위의 외형을 갖춘 행위(**외형설**)도 포함된다. iii) 불법행위가 있어야 하는데, 불법행위란 직무를 집행하면서 고의·과실(**책임성**)로 법령을 어긴(**위법성**) 것을 말하고 이때 불법행위는 작위·부작위가 다 포함된다. 불법행위의 입증책임은 불법행위의 피해자에 있다. iv) 손해가 발생해야 하는데, **재산적인 손해**와 재산 이외의 **정신적인 손해, 적극적인 손해**와 **소극적인 손해**가 다 포함된다. 다만 불법행위와 손해 발생 사이에는 상당인과 관계가 성립해야 한다.

(나) 공공시설의 하자로 인한 손해배상청구권

도로·하천·공원 기타 공공시설의 설치·관리의 하자로 인하여 손해를 받은 국민이 국가 또는 지방자치단체에 그 손해의 배상을 청구할 수 있는 권리를 말한다. 설치·관리의 하자로 인한 책임은 **무과실책임**이라는 점에서 앞에 말한 공무원의 불법행위책임과 구별된다. 또 **면책규정**이 없다는 점에서 민법(제758조 제1항 단서)상의 공작물 등 점유자 등의 책임과도 다르다. 대법원은 배수로의 시설 및 관리하자, 파손 도로노면의 복구지연, 공중변소의 관리하자, 고압전주시설하자, 철도건널목자동경보기고장 등에 의한 손해에 배상책임이 있다고 판결했다.[3]

(5) 국가배상책임의 본질 및 배상책임자

국가배상책임의 본질에 관해서는 국가의 **자기책임설**, 공무원을 대신한 **대위책임설** 및 **절충설** 등이 대립하고 있다. 국가배상책임의 본질에 따라 배상책임자는 달라진다.

생각건대 국가배상책임의 본질은 국가가 자신의 행위에 대하여 자기책임을 지는 것이기 때문에 **국가가 배상책임자**이고 국가에 대해서만 배상 청구를 할 수 있다. 공무원의 선임 감독권자와 공무원 봉급 등 비용부담자가 다르면 그 어느 쪽이든 선택적으로 배상 청구를 할 수 있다. 국가배상책임은 국가의 기관에 해당하는 공무원의 행위에

1) 예컨대 대법원 1970. 5. 26. 선고 70다471 판결 참조.
2) 같은 취지의 대법원 1999. 11. 26. 선고 98다47245 판결 참조.
3) 대법원 1969. 12. 9. 선고 69다1386 판결 참조.

대한 일종의 위험부담으로서의 자기책임을 지는 것이지 공무원이 져야 할 책임을 국가가 대신하는 일종의 사용자책임의 성질을 갖는 것은 아니다. 따라서 국가무책임사상에 뿌리를 두고 국가기관 내부의 책임추궁의 형식인 국가의 공무원에 대한 구상권을 근거로 하는 대위책임설이나, 국가배상법이 정하는 불법행위 공무원에 대한 국가의 구상권의 유무를 기준으로 구상권이 있는 경우(공무원의 고의·중과실)는 대위책임이고, 구상권이 없는 경우(공무원의 경과실)는 자기책임이라는 절충설 등은 국가배상청구권의 본질을 옳게 파악한 것으로 볼 수 없다. 대위책임설에 따르면 불법행위 공무원과 국가가 모두 배상책임자이므로 국민은 선택적으로 배상 청구를 할 수 있다(선택적 청구권설). 국가배상책임을 자기책임이라고 이해해도 불법행위 공무원에 대해서 기관 내부에서 변상책임을 묻고 형벌권 내지는 징계권을 통한 책임추궁은 가능한 일이다. 헌법(제29조 제1항 단서)이 정한 '공무원 자신의 책임은 면제되지 아니한다'는 규정은 공무원의 국가 내부에서의 책임(기관 내부에서의 변상책임·공무원법상의 책임)과 공무원의 국민에 대한 정치적·형사적인 책임(제7조 제1항)을 밝힌 것이기 때문이다.

(6) 국가배상의 청구절차

국가배상청구절차는 헌법에 의해서 제정한 국가배상법에서 자세히 정하고 있다.

(가) 2원적인 배상청구절차

배상청구절차는 **행정상의 절차**와 **사법상의 절차**로 2원적으로 정하고 있다. 즉 행정상의 절차는 배상청구권자가 배상심의회에 배상 청구를 하는 배상심의절차를 뜻한다(법 제10조-제12조). 사법상의 절차는 배상심의회 대신에 직접 사법상의 절차에 따른 소송을 제기하는 것을 뜻한다(법 제9조). 민사소송법에 따라 일반법원에 손해배상청구소송을 제기하는 것이 원칙이지만, 예외적으로 행정소송법(제10조)에 따라 행정소송진행중 변론종결 때까지 소송병합절차에 따라 손해배상청구소송을 병합할 수도 있다.

(나) 배상의 기준과 범위

헌법(제29조 제1항)은 '정당한' 배상을 청구할 수 있다고 정하고 있는데, **'정당한 배상'**이란 공무원의 직무상 불법행위 또는 공공시설의 설치·하자와 상당한 인과관계가 있는 모든 손해의 배상을 뜻한다고 할 것이다. **적극적 손해**는 물론이고 기대이익상실과 같은 **소극적 손해**와 **정신적 손해**까지 포함해야 한다. 배상의 구체적 기준은 국가배상법(제3조)이 정하고 있다. 헌법재판소는 보상금 등의 성격과 중첩되지 않는 정신적 손해에 대한 국가배상청구권의 행사를 금지하는 5·18 보상법규정(제16조 제2항

해당부분)은 침해최소성과 법익균형성을 어긴 국가배상청구권의 침해라고 결정했다.[1]

(다) 내부적 구상권

국가배상법(제2조 제2항)이 정하는 내부적 구상권의 내용은 다음과 같다. 즉 공무원이 **고의나 중대한 과실**이 있는 불법행위로 국가가 손해배상을 한 경우에는 국가는 해당 공무원에게 구상권을 행사할 수 있다. 또 공무원의 선임 감독권자와 봉급 등 비용부담자가 다른 경우 실제 배상을 한 기관은 실제로 배상책임이 있는 기관에 구상권을 행사할 수 있다(법 제6조 제2항). 그리고 공공시설의 설치·관리의 하자를 이유로 손해배상을 한 경우에, 손해의 원인에 대한 책임이 있는 자에 대하여 구상청구를 할 수 있다(법 제5조 제2항).

(7) 국가배상청구권의 제한

국가배상청구권은 기본권 제한입법의 한계조항의 범위 내에서 제한할 수 있는데, 과잉금지원칙을 지켜 방법의 적합성, 침해 최소성, 법익 균형성(비례성) 등을 존중해야 한다. 국가배상청구권을 부인하는 입법은 국가배상청구권의 본질적 내용의 침해이다. 헌법재판소가 일반 국민이 직무집행 중인 군인과 공동불법행위를 한 경우에 국가배상법(제2조 제1항 단서)을 근거로 일반 국민이 국가에 대한 구상권 행사도 허용하지 않는 것은 위헌이라고 결정한 이유도 그 때문이다.[2] 국가배상청구권의 제한은 주로 국가배상책임의 내용·범위·기준과 청구 절차 등에 관한 것이라고 할 수 있다. 그러나 '정당한 배상'과는 거리가 멀게 배상의 기준을 지나치게 낮게 정하는 입법은 '정당한 배상'을 명하는 헌법정신에 어긋난다. 헌법재판소는 민주화운동과 관련한 보상금 등의 산정에서 적극적·소극적 손해만 고려하고 정신적 손해를 배제하는 것은 침해최소성과 법익균형성을 어겨 관련자의 국가배상청구권을 침해한 것이라고 결정했다.[3]

2) 범죄피해자 구조청구권

우리 헌법(제30조)은 '타인의 범죄행위로 인하여 생명·신체에 대한 피해를 받은 국민은 법률이 정하는 바에 의하여 국가로부터 구조를 받을 수 있다'고 범죄피해자의 구조청구권을 보장하고 있다. 국가의 중요한 책임 중의 하나가 치안질서를 확립해 범

---

1) 헌재결 2021. 5. 27. 2019헌가17 참조.
2) 헌재결 1994. 12. 29. 93헌바21 참조.
3) 헌재결 2018. 8. 30. 2014헌바180 등 참조.

죄 없는 사회환경을 조성해서 모든 국민이 범죄의 피해에서 벗어나게 하는 것이다. 그러나 국가의 노력에도 불구하고 범죄가 발생하고 그로 인해서 국민에게 **생명·신체상의 피해**(부상·질병·장애·건강 악화 등)가 발생하고 그 피해의 영향으로 직업 활동과 사회생활에 영향을 받아 경제적인 불이익이 발생하면 국가가 적절한 구조를 해줘야 할 의무가 있다. 본인의 귀책사유 없는 범죄피해자의 생명·신체상의 피해를 방치하는 것은 국가의 국민 보호 의무를 어기는 것이고 사회정의에도 어긋나기 때문이다. 이러한 국가의 재해보상은 현대 선진 국가의 보편적인 책무로 인식되고 있다. '범죄피해자보호법'에서 구체적인 내용을 정하고 있다.

(1) 국가구조책임의 본질과 이론적 근거

(가) 질서국가사상과 사회국가사상의 영향

범죄피해자에 대한 국가구조제도는 질서국가사상(Hobbes)에서 유래하는 국가의 **치안질서유지의무**에 그 근거를 두고 있다. 귀책사유 없는 범죄피해의 발생은 국가가 치안질서유지의무를 지키지 못한 결과이기 때문에 국가에 범죄피해의 구조 의무가 발생한다는 논리이다. 그러나 현대국가에 와서는 국가구조책임의 본질을 국가의 치안 질서유지의무위반에만 국한하지 않고 **사회국가 사상과도 연관**해 이해하는 것이 더 합리적이다. 즉 국가구조책임은 사회평화와 사회통합을 달성하기 위한 불가피한 수단인 각종 사회보장정책의 한 형태라고 이해할 수 있다. 즉 우리 헌법(제34조 제2항)이 정하는 국가의 사회보장·사회복지의 증진 의무이행의 한 제도적인 표현이라고 볼 수 있다.

(나) 국가구조책임의 보충성

범죄로 인한 피해에 대한 배상책임은 일차적으로 범죄자에게 있다. 자신의 행위로 인해서 발생한 피해를 행위자가 지는 것은 사회질서를 유지하는 **자기책임 원리**의 당연한 결과이다. 따라서 국가는 이러한 자기책임의 원리를 실현하는 효과적인 제도부터 마련하는 것이 우선이다. 형사재판에서 형사피고인에게 유죄판결을 선고하면서 법원이 직권 또는 범죄피해자의 신청으로 피고사건의 범죄행위로 인해서 발생한 직접적인 물적 피해 또는 치료비 손해의 배상을 명할 수 있게 하는 '소송촉진 등에 관한 특례법'(제25조)에서 정하는 **배상명령제도**는 그 예이다. 민법(제750조)상의 불법행위에 대한 손해배상제도도 같다. 그러나 범죄자가 배상 능력이 없을 수도 있으므로 그 경우에 국가가 범죄피해자를 구제해주기 위하여 보충적으로 마련하는 것이 범죄피해자구조제도이다. 즉 범죄피해자구조제도는 **보충적인 사회보장제도의** 하나이다.

(2) 범죄피해자구조청구권의 의의 및 법적 성격

(가) 범죄피해자구조청구권의 의의

범죄피해자구조청구권이란 본인의 귀책사유 없는 타인의 범죄행위로 생명을 잃거나 신체상의 피해를 본 국민과 그 유가족이 범죄자로부터 충분한 피해배상을 받지 못한 경우 국가에 일정한 보상을 청구할 수 있는 권리를 말한다. 범죄피해자가 이런 권리를 알지 못할 수 있으므로 국가는 수사 또는 재판과정에서 범죄피해자의 형사 절차상의 권리 및 범죄피해구조금 지급 등 보호·지원 등에 관한 정보를 범죄피해자에게 제공하도록 했다(법 제8조의2).

(나) 범죄피해자구조청구권의 법적 성격

범죄피해자구조청구권이 구체적인 **재해 보상적 청구권**인지 추상적인 **사회국가적 수혜권**인지 논란이 있을 수 있다. 그러나 범죄피해자구조청구권은 본질적으로 범죄피해 발생에 대한 국가책임이론과 사회책임이론에 그 근거를 두고 있고, 가해 범죄자의 배상 능력이 없음을 전제로 하는 보충적인 성질을 갖는 제도라는 점에서 **구체적인 보상청구권으로서의 성격**을 갖는다. 그리고 이 보상청구권은 사회보장제도 내에서도 **사회보상적** 성질을 갖는다고 할 것이다. 따라서 '사회보험적' 성질을 갖는 장래 생활보장제도, 또는 생활무능력자의 '생계 대책지원'의 성질을 갖는 **생활보호제도**와는 그 본질이 다르다. 따라서 범죄피해자구조청구권에 관해서 헌법(제30조)이 정하는 법률유보는 단순한 입법방침 규정이 아니고, 입법의무의 내용과 범위를 분명히 정한 기본권형성적 법률유보로서 입법권자를 기속하는 효력을 갖는다. 그 결과 입법권자는 어떤 형태든지 범죄피해자구조제도를 만들 헌법적 의무가 있다. 헌법재판소는 '범죄로부터 국민을 보호해야 할 국가의 의무가 지켜지지 않을 때 국가의 의무위반을 국민에 대한 기본권 침해로 규정할 수 있다. 이러한 침해가 있는데도 이것을 배제해야 할 국가의 의무가 이행되지 않는다면 국민은 국가를 상대로 헌법(제10조, 제11조 제1항, 제30조)에 규정된 보호의무 위반 또는 평등권 침해를 주장할 수 있다'고 판시하고 있다.[1)]

1) 헌재결 1989. 4. 17. 88헌마3 참조.

(3) 범죄피해자구조청구권의 내용

(가) 구조청구권의 주체와 발생요건

구조청구권의 주체와 발생요건 및 제척사유 등 주요 내용은 다음과 같다.

① 구조청구권자

구조청구권은 i) 타인의 범죄행위로 생명·신체에 피해를 본 사람과 그 배우자, 직계친족 및 형제자매(법 제3조 제1항 제1호), ii) 범죄피해방지 및 범죄피해자 구조활동으로 피해를 받은 사람(법 제3조 제2항), iii) 자기 또는 타인의 형사사건의 수사 또는 재판에 협조(수사단서제공·진술·증언·자료제출 등)했다는 이유로 보복피해를 입은 사람(법 제16조 제2호) 등이다. 즉 범죄피해자뿐 아니라 그 유족이 모두 포함된다. 유족이란 피해자의 배우자(사실혼 포함), 사망 당시 피해자의 수입으로 생계를 유지하던 자녀(태아 포함), 부모·손자녀·조부모·형제자매뿐 아니라 피해자에게 생계를 의존하지 않았던 피해자의 유족이 다 포함된다(법 제18조 제1항 제1호-제3호, 제2항). 다만 부모의 경우에는 양부모가 친부모보다 선순위이다(법 제18조 제3항). 외국인은 상호보증이 있는 경우만 해당한다.

② 범죄피해의 발생장소와 피해내용

구조대상이 되는 범죄피해란 우리 영토 또는 선박·항공기 안에서 행해진 범죄행위로 생명을 잃었거나 장해 또는 중상해를 입은 경우이다(법 제3조 제1항 제4호). 여기서 장해란 범죄로 인한 부상이나 질병이 치료된 후에 남은 신체의 장해이고, 중상해란 범죄행위로 신체나 그 생리적 기능에 손상을 입은 경우인데 더 구체적 내용은 대통령령으로 정한다(법 제3조 제1항 제5호, 제6호).

③ 제척사유

청구권에는 다음의 제척사유가 있다. 즉 i) 피해자가 가해자와 친족관계(부부·직계혈족·4촌이내 친족·동거친족)가 아니어야 한다(법 제19조 제1항). ii) 피해자가 범죄행위를 유발했거나 범죄피해의 발생에 귀책사유가 없어야 한다(법 제19조 제3항, 제4항). iii) 피해자를 유족이 고의로 사망케 하지 않았어야 한다(법 제18조 제4항). iv) 정당행위 또는 정당방위 또는 과실로 발생한 피해가 아니어야 한다(법 제3조 제1항 제4호). v) 사회통념상 구조금 지급이 부당하다고 인정되지 않아야 한다(법 제19조 제6항).

(나) 구조청구권의 내용과 보충성

① 구조청구권의 내용

국가에 청구할 수 있는 범죄피해구조금은 구체적으로 일시금으로 받는 사망자 유족의 **유족구조금**, 중장해자의 **장해구조금** 및 **중상해구조금**이다. 유족구조금은 유족 중의 선순위자가 지급받는데(법 제18조 제1항, 제2항), 동순위자가 복수인 때는 균분해서 받는다(법 제17조 제2항). 구조금의 액수는 법률과 대통령령으로 정하게 했다. 즉 피해자의 피해 당시 월급액이나 월실수입액 또는 평균임금에 24개월 이상 48개월 이하의 범위에서 유족의 수와 연령 및 피해자의 장해 또는 중상해의 정도와 부양가족의 수 및 생계 유지상황 등을 고려해서 정하도록 했다(법 제22조). 구조금 수령권은 양도 또는 담보로 제공하거나 압류할 수 없다(법 제32조).

② 구조청구권의 보충성

구조청구권은 가해자가 불명하거나 자력이 없어 피해의 전부 또는 일부를 배상받지 못하는 때에만 보충적으로 청구할 수 있다(법 제16조 제1호). 따라서 피해자가 범죄피해에 대해서 국가배상법 등에 의해서 급여 등을 지급받을 수 있으면 구조금은 지급하지 않는다. 또 다른 방법으로 손해배상 등을 받으면 그 받은 금액의 한도 내에서 구조금을 삭감할 수 있다. 그리고 국가가 구조금을 지급한 때에는 구조금 수령자의 손해배상청구권을 대위한다(법 제20조, 제21조).

(4) 범죄피해자구조청구권의 행사절차

범죄피해자구조금 지급은 각 지방검찰청에 설치하는 '범죄피해자구조심의회(지구심의회)'와 법무부에 두는 '범죄피해자구조본부심의회(본부심의회)'에서 심의·결정한다(법 제24조). 따라서 구조금의 지급신청은 신청자의 주소지·거소지 또는 범죄발생지를 관할하는 지구심의회에, 범죄피해의 발생을 안 날로부터 3년 또는 당해 범죄피해가 발생한 날로부터 10년 이내에 해야 한다(법 제25조). 구조금지급신청을 기각 또는 각하하는 결정에 대해서는 2주 이내에 지구심의회를 거쳐 본부심의회에 재심을 신청할 수 있다(법 제27조). 그리고 구조금 신청에 대해서 신속히 결정할 수 없는 사정이 있으면 긴급구조금의 지급을 결정할 수 있는데 사후에 정산한다(법 제28조). 구조금 수령권은 구조금지급결정의 송달을 받은 날부터 2년간 행사하지 않으면 시효소멸한다(법 제31조). 구조금 지급 후에 부정한 신청 또는 제척사유가 발견되면 심의회의 결정으로 지급된 구조금의 전부 또는 일부를 환수할 수 있다(법 제30조).

(5) 범죄피해자구조청구권의 제한과 한계

범죄피해자구조청구권은 기본권제한입법의 한계 내에서 할 수 있는데 과잉금지원칙을 존중해야 한다. 범죄피해자에 대한 국가의 구조책임을 부인하는 입법은 이 권리의 본질적 내용의 침해이다. 따라서 범죄피해자구조청구권의 제한은 헌법이 정하는 이 권리에 관한 **기본권형성적 법률유보**에 따라 범죄피해보상의 내용과 범위 및 절차 등을 법률로 정하는 것이라고 할 것이다. 이 경우 구조금 지급신청기간을 지나치게 촉박하게 정하거나 보상의 내용과 범위를 지나치게 제한하는 입법은 과잉금지원칙에 어긋날 가능성이 크다. 헌법재판소는 범죄피해발생일부터 5년이 지난 후에는 구조금청구권을 행사할 수 없게 정한 구법조항에 대해서 위헌이 아니라고 결정했다.[1)]

9. 국민의 의무

자유민주주의 헌법질서에서 국민의 의무는 국민의 기본권과 함께 국가작용과 사회통합의 중요한 전제조건이다. 기본권만 강조되고 국민의 의무가 소홀히 여겨지면 국가는 제 기능을 할 수 없게 되어 결국에는 기본권마저 위협받게 된다. 따라서 국민의 기본권과 의무는 분리할 수 없는 국가작용의 **양대 축**이다. 권리만 있고 의무가 없는 사회는 존립할 수 없다.

그런데 국민의 의무에는 세 가지 유형이 있는데, **국가창설적인 국민의 순종의무**, 기본권에 내포된 **국민의 윤리적 의무** 그리고 헌법이 정하는 **국민의 기본적 의무** 등이 그것이다. 앞의 두 유형의 의무는 국가존립을 위한 헌법이론적 의무이고, 국민의 기본적 의무는 헌법의 규정에 따른 실정법상의 의무라는 본질상의 차이가 있다.

1) 국가창설적 국민의 순종의무

국가창설적 국민의 의무는 국가의 존립과 기능을 위해서 마련한 국법질서에 국민이 순종하면서 평화를 유지할 의무를 말한다. 법질서에 대한 국민의 순종의무는 국가존립의 당연한 이념적인 기초를 뜻하기 때문에 헌법의 명문규정의 유무와는 무관하다. 헌법재판소도 헌법과 법률을 준수할 의무는 국민의 기본의무로서 헌법상 명문규정은 없으나 당연한 것이라고 판시했다.[2)] 국민주권의 자유민주주의와 법치주의를 이념적인 기초로 하는 헌법질서에서 국가의 모든 법질서는 그 근거가 국민의 공감적인 가치

1) 헌재결 2011. 12. 29. 2009헌마330 참조.
2) 헌재결 2002. 4. 25. 98헌마425 참조.

에 있으므로 법질서 정당성의 근거인 국민이 법질서를 존중하고 그에 순종하는 것은 너무나 당위적인 요청이다. 모든 국민이 법질서에 순종하면 사회통합과 사회평화의 실현은 당연하게 이루어진다. 그렇다고 해서 국민의 법질서 순종의무가 국민의 공감적 가치와는 거리가 먼 위헌적인 법률에 대한 **맹목적인 순종의무**를 의미하지는 않는다. 위헌적인 법질서에 대해서 헌법정신에 맞도록 입법개선을 촉구하면서 **비판적인 순종**을 하는 것은 그 자체가 진정한 법질서 순종의무의 이행이라고 할 것이다.

국가의 법질서에 대한 국민의 순종의무는 우리 헌법이 상정하고 있는 민주시민의 불가결한 덕성이라고 볼 수도 있다. 형식적·실질적으로 합헌적인 법질서가 자신의 이해관계에 어긋나도 그에 대한 순종을 통해 사회평화에 이바지하는 것은 민주시민에 요구되는 당연한 덕성이기 때문이다. 이러한 민주시민의 당위적인 덕성에서 벗어나게 행동하는 국민이 많아지면 사회적인 무질서 상태가 초래된다. 국가는 국법질서의 실효성을 회복해서 무질서 상태를 해소함으로써 사회평화를 유지하기 위한 강력한 권력수단을 사용할 수도 있다. 그렇게 되면 국민의 기본권마저 위협받게 된다. 그래서 법질서에 대한 순종의무는 역설적으로 **자유를 지키는 조건**일 수 있다.

2) 기본권에 내포된 국민의 윤리적 의무

국민의 자유와 권리는 관용과 책임의 **도덕적 품성**에 의해서 뒷받침되는 경우에만 사회통합의 원동력으로 기능할 수 있다. 모든 국민이 이 '도덕적 품성'과 거리가 멀게 기본권을 악용·남용해서 타인의 자유와 권리를 침해하고, 사회공동체의 기본적인 도덕률을 파괴하며 자유민주적 기본질서를 위태롭게 하면 사회평화와 사회통합은 기대할 수 없다. 따라서 모든 국민이 기본권을 온건하고 평화롭게 올바로 행사하는 것은 기본권에 내포된 당연한 **묵시적인 도덕유보** 내지는 윤리적 의무라고 할 수 있다. 국민의 이러한 윤리적 의무는 민주시민으로서의 교육을 통해서 제고될 수 있다.

기본권에 내포된 이러한 윤리적 의무는 그 본질상 절대적 기본권의 내재적 한계와 기본권 제한 또는 사인 간의 기본권 효력의 이념적인 기초가 되기도 한다.

3) 헌법상의 국민의 기본적 의무

우리 헌법은 국민의 기본적인 의무로 **납세의무**(제38조), **국방의 의무**(제39조), **교육을 받게 할 의무**(제31조 제2항), **근로의 의무**(제32조 제2항), **환경보전의무**(제35조), **재산권 행사의 공공복리적합의무**(제23조 제2항) 등을 규정하고 있다. 이러한 국민의 기본적

의무규정은 모두가 법률유보를 함께 정하고 있어서 그 의무의 구체적인 내용은 헌법의 위임에 따라 제정하는 법률로 정해진다.

(1) 납세의 의무

우리 헌법(제38조)은 '모든 국민은 법률이 정하는 바에 의하여 납세의 의무를 진다'고 납세의 의무를 규정하고 있다. 납세의 의무란 국가작용의 재정적인 기초를 마련하기 위해서 국민에게 **직접적인 반대급부 없는 금전적인 부담**을 지우는 것을 말한다. 납세의 의무는 국가가 모든 국민에게 자유로운 경제활동을 할 수 있도록 보장하는 대가로 금전적인 부담을 지게 해서 국가의 재정을 충당하고 특히 사회국가를 실현하는 수단으로서의 성질을 갖는다. 납세의 의무는 구체적인 과세권의 행사로 현실화하는데 국내에서 활동하는 모든 경제주체(자연인 · 법인 · 내국인 · 외국인)가 그 대상이 된다. 다만 외국인의 납세의무는 국제법상의 일반원칙에 따라 달라질 수 있다. 납세의무에 따른 세금은 직접적인 반대급부를 조건으로 하는 **사용료 · 수수료** 등과는 성격이 다르다.

법률로 납세의무를 구체화하는 입법권자는 조세평등의 원칙(제11조)과 조세법률주의(제59조)를 존중해야 한다. **조세평등의 원칙**은 과세가 국민의 담세능력에 따라 공정하고 평등해야 할 것을 요구한다(응능과세). **조세법률주의**는 과세요건법정주의와 과세요건명확주의를 그 내용으로 한다. **과세요건법정주의**는 납세의무자 · 과세물건 · 과세표준 · 과세기간 · 세율 등의 모든 과세요건과 조세의 부과 · 징수절차는 모두 국회가 법률로 규정할 것을 요구한다.[1] **과세요건명확주의**는 납세자가 과세대상을 예측할 수 있고 과세관청의 자의적인 법적용이 불가능하도록 확정적인 문구의 선택을 요구한다.[2] 헌법재판소는 이런 원칙을 어긴 과세를 모두 위헌으로 결정했다. 즉 미실현이득을 과세대상으로 삼고 중요한 과세기준의 결정을 행정입법으로 위임한 토초세법규정,[3] 불확정규정을 간주규정으로 확대 적용하는 것,[4] 과점주주 전원에게 법인의 체납액 전부에 대한 납세의무를 부과하는 것,[5] 법인세 부과에서 공과금의 손금불산입을 원칙으로

1) 헌재결 1992. 12. 24. 90헌바21 등 참조.
2) 헌재결 2002. 5. 30. 2000헌바81 참조.
3) 헌재결 1994. 7. 29. 92헌바49 · 52(병합) 참조.
4) 헌재결 1994. 6. 30. 93헌바9 참조.
5) 헌재결 1997. 6. 26. 93헌바49 등(병합).

하는 것,[1] 상속재산의 평가 방법을 포괄적으로 대통령령에 위임하는 것[2] 등이다. 이들 위헌결정에서 보듯이 헌법재판소는 국가과세권의 한계로 '**평등권, 재산권, 조세법률주의**와 **위임입법의 한계, 소급과세의 금지**' 등을 열거하면서 조세법률의 위헌심사기준으로 삼고 있다.

(2) 국방의 의무

우리 헌법(제39조)은 '모든 국민은 법률이 정하는 바에 의하여 국방의 의무를 진다. 누구든지 병역의무의 이행으로 인하여 불이익한 처우를 받지 아니한다'고 국방의 의무를 규정하고 있다. 국방의 의무는 모든 국민이 외국의 침략으로부터 국가를 보위해서 우리나라의 정치적 독립성과 영토의 완전성을 지키는 것을 말한다. 헌법(제5조 제1항, 제2항)에서 우리나라는 국제평화의 유지에 노력하고 침략전쟁은 부인하고 있지만, 외적의 침략에 맞서서 국가와 국민의 안전을 보장하고 국토방위의 신성한 의무를 지는 국군을 둔다는 점을 분명히 하고 있다. 따라서 국방의무는 우선 법률이 정하는 바에 따라 국군의 구성원이 되는 의무를 뜻한다. 이에 관한 현행병역법 등은 현역군 조직과 함께 예비군 조직, 민방위 조직, 전시근로동원 조직 등의 구성원으로 참여하는 국방의무를 구체화하고 있다. 이처럼 군조직에 참여해서 그 구성원이 되는 국방의 의무를 **적극적 의무**라고 한다면, 국방의 의무에는 군 작전상 불가피한 거주·이전의 제한, 재산권의 수용·사용·제한 등을 수용하고 협력하는 것을 **소극적 의무**라고 할 수 있는데 국방의 의무에는 적극적·소극적 의무가 다 함께 포함되어 있다고 할 것이다.

헌법이 정하는 병역의무의 이행에 따른 **불이익금지의 요청**에 따라 입법권자는 합리적인 병역제도를 확립할 의무를 진다. 따라서 헌법재판소는 병역의무의 이행을 위해서 군법무관으로 근무한 군법무관 출신 변호사에 대해서 변호사 개업지를 차별 제한하는 변호사법 규정(제10조 제2항)은 병역의무의 이행으로 불이익한 처우를 받게 되는 것이어서 헌법에 위반된다고 결정했다.[3]

(3) 교육을 받게 할 의무

우리 헌법(제31조 제2항)은 '모든 국민은 그 보호하는 자녀에게 적어도 초등교육과

---

1) 헌재결 1997. 7. 16. 96헌바36 등(병합).
2) 헌재결 1998. 4. 30 96헌바78 참조.
3) 헌재결 1989. 11. 20. 89헌가102 참조.

법률이 정하는 교육을 받게 할 의무를 진다'고 자녀에 대한 보호자의 교육의무를 규정했다. 교육은 모든 국민의 개성신장의 기초이고 헌법이 지향하는 민주국가와 문화국가의 필수적인 조건이다. 그래서 모든 국민은 교육을 받을 권리를 갖고, 보호자에게는 자녀에 대한 교육의무를, 그리고 국가에는 이 두 가지를 실현하기 위해서 무상의무교육(제31조 제3항)을 비롯한 실효성 있는 교육제도의 확립책임을 지우고 있다(제31조 제4항-제6항). '교육기본법'과 '초·중등교육법'(이하 법으로 표기)에서 구체적인 교육제도를 정하고 있는데 2021년부터 고등학교 모든 학년으로 무상교육(의무교육은 아님)을 확대 시행하고 있다. 무상교육 학교에서는 입학금·수업료·학교운영비·교과용도서구입비 등을 받을 수 없다(법 제10조의2).

자녀에 대한 보호자의 교육의무는 자녀교육이 1차적으로 부모와 보호자의 의무이고 책임이라는 점을 분명히 밝힌 것이다. 이 의무와 책임은 단순한 윤리적인 의무가 아닌 헌법상의 의무라는 것을 명심해야 한다.

(4) 근로의 의무

우리 헌법(제32조 제2항)은 '모든 국민은 근로의 의무를 진다. 국가는 근로의 의무의 내용과 조건을 민주주의 원칙에 따라 법률로 정한다'고 국민의 근로의무를 규정하고 있다. 근로의 의무란 근로의 기회가 있으면 누구나 자유의사에 의해서 근로의 기회를 선택하는 것을 말한다. 즉 근로의 의무를 근거로 국가가 모든 국민에게 획일적으로 근로의 의무를 부과하고 국민은 그에 따라 근로를 해야 하는 법적 의무를 뜻할 수는 없다. 그것은 민주주의 원칙에 따른 근로조건일 수 없다. 근로의 의무에도 불구하고 국민은 일하지 않은 게으른 결과에 대한 책임을 사회공동체에 전가하지 않고 자기 스스로가 진다면 **게으를 자유**도 갖는다고 할 것이다. 근로의 의무의 구체적인 내용은 입법권자가 법률로 정하게 되므로 때에 따라서는 현실적으로 근로의 법적인 의무가 생길 수도 있지만, '근로의 의무의 내용과 조건을 민주주의 원칙에 따라'서 정하도록 한 헌법적인 기속을 존중해야 하므로 획일적인 의무로서의 근로의 강제를 입법화할 수는 없다고 할 것이다. 결국 근로의 의무는 적어도 **근로의 강제**를 뜻할 수는 없다. 그래서 입법권자가 법률로 국민에게 근로의 의무를 부과하는 때에는 언제나 선택적 이행의 방법을 함께 제시해야 한다. 예컨대 신체적인 일 대신에 지적인 일 또는 금전적인 대납을 허용하는 방법이다.

이렇게 볼 때 근로의 의무는 모든 국민에게 일자리 선택이 갖는 실업보험적인 한계를 분명히 인식시켜 누구나 주어진 일자리를 거절하고 그 대신 실업보험금(실업생계비)의 지급을 요구하지 않게 하고, 근로능력과 근로의 기회가 있는 경우에는 사회보장적인 국가의 급부를 요구할 수 없도록 제도화하는 것을 그 근본 취지로 하는 헌법상의 의무라고 할 것이다.

(5) 환경보전 의무

우리 헌법(제35조 제1항)은 '국민은 환경보전을 위하여 노력하여야 한다'고 환경보전의무를 규정하고 있다. 이 환경보전의무는 환경권의 특성상 헌법이 보장하는 건강하고 쾌적한 환경에서 생활할 환경권의 불가결한 대응 의무라고 할 것이다. 일종의 **권리 대응적인 의무**로서의 특징을 갖는다. 즉 모든 국민은 자신의 생활권에서 환경을 해치는 공해가 발생하지 않도록 노력함으로써 우리의 생활환경이 '깨끗한 환경'이 되도록 해야 할 의무를 진다. 국민과 국가의 환경보전 노력 없이는 환경권은 아무런 실효성이 없다. 자연환경은 영구적인 것이므로 환경보전의무는 우리 세대만의 문제가 아니라 우리 후손들의 환경권을 보장하는 **예선효과적**인 것이라는 점에서도 중요한 의미를 갖는다.

(6) 재산권 행사의 공공복리 적합 의무

우리 헌법(제23조 제2항)은 '재산권의 행사는 공공복리에 적합하도록 하여야 한다'고 재산권 행사의 공공복리적합의무를 규정하고 있다. 재산권 행사의 공공복리적합의무는 재산권의 사회기속성 내지는 재산권의 헌법적 한계와 불가분의 관계이다. 재산권 행사의 악용·남용으로 사회의 계층 간에 위화감이 생기고, 재산권의 행사가 권력형성·획득의 이기적인 수단으로 오용되면 사회정의의 실현과 사회공동체의 통합은 기대하기 어렵다. 사회정의의 실현과 사회통합을 중요한 헌법적인 가치로 정하고 있는 우리 헌법이 재산권 행사의 공공복리적합의무를 강조하는 이유이다. 그 결과 사유재산에 대한 무제한의 임의적인 이용·수익·처분권은 허용되지 않고 법률이 정하는 재산권의 한계를 존중할 의무가 생긴다.

제 4 편

통치구조

제1장 통치구조의 본질과 기능

통치구조는 사회의 공감적인 가치를 집약한 기본권을 실현함으로써 사회통합을 달성하기 위해서 마련한 통치 권능(국가작용)의 조직적·기능적인 메커니즘이다. 따라서 통치구조는 기본권 실현기능을 떠나서 존립할 수 없는 **기본권 실현의 수단**으로서의 의미와 기능을 갖는다. 자기목적적인 통치구조는 자유민주주의 통치구조일 수 없다.

통치구조의 본질과 기능에 관해서는 헌법을 이해하는 관점에 따라 여러 가지 이론이 대립하고 있다. **법실증주의, 결단주의, 동화적 통합이론** 등이 그것이다.

1) 법실증주의가 이해하는 통치구조의 본질과 기능

법실증주의(Hans Kelsen)는 그 출발점이 국가=법의 동일성이다. 즉 국가는 법질서를 뜻하므로 국가목적과 법목적은 같다. 법질서는 인간의 행동양식에 관한 강제질서를 뜻한다. 그래서 모든 국가작용은 법질서를 실현하기 위한 작용인데, 법질서가 강제질서이므로 국가작용도 강제질서에 불과하다. 즉 국가는 주권의 주체로(**국가주권설**)서 일종의 자기목적적인 강제질서를 뜻한다. 따라서 국가권력은 자기 정당성을 가진다. 국가작용은 모두가 법을 정립하는 작용인데, 이때 3권분립은 단계적인 법정립작용을 위한 것에 불과하다(**법단계설**). 그 결과 국가의 통치기능는 법정립기능이고 국가의 통치구조도 법정립구조에 불과하다. 법질서는 인간 행동양식에 관한 강제질서이므로 통치기능은 인간의 행동양식을 정해주는 명령적 기능이고 통치구조는 인간의 행동양식을 정해주기 위한 권력구조에 지나지 않는다. 이 경우 법의 강제력을 확립·실행하기 위한 거대한 관료조직과 강제기구는 불가피해지므로 국가는 **관권국가**일 수밖에 없다. 법이 곧 국가이고 법은 강제질서를 뜻하므로 국가의 강제력은 국가의 본질적인 속성에 속한다.

생각건대 법실증주의가 설명하는 국가와 법의 본질 및 3권분립에 관한 이론은 국민주권의 자유민주주의 국가의 관점에서 도저히 수용할 수 없는 19세기적인 이론에 불과하다. 국가와 법질서를 동일시하고 국가주권 사상을 바탕으로 국가의 자기정당성을 주장하며, 3권분립을 단순히 단계적인 법정립기능의 메커니즘으로 설명하고, 법치국가와 법률국가를 구별하지 않고 법률의 이름으로 모든 것이 가능하다는 **법률만능주의의 통치기능론**은 이미 시대착오적인 진부한 이론이다. 특히 국민의 기본권과 무관한 국가의 자기목적적 권능을 전제로 기본권을 국가가 법률로 허용하는 범위 내의 시혜적인 것으로 이해하는 사상은 오늘날의 시대정신에 배치된다.

결론적으로 법실증주의의 통치구조는 국민의 기본권 실현과는 무관한 자생적 권능구조로서 법정립이라는 자기목적을 달성하기 위한 관권구조에 지나지 않게 된다. **힘**과 **강제** 그리고 **관권**과 **무통제**로 징표되는 통치구조는 궁극적으로 법률만능주의의 통치현상을 초래해서 '법률의 독재' 내지는 '법'의 이름으로 행해지는 강권통치를 가능하게 할 위험성을 가지고 있다.

2) 결단주의가 이해하는 통치구조의 본질과 기능

결단주의(Carl Schmitt)는 헌법질서를 인간의 천부적인 자유와 권리를 보장하는 부분과 국민주권을 실현하기 위한 부분으로 **2원적**으로 이해한다. 즉 헌법은 기본권편과 통치구조편의 이원적인 구조를 갖는데 **기본권편**에는 **법치주의원리**가, **통치구조편**에는 **민주주의원리**가 적용된다고 한다. 그런데 민주주의란 치자=피치자의 동일성 이론에 따른 **자기통치**를 뜻하기 때문에 통치구조는 주권자인 국민이 '자기통치'를 실현하기 위해서 마련한 통치의 메커니즘이라고 이해한다. 따라서 기본권과 통치구조는 **이념적으로 단절관계**이다. 즉 결단주의가 이해하는 통치구조는 국민의 '자기통치'에 관한 정치형성적인 구조로서 이념적으로 국민의 기본권 보장과는 무관한 치자=피치자의 요청을 실현하는 국민의 자기통치적인 메커니즘이다.

생각건대 결단주의는 기본권의 **천부인권설**과 **국민주권이론**을 정립해서 법실증주의를 극복한 발전적인 이론이다. 그러나 기본권과 통치구조를 이념적으로 단절시켜 기본권과 통치구조의 기능적인 연관성을 무시하고, 민주주의를 치자=피치자의 동일성 이론으로 이해해서 관념적인 크기에 불과한 국민을 통일된 의사결정의 주체로 인식해서 국민의 '자기통치'가 가능하다고 설명하면서 국민은 그 누구에 의해서도 대표될 수 없으므로 '자기통치'가 불가피하다는 논리는 매우 비현실적인 위험한 이론이다. 국민의 이름으로 행해지는 '자기통치'는 결국 **다수국민의 자기통치**일 수밖에 없는데 다수의 이름으로 무엇이든지 할 수 있다는 **다수독재**의 위험성을 배제할 수 없기 때문이다. 또 결단주의의 인식처럼 법치국가원리와 민주주의원리도 이념적인 단절관계는 아니다. 두 원리가 다 같이 자유·평등·정의로 상징되는 국민의 공감적인 가치를 실현하기 위한 국가창설과 국가기능의 구조적인 원리에 속하기 때문이다. 즉 **법치국가원리**는 국가의 모든 기능과 조직을 법 우선의 원칙에 따라 형성·조절함으로써 실질적인 자유·평등·정의를 실현하려는 국가의 **기능 형태적인 구조원리**인데 반해서, **민주주의 원리**는 통치권의 독점현상을 막아 국민주권과 국민의 정치적인 자유·평등을 실현하기 위한 국가의 **통치 형태적인 구조원리**라는 차이만 있을 뿐이다. 따라서 법치주의와 민주주의는 자유민주국가의 헌법에서 **상호 보완적인 기능관계**이다. 나아가 '국민의 자기통치'만을 민주주의라고 이해하면서 대의민주주의를 치자=피치자의 동일성 원리에 반한다고 하는 것은 오늘과 같은 광역국가의 필수적인 대의민주주의를 설명하는데 이론적인 한계가 있다.

3) 통합과정론이 보는 통치구조의 본질과 기능

통합과정론(Rudolf Smend)은 헌법질서를 사회공동체의 공감적인 가치인 기본권 실현을 통해서 사회통합을 달성하기 위한 통합질서라고 이해하면서 통치구조는 자기목적적인 것이 아니고 **기본권적인 가치를 실현**하기 위해서 마련한 헌법상의 통합기능적인 메커니즘이라고 설명한다. 기본권이 헌법질서의 목적이라면 통치구조는 이 목적을 달성하기 위한 수단에 불과하다. 그 결과 기본권적인 가치는 통치권 행사의 가치지표이다. 따라서 기본권과 통치구조는 결코 서로 다른 원리에 따라 규율되는 기능적인 단절관계가 아니고 기능적으로 **상호교차관계**에 있다. 그리고 기본권은 단순한 사적인 자유의 영역만이 아니라 국가창설적인 정치적·민주적인 기능도 함께 갖는 것이어서 기본권은 국가창설적인 객관적 가치질서이기도 하다. 즉 기본권은 권리인 동시에 질서로서의 양면성을 갖는다. 이처럼 통치기능의 **통합기능적인 성격**이 중요하므로 통치구조도 최상의 통합효과를 나타낼 수 있도록 **통치기관의 구성과정**과 **통치기관의 기능양태**를 마련해야 한다. 그렇기 때문에 선거로 통치기관을 구성하는 경우 선거의 결과보다는 선거방식과 선거과정을, 그리고 통치기능의 형식적인 합법성보다는 그 절차와 방법의 정당성에 초점을 맞추어야 한다. 3권분립의 원칙은 이러한 최상의 통합기능을 실현하기 위한 하나의 메커니즘에 해당한다.

생각건대 통합과정론은 통치구조를 기본권 실현을 보장하기 위한 통치권 행사의 **제한적인 권능구조**로 이해함으로써 기본권과 통치구조의 이념적·기능적 상호관계를 설득력 있게 논증해서 헌법질서의 전체적인 연관성과 통일성을 분명히 밝힌 것은 결단주의를 극복한 큰 이론적인 발전이라고 할 것이다. 그에 더하여 통치권과 통치권 행사의 **민주적 정당성**과 함께 통치권 행사의 **기본권 기속성**을 보장하기 위한 **절차적 정당성**을 강조함으로써 절차적인 정당성을 무시한 합법성의 한계를 지적한 것도 평가할 가치가 있다.

4) 사견

통치구조의 본질과 기능에 대한 앞의 세 가지 이론 중에서는 통합과정론의 논증이 가장 설득력이 있고 자유민주주의 헌법질서에서도 무리 없이 수용할 수 있다고 생각한다. 다만 기본권의 천부인권으로서의 주관적 공권으로서의 성격보다 기본권의 국가창설적인 정치적인 기능을 앞세워 기본권의 객관적 가치질서로서의 성격을 너무 부각시키는 점은 **기본권의 양면성**을 적절히 조화시킬 수 있는 방향으로 이해할 필요가 있다고 할 것이다.

통치구조의 가장 핵심적인 과제는 통치질서의 가치지표에 해당하는 국민의 기본권을 최대한 존중하고 실현할 수 있는 구조적·기능적 메커니즘을 찾아내는 것이다. 따라서 통치기관의 조직과 권한 분배, 권능 행사의 절차와 방법, 통치기관 상호 간의 통제 수단 등 통치구조적인 장치를 마련할 때는 언제나 기본권적 가치를 가장 효과적으로 실현할 수 있는 제도적인 장치를 찾아내야 한다.

자유민주주의를 지향하는 현대국가의 통치질서는 결국 **자유·평등·정의**와 같은 공감적인 가치의 실현을 통한 사회공동체의 통합질서를 뜻한다. 따라서 이러한 공감적인 가치의 실현에 역행하는 통치 권능이 출현하지 않도록 통치권의 창설과 행사에 대한 적절하고 합리적인 절차와 견제 장치를 마련하는 것이 가장 핵심적인 과제이다.

제2장 자유민주적 통치구조의 근본이념과 기본원리

자유민주주의 통치질서는 국민의 공감적 가치의 실현을 통한 사회공동체의 통합질서이다. 따라서 자유민주적인 통치질서에서는 '관권'과 '물리적인 힘'을 전제로 한 '관권통치' 또는 '힘의 통치'를 위한 통치구조는 성립할 수 없다. 자유민주주의 통치질서가 추구하는 사회통합은 사회구성원의 가치적인 일체감 내지 정치적인 연대의식 없이 단순히 '물리적 힘'이나 '다수의 힘'만으로 이룰 수 없기 때문이다. 그래서 자유민주적 통치구조의 중심적이고 기본적인 과제는 모든 권능이 사회통합의 요소인 기본권적인 가치의 실현을 위해서 행사되도록 '권능의 기본권 기속'(**통치권의 기본권 기속성**)을 제도화하고, 통치질서 내에서 행사되는 모든 권능의 '민주적인 정당성'(**통치권의 민주적 정당성**)을 확보하고, 권능의 남용·악용이 불가능하도록 권능 상호 간의 견제와 균형장치를 통해서 '효율적인 통제장치'(**통치권 행사의 절차적 정당성**)를 마련하는 것이다.

1. 자유민주적 통치구조의 기본과제

자유민주적 통치구조의 기본과제는 통치권의 기본권 기속성, 통치권의 민주적 정당성, 통치권 행사의 절차적 정당성의 세 가지 근본이념과 기본원리를 실현할 수 있는 효율적인 제도를 마련하는 것이다.

1) 통치권의 기본권 기속성

자유민주적 통치구조의 우선적인 과제는 국가 내의 모든 권능행사가 언제나 기본권에 기속되도록 통치권의 기본권 기속성을 실현·확보할 수 있는 효율적인 제도적인 장치를 마련하는 것이다. 국가의 권능은 통치질서의 가치지표인 기본권적인 가치를 실현함으로써 평화로운 사회분위기를 조성해서 사회의 정치적인 통합을 이루기 위한 수단에 지나지 않기 때문에 통치질서의 모든 권능행사는 언제나 **기본권적 가치의 실현**에 초점이 맞추어져야 한다. 따라서 통치질서의 가치지표를 뜻하는 국민의 기본권을 도외시한 채 단순히 통치기관의 권능적인 시각에서만 통치구조를 이해하는 것은 옳지 않다. 통치구조와 통치권능은 결코 '자기목적적'인 것이 아니기 때문이다. 따라서 통치구조의 중요내용인 통치기관의 조직과 권한 분배, 통치권 행사의 방법과 절차, 통치기관 상호 간의 관계에 관한 규율은 통치권의 기본권 기속성의 원리를 실현할 수 있도록 제도화해야 한다. 우리 헌법재판소도 '이른바 통치행위를 포함하여 모든 국가작용은 국민의 기본권적 가치를 실현하기 위한 수단이라는 한계를 반드시 지켜야 한다'고 통치권의 기본권 기속성을 강조하고 있다.[1]

2) 통치권의 민주적 정당성

(1) 통치권의 창설과 존속의 원리

자유민주적 통치구조는 통치권의 민주적 정당성의 요청을 충족할 수 있어야 한다. 통치권의 민주적 정당성의 요청이란 통치권의 창설은 물론이고 그 존속이 항상 주권자인 **국민의 합의**에 바탕을 두어야 하므로 국민의 합의에 귀착될 수 없는 통치권은 정당화될 수 없다는 원리이다.

따라서 통치권의 민주적 정당성의 원리는 통치권의 창설과 존속에 관한 당위적인 조건이다.

(2) 통치기관의 구성 방법과 민주적 정당성의 관계

통치권이 갖는 민주적 정당성의 **크기**와 통치기관에 주어지는 **권능** 사이에는 반드시 **비례적인 균형 관계를** 유지하도록 해야 한다. 이 비례적인 균형 관계를 유지하지 못한 경우에는 통치권의 참된 민주적 정당성은 인정하기 어렵다. 그래서 통치기관의

---

1) 헌재결 1996. 2. 29. 93헌마186 참조.

선출 또는 구성 방법과 그 통치기관에게 주어지는 헌법적 권능 사이에는 불가분의 상관관계가 성립한다. 국민의 직접선거로 선출된 대통령은 간접선거로 뽑힌 대통령보다 민주적 정당성이 크므로 후자보다 더 많은 헌법상 권능을 갖는다. 또 국민이 직접 선출한 통치기관은 임명된 통치기관보다 민주적 정당성이 크기 때문에 더 많은 헌법상의 권능을 갖는 것은 당연하다. 그래서 통치권의 민주적 정당성의 원리는 통치권 창설·존속의 민주적 정당성과 통치권의 '양(질)'에 관한 민주적 정당성을 함께 요구하는 것이다.

(3) 통치권의 민주적 정당성 확보를 위한 제도적 장치

통치권의 민주적 정당성의 '크기'와 '질'은 이를 뒷받침할 수 있는 여러 제도적인 장치를 통해서만 확보할 수 있다. 보통·평등·직접·비밀·자유 **선거제도**와 **국민투표제도**가 그 대표적인 장치이다. 선거제도와 연관된 참정권의 행사도 민주적 정당성의 근원이고 민주적 정당성의 **신진대사**를 촉진하는 중요한 수단이다. 또 국민의 의사 표현의 수단인 언론·출판·집회·결사의 자유의 행사를 통한 **계속적인 국민투표**의 기능도 민주적 정당성의 확보를 위한 중요한 투입(input) 장치이다.

3) 통치권 행사의 절차적 정당성

자유민주적 통치구조는 통치권 행사의 절차적 정당성의 요청을 충족할 수 있는 제도적인 장치를 마련해야 한다. 즉 통치권의 악용·남용이 불가능하도록 통치권에 대한 **효율적인 통제 수단**을 마련해서 통치권의 행사 방법과 행사과정에서 절차적인 정당성을 잃지 않도록 적절한 권력통제장치를 마련해야 한다. 통치구조에서 권력의 분산과 분사된 권력 간의 합리적인 균형, 권력 상호 간의 견제와 감시 수단의 형평성과 효율성 등이 필요한 이유이다.

민주적 정당성을 확보한 통치권도 권력 행사를 그 본질로 하므로 통치권의 악용·남용으로 생길 수 있는 권력의 독재화 또는 폭력화를 방지할 수 있는 제도적인 장치가 꼭 필요하다. 통치권 행사의 절차적 정당성의 요청을 충족하는 효율적인 견제·감시장치를 마련하는 것은 통치권의 기본권 기속성을 지키기 위한 제도적인 수단이기도 하다.

4) 결론

결론적으로 자유민주주의를 지향하는 통치구조는 통치권의 민주적 정당성과 통치권 행사의 절차적 정당성을 확보해서 통치권의 기본권 기속성을 지속적으로 지키고 실현하기 위한 제도적인 장치이다. 통치구조의 여러 제도, 즉 선거제도, 대의제도, 권력분립제도, 헌법재판제도 등은 통치권의 기본권 기속성과 민주적 정당성 및 통치권 행사의 절차적 정당성을 실현하기 위한 제도이다.

그런데 통치구조의 이러한 제도는 제도의 마련뿐 아니라 그 제도의 실제 운영에서도 자유민주적 통치구조의 근본이념과 기본원리를 존중해야 한다. 제도적으로 자유민주적 통치구조의 기본적인 요건을 갖추지 못하는 것 못지않게, 제도의 운영과정에서 자유민주적 통치구조의 근본이념과 기본원리를 무시하는 통치질서는 자유민주주의 헌법이 추구하는 사회통합의 목표를 달성하기 어렵다.

2. 우리 헌법의 통치구조 골격

우리 헌법도 이념적으로 국민주권의 자유민주주의를 지향하면서 국민의 기본권 보장과 실현을 헌법의 최고가치로 천명하면서 '국가는 국민이 가지는 불가침의 기본적 인권을 보장할 의무가 있다'고 밝히고 있다. 따라서 자유민주적 통치구조의 세 가지 근본이념과 기본원리(통치권의 기본권 기속성 · 통치권의 민주적 정당성 · 통치권 행사의 절차적 정당성)가 우리 헌법질서에서 어떻게 제도화되어 있는지 살펴본다.

1) 통치권의 기본권 기속성

우리 헌법은 인간의 존엄과 가치를 핵심으로 하는 국민의 기본권을 모든 생활영역(사생활 · 정치 · 경제 · 사회 · 문화생활)에서 보호하기 위해서 국가에 불가침의 인권을 확인하고 보호할 의무를 지우고 있다. 그래서 통치권의 기본권 기속성을 실현하기 위한 여러 제도적인 장치도 마련했다. 즉 국가권력을 기능적으로 **입법 · 행정 · 사법**으로 나누어 조직적으로 각각 다른 국가기관(국회 · 정부 · 법원)에 분산했다(제40조, 제66조 제4항, 제101조 제1항). 그리고 i) 입법작용이 기본권 실현에 역행하지 않도록 입법작용의 기본권적 한계를 명시하고(제37조 제2항), ii) 법치행정의 원칙을 실현하기 위해서 행정각부의 조직과 직무 범위를 법률로 정하도록 하며(제75조, 제96조, 제100조, 제114조 제7항), iii) 사법권의 독립을 보장해서(제101조-제106조) 효과적인 권리구제의 실효성을 높이도록 했다. 또 iv) 법률에 대한 위헌심사제도(제107조 제1항, 제111조-제113조)와 명령 · 규칙 · 처분에 대한 위헌 · 위법심사제도(제107조 제2항), 헌법소원제도(제111조 제1항 제5호)를 통해 기본권을 침해하는 법률 · 명령 · 규칙 · 처분의 효력을 차단했다. 나아가 v) 대통령의 국가긴급권 행사로 기본권 침해가 생기지 않도록 그 발동요건을 엄격하게 제한했다(제76조 제1항, 제2항). vi) 경제생활에서의 기본권 실현을 위해서 국민의 경제활동에서의 자유와 창의를 존중하고 국가권력의 경제간섭을 필요 최소한의 범위로 제한했으며(제119조 제1항), 사영기업의 국 · 공유화 및 경영통제와 관리를 금지하면서 예외적으로만 허용했다(제126조).

2) 통치권의 민주적 정당성

우리 헌법은 통치권의 민주적 정당성을 확보하기 위한 제도로 국민의 기본권 행사를 통한 **지속적인 투입**(input) 수단과 선거 · 국민투표와 같은 **주기적인 투입** 수단을 함께 마련하면서 통치권이 국회를 통해서 간접적으로 민주적 정당성을 확보하는 장치도 두고 있다.

(1) 기본권 행사를 통한 지속적인 투입통로

언론 · 출판 · 집회 · 결사의 자유(제21조)와 청원권(제26조) 같은 정치 · 사회생활영역의 기본권을 국민이 행사하는 것은 단순한 주관적인 공권의 효과뿐 아니라 통치권의 민주적 정당성의 기초가 되는 정치적 공감대 형성을 위한 '지속적인 국민투표'로서의 투입기능도 함께 갖는다. 정당설립 및 활동의 자유(제8조)에 내포된 복수정당제도도 정당의 이념적인 다원성을 보장하는 것이어서 국민의 집단적인 정치적 의사 형성을 통해 통치권의 민주적 정당성이 지속적으로 신진대사하도록 하는 실효성 있는 제도적인 장치이다.

(2) 선거 · 국민투표를 통한 주기적인 투입통로

우리 헌법은 대통령과 국회의원 등 통치권의 민주적 정당성이 크게 요구되는 통치기관을 임기제(제70조, 제42조)로 정해서 이들 통치기관이 임기 말에 주기적으로 검증 · 평가받을 수 있도록 했다. 즉 **통치권의 신진대사**를 촉진하는 수단으로 대통령 · 국회의원 선거제도(제67조, 제41조)와 지방자치를 위한 선거제도(제118조)를 마련했다. 그에 더하여 임의적인 국민투표제도(제72조)와 필수적인 국민투표제도(제130조 제2항, 제3항)도 함께 도입했다. 그러나 선거로 뽑는다고 항상 민주적 정당성이 생기는 것은 아니다. 선거제도의 내용에 따라서는 선거가 주기적인 투입통로로 기능하지 못할 뿐 아니라 오히려 주권자인 국민의 선거권을 침해하는 결과가 생길 수도 있다. 헌법재판소의 합헌결정[1]에도 불구하고 이른바 준연동형 선거제도가 그 한 예이다.

(3) 국회를 통한 간접적인 민주적 정당성 확보제도

우리 헌법은 헌법재판소장, 대법원장, 국무총리, 감사원장, 대법관 임명에 대한 국회의 동의권(제111조 제4항, 제104조 제1항, 제2항, 제86조 제1항, 제98조 제2항)과 헌법재판소재판관 3인과 중앙선거관리위원회위원 3인의 선출권(제11조 제3항, 제114조 제2항)을 통해서 이들 헌법기관이 간접적으로나마 민주적 정당성을 갖도록 했다. 국회가 중요 헌법기관의 임명에 대한 동의권 또는 선출권을 통해서 직접·간접으로 관여하게 하는 것은 중요 헌법기관의 존립과 기능이 직접적이든 간접적이든 민주적 정당성에 바탕을 두어야 한다는 자유민주적 통치구조의 근본이념과 기본원리를 제도한 것이라고 볼 수 있다. 그러나 국회를 통해서 간접적으로 민주적 정당성을 획득한 헌법기관은 국민의 선거를 통해서 직접적인 민주적 정당성을 확보한 대통령, 국회의원 등에 비해서 그 권능이 제한적일 수밖에 없다.

3) 통치권의 절차적 정당성

우리 헌법은 통치권의 절차적 정당성을 확보하는 수단으로 **권력분립**에 의한 권력통제의 메커니즘을 통치구조의 기본원리로 채택했다. 즉 Montesquieu의 고전적·구조적 권력분립이론에 따라 통치권을 입법·행정·사법으로 나누어 각각 다른 국가기관에 분담시킴으로써 이들 권력 상호 간의 **견제와 균형**을 통해 국민의 기본권을 보호하고 있다. 그러나 의원내각제인 정당국가에서 흔히 나타나는 정당을 통한 입법부와 행정부의 **권력융화(통합)현상**을 피하는 수단으로 의원내각제가 아닌 절충형 대통령제를 채택했다. 그에 더하여 중요 헌법기관(대통령·국회의원·대법원장)들의 임기를 각각 5년, 4년, 6년으로 다르게 정한 **임기차등제**를 통해서 '견제와 균형'의 메커니즘이 제대로 작

1) 헌재결 2023. 7. 20. 2019헌마1443 참조.

동하도록 하고 있다. 또 Montesquieu의 고전적 권력분립의 메커니즘이 오늘의 정당민주주의 통치질서에서 갖는 효력의 한계를 보충하는 수단으로 여러 가지 **기능적 권력통제**의 메커니즘도 채택했다.

(1) 고전적 · 구조적 권력분립제도를 통한 권력통제

우리 헌법은 국가권력을 입법 · 행정 · 사법권으로 나누어 각각 국회(제40조), 대통령(제66조 제4항), 법원(제101조 제1항)에 맡기어 이들 세 기관이 서로 견제하면서 균형을 유지하도록 '견제와 균형'의 메커니즘을 제도화했다.

(가) 행정부와 입법부의 상호 견제장치

행정부의 입법부 견제수단은 i) 대통령의 국회임시회소집요구권(제47조 제1항), ii) 대통령의 법률안 제출권(제52조), iii) 대통령의 법률안거부권(제53조 제2항), iv) 대통령 · 국무총리 · 국무위원 · 정부위원의 국회 출석 발언권(제81조, 제62조 제1항) 등이다.

입법부의 행정부 견제수단은 i) 대통령 · 국무총리 · 국무위원 · 행정각부의 장에 대한 탄핵소추의결권(제65조), ii) 국무총리와 국무위원의 해임건의권(제63조), iii) 국무총리와 감사원장 임명 동의권(제86조 제1항, 98조 제2항), iv) 국정감사 및 조사권(제61조), v) 국무총리 · 국무위원 · 정부위원 등의 국회출석요구권, vi) 예산안 등 국가재정작용에 대한 심의의결권(제54조, 제58조), vii) 특정한 조약의 체결 · 비준 동의권, viii) 선전포고 및 특정군사행동의 동의권(제60조 제2항), ix) 일반사면 동의권(제79조 제2항), x) 국회의장의 법률 공포권(제53조 제6항), xi) 계엄해제요구권 등이다.

(나) 행정부와 사법부의 상호 견제장치

행정부의 사법부 견제수단은 i) 대통령의 대법원장 · 대법관 임명권(제104조 제1항, 제2항), ii) 대통령의 사면 · 감형 · 복권권(제79조 제1항) 등이다.

사법부의 행정부 견제수단은 명령 · 규칙 · 처분의 위헌 · 위법심사권(제107조 제2항)이다.

(다) 입법부와 사법부의 상호 견제장치

입법부의 사법부 견제수단은 i) 대법원장 · 대법관 임명동의권(제104조 제1항, 제2항), ii) 사법부 예산 심의확정권(제54조), iii) 법관에 대한 탄핵소추의결권 등이다.

사법부의 입법부 견제수단은 법률에 대한 법원의 위헌심사권과 위헌결정제청권(제107조 제2항)이다.

(2) 기능적 권력통제의 메커니즘

우리 헌법이 채택한 고전적 3권분립의 통치구조는 정당민주주의 통치질서에서 그 권력통제의 실효성과 기능적인 한계를 나타내게 되었다. 그래서 그러한 한계를 극복·보충할 수 있는 새로운 권력통제의 메커니즘이 필요해졌다. 즉 여당과 야당, 관료조직과 정치세력, 지방자치단체와 중앙정부 간의 관계 및 헌법재판제도와 독립한 선거관리조직은 기능적 권력통제의 관점에서 새롭게 평가하게 되었다.

(가) 여당과 야당 간의 기능적 권력통제(소수의 다수에 대한 기능적 권력통제)

여당과 야당의 관계는 다수결 원리에 따라 이루어지는 단순한 정치형성기능을 넘어 소수의 다수에 대한 견제수단의 관점에서 새롭게 이해해야 한다. 즉 소수의 보호를 통해서 다수의 독주와 횡포를 견제하는 수단으로 이해해야 한다. 다수관계는 언제나 가변적인 것이어서 오늘의 다수는 내일에는 소수가 될 수 있고 그 반대 현상도 생길 수 있으므로 소수를 보호하는 것은 모두를 이롭게 하는 일이다. 따라서 소수는 배척의 대상이 아니라 보호의 대상이라는 인식을 가지고 국회를 운영해야 한다. 다수와 소수의 타협과 절충이 언제나 필요한 이유이다. **다수결 원리**는 소수의 의견을 반영한 타협과 절충을 전제로 한 의사결정의 방법이다. 소수의 보호를 떠난 다수결 만능의 국회운영은 소수의 보호를 중요시하는 자유민주주의 통치질서와는 거리가 멀다.

우리 헌법에 정한 i) 국회의원의 법률안 제출권(제52조), ii) 국회 재적의원 1/4의 국회의 임시회 소집요구권(제47조 제1항), iii) 국회 재적의원 1/3의 국무총리·국무위원 해임발의권(제63조 제2항), iv) 국회재적의원 1/3의 고위 공무원(대통령 제외)에 대한 탄핵소추발의권(제65조 제2항) 등은 국회의 소수에게 부여한 다수에 대한 기능적인 권력통제수단으로서의 의미도 갖는다고 볼 수 있다.

(나) 관료조직과 정치세력 간의 기능적 권력통제

우리 헌법이 공무원의 국민에 대한 봉사와 책임을 강조하고 공무원의 정치적 중립성과 신분을 보장하는 직업공무원제도를 확립함으로써(제7조) 공무원 중심의 **안정적인 관료조직**이 **유동적인 정치세력**을 기능적으로 견제할 수 있는 기능적인 권력통제의 바탕을 마련하고 있다. 그리고 고유한 행정작용의 영역에서 법치행정의 원리와 공무원의 책임원리(제29조 제1항 단서)가 강조되는 것도 정치세력의 간섭을 차단하는 견제의 의미도 가진 것으로 볼 수 있다.

(다) 지방자치단체와 중앙정부 간의 기능적 권력통제

우리 헌법은 지방자치를 제도적으로 보장함으로써(제117조, 제118조), 중앙정부의 지나친 업무 비대화 현상을 막고 지방자치단체의 자치기능을 강화해서 지방자치단체와 중앙정부 간의 견제가 이루어지도록 했다. 종래 지방자치제도는 이른바 **풀뿌리 민주주의**의 수단으로만 인식했지만, 이제는 통치권의 절차적 정당성 확보를 위한 기능적 권력통제장치로 평가해야 한다. 헌법재판소도 같은 취지로 판시했다.[1] 즉 '지방자치는 권력분립원리의 지방차원에서의 실현(지방분권)을 가져다줄 수 있다. 중앙정부와 지방자치단체 간에 권력을 수직적으로 분배하는 문제는 서로 조화가 이루어져야 하고, 이 조화를 도모하는 과정에서 입법 또는 중앙정부에 의한 지방자치의 본질의 훼손은 어떠한 경우라도 허용되어서는 아니 된다.'

(라) 헌법재판을 통한 기능적 권력통제

우리 헌법은 헌법재판소를 일반 법원에서 분리해서 독립한 헌법기관으로 제도화함으로써(제111조-제113조) 통치권의 과잉행사로 인한 기본권 및 헌법가치의 침해를 막아 통치권의 절차적 정당성을 확보할 수 있는 강력한 기능적 권력통제장치를 마련했다. 법률의 위헌심사제도(제107조 제1항, 제111조 제1항 제1호), 탄핵심판제도(제65조, 제111조 제1항 제2호), 위헌정당해산제도(제8조 제4항, 제111조 제1항 제3호), 권한쟁의심판제도(제111조 제1항 제4호), 헌법소원제도(제111조 제1항 제5호) 등이 그것이다. 따라서 헌법재판을 종래의 3권분립에 따른 사법부의 테두리에 묶어 함께 설명하는 것은 헌법재판이 갖는 기능적 권력통제의 기능을 무시하는 것이다.

(마) 독립한 선거관리조직을 통한 기능적 권력통제

우리 헌법은 각종 선거관리와 정당사무를 일반행정업무와 기능적·조직적으로 분리해서 독립한 헌법기관인 중앙선거관리위원회에 맡겨(제114조-제116조) 일반행정관청의 부당한 선거간섭을 기능적으로 배제·견제할 수 있는 기능적 권력통제장치를 마련했다. 선거는 대의민주주의 통치질서에서 통치권의 민주적 정당성을 확보하는 가장 핵심적인 수단이므로 선거의 공정성을 확보하기 위한 **선거관리의 중립성·독립성**은 통치권의 절차적 정당성의 관점에서 매우 중요한 의미를 갖는다.

4) 우리 통치구조의 취약점

우리의 통치구조는 형식상 자유민주주의 통치구조의 근본이념과 기본원리에 따라 통치권의 기본권 기속성, 통치권의 민주적 정당성, 통치권 행사의 절차적 정당성을

1) 헌재결 1999. 11. 25. 99헌바28 참조.

확보하기 위한 구조적·기능적인 메커니즘을 제도화하고 있다. 그러나 통치권의 민주적 정당성과 통치권 행사의 절차적 정당성 확보를 위한 권력통제 장치에 적지 않은 취약점이 있는 것도 부인할 수 없다.

(가) 통치권의 민주적 정당성의 취약요소

(a) 대통령의 상대다수선거제도

우리 헌법이 채택한 변형된 대통령제에서 대통령에게 국가원수로서의 많은 권한을 갖도록 하면서도 대통령을 상대다수대표선거로 뽑도록 해서 상대적으로 다수득표자를 당선자로 정하도록 했다. 그 결과 역대 대통령 선거의 결과에서 보듯 유효투표 과반수에 미치지 못하는 소수(예컨대 37%)의 득표만으로 대통령이 될 수 있다. 이처럼 유효투표의 과반수에도 미치지 못하는 득표로 대통령이 되면 소수의 대통령에 불과해서 민주적 정당성이 약할 수밖에 없다. 대통령제를 채택한 대다수의 나라에서 대통령은 **결선투표**를 통해서라도 유효투표 과반수의 득표로만 뽑게 하는 **절대다수대표선거**를 채택한 이유도 그 때문이다. 지금의 상대다수대표선거제도는 대통령이 확보하는 민주적 정당성이 취약한데도 그에 비례하지 않는 많은 권한을 갖도록 했다는 점에서 민주적 정당성의 질과 양의 면에서 모두 취약점이 있다.

(b) 대통령 단임제의 문제점

우리 헌법은 대통령의 임기를 5년 단임제로 정했다(제70조). 이 규정은 현행 헌법이 탄생한 1987년의 시대상황을 반영한 것이긴 해도 대통령 직선제의 대의민주주의 이념에 배치되는 규정이다. 즉 대통령 직선제의 대의민주주의에서 국민은 대통령을 선출할 뿐 아니라 선출된 대통령이 임기 동안 수행한 국정운영에 대해서 적어도 한번은 심판의 기회를 보장받아야 한다. 대통령 단임제는 주권자가 마땅히 가져야 하는 이 심판의 기회를 박탈했다는 점에서 취약성을 갖는다.

(c) 부통령제의 미채택

우리 헌법은 부통령제를 채택하지 않은 결과로 대통령 궐위 시에 국무총리 또는 국무위원이 그 권한을 대행하게 하고 있다(제71조). 대통령제의 통치구조에서 대통령의 궐위는 중대한 **헌법장애상태**인 동시에 경우에 따라서는 **국가비상사태**를 뜻할 수도 있다. 그러나 국회를 통해서 간접적인 민주적 정당성을 가진 국무총리 또는 국무위원이 그러한 헌법장애상태 또는 국가비상사태를 수습하기에는 **민주적 정당성의 취약성**으로 인해서 한계가 있을 수밖에 없다. 그래서 대다수 대통령제 국가에서는 대통령 궐위 시에 대비해서 대통령과 같은 민주적 정당성을 갖는 **직위승계권자**를 국민이 미리 뽑도록 하고 있다. 통치권의 민주적 정당성의 확보를 위해서 반드시 필요한 부통령제의 실종은 또 하나의 취약점이다.

(d) 직접 · 평등선거원리에 어긋나는 국회의원 선거제도

우리 공직선거법은 2019년 당시 여당 단독으로 개정한 이른바 **준연동형 비례대표선거**로 국회의원을 선출하도록 했다. 이 선거제도는 대의민주주의 선진국에서는 그 유형을 찾아볼 수 없는 매우 기형적인 선거제도이다. 이 선거제도는 헌법재판소의 합헌결정[1]에도 불구하고 직접·평등선거원리에 위배될 뿐 아니라, 군소정당의 난립을 초래해서 국회의 의사결정을 왜곡해서 민주적 정당성을 취약하게 한다. 주권자인 국민은 국회의원을 뽑기 위해서 투표권을 행사할 때 나의 투표가 어떻게 선거결과에 영향을 미치는지 알아야 한다. 그것이 **직법선거원리의 요청**이다. 그러나 준연동형선거제도에서는 난수표 같은 표 계산 방법 때문에 국민은 자기 투표가 어떻게 선거결과에 영향을 미치는지 전혀 알 수 없는 상태에서 투표하게 되므로 직접선거의 원리에 위배된다. 개정 전의 이른바 1인 2표의 **병립형선거제도**에서는 국민은 자신이 지지하는 지역구 국회의원 후보자와 정당에게 각각 한 표씩 투표하므로 자신의 투표가 선거결과에 어떤 영향을 미칠 것인지 예측할 수 있다. 또 준연동형 선거제도는 난수표 같은 표 계산 방법으로 투표가치의 등가성에도 불균형을 초래해서 **평등선거의 원리**에도 어긋난다. 그에 더하여 국회의원 선거 1년 전까지 선거구를 확정하라는 공직선거법규정(제24조의 2 제1항)을 상습적으로 지키지 않고 선거구획정도 안된 상태에서 예비후보자등록을 하는 반복되는 위법상황은 국회의 구성과 민주적 정당성에 부정적인 영향을 미친다.

(나) 권력통제 제도의 취약요소

(a) 통치기관 내부 통제장치의 취약점

우리 헌법은 권력통제장치의 실효성의 측면에서도 취약점을 갖고 있다. 즉 변형된 대통령제를 채택하면서 대통령 중심의 능률적인 국정운영에만 초점을 맞춰 행정기관을 지나치게 수직적인 구조로 만들었다. 그 결과 행정기관에서 대통령은 거의 절대적인 위치에서 국정을 운영하게 되어 대통령에 대한 행정부 내부의 견제장치가 전혀 실효성을 가질 수 없게 되었다. 중요국정을 다루는 국무회의를 의결기관이 아닌 단순한 심의기관으로 정했으며(제88조, 제89조), 대통령의 국정행위를 단순히 확인하는 수준의 국무총리와 국무위원의 부서제도(제82조), 국무총리의 형식적인 국무위원 제청권

1) 헌재결 2023. 7. 20. 2019헌마1443 참조.

(제87조 제1항) 등이 그 예이다. 국무총리와 국무위원을 대통령이 임명하고 이들이 대통령의 명을 받아 행정업무를 수행하는(제86조) 대통령의 보좌기관(제87조)에 불과한 수직적인 행정구조에서 대통령에 대한 실효성 있는 기관 내부의 통제효과는 기대하기 어렵다.

(b) 3권 간의 불균형한 통제장치

우리 헌법은 입법 · 행정 · 사법권의 기관 상호 간의 견제 · 균형장치를 마련하고 있지만 이들 3권 간의 '견제 · 균형'장치가 불균형해서 권력통제의 실효성이 약한 취약점을 갖고 있다. 대표적으로 **강한 국회에 약한 정부**의 결과를 초래하는 국회의 강력한 행정부 견제장치에 비해서 행정부의 국회 견제장치는 매우 약하게 되어 있다. 앞에서 설명한 두 기관 간의 견제장치의 숫자만으로도 알 수 있다. 특히 국회의 행정부 견제수단인 국정감사권과 국정조사권(제61조)을 국회가 남용하는 경우 행정부의 정책수행에 부정적인 영향을 미칠 수밖에 없는데도 행정부는 그에 대한 적절한 견제수단을 갖고 있지 않다. 국회가 국정감사권과 국정조사권을 함께 가질 수 있게 만들었기 때문이다. 국정조사권 발동의 요건을 완화해서 국정조사권만 갖도록 하는 것이 보다 균형적인 제도이다. 또 우리 헌법이 채택한 대통령과 국회의원의 임기차등제로 인해서 대통령과 국회의 다수당이 다른 정당에 속할 수 있는 가능성이 높아졌다. 이 임기차등제는 그것이 순기능하는 경우 두 기관 간의 효율적인 견제 · 균형의 메커니즘이 될 수 있다. 그러나 국회 다수당이 된 야당이 합리적인 견제 · 균형의 차원을 넘어 입법 독주를 하는 경우 대통령은 법률안거부권으로 견제할 수 있지만, 행정부의 정책수행에 꼭 필요한 법률을 야당이 의도적으로 지연시키거나 심지어 심의를 거부하는 경우 대통령은 그를 견제할 수 있는 방법이 없다. 대통령제의 선진국에서는 이런 경우 대통령에게 행정명령으로 정책을 수행하도록 하고 있다.

또 사법권 독립은 통치권의 기본권 기속성을 확보하기 위한 필수적인 제도이다. 그러나 우리 헌법은 **사법의 정치화**를 막을 수 있는 효율적인 장치를 마련하지 않았다. 사법부의 간접적인 민주적 정당성 확보방안은 마련하고 있으며 법관 인사에 대한 행정부의 간섭을 배제하기 위해서 대법원장이 대법관회의의 동의를 얻어 법관인사권을 행사하도록 했다(제104조). 그러나 법관인사권을 갖는 **대법원이 '정치화'**하는 것에 대한 제도적인 장치는 없다. 대법원의 '정치화'는 곧 사법부 전체의 '정치화'를 가져오기 마련이다. 그래서 대법원의 구성에 정치적인 요소가 작용하지 못하게 제도적인 장치가 필요하다. 예컨대 대법원은 특정 정당이나 이념적인 단체의 구성원이 아닌 사람들로 구성하도록 하는 것이 한 방법이다. 또 입법부가 대법관의 수를 임의로 바꿔 대법원의 구성에 직접적인 영향을 행사하는 것을 막을 수 있도록 대법관의 수를 헌법에서 정하는 것도 중요한 방법이다.

제3장 통치를 위한 기관의 구성원리

자유민주주의 국가에서 주권자인 국민은 모든 '국가권력의 샘'으로써 헌법제정권력을 행사하고, 선거권을 통해서 헌법상의 여러 국가기관을 구성해서 민주적 정당성을 갖는 권능을 부여한다. 그 후에는 상설적인 투입수단을 통해 국가기관의 권능행사를 감시·견제하는 역할을 한다. 따라서 **관념적 크기**에 불과한 국민은 결코 국기기관이 아니다. 기본권적인 가치를 실현해서 사회통합을 실현하는 것은 국민이 아니라 국민으로부터 민주적 정당성을 받은 국가기관이고, 국가기관은 헌법과 법률이 정하는 방법과 절차와 내용에 따라 국민을 기속하는 국정행위를 한다. 따라서 국가기관은 처음부터 국민주권의 이념을 실현하고 통치권의 기본권 기속성과 통치권의 민주적 정당성 및 통치권의 절차적인 정당성이 보장될 수 있도록 조직·구성해야 한다. **대의제도, 권력분립, 정부형태, 선거제도, 공직제도, 지방자치제도, 헌법재판제도** 등이 통치를 위한 국가기관의 구성에서 중요한 의미와 기능을 갖는 것도 그 때문이다.

1. 대의제도

1) 대의제도의 의의와 발생근거

(1) 대의제도의 의의

대의제도는 국민이 직접 정책결정에 참여하는 대신 정책결정을 맡을 대의기관을 선거하고 이 대의기관의 정책결정을 상설적 투입 또는 주기적인 선거를 통해서 견제·감시하고 그 기관의 정책결정에 정당성을 줌으로써 국민주권을 실현하는 통치 기관의 구성원리를 뜻한다. 즉 국민은 선출한 대표를 통해서 간접적으로만 정책결정에 참여하는 국가기관의 구성원리인 동시에 의사결정의 원리이다. 대의제도는 국민주권의 이념을 존중하면서도 다원적인 광역국가가 갖는 통일적이고 합리적인 정책결정의 어려움을 극복하기 위해서 창안된 국가기관의 불가피한 구성원리이다.

(2) 대의제도의 발생근거

국민주권의 자유민주주의에서 주권자인 국민이 직접 모든 정책결정을 하기에는 국민의 이념적인 다양성과 전문성의 부족으로 한계가 있다. 또 자유민주주의가 요구하는 국민의 수준 높은 윤리적인 생활철학에도 불구하고 국민의 전문성과 판단력과 자결능력에도 한계가 있을 수밖에 없다. 이처럼 주권자인 국민의 **정치적인 자결력과 판단능력** 및 **전문성의 한계**에 대한 자각이 바로 정책결정의 대안적인 메커니즘으로서 대의제도가 발생하게 된 이유이다. 나아가 넓은 국토를 가지고 다양한 기능을 수행해야 하는 현대국가에서 **직접민주주의**를 실현하기에는 공간적인 어려움도 있다는 것이 **간접민주주의**인 대의제도를 불가피하게 한 이유이기도 하다. 즉 대의제도의 발생근거로 주권자인 국민의 전문성 및 책임 있는 자결력의 부족과 통치공간의 광역성의 두가지를 들 수 있다.

2) 대의제도의 이념적 기초

대의제도는 기관구성권과 정책결정권의 분리 및 정책결정권의 자유위임을 그 이념적인 기초로 하고 있다.

(1) 기관구성권과 정책결정권의 분리

(가) 직접민주주의 사상의 탈피

대의제도는 주권자인 국민이 직접 정책결정을 하지 않고 그 대표를 통해서 간접적으로만 정책결정에 참여하는 기관구성의 원리이고 정책결정의 원리를 뜻하기 때문에 치자와 피치자를 동일시하는 직접민주주의의 탈피를 그 이념적인 기초로 한다. 대의제도를 **대의민주주의** 또는 **간접민주주의**로 부르는 이유도 그 때문이다. 그러나 **의회민주주의**는 대의민주주의와 동의어가 아니다. '의회민주주의'는 대의제도에 포함되지만, 정부형태적인 의미가 포함되어 있어 '의원내각제'처럼 강력한 의회의 정치적 기능을 강조하기 위해서 사용하는 개념이기 때문이다. 우리나라는 대의민주주의 나라이지만 의회민주주주의는 아니다.

(나) 국민의 기관구성과 대의기관의 정책결정

대의제도는 주권자인 국민이 정책결정을 하는 기관을 선임하고 주기적인 선거와 수시적인 투입을 통해서 그 기관을 지속적으로 감시·통제함으로써 국가기관의 정책결정이 민주적 정당성을 갖도록 하는 정책결정기관의 구성원리이다. 따라서 국민은 대의기관을 구성하고 대의기관이 국민의 신임을 바탕으로 정책결정을 함으로써 국정이 이루어진다. 영미국가에서 'government of the people, for the people, with but not by the people'이라고 평가하는 이유도 그 때문이다.

(다) 대의이념과 권력분립

대의제도는 정책결정기관이 그 권력을 악용·남용하지 않고 절제된 권력으로 합리적인 정책결정권을 행사해야만 그 기능적인 목적달성이 가능한 국가기관의 구성원리이다. 따라서 정책결정권을 한 기관에 독점시키는 대신, 정책결정권을 여러 국가기관에 나누어 맡김으로써 기관 상호 간의 견제와 균형이 지속적으로 이루어질 수 있도록 해야 한다. 즉 대의제도는 권력분립의 원리와 이념적·기능적인 연관성이 있다. 권력분립의 원리가 대의제도의 **이념적인 기초**로 평가되는 이유도 그 때문이다.

(2) 정책결정권의 자유위임

(가) 자유위임의 본질

대의제도는 국민이 선거로 구성하는 대의기관에 정책결정에 대한 신임과 책임을 부여하고, 대의기관은 이 신임과 책임을 바탕으로 독자적인 판단에 따라 정책결정을 하며, 국민은 주기적인 선거와 상설적인 투입을 통해서 그 정책결정에 대한 책임을 묻는 정책결정권의 자유위임을 바탕으로 한다. 즉 대의기관은 선출된 후에는 법적으로 독자적인 양식과 판단에 따라 정책결정을 하기 때문에, 정책결정을 할 때마다 국민의 의사를 타진하고 국민의 구체적인 지시에 따라 행동하고 그 지시사항만을 집행하는 이른바 **명령적 위임관계**가 아니라 **자유위임관계**이다. 따라서 대의기관은 정책결정을 할 때 사익과 당리를 떠나서 오로지 국민과 국가이익을 위해서 최선의 선택을 해야 할 의무가 있다. 그럼에도 불구하고 대의기관의 정책결정과 국민의 의사가 일치하지 않는 경우가 있을 수 있다. 그 경우에도 그 정책은 국민에게 기속력을 갖는다. 따라서 대의제도는 국가의사(정책)와 국민의사가 항상 일치한다는 것을 전제로 한 제도가 아니다. 국가의사와 국민의사가 일치하는 정책결정이 이루어지는 것이 대의민주주의의 이상이지만, 그것이 이루어지지 않더라도 그 **일치의 가능성**을 높이기 위한 여러 가지 메커니즘(주기적·상설적 투입 및 국민소환제)을 제도적으로 보장함으로써 대의기관의 의사결정이 되도록 국민의 정치적인 합의에 의해서 정당화되도록 노력하는 정책결정의 메커니즘이다. 그래서 **신임**과 **책임** 그리고 **통제**와 **감시**를 바탕으로 한 정책결정권의 자유위임은 대의제도의 본질적인 요소이다. 명령적 위임관계는 대의제도와는 조화할 수 없다.

(나) 대의제도와 대리제도 및 대표제와의 차이

대의제도는 결정권한의 '자유위임과 정당성의 원리'에 그 기초를 두는데 반해서 대리제도 또는 대표제도는 단순히 '제한적인 의사대리'를 그 본질로 하기 때문에 본질적인 차이가 있다. 따라서 국민이 선출하는 대의기관의 구성원은 국민의 의사를 단순히 대변해주는 '대변자'가 아니고 국민이 부여한 민주적 정당성을 바탕으로 기본권실현의 방향으로 독자적인 의사결정을 하는 국가기관이다. 선거구에서 선출된 지역구의원과 정당명부에 따라 선출된 비례대표의원은 소속 지역구 또는 소속 정당만을 대표하는 것이 아니라 전체 국민을 대표하기 때문에 소속선거구 또는 소속정당의 이익에 집착하지 않고 전 국민의 이익을 위해서 행동해야 하는 이유도 그 때문이다. 즉 '대의'는 '**전체를 위한 독자적이고 책임지는 의사결정**'을 그 기능적인 기초로 하지만, '대리' 또는 '대표'는 '**부분을 위한 간접적이고 제한적인 의사전달 또는 의사실현**'을 그 본질로 한다.

(다) 대의기관 구성 방법의 중요성

대의제도는 정책결정권의 자유위임을 바탕으로 기능하는 정책결정의 메커니즘이므로 대의기관의 정책결정은 대의기관의 구성 방법에 따라 많은 영향을 받게 된다. 대의제도의 성공을 위해서 그 구성 방법이 중요한 이유이다. 국민의 공감적인 합의 내지 **잠재적·추정적** 국민의사를 정책으로 실현할 수 있는 대의기관을 구성하는 것은 대의제도 성공의 전제이다. 특히 대의기관 구성을 위한 선거제도와 정책결정권 행사의 절차와 방법 및 내용을 정하는 정부형태가 공정하고 합리적이어야 한다. 선거는 대의기관 구성의 수단이고 정부형태는 대의기관의 기능적인 메커니즘이기 때문이다.

3) 대의제도의 발전과정

대의제도는 영국에서 시작되어 미국과 프랑스를 거쳐 독일로 전파되어 이제는 모든 나라가 통치기관의 구성원리로 채택하고 있다. 심지어 소수의 전제주의 국가도 형식적으로는 대의제도의 외형을 갖춘다.

(1) 영국에서의 대의제도 발전과정

영국의 대의제도는 17/8세기에 **군주주권**에 대한 투쟁적 항의적 이데올로기로서의 성격을 가지고 발전해서 **의회주권**을 확립하는데 기여했다. 즉 버크(E. Burke)의 대의이론(전체국민 대표사상과 자유위임의 중요성 강조)에 그 뿌리를 두고 싹터 로크(J. Locke)의 '신임사상'과 결합하여 군주의 권한을 제한하는 '의회주권'의 확립으로 발전했다. 그 후 미국 식민지에 대한 과세 문제를 둘러싼 논쟁에서 '전체 이익'을 구성하는 '부분 이익'의 중요성이 강조되고 18세기 말 내지 19세기 초부터는 벤텀(J. Bentham)의 공리주의의 영향으로 대의이론이 다소 수정보완되었다. 19세기 말 선거제도의 개혁 이후 오늘에 와서는 통치를 위한 기관의 구성(선거)이 마치 현실정치에 대한 국민투표적 성격을 띠게 되었다. 그 결과 통치의 패턴이 대의를 통한 간접민주정치보다는 경험적으로 조사된 '국민의 의사'를 존중하고 실현하기 위한 국민투표적 직접민주정치의 방향으로 변하고 있다. 그러나 이러한 변화에도 일정한 한계가 있어 영국적인 의회정치의 본질은 여전히 대의제도에 바탕을 둔 의회민주주의이다.

(2) 프랑스와 독일에서의 대의제도의 발전과정

(가) 프랑스 대의제도의 발전과정

프랑스의 대의제도는 1789년 **프랑스혁명**의 과정에서 발생한 하나의 제도적인 산물이다. 즉 혁명헌법을 제정하는데 직접민주주의의 반대의적(국민의사는 대표될 수 없다)인 루소(J.J. Rousseau)의 사상과 대의사상을 강조한 시에예스(쉬에스)(E.J. Sieyès)의 사상 중 어느 사상을 따를 것인가의 논쟁에서 탄생한 제도이다. 결국 1791년 **프랑스 혁명헌법**에 Sieyès의 대의사상이 그 실정법적인 뿌리를 내려 프랑스 입헌주의 최초의 대의민주주의 헌법이 탄생했다. 즉 프랑스 혁명의 기폭제가 된 국민주권의 원칙을 확인하고 주권의 통일성·불가분성·불가양성을 선언한 프랑스 '국민회의'는 제3계급(시민계급)의 주도로 혁명헌법을 제정하면서 Sieyès의 대의사상을 받아들여 통치를 위한 기관의 구성원리로 삼았다. 그 결과 직접민주주의의 여러 제도가 배제되고 국민의 대의기관으로 설치된 입법기관(Corps législatif)이 가장 핵심적인 통치기관으로 기능하게 되었다. 그 후 혁명헌법의 대의제도는 1946년(제4공화국)과 1958년(제5공화국)의 프랑스헌법에도 그 기본골격이 계승되고 있다. 그러나 프랑스의 대의제도는 시간의 경과와 정치정세 및 사회구조의 변화로 변모된 형태로 시행되고 있다.

(나) 독일의 대의제도 발전과정

독일은 대의제도의 후발국이다. 영국의 '의회주권' 및 프랑스의 '국민주권'사상과는 달리 독일에서는 **군주주권론**에 따라 군주와 군주에 봉사하는 관료조직만이 국민의 이익을 존중하고 공공복리를 실현하는 국민의 진정한 대표자로 인식되었다. 따라서 대의의 이념이 쉽게 제도화되기 어려웠다. 그 결과 1919년의 **바이마르헌법**은 철저히 반대의제적인 성격을 띠게 되었다. 그 결과 바이마르헌법은 진정한 국민 이익의 대변자로 인식된 대통령이 국민 이익에 역행하는 의회를 해산할 수 있게 하는 등 국민투표적 직접민주주의의 요소를 많이 내포할 수밖에 없었다. 그러나 히틀러(A. Hitler)의 나치정권의 탄생과정과 나치정권의 반인륜적인 만행을 경험한 독일은 제2차대전 패망 후 제정한 1949년의 기본법에서 바이마르헌법과는 정반대로 국민투표적인 요소를 철저히 배제한 **초대의적인 헌법**을 제정해서 시행하고 있다. 심지어 기본법의 개정도 국민투표를 배제한 의회의 권한이다. 1990년 독일 통일 후에도 마찬가지이다.

4) 대의제도의 기능과 현대적 실현 형태

(1) 대의제도의 기능

대의제도는 책임정치를 실현하는 통치기관의 기초적인 구성원리인 동시에 엘리트에 의해서 전문정치를 실현하고, 제한정치와 공개정치를 실현하며 사회를 통합하는 여러 가지 기능을 갖는다.

(가) 책임정치실현기능

대의제도는 **자유위임**을 그 본질로 하므로 대의기관은 선출된 후에는 독자적인 양식과 판단에 따라 정책결정을 하고 국민전체의 공익을 실현하므로 대의기관의 정책결정이나 정책수행이 설령 국민의사에 반한다 해도 다음 선거에서 그 책임과 신임을 물을 때까지는 당연히 국민의 추정적인 동의가 있는 것으로 간주되어 책임정치의 실현에 크게 기여하는 기능을 갖게 된다.

(나) 통치기관의 기초적인 구성원리로서의 기능

(a) 대의제도와 선거제도의 기능적 연관성

대의기관을 구성하는 선거는 대의제도의 **기능적인 전제**이다. 따라서 선거 없는 대의제도는 존재할 수 없으므로 합리적인 선거제도와 선거제도의 공정한 운영은 대의

제도 성패를 좌우한다.

결과적으로 선거제도는 대의제도의 기능적인 출발점으로서 그 성패를 좌우하는 통치기관의 주요한 구성원리이다.

(b) 대의제도와 권력분립제도의 기능적 연관성

대의제도는 대의기관의 정책결정과 정책수행에 대한 지속적이고 효율적인 통제를 통해서 그 정당성이 유지되는 통치기관의 구성원리이므로 권력통제의 메커니즘인 권력분립과 불가분의 이념적·기능적 연관성을 갖는다. 그런데 대의제도와 권력분립제도는 상호 **기능적인 보완 관계**이다. 즉 대의제도는 국가권력을 여러 국가기관에 나누어 맡기기 위한 하나의 제도적인 전제조건이다. Rousseau가 권력분립의 원리를 배척한 것처럼 직접민주주의 통치형태는 권력분립의 원칙과 이념적으로 조화하기 어렵기 때문이다. 그 반대로 권력분립제도는 대의제도가 제 기능을 하기 위한 제도적인 전제조건인 동시에 대의제도에 의해서 비로소 그 제도적인 존재가치가 인정된다.

(c) 대의제도와 기타 통치기관의 구성원리의 관계

대의제도는 국가권력의 조직적·기능적 실현 형태인 정부형태, 대의에 따른 국가정책의 실현수단으로서의 공직제도, 대의의 원리의 지역적 실현형태인 지방자치제도, 대의기관에 대한 강력한 통제의 실현수단인 헌법재판제도 등 통치기관의 다른 구성원리와도 이념적·기능적 연관성을 갖는다. 그 결과 대의제도는 통치를 위한 여러 구성원리 중에서도 가장 **기초적이고 중추적인 구성원리**로서의 기능을 갖는다.

(다) 엘리트에 의한 전문정치실현기능

대의제도는 오늘과 같은 다원적인 기술발전의 분업화된 산업사회가 요구하는 전문적인 정책결정을 보장하는데 크게 기여하는 기능을 갖는다. 대의기관의 기능이 단순한 정치적인 정책결정기능에서 전문적인 정책결정기능으로 바뀌고 있으므로 대의기관의 구성을 위한 선거가 전문적인 지식과 책임감이 강한 엘리트를 선발하는 성격을 띠게 된다. 대의제도가 **엘리트를 선발하고 양성**하는 기능까지 함께 가지게 되는 이유이다.

(라) 제한정치 · 공개정치의 실현기능

(a) 제한적 · 한시적인 대의기관의 정책결정권

대의기관의 정책결정권은 절대적인 것이 아니라 다음 선거에서 그 신임과 책임을 물어 그 민주적 정당성을 인정받아야 하는 제한적이고 한시적인 것이어서 통치권의 순화와 제한정치의 실현에 크게 기여하는 기능을 갖는다. 대의기관의 임기제도가 대의제도의 필수적인 내용인 이유도 그 때문이다.

(b) 정책결정과정의 투명성을 위한 언론의 자유

대의제도는 책임정치의 구현을 그 이념적 기초로 하고 정책결정과 정책수행에 대한 지속적인 감시와 통제를 그 본질적인 요소로 하므로 대의기관의 정책결정 과정을 투명하게 국민에게 공개하는 것은 필수적이다. 대의기관인 의회의 운영에서 **의사공개의 원칙**이 적용되는 이유이다. 대의기관의 정책결정과정이 국민에게 상세히 공개되고, 그에 대해서 국민이 자유로운 의사표현을 통해 여론형성에 적극적으로 참여할 수 있어야 대의기관에 대한 주기적·수시적인 통제와 책임추궁은 비로소 실효성을 갖게 된다. 그래서 언론·출판·집회·결사의 자유의 보장은 **공개정치 실현의 필요조건**이다. 대의제도에서 언론의 자유의 보장이 중요한 이유이다.

(마) 사회통합기능

대의제도는 사회통합기능을 갖는다. 대의기관은 부분이익의 대변자가 아니라 전체국민의 공익실현의 사명을 가지고 정책결정을 한다. 즉 대의기관은 전체 국민의 잠재적 추정적 의사에 따라 공동선을 실현하려는 노력을 통해 모든 국민의 공감적인 가치에 부합하는 정책결정을 함으로써 사회통합의 중요한 계기를 마련한다. 대의기관은 부분이익의 단순한 합계로서의 전체이익이 아니고, 부분이익을 초월한 공감적인 가치를 추구하고 실현함으로써 사회공동체를 통합하는 중요한 사명을 가지고 있다. 다양한 사회적 이익단체의 부분이익을 모두 합한다 해도 '**전체이익**'을 뜻할 수는 없다. 사회통합의 원동력이 되는 '전체이익'은 부분이익의 총합을 초월한 사회구성원의 공감적 가치를 그 본질로 하기 때문이다.

(2) 대의제도의 현대적 실현형태

대의제도는 정책결정의 자유위임을 그 본질로 하므로 대의기관의 정책결정은 국민 의사에 반드시 기속되지 않고, 독자적인 양식과 책임으로 정책결정을 하고 사후에 국민에게 책임을 지는 정책결정의 메커니즘이다. 즉 선거 또는 여론조사로 표출되는 **가시적·경험적 국민 의사**보다 겉으로 표출되지 않는 침묵하는 다수의 **잠재적·추정적 국민 의사**를 더 존중하려고 노력하는 것이 대의제도의 본질이다.

그러나 정당국가 현상과 국민의 적극적인 국정 참여의 욕구가 커짐에 따라 대의제도를 본래의 형태로 운용하기에는 기능적인 한계에 봉착했다. 그 결과 대의제도의 본질적인 골격을 유지하면서도 경험적이고 가시적인 국민 의사도 최대한으로 정책결정에 수용하기 위한 여러 통로를 마련하고 이 통로로 들어오는 경험적·가시적 국민 의사가 궁극적으로 합리적이고 이성적인 추정적 국민 의사와 조화를 이루도록 모색하는 것이 현대적인 모습의 대의제도이다. **정당국가현상**과 **직접민주적 요소**의 수용을 통한 대의제도의 실현이 그것이다.

(가) 대의제도와 정당국가현상의 조화

(a) 정당국가에서 선거가 갖는 의미와 기능

정당국가현상이 심해질수록 대의기관을 구성하기 위한 선거가 국민 대표자의 선출보다는 정당의 지도자나 정강정책에 대한 일종의 국민투표적 성격을 띠게 되어 선거의 대표선출기능이 상대적으로 약화되었다. 그렇다고 해서 국민의 선거로 어느 특정 정당이 바로 국가의 대의기관이 되는 것도 아니고, 국가의 대의기관은 정당의 의사결정기구와는 다른 형태로 구성되고 활동하며 통제된다. 따라서 대의기관을 구성하기 위한 국민의 선거는 정당의 지도자나 정강정책에 대한 단순한 국민투표적 성격 이상의 대의제도적인 의미를 여전히 갖는다. 정당국가에서는 정책결정에서 정당의 영향이 커지고 정당을 통한 권력융화현상으로 민주정치의 양상과 의회의 운영방식이 달라졌지만, 그렇다고 해서 정당국가에서의 선거를 '정당=국가'로 이어지는 국민투표적 관점으로 이해하면서 선거로 나타나는 신임관계에 바탕을 둔 인간정치적인 대의의 요소를 완전히 배제하는 것은 옳지 않다. 정당국가도 정당을 통한 국민의 직접통치형태는 아니기 때문이다. 나아가 정당국가에서도 선거는 정당 소속 입후자보에 대한 선거구민의 인간적인 신임의 의미를 갖는다. 무소속 입후보자의 선거참여나 정치활동이 허용되는 것도 그 때문이다. 그렇기 때문에 정당국가에서의 선거는 그 의미와 기능이 다소 달라진 것은 사실이지만 그 선거가 언제나 **정당에 대한 국민투표적인 성격**만을 갖는다고 볼 수는 없다.

(b) 정당국가에서의 정당기속과 자유위임의 기능

정당국가에서는 정당소속 의원이 정당·교섭단체의 의사결정을 따라야 하는 정당 내지 교섭단체기속으로 인해서 의원 개인의 양심과 판단에 따른 의사결정의 독립성이 제약을 받게 되어 대의제도의 본질인 자유위임과 대립되는 것처럼 보인다. 그러나 정당국가에서의 대의기능은 전래의 **개인적인 대의**가 정당을 통한 **집단적인 대의**로 변했다고 본다면 정당기속이 자유위임과 갈등을 일으킨다고 단정할 수 없다. 즉 의원 개개인이 전체국민의 이익을 희생시키지 않는 범위 내에서만 소속정당 또는 교섭단체의 의사결정에 기속된다고 생각한다면 정당·교섭단체기속과 자유위임의 원리가 반드시 모순 내지 대립적인 관계라고 보기 어렵다. 그리고 정당국가에서도 의원은 자신의 양심에 반하는 정당·교섭단체의 의사결정을 따르지 않는 것이 원칙이므로 정당·교섭단체기속보다는 언제나 자유위임의 원리가 **우선적인 효력**을 가져야 한다. 정당국가에서 정당의 조직과 활동이 민주적이어야 하는 이유도 정당의 의사결정과정에서 소속의원의 견해가 충분히 반영되게 하기 위해서다. 자신의 양심을 어기고 소속정당·교섭단체의 의사결정에 맹목적으로 복종하는 의원은 이미 책임 있는 대의기관이라고 볼 수 없다. 그런 의원에 대한 신임은 반드시 철회해야 한다.

결국 정당국가 현상도 대의의 이념과 조화할 수 있는 방향으로 운용되어야 한다.

(나) 대의제도와 직접민주제 요소와의 조화

(a) **직접민주제 요소의 보충적인 채택**

대의제도의 현대적인 실현형태는 전래의 경직된 대의의 형태보다는 필요한 경우 국민의 직접통치적인 요소를 가미한 완화된 형태로 운용되고 있다. 즉 '대의'의 요소와 '직접통치적' 요소의 공존과 상용의 원리를 제도화하는 것이 대의제도의 현대적인 실현형태이다. **의회해산제도**, **국민발안제도**, **국민투표제도**, **국민소환제도** 등이 현대국가의 대의제도에서 자주 채택하는 직접민주적인 요소들이다.

(b) **직접민주제 요소의 기능변화와 대의제와 조화의 한계**

대의제도에서 보충적으로 채택한 직접민주제의 요소는 실질적으로 직접민주제의 기능이 많이 약화된 형태로 운용되고 있다. 국민발안 또는 국민투표는 외형상 국민에게 법률안 등에 대한 최종적인 결정권을 주는 것으로 보이지만, 실질적으로는 대의기관에 의해서 이미 정해진 법률안 또는 국가정책에 대한 **선택권** 내지 **가부결정권**만을 주는 것에 불과하다. 그렇지 않고 국민이 처음부터 법률안 또는 국가정책의 세부적인 내용을 정하도록 하는 이른바 **국민입법권**은 대의제도의 현대적인 실현형태에서도 대의제도와 조화할 수 없다.

또 직접민주제의 요소인 의회해산제도도 행정부와 입법부가 정책을 두고 대립할 때 의회를 해산시켜 국민이 선거를 통해 공정하게 심판하게 한다는 그 본래의 기능보다는, 정책적인 대립과 무관하게 집권당이 유리하다고 생각하는 선거 시기를 선택해서 해산시키는 집권당의 선거정략적인 무기로 활용되고 있다. 그러나 의회해산제도를 지나치게 **선거정략적인 수단**으로 남용하는 것은 직접민주제의 취지를 왜곡하는 것이다.

(c) 대의제도와 여론조사

대의제도는 대의기관의 자유위임을 그 본질로 하는 정책결정의 메커니즘이다. 그러나 어느 특정 정책사안에 대해서 가시적·경험적 국민의사를 확인하기 위해서 대의기관 주도로 여론조사를 실시하는 것은 경우에 따라서는 대의제의 본질을 훼손할 위험성이 있다. 즉 여론조사가 정책결정과정에서 민주적인 여론형성의 차원을 넘어서 여론조사의 결과가 바로 대의기관의 정책으로 확정되는 경우에는 대의제와 조화할 수 있는 한계를 벗어난 것이다. 여론조사는 그 조사의 시기와 방법 표본에 따라 결과가 다를 수 있을 뿐 아니라 여론은 매우 가변적인 것이어서 **정책결정의 참고자료**로 활용하는데 그칠 때만 대의제도의 보완적인 수단으로 정당화할 수 있다.

5) 우리 헌법상의 대의제도

(1) 현대적 유형의 대의제도

우리 헌법은 대의제도를 통치기관의 기초적인 구성원리로 채택하면서 정당국가의 이념 및 직접민주주의의 요소도 함께 가미한 현대적 형태의 대의제도를 채택했다.

(2) 정당국가 및 직접민주제의 요소

우리 헌법은 대의의 원리에 따라 국민이 선거한 의원으로 구성되는 국회(제44조 제1항)와 국민이 직선한 대통령(제67조 제1항)을 중심적인 대의기관으로 설치하고 입법권(제40조)과 집행권(제66조)을 맡김으로써 국가의 정책결정과 정책집행이 이 두 대의기관의 독자적인 판단과 책임으로 행해질 수 있도록 했다. 그에 더하여 정당조항(제8조)을 비롯한 여러 정당관련규정(제41조 제3항, 제89조 제14호, 제111조 제1항 제3호, 제114조 제1항, 제116조 제2항)을 통해서 정당국가로서의 기틀을 마련하면서 정당의 목적과 활동은 민주적이어야 하고 국민의 정치적 의사형성에 필요한 조직을 갖도록 했다(제8조 제2항). 그리고 중요정책에 관한 임의적인 국민투표제도(제72조)와 헌법개정안에 대한 필수적인 국민투표제도(제130조 제2항)와 같은 직접민주주의의 요소도 함께 채택했다.

(3) 자유위임에 관한 명문규정

우리 헌법은 '국회의원은 국가이익을 우선하여 양심에 따라 직무를 행한다'(제46조 제2항)고 국회의원의 자유위임을 명문으로 밝혔다. 그에 더하여 의원이 자유위임에 따라 의정활동을 할 수 있도록 뒷받침해 주기 위해서 국회의원의 청렴의무(제46조 제1항), 국회의원의 직위남용금지(제46조 제3항), 국회의원의 면책특권(제45조), 국회의원의 겸직금지(제43조), 국회의 자율권(제64조)에 관한 내용도 함께 규정했다.

(4) 공개 및 책임정치 실현규정

공개정치의 실현을 위해서 국회의사공개의 원칙(제50조), 국회의 국정감사 및 조사권(제61조), 국무위원 등의 국회출석 · 답변의무(제62조) 등의 규정을 정했다. 또 신임에 기초한 책임정치의 실현을 위해서 국무총리 · 국무의원에 대한 국회의 해임건의권(제63조), 대통령 등 고위공직자에 대한 국회의 탄핵소추의결권(제65조) 등을 규정했다.

(5) 선거제도와 권력분립제도

선거를 통한 대의기관의 구성과 정책결정권의 분리를 통한 대의제도를 실현하기 위해서 대통령 · 국회의원 · 지방자치단체의 장과 의원 · 교육감 등의 선거제도와 함께 선거를 공정하게 관리 · 실시하기 위해서 중앙선거관리위원회(제114조-제116조)를 독립한 헌법기관으로 설치했다.

나아가 대의제도가 요구하는 신임과 책임정치를 확립하기 위한 권력통제 장치인 권력분립제도(제40조, 제66조 제4항, 제101조 제1항)를 비롯한 공직제도(제7조), 지방자치제도(제117조, 제118조), 헌법제판제도(제111조-제113조) 등 기능적인 권력통제장치도 채택했다.

(6) 전문정치실현규정

대의제도가 필요로 하는 전문정치의 실현을 위해서 국회의원 선거에서 비례대표제(제41조 제3항)를 함께 채택했다. 그래서 비례대표제도는 전문정치의 실현이라는 그 본래의 기능을 살리는 방향으로 운용하는 것이 무엇보다 중요하다.

2. 권력분립의 원칙

1) 권력분립 원칙의 의의

권력분립의 원칙은 일반적으로 **3권분립의 원칙**으로 통용되고 있다. 즉 국가권력을 그 성질에 따라 입법 · 행정 · 사법권으로 나누어 각각 다른 국가기관에 맡김으로써 이들 권력 상호 간의 **견제와 균형**(Checks and Balances)을 통해 권력남용 · 악용을 막아 국민의 자유와 권리를 보호하려는 통치기관의 구성원리를 말한다. 권력분립의 원칙은 권력 집중이 예외 없이 권력남용 · 악용을 가져와 국민의 자유와 권리를 침해한 역사적인 경험을 배경으로 탄생한 자유민주국가의 필수적인 통치기관의 구성원리이다. 이처럼 권력분립의 원칙은 시원적으로 국민의 기본권 보장 수단으로 정립되었다는 이유로 법치국가실현의 핵심적인 수단으로 인식되기도 했다. 그런데 현대 자유민주 국가에서는 국가권력의 **수평적·조직적** 분립과 함께 국가권력의 **수직적·기능적** 분립을 통한 보다 실효성 있는 권력통제장치를 함께 모색하고 있다.

2) 고전적 권력분립이론의 유래와 내용 및 발전과 영향

(1) 고전적 권력분립이론의 탄생과 발전

(가) 고전적 권력분립이론의 발생배경

국가권력의 제한과 자유 실현의 필요성에 대한 인식은 이미 고대 그리스 철학(Platon, Aristoteles, Polybios 등)에서 싹텄다. 그러나 그러한 인식이 이론적 제도적으로 정립된 것은 전제정치가 제한정치로 바뀌는 17세기 영국의 명예혁명(1688년)에서 표출된 법치국가실현의 욕망이었다. 특히 자연법사상에 바탕을 둔 자유주의 국가사상이 권력분립이론의 탄생에 결정적인 영향을 미쳤다. 즉 **자유주의 국가사상**은 국가권력을 기속하는 자연법을 인정하고, 국가에 속하는 '주권'을 **국가주권**과 **기관주권**으로 나누어 군주에게는 '기관주권'만을 인정해서 당시에 군주에 독점된 '기관주권'을 여러 국가기관에 나누어 맡기는 것이 가능하다고 주장했다. 이와 같은 '기관주권'의 분리는 국가작용의 독점에서 오는 권력남용을 막아 자연법적인 자유를 실현할 수 있다고 믿었다.

(나) 고전적 권력분립이론의 정립

오늘도 통용되는 고전적 권력분립이론은 영국의 J. Locke와 프랑스의 Montesquieu에 의해서 이론적으로 정립되었다.

(a) J. Locke의 이론과 보통법의 영향

① Locke의 이론

J. Locke는 명예혁명 후에 발표한 그의 '시민정부에 관한 두 논문'(1690년)에서 그의 권력분립이론을 정립했다. 즉 당시 통치권의 구체적인 표현 형태에 따라 국가권력을 입법권·집행권·외교권·대권의 네 가지로 나누어 이 중 외교권과 대권은 국왕이, 그리고 입법권과 집행권은 의회가 행사한다는 점을 강조함으로써 당시 통치권이 사실상 이 두 기관에 집중되고 있었던 정치 상황을 그의 이론의 기초로 삼아 정당화했다. Locke의 이론이 4권분립인가 아니면 2권분립인가를 두고 다툼이 있지만 그런 다툼은 본질에서 크게 중요하지 않다. 왜냐하면 국가의 통치기능을 그 성질에 따라 분류하고

이 서로 다른 통치기능을 각각 다른 국가기관에 맡겨야 한다는 권력분립의 인식이 Locke 이론의 핵심적인 내용이기 때문이다. 그러나 Locke의 이론에는 입법부 우위 사상이 뚜렷해 **권력균형**보다는 **권력분리**에 그 이론적인 중점이 있었다는 점을 부인할 수 없다. 그렇지만 Locke도 '권력분리'가 결과적으로 권력남용을 막아 자유의 보호에 도움이 된다는 인식은 갖고 있었다고 볼 수 있다.

② 보통법의 영향

전통적으로 영국은 보통법(Common Law)에 따라 헌정질서와 법률문화가 형성되었다. 특히 보통법사상이 자연법사상과 융화하여 '이성'과 '합리성'이 강조되어 군주의 권한을 제한하는 중요한 원리로 작용하게 되었다. 이러한 보통법의 전통이 정치생활에도 영향을 미쳐 정치도 '법적인 절차'에 따라야 한다는 사상이 강했고, 자연법과 결합하여 '**누구도 자기 자신의 심판관이 될 수 없다**'는 기초적인 법원리가 확립되었다. 그 결과 **사람의 통치** 또는 **힘의 통치**가 아닌 '법의 통치'를 실현하기 위해서 입법권과 집행권을 구별해서 의회는 입법권만을 가져야 한다는 권력분립사상이 이미 터를 잡고 있었다.

Locke의 권력분립이론은 보통법의 정신에 잠재하고 있는 권력분립사상을 명예혁명의 시대상황을 이용해서 체계적으로 정리한 보통법 정신의 이론적인 결실이라고 볼 수 있다. 그러나 그 당시에는 보통법의 전통에 따라 사법권과 집행권을 같은 것으로 보고 법관의 독립이 따로 보장되지 않아 Locke의 이론에는 사법권에 관한 언급이 없다. Locke의 이론이 **권력분립의 당위성**에 관한 논증보다는 **권력분립의 상황설명**이라고 평가되는 이유도 그 때문이다.

(b) Montesquieu에 의한 Locke 이론의 계승과 발전

① Locke 이론의 계승

Montesquieu는 2년간(1729-1731) 영국에 머물면서 체험한 영국 헌정질서에 대한 경험을 토대로 저술한 그의 **법의 정신**(1748)에서 권력분립이론을 완성했다. 즉 Montesquieu의 권력분립 이론은 Locke의 이론과 그가 체험한 영국 헌정 생활의 산 경험을 토대로 탄생했다고 할 수 있다.

② Montesquieu의 3권분립이론

Montesquieu가 정립한 3권분립이론의 핵심은 국가권력을 입법권, 집행권, 사법권의 세 가지로 나누어 분산시켜 이 **분산된 권력 상호 간에 견제와 균형**(checks and balannces)을 통해서 천부적인 자유와 권리를 보장한다는 것이다.

㉠ 국가권력의 최초 분류형태

Montesquieu는 처음부터 국가권력을 입법 · 집행 · 사법권으로 나눈 것은 아니다. 처음에는 국가권력을 '입법권', '국제법에 속하는 사항의 집행권', '시민권에 속하는 사항의 집행권'의 세 가지 형태로 분류했다. 그러면서 '통치자가 외국과 행하는 외교적인 행위와 외국의 침략에 대비해서 국가안보를 확립하는 행위'를 '국제법에 속하는 사항의 집행권'으로, 그리고 '통치자가 범인을 처벌하며 개인 간의 분쟁을 재판하는 행위'를 '시민권에 속하는 사항의 집행권'으로 정의했다. 그러나 그가 스스로 전자를 집행권, 후자를 사법권으로 부르는 것을 제안했기 때문에 그후 입법 · 집행 · 사법의 3권분리가 통용되었다.

㉡ 권력 독점 내지 집중 방지

Montesquieu는 세 가지 국가권력을 분산해서 권력 독점을 막아야 하는 이유를 다음과 같이 설명했다. 즉 입법권과 집행권의 집중은 전제적인 법률의 제정과 집행으로 이어지고, 입법권과 사법권의 집중은 입법자가 동시에 법관이 되어 자의적인 권한이 되며, 집행권과 사법권의 집중은 법관이 전제자의 권한을 갖게 되어 시민의 자유와 권리는 사라지게 된다고 설명했다. 결국 Montesquieu는 세 권력의 독점과 집중은 시민에게 모든 것을 빼앗아 가기 때문에 결코 허용될 수 없다고 강조했다.

㉢ 권력간의 견제와 균형을 통한 자유보장

Montesquieu는 세 가지 권력의 분산과 집중 방지는 결코 자기 목적적인 것이 아니라 권력 제한의 한 수단이기 때문에 분리된 권력 상호 간에 견제가 이루어지는 것이 중요하다고 강조했다. 즉 '**힘에 의한 힘의 견제**'만이 시민의 자유와 권리를 보장해 준다고 주장했다. 결국 그의 3권분립이론은 권력의 분산을 통한 권력 견제와 제한을 실현해서 시민의 자유와 권리를 보호하기 위한 **법치국가적인 자유보장이론**이라고 할 것이다.

그런데 Montesquieu의 이론은 국가권력의 기능적 · 조직적 분리가 자동적으로 '권력견제'와 '권력제한'의 결과로 이어진다고 믿었다는 점에서 **고전적인 성격**을 띠고 있다.

(2) 고전적 권력분립이론의 영향

(가) 3권분립이론이 헌정제도에 미친 영향

Montesquieu의 3권분립이론은 그 후 영국 식민지 시대의 미국의 여러 주와 **미국 연방헌법**(1787)을 비롯해서 **프랑스 인권선언**(1789)과 **혁명헌법**(1791) 등에 많은 영향을 미쳐 오늘에 이르기까지 자유민주적인 헌정제도의 필수적인 조직원리로 채택되고 있다. 특히 미국 연방헌법은 Montesquieu의 3권분립이론을 최초로 가장 표본적인 형태로 수용해서 제도화했다. 그리고 프랑스 인권선언에는 Montesquieu의 사상을 그대로 반영해서 '인권보장과 권력분립이 확립되지 않은 나라는 헌법을 갖지 않은 것'이라고 단언하고 있다. 독일은 제일 늦게 독일 기본법(1949)에서 비로소 3권분립이론을 수용해서 제도화했다. 우리나라도 3권분립이론에 따라 건국헌법(1948)을 제정했다.

이처럼 3권분립이론은 우리 인류 헌정질서에서 아직도 그 기본적인 효능을 인정받으며 영향을 미치고 있지만, 앞서 말한 3권분립이론의 고전성 때문에 그 이론의 시대 적응적인 변용이 불가피해졌다.

(나) 3권분립이론에 내포된 기본이념의 영속성

Montesquieu의 3권분립이론은 그 고전적인 성격에도 불구하고 자유민주적 헌정질서에서도 존중해야 하는 필수적인 네 가지 기본이념을 제시하고 있다. 즉 i) 권력남용의 방지를 위한 **권력의 분산**, ii) 국가작용의 기능별 **3권분리와 조직의 분리**, iii) 권력 제한의 메커니즘으로서의 권력 간의 **견제와 균형**, iv) **자유와 권리보장 수단**으로서의 권력분리가 그것이다. 이 네 가지 기본이념은 자유민주적인 헌정 제도에서 시대 초월적인 영속성을 갖는다고 볼 수 있다.

3) 시대상황의 변화와 새 권력분립제도의 모색

오늘의 시대사상과 사회구조 및 정치제도는 Montesquieu의 3권분립이론의 정립배경이 된 18세기와는 많이 달라졌다. 그 결과 Montesquieu의 권력분립사상의 기본이념을 수용하면서도 변화된 상황으로 인한 효용성의 약화를 보완할 수 있는 새로운 제도의 모색이 불가피해졌다. 특히 다음과 같은 시대 상황과 국가기능의 변화가 이러한 필요성을 높이고 있다. 즉 i) 봉건적 신분사회의 몰락과 민주주의 이념의 정착으로 평등사회 실현의 욕구 증가, ii) 사회구조와 사회기능의 변화가 가져온 국가와 사회의 이원적인 인식으로 인한 각종 사회적 이익단체의 출현과 그 정치적 사회적 영향 증가, iii) 정당민주주의의 발달로 인한 권력통합현상, iv) 사회국가 요청에 따른 급부국가적 기능의 확대, v) 헌법과 기본권의 본질에 관한 헌법관의 변화 등이다.

(1) 자유민주적 평등사회 실현의 욕구 증가

신분 세습제로 사회적 차별대우를 정당화했던 봉건적 신분사회와 달리 오늘은 신분의 차이가 사라지고 차별대우가 금지되는 **평등이념**이 헌법에까지 명문화되어 자유민주적 평등사회 실현의 욕구가 헌법의 핵심적인 이념으로 승화되었다.

(2) 사회적 이익단체의 출현과 영향 증가

국가와 사회의 구별이 분명치 않아 국가의 사회에 대한 일방적인 산출(output)만이 작용하던 18세기와 달리 오늘은 **국가**와 **사회**의 기능을 구별하는 이원적 인식에 따라 국가의 사회에 대한 output와 사회의 국가에 대한 투입(input) 기능의 양면적인 교차 관계를 당연한 것으로 인식하고 있다. 그 결과 국가의 정책 결정에 대한 사회참여의 길이 열리고 사회참여를 위한 다양한 사회적 이익단체가 출현했다. 이러한 이익단체의 조직과 활동을 통한 공감적 가치의 형성은 사회통합의 수단이요 과정일 수도 있으므로 오늘의 자유민주적 헌법은 '집회 · 결사의 자유'의 보장을 통해서 뒷받침하고 있다. 사회적 이익단체는 현실적으로도 국가의 정책 결정에 많은 영향력을 행사하는 '사회적 압력단체'(social pressure groups)로 활동하고 있어 하나의 현존하는 '힘의 집단'으로 등장했다. 따라서 국가의 입법 · 집행 · 사법권과 다른 또 하나의 이 같은 '힘의 집단'의 기능과 활동을 고려하지 않은 고전적 권력분립이론은 그 효용성에 한계가 있을 수밖에 없게 되었다.

(3) 정당국가의 발달로 인한 권력통합현상

오늘은 18세기와는 달리 '정당국가'로 불려질 정도로 정당의 조직과 활동이 커져서 정당이 국정운영의 중추적인 기능을 하게 되었다. 심지어 집권 여당은 사실상 입법권과 행정권의 주체로서 국가의 정책기구로 활동하면서 정당을 매개로 **입법권과 집행권의 통합주체**로 기능하게 되었다. 그런데 집권당의 정책은 실질적으로 정당 수뇌부가 결정하므로 정당국가에서는 국가권력이 정당 수뇌부로 집중되는 결과로 이어진다. 따라서 이러한 권력 통합요인으로서의 정당의 정치적 기능을 도외시한 채 고전적 권력분립의 도식에 따라 국가권력을 분산시키는 것은 권력 제한과 자유 실현의 목적을 달성할 수 없게 되었다.

(4) 급부국가적 기능의 확대

18세기의 질서유지 중심의 야경국가적인 국가기능과는 달리 오늘의 자유민주 국가는 '**자유**'와 '**빵**'과 '**재난으로부터의 해방**'을 동시에 요구하는 국민의 기본적인 수요를 충족시켜 주어야 하므로 국가의 적극적·생존배려적인 급부국가적 기능이 급격히 증가했다. 그 결과 집행기능의 영역 확대로 인한 행정국가적 현상이 나타나고, 그에 비례해서 행정권에 의한 권리침해 분쟁의 해결을 위한 사법권의 중요성도 커졌다. 이처럼 행정권과 사법권의 중요성이 커진 상황에서 고전적 3권분립이론은 우선 그 사법권을 경시하는 경향으로 인해서 제대로 효용성을 나타내기 어렵게 되었다.

(5) 헌법과 기본권의 본질에 관한 헌법관의 변화

Montesquieu의 권력분립이론은 선재하는 국가권력을 전제로 하는 **소극적인 제한원리**로서 권력의 분리와 통제 및 자유 실현의 메커니즘으로 정립되었다. 그러나 오늘에는 선재하는 국가권력을 인정하지 않고 권력분립을 '적극적인 국가권력의 창설원리'로 인식하게 되었다. 즉 주권자인 국민이 기본권실현을 위해서 국가권력을 창설하고, 국가권력의 분산과 한계를 설정하며, 국가권력 상호 간의 견제와 균형 및 협동 관계를 정함으로써 통치권 행사의 정당성을 보장하기 위한 국가권력의 **적극적인 창설원리**로 인식하게 되었다. 따라서 권력분립원리는 단순히 국민의 천부적인 자유와 권리의 보호를 위한 법치국가원리의 의미뿐 아니라 국가권력의 창설과 합리화 및 국가권력행사의 절차적 정당성을 보장하는 자유민주적 통치구조의 중추적인 조직원리로서의 의미를 갖는다고 인식하게 되었다.

4) 현대의 기능적 권력통제이론과 그 모델

오늘의 자유민주국가에서는 국가권력의 엄격하고 기계적인 분리보다 입법·행정·사법의 세 가지 국가기능이 기본권적 가치의 실현을 위해서 서로 기능적인 협력관계를 유지하면서도 서로의 기능을 적절히 통제함으로써 국가의 통치권 행사가 언제나 '협동'과 '통제' 속에서 조화될 수 있는 제도적인 메커니즘을 마련하려고 노력하고 있다. 즉 기계적이고 획일적인 '권력분리'에서 목적지향적이고 유동적인 '기능분리'로, 그리고 권력 간의 '대립적인 제한관계'가 '기관 간의 협동적인 통제관계'로 바뀐 것을 의미한다. 권력분립의 초점이 **형식적인 권력분리**에서 **실질적인 기능통제**로 바뀐 것이다.

오늘의 연방국가제도, 지방자치제도, 직업공무원제도, 복수정당제도, 헌법재판제도, 국가와 사회의 교차관계적 2원론 등이 '실질적인 기능통제'의 관점에서 새로운 권력분립제도의 모델로 평가받고 있다.

(1) 연방국가제도의 권력분립적 기능

연방국가제도는 전통적으로 단일국가와 대립하는 단순한 국가형태의 문제로 인식했다. 그러나 이제는 단순한 국가형태의 문제뿐 아니라 권력통제의 실효성을 높혀 통치권 행사의 절차적인 정당성을 보장해주는 중요한 새 권력분립제의 한 모델로 활용되고 있다. 즉 연방국가적인 구조는 연방과 지방 간의 **수직적인 권력분립**뿐 아니라 **수평적인 권력분립**을 동시에 실현해서 정당국가적 경향으로 인한 권력통합현상을 '수평적 권력분립'을 통해서 저지하고 완화할 수 있는 가장 강력한 권력통제수단으로 기능하고 있다. 대표적인 연방국가인 미국과 독일의 헌정상황에서 연방정부와 지방정부의 정치적인 이질성(다른 집권당)으로 인해서 그 기능적인 권력통제의 효과가 잘 나타나고 있다.

(2) 지방자치제도의 권력분립적 기능

지방자치는 전통적으로 '지방 고유한 행정수요의 충족'을 통한 '주민근거리행정의 실현'이라는 행정목적을 위한 행정조직의 한 유형으로 인식했다. 그와 함께 지방자치는 민주정치의 실현에 도움이 되는 '풀뿌리 민주정치'의 수단으로 인식했다.

그러나 오늘의 지방자치는 단순한 집행작용이나 민주주의적인 기능을 넘어 중앙정부에 대한 지방자치단체의 기능적인 권력통제의 관점에서 새롭게 평가되고 있다. 즉 지방자치단체의 자치기구(장과 의회)가 주민의 선거로 구성되어 중앙정부와는 다른 정당이 자치 기능을 맡게 되는 경우 자치권의 내용과 범위에 따라서는 중앙정부가 수행하는 지방정책에 대한 권력분립의 견제 기능을 가질 수 있다. 그래서 이처럼 **권력분립적 기능을 갖는 지방자치**와, 행정업무의 분산 조직을 뜻하는 **지방분권적 행정조직**은 구별해야 한다.

(3) 직업공무원제도의 권력분립적 기능

종래 직업공무원제도는 공무원의 공복으로서의 책임과 정치적 중립성 및 국가에 대한 충성 대가로서의 신분보장을 핵심 내용으로 하는 이른바 '특별권력관계'로 인식했다.

그러나 오늘날 직업공무원제도는 두 가지 측면에서 권력분립적 기능을 갖는 것으로 인식되고 있다. 첫째, 직업공무원 제도의 본질적인 요소인 공무원의 정치적 중립성, 공무원의 신분보장, 공무원의 헌법 존중 의무 등을 통해서 공무원 집단은 **안정적이고**

지속적인 행정업무를 수행함으로써 동태적이고 **가변적·한시적인 정치세력**을 견제하고 통제하는 중요한 권력분립적 효과를 나타낸다. 둘째, 직업공무원제도는 오늘날 그 자체가 통치기관의 구성원리로 간주될뿐 아니라 행정조직에서 직업공무원 제도의 본질적 요소(신분보장·능력본위승진제·합리적인 상벌제·경력직과 전문직주의 등)를 충실하게 존중·반영하는 경우에는 공무원 조직의 위계질서에도 불구하고 '수직적 권력분립'의 효과를 나타낸다.

(4) 복수정당제도의 권력분립적 의미

종래 복수정당제도는 민주주의의 필수요소인 동시에 평화적 정권교체를 위한 당연한 전제로 인식되었다. 그러나 정당국가에서 정당이 국정운영의 중심적인 기관으로 기능하고 국가의 모든 기능이 집권당에 의해서 좌우되는 권력통합현상으로 인해서 고전적인 3권분립이론은 그 실효성이 약해졌다. 그래서 정당국가에서 정치적인 힘의 중심이 정당으로 넘어간 정치상황을 감안해 정당을 '힘의 실체'로 인정해서 '힘의 힘에 대한 견제'의 수단을 모색하게 되었다. 복수정당제도를 통한 **'여당'과 '야당' 간의 상호 견제**를 통한 권력분립 기능이 바로 그것이다. 따라서 이제 여당과 야당의 관계는 정권 획득을 위해서 국민의 지지를 얻으려는 단순한 정권적 차원의 경쟁자가 아니고, 통치권 행사의 절차적 정당성을 보장하는 권력분립의 관계라는 인식이 매우 중요해졌다. 종래 '다수'와 '소수'의 관계 및 '소수의 보호'는 이제 민주정치의 요소만이 아니라 권력분립의 의미도 갖는다는 점을 인식해야 한다.

(5) 헌법재판제도의 권력분립적 기능

헌법재판제도는 연혁적으로 헌법보호 수단으로 인식되었다. 즉 헌법재판을 통해 헌법의 최고규범성을 지켜서 헌정생활의 안정을 유지하기 위한 메커니즘으로 발전해 왔다.

그러나 헌법재판이 헌정생활에 미치는 효과는 단순히 헌법보호를 통한 헌정생활의 안정이라는 소극적인 기능보다는 오늘에는 헌법재판이 갖는 정치형성기능을 인식하게 되었다. 즉 헌법재판은 기능의 형식은 사법작용이지만 기능의 효과는 강력한 권력통제와 정치형성 효과를 나타내는 **제4의 국가작용**으로 기능하고 있다. 헌법재판은 입법·행정·사법권에 대한 강력한 통제를 통해서 통치권의 기본권 기속성과 통치권 행사의 절차적 정당성을 보장함으로써 사회통합에 도움이 되는 제4의 국가작용이다.

따라서 헌법재판은 국가권력의 분립이나 국가기능의 분리라는 권력분립 메커니즘을 통해서 달성하려는 권력통제의 가장 강력한 수단이다.

다만 헌법재판제도가 이러한 강력한 권력분립적 기능을 나타내기 위해서는 헌법재판제도의 합리적인 구조와 공정하고 합리적인 헌법재판 그리고 입법 · 행정 · 사법기관의 헌법재판 존중정신 및 국민의 강력한 '헌법에의 의지' 등이 모두 함께 갖춰져야 한다. 그래서 헌법재판제도는 가장 강력하면서도 가장 실현하기 어려운 권력통제장치이기도 하다.

(6) 기능적 권력통제 모델로서의 국가와 사회의 구별

종래 '국가'와 '사회'의 상호관계에 대한 이해는 통일되지 않아서 둘이 같다고 보는 **'1원론'**과 다르다고 보는 **'2원론'**이 대립했다.

그러나 오늘의 다원적인 복합사회에서 이해관계가 다양하게 대립하는 사회현실에서 **국가와 사회를 기능적으로 구별**하는 것은 사회적 이익단체가 존재하고 활동하기 위한 전제조건이다. 즉 국가와 사회를 구별해서 국가의 output 못지않게 사회의 input 기능을 존중해서 이 두 기능의 교차 관계적인 균형과 조화 속에서 통치가 행해질 수 있도록 하는 하나의 실효적인 모델로 인식하는 것이 권력분립의 관점에서 중요한 의미를 갖게 되었다.

5) 우리 헌법상의 권력분립제도

(1) 고전적 권력분립과 현대의 기능적 권력통제모델의 수용

우리 헌법은 고전적인 권력분립이론에 따라 국가권력을 입법 · 행정 · 사법권의 셋으로 나누어 이를 국회 · 정부 · 법원에 각각 나누어 맡김으로써 권력분산을 통한 권력의 견제와 균형의 효과를 추구하는 한편 복수정당제도, 직업공무원제도, 지방자치제도, 헌법재판제도, 독립한 선거관리제도 등 현대의 기능적 권력통제장치도 함께 마련해서 통치권 행사의 절차적인 정당성을 확보하려고 노력하고 있다.

(2) 권력 간의 견제 · 균형의 메커니즘

(가) 기관구성 시의 견제 · 균형장치

국민의 선거로 구성하는 통치기관인 대통령과 국회의원의 임기를 각각 5년과 4년으로 다르게 정해(제70조, 제42조) 두 기관의 구성 시기를 달리해서 두 기관의 기능적인 독립성을 보장하고 있다. 또 대통령의 국무총리(제86조 제1항) · 감사원장(제98조 제2항) · 대법원장(제104조 제1항) · 대법관(제104조 제2항) · 헌법재판소장(제111조 제4항)의 임명에 국회의 동의를 얻도록 했다. 그리고 대통령의 국무위원(제87조 제1항) · 대법관(제104조 제2항) 임명에는 각각 국무총리와 대법원장의 제청을 받도록 했다. 나아가 헌법재판소(제111조 제2항-제4항)와 중앙선거관리위원회(제114조 제2항) 구성에 대통령 · 국회 · 대법원장이 같은 지명권으로 함께 관여하게 했다. 요약하면 임기차등제 · 헌법기관구성에서 임명동의권과 임명제청권 및 3부의 공조를 통해서 통치기관의 견제와 균형을 유지하도록 했다.

(나) 입법 · 행정 · 사법권행사에서의 견제 · 균형장치

입법권과 행정권의 상호 견제장치로 국회와 정부가 함께 갖는 법률안제출권(제52조), 대통령의 법률안 공포권과 거부권(제53조), 정부의 행정입법권(제75조, 제95조), 국회의 예산심의 등 재정에 관한 권한(제54조 이하), 대통령의 긴급재정 · 경제처분 및 명령과 계엄선포에 대한 국회의 승인권과 해제요구권(제76조 제3항, 제77조 제5항), 대통령의 중요한 외교 · 군사행위에 대한 국회의 동의권(제60조) 등을 제도화했다.

대통령의 국정행위에 대한 견제장치로는 대통령의 겸직금지(제83조)와 국무총리 · 국무위원 등의 부서제도(제82조)가 있다.

그 밖에도 선거관리사무를 일반 행정업무와 기능적으로 분리해서 중앙선거관리위원회에 맡기고(제114조 제1항), 헌법재판소를 설치해서 법률의 위헌심사, 탄핵심판, 정당해산심판, 권한쟁의와 헌법소원심판(제111조 제1항)을 하도록 해서 강력한 권력통제장치를 제도화했다.

(다) 기관 내의 권력통제장치

우리 헌법은 기관 간의 견제장치와 함께 기관 내의 견제장치도 함께 두고 있다. 즉 대통령과 국무총리 중심의 행정부 조직의 2원화(제66조, 제86조), 감사 활동의 독립성을 보장받는 감사원의 설치(제97조 이하), 대통령의 각종 자문회의(제90조-제93조, 제127조 제3항), 법원조직의 심급제도와 합의제 및 부제의 운영(제101조 제2항, 제102조 제1항) 등이 그것이다.

3. 정부형태

1) 정부형태의 의의와 그 유형적 다양성

정부형태란 권력분립주의의 조직적·구조적 실현 형태를 말한다. 즉 권력분립 원칙의 내용인 '기능과 조직의 분리'와 '견제·균형의 메커니즘' 그리고 '기능 통제장치' 등을 구체적으로 실현하는 방법에 따라 정부형태가 정해진다. 흔히 정부형태가 **통치구조 내지 통치형태의 대명사**로 사용하기도 하지만, 통치구조 내지는 통치형태는 권력분립의 원칙뿐 아니라 다른 통치기관의 구성원리(대의제도·선거제도·공직제도·지방자치제도·헌법재판제도 등)도 종합적으로 실현한 통치권 행사의 제도적인 틀이므로 동의어가 아니다.

정부형태는 이처럼 통치기관의 여러 구성원리를 종합적으로 실현한 통치권 행사의 제도적인 틀이므로 그 구체적인 조직 형태에 따라 다양한 정부형태가 탄생할 수 있다. 현실적으로 나라마다 사회구조와 정치 전통이 각각 달라 정부형태도 다를 수밖에 없다. 또 형식상 같은 유형의 정부형태라도 나라마다 다른 헌법현실로 나타날 수도 있다. 그래서 엄격한 의미에서 지구상의 나라 수만큼 정부형태도 다양하다고 볼 수 있다. 그래서 가장 보편적이고 표본적인 정부형태를 중심으로 살피는 것이 불가피하다.

2) 정부형태의 표본유형과 그 변형

가장 표본적인 정부형태는 '대통령제'(presidential government)와 '의원내각제'(parliamentary government)이다. 그리고 이 두 정부형태를 절충한 절충형(혼합형) 정부형태(hybrid government)를 들 수 있다.

(1) 대통령제

(가) 대통령제의 의의와 그 본질적 요소

(a) 대통령제의 의의

대통령제는 의회로부터 독립하고 의회에 대해서 정치적 책임을 지지 않는 대통령 중심으로 국정이 운영되고 대통령에 대해서만 정치적 책임을 지는 국무위원에 의해서 구체적인 집행업무가 행해지는 정부형태를 말한다. 1787년 미국 연방헌법이 채택한 정부형태가 이 대통령제의 기원이다. 고전적 권력분립 이론에 따라 '조직 및 기능의 분리'(separation of powers)와 권력에 대한 '견제와 균형의 원리'(checks and balances of powers)를 가장 충실하게 반영해서 통치기관의 조직 · 활동 · 기능상의 독립성이 최대한으로 보장되는 정부형태이다.

(b) 대통령제의 본질적 요소

① 독립성의 원리에 의한 조직과 활동

대통령제의 가장 본질적인 요소는 각각 국민이 선거하는 행정부와 입법부의 조직과 활동이 '독립성의 원리'에 의해서 이뤄진다는 점이다. 대통령과 의회는 주권자인 국민이 부여한 강력한 민주적 정당성을 바탕으로 서로 독립적으로 국정을 운영하며 서로간에는 책임을 지지 않지만, 주기적인 선거를 통해서 국민에만 그 정치적인 책임을 지는 것이 대통령제의 제도적인 특징이고 본질적 요소이다. 이 본질적 요소는 다음의 네 가지 제도로 구체화한다. 즉 i) 집행부 구성원은 의회의 의원을 **겸직**할 수 없다. ii) 대통령의 **의회해산권**과 의회의 집행부 구성원에 대한 **불신임권**은 허용되지 않는다. iii) 집행부는 **법률안 제출권**이 없다. iv) 집행부 구성원은 의회의 요구가 없는 한 의회에 **출석해서 발언**할 수 없다 등은 대통령제의 본질인 '독립성의 원칙'의 구체적 · 제도적인 표현이다.

② 견제 · 균형의 요소

대통령제의 또 하나의 본질적 요소인 '견제 · 균형'의 요소로는 대통령의 **법률안 거부권**과, 대통령의 조약체결과 대법원장 등 고위직 공무원의 임명에 대한 의회(상원)의 **동의권**을 들 수 있다. 법률안거부권은 대통령을 중심으로 하는 집행부가 의회의 입법 활동을 견제할 수 있는 유일한 수단이고, 의회의 동의권은 의회가 대통령의 집행업무를 견제할 수 있는 유일한 수단이어서 서로가 균형을 유지하고 있다고 볼 수 있다.

(나) 대통령제의 유래와 그 사상적 배경

대통령제는 미국이 영국의 지배를 벗어나 1787년 미국 필라델피아(philadelphia)에서 제정한 전문 7개 조문의 미국 연방헌법에서 유래한다. 즉 영국에서 체험한 영국 헌정의 부정적인 내용을 거울삼아 이를 긍정적인 내용으로 발전시키려는 역사 교훈적 성격을 갖는 한편, 책임정치를 통해 제한된 정부를 실현해서 국민의 자유를 보호하려는 자유민주주의 이념에 뿌리를 두고 탄생했다. 즉 대통령제는 영국 의회주의적 의원내각제에 대한 반성과 군주제에 대한 반동, 그리고 인간의 자유 실현을 위한 '제한된 정부'에의 열망 등이 복합적으로 작용해서 Montesquieu의 3권분립 모델에 따라 제도화한 미국의 독창적인 정부형태이다.

(a) 영국 헌정의 역사 교훈적 영향

18세기(1783-1784)의 영국은 의원내각제가 아직 정착하지 않아 의회 다수세력의 지지를 받지 못하는 소수 내각(William Pitt)과 의회와의 정치적인 대립과 갈등으로 매우 혼란한 헌정 상황이었다. 따라서 미국 연방헌법의 아버지들은 소수 내각으로 인한 **영국의 정치 혼란**에 대한 생생한 경험과, 미국이 연방국가로 건국되어 안정된 다수세력의 형성이 더욱 어려우리라는 직감적인 정치 전망이 영국식의 정부형태를 외면하게 했다고 볼 수 있다.

(b) 군주제에 대한 반동과 공화제의 책임정치 추구

미국의 대통령제는 영국을 비롯한 유럽의 전통 군주제에 대한 항의의 성격으로 탄생했다고 볼 수 있다. 즉 '**왕권신수설**'에 따라 '**왕은 잘못이 없음**'의 사상이 전통적인 전제군주제의 이념적인 기초로 작용하고 있었기 때문에 이러한 전통적인 군주 사상을 탈피해서 신이 아닌 국민에게서 그 권한을 받고, 잘못된 권한 행사에 대해서는 국민에게 책임질 수 있는 정부형태를 마련하겠다는 강한 집념의 산물이라고 할 것이다. 그 결과 미국 연방헌법은 '법적으로 무책임한 군주' 대신 '**책임지는 대통령**'을 국가원수의 자리에 뽑아 의회에 대해서는 법적 책임(탄핵심판제도)을, 국민에 대해서는 정치적 책임을 지는 대통령 중심으로 국정이 운영되도록 하는 정부형태를 마련했다고 할 것이다.

(c) 자유 보호를 위한 '제한된 정부' 실현의 집념

미국 연방헌법의 아버지들은 대부분 **계몽주의와 자유주의 사상의 영향**을 받아 진취적인 국가철학을 가졌었다. 그 결과 천부적인 국민의 자유와 권리의 보호에 도움이 되는 '제한된 정부'를 만들겠다는 강한 집념을 가지고 고전적 권력분립 이론을 가장 온전한 형태로 수용해서 입법·집행·사법권의 조직적·기능적 독립에 입각한 대통령제를 만들었다고 볼 수 있다.

(다) 미국 대통령제의 핵심적인 내용과 성공 요인

(a) 헌법상의 핵심적 제도 내용

미국 연방헌법은 대통령제의 세 가지 본질적 요소인 입법·집행·사법권의 '조직의 분리와 독립', '3권 간의 기능의 독립', '3권 간의 견제·균형장치'를 그대로 제도화했다.

① 입법 · 집행 · 사법권의 조직의 분리와 독립

입법권은 국민이 선거로 뽑는 의원으로 구성하는 하원(House of Representives)과 상원(Senate)(제1조), 집행권은 국민이 뽑는 대통령(제2조), 그리고 사법권은 연방대법원

(Supreme Court)과 의회가 설치하는 기타 연방 하급법원(제3조)에 나누어서 맡기고 있다. 하원의원과 상원의원의 임기는 각각 2년(제1조 제2항)과 6년(제1조 제3항, 수정 제17조)이고, 대통령의 임기는 4년(제2조 제1항)이며 연방 대법원의 법관은 상원의 동의를 얻어 대통령이 임명하지만(제2조 제2항) 원칙적으로 종신직(제3조 제1항)이다. 대통령 궐위 시에 대통령직을 계승하는 부통령을 대통령 선거할 때 함께 뽑는다. 상·하 양원도 상원은 각 주에서 두 명씩, 하원은 각 주의 주민 수에 따라 뽑는 각각 임기가 6년과 2년인 의원으로 구성된다. 상원은 하원의원의 선거와 함께 2년마다 의원 1/3을 개선하도록 제도화했다. 이들 규정은 3권의 조직의 분리뿐 아니라 조직의 독립을 보장하는 제도이다. 다만 사법부 최고법원인 대법원의 구성은 대통령과 상원의 협력으로 되지만 최고법원 법관이 종신직이어서 기관의 독립성은 유지된다. 이와 같은 3권 조직의 독립성은 **3권 관직의 겸직금지** 규정(제1조 제6항)으로 강화하고 있다.

② 3권 간의 기능상의 독립

3권 간의 기능상의 독립을 보장하기 위해서 대통령의 **의회해산권**과 **의회의 정부불신임권**을 인정하지 않았다. 또 의회 입법권의 독립을 위해서 정부에게는 법률안 제출권을 주지 않고 의회의 요청이 없는 한 의회에 출석·발언할 수 없도록 해서 집행부가 의회의 입법 활동에 간섭할 수 없게 했다(제1조 제7항). 의원의 불체포특권과 면책특권(제1조 제6항)도 의회활동의 독립성을 보장하기 위한 것이다. 대통령은 반역죄·수뢰죄 기타 직무상의 중대한 범죄행위로 탄핵소추절차(하원의 탄핵소추와 상원의 탄핵심판, 제2조 제4항, 제1조 제3항 제6절)에 따라 의회에 법적인 책임을 지는 경우 이외에는 그의 임기 동안 독립적으로 직무를 행한다.

③ 3권 간의 견제 · 균형장치

의회의 대통령에 대한 견제장치는 대통령의 외국과의 조약체결에 대한 상원의 동의권, 대사·공사·연방 대법원 법관·기타 고위직 공무원의 임명동의권(제2조 제2항), 집행부의 예산안 및 재정지출에 대한 심의권(제1조 제9항 제7절) 등이다. 반면에 대통령은 법률안거부권으로 의회를 견제하게 했다(제1조 제7항 제2절). 즉 대통령은 정부로 이송된 법률안에 대해서 이의가 있으면 이송을 받은 날로부터 10일 이내에 그 법률안이 발의된 의회에 환부하고 그 재의를 요구할 수 있다. 그러나 **환부거부**한 법률안이 양원에서 각각 그 재적의원 2/3의 찬성으로 재의결되면 그 법률안은 법률로 확정된다. 환부거부가 가능한 10일 이내에 환부 하지 않은 법률안도 자동으로 법률로 확정된다. 환부거부가 허용되는 10일 이내에 의회가 회기 만료로 폐회되면 대통령은 그 법률안을 의회에 환부하지 않고 그대로 보류시킴으로써 폐기할 수 있다. 이것을 **보류거부**(pocket veto)라고 한다. 사법부는 **법률의 위헌심사**를 통해서 입법부와 집행부를 견제할 수 있다. 이 위헌심사권은 연방헌법에 직접적인 명문 규정은 없으나 미국 연방대법원이 연방헌법(제6조 제2절)의 최고법조항(supreme law of the land clause)과 기속조항(the judges in every State shall be bound thereby clause)을 근거로 1803년부터 판례[1])를 통해 확립한 헌법관습법이다.

(b) 대통령제의 성공요인

미국에서 대통령제가 성공하고 있는 것은 여러 요인이 복합적으로 작용한 결과라고 볼 수 있다. 그 가운데 가장 큰 요인은 권력분리가 '권력유리' 현상으로 경직되지 않고, 대통령과 상원의 상대적인 권한 증가에도 불구하고 사법권을 비롯한 견제·균형의 메커니즘이 제대로 그 기능을 발휘하며, 국민의 투철한 '헌법에의 의지'가 무서운 여론의 힘으로 뭉쳐 통치권 행사를 감시하기 때문이라고 볼 수 있다. 즉 다음과 같은 여섯 가지 요인들을 성공 요인으로 꼽을 수 있다. i) 연방국가적 구조에 따른 **수직적 권력분립**의 성공적 정착, ii) 정당을 매개로 한 권력통합 현상을 막을 수 있는 **지방분권적인 정당조직**의 특수성, iii) 연방대법원을 비롯한 **사법권의 강력한 권력통제**의 기능, iv) **여론**의 강력한 정치 형성적 기능과 input 효과, v) 정치인과 국민의 투철한 민주의식과 현명한 정치감각, vi) 각종 **선거의 공정한 시행**을 통한 민주적 정당성의 확보와 평화적 정권교체의 기회 보장 등이다. 이들 요인이 복합적인 상승효과를 일으켜 대통령제가 오늘까지 성공적으로 운영되고 있다고 볼 수 있다. 따라서 이 요인들은 대통령제 성공의 상수라고 볼 수 있다. 대통령제를 채택한 많은 나라에서 대통령제가 성공하지 못하고 대통령독재체제 또는 신대통령제로 변질하거나 정당을 통한 의회독제체제로 변질하는 이유는 바로 이러한 상수가 변수로 기능하기 때문이라고 할 것이다. 우리에게 주는 중요한 교훈이라고 생각한다.

(2) 의원내각제

(가) 의원내각제의 의의와 그 본질적 요소

(a) 의원내각제의 의의

의원내각제는 의회가 선출하고 의회에 정치적 책임을 지는 내각(cabinet) 중심으

1) Marbury v. Madison, 5 U.S.(1 Cr.) 137(1803) 참조.

로 국정이 운영되는 정부형태를 말한다. 의원내각제는 의회와 내각의 조직·활동·기능상의 의존성을 지속적으로 이어가는 권력분립주의의 실현형태이다. 즉 입법부와 집행부가 상호 **의존성의 원리**에 따라 기능하는 정부형태로서 입법부와 집행부가 **독립성의 원리**에 충실하게 기능하는 대통령제와 구별된다.

(b) 의원내각제의 본질적 요소

① 의존성의 원리에 의한 조직과 활동

집행부의 장인 수상(chancellor or prime minister)을 의회가 선거하고 수상이 임명하는 각료들이 수상의 정책지침에 따라 구체적인 집행업무를 수행하지만, 수상과 함께 언제든지 의회에 대해서 그 정치적 책임을 지는 점이 의원내각제의 제도적인 징표이다. 다음 다섯 가지가 의원내각제의 본질적 요소이다. 즉 i) 의회의 **내각불신임권**과 **내각의 의회해산권**, ii) 의원직과 각료직의 **겸직허용**, iii) 내각의 **법률안 제출권**과 각료의 자유로운 의회 출석·발언권, iv) 내각내에서 수상의 **우월적 지위**, v) 잠재적 여당인 **소수(야당)의 보호제도** 등이 그것이다. 따라서 내각은 의회 다수당 또는 다수세력의 정책집행 기구로서의 성격을 갖고 의회와 내각은 '**협동적·병렬적 통합관계**'와도 같다고 볼 수 있다. 그 결과 수상의 임기는 의원의 임기와 같게 정해져 있다고 해도 임기 전에 퇴직할 수도 있는 상대적인 의미를 갖게 된다.

② 집행기관의 조직 모체로서의 의회

국민의 선거로 구성하는 의회는 수상을 비롯한 집행기관의 조직 모체로 기능해서 통치기구 내에서 중심적인 지위를 갖기 때문에 의원내각제는 정치원리인 의회주의의 가장 순수하고 직접적인 표현형태로 평가된다. 그 결과 의회주의의 기본원리인 의회활동의 공개성과 투명성 및 자유토론이 의원내각제에서 중요한 의미가 있다.

③ 통합 및 견제의 요소

의회와 내각의 조직과 기능의 의존성을 본질로 하는 의원내각제에서 견제·균형의 메커니즘은 의회 다수세력에 대한 의회 소수세력의 통제효과를 높이기 위한 제도로서의 성격을 갖는다. 즉 의원내각제는 '**통합 및 견제**'의 정부형태이기 때문에 견제장치가 제대로 기능하지 못하면 통합효과에 의한 다수당 또는 의회독재가 초래될 수 있으므로 실질적인 견제세력인 **의회 소수세력의 보호**는 기능적 권력통제의 관점에서 매우 큰 의미를 갖게 된다.

④ 상징적인 국가원수

의원내각제는 통합과 견제의 적절한 조화 속에서 국정이 운영되지만, 이 조화가 잘 이뤄지지 않으면 내각 불신임과 의회해산의 빈발로 정치적인 혼란이 생길 수도 있다. 그래서 이런 혼란이 생기지 않고 정국이 안정되도록 중재하고 조정하는 상징적이고 중립적인 국가원수를 두는 것이 보통이다. 입헌군주제에서의 군주, 공화제에서의 대통령이 그런 국가원수의 지위에 있다. 그러나 이 국가원수는 상징적인 존재일 뿐 실질적인 정치적 권한은 갖지 않는다.

⑤ 의회 내 안정세력의 필요성

의원내각제는 내각의 조직과 활동이 의회의 정치적인 세력분포에 따라 직접적인 영향을 받는다. 그래서 의회 내에 안정세력이 형성되어 내각의 국정운영을 지원해야 성공할 수 있는 제도이다. 그 결과 군소정당의 난립보다는 소수의 큰 정당들이 정착할 수 있는 **합리적인 선거제도**를 마련하는 것이 의원내각제의 성공을 위해서 꼭 필요하다.

⑥ 직업공무원제도의 확립

의원내각제는 앞서 말한 대로 잦은 내각불신임과 의회해산으로 정국이 불안정할 여지가 크므로 정치적으로 중립적인 입장에서 일상적인 집행업무를 중단없이 수행하기 위한 직업공무원제도가 확립되어야 한다.

(나) 의원내각제의 유래와 발전 및 그 사상적 기초

(a) 의원내각제의 유래

의원내각제는 의회정치가 시작된 영국에서 유래한다. 즉 찰스 1세(Charles I) 때 '장기의회'(Long Parliament, 1640-1649)로 확립된 의회 우위의 '회의정부제'(assembly government)가 의원내각제의 기원이라고 전해진다. 따라서 의원내각제는 영국에서 입헌군주제 내지 공화정(1649-1660)이 확립된 17세기에 등장한 정부형태라고 볼 수 있다.

(b) 의원내각제의 제도적 정착과 발전

① 의회 우위의 의원내각제로 정착

영국에서 의원내각제는 국왕보다 의회 세력이 우위를 확보하고 선거제도와 의회제도의 개혁이 시작된 1832년 후에야 뚜렷한 의원내각제의 제도적인 골격이 갖춰졌다. 특히 1867년과 1884/5년의 선거권의 확대로 의회(하원)에 봉건 제후들뿐 아니라 재력 있는 시민계급의 참여가 가능해지면서 하원이 마치 사회적·경제적 엘리트들의 집합장이 되었다. 그에 더하여 선거제도의 영향으로 정당조직이 정비되어 소속 의원에 대한 중앙당의 통제력이 강화되었다. 하원 중심의 의회주권이 확립되는 중요한 정치적 조건이 충족된 것이었다. 그 결과 모든 중요한 정책결정권이 하원으로 집중되어 의회가 중심이 되는 통치의 기초가 확립되었다. 의회의 우세한 지위로 인해서 내각은 하원의 집행위원회와 같은 지위를 벗어나기 어려웠다. 이처럼 영국의 의원내각제는 **의회우위**의 제도로 출발했으나 시간의 흐름에 따라 **내각우위**의 내각책임제로 발전하게 되었다.

② 내각 우위의 내각책임제로의 발전과 그 원인

내각 우위의 내각책임제로 발전한 주요 원인으로 다음의 네 가지를 들 수 있다. 즉 i) 산업사회화에 따른 입법수요의 증가 및 전문 입법의 필요성, ii) 선거제도의 민주적 개혁에 따른 정당조직의 정비, iii) 정당정치의 발달로 인한 선거의 국민투표적 성격 증가, iv) 내각과 국민과의 직접적인 유대관계 형성 등이다.

㉠ 산업사회화에 따른 입법수요의 증가 및 전문 입법의 필요성

산업혁명의 영향으로 산업에 종사하는 노동자 및 서민계급의 권리의식과 발언권이 커지고, 산업사회의 다양한 정책 수요에 호응하기 위한 국가작용의 영역이 넓어지면서 하원의 입법작용도 신속성과 전문성이 필요해졌다. 하원의 전통적인 의사규칙과 회의 진행 방식에 여러 혁명적인 개혁을 한 것은 그 때문이었다. 그러나 하원은 산업사회가 요구하는 전문 입법에 필요한 전문성에 일정한 한계가 있었기 때문에 전문적인 입법 분야에서 내각의 도움이 불가피해졌다. 내각은 전문적인 행정수요를 충족하기 위해서 도입한 **전문적인 관료조직**(civil service)을 통해서 의회의 전문 입법에 도움을 주는 일이 잦다 보니 입법에서 내각의 발언권과 주도권이 상대적으로 커지게 되었다.

㉡ 선거제도의 민주적 개혁에 따른 정당조직의 정비

선거제도의 민주적인 개혁에 따라 정당조직도 정비되었다. 즉 종래 선거구 중심의 산만하던 정당조직이 중앙당(Tories 1872, Whigs 1877) 중심으로 정비되어 중앙당의 통제력과 지도력이 커지고 정당소속 의원들의 이탈표가 줄어들었다. 그리고 정당의 당수가 수상을 겸하는 관례에 따라 수상이 하원의 다수당을 이끌게 되어 '**정당정부**'가 형성되었다. 그 결과 수상 중심의 내각은 하원 다수당의 간부회의와 같은 성격을 띠게 되어 모든 중요정책은 실질적으로 내각에서 결정하고 하원은 내각이 결정한 정책 내지는 법률안을 형식적으로 추인하는 일종의 통법부로 전락했다. 그래서 영국의 의원내각제는 흔히 내각책임제(Cabinet Government)로 부른다.

㉢ 정당정치의 발달로 인한 선거의 국민투표적 성격 증가

정당정치의 발달로 하원의원 선거가 선거구 후보자에 대한 인물선거에서 정당과 정당 지도자에 대한 국민투표적 성격으로 바뀌었다. 그 결과 선거에서 하원 다수당이 된 정당의 지도자는 마치 국민이 직선한 지도자처럼 강력한 민주적 정당성을 갖게 되어 의회와 내각의 실질적인 리더의 지위를 갖게 되었다. 즉 다수당의 리더가 의회에서 수상으로 뽑혀 내각 수반의 지위에서 내각 인선권을 가지고, 의회에서도 다수당의 사령탑으로 기능하게 되었다. 특히 수상의 내각 인선에 대한 국왕의 거부권이 사실상 폐지되고 수상의 요청이 있으면 국왕이 의회를 해산하는 헌정의 전통이 확립된 1850년 이후 영국에서 수상은 영국 통치질서 내에서 명실공히 가장 강력한 헌법상의 지위를 갖게 되었다. 영국 의원내각제가 **수상정부제**(Prime Minister Government)로 평가되는 이유도 그 때문이다.

ⓔ 내각과 국민과의 직접적인 유대관계 형성

하원의원 선거가 정당과 정당 지도자에 대한 국민투표의 성격을 갖게 됨에 따라 수상과 내각은 하원과의 관계보다 국민과의 관계 및 여론에 더 신경을 쓰게 되었다. 그래서 내각과 국민과의 직접적인 유대관계가 형성되었다. 더욱이 선거전의 양상이 정당 지도자가 직접 국민 속에 파고드는 대중을 상대로 하는 선거운동으로 변하면서 내각과 국민과의 정치적인 유대관계는 더욱 가속화했다. 양당제도도 이러한 현상에 큰 영향을 미쳤다. 그 결과 수상은 국민과의 정치적인 유대관계를 이용해서 국민의 심판을 받기 위해서 의회를 해산하는 일이 자주 일어나 국민과의 유대관계는 더 굳어졌다. 하원의 지위와 발언권은 약화하고 수상 중심의 내각의 발언권과 지위가 강해지는 내각책임제로 발전하는데 큰 요인으로 작용했다. 이런 현상으로 인해서 여론 및 공개정치 및 잠재적인 내각인 야당의 보호에 관한 정치적인 전통이 확립되어 **공개·투명정치** 및 **소수보호의 원리**로 정착하면서 의원내각제의 본질적인 요소가 되었다.

(c) 의원내각제의 사상적 기초

영국의 의원내각제는 절대군주(Stuart 왕조)에 대한 항의의 이데올로기로서의 성격을 띠고 생성 발전된 제도이다. 영국 의회는 전통적으로 군주와 맞서 보통법을 수호하는 기관이었지만 명예혁명(1688)을 계기로 정교분리의 원칙에 따라 정치가 탈 종교화하면서 의회가 정치기관으로 바뀌었다. 정치기관으로 탈바꿈한 의회는 그 당시 해링튼(James Harrington)이 주장한 **대립주의 이론**(이해관계의 대립은 상호견제와 교정에 의해서 최상의 정치를 실현하는 전제)의 영향으로 정치의 본질을 대립주의의 시각에서 이해했다. 즉 정치현상에 대한 대립적 2원주의적 요소를 중요하게 여겨 정권을 둘러싼 '분열'과 '대립', '갈등' 속에서도 조화를 이룰 수 있는 영국 의회민주주의의 사상적 기초가 되었다. 그 결과 영국의 의회정치에서 야당의 통치기능의 지위가 크게 높아졌는데, 영국 보통법에 수용된 자연법 원리도 야당의 지위와 통제기능을 강화하는데 큰 사상적 뒷받침이 되었다. 즉 '누구도 자신의 심판관이 될 수 없다'는 보통법의 원리 때문에 야당은 객관적인 입장에서 여당의 심판관이 될 수 있다는 논거와 함께 도적적인 권위를 인정받을 수 있었다. 결론적으로 영국의 의회민주주의는 정치적 대립과 갈등을 자유민주주의의 불가결한 기본요소로 생각하고, 정치의 순화를 위해서 야당의 활동을 보호하여야 한다는 **대립주의**와 **이원주의** 그리고 **자연법사상**에 그 기초를 두고 발전해 온 통치기구의 조직원리라고 할 것이다. 미국의 대통령제와 달리 영국의 의원내각제에 내포된 이런 강한 토착성과 전통성으로 인해서 그 제도적인 모방에 한계가 있다.

(d) 의원내각제의 전파

영국의 의원내각제는 인접한 프랑스와 독일의 정부형태에 영향을 미쳤다. 프랑스는 제3공화국(1875-1940)과 제4공화국(1946-1958)의 정부형태가 의원내각제였다. 그리고 지금의 제5공화국(1958-)도 1962년 대통령의 직선제 헌법개정이 될 때까지는 의원내각제의 성격이 적지 않았다. 그리고 독일은 독일 헌정사상 최초의 공화국인 바이마르공화국 헌법(1919)에서 다양한 평가를 받는 독특한 정부형태를 채택해서 실패한 경험을 토대로, 제2차대전 후 서독 기본법에서 비로소 의원내각제의 정부형태를 채택한 후 독일통일(1990) 후에도 이어지고 있다.

(3) 대통령제와 의원내각제의 구조적 허실(장 · 단점 비교의 상대성)

(가) 연혁적 · 본질적 차이

대통령제와 의원내각제는 연혁적으로 각각 다른 역사적 상황 속에서 생성·발전한 것이기 때문에 그 제도의 이념과 본질에서 차이가 있는 것이 당연하다. 대통령제가 미국 건국의 상황 속에서 Montesquieu의 3권 분립사상의 영향을 받아 국가권력의 분리를 통한 견제·균형을 실현하기 위한 권력구조로 마련된 것이라면, 의원내각제는 영국 특유의 의회정치의 역사적인 전통 속에서 대의의 이념과 군권 제한이라는 입헌주의의 요청에 따라 책임정치의 실현을 위한 권력구조로 발전한 것이다. 그 결과 두 제도의 기능적인 메커니즘이 다를 수밖에 없다. 대통령제의 본질적인 요소인 집행권과 입법권의 조직·활동상의 '독립성'이, 의원내각제에서는 그 반대로 조직·활동상의 '의존성'으로 나타난다. 즉 두 제도는 구조적으로 정반대의 제도이다. 대통령제의 장점은 의원내각제의 단점이 될 수 있고, 또 그 반대 현상도 생길 수 있다. 두 제도의 장·단점의 평가가 상대적일 수밖에 없는 이유도 그 때문이다.

(나) 두 정부형태의 이른바 장 · 단점의 상대성

두 정부형태의 장·단점의 평가는 결국 두 제도의 구조적인 허와 실의 평가이다. 그러나 두 제도의 허와 실은 오랜 헌정 경험을 통해 다분히 상대적인 것으로 나타났다. 주요 기능을 중심으로 평가해 보면 그 상대성이 분명히 표출된다. 즉 i) 대통령제의 장점이고 의원내각제의 단점으로 평가되는 정국 안정의 문제만 해도 의원내각제인 독일처럼 대통령제 못지않게 정국이 안정될 수 있다. ii) 대통령제의 장점으로 강조되는 의회 다수세력의 횡포방지와 소수보호의 문제도 오히려 의원내각제에서 잠재적인 다수인 야당의 보호를 통해서 소수보호가 제도적으로 더 강하게 실현되고 있다. iii) 의원내각제의 장점이고 대통령제의 단점으로 평가되는 능률적인 국정운영과 책임정치의 실현 및 통치권의 민주적 정당성의 강화 등은 임기제로 주기적인 선거를 통해 평화적 정권교체가 보장되는 대통령제에서도 똑같이 실현된다. iv) 의원내각제의 장점이고 대통령제의 단점으로 꼽히는 권력분산으로 인한 국력소모적인 정치투쟁과 정치혼란은 군소정당이 난립한 의원내각제에서 더욱 심하게 나타날 수 있다. v) 의원내각제의 장점이고 대통령제의 단점으로 꼽히는 정국 안정에 이바지하는 상징적인 국가원수의 존재도 극한정치 상황 속에서 그런 상황이 초래된 근본 문제에 대한 정치세력 간의 타협 없이 상징적인 국가원수가 실질적인 중재자 역할을 한다는 것은 이상에 불과하다. vi) 의원내각제의 장점이고 대통령제의 단점으로 평가되는 '인재기용기회의 확대'의 문제도 단명 내각을 상정한 논리라면 몰라도 정당제도가 합리적으로 마련된 정치풍토에서는 두 제도 사이에 큰 차이가 있다고 볼 수 없다.

(다) 두 정부형태의 구조적 우열론의 한계

앞에서 살펴본 것처럼 두 정부형태의 장·단점의 평가는 상대적인 성격을 갖는다. 한 나라의 통치구조에서 정부형태가 차지하는 기능적인 의미 및 다른 제도들과의 기능적인 관련성을 무시하고 정부형태를 하나의 자기목적적인 제도로 생각하는 제도 중심의 사고방식을 바탕으로 한 두 제도의 장·단점에 대한 형식적인 평가는 큰 실익이 없는 일이다. 두 제도는 어느 쪽도 다른 제도에 비해서 구조적·기능적 우수성을 가질 수 없다. 어느 정부형태든 그 제도의 본질적 요소를 존중하고 헌법상의 다른 구조적 원리와 조화할 수 있도록 체계정당성에 따라 제도화하고 운용한다면 큰 차이가 없다. 따라서 합리적인 제도마련에 더 관심을 가지는 일이 두 제도의 우열을 따지는 것보다 훨씬 중요하다.

(4) 절충형 정부형태

(가) 절충형 정부형태의 의의

절충형 정부형태란 대통령제와 의원내각제를 변형했거나 두 제도의 요소를 적절히 혼합한 모든 정부형태의 집합개념이다. 따라서 앞의 두 정부형태와 달리 일정한 제도적 요소를 그 본질로 하는 특정한 유형의 정부형태를 말하는 것은 아니다.

(나) 절충형 정부형태의 다양성과 그 변형의 한계

대통령제와 의원내각제를 변형하거나 두 제도의 요소를 혼합하는 내용에 따라 다양한 형태의 절충형 정부형태가 생길 수 있다. 대통령제와 의원내각제의 발생국인 미국과 영국을 제외한 세계 대다수 국가의 정부형태는 사실상 절충형 정부형태로 분류할 수 있을 정도로 그 유형이 다양하다. 절충형 정부형태는 그 기본이 되는 정부형태가 의원내각제인지 대통령제인지에 따라 **부진정 의원내각제**, **혼합형 의원내각제** 또는 **이원정부제** 그리고 **신대통령제**, **반대통령제** 또는 **공화적 군주제** 등 다양한 이름으로 전해진다. 1919년 독일 바이마르공화국 정부형태가 '부진정 의원내각제' 또는 '이원정부제'의 대표적인 예라면, 1962년 이후의 프랑스 제5공화국의 정부형태는 '신대통령제'의 예이다. 그러나 두 제도를 변형하거나 두 제도의 요소를 혼합하는 데도 일정한 헌법상의 제도적인 한계가 있다. 즉 두 제도의 변형 또는 혼합이 헌법이 요구하는 체계정당성을 크게 벗어나면 그 절충형은 통치기구의 구성원리로서 제 기능을 할 수 없다. 절충형 정부형태가 많은 나라에서 실패하는 이유도 그 때문이다.

(다) 절충형 정부형태의 기본유형과 그 구별기준

절충형 정부형태는 다양하지만 '변형된 대통령제' 내지는 **대통령제 중심의 절충형**과 **변형된 의원내각제** 내지는 **의원내각제 중심의 절충형**의 두 가지가 그 기본유형이라고 할 수 있다. 전자는 대통령제를 중심으로 한 절충형이고, 후자는 의원내각제를 중심으로 한 절충형이다. 절충형의 두 기본유형의 구별이 쉽지 않을 수 있지만, 다음 세 가지 요소를 기준으로 구별하는 것이 비교적 합리적이라고 할 것이다. 즉 i) 국민이 직선한 **민주적 정당성이 강한 국가원수**의 존재 여부, ii) **집행권의 실질적인 담당자**가 대통령인지 수상인지, iii) 입법기관과 집행기관 사이에 조직·활동·기능 면에서 **독립성**과 **의존성**의 어느 쪽이 더 강조되고 있는지 등을 종합적으로 검토하면 대통령제와 의원내각제 중 어느 쪽이 중심인지 구별할 수 있다고 생각한다. 이 기준에 따르면 우리 헌법상의 정부형태는 '대통령제 중심의 절충형' 또는 '변형된 대통령제'라고 분류할 수 있다. 지금의 프랑스 정부형태도 여기에 속한다고 볼 수 있다. 반면에 오스트리아 정부형태는 '의원내각제 중심의 절충형'으로 분류할 수 있다.

3) 우리나라의 정부형태

우리나라가 건국 후 지금까지 채택한 정부형태는 제2공화국(1960)의 **의원내각제**를 제외하고는 거의 모두가 개헌을 유발한 당시 실력자의 집권 의도에 따라 대통령제와 의원내각제 요소를 임의로 혼합한 **대통령제 중심의 절충형** 정부형태였다. 그러나 그 변형 또는 혼합이 체계정당성의 원리에 어긋난 경우가 많아 그 기능에서 적지 않은 문제점이 표출되기도 했다.

(1) 제1공화국의 정부형태

(가) 건국헌법의 정부형태

1948년 건국헌법은 i) 국회에서 선출하는 대통령이 집행권의 실질적인 담당자이고 ii) 대통령의 국무총리 임명에는 국회의 승인을 받도록 하며 iii) 국무총리와 국무위원의 의원직 겸직이 허용되어 이들의 국회 출석 발언권과 법률안 제출권 등 입법절차 관여가 허용되는 등 입법부와 집행부의 조직과 기능상의 의존성이 강조되었다. 그러나 대통령은 선출 모태인 국회에 대한 책임을 지지 않고 입법절차에 관여가 가능한데도 법률안거부권을 주어 국회의 입법기능을 약화했다. 또 대통령은 행정부 수반이고 행정권의 실질적인 담당자인데도 국무총리를 두어 행정부 구조를 2원화한 것은 대통령의 지위를 높이기 위한 불필요한 제도로 볼 수 있다.

그 결과 건국헌법의 정부형태는 대통령제와 의원내각제의 요소를 잘못 혼합해 체계정당성에 결함이 있는 변형된 대통령제라고 평가할 수 있다.

(나) 제1차 개헌(발췌개헌) 후의 정부형태

임기 4년인 대통령의 국민 직선제, 양원제 국회, 국무총리를 둔 행정부 조직의 2원화, 국회의 국무총리와 국무위원에 대한 불신임제도, 대통령의 법률안거부권 등 제1차 개헌 후의 정부형태도 대통령제 중심의 절충형이었다. 그러나 이러한 혼합도 체계정당성에 문제가 있었다. 즉 행정부의 입법관여와 모순되는 대통령의 법률안거부권, 대통령의 국회해산권 없는 국회의 국무총리 등에 대한 불신임권, 대통령직의 성역화를 위한 국무총리제 등이 그것이다.

(다) 제2차 개헌(사사오입개헌) 후의 정부형태

국무총리제의 폐지, 국회의 국무위원에 대한 개별적 불신임제를 도입하면서 내각

연대책임제 폐지, 중요 국정 사안에 대한 국민투표제 도입 등을 내용으로 하는 제2차 개헌 후의 정부형태는 의원내각제의 요소를 줄인 대통령제 중심의 절충형이었다. 국회의 국무위원 불신임제, 입법·집행부의 겸직허용으로 인한 입법참여기회의 보장 등 의원내각제적인 요소가 그대로 남아 있는데도 대통령의 법률안거부권을 그대로 둔 것과 중요 국정 사안에 대한 국민투표제 도입으로 국회의 기능은 여전히 약화했다. 그러나 국무총리제의 폐지로 대통령제의 요소를 강화했다고 볼 수 있다.

(2) 제2공화국의 정부형태

4·19 혁명의 산물인 제2공화국 헌법(1960)은 단명이었지만 우리 **헌정사상 유일한 의원내각제**를 채택했다. 즉 i) 국회를 민의원과 참의원의 양원제로 구성하며, ii) 대통령은 국가원수인 의례적인 지위에도 불구하고 몇 가지 실질적인 권한(국무총리 지명권, 헌법재판소 심판관 임명권, 계엄선포요구 거부권, 위헌정당 해산제소 승인권 등)을 갖는데 양원합동회의에서 선출하고, iii) 국무총리를 비롯한 국무총리가 임면권을 갖는 국무위원(국무원)이 실질적인 집행권을 갖고, iv) 집행부 구성원의 과반수는 반드시 국회의원 중에서 임명해야 하며, v) 국무위원 불신임권은 민의원에 있으나 국무원에도 민의원 해산권을 부여하면서 해산권 행사 사유(불신임의결, 신년도 예산안의 법정 기한 내 미확정, 조약 비준 거부 등)를 제한했다. vi) 그리고 광범위한 헌법재판 기능을 갖는 헌법재판소를 설치했다.

제2공화국의 정부형태는 의원내각제의 본질적 요소인 입법부·집행부의 조직·기능·활동상의 의존성을 비교적 순수하게 수용한 의원내각제 정부형태였지만, 5·16 군사쿠데타로 단명으로 끝났다.

(3) 제3공화국의 정부형태

1961년 5·16 군사쿠데타로 시작한 제3공화국(1962)의 정부형태는 대통령제 중심의 절충형 정부형태로 회귀했다. 즉 i) 행정부 수반인 4년 임기의 대통령은 국민이 직선해서 대통령의 보좌기관인 국무회의의 구성원인 국무총리와 국무위원을 임명하고, ii) 대통령 국정 행위는 국무회의 구성원이 부서하게 하고, iii) 대통령은 탄핵소추 이외에는 정치적 책임을 지지 않으며, iii) 행정부의 법률안 제출권 등 입법과정 참여기회 보장에도 불구하고 대통령은 법률안거부권을 갖고, iv) 대통령은 계엄선포권·긴급명령·긴급재정경제명령권을 가지고, iv) 부통령제를 두지 않고 국무총리가 대통령 유고 시에 그 권한을 대행하되, 잔여임기가 2년 미만이면 국회에서 간접 선거하는 대통령이 잔여임기를 채우게 했다. v) 국회는 단원제이며 기속력이 없는 국무원 구성원에 대한 해임건의권을 갖고, vi) 국회의원의 필수적인 정당 공천제와 당적 이탈·변경 시 및 소속 정당 해산 시의 의원직 상실 등 정당 국가적 요소를 처음으로 도입했다. vii) 1969년의 개헌(제6차개헌) 후에는 국무회의 구성원의 의원직 겸직이 예외적으로 허용되었다.

제3공화국 정부형태는 대통령제의 요소가 강하지만 정부의 입법 관여권, 국회의 해임 건의권, 국회의 예외적인 대통령 선출권, 겸직 허용 등 의원내각제의 요소도 함께 포함된 대통령제 중심의 절충형이었다. 그러나 대통령의 법률안거부권 등 강력한 입법부 견제권과 달리 국회는 기속력 없는 해임건의권만 갖게 되어 권력의 중심이 대통령으로 많이 기울었다. 그래서 신대통령제에 가까운 절충형으로 평가할 수도 있을 것이다.

(4) 제4공화국의 정부형태

1972년 이른바 '유신헌법'으로 탄생한 제4공화국의 정부형태는 우리 헌정사상 대통령의 지위와 권한을 가장 강화한 정부형태였다. 즉 i) 국가원수이며 행정권의 수반인 임기 6년의 대통령을 '통일주체국민회의'라는 국민 대표기구에서 간접 선출하고, ii) 국회의 탄핵소추로만 정치적 책임을 지며, iii) 국무총리와 국무위원을 임명해서 대통령 보좌기구인 국무회의를 구성해서 중요 국정을 심의하고, iv) 대통령이 국회의 동의를 받아 임명하는 국무총리와 국무총리의 제청으로 임명하는 국무위원은 국회의원을 겸할 수 있으며, v) 대통령은 국회의원 1/3을 통일주체국민회의에 추천해서 선출하게 하고, vi) 정부의 입법 참여기회의 보장에도 대통령은 법률안거부권을 가지며, vii) 대통령은 임의로 국회를 해산할 수 있고, viii) 대통령에게 통상적인 국가긴급권에 더하여 예방적인 긴급조치권을 주며, ix) 대통령에게 중요 국정 사안에 대한 국민투표 부의권을 주는 동시에 대통령이 발의한 헌법개정안은 반드시 국민투표로만 확정하게 하면서도 국회가 발의한 개헌안은 통일주체국민회에에서 의결하도록 했고, x) 대통령은 국회의 동의를 얻어 대법원장을 임명하고 대법원장의 제청으로 기타 법관도 임명하며 헌법위원회 위원 1/3인 3인의 위원도 임명하게 했다.

제4공화국의 정부형태에서 대통령의 지위와 권한이 월등히 강하다는 이유로 다양한 평가가 있지만 역시 대통령제 중심의 절충형의 범위를 벗어날 수 없다고 할 것이다. 다만 대통령제 요소가 의원내각제 요소보다 훨씬 큰 비중을 차지하고 있을 따름이다. 그러나 제4공화국의 정부형태는 체계정당성에 어긋나는 많은 내용을 담고 있다. 대표적으로 i) 간접 선출되는 대통령의 민주적 정당성에 비례하지 않은 많은 대통령의 권한, ii) 대통령의 국회의원 1/3 추천권, iii) 대통령의 자의적인 국회해산권, iii) 사실상 대통령의 어용 기관의 성격을 갖는 '통일주체국민회의'라는 생소한 기구를 통한 국회 무력화, iv) 대통령의 국회의원 추천권을 통한 국회 지배의 현실화로 대통령의 유일한 통제장치인 탄핵제도의 무력화 등이다. 이러한 여러 가지 문제점이 있는 제4공화국 정부형태는 특히 대통령의 국회의원 추천권과 임의적 국회해산권 등 입법부와 행정부의 독립성보다 의존성이 커서 대통령제로만 평가하기는 어렵다.

(5) 제5공화국의 정부형태

1979년 12·12 사태로 시작된 단계적 군사쿠데타로 1980년에 탄생한 제5공화국 정부형태는 1987년 대통령 직선제 개헌 전과 후(이른바 제6공화국)에 차이가 있다.

즉 i) 임기 7년의 대통령은 대통령선거인단에서 간접 선거하는데 탄핵소추 외에는 책임을 지지 않는다. ii) 대통령의 보좌기관으로 심의권만 갖는 국무회의의 구성원인 국무총리는 국회의 동의를 얻어 대통령이 임명하고 국무위원은 국무총리의 제청을 받아 임명한다. iii) 대통령의 국정 행위는 국무총리와 관계 국무위원의 부서가 있어야 한다. iv) 국무위원의 의원직 겸직이 허용된다. v) 국회는 국무위원에 대한 개별적인 해임의결권을 갖는데 국무총리에 대한 해임의결은 전 국무위원의 연대책임을 초래한다. vi) 정부의 입법 관여 기회 보장에도 불구하고 대통령은 법률안거부권을 갖는다. vii) 대통령은 제한적이지만 국회해산권을 갖는다. viii) 대통령은 국가긴급권, 헌법개정 발의권 및 중요정책에 대한 국민투표 회부권을 갖는다. ix) 대통령은 국회의 동의를 얻어 대법원장을 임명하고 대법원장의 제청으로 대법원 판사를 임명한다. x) 헌법위원회를 설치해서 헌법재판(법률의 위헌결정, 탄핵심판, 위헌정당 해산결정)을 맡기는데 대통령은 헌법위원회 위원 1/3인 3인을 임명한다.

제5공화국의 정부형태는 대통령제의 요소가 의원내각제 요소보다 많이 포함된 대통령제 중심의 절충형이라고 평가할 수 있다. 그러나 체계정당성에 어긋나는 요소들이 많다는 문제점은 피할 수 없다. 특히 i) 간접 선거하는 대통령의 민주적 정당성과 비례하지 않는 불균형한 대통령의 많은 권한, ii) 대통령직의 성역화를 위한 집행부 구조의 2원화, iii) 대통령의 국회해산권과 국회의 집행부 해임의결권과의 부조화, iv) 지나치게 엄격한 대통령의 탄핵소추절차와 탄핵심판기관인 헌법위원회 위원 1/3의 임명권으로 인한 대통령 견제 장치의 유명무실화 등이다.

(6) 제6공화국의 정부형태

(가) 제도의 내용

1987년 '6월항쟁'으로 탄생한 지금의 정부형태는 대통령 직선제와 단임제 등 제5공화국의 정부형태와는 다른 점도 있으나 대통령제 중심의 절충형이라는 점에서는 차이가 없다.

현행 헌법의 정부형태가 갖는 특징적인 요소는 다음과 같다. 즉 i) 국가의 원수이며 행정부의 수반인 대통령은 임기 5년으로 국민이 상대다수대표선거제로 직선하는데 최고득표자가 2인 이상이면 국회에서 그 재적의원 과반수가 출석한 공개 회의에서 다수결로 당선자를 결정한다(제66조 제1항, 제4항, 제67조 제1항, 제2항, 제4항, 제70조). ii) 대통령은 국회의 탄핵소추를 받지 않는 한 아무런 정치적 책임도 지지 않는다(제65조). iii) 대통령은 국가긴급권, 헌법개정발의권, 중요정책에 대한 국민투표부의권 등 통치적인 권한을 갖는 국정의 최고책임자이다(제66조 제1항, 제72조, 제76조, 제77조, 제128조 제1항). iii) 대통령 궐위 시에는 국무총리 또는 국무위원이 그 권한을 대행하는데 60일 이내에 그 후임자를 선거한다(제68조 제2항, 제71조). iv) 국무회의는 최고의 국정 심의기관인데 대통령과 국무총리 및 국무위원으로 구성하고, 국무총리는 국회의 동의를 얻어 대통령이 임명하고 국무위원은 그의 제청으로 대통령이 임명하는데, 국무회의는 의결권이 없이 단순히 대통령을 보좌하는 심의기관이다(제86조-제89조). iv) 대통령의 국법상 행위는 국무총리와 관계 국무위원의 부서가 있어야 한다(제82조). v) 국무위원은 국회의원직을 겸할 수 있다(제43조, 국회법 제29조). vi) 국회는 국무총리와 국무위원의 해임건의권을 갖는다(제63조). vii) 정부는 법률안 제출권과 국회 출석 발언권을 갖는데 대통령은 법률안거부권도 갖는다(제52조, 제53조, 제62조, 제81조). viii) 국회는 국정조사권과 국정감사권을 갖는다(제61조). ix) 최고법원인 대법원은 대법원장과 대법관으로 구성하고 대법원장은 국회의 동의를 얻어, 그리고 대법관은 대법원장의 제청으로 역시 국회의 동의를 얻어 대통령이 임명한다(제104조 제1항, 제2항). x) 헌법재판을 위한 헌법재판소를 설치하는데 헌법재판소의 장은 대통령이 국회의 동의를 얻어 재판관 중에서 임명하고, 재판관 9인도 대통령이 임명하나 국회와 대법원장은 각 3인의 선출권 또는 지명권을 갖는다(제111조 제2항-제4항).

(나) 평가와 문제점

(a) 평가

지금의 정부형태는 대통령을 직선하게 해서 민주적 정당성을 강화했고, 대통령의 국회해산권과 국회의 국무위원 불신임권을 폐지하는 등 대통령제의 요소를 강화하고 있다. 그러나 의원내각제의 요소도 여전히 포함하고 있다. 즉 i) 정부의 입법 참여기회 보장, ii) 국무위원의 국회의원직 겸직 허용, iii) 국회의 국무총리와 국무위원에 대한 해임건의권, iii) 예외적인 경우이지만 국회의 대통령 결선권 등 입법부와 집행부의 조직·기능상의 의존성이 완전히 사라진 것은 아니다. 따라서 지금의 정부형태도 대통령제 중심의 절충형으로 평가할 수 있다.

(b) 문제점

① 대통령의 상대다수대표선거제도

대통령은 우리 헌법상 많은 권한을 가지고 있으므로 그에 비례하는 강력한 민주적 정당성이 필요하다. 그래서 대통령을 직선하는 대부분의 나라에서는 결선투표를 거치더라도 절대다수대표선거제도로 대통령을 선거하고 있다. 상대다수대표선거제도로는 단순 다수결로 대통령을 선거하므로 국민 과반수의 지지를 받지 못하는 대통령이 탄생할 가능성이 크다. 우리 역대 대통령 선거에서 박근혜 대통령을 제외하고는 모든 대통령이 소수만을 대표하는 대통령이었다. 또 상대다수대표선거제도로 대통령을 뽑다 보니 최고 득표자가 둘 이상인 경우가 생길 수 있으므로 국회에서 대통령을 결선하게 함으로써 대통령 선거가 마치 의원내각제의 수상선거와 같은 의미를 갖게 되었다. 따라서 대통령선거제도를 민주주의 선진국처럼 하루속히 **절대다수대표선거제도**로 바꾸어 대통령의 민주적 정당성을 강화해야 한다.

② 대통령의 단임제

지금의 대통령 5년 단임제는 현 헌법이 탄생한 1987년의 시대 상황과 역사성을 반영한 제도이지만 대의제도의 이념과 조화하기 어렵다. 대통령을 국민이 선거해서 막강한 권한을 부여하는 경우 국민은 대통령의 임기 말에 적어도 한 번의 심판 기회를 보장받아야 하는 것이 '신임'과 '책임'을 본질로 하는 대의제도의 당위적인 요청이다. 그러나 단임제는 국민에게 그런 심판의 기회를 주지 않고 있다. 그 결과 국민은 대통령을 뽑아 그의 권력 행사에 신임을 주었지만, 대통령이 신임을 배반하지 않고 국민을 위해서 권력을 행사했는지 책임을 추궁할 기회가 없게 되었다. 대다수 민주주의 선진국에서 직선 대통령의 중임 가능성을 열어 놓아 국민에게 심판의 기회를 보장하는 것도 그 때문이다. 대의민주주의 통치 형태에서 민주적 정당성의 신진대사는 매우 중요하다. 따라서 이제는 **대통령 중임제**로 바꾸어 대통령의 민주적 정당성의 신진대사가 가능하게 해야 한다.

③ 부통령제의 결여

대통령을 직선해서 강력한 민주적 정당성을 부여하고 그에 비례하는 강력한 권한을 행사하게 하는 정부형태에서는 대통령 궐위 시에 대비해 강력한 민주적 정당성을 가진 권한 대행자를 두어야 한다. 대통령 선거할 때 대통령의 권한을 대행할 부통령을 함께 선거하는 것은 그래서 필요하다. 우리는 국민이 뽑는 부통령 대신 국회의 동의를 얻어 대통령이 임명하는 국무총리 또는 국무총리의 제청으로 대통령이 임명하는 국무위원이 대통령 궐위 시에 그 권한을 대행하게 했다. 그러나 국무총리와 국무위원의 민주적 정당성은 직선한 대통령의 민주적 정당성과는 큰 차이가 있으므로 대통령의 권한을 대행하는 것은 문제가 있다. 민주적 정당성의 크기와 행사하는 권한 사이에는 비례관계가 유지되어야 한다는 민주적 정당성의 원리에 어긋나기 때문이다. **부통령제의 도입**이 꼭 필요하다.

④ 입법부와 집행부의 견제장치의 불균형

우리 정부형태에서 국회는 국무총리, 대법원장, 헌법재판소장, 대법관, 감사원장 등 중요 헌법기관의 임명에 동의권, 대통령 등 고위 공직자에 대한 탄핵소추권, 국정감사 및 조사권, 국무위원에 대한 해임건의권 등 다양한 집행부 견제수단을 가지고 있다. 그러나 대통령은 법률안거부권 외에는 국회를 효율적으로 견제할 방법이 없다. 특히 대통령과 국회의원의 차등 임기제로 대통령과 국회의원의 선거 시기가 달라 여소야대 국회가 탄생하는 경우 대통령의 정책수행은 거의 불가능한 상황이 생길 수도 있다. 이런 현상은 국민이 직선한 대통령에게 부여한 강력한 민주적 정당성의 관점에서 용납하기 어려운 문제이다. 더욱이 국회의 세력분포가 여소야대인 상황에서 실시된 대통령 선거에서 여당 소속 대통령이 뽑히면 **민주적 정당성**(**민의**)**의 신진대사**의 관점에서 대통령이 확보한 민주적 정당성이 야당의 민주적 정당성보다 더 크고 새롭다고 볼 수 있다. 이런 때에도 몇 년 전에 부여받은 민주적 정당성을 갖는 야당이 새롭게 민주적 정당성을 확보한 최신의 민주적 정당성을 무시하고 국회를 지배하는데도 마땅한 견제수단이 없다는 것은 책임정치와 민주적 정당성의 신진대사의 원리에 비추어 국민이익에 역행하는 것이다. 미국 프랑스처럼 대통령도 국익을 위해서 꼭 필요하면 **행정명령권**으로 국회를 견제할 수 있도록 하거나 국회해산권을 주어야 한다.

⑤ 헌법재판소 구성과 기능의 취약성

우리 헌법재판소는 기능적 권력 통제의 관점에서 입법·행정·사법권을 모두 통제하는 가장 강력한 권력 통제기관이다. 그래서 헌법재판소가 수행하는 권력 통제가 실효성을 가지려면 그 권한에 비례하는 민주적 정당성을 갖도록 헌법재판소를 구성해야 한다. 그런데 대통령, 국회, 대법원장이 각 3인씩 추천하는 9명의 재판관으로 구성하는 지금의 헌법제판소는 민주적 정당성이 매우 취약하다. 헌법재판소장의 임명에만 국회의 동의가 필요할 뿐이어서 그 구성원을 모두 국회의 동의를 얻어 임명하는 대법원보다도 민주적 정당성이 더 취약하다. 특히 헌법재판소장과 같은 방법으로 임명되는 대법원장이 헌법재판소 재판관 3인의 지명권을 갖고 헌법재판소 구성에 관여하는 것은 통제의 대상기관이 스스로 통제자를 정하는 것이어서 '누구도 자기 자신의 심판관이 될 수 없고 심판관을 정할 수도 없다'는 기초적인 법원리에 어긋난다. 헌법재판소의 재판관은 9인 모두를 국회에서 각 교섭단체의 의석 비율로 가중 다수결로 선거하게 바꾸어 소수도 동의할 수 있는 중립적인 인물이 헌법재판관으로 임명되도록 해야 헌법재판소의 **민주적 정당성이 강화**된다. 또 헌법재판소의 기능적인 연속성을 위해서 재판관은 시차를 두고 3인씩 교체될 수 있도록 **임기제도**도 바꿔야 한다.

그리고 헌법이 부여한 헌법재판소의 다섯 가지 통제기능 가운데 헌법소원을 법률이 정하게 법률유보에 위임함에 따라 재판소원을 배제하는 기형적인 헌법소원제도가 탄생했다. 그 결과 행정권에 의해서 권리침해를 받은 국민은 먼저 행정소송으로 권리구제를 받으라고 해놓고 행정소송에서 권리구제를 받지 못했을 때는 더는 법원의 재판을 다툴 방법이 없도록 만들어 헌법소원 제도의 취지에 어긋나는 결과를 초래한다. 헌법재판제도의 선진국이고 우리 헌법재판제도의 표본이 된 독일처럼 **재판소원**을 허용하는 방향으로 법을 고쳐야 한다.

4. 선거제도

국민이 주권자인 민주국가에서 국민은 선거를 통해서 통치기관을 구성하고 통치기관이 민주적 정당성을 갖도록 함으로써 통치권의 창설과 그 행사가 국민의 정치적인 공감대에 귀착하도록 하는 통치기구의 조직원리가 선거제도이다. 따라서 선거제도는 현대 자유민주국가 통치구조의 필수 불가결한 조직원리인 동시에 기능적인 전제조건이다. 국민주권의 현대적인 실현형태인 대의제도는 선거를 통해서만 실현할 수 있는 통치기관의 구성원리이어서 선거 없는 대의제도는 존재할 수 없다. 그리고 선거제도는 국민이 갖는 참정권의 실현과도 불가분의 관련이 있다. 그래서 참정권이 최대한으로 보장되고 실현될 수 있는 선거제도를 마련해야 한다. 선거법의 다섯 가지 기본원리인 '보통'·'평등'·'직접'·'비밀'·'자유'선거의 원칙을 선거제도의 마련에서 충실하게 실현해야 하는 이유도 그 때문이다.

1) 선거제도의 의의와 기능

(1) 선거의 의의와 유형

(가) 선거의 의의

선거는 선거인이 여러 후보자 중에서 법이 정한 선거 절차에 따라 특정인을 대표자로 뽑는 행위이다. 선거는 국민이 대의기관을 구성해서 민주적 정당성을 갖는 통치기관을 통해서 대의민주주의를 실현하는 수단이다. 선거는 주권자인 국민이 통치기관의 책임을 묻고 통제할 수 있는 가장 효과적인 방법이다. 그러나 선거가 처음부터 자유민주적 기능을 갖게 된 것은 아니다. 즉 오늘과 같은 보통·평등·직접·비밀·자유 선거제도가 확립되기 전에는 선거는 단순히 기관구성의 한 방법으로 기능했을 뿐이다. 오늘에 와서도 공산국가를 비롯한 전체주의 국가에서 행해지는 선거는 대의민주주의 이념의 실현보다는 '기관구성의 한 기술'의 의미와 기능을 가질 따름이다.

(나) 선거의 유형

선거에는 세 가지 유형이 있는데 **경쟁적 선거**와 **비경쟁적 선거** 그리고 **반경쟁적 선거**가 그것이다. 그 구별의 기준은 선거에서 **선택의 가능성**과 **선거의 자유**가 보장되는지 그리고 얼마나 보장되고 있는 지이다. '선택의 가능성'과 '선거의 자유'를 완전히 보장하는 선거가 경쟁적 선거라면 그러한 보장이 전혀 없는 선거는 비경쟁적 선거이다. 그리고 '선택의 가능성'과 '선거의 자유'를 제한적으로만 보장해서 여러 가지 제한이 따르는 선거는 반경쟁적 선거이다. 그래서 선거제도와 정치체제는 상호 불가분의 연관성을 갖는다.

(2) 선거의 의미와 기능

(가) 선거의 의미

(a) 자유민주주의 통치 질서에서의 선거의 의미

자유민주주의 통치 질서에서는 **경쟁적 선거**가 통치권의 기초인 동시에 그 민주적 정당성의 근거를 의미한다. 따라서 통치권의 담당자가 선거로 결정된다. 나아가 자유민주주의 통치질서에서 선거는 국민이 정치형성과정에 참여하는 가장 본질적인 수단이라는 의미를 갖는다. 국민은 헌법이 보장하는 정치적 기본권을 통해서 정치형성과정에 영향을 미칠 수도 있고 지속적인 국민투표적 기능을 갖는 input를 통해서도 정치참여가 가능하다. 그렇지만 참정권의 행사에 속하는 선거는 가장 직접적이고 효과적인 정치참여 수단이다.

(b) 사회주의 체제에서의 선거의 의미

사회주의 국가의 선거는 **비경쟁적 선거**로서 통치권 행사의 수단 내지는 도구로서의 의미를 갖는다. 따라서 선거는 통치권 행사의 근거 내지 정당성과는 무관하다. 사회주의 국가에서 공산당의 통치권은 선거에서 나오는 게 아니다. 공산당의 통치권은 '마르크스' '레닌주의' 이념에 따라 사회발전의 객관적 법칙의 필연성에 근거한 역사적인 사명 내지는 과제이다. 따라서 노동자·농민계급을 주축으로 하는 공산당의 통치는 역사적인 필연을 뜻한다. 사회주의 국가의 선거는 공산당과 국가기관의 절대적인 통제 속에서 실시되는 형식적인 의미를 가질 뿐이다.

(c) 권위주의 체제에서의 선거의 의미

권위주의 체제의 선거는 **반경쟁적 선거**로서 현존하는 통치권의 정당성을 과시하는 수단이라는 의미를 갖는다. 그 결과 선거로 통치권 담당자를 교체하는 결과를 기대할 수 없다. 전체주의 체제에서의 선거와 다른 점은 선거에서 야당의 설립과 선거 참여가 허용된다는 점이다. 그러나 야당 활동에 대한 감시가 심하고 선거운동에 많은 제약이 따라 야당이 집권 세력과 경쟁하는데 한계가 있을 수밖에 없다. 그렇지만 선거가 전혀 정치적 효과를 나타내지 못하는 것은 아니다. 제약된 선거운동 속에서도 야당이 많은 국민의 선택을 받는 경우 정권에 대한 경고적인 의미를 가질 수 있기 때문이다.

(나) 선거의 기능

(a) 경쟁적 선거의 기능

같은 경쟁적 선거라도 사회구조, 정치·정당제도 등에 따라 그 기능이 다 같을 수는 없다. 그렇지만 선거의 세 가지 기능, 즉 **신임의 부여**, **대의기관의 구성**, 그리고 **정**

치적 통제 기능을 갖는 점은 같다. 다만 선거 당시의 사회구조, 정치 · 정당제도에 따라 세 가지 선거의 기능이 각각 다른 비율로 나타나는 정도의 차이가 있을 따름이다. 즉 동질적 요소의 일원적인 사회구조에서는 선거는 '신임의 획득'을 위한 정책투쟁을 유도하는 기능을 갖는다. 반면에 이질적인 다원적 · 복합적 사회구조에서는 여러 이질적 집단의 정치적인 대의를 실현한다는 기능을 갖는다. 또 정당제도도 선거의 기능에 영향을 미친다. 즉 양대 정당제도에서는 다수당이 되어 통치권을 갖기 위한 경쟁적 기능이 강하게 나타나지만, 소수의 군소정당이 난립한 정당구도에서는 선거가 정권 획득보다는 득표율 경쟁에서 득표율을 높이기 위한 정당 사이의 경쟁의 광장으로 기능하게 된다. 그러나 경쟁적 선거는 언제나 통치권 행사를 민주적으로 정당화하는 기능을 갖는다.

(b) 비경쟁적 선거의 기능

사회주의 국가의 비경쟁적 선거는 다음 네 가지 기능을 갖는다. 즉 i) 모든 사회세력을 사회주의 실현에 동원하는 기능, ii) 공산주의 정책의 기준과 내용을 분명히 밝히는 기능, iii) 사회주의 이념에 따라 국민의 정치적 · 사상적 통일성을 강화하는 기능, iv) 공산당 입후보자에 대한 투표를 통해서 모든 근로 계층과 공산당의 단결과 단합을 입증하고 확인하는 기능 등이다.

(c) 반경쟁적 선거의 기능

권위주의 체제는 그 자체가 다양한 유형을 포괄하는 개념이어서 반경쟁적 선거제도도 다양하다. 그렇지만 그 선거의 기능은 대체로 유사하다고 할 것이다. 즉 i) 집권세력의 정치적 정당성을 확보해서 체제안정을 추구하고, ii) 국내정치적인 긴장을 완화하며, iii) 국제적인 평판과 지위를 높이고, iv) 야당을 가시적으로 표출시키는 기능 등이 그것이다.

2) 민주적 선거법의 기본원칙

자유 민주국가에서의 선거는 '선택의 가능성'과 '선거의 자유'가 필수적이므로 모든 선거 과정에서 국가권력은 정치적인 중립을 지키고 선거참여자와 정당은 균등한 지위와 기회를 보장받아야 한다. 그래서 대부분의 자유민주국가는 헌법과 법률로 이런 요청을 실현하기 위한 선거법의 기본원칙을 정하고 있다. **보통 · 평등 · 직접 · 비밀 · 자유 선거**의 원칙이 바로 그것이다. 이 원칙에 따라 행해지는 선거는 통치권의 민주적 정당성을 확보하는 필수적인 수단이므로 국민의 정치적 의사 표현의 자유와 함께 자유민주적 통치질서의 기본적인 전제조건이다. 그 결과 비록 기본권의 형식으로 보장하지 않더라도 **기본권적인 성격**을 갖는 주관적 공권의 효력을 갖고 국가권력을 기속한다. 국가는 선거제도의 마련에서 이 5대 기본원칙을 반드시 존중해야 할 의무를 갖는다.

(1) 보통선거의 원칙

보통선거란 **제한선거**의 반대개념으로서 모든 국민이 선거권과 피선거권을 가진다는 평등사상의 선거법상의 실현원리이다. 따라서 성별 · 인종 · 언어 · 재산액 · 직업 · 사회적 신분 · 교육 수준 · 종교 · 정치적 소신 · 신체장애 등에 의한 선거권과 피선거권의 제한은 허용되지 않는다. 그러나 국적 · 나이 · 거주지 · 법률상의 행위능력 · 자격정지 등 법률이 정하는 합리적이고 불가피한 기준에 의한 선거권과 피선거권의 제한은 가능하다. 헌법재판소는 과다한 기탁금 규정을 통한 피선거권의 제한은 보통 · 평등선거의 원칙에 어긋나지만,[1] 선거권의 연령을 19세(현재는 18세)로 정한 것은 보통선거의 원칙을 어긴 것이 아니라고[2] 결정했다.

(2) 평등선거의 원칙

평등선거의 원칙은 **불평등선거**의 반대개념으로 투표가치의 평등과 선거참여자의 기회균등을 그 내용으로 한다. 첫째, 모든 사람의 투표는 같은 산술적 · 성과가치로 평가해야 한다. 즉 모든 선거인의 투표는 그 **산술적 계산 가치**와 **성과가치가 평등**해야 한다. 투표자가 누구든 한 표는 한 표로 계산해야 하고 한 표는 모두 같은 성과를 가져올 수 있어야 한다(one man, one vote, one value). 특히 투표의 성과가치의 평등을 실현하기 위해서는 선거구의 분할에서 **선거구 간의 인구 편차**가 최소화하도록 정해야 하고, 의석 배분 방법을 정할 때도 정략적인 배분 방법을 배제해야 한다.

둘째, 선거에서 모든 선거참여자와 정당은 균등한 기회를 가질 수 있게 공권력은 정치적인 중립을 지켜야 한다. 무소속 후보자에 대한 차별대우도 허용되지 않는다. 헌법재판소는 무소속 후보자에게도 선거운동에서 균등한 기회를 보장해야 하고[3] 정당추천 후보자와 무소속 후보자의 기탁금에 차등을 둔 것은 보통 · 평등선거원칙에 위반

---

1) 헌재결 1989. 9. 8. 88헌가6; 헌재결 1991. 3. 11. 91헌마21 참조.
2) 헌재결 2013. 7. 25. 2012헌마174 참조.
3) 헌재결 1992. 3. 13. 92헌마37 · 39 참조.

한다고 결정했다.[1] 그러나 공권력이 합리적인 이유와 기준에 따라 정당을 차별하는 것은 허용된다. 예컨대 국회의원 선거의 입후보에 일정 수의 선거인의 추천을 받도록 하고, 군소정당의 난립 방지의 목적으로 일정한 비율의 득표정당에만 비례의석을 배분하며 선거 운동경비를 보상하는 것, 일정 수 이상의 득표를 하지 못한 후보자의 기탁금을 국고에 귀속시키는 등은 기회균등에 위배하지 않는다. 헌법재판소도 기탁금 국고귀속에 대해서 같은 취지의 결정을 했다.[2]

(3) 직접선거의 원칙

직접선거란 **간접선거**의 반대개념으로서 선거인 스스로가 직접 대의기관을 선출하는 것을 말한다. 그 결과 선거인과 대의기관 사이에는 직접적인 신임과 위임관계가 성립한다. 따라서 선거인이 투표로 특정인 또는 특정 정당에 신임과 위임을 하기 전에 모든 법적·정치적 투표영향 행위가 미리 완결되어야 한다. 선거인의 투표 후에 비례대표의 정당명부의 순위 또는 후보자를 바꾸는 행위는 직접선거의 원칙에 어긋난다. 또 선거인이 투표할 때 신임과 위임의 대상 후보자를 모른 채 투표하게 하는 선거제도도 직접선거의 원칙에 어긋난다. 난수표 같은 의석배분 방법으로 투표자의 투표가 어떤 결과를 가져올는지 모른 채 투표하게 하는 선거제도도 직접선거의 원칙에 위배된다.

(4) 비밀선거의 원칙

비밀선거란 **공개선거** 또는 공개투표의 반대개념으로서 투표로 표시하는 선거인의 의사결정이 타인에게 알려지지 않도록 하는 선거를 말한다. 비밀선거의 원칙은 타인이 투표의 공개를 요구하는 것뿐 아니라 투표인 스스로 투표를 공개하는 것도 금지한다. 그러나 투표의 비밀을 해치지 않는 범위 내에서 행하는 **출구조사**는 허용된다. 비밀선거는 대부분 철저한 선거 준비와 선거관리 업무에 의해서 실현된다. 선거업무를 일반행정과는 별도의 독립한 기구에 맡겨 선거관리의 전문성을 높이는 이유도 그 때문이다. 헌법재판소는 신체장애로 혼자 기표할 수 없는 선거인은 그 가족 또는 본인이 지명한 2인을 동반하여 투표를 도울 수 있도록 정한 선거법 규정은 중증 장애인의 선거권 보장과 선거의 공정성 확보를 위한 불가피한 예외적인 경우로서 비밀선거의

---

1) 헌재결 1989. 9. 8. 88헌가6 참조.
2) 헌재결 1995. 5. 25. 92헌마269 등 참조.

원칙에 반하지 않는다고 결정했다.[1)]

(5) 자유선거의 원칙

자유선거란 **강제선거**의 반대개념으로서 선거인이 외부의 어떤 강제나 간섭 없이 자신의 의사에 따라 자유롭게 선거권을 행사할 수 있는 것을 말한다. 자유선거의 원칙은 선거의 내용뿐 아니라 선거의 여부까지도 선거인의 자유로운 결정에 맡겨야 한다. 따라서 법률로 **선거의무**를 정하는 것은 허용할 수 없다. 자유선거의 원칙은 우리 헌법에 명문 규정은 없으나 나머지 선거법의 기본원칙이 규정된 이상 당연히 그 속에 포함된다고 할 것이다. 헌법재판소도 같은 관점에서 자유선거의 원칙은 민주국가 선거원리에 내재하는 법원리로서 투표의 자유, 입후보의 자유, 선거운동의 자유 등이 포함된다고 판시했다.[2)]

3) 선거제도의 유형

선거제도는 크게 **다수대표선거제**와 **비례대표선거제**의 두 유형으로 나눈다. 그러나 다수대표선거제도와 비례대표선거제도를 병용하는 선거제도도 있다. 어떤 선거제도를 채택하느냐에 따라 정당제도와 정치질서가 큰 영향을 받는다.

(1) 다수대표선거제도

(가) 다수대표선거제도의 의의와 제도적 장 · 단점

(a) 다수대표선거제도의 의의

다수대표선거제도는 다수결원리의 선거제도상의 실현원리로서 여러 후보자 중에서 선거인으로부터 더 많은 표를 얻은 사람을 당선자로 결정하는 선거제도이다. 역사적으로 가장 오래된 선거제도이다. 영미법의 영향을 받는 미국, 영국, 캐나다, 프랑스 등에서 시행하고 있다.

(b) 다수대표선거제도의 유형

다수대표선거제도는 다시 **절대다수대표선거제도**와 **상대다수대표선거제도**로 나눌 수 있다. 전자는 유효투표의 과반수 이상의 득표자만을 당선자로 정하므로 첫 번째 투표 결과 당선자가 없으면 최다득표자와 차점자에 대한 제2차 결선투표를 통해서 당선자

---

1) 헌재결 2020. 5. 27. 2017헌마867 참조.
2) 헌재결 1999. 9. 16. 99헌바5 참조.

를 결정한다. 후자는 후보자 중에서 가장 많은 득표를 한 사람을 당선자로 결정한다.

(c) 다수대표선거제도의 장 · 단점

일반적으로 이 선거제도의 장점으로 다음과 같은 것을 꼽는다. 즉 i) 소선거구제의 경우 비례대표선거제에 비해서 선거인과 대표자 간의 **인간적인 유대관계** 형성에 유리하다. ii) **양당제도의 확립**과 다수세력의 형성에 유리하다. 반면에 단점으로 지적되는 사항은 세 가지다. 즉 i) 선거결과에 큰 영향을 미치는 선거구 분할에서 자의적인 분할기준을 적용해서 선거구 간의 인구 편차가 큰 경우에는 **투표가치의 불평등**이 발생한다. ii) 낙선한 후보자들의 표는 모두가 사표가 되어 대의기관의 구성에 전혀 반영하지 않으므로 정치적인 의사결정 과정에서 **소수세력이 소외**된다. iii) 정당의 득표율과 그 확보 의석수 사이에 정비례 관계가 성립하지 않고 '표에서는 이기고 의석수에서는 지는' 결과(Bias현상)가 초래되어 국민의 정치적 의사를 왜곡해서 대의기관의 구성에 반영하는 비민주적인 현상이 생길 수 있다. 예컨대 2024년 국회의원 총선거 결과 더불어민주당과 국민의 힘의 지역구 득표율 차이는 5.4%에 불과하지만 의석수에서는 71석의 차이가 나 득표율과 의석수가 비례하지 않아 민의의 왜곡 현상이 나타난다.

(나) 다수대표선거제도와 선거구의 분할

(a) 선거구 분할의 중요성

다수대표선거제도는 합리적인 선거구의 획정 · 분할을 통해서만 평등선거와 대의의 이념을 실현할 수 있다. 즉 평등선거의 원칙에 따라 투표가치의 평등과 비례적인 대의가 실현될 수 있도록 선거구 간의 **인구 편차**가 크지 않도록 분할하는 것이 매우 중요하다. 헌법재판소도 선거구분할에서 지역 대표성보다는 인구비례의 원칙과 투표가치의 평등이 더 중요하다고 강조하면서 국회의원 선거구 간의 **인구비율이 2 : 1**을 넘게 선거구를 분할하는 것은 지나친 투표가치의 불평등을 야기하는 것으로 위헌이라고 결정했다.[1)]

(b) 선거구 간의 인구편차

선거구는 현실적으로 행정구역에 따라 분할할 수밖에 없어 선거구 간의 인구편차가 생길 수밖에 없다. 그리고 지역적 행정단위의 인구수도 인구이동으로 매년 달라질 수 있다. 그래서 선거구의 인구변동상황을 적시에 반영할 수 있는 선거구 분할 및 조정 제도를 마련해야 한다. 민주주의 선진국에서 정기적으로 선거구를 합리적으로 분

1) 헌재결 2014. 10. 30. 2012헌마190 참조.

할 · 조정하기 위한 **독립한 선거구획정기구**를 두는 것도 그 때문이다. 우리나라도 중앙선거관리위원회 소속으로 독립한 국회의원지역구획정위원회를 두고 있지만(선거법 제24조, 제24조의2, 제24조의3, 부칙 제2조) 아직 국회의 영향에서 벗어나지 못해 제대로 기능을 하지 못하고 있다.

(c) 정략적 · 자의적 선거구 분할의 대명사 Gerrymandering

선거구를 분할할 때 정략적인 이유로 특정인 또는 특정 정당에 유리하게 자의적으로 선거구를 획정하는 것을 Gerrymandering이라고 한다. 게리맨더링은 선거 결과를 조작하는 효과 때문에 다수세력이 이용하려는 유혹에 빠지기도 하지만, 공정한 대의의 실현에는 역행하는 일이어서 허용할 수 없다. 헌법재판소도 게리맨더링을 금지하는 판시를 했다.[1)]

(d) 소선거구 · 중선거구 · 대선거구

다수대표선거제도에서 선거구 분할과 함께 선거구의 크기와 선거구별 대표자 정수를 정하는 일도 정당제도 및 대의의 실현에 매우 중요하다. 한 선거구에서 뽑을 수 있는 대표자의 수를 기준으로 한 선거구에서 한 사람을 뽑는 소선거구, 2인을 뽑는 중선거구, 3인 이상을 뽑는 대선거구로 나눈다. 선거구의 크기에 따라 정치세력의 비례적인 대의의 실현에는 차이가 있다. 즉 1구1인 대표의 **소선거구**에서는 **양당제도의 확립**과 안정다수세력의 형성에 유리하다. 반면에 **대선거구**에서는 정치적 **소수 세력의 대표 선출**을 쉽게 하고 선출된 대표자의 지역 초월적 대의기능을 촉진하는 효과가 있다. 또 선거구의 크기에 따라 대표선출에 필요한 득표율은 달라진다. 즉 소선거구에서는 대표로 선출되기 위해서 비교적 높은 득표율이 필요하지만, 대선거구에서는 낮은 득표율로도 당선될 수 있다. 그래서 소수세력의 대의기구 진출과 여러 정치세력의 비례적인 대의를 실현하기에 유리하다고 할 수 있다. 따라서 선거구의 크기와 선거구별 대표의 수를 정하는 일은 단순한 기술적인 문제를 넘어 대의의 실현 관점에서 중요한 통치구조적인 의미를 갖는다.

1) 헌재결 1995. 12. 27. 95헌마224 등 참조.

(2) 비례대표선거제도

(가) 비례대표선거제도의 의의와 제도적 장 · 단점

(a) 비례대표선거제도의 의의

비례대표선거제도는 각 정치세력의 **득표비율**에 비례하여 선출할 대표자의 수를 각 정치세력에 배분하는 선거제도를 말한다. 비례대표선거제도는 정당제도의 발달 및 정당국가적인 현상과 함께 20세기에 비로소 제 모습으로 정착한 선거제도이다. 비례대표선거제도는 득표비율에 따른 대표선출을 통해 소수세력도 대의기구에 진출하게 함으로써 **소수의 보호와 대의정의의 실현**에 이바지하는 선거제도이다. 그 결과 사회의 정치적인 세력 판도를 비교적 충실하게 대의기관의 구성에 투영할 수 있다.

(b) 비례대표성거제도의 장 · 단점

비례대표선거제도의 장점으로 거론되는 점은 세 가지다. 즉 i) 투표의 산술적 계산 가치뿐 아니라 그 성과가치의 평등도 함께 실현하므로 **평등선거의 원리**에 충실하다. ii) 소수세력의 대의기구 진출을 쉽게 하는 제도이어서 **소수의 보호**에 유리하다. iii) **선거구 분할**을 둘러싼 다툼의 여지가 없다. 반면에 이 제도의 단점으로는 다섯 가지가 지적된다. i) 정당중심의 선거운동으로 인해서 선거에서 정당의 지도부가 후보자의 선정과 그 순위까지 결정하는 등 영향력이 커져서 **금권·파벌정치** 등 부조리가 생길 수 있다. ii) **군소정당의 난립**으로 국민의사가 분산되어 정국을 주도할 안정된 다수세력의 형성이 어렵다. iii) 현존하는 정당과 정치세력의 세력판도를 고착시켜 변화하는 국민의 정치적인 기류변화가 선거결과로 표출되지 않을 수 있다. iv) **안정 다수세력의 형성**이 어려워 안정다수세력을 바탕으로 하는 의원내각제와 기능적으로 조화하기 어렵다. v) 정당 또는 정치집단 중심의 선거로 인해서 전체 국민의 대표를 선출하는 의미보다 정당 또는 정치집단의 대표를 뽑는 성질이 강해서 대의의 이념이 소홀해질 수 있다.

(나) 비례대표선거제도의 구체적 실현형태

비례대표선거제도는 사회 내에 존재하는 정당 내지 정치집단의 세력판도에 상응하는 사회투영적인 비례적 대의의 실현을 추구하므로 구체적인 실현형태도 그에 초점을 맞추어야 한다. 특히 입후보방식, 선거인의 투표방법, 의석배분방법과 저지규정 등이 중요한 실현요소로 간주된다.

(a) 입후보방식

비례대표선거제도는 후보의 개인별 입후보가 아닌 정당 또는 정치집단의 **명부제**

연대입후보방식에 따른다. 따라서 선거인의 투표도 특정 인물이 아닌 특정 명부를 선택하는 성질을 가진다. 그런데 '명부제 연대입후보방식'에도 선거인에게 명부 선택권만 주는 **고정명부제**뿐 아니라 인물 선택권까지 주는 **가변명부제**(순위만 변경가능) 또는 **개방명부제**(인물과 순위의 결정권)도 가능하다. 다만 이 두 입후보방식은 선거인이 인물을 쉽게 식별할 수 있도록 적정규모의 명부를 작성해야 하는 등 그 시행에 기술적인 어려움뿐 아니라 정당이 필요로 하는 후보자보다는 지명도가 높은 후보자가 뽑히는 현상이 생길 수도 있다.

(b) 선거인의 투표방법

비례대표선거제도의 투표방법은 명부제의 유형에 따라 다르다. 즉 고정명부제에서는 선거인이 경쟁하는 여러 명부 중에서 한 정당(정치집단)의 명부만을 그 전체로 선택하는 하나의 투표권만 가진다. 반면에 가변명부제 또는 개방명부제에서는 선거인이 명부 선택권뿐 아니라 명부 내의 인물 선택권까지 가지므로 두 개의 투표권을 가진다.

(c) 의석배분방법과 저지규정

① 의석배분방법

비례대표선거제도의 의석배분방법은 배분할 의석을 미리 정하는 '**고정의석**'인지 배분할 의석을 사전에 확정하지 않고 선거인의 투표율에 따라 대의기관의 의원 수가 정해지는 '**유동의석**'인지에 따라 다르다. 유동의석의 경우에는 선거인의 투표수에 따라 각 정당의 의석이 자동적으로 정해진다.

반면에 고정의석의 경우에는 각 정당의 득표율에 따라 의석을 배분하므로 그 배분의 기준을 정하는 것이 중요하다. 널리 활용하는 방법은 돈트(d'Hondt)식과 해어/니마이어(Hare/Niemeyer)식의 두 가지 계산방법이 있다. 일반적으로 돈트식은 수학적 비례성의 정확성이 떨어져 큰 정당에 유리하고 해어/니마이어식은 수학적 비례성이 정확해서 군소정당에 유리한 배분 결과가 나온다고 전해진다.

② 의석배분과 저지규정

비례대표선거제도에서 의석을 배분할 때 저지규정을 둘 것인지도 중요한 문제이다. 즉 저지규정이란 선거에서 일정 수 이상의 득표율을 얻거나 또는 당선자(다수대표와 비례대표제도의 병용시)를 낸 정당만 의석배분을 받고 이 기준에 미달하는 정당은 의석배분에서 배제하는 것을 말한다. 비례대표선거제도의 취약점으로 평가하는 군소정당의 난립을 막고 **다수세력의 형성을 촉진**하려는 제도이다. 그러나 **소수세력의 보호**와는 조화하기 어렵다는 역기능도 갖는다. 그래서 군소정당의 난립도 막고 소수도 보호할 수 있는 적정한 저지선을 마련하는 일은 대의제도와 정당국가의 실현을 위해서 매우 중요하다.

4) 우리나라의 선거제도

우리나라는 국민주권의 원리(제1조 제2항)를 실현하고 통치권의 민주적 정당성을 확보하기 위 해서 모든 국민에게 참정권을 보장하고 민주적 선거법의 기본원칙(제41조 제1항, 제67조 제1항)을 헌법에 명문으로 규정하면서 대통령(제67조), 국회의원(제41조), 지방자치(제118조)선거제도를 마련했다.

(1) 대통령선거제도

(가) 선거제도의 내용

(a) 선거권과 선거방법

선거일 현재 18세에 달한 국민은 선거권을 가지고 중임이 허용되지 않는 임기 5년의 대통령을 직접 선거하는데 대통령 후보자 중에서 유효투표의 다수득표자가 대통령으로 당선된다(제70조, 법 제15조 제1항, 제17조, 제146조, 제218조, 제218조의2-30, 국외부재자투표 및 재외선거제도, 제187조). 대통령 후보자가 1인일 때에도 투표를 하고 그 득표수가 선거권자 총수의 1/3 이상이 되어야 당선된다(제67조 제3항, 법 제187조 제1항 단서). 대통령선거에서 최고득표자가 2인 이상인 때에는 국회가 그 재적의원 과반수가 출석한 공개회의에서 결선투표를 하고 다수득표자를 당선자로 결정한다(제67조 제2항, 법 제187조 제2항).

(b) 피선거권

국회의원의 피선거권이 있고 선거일 현재 5년 이상 국내에 거주하고 있는 40세에 달한 국민은 대통령 피선거권을 가진다(제67조 제4항, 법 제16조 제1항)

(c) 후보자 등록요건

대통령 후보자가 되려면 정당의 추천 또는 선거권자 3,500인 이상의 추천을 받아야 한다(법 제47조, 제48조 제2항 제1호). 그리고 3억원의 기탁금을 기탁해야 하는데, 후보자가 사퇴하거나 등록이 무효로 된 때, 후보자의 득표수가 유효투표 총수의 10%를 초과하지 못하면 기탁금에서 부담하는 비용을 공제한 후 국고에 귀속한다(법 제56조 제1항, 제57조 제2항).

(d) 선거시기

대통령선거는 대통령의 임기만료 70일 내지 40일 전에, 그리고 대통령이 임기 중 궐위되거나 대통령 당선자가 사망하거나 판결 기타의 사유로 그 자격을 상실한 때에는 그 사유 발생일로부터 60일 이내에 후임 대통령을 선거하도록 정했다(제68조). 공직선거법에서 임기만료에 의한 대통령선거일을 임기 만료 전 70일 이후 첫 번째 수요일로 정했다(법 제34조 제1항 제1호).

(e) 재선거

재선거는 대통령 선거에서 당선인이 없거나, 선거의 전부무효 내지 당선무효의 확정판결이 있거나, 당선인이 그 임기 시작 전에 사망·사퇴 또는 피선거권을 상실한 때에 그 사유 발생일로부터 60일 이내에 실시한다(법 제195조, 제35조 제1항).

(f) 선거에 관한 소송

대통령 선거소송은 선거소송과 당선소송의 두 가지가 있다. 선거소송은 선거일로부터 30일 이내에 선거인·대통령후보자·대통령후보추천정당이 당해 선거관리위원회 위원장을 피고로, 그리고 당선소송은 대통령후보자 또는 대통령후보자추천정당이 당선 결정일로부터 30일 이내에 대통령 단선인 또는 중앙선거관리위원회위원장 내지 국회의장을 피고로 하여 대법원에 제기한다(법 제222조, 제223조). 대법원은 제소된 날로부터 180일 이내에 신속히 결정해야 한다(법 제225조).

(g) 대통령선거제도의 헌법이론상의 문제점

우리 대통령선거제도 중에서 상대다수선거제와 대통령의 5년 단임제 그리고 최고득표자가 2인 이상인 때의 국회에서의 간접적인 결선투표제도 등이 헌법이론상 통치권의 민주적 정당성 및 대통령직선제와 조화하기 어렵다는 점은 앞에서 우리 정부형태의 문제점을 지적할 때 자세히 설명했으므로 여기서 다시 설명하지 않는다. 그래서 국회의 간접적 결선투표제도는 대통령직선제와 조화하기 어려운 '**대의의 대의**'에 해당하므로 체계정당성에 어긋난다는 점을 추가로 언급하는데 그친다.

(2) 국회의원 선거제도

(가) 선거제도의 내용

(a) 선거의 기본원칙과 주요내용

헌법은 국회의원 선거에서도 보통·평등·직접·비밀선거의 원칙을 천명하면서(제41조 제1항) 국회를 200인 이상의 선거구 대표와 비례대표로 구성한다고 정했다(제41조

제2항, 제3항). 그 이외의 자세한 사항은 공직선거법에서 정하도록 위임했다. 국회의원 선거제도의 주요내용은 i) 254명의 지역구 의원을 뽑는 상대다수대표제도와 46명의 비례대표의원을 뽑는 전국 단위의 비례대표선거제도의 혼합(병행)형, ii) 1구 1인대표의 소선거구, iii) 정당의 고정명부제에 의한 비례대표, iv) 선거구 대표와 비례대표를 뽑기 위한 1인 2투표권, v) 해어/니마이어식의 비례대표분배, vi) 지역구 5석 이상 또는 정당투표에서 유효투표 3% 이상을 얻어야 비례대표 의석을 배분받을 수 있는 저지규정, vii) 비례대표 46의석의 준연동형제에 따른 의석배분 등이다(법 제188조 제1항, 제21조, 제146조, 제189조).

(b) 선거권과 피선거권

18세가 된 국민은 특별한 결격사유가 없는 한 선거권과 피선거권을 가진다(법 제16조 제2항, 제18조, 제19조). 선거권은 나이 이외에 해당 국회의원 지역구 선거구 안에 주민등록이 되었거나, 3개월 이상 주민등록표에 등재되어 주민등록이 된 재외국민의 요건을 충족해야 갖는다(제24조, 법 제15조 제3항).

(c) 입후보등록요건

지역선거구에 입후보하려면 정당의 추천 또는 해당 선거구 선거인 300인 이상 500인 이하의 추천을 받아 해당 선거구 선거관리위원회에 입후보등록을 해야 한다(법 제47조 제1항, 제48조 제2항 제2호, 제49조). 당내 경선 탈락자는 당해 선거의 같은 선거구에서 후보자로 등록할 수 없다(법 제57조의2 제2항). 비례대표 후보자등록은 각 정당이 후보 순위를 확정한 비례대표후보자명부를 본인의 후보자 승낙서와 함께 중앙선거관리위원회에 제출하면 된다(법 제49조 제2항, 제50조 제1항). 정당 당원은 무소속후보자로 등록할 수 없고, 후보자 등록기간 중에 소속 정당을 탈당 또는 당적을 바꾸거나 둘 이상의 당적을 가지면 당해 선거에서 후보자로 등록할 수 없다(제49조 제6항). 국회의원과 겸직할 수 없는 신분을 가진 공무원 등은 지역구 후보자의 경우는 선거일 전 90일, 비례대표후보자는 선거일 전 30일까지 해임되어야 후보자로 등록할 수 있다(법 제53조). 나아가 지역구 후보자는 1천5백만원, 비례대표후보자는 5백만원의 기탁금을 등록할 때 관할선거관리위원회에 기탁하는데(법 제56조 제1항 제2호, 제2의2호), 지역구후보자는 후보자사퇴·등록무효·일정득표수미달(유효투표총수의 10% 미만) 때 그리고 비례대표후보자는 소속 정당의 비례대표후보자 중에서 당선자가 없는 때에는 일정액의 비용를 공제한 기탁금은 국고에 귀속한다(법 제57조). 헌법재판소는 공직 사퇴조항과

기탁금 국고귀속 규정에 대해서 각각 합헌결정했다.[1]

(d) 재선거(보궐선거)

선거의 전부무효 · 당선무효 · 당선인의 사망 · 사퇴 · 피선거권 상실 등의 사유가 발생하면 1년에 한차례 4월의 첫 번째 수요일에 재선거(보궐선거)를 실시한다(법 제35조 제2항, 제195조, 제203조 제3항, 제4항).

(e) 선거에 관한 소송

선거소송과 당선소송의 두 가지가 있다. 선거소송은 선거일로부터 30일 이내에 선거인 · 정당 · 후보자가 관할 지역구선거관리위원회 위원장을 피고로, 그리고 당선소송은 당선 결정일로부터 30일 이내에 정당 또는 후보자가 당선인 또는 당해 선거구선거관리위원회 위원장을 피고로 하여 각각 대법원에 소를 제기한다(법 제222조, 제223조). 대법원은 소가 제기된 날로부터 180일 이내에 신속히 처리해야 한다(법 제225조). 선거와 관련해서 발생하는 선거범에 대한 소송은 공소시효가 선거일 후 6개월(범인 도피시는 3년)로 다른 범죄에 비해서 짧고, 그 재판 기간도 제1심은 공소제기 후 6월 이내, 제2심 및 제3심은 각각 3월 이내로 정했다(법 제268조, 제270조).

(나) 국회의원 선거제도의 특징과 문제점

우리 국회의원 선거제도에서 특징적인 것은 지역대표제와 비례대표제의 병립형(혼합형), 비례대표선거에서의 50% 여성 공천할당제와 비례대표 의석 배분 때의 저지규정을 득표율기준(3%)과 의석기준(5석)을 함께 정한 점, 그리고 비례대표 의석 중 30석에 대한 준연동형제, 장애인 또는 청년에 대한 기탁금 감액제도(장애인과 29세 이하 청년은 50%, 30세 이상 39세 이하는 70%) 등이다.

그런데 이 중에서 준연동형 비례대표제도는 헌법재판소의 합헌결정[2]에도 불구하고 민주적 선거법의 기본원칙을 엄격히 적용하면 직접선거와 평등선거의 원칙에 어긋난다.

(3) 지방자치를 위한 선거제도

우리 헌법은 지방자치를 제도적으로 보장하면서 지방자치단체는 주민의 복리에 관한 사무를 처리하고 재산을 관리하며, 법령의 범위 안에서 자치규정을 제정할 수 있다고 정했다(제117조). 그러면서 지방자치단체에 의회를 두고 지방의회의 조직 · 권한 ·

---

1) 헌재결 1998. 4. 30. 97헌마100; 헌재결 1997. 5. 29. 96헌마143 참조.
2) 헌재결 2023. 7. 20. 2019헌마1443 참조.

의원선거와 지방자치단체장의 선임 방법을 법률이 정하게 했다(제118조).

(가) 지방의회의원과 지방자치단체장의 선거

(a) 선거방법

지방의회의원과 지방자치단체의 장은 지역 주민이 민주적 선거법의 기본원칙에 따라 뽑는다(지자법 제38조, 제107조).

(b) 선거권과 피선거권

선거권자는 선거일 현재 18세 이상으로서 다음의 요건을 충족하는 사람이다. 즉 i) 국민으로서 선거인 명부작성기준일 현재 당해 지방자치단체의 관할구역 안에 주민등록이 된 주민, ii) 주민등록표에 3개월 이상 계속해서 올라 있고 해당 지방자치단체의 관할구역에 주민등록이 되어 있는 재외국민 iii) 영주권 취득 후 3년이 지난 외국인으로서 당해 지방자치단체의 외국인등록대장에 등재된 사람 등이다(선거법 제15조 제2항).

피선거권자는 18세 이상의 국민으로서 선거일 현재 계속하여 60일 이상 당해 지방자치단체의 관할구역 안에 주민등록이 된 사람이다(법 제16조 제3항).

(c) 선거의 기타 주요내용

지방자치를 위한 선거(이하 지방선거)에서도 상대다수대표선거제도와 비례대표선거제도를 함께 적용한다. 즉 광역·기초의회 의원선거에서는 의원 정수의 10%의 범위 안에서 정당의 비례대표제가 적용된다(법 제20조, 제22조, 제23조). 그래서 선거권자는 지역구 후보자와 비례대표후보자를 뽑는 2개의 투표권을 갖는다(법 제146조 제2항 후단). 기초의회(구·시·군의회)의원선거는 선거구마다 2인 이상 4인 이하의 의원을 뽑는 중선거구제에 따른다(법 제26조 제2항). 지방선거에서도 기탁금 제도가 시행되는데(기초의원 후보자 200만원, 광역의원 300만원, 기초자치단체장 천만원, 광역단체장 5천만원)(법 제56조), 일정수 이상의 득표를 못하면 선거공영 비용을 공제한 후 국고에 귀속한다(법 제57조). 장애인과 39세 이하 청년 후보자에 대해서는 기탁금이 감액되고 반환조건이 완화된다(법 제56조, 제57조). 헌법재판소는 지방자치단체장 선거에서 정당의 공천심사에 탈락한 후 후보자등록을 하지 않은 경우를 기탁금 반환 사유로 규정하지 않은 선거법 규정(제57조 제1항 제1호 다목)은 과잉금지원칙에 반하여 재산권을 침해한다고 결정했다.[1)]

(d) 겸직금지

지방의회의원과 지방자치단체장의 임기는 각 4년인데 계속 재임은 3기에 한한다

1) 헌재결 2020. 9. 24. 2018헌가15 등 참조.

(지자법 제39조, 제108조). 지방의회의원은 국회의원과 농·수산업협동조합·산림조합·신용협동조합·새마을금고 등의 상근 임·직원 등 일정한 직을 겸할 수 없다(법 제43조 제1항 제6호). 지방자치단체장도 국회의원과 지방의회의원 등 법률이 정하는 일정한 직을 겸할 수 없다(법 제109조).

(e) 선거소송

지역구 지방의회 의원선거와 비례대표 기초의회 의원선거 및 기초단체장의 선거에 관한 소송은 시·도·특별자치도 선거관리위원회에 소청을 거쳐 관할 고등법원에, 그리고 시·도·특별자치도 지사와 비례대표 시·도·특별자치도 의회의원 선거에 관한 소송은 중앙선거관리위원회에 소청을 거쳐 대법원에 제소해야 한다(선거법 제219조-제221조, 제222조-제226조).

(나) 지방교육자치를 위한 선거

우리나라는 지방교육자치에 관한 법률로 광역자치단체에 초·중·고등학교 교육에 관한 자치권을 주면서 주민이 보통·평등·직접·비밀·자유 선거로 직접 뽑는 교육감이 그 집행업무를 맡도록 했다. 교육감의 임기는 4년이며 계속적인 재임은 3기에 한한다(법 제21조, 제22조, 제43조). 그리고 시·도의회의 상임위원회와 시·도의회가 지방교육자치에 관한 심의·의결기관으로 기능하면서 교육감의 집행업무를 통제하고 있다.

교육의 정치적 중립을 위해서 교육감 후보자는 과거 1년간 정당의 당원이 아니어야 하며 정당은 교육감 후보자를 추천할 수 없도록 했다. 교육감 후보자는 당해 시·도지사의 피선거권을 가져야 하며 교육경력 또는 교육행정 경력이 3년 이상 있거나 두 경력을 합해서 3년 이상 있어야 한다(법 제24조). 교육감은 국회의원·지방의원 등 법률이 정하는 직을 겸할 수 없다(법 제25조). 교육감 밑에 부교육감 1인(인구 800만 이상, 학생 170만 이상인 시·도는 2인)을 두는데, 교육감의 추천과 교육부장관의 제청으로 국무총리를 거쳐 대통령이 임명한다. 부교육감은 고위 공무원단에 속하는 일반직 국가공무원 또는 장학관으로 보한다(법 제30조).

5. 공직제도

국민의 기본권을 실현하는 통치기능을 집행하는 것은 공직자이다. 공직자 집단 중에서도 공무원은 국가작용의 인적 수단이며 도구이다. 그래서 공무원의 효율적인 공직 수행을 뒷받침해 주는 합리적인 공무원제도를 마련하는 일은 자유민주주의 통치질서에서 매우 중요한 의미를 갖는다. 공무원의 창의적이고 중립적이고 책임 있는 업무처리는 통치기능이 실효성을 나타내기 위한 필수적인 전제조건이다. 우리 헌법도 '공무원은 국민 전체에 대한 봉사자이며 국민에 대하여 책임을 진다'고 밝히면서 공무원의 신분과 정치적 중립성을 보장하도록 정했다(제7조). 따라서 합리적이고 효율적인 공직제도를 마련하는 일은 헌법상의 수권인 동시에 명령이다. 특히 공무원제도의 핵심인 **직업공무원 제도**는 자유민주적 통치기관의 불가결한 구성원리이므로 단순한 공무원법의 영역에 속하는 행정법적 제도라기보다 헌법적 제도로서의 의미가 있다. 헌법재판소도 직업공무원제도의 확립을 내용으로 하는 입법원리는 입법권자를 기속한다고 판시했다.[1)]

1) 공직자 및 공무원의 의의와 범위

공직자와 **공무원**은 동의어가 아니다. 즉 공직자는 국가와 공공단체 등 모든 공법상의 단체·영조물·재단 등에서 공무를 수행하는 모든 인적 요원을 총칭하는 개념이다. 따라서 공무원을 비롯한 선거직 공직자도 모두 포함된다(**최광의**). 반면에 공무원은 직업공무원만을 지칭하는 개념이다(**최협의**). 그렇지만 공무원도 넓은 뜻으로는 직업공무원을 포함해서 국가와 공법상의 근무계약관계에 있는 공직자·법관·직업군인·병역복무중인 군인 등이 모두 포함된다(**광의**). 그리고 직업공무원과 공법상의 근무계약관계에 있는 공직자만을 공무원이라고 부르는 때도 있다(**협의**). 그 결과 최협의의 공무원은 직업공무원만을 지칭한다. 그러나 일반적으로 공무원은 협의의 뜻으로 이해해서 공법상의 근무관계에 있는 공직자를 포함하는 개념으로 사용하고 있다. 헌법재판소도 우리의 직업공무원제도에서 말하는 공무원은 국가 또는 공공단체와 근로관계를 맺고 이른바 공법상 특별권력관계 내지 특별행정법관계 아래 공무를 담당하는 것을 직업으로 하는 협의의 공무원만을 말하며 정치적 공무원과 임시직 공무원은 포함하지 않는다고 판시했다.[2)]

우리 헌법은 공직자 관련 조항(제7조, 제29조, 제33조 제2항, 제78조)에서 항상 공무원이라는 개념을 사용하고 있다. 그래서 그 개념이 구체적으로 어느 범위의 공직자를 뜻하는 것인지를 옳게 이해하는 것이 중요하다. 예컨대 헌법 제7조 제1항에서의 공무원

1) 헌재결 1989. 12. 18. 89헌마32 등 참조.
2) 헌재결 1989. 12. 18. 89헌마32 등 참조.

은 광의의 공무원을, 그리고 같은 조문 제2항에서의 공무원은 직업공무원만을 뜻한다.

2) 공무원제도의 특성

국가와 공무원의 관계는 특수한 신분관계를 본질로 하는 충성의 근무관계이다. 이러한 특성은 직업공무원이 가장 강하지만 공법상의 근무계약에 의한 공무 담당자도 가진다. 즉 특수한 신분관계는 특수한 생활 질서에 의해서 규율되는 관계이다. 일반 국민과 달리 더 많은 의무를 지며 기본권의 제약을 받을 수도 있는 반면에 더 많은 혜택을 받기도 한다.

직업공무원제도는 통치기능을 수행하는 **특수한 신분관계**인 동시에 **충성의 근무관계**일뿐 아니라 유동적인 정치세력을 견제하는 **기능적 권력통제의 수단**이라는 특성도 갖는다는 점도 간과해서는 아니 된다.

3) 자유민주적 통치구조의 기본적인 공직제도의 요건

자유민주적 통치구조에서 필수적인 공직제도는 다음의 몇 가지 요건을 충족해야 한다. 즉 민주적인 공직윤리를 제고하고, 민주적인 지시계통을 확립하며, 정치적인 중립성을 지키고, 법치주의와 사회국가의 원리를 존중해야 한다.

(1) 민주적 공직윤리의 제고

모든 공직자가 투철한 '관직 내지 직책사명'을 가지고 모든 사적인 이해를 떠나 국민의 '충직한 수임자'로서 그 맡은 바 임무를 충실하게 수행해나갈 수 있도록 민주적 공직윤리를 높이는 공직제도를 마련해야 한다. 공직자는 공적인 임무를 수행하는 공인의 신분을 가지지만, 또 한편 기본권의 주체라는 **2중적 지위**를 갖는다. 그래서 이 두 가지 지위가 자칫 공직윤리의 해이로 이어지지 않도록 하는 공직제도를 마련하는 것은 매우 중요하다.

(2) 민주적 지시계통의 확립

자유민주적 통치구조에서 모든 통치기능은 민주적 정당성과 직·간접으로 연결되어 있다. 따라서 공직제도 내에서 민주적 정당성의 상위 서열에 있는 정무직 공직자를 정점으로 말단 관직에 이르기까지 민주적이고도 수직적인 직무지시계통을 확립해야 한다. 상급 공직자의 직무지시에 하위 공직자가 복종해야 하는 이유도 그 때문이다.

그러나 민주적인 직무지시와 복종에는 일정한 한계가 있다는 점도 간과해서는 아니 된다. 즉 상급자의 지시에 맹목적인 복종을 해서는 아니 된다. 비록 상급자의 직무지시라도 법의 정신에 어긋나거나 합목적적인 것이 아니라고 판단하면 상급자에게 이의를 제기해서 시정을 요구할 수 있는 용기와 투철한 법치의 사명의식을 가지고 '**생각하면서 복종하는 비판적인 복종의 자세**'를 지켜나갈 수 있는 제도를 보장해야 공직제도는 제 기능을 다 할 수 있다.

(3) 정치적 중립성의 보장

정치적 중립성이 보장될 수 있는 공직제도를 마련하는 것은 헌법의 명령이다. 현대의 정당국가에서 정치적인 중립이란 결국 정당정치로부터의 중립을 의미한다. 특히 공직자가 여당의 시녀로 전락하지 않는 것이 중요하다. 자유민주적 정당국가에서 정권은 '한시적 정권'이므로 한시적 정권과 진퇴를 같이하는 '한시적 공직제도'는 정치적 중립과는 거리가 멀다. '영속성'을 가지고 '한시적 정권'을 견제하면서 정치적 안정과 정치적 신진대사를 가능하게 하는 것이 정치적 중립성을 보장하는 공직제도이다. 공직을 선거의 전리품으로 분배하는 이른바 **엽관제도**(spoils system)가 철저히 금지되는 이유도 그 때문이다. 헌법재판소도 엽관제도를 배척하는 판시를 했다. 즉 그 판시에 따르면 '우리 헌법이 채택하고 있는 직업공무원제도는 공무원이 선거에서 승리한 정당원으로 충원되는 엽관제를 지양하고 정권교체에 따른 국가작용의 중단과 혼란을 예방하고 일관성 있는 공무수행의 독자성과 영속성을 유지하기 위한 공직구조의 제도적 보장을 마련한 것이다.'[1)]

(4) 법치주의의 요청

모든 공직자가 법률을 준수하고 법의 정신에 따라 직무수행을 함으로써 직무지시계통 속에서 복종의 의무만을 내세운 불법이 자행되는 일이 없는 공직제도를 마련해야 한다. 현실적으로 **준법의 책임**을 지는 공무원과 최상급 정무직 공직자의 정치적·대의적 책임 사이에는 때에 따라 긴장·갈등관계가 생길 수도 있다. 따라서 이 긴장·갈등관계를 합리적으로 해소하는 방법을 포함한 공직제도를 마련하는 것이 법치주의의 요청에 충실한 공직제도이다. 나아가 공무원의 창의적이고 능동적인 직무집행에서

---

1) 헌재결 1997. 4. 24. 95헌바48 참조.

생길 수 있는 위법의 법적 책임을 물을 때 공무원의 직무의욕이 지나치게 떨어지지 않게 하면서도 국민의 권리보호도 함께 실현할 수 있는 공직제도를 마련해야 한다. 공무원의 직무상 불법행위로 인한 국민의 손해배상청구권과 국가배상책임의 원리(예컨대 제29조)는 이런 관점에서 운용해야 한다.

(5) 사회국가의 요청

자유민주국가에서 공직제도는 사회정의를 실효성 있게 실현할 수 있는 사회국가적 공직제도를 마련해야 한다. 즉 공직제도가 사회국가의 실현수단인 동시에 공직제도 자체도 **사회정의**에 부합한 내용으로 되어야 한다는 의미이다. 특히 공직자의 직무환경 개선, 공직수행에 상응하는 주거안정과 경제적 생활보장, 퇴직 · 재난 · 질병에 대처한 사회보장의 혜택 등은 공직제도 내에서 사회정의를 실현하는 의미를 가져 공직자들의 사기를 진작하고 생활안정을 도와 민주적인 공직윤리의 정착에도 도움이 되는 일이다.

4) 공무담임권과 공직제도

헌법이 보장하는 공무담임권(제25조)은 공직제도에 의해서 실현된다. 따라서 모든 국민이 능력에 따라 균등한 공직 취임의 기회를 보장받도록 공직제도를 마련하는 것은 기본권 실현을 위해서 매우 중요하다.

(1) 공무담임권 실현의 방법

공무담임권의 실현에는 두 가지 길이 있는데, 선거에 의한 공직취임(**선거직 공직자**)과 선발에 의한 공직취임(**선발직 공직자**)이 그것이다. 이 중에서 선거직 공직자는 선거를 통해서 표현되는 국민의 정치적 신임에 따라서 정해지므로 국민의 피선거권을 보장하는 민주적 선거법의 기본원칙에 충실한 선거가 중요하다. 반면에 선발직 공직자는 공직이 요구하는 전문성 · 능력 · 적성 · 품성 · 도덕성 등 **능력주의**에 따라 정해지므로 이 능력주의를 철저히 존중하는 선발제도가 중요하다. 선거직 공직자는 이미 대의제도와 선거제도에서 자세히 다루었기 때문에 여기서는 선발직 공직자에 국한해서 설명한다.

(2) 공직자 선발제도

(가) 공직자 선발과 능력(성적)주의

헌법이 보장하는 공무담임권은 공직취임의 기회균등을 보장하는 것을 그 내용으로 한다. 따라서 공직자 선발에서는 철저한 능력주의가 기준이 되어야 한다. 즉 해당 공직이 필요로 하는 전문성·능력·적성·품성·도덕성 등에 따라 선발해야 한다. 정실에 따른 자의적 선발이 제도적으로 봉쇄되어야 한다. **엽관제도**는 능력주의와 조화될 수 없다. 능력주의에 따른 공직자 선발은 헌법이 보장하는 공직 지원자의 주권적 공권인 동시에 모든 공직자선발에서 존중해야 하는 객관적 가치질서라는 이중적인 성격을 갖는다.

(나) 공직취임권과 국가의 공직수급계획

공직취임권은 국가의 공직수급계획에 따라 영향을 받는다. 즉 국가는 공익의 실현을 위한 공적인 과제의 양, 공직의 전체적인 규모, 국가의 인력예산 규모, 인력정책, 재정상태 등 여러 요인을 종합적으로 고려해서 정치적·정책적으로 공직수급계획을 수립한다. 따라서 국민의 공직취임권이 이러한 여러 요인에 의한 제약을 받는 것은 불가피하다.

(다) 공직취임권과 직업의 자유

공직취임권과 직업의 자유는 **일반법**과 **특별법**의 관계이어서 공직을 직업으로 선택하면 직업의 자유는 공직취임권을 통해서 그 기본권적 보호를 받는다. 헌법재판소도 같은 취지로 판시했다.[1] 또 직업의 자유와 공직취임권은 **기능과 효력에 차이**가 있다. 즉 직업의 자유는 그 선택과 행사(수행)에서 국가의 개입을 방어하는 효력이 있지만, 공직취임권은 공직자선발에서 국가가 능력주의에 따라 공정하게 선발해 줄 것을 적극적으로 요구하는 효력을 갖는다.

(라) 공직자선발절차의 중요성

공직자의 선발이 능력주의에 따라 공정하고 객관적이며 투명하게 이루어지려면 그 선발절차가 매우 중요하다. 그래서 공무원 선발절차는 법률로 규정하는 것이 일반적이지만, 법률에서 모든 세부적인 사항까지 빠짐없이 정할 수는 없다. 그래서 공직자 선발은 수집한 다양한 인사자료에 대한 평가를 바탕으로 하는 일종의 **예단적·전망적 성격**을 가질 수밖에 없다. 그래서 선발기관은 인사자료 이외에 생활경험, 인성평가,

1) 헌재결 2001. 2. 22. 2000헌마25 참조.

탐색기술 등을 통해서 최적의 공직자를 선발하도록 노력해야 한다.

5) 직업공무원제도

(1) 직업공무원제도의 의의와 그 제도적 보장의 의미

직업공무원제도란 국가와 공법상의 근무 및 충성관계를 맺고 있는 직업공무원에게 국가의 정책 집행기능을 맡김으로써 안정적이고 능률적인 정책집행을 보장하려는 공직구조에 관한 제도적 보장을 말한다. 직업공무원제도가 보장되면 입법권자가 직업공무원제도의 구체적인 내용을 형성할 수는 있으나 직업공무원제도 그 자체를 완전히 폐지할 수는 없다는 점에 그 의미가 있다.

(2) 직업공무원제도의 내용

(가) 정책집행기능의 공무원 전담(기능유보)과 범위 및 실효성 확보수단

(a) 정책집행기능의 공무원전담

직업공무원제도는 국가의 정책집행을 원칙적으로 공무원에게 전담시킴으로써 공무원 이외의 사인·공무수임사인 또는 근무계약에 의한 공직자들의 정책집행기능을 최대한 억제하는 것을 그 내용으로 하는데 이를 '**기능유보**'라고 말한다.

(b) 기능유보의 범위

국가의 정책집행기능은 매우 다양하고 그 범위도 넓어 반드시 직업공무원이 맡아야 하는 정책집행작용의 범위를 정하는 것이 필요하다. 즉 직업공무원의 전담업무와 그렇지 않은 업무를 구별해서 후자를 사인·공무수임사인 또는 근무계약에 의한 공직자가 처리할 수 있도록 정하는 것이 불가피하다. 국민의 공공 생활의 안전과 직접적으로 관련성이 있고 공법의 형식으로 행할 수밖에 없는 **관리작용**은 원칙적으로 기능유보에 속한다고 할 수 있다.

(c) 기능유보의 실효성 확보수단

정책집행의 기능유보가 실효성을 가지기 위해서는 기능유보를 통한 안정적이고 계속적인 정책집행을 해칠 수 있는 모든 요인을 차단해야 한다. 가장 대표적으로 공무원의 쟁의행위로 인한 정책집행의 차질을 방지하는 것이다. 직업공무원제도에서 공무원의 **쟁의행위가 금지**되는 이유가 그 때문이다. 또 현대국가에서 적극 행정의 필요성으로 인해서 공직 수요가 많이 증가함에 따라 공직 구조가 직업공무원과 근무계약에 의한 공직담당자로 2원화하는 현상이 나타나고 있는데, 이 경우 계약관계 공직자들의

쟁의행위를 제한하는 것도 필요하다.

(나) 직업공무원제도의 기본이 되는 구조적 요소

(a) 직업공무원제도의 주요요소

직업공무원제도는 '공법상의 근무 및 충성관계'를 바탕으로 공무원과 국가 사이에는 헌신적인 봉사와 특별한 보호의 상호관계가 성립한다. 따라서 이 '**봉사**'와 '**보호**'의 원리가 제대로 실현될 수 있도록 제도화하는 것이 필요하다. 공무원의 원칙적 정년보장, 국가의 공무원에 대한 생활부양의무, 공무원 임명·보직·승진 시의 능력주의, 공무원의 정치적 중립성, 민주적인 직무지시계통, 공무원의 신분보장과 징계 절차의 공정 및 엄격성, 공무원의 직무상 불법행위에 대한 국가의 배상책임 등이 직업공무원제도의 기본이 되는 구조적 요소로 꼽힌다.

(b) 직업공무원제도의 내용 형성과 체계조화의 요청

직업공무원제도의 구조적 요소에 속하는 내용을 구체적으로 형성하는 것은 국가의 정책집행 과제를 **공평무사**하고 **안정적**으로 성실히 수행하기 위한 제도적인 장치를 마련하기 위한 것이다. 또 공무원에게 공무원으로서의 **자부심**과 **사명감**을 가지고 정책집행을 할 수 있는 권리를 보장하는 의미도 갖는다. 따라서 구조적 요소를 구체적으로 형성하는 입법기능은 이러한 목적이 달성될 수 있도록 노력해야 할 뿐 아니라 헌법이 지향하는 자유민주주의와 법치주의 및 사회국가의 이념과도 조화되도록 체계조화의 헌법적 한계를 존중해야 한다.

(c) 특수한 신분관계인 공무원의 권리와 의무

직업공무원은 국가에 전인적으로 봉사하는 대가로 신분이 보장되고 생활부양을 받는 특수한 신분관계에 있으므로 이 신분관계를 유지하는데 필요한 특수한 생활질서에 따라야 한다. 따라서 기본권 주체이기도 한 공무원은 이 특수한 생활질서가 요구하는 범위 내에서는 일반 국민과는 다른 의무를 지는 한편 더 많은 권리를 갖기도 한다. 그러나 직업공무원의 기본권 제한에도 기본권 제한입법의 헌법적인 한계를 존중해야 한다. 이처럼 직업공무원이 특수한 신분관계에서 갖는 권리와 의무는 법 앞의 평등에 어긋나는 것이 아니다. 헌법재판소는 전역한 퇴직군인이 정부 투자기관 등에 재취업한 경우 연금의 1/2을 초과하여 지급정지하는 것은 퇴직연금수급권의 제한이 지나쳐 비례의 원칙에 어긋나 재산권과 평등권을 침해한다고 결정했다.[1)]

---

1) 헌재결 1994. 6. 30. 92헌가9 참조.

(다) 직업공무원제도의 기능

직업공무원제도의 구조적인 요소들이 체계정당성에 맞게 제도화되어 국가와 공법적인 근무 및 충성관계에 있는 공무원이 국가의 집행업무를 안정적이고 효율적으로 수행하는 것은 **자유민주주의**와 **법치주의**를 실현하는 가장 확실한 담보적인 기능을 갖는다. 그것은 동시에 **사회통합**의 목표 달성을 촉진하는 기능을 갖는다. 또 공무원의 신분과 정치적 중립성의 보장은 통치권 행사의 절차적 정당성을 확보하게 해서 정치세력에 대한 **기능적인 권력통제**의 기능도 갖는다. 나아가 공직자선발의 능력주의가 실현되면 국민의 **공무담임권의 실현**에도 긍정적인 기능을 갖는다.

(라) 우리 헌법상의 직업공무원제도

(a) 직업공무원제도 및 공직에 관한 헌법규정

① 직업공무원제도에 관한 헌법규정

우리 헌법은 직업공무원제도의 보장을 위한 여러 가지 규정을 두고 있다. 즉 공무원의 지위·책임과 정치적 중립성의 보장(제7조), 대통령의 공무원 임면권(제78조), 공무원의 노동3권 제한(제33조 제2항), 공무원의 직무상 불법행위로 발생한 손해에 대한 국가·공공단체의 배상책임(제29조 제1항), 직업공무원제도의 구조적 요소의 법률유보(제7조 제2항) 등이 그것이다. 따라서 입법권자는 이러한 헌법규정을 존중하는 직업공무원제도를 마련할 헌법적인 의무를 지고 있다. 국가공무원법·지방공무원법·교육공무원법·경찰공무원법·소방법 등이 제정되었다.

② 공직 관련 기타규정

우리 헌법은 직업공무원과 구별되는 특수직 공직자에 관해서도 여러 규정을 두고 있다. 즉 국민의 선거권(제24조)과 공무담임권(제25조)을 바탕으로 각종 선거직 공직자(대통령·국회의원 등)(제66조, 제67조 등), 정무직 공직자(국무총리·국무위원 등)(제85조, 제87조 등), 직업군인과 일반군인(제5조, 제39조, 제89조 제16호, 제110조 등), 법관(제101조 제1항, 제103조-제106조) 등이다. 이들 특수직 공직자는 민주주의·대의제도·권력분립제도·지방자치제도 등에 의해서 규율되는 공직자이다. 이들 특수직 공직자는 그 수행하는 업무가 일반적인 정책집행과는 구별되는 특수한 업무를 맡는다. 예컨대 선거직 공직자와 정무직 공직자는 정책형성 및 정책결정, 군인은 국토방위의 업무, 법관은 분쟁 해결을 통한 사법정의의 실현 등의 업무를 맡는다. 그래서 그들 업무수행에 필요한 특별한 헌법규정을 두고 있다. 군사법원의 설치(제110조)와 현역군인의 국무위원 임명금지(제87조), 탄핵심판(제65조), 법관자격의 법정주의(제101조 제4항), 법관의 신분보장과 사법권의 독립(제103조, 제106조), 법관의 임기 및 정년제(제105조 제1항–제4항) 등이다.

(b) 직업공무원제도의 구체적 내용

① 국민주권에 바탕을 둔 민주적인 직업공무원제도

우리 헌법은 직업공무원제도의 기본조항(제7조)에서 '공무원은 국민전체에 대한 봉사자이며 국민에 대하여 책임을 진다'고 천명함으로써 직업공무원제도가 국민주권에 바탕을 두고 자유민주주의를 실현하는 수단이라는 점을 강조했다. 헌법재판소도 헌법 제7조의 직업공무원제도는 국민주권원리에 바탕을 둔 민주적이고 법치주의적인 공직제도임을 밝힌 것이라고 판시했다.[1] 따라서 공무원은 사익을 추구하거나 특정인 또는 특정 집단·정치세력에 충성하는 사복이 아니고 국민 전체의 이익을 위해서 존재하고 활동하는 공복으로서의 사명감을 가져야 한다. 헌법재판소도 앞의 판례에서 이 점을 특별히 강조하고 있다. 그리고 공무원은 그런 사명감을 가지고 맡은 업무를 수행하고 그 결과에 대해서 국민에게 책임을 진다.

② 법치주의 이념에 따른 직업공무원제도

우리의 직업공무원제도는 헌법(제29조 제1항)이 밝힌 대로 법치국가이념과 국가책임의 원리에 따른 공직제도이다. 헌법이 국가의 배상책임 이외에 따로 공무원의 책임을 명시한 것은 제1차적으로는 국가 내부에서의 공무원의 책임(기관 내에서의 변상·공무원법상의 책임)을 명시한 것이지만, 제2차적으로는 공무원의 국민에 대한 형사책임과 정치적 책임을 밝힌 것이다. 다만 공무원의 유형(국가공무원과 지방공무원, 경력직·특수경력직공무원, 일반직·특정직공무원 등)에 따라 그 책임의 내용과 성격이 달라진다.

③ 공무원의 신분보장과 정치적 중립성의 보장

우리 헌법은 직업공무원제도의 구조적 요소의 실현을 입법형성권에 맡기면서도 공무원의 신분보장과 정치적 중립성에 관해서는 입법권자의 입법형성권을 제한하는 헌법적 한계를 제시하고 있다. 그 결과 공무원의 정년보장제와 임명·보직·승진 시의 능력주의와 공무원의 생활안정을 통한 공무원의 신분보장은 직업공무원제도의 필수요소이다.

또 우리 헌법은 직업공무원의 정치적 중립성을 직업공무원제도의 필수적인 요소로 정했기 때문에 공무원 임명에서의 정파적인 엽관제 내지 정실인사는 허용되지 않

1) 헌재결 1997. 4. 24. 95헌바48 참조.

는다. 헌법재판소도 같은 취지로 판시했다.[1] 공무원의 정당 및 정치단체 가입을 원칙적으로 금지하고 기타 정치활동과 집단행위도 금지 내지 제한하는 것은(국공법 제65조, 지공법 제57조, 정당법 제22조) 공무원의 정치적 중립성을 실현하기 위한 불가피한 규제이다.

6. 지방자치제도

지방자치제도는 지역중심의 지방자치단체가 자치기구를 통해서 그 지역 내의 공적인 과제를 책임있게 처리함으로로써 국가의 과제를 분담하고 지역주민의 자치역량을 길러 민주정치와 권력분립의 이념을 실현하는 자유민주적 통치기구의 중요한 조직원리이다. 지방자치제도는 '주민근거리행정'을 실현하기 위한 행정작용의 한 형태로 인식했던 과정을 거쳐 이제는 **정치적 다원주의**와 자유민주적 통치구조가 요구하는 **기능적 권력통제**를 실현하기 위한 통치구조상의 불가결한 제도적인 장치로 인식하게 되었다. 우리 헌법(제117조, 제118조)도 지방자치제도를 보장하고 있다.

1) 지방자치의 본질과 기능

(1) 지방자치의 의의와 본질 및 기능

(가) 지방자치의 의의

지방자치란 지역중심의 지방자치단체가 독자적인 자치기구를 두고 그 자치단체의 고유사무를 국가기관의 간섭없이 자신의 책임으로 처리하는 것을 말한다. 지방자치는 지역주민의 공동관심사에 대한 **주민접촉행정**을 통해 주민의 자율적 처리 의욕을 높이고 자치역량을 길러준다.

(나) 지방자치의 유형

지방자치는 그 연혁적인 이유로 **단체자치**와 **주민자치**의 두 유형으로 나누었다. 단체자치는 프랑스에서 유래했는데 지역의 고유사무에 대한 자율적인 처리가 그 지역 '단체'의 고유권한으로 인식했던 반면, 주민자치는 영국에서 유래했는데 지역 고유사무의 자율적 처리가 그 지역 '주민'의 고유권한으로 인식했던 전통에서 나온 것이다.

---

1) 헌재결 1992. 11. 12. 91헌가2 참조.

그 결과 단체자치에서는 단체의 자치기구를 따로 설치해서 자치사무를 처리하지만, 주민자치는 별도의 자치기구 없이 지방행정관청이 지방주민의 참여(예컨대 명예직 공무원)하에 자치사무를 처리한다. 그리고 단체자치에서 설치하는 자치기구는 의결기관과 집행기관의 둘로 나뉘고, 단체의 고유사무 외에 국가의 위임사무까지 처리한다. 주민자치에서는 국가의 지방행정관청이 단체의 자치기구로 기능하므로 2원적 기관구성이나 고유·위임사무의 구별이 필요 없다.

그렇지만 오늘에는 그러한 획일적인 구별은 고전성을 면치 못하고 있다. 즉 오늘의 지방자치제도는 자유민주주의를 실현하는 수단으로 인식되어 **단체자치적인 요소**와 **주민자치적인 요소**의 적절한 조화를 모색하고 있기 때문이다. 그 결과 지역단체의 자치사무가 지역 '단체'의 고유권한인지 아니면 지역 '주민'의 고유권한인지는 별 의미가 없다. 우리 헌법상의 지방자치도 단체자치와 주민자치를 모두 포괄하는 제도이다. 헌법재판소도 같은 취지로 판시했다.[1)]

(다) 지방자치의 본질과 기능

(a) 전통적인 이론과 문제점

① 국가와 사회의 대립적 2원론

지방자치를 국가와 사회를 구별하는 2원주의에 바탕을 두고 지방자치를 국가와 별개인 사회의 영역에 속하는 현상으로 인식했다. 그러나 오늘에는 국가와 사회가 다 함께 공감적 가치의 실현을 위해서 기능하는 상호보완적인 교차관계에 있다. 따라서 지방자치는 국가의 사회에 대한 조정적·통합적·형성적 기능의 성과를 위한 사회 내의 **자발적인 input 기능**에 해당한다고 볼 수 있다.

② 행정목적적 관점

지방자치는 **주민근거리행정**을 실현하기 위한 행정작용의 한 형태로서 '지방행정학'의 고유영역으로 인식했다. 그러나 이 관점은 오늘날 지방자치가 갖는 **정치형성적 기능**을 무시한다는 문제가 있다. 즉 지방자치를 통한 주민의 자치 참여는 단순한 '행정참여' 내지는 '행정절차참여'의 차원을 넘어 국가정책에 대한 투입적 참여라는 정치형성적 의미를 갖는다. 헌법재판소도 우리의 지방자치는 단순히 주민근거리행정의 실현이라는 행정적 기능만이 아니라 정치형성적 기능도 아울러 갖는다고 판시했다.[2)]

1) 헌재결 2006. 2. 23. 2005헌마403 참조.
2) 헌재결 2003. 1. 30. 2001헌가4 참조.

③ 민주정치적 관점

지방자치는 지방주민의 자치역량을 길러주는 '**풀뿌리 민주정치**'의 실현수단으로 인식했다. 지방자치가 민주정치의 발전에 보탬이 되는 제도라는 점에 대해서는 이론이 있을 수 없다. 다만 지방자치를 통해서 실현하려는 민주정치의 본질에 대한 올바른 인식이 필요하다. 즉 오늘날 자유민주주의의 본질은 공감적 가치의 실현을 통한 사회통합을 실현하는 메커니즘이므로 국가권력의 창설과 국가 내에서 행사되는 모든 권력이 국민의 정치적 합의에 바탕을 두는 정치를 말한다. 따라서 지방자치가 이러한 민주주의 실현에 이바지하기 위해서는 '**정치적 다원주의**'가 실현될 수 있는 제도로 마련되어야 한다. 즉 지방자치단체에서는 국가에서와는 다른 정치집단이 형성되고 정치적인 영향력을 가질 수 있는 지방자치제도를 마련해야 한다. 지방자치단체에서는 국가차원의 '정치대표성'보다는 일정한 지역의 '지역대표성'을 중요하게 평가해야 하는 이유도 그 때문이다.

④ 지역발전의 관점

지방자치는 정책결정권의 분권을 통해서 지역 특성에 맞는 정책을 개발하고 정책수행의 현장성과 능률성을 높여 지역개발과 지역발전을 촉진하는 수단으로 인식했다.

그러나 이제는 사회국가 이념의 실현을 위한 복지정책의 범 지역적인 통일성의 요청이 커지고, 국가와 지방자치단체의 기능적인 교차관계로 지방고유사무와 국가위임사무의 경계가 모호해졌으며, 통신·교통수단의 발달로 주민의 생활권이 넓어져 주민의 지역 밀착도가 약해졌고, 주민생활권의 확대에 따른 지역 연계적인 정책의 수요가 커져 지역 폐쇄적인 고유사무가 줄어들었다. 따라서 지방자치는 이제 **지역 폐쇄적**인 지역발전의 관점에서만 이해하기 어렵게 되었다.

⑤ 제도보장의 관점

지방자치는 공법상의 제도보장이라고 이해하면서 지방자치의 구체적인 실현은 입법형성권에 맡겨져 입법권자는 지방자치제도를 폐지하지 않는 범위 내에서 자유롭게 그 내용을 정할 수 있다고 인식했다.

그러나 지방자치는 자유민주주의 통치질서의 중요한 통치기관의 구성원리라는 점을 생각할 때 지방자치의 보장이 지방자치의 전면적인 폐지를 금지하는 정도의 기능적인 효과밖에 없다고 하는 논리는 수용하기 어렵다. 제도적 보장인 지방자치에 관한 입법형성권은 오늘의 자유민주주의 통치질서에서 수행하는 지방자치의 **기능적 권력통제수단**으로서의 역할이 충실하게 수행될 수 있도록 헌법의 통일성을 존중하는 방향으로 행사해야 한다.

(b) 지방자치에 관한 현대적 보완이론

지방자치의 본질과 기능은 이제 전통적 이론을 수정해서 이해하는 것으로는 부족하다. 즉 지방자치와 기본권 실현과의 연관성을 함께 고려해야 한다. 또 지방자치는 기능적 권력통제의 수단이라는 점도 무시해서는 아니 된다. 그리고 지방자치는 현대국가의 기능분배에 관한 '보충의 원리'의 실현형태라는 점도 인식해야 한다.

① 지방자치와 기본권의 상호관계

지방자치는 제도적인 보장에 그치지 않고 **기본권 실현과 불가분의 관계**에 있는 헌법상의 객관적 가치질서에 속한다. 지방자치는 주민의 자치기구 선거 및 참여를 통해서 실현되므로 국민의 선거권 및 공무담임권의 실현과도 불가분의 관계이다. 또 거주·이전의 자유의 실현과도 관련이 있다. 즉 지방자치는 모든 지역에서 대동소이한 '거주가치' 내지 '체재가치'를 발견할 수 있는 생활환경이 조성될 수 있도록 제도화하고 운영될 때 거주·이전의 자유는 규범적인 실효성을 가질 수 있다. 국민이 모든 지방자치단체에서 비슷한 생활환경과 정치적 투입의 기회, 그리고 행정 급부를 받을 수 있을 때 거주·이전의 자유뿐 아니라 평등권도 실현된다. 헌법재판소도 지방자치단체의 폐치·분할이 대상 지역주민의 기본권을 침해할 수 있다는 점을 지적하고 있다.[1)]

② 지방자치의 기능적 권력통제의 효과

지방자치는 **정책결정권의 다원적 분권**을 통해서 중앙정부와 지방자치단체의 기능적인 권력통제를 실현하는 수단이다. 오늘의 정당국가에서 정당을 통한 권력 통합현상으로 약해진 조직적 권력분립의 통제효과를 보완하는 중요한 기능이다. 헌법재판소도 지방자치가 중앙정부와 지방자치단체 권력의 수직적 분배와 같은 권력분립적·지방분권적 기능을 통해서 지역주민의 기본권 보장에도 이바지한다고 판시했다.[2)] 지방자치가 기능적 권력통제의 수단으로 기능하려면 지방자치단체의 자치기구가 민주적 정당성의 요건을 충족할 수 있도록 구성되어야 한다. 지방의회의원과 지방자치단체장을 민주적 선거로 뽑아야 하는 것은 필수적이다. 오늘날 범 지역적인 정책수요의 증가로 통일적 정책결정과 정책집행의 필요성이 증가함에 따라 중앙집권적인 행정의 범위가 넓어졌다. 그럴수록 중앙정부에 대한 지방자치단체의 기능적인 권력통제는 더욱 중요하다.

1) 헌재결 1994. 12. 29. 94헌마201 참조.
2) 헌재결 1998. 4. 30. 96헌바62 참조.

③ 지방자치와 보충의 원리

지방자치는 헌법상의 기본원리에 속하는 보충의 원리를 실현하기 위한 중요한 헌법상의 제도이다. 즉 보충의 원리는 '**기능분배의 원리**'로도 표현되는데, 사회를 다층구조로 이해하고 이 다층구조는 가장 기본인 개인으로부터 시작해서 지방자치단체를 거쳐 국가로 이어진다고 진단한다. 이때 이들 개인. 단체, 국가 간의 기능분배에는 보충의 원리를 적용해서 개인의 힘으로 부족하면 단체가, 그리고 단체가 할 수 없는 일은 국가가 보충적으로 맡는다는 원리이다. 즉 차상위 단위의 업무는 최하위 단위가 스스로 할 능력이 없는 부분을, 그리고 최상위 단위인 국가는 차상위인 지방자치단체가 감당하기 어려운 업무만을 보충적으로 맡아야 한다. 따라서 국가와 지방자치단체는 이 보충의 원리에 맞게 그 업무를 나누어 맡아야 한다. 중앙집권식의 행정체제의 확립에는 이 보충의 원리에 의한 한계를 존중해야 한다.

(2) 지방자치의 제도적 보장내용

(가) 지방자치의 기본적인 보장내용

지방자치를 제도적으로 보장한다는 것은 본질적으로 자치단체, 자치기능, 자치사무 등 지방자치의 기본적인 사항을 보장하는 것이다. 헌법재판소도 같은 취지의 판시를 했다.[1] 따라서 지방자치에 관한 입법형성권의 행사는 적어도 이 세 가지 본질적인 내용을 침해하지 않아야 한다.

(a) 자치단체보장

자치단체는 대부분 행정구역 단위로 보장된다. 그 결과 행정구역의 개편에 따라 자치단체도 영향을 받는다. 그래서 정부가 행정단위의 효율적인 개편을 위해서 자치단체를 통·폐합하는 것은 가능하지만, 자치단체를 모두 폐지하는 것은 자치단체의 보장에 어긋난다. 또 헌법재판소의 판시[2]대로 자치단체의 통·폐합이 자치권과 주민의 기본권 침해가 되지 않도록 해야 한다.

(b) 자치기능보장

지방자치는 자치단체가 독자적인 책임 아래 자방자치에 필요한 여러 권한을 가질 수 있도록 보장하는 것이다. 즉 자치단체가 지역·인사·재정·계획·조직·조세·조례에 관한 권한을 독자적으로 행사할 수 있게 보장하는 것이다. 헌법재판소는 자치권이

1) 헌재결 1994. 12. 29. 94헌마201 참조.
2) 헌재결 1994. 12. 29. 94헌마201 참조.

미치는 관할구역의 범위에는 육지는 물론 바다도 포함되므로 공유수면에 대한 자치권한도 존재한다고 판시했다.[1] 또 대법원은 모법의 근거가 없는 조례제정에 대해서 국가의 입법 미비를 이유로 지방의회의 적극적인 조례제정권 행사를 가로막을 수 없다고 판시했다.[2]

(c) 자치사무보장

지방자치는 자치단체의 **고유사무**를 보장하는 것이다. 자치단체가 지역 특성에 따른 고유사무를 자율적으로 처리하고 지역 특성에 맞는 정책을 개발해서 자치기구를 통해서 자치단체의 책임하에 집행하는 것은 지역주민의 복리증진을 위해서 필요한 지방자치의 본질적인 내용이다. 따라서 자치단체의 고유사무를 지나치게 축소하고 국가의 **위임사무**를 주로 처리하게 하는 자치사무의 조정은 자치사무보장에 역행하는 일이다.

(나) 지방자치의 제한과 그 한계

지방자치를 제한하는 것은 가능하지만 앞에서 말한 세 가지 지방자치의 본질적인 내용은 침해할 수 없다. 다만 본질적인 내용의 침해 여부를 판단하기는 쉽지 않다. 그래서 여러 가지 판단기준이 주장되고 있다. 즉 지방자치의 제한이 지방자치의 '구조나 형태의 변화'인지 여부, 제한사항을 제외하고 '남은 지방자치 요소의 내용', 지방자치의 '역사적 당위 요소의 침해' 여부 등을 판단기준으로 활용해야 한다고 주장한다. 그러나 이 중 어느 하나의 기준만으로 판단하기보다 제한이 행해지는 구체적인 상황에 가장 적합한 기준을 선택하거나 모든 기준을 함께 적용해서 판단하는 것이 가장 합리적이라고 할 것이다.

2) 우리나라의 지방자치제도

(1) 지방자치에 관한 헌법규정

우리 헌법은 지방자치를 보장하고 있다. 즉 '지방자치단체는 주민의 복리에 관한 사무를 처리하고 재산을 관리하며, 법령의 범위 안에서 자치에 관한 규정을 제정할 수 있다고 하면서 지방자치단체의 종류는 법률로 정한다'(제117조)고 규정했다. 나아가 '지방자치단체에 의회를 두는데, 지방의회의 조직·권한·의원선거와 지방자치단체의 장의 선임방법 기타 지방자치단체의 조직과 운영에 관한 사항은 법률로 정한다'(제118조)고 밝혔다. 이 헌법규정에 따라 지방자치법이 제정되어 공직선거법과 함께 지방자

1) 헌재결 2004. 9. 23. 2000헌라2; 헌재결 2015. 7. 30. 20110헌라2 참조.
2) 대법원 1992. 6. 23. 선고 92추17 판결 참조.

치를 규율하고 있다.

(2) 지방자치의 제도내용

(가) 지방자치단체의 종류

지방자치단체는 **광역자치단체**와 **기초자치단체**의 두 종류가 있다. 광역자치단체는 서울특별시 · 광역시 · 특별자치시 · 도 및 특별자치도가 있는데 정부의 직할 아래 둔다. 기초자치단체는 시 · 군 · 구가 있는데, 시는 도의 관할구역 안에, 군은 광역시 · 특별자치시 · 도의 관할구역 안에, 자치구는 특별시 · 광역시 · 특별자치시의 관할구역 안에 두도록 했다. 그리고 시 · 군 · 구의 행정구역으로 읍 · 면 · 동을 그리고 읍 · 면에는 리를 둔다. 도농 복합형태의 시에서는 도시의 형태를 갖춘 지역에는 동을 그 밖의 지역에는 읍 · 면을 두되, 자치구가 아닌 구에는 읍 · 면 · 동을 둘 수 있다. 제주특별자치도에는 지방자치단체가 아닌 행정시를 두는데 도시의 형태를 갖춘 지역에는 동을, 그 밖의 지역에는 읍 · 면을 둔다.

(나) 지방자치단체의 기구

지방자치단체의 기구로는 지방의회와 지방자치단체의 장과 교육자치를 위한 지방교육자치기구가 있다.

(a) 지방의회

① **지방의회의 구성**

지방의회는 지역주민의 보통 · 평등 · 직접 · 비밀선거로 뽑는 임기 4년의 지방의회 의원으로 구성한다(지자법 제38조, 제39조). 지방의회 의원 선거권자는 선거인명부작성 기준일 현재 지방의회의 관할구역 안에 주민등록이 된 18세 이상(선거일 기준)의 주민과, 3개월 이상 계속하여 주민등록표에 올라 있고 해당 지방자치단체의 관할구역 안에 주민등록이 되어 있는 재외동포 및 영주권 취득 후 3년이 경과한 18세 이상의 외국인으로서 관할구역의 외국인등록대장에 등재된 사람이다. 그리고 18세 이상의 사람으로서 선거일 현재 계속하여 60일 이상 해당 자치단체의 관할구역 안에 주민등록이 된 주민은 피선거권을 갖는다(선거법 제15조 제1항, 제2항, 제16조 제3항, 제17조-제19조). 지방의회는 의원 중에서 임기 2년의 의장 1인과 부의장 1인(시 · 도는 2인)을 선거한다(지자법 제57조). 지방의회 의원은 국회의원을 비롯한 국가 · 지방공무원을 포함한 농 · 수산협동조합 등의 상근직인 임 · 직원 등을 겸할 수 없다(법 제43조).

② 지방의회의 권한

지방의회는 조례의 제정 · 개폐 등의 자치입법권, 예산의 심의 · 확정 및 결산 승인 등의 자치재정권(법 제47조), 행정사무 감사 · 조사권 등을 갖는다(법 제49조, 제50조).

③ 지방의회의 회의

지방의회는 매년 2회의 정기회의와 필요에 따라 임시회의를 갖는데(제53조, 제54조), 지방의회의 연간회의 일수와 정례회 및 임시회의 회기는 해당 지방자치단체의 조례로 정한다(법 제56조). 지방의회의 회의의 운영에 관한 필요한 사항은 당해 지방자치단체의 조례로 정한다(법 제53조 제2항).

(b) 지방자치단체의 장

지방자치단체의 장은 주민이 보통 · 평등 · 직접 · 비밀선거로 뽑는데 임기는 4년이며 계속 재임은 3기에 한한다(법 제107조, 제108조). 자치단체의 장은 국회의원과 지방의원 기타 법령이 정하는 직을 겸할 수 없다(법 제109조). 지방자치단체에 임명직 부단체장을 두는데, 광역자치단체의 부단체장은 정무직 또는 일반직 국가공무원으로 보하며 당해 광역자치단체장의 제청으로 행정안전부장관을 거쳐 대통령이 임명한다(법 제123조 제3항). 대통령령이 정하는 바에 따라 특별시의 부시장은 3인, 광역시와 특별자치시의 부시장과 도 · 특별자치도의 부지사는 2인(인구 800만 이상이면 3인)을 둘 수 있는데, 이때 1인은 정무직 · 일반직 또는 별정직 지방공무원으로 보화되 정무직과 별정직으로 보할 때의 자격기준은 당해 자치단체의 조례로 정한다(법 제123조 제2항 단서). 기초자치단체의 부단체장은 일반직 공무원으로 보하되 그 직급은 대통령령으로 정하며 당해 자치단체의 장이 임명한다(법 제123조 제4항). 인구 100만 이상의 대도시에는 2명의 부시장을 두는데 그중 한 명은 일반직 · 별정직 또는 임기제 지방공무원으로 임명할 수 있다(지방분권법 제42조).

지방자치단체의 장은 당해 지방자치단체를 대표하고, 그 사무를 총괄 · 관리 · 집행하고(지자법 제114조, 제116조), 소속 직원을 지휘 · 감독하며 그 임면 · 교육훈련 · 복무 · 징계 등에 관한 사항을 처리한다. 그리고 지방자치단체의 주요결정 사항 등을 주민투표에 부칠 수 있다(법 제18조).

지방자치단체의 부단체장은 당해 자치단체장을 보좌하여 사무를 총괄하고 소속 직원을 지휘 · 감독하며 자치단체장의 직무대리권을 갖는다. 또 자치단체장의 권한 대행권도 갖는데, 자치단체장의 궐위시, 형사피고인으로 수감중일 때, 60일 이상 장기 입원중일 때(법 제124조 제1항), 주민소환투표대상으로 공고된 경우(주민소환법 제21조)

등과 자치단체장의 직을 가지고 당해 자치단체장 선거에 입후보한 때에는 등록일부터 선거일까지 자치단체장의 권한을 대행한다(지자법 제123조 제5항, 제124조 제2항).

(c) 지방교육자치기구

우리나라는 광역자치단체에서 교육자치도 실시하고 있다. 지방교육자치에 관한 법률(이하 법)에서 그 내용을 정하고 있다. 그에 따르면 교육전문집행기관인 교육감을 두며(법 제18조) 시·도의 관련 상임위와 의회가 교육·학예에 관한 조례안·예산안 및 결산안·특별부과금 등 부과 징수에 관한 사항, 기금의 설치·운용 등 법률에서 정한 사항의 심의·의결권을 가진다.

교육감은 주민의 보통·평등·직접·비밀선거로 뽑는데(법 제22조, 제43조), 임기는 4년이며 계속적인 재임은 3기에 한한다(법 제21조). 교육감 후보자는 정당의 당원이 아니어야 하며 정당도 후보자를 추천할 수 없다. 교육감 후보자는 당해 시·도지사의 피선거권이 있어야 하며 교육경력 또는 교육행정 경력이 3년 이상, 두 경력을 합해서 3년 이상 있어야 한다(법 제24조). 나머지 사항은 선거법의 시·도지사 선거규정을 준용한다(법 제22조, 제49조). 교육감은 교육·학예에 관한 시·도 의회의 규칙의 제정·의결에 대한 재의요구 및 제소권(법 제28조)과 법률이 정한 일정한 사항에 대한 의회 의결 전에 선결처분권을 가지는 등(법 제29조) 교육·학예 등 소관 사무에 관한 모든 집행업무를 책임진다(법 제18조-제20조). 헌법재판소는 교육감의 고유사무가 아닌 법령에 의한 위임사무에 속하는 사항에 대한 교육부장관의 업무지시는 교육감의 권한 침해가 아니라고 판시하면서 학교폭력사실의 학생부 기록지시를 어긴 해당 지자체 교육공무원 등에 대한 교육부장관의 징계의결의 요구는 정당하다고 결정했다.[1] 주민은 교육감을 소환할 수 있다(법 제24조의2).

교육감 밑에 부교육감 1인(인구 800만 이상, 학생 150만 이상인 시·도는 2인)을 두는데, 교육감의 추천과 교육부장관의 제청으로 국무총리를 거쳐 대통령이 임명한다. 부교육감은 국가공무원법(제2조의2)이 정하는 고위공무원단에 속하는 일반직 국가공무원 또는 장학관으로 보한다. 부교육감은 교육감을 보좌하여 사무를 처리하며(법 제30조), 교육감의 권한대행 및 직무대리권도 가진다(법 제31조). 시·도의 교육·학예 사무를 분장하는 하급교육행정기관으로 교육지원청(1 또는 2 이상의 시·군·자치구를 관할)을 두어 장학관으로 보하는 교육장이 책임을 진다(법 제34조, 제35조).

---

1) 헌재결 2013. 12. 26. 2012헌라3 참조.

(다) 지방자치단체 자치권의 내용

지방자치단체는 헌법(제117조 제1항)에 따라 해당 자치지역에 대한 자치권을 갖는데, 자치사무처리, 자치재정, 자치입법 등의 기능이 그것이다. 그리고 주민투표와 주민소환제도를 통해서 주민의 참여를 보장하며 선출직 자치기구를 통제하고 있다.

(a) 자치사무처리기능

지방자치단체는 주민의 복리에 관한 사항을 처리하는 **고유사무**가 그 주된 자치사무지만, 그 밖에도 법령으로 지방자치단체에 속하는 **단체위임사무**(지자법 제13조 제1항)와 국가 또는 광역자치단체가 지방자치단체의 장에게 위임한 **기관위임사무**도 처리한다. 위임사무의 처리비용은 그 전부 또는 일부를 국가가 부담하는데 그에 따른 국가의 감독권도 강화된다. 감사원이 지방자치단체의 자치사무에 대한 합법성뿐 아니라 합목적성의 감사도 할 수 있게 정한 감사원법(제245조 제1항 제2호 등)은 자치권의 침해가 아니라는 헌법판례가 있다.[1] 또 중앙행정기관의 지방자치단체의 자치사무에 대한 감사권은 사후적인 합법성 감사에 한하므로 법령위반사항을 적발하기 위한 사전적·일반적인 포괄감사는 허용되지 않는다는 헌법판례도 있다.[2] 나아가 헌법재판소는 경기도가 양주시의 고유사무에 대하여 감사자료가 아닌 사전 조사자료의 명목으로 감사자료를 요청한 것은 보고 수령권을 남용하여 양주시의 고유사무에 대한 합법성 감사의 한계를 어긴 자치권의 침해라고 결정했다.[3]

(b) 자치재정기능

지방자치단체는 재정과 조세에 관한 권한을 갖는다. 즉 지방자치예산의 편성, 행정목적달성과 공익상 필요한 재산보유, 특정한 자금 운용을 위한 기금설치(법 제159조), 주민의 복리증진을 위한 공공시설의 설치·운영 등을 할 수 있다(법 제161조). 또 법률에 따른 주민에의 지방세 부과(법 제152조), 공공시설의 이용·사용료 징수(법 제153조), 사무 수수료 징수(법 제154조), 공공시설의 수익자에 대한 분담금 징수(법 제155조) 등을 할 수 있다. 사용료·수수료·분담금 등의 징수에 관한 사항은 조례로 정하되 대통령령으로 정하는 표준금액에 따르는 것이 원칙이지만 표준금액의 50/100의 범위 내의 가감조정이 가능하다(법 제156조 제1항). 헌법재판소는 재산세를 자치구와 특별시의 공동세로 변경한 것은 구의 자치재정권의 본질적 내용의 침해가 아니라고

1) 헌재결 2008. 5. 29. 2005헌라3 참조.
2) 헌재결 2009. 5. 28. 2006헌라6 참조.
3) 헌재결 2022. 8. 31. 2021헌라1 참조.

결정했다.[1)]

(c) 자치입법기능

지방의회는 조례제정권을 그리고 지방자치단체 장은 규칙제정권을 가진다.

① 조례제정권

지방자치단체는 법령의 범위 안에서 그 사무에 관한 조례를 제정할 수 있다. 법령에는 법률·법규명령과 법규명령으로 기능하는 행정규칙이 포함된다.[2)] 그런데 주민의 권리제한·의무부과사항과 벌칙의 제정에는 법률의 위임이 있어야 한다(법 제28조). 이 경우 법률의 위임은 반드시 구체적으로 범위를 정하지 않아도 포괄적인 것으로 족하다는 것이 헌법재판소의 판시이다.[3)] 조례로 정할 수 있는 사무는 자치사무와 단체위임사무에 한하고 기관위임사무는 제외된다. 다만 기관위임사무도 관련 개별법령의 위임이 있으면 자치조례제정권과 무관하게 그 개별법령의 취지에 부합하는 위임조례를 제정할 수 있다. 지방자치단체는 조례위반행위에 대하여 천만 원 이하의 과태료부과를 조례로 정할 수 있다(법 제34조 제1항). 기초자치단체의 조례는 광역자치단체의 조례를 위반하지 말아야 한다(법 제30조). 조례제정·개폐는 공역자치단체는 행정안전부장관에게, 기초자치단체는 시·도지사에게 그 전문을 첨부해서 보고해야 한다(법 제35조). 지방자치단체가 과세 면제 조례를 제정할 때 미리 감독관청(행안부장관)의 허가를 받도록 정한 지방세법 규정은 자치입법권의 침해가 아니라는 헌법판례가 있다.[4)] 지방자치단체장은 조례에 대한 재의요구권(법 제32조 제3항)과 제소권으로 지방의회의 조례제정을 통제할 수 있다(법 제192조). 그리고 주민도 조례제정 및 개폐청구권을 갖는다(주민조례발안법 제3조).

② 규칙제정권

지방자치단체장은 법령·조례의 위임 범위 안에서 그 권한 사무에 관한 규칙제정권을 갖는다(법 제29조). 기초자치단체의 규칙은 광역자치단체의 규칙을 위반하지 말아야 하고(법 제30조), 규칙의 제정·개폐시에는 조례의 경우와 같이 감독관청에 보고해야 한다(법 제35조).

1) 헌재결 2010. 10. 28. 2007헌라4 참조.
2) 헌재결 2002. 10. 31. 2001헌라1 참조.
3) 헌재결 1995. 4. 20. 92헌마264 등; 헌재결 2023. 12. 21. 2020헌바374 참조.
4) 헌재결 1998. 4. 30. 96헌바62 참조.

(d) 주민투표와 주민소환

지방자치단체의 주민은 주민투표 청구권과 지방공직자에 대한 주민소환권을 가지고 지방자치에 적극적으로 참여할 수 있다.

① 주민투표

지방자치단체의 폐치·분합 또는 주민에게 과도한 부담을 주거나 중대한 영향을 미치는 중요한 결정사항이어서 조례로 정하는 사항은 주민투표에 부칠 수 있다. 그러나 법령에 위반되거나 재판 중인 사항, 지방자치단체의 예산·회계·계약·재산관리·공과금의 부과와 감면·행정기구의 설치와 변경·공무원의 신분과 보수에 관한 사항 등은 주민투표의 대상이 아니다(지자법 제18조, 주투법 제7조). 주민투표의 청구권자는 18세 이상의 주민(법 제5조)인데, 주민 1/20(강원특별자치도는 1/30) 이상 1/5 이하의 범위 내에서 조례로 정하는 수 이상의 주민, 지방자치단체의 장, 지방의회, 중앙행정기관의 장(주투법 제8조, 제9조, 강원특법 제11조) 등이다. 그런데 공직선거일 전 60일부터 선거일까지는 주민투표를 발의할 수 없다(주투법 제13조 제3항). 주민투표에 부친 사항은 투표권자 1/4 이상의 투표와 유효투표 과반수의 득표로 확정되는데, 지방자치단체의 장 및 지방의회는 확정된 내용대로 필요한 조치를 해야 한다(법 제24조). 주민투표소송은 관할선거관리위원에 소청절차를 거쳐 기초자치단체는 고등법원에, 광역자치단체는 대법원에 제기할 수 있다(법 제 25조).

② 주민소환

지방주민은 선출직 지방공무원을 소환할 수 있다. 즉 지방자치 선거권이 있는 일정 수 이상의 주민(광역자치단체장의 경우 10%, 기초자치단체장 15%, 지방의회의원 20%)은 선출직 지방공직자(비례대표지방의원은 제외)를 대상으로 관할선거관리위원회에 주민소환투표의 실시를 청구할 수 있다(지자법 제25조, 주민소환법 제7조). 다만 청구 제한 기간에는 청구할 수 없는데, 임기개시일 1년 미만, 임기만료일 1년 미만, 해당자에 대한 소환투표 후 1년 이내(법 제8조) 등이다. 적법한 청구가 있으면 관할선거관리위원회가 주민소환투표청구안을 공고·발의하고(법 제12조), 공고일부터 20일 이상 30일 이내의 범위 안에서 투표일을 정한다. 다만 소환 대상 공직자의 자진사퇴, 피선거권 상실, 사망의 경우에는 투표를 하지 않는다(법 제13조). 주민소환대상자는 주민소환투표안 공고일부터 투표 결과가 공표될 때까지 그 권한 행사가 정지되며 자치단체장의 경우에는 부단체장이 그 권한을 대행한다. 권한 행사가 정지된 지방의원은 그 정지 기간에는 인터넷 게재 이외의 의정활동보고를 할 수 없다(법 제21조). 주민소환투표결과 투표권자

1/3 이상의 투표와 유효투표 과반수의 찬성이 있으면 주민소환은 확정된다(법 제22조). 해당 공직자는 투표 결과 공표 시점부터 그 직을 상실하며, 그로 인해 실시하는 해당 보궐선거에 후보자가 될 수 없다(법 제23조). 주민소환투표소송은 해당 선거관리위원회에 소청을 거쳐 고등법원(기초자치단체장 및 지방의원) 또는 대법원(광역자치단체장과 교육감)에 제기할 수 있다(법 제24조).

(e) 주민감사청구와 주민소송

① 주민감사청구

지방자치단체장의 사무처리가 법령위반 또는 현저한 공익훼손이 있는 경우 선거권 있는 해당 주민은 조례로 정하는 일정 수 이상(시·도 300명, 인구 50만 이상 대도시 200명, 시·군·자치구 150명 미만의 범위)의 주민 연서로 3년 안에 주무부장관(광역자치단체의 경우) 또는 시·도지사(기초자치단체의 경우)에게 감사청구를 할 수 있다(지자법 제21조 제1항-제3항). 감사청구를 받은 감사기관은 원칙적으로 60일 이내에 감사를 마치고 그 결과를 청구인의 대표자·해당 지방자치단체장에게 서면 통지하고 공표한다(법 제21조 제9항). 감사청구사항이 이미 다른 기관에서 감사한 사항이거나 감사 중인 사항이면 청구인 등에게 그 사실과 결과를 바로 알려야 한다(법 제21조 제10항). 감사기관은 감사 결과에 따른 필요한 조치를 기간을 정해 당해 자치단체장에게 요구할 수 있다. 이 경우 당해 자치단체장은 성실 이행 의무를 지며 그 조치 결과를 지방의회와 감사기관에 보고해야 한다(법 제21조 제12항). 감사기관은 조치 요구 내용과 당해 자치단체장의 조치 결과를 청구인 대표자에게 서면 통지하고 공표해야 한다(법 제21조 제13항).

② 주민소송

공금지출·재산관리·계약체결·공과금 부과 등에 관한 감사청구에 대해서 감사기관이 정해진 기간 내에 감사를 종료하지 않거나, 감사기관의 감사 결과 또는 조치 요구에 불복하거나, 감시기관의 조치 요구를 당해 자치단체장이 이행하지 않거나, 이행조치에 불복하는 감사청구인은 90일 이내에 당해 자치단체장을 상대로 관할 행정법원에 주민소송을 제기할 수 있다. 주민소송에서 승소한 주민은 당해 자치단체에 변호사 보수 등의 소송비용 및 감사청구 절차 진행에 지출한 비용의 보상을 청구할 수 있고, 당해 자치단체는 객관적으로 인정되는 비용을 보상해야 한다(법 제22조 제1항-제18항). 주민소송의 판결 결과에 따라 해당 당사자는 손해배상(법 제23조) 또는 변상(법 제24조) 등의 이행 의무가 발생한다.

(3) 우리 지방자치제도의 문제점과 개선 방향

우리의 지방자치제도는 개선의 필요성이 있는 몇 가지 문제점을 가지고 있다. 즉 지방주민의 생활권을 무시한 자치단체의 종류와 지방의회의원에 대한 월정액의 수당 지급, 그리고 지방자치단체 부단체장의 임명 방법의 2원화 등이다.

우리 지방자치제도는 농어촌지역에서의 기초자치단체를 '군'으로 정하고 있는데 이는 농어촌 지역의 실제적인 생활권이 읍·면인 현실을 외면한 것이다. 따라서 농어촌지역의 기초단체를 읍·면으로 하는 것이 바람직하다.

지방의회의원에게 의정활동비와 월정수당 등 일정액을 지급하는 것은 지방의원의 업무가 일종의 봉사직으로서 명예직의 성질을 갖는 것과 조화하기 어렵다. 그리고 지방의회의원은 실질적으로 해당 지역 국회의원에 의해서 선발되고 그에게 충성하는 정치인으로 변질하고 있다. 지방자치의 선진국에서는 지방의회의원은 명예직으로서 다른 생업을 가진 지방주민이 주로 일과 후에 모여 지방의회의 업무를 처리하고 회의 수당을 받는 것이 일반적이다. 우리도 그런 방향으로 개선할 필요가 있다.

우리 지방자치제도는 광역자치단체와 기초자치단체의 부단체장의 임명방법을 달리 정하고 있다. 즉 광역자치단체의 부단체장은 정무직 또는 일반직 국가공무원으로 보하며, 당해 자치단체장의 제청으로 행정안전부장관을 거쳐 대통령이 임명하도록 했다. 반면에 기초자치단체의 부단체장은 일반직 지방공무원으로 보하며 당해 자치단체장이 임명하도록 했다. 그러나 이러한 부단체장의 2원적인 임명방법은 당위성이 희박하다고 할 것이다. 지방자치단체장의 부단체장은 주민이 선거하는 해당 자치단체장의 보좌기관으로서 자치단체장의 직무대리 또는 권한대행자의 역할을 하는 것과 조화할 수 있도록 광역·기초단체의 구별 없이 해당 자치단체장이 지방의회의 동의를 얻어 임명하는 방향으로 개선할 필요가 있다.

7. 헌법재판제도

종래 헌법재판은 3권분립에 따른 입법·행정·사법기능 중에서 사법기능의 한 유형으로 인식해 왔다. 그래서 헌법재판도 사법기능과 함께 설명했다. 그러나 오늘날 헌법재판에 대한 인식이 바뀌어 헌법재판은 단순히 사법기능의 한 유형이 아니라 통치권의 기본권 기속성과 통치권 행사의 절차적 정당성을 확보하기 위한 기능적 권력통제의 중요한 메커니즘으로 이해하게 되었다. 그 결과 헌법재판은 권력분립의 차원에서 통치를 위한 기관의 구성원리로 분류하게 되었다. 따라서 다른 통치기관의 구성원리와 마찬가지로 합리적이고 실효성 있는 헌법재판제도를 마련하는 것은 기능적 권력통제를 위해서 매우 중요하다. 즉 헌법재판제도를 통해서 헌법이 '**정치의 시녀**'로 악용되는 것을 막고 정치생활이 헌법의 규범적인 테두리 내에서 이루어질 수 있도록 정치생활의 '**규범화 현상**'을 실현할 때 헌법가치에 따른 사회통합은 비로소 실현된다.

다만 헌법재판제도는 다른 통치기관의 구성원리보다 실효성을 갖기가 훨씬 어렵다는 점도 인식해야 한다. 헌법재판제도가 실효성을 나타내려면 헌법재판의 통제를 받는 입법·행정·사법권이 헌법재판의 결과를 존중하고 그에 따른 필요한 조치를 해야 한다. 그래서 헌법재판은 다른 권력기관의 적극적인 협력 없이는 제 기능을 하기 어렵다. 헌법재판제도가 헌법제도 중에서 가장 실현하기 어려운 통치기관의 구성원리로 인식되는 이유도 그 때문이다. 헌법재판제도가 실효성을 갖기 위한 최후의 보루는 국민이 갖는 강력한 '**헌법에의 의지**'이다. 헌법재판이 국민의 이 '헌법에의 의지'로 뒷받침될 때 다른 권력기관도 헌법재판을 존중하게 된다.

1) 헌법재판의 개념과 본질

(1) 헌법재판의 개념과 그 이념적 기초

(가) 헌법재판의 개념

헌법재판은 헌법의 운용과정에서 생기는 헌법의 규범 내용과 기타 헌법문제에 대한 다툼을 헌법의 규범력에 따라 유권적으로 해결함으로써 헌법의 최고규범성과 규범력을 지키고 헌정생활의 안정을 유지하려는 헌법의 실현 작용이다.

(나) 헌법재판의 이념적 기초

헌법재판은 다음의 몇 가지 이념적인 기초 위에서 이루어지는 헌법 실현 작용이다. 즉 성문의 **경성헌법, 헌법의 최고규범성, 기본권의 직접적 효력성, 헌법개념의 포괄성** 등이 그것이다.

i) 헌법재판은 성문의 경성헌법을 가지는 국가에서 그 제도적인 의의와 기능을 가지기 때문에 불문의 연성헌법 국가에서는 헌법재판이 따로 논의되지 않는다. ii) 헌법재판은 헌법의 최고규범성을 전제로 일반 법률보다 헌법에 더 상위의 우선적인 효력을 인정하는 법질서를 그 이념적인 기초로 하고 있다. iii) 헌법재판은 통치권의 기본권 기속성에 따른 기본권의 직접적 효력을 그 이념적인 기초로 한다. iv) 헌법재판

은 형식적 의미의 헌법뿐 아니라 헌법 부속 법률인 실질적 의미의 헌법까지도 모두 포괄하는 헌법규범의 포괄성에 그 이념적 기초를 두고 있다.

(2) 헌법재판의 특성과 성격

(가) 헌법재판의 특성

헌법재판은 그 기능형식으로는 민사·형사·행정·가사·특허·회생 재판과 같은 법인식 기능이지만, 다른 재판과는 다른 특성을 가진다. 즉 헌법재판은 **정치형성재판**이고, **비강권재판**이며 **공감적 가치실현재판**이라는 특성이 바로 그것이다.

i) 헌법의 '정치규범성'으로 인해서 헌법재판의 대상인 헌법분쟁은 국가의 정치생활과 직결되므로 그 분쟁을 해결하는 헌법재판은 헌법정신에 맞게 정치생활을 형성하는 재판이라는 특성을 갖는다. ii) 헌법재판은 그 재판 결과의 집행력에서 다른 재판과 다른 특성을 갖는다. 즉 민사재판의 강제집행절차, 형사재판의 형의 집행절차, 행정재판의 행정강제 등 다른 재판은 재판 결과를 관철하는 강제수단이 마련되어 있으나 헌법재판은 재판 결과를 강제할 수 있는 수단이 따로 없다는 점에서 비강권재판이라는 특성을 갖는다. 헌법재판이 가장 실현하기 어려운 헌법제도로 인식되는 이유도 헌법재판의 이 특성 때문이다. iii) 헌법은 국민의 공감적인 가치질서를 의미하므로 헌법재판은 이 공감적 가치질서를 실현하는 재판으로서의 특성을 갖는다. 그런데 이 특성은 헌법이 명실공히 국민의 공감적 가치를 담고 있을 때 비로소 의미가 있다. 그 경우에 헌법은 국민에게 강력한 '헌법에의 의지'를 갖게 하고 헌법재판은 최종적으로는 국민의 이 헌법수호 의지로 뒷받침되어 비로소 공감적 가치 실현기능을 다 할 수 있기 때문이다.

(나) 헌법재판의 법적 성격

헌법재판의 법적 성격에 관해서는 사법작용설, 정치작용설, 입법작용설, 제4의 국가작용설 등이 대립하고 있다.

(a) 사법작용설

사법작용설은 헌법재판도 헌법규범에 대한 **법해석작용**을 그 본질로 하므로 다른 법률해석작용과 같은 전형적인 사법적 법인식작용이라고 설명한다. 즉 헌법해석과 법률해석은 그 방법상 아무런 차이가 없으므로 법적 성격도 같다고 한다. 그러나 헌법과 법률은 우선 그 **규범구조**가 다르다. 즉 헌법은 다른 법률과 달리 추상적이고 개방적이며 미완성의 규범구조를 가지므로 헌법의 해석은 다른 법률의 해석과는 그 의미와 성격이 다를 수밖에 없다는 점을 간과한 주장이다.

(b) 정치작용설

헌법재판은 정치규범인 헌법과 관련한 분쟁을 대상으로 하는데 헌법분쟁은 그 본질상 '법률분쟁'이 아닌 '**정치분쟁**'이기 때문에 정치분쟁을 해결하는 헌법재판은 정치작용이지 사법작용이 아니라고 설명한다. 헌법재판을 사법적 형태의 정치작용(**정치적 사법작용**)으로 이해하는 이 주장은 합법성 추구의 사법작용과 합목적성 추구의 정치작용은 기능적으로 양립할 수 없다는 사실을 외면할 뿐 아니라 헌법의 정치규범성만을 지나치게 강조하고 헌법이 갖는 사회통합의 규범적인 특성을 과소평가한다는 비판을 면하기 어렵다.

(c) 입법작용설

헌법재판은 헌법해석을 통한 헌법 실현 작용인데 헌법의 규범구조적인 특성(추상성·개방성·미완성성) 때문에 헌법해석은 헌법을 보충하고 형성해서 헌법규범의 불완전한 내용을 구체화하는 **법정립작용**이라고 설명한다. 그러나 입법작용설은 헌법재판의 본질과 헌법재판의 효과를 구별하지 않고 있다는 비판을 면하기 어렵다. 즉 헌법재판의 결과로 생기는 헌법보충적인 입법기능은 헌법재판의 효과이지 헌법재판의 본질은 아니다. 그리고 일반법률의 해석에서도 법률의 보충·형성적 기능을 완전히 배제할 수 없는데 그렇다고 법률해석이 입법작용일 수는 없다.

(d) 제4의 국가작용설

헌법재판은 국가권력의 기본권 기속성과 국가권력 행사의 절차적인 정당성을 확보하기 위한 기능적인 권력통제수단이므로 입법·행정·사법작용과는 다른 제4의 국가작용이라고 설명한다. 헌법재판은 합법성과 합목적성을 함께 추구함으로써 목적 지상주의적인 정치작용에 분명한 법적인 한계를 제시해서 헌법보호의 과제를 수행하는 제4의 국가작용으로 이해하는 것이 가장 설득력이 있다고 생각한다. 특히 헌법재판을 **기능적 권력통제수단**으로 이해하며 통치기관의 중요한 구성원리로 보는 관점에서는 제4의 국가작용설은 당연한 논리적인 귀결이다. 다만 헌법재판이 제4의 국가작용으로서 권력통제의 실효성을 온전히 나타내기 위해서는 다른 통치기관에 못지않은 강력한 민주적 정당성을 갖도록 헌법재판기관을 구성하는 것이 필수적이다.

2) 헌법재판의 기능과 헌법상 의의

헌법재판은 법인식적인 헌법실현작용으로 공감적 가치에 따라 사회통합을 실현하는 불가결한 수단이다. 즉 헌법재판은 사회통합의 견인차적인 의의와 기능을 갖는데, 헌법재판의 종류에 따라 다소의 차이는 있지만, 대체로 헌법보호기능, 권력통제기능, 자유보호기능, 정치적 평화보장기능 등을 갖는다.

(1) 헌법보호기능

헌법재판은 모든 형태의 헌법침해로부터 헌법의 규범적 효력을 지켜 헌정생활의 법적인 기초를 다지는 헌법보호기능을 가진다. 특히 권력의 악용·남용에 의한 헌법침해는 헌법적 가치의 실현을 통한 사회통합의 가장 암적인 현상이므로 헌법재판(탄핵심판·헌법소원·위헌정당해산)을 통해서 제동을 걸어야 헌법은 규범력을 유지하게 된다.

(2) 권력통제기능

헌법재판은 합목적성(목적이 모든 수단을 정당화한다)을 추구하는 정치의 탈헌법적 경향에 제동을 걸어 정치가 헌법의 규범적인 테두리 내에서 움직이도록 유도하는 권력통제기능을 가진다. 또 사회구조의 변화와 정당국가 현상에 따른 권력 통합현상으로 약화한 권력 상호 간의 견제·균형의 메커니즘을 보완하는 권력통제기능도 중요하다. 나아가 헌법재판은 다수만능주의에 제동을 걸고 소수를 보호함으로써 평화적 정권교체를 촉진한다는 점에서 정치적 다수세력에 대한 권력통제기능을 가진다.

(3) 자유보호기능

헌법재판은 통치권의 기본권 기속성과 통치권행사의 절차적 정당성을 확보함으로써 국민의 자유와 권리를 보호하는 기능을 갖는다. 특히 헌법재판을 통해서 기본권의 법률유보와 기본권 제한 입법의 한계조항이 갖는 규범적인 내용과 효력을 밝히는 것은 기본권 보호에 매우 중요하다.

(4) 정치적 평화보장기능

헌법재판은 다양한 유형의 헌법분쟁을 유권적으로 해결함으로써 헌정생활을 안정시키고 정치적 평화를 보장하는 기능을 갖는다. 헌정생활의 안정과 정치적 평화의 유지는 사회통합을 실현하는 불가결한 전제조건이다.

3) 헌법재판의 기관

헌법재판을 맡을 기관을 어떻게 정할 것인가의 문제는 헌법재판의 법적 성격의 평가와 이론적인 연관성이 있다.

(1) 사법형

헌법재판을 **사법작용**으로 이해하는 관점에서는 헌법재판도 **일반법원**에 맡기면 되므로 따로 헌법재판을 위한 기관을 구성할 필요가 없다. 이 입장에서 특히 강조하는 점은 중립적이고 안정적인 조직을 갖는 사법부가 헌법재판을 맡는 것이 헌법재판의 안정적인 실효성 확보를 위해서 유리하다고 한다. 또 사법부가 헌법재판을 맡으면 그 기능을 통해서 사법권이 강화되어 권력분립의 효과를 높이게 된다고 한다.

그러나 사법부가 헌법재판을 맡는 것은 득보다 실이 더 많다고 할 것이다. 즉 헌법재판의 본질상 헌법재판이 사법부를 정치권으로 끌어들여 자칫 '**사법의 정치화**'를 초래해 사법권의 중립성과 독립성을 해칠 가능성과 위험성이 크다. 또 이러한 위험성이 없을 정도로 사법권의 독립이 보장된 상황에서 사법부가 헌법재판을 맡으면 사법부의 권한이 너무 커져 자칫 민주적 정당성에 어긋나는 '**사법국가**' 내지 '**법관의 통치**'를 초래할 수도 있다. 반면에 사법권의 독립이 취약한 상황에서 사법부가 헌법재판을 맡으면 헌법재판이 유명무실해질 뿐 아니라 앞에서 말한 사법의 정치화로 인해 사법권을 더욱 약화하는 결과로 이어질 수 있다. 다만 미국에서는 오랜 전통과 역사 속에서 사법형에 따라 연장대법원이 헌법재판을 성공적으로 잘 수행하고 있는데 하나의 예외 현상으로 볼 수 있다.

(2) 독립기관형

헌법재판을 정치작용설·입법작용설·제4의 국가작용설 등으로 이해하는 관점에서는 헌법재판의 성격상 일반법원이 맡는 것은 바람직하지 않으므로 전통적인 사법작용과 분리해서 헌법재판을 독립한 기관에게 맡기는 것이 가장 바람직하다. 헌법재판을 맡을 독립한 기구를 강력한 민주적 정당성을 갖도록 구성한다면 헌법재판의 실효성이 더 커질 수 있다고 한다.

헌법재판을 제4의 국가작용으로 이해하는 관점에서는 권력통제 기능을 갖는 헌법재판의 본질상 헌법재판은 독립한 기관이 맡는 것이 체계조화를 위해서 가장 바람직하다고 생각한다. 다만 독립기관이 헌법재판의 막중한 과제를 제대로 수행하려면 **강력한 민주적 정당성**을 갖도록 독립기관을 구성해야 한다. 독일, 프랑스, 오스트리아 등 유럽 여러 나라가 채택하고 있는데 우리나라도 마찬가지이다.

4) 헌법재판의 종류

헌법재판은 여러 기준으로 분류할 수 있는데 대체로 여섯 가지 종류로 구분하는 것이 일반적이다. 즉 권한(기관)쟁의, 규범통제, 헌법소원, 선거심사, 소추절차적 헌법재판, 연방국가적 쟁의 등이 그것이다.

(1) 권한(기관)쟁의 재판제도

헌법 또는 법률로 설치된 국가기관 상호 간의 헌법 또는 법률적인 권한과 의무의 내용과 범위에 대한 다툼을 심판하는 헌법재판제도이다. 이러한 권한쟁의 분쟁이 지속하면 국정 수행이 정체할 뿐 아니라 그로 인해서 국민의 기본권 실현에도 부정적인 영향을 미친다. 따라서 권한쟁의 재판을 통해서 분쟁 당사자인 국가기관 상호 간의 권한과 의무의 내용과 한계를 명백히 밝혀줌으로써 국가기능의 수행을 원활히 하고 권력 상호 간의 견제·균형의 효과를 유지해 헌법적인 가치질서를 보호한다는데 이 재판의 목적과 의의가 있다. 우리도 채택한 제도이다.

(2) 규범통제제도

규범통제는 법률의 위헌 여부를 심사해서 위헌법률의 효력을 상실시켜 헌법의 최고규범성을 지키는 헌법재판제도이다. 규범통제는 주관적인 권리보호보다 객관적인 법질서보호를 위한 '**객관적 소송**'의 성질을 가진다. 규범통제는 구체적 규범통제와 추상적 규범통제의 두 가지 유형이 있다.

(가) 구체적 규범통제

구체적 규범통제는 법률의 위헌 여부가 재판의 전제가 된 경우에 소송 당사자의 신청이 있거나 법원이 직권으로 규범심사를 하는 제도이다. 이 제도는 1803년 미국 연방대법원의 위헌심사[1]에서 유래했다.

구체적 규범통제는 **민주적 정당성**의 관점에서 그 당위성에 관한 논란이 있었다.

---

1) Marbury v. Madison, 5 U.S.(1 Ctanch) 137(1803) 참조.

즉 국민이 뽑아 강력한 민주적 정당성을 갖는 입법기관이 제정한 법률을 민주적 정당성도 취약한 법원 또는 독립기관이 심사해서 그 효력을 잃게 하는 것은 민주주의 이념에 어긋난다는 논리이다. 이러한 논리는 특히 헌법재판의 본질을 **사법작용**으로 보고 법원이 헌법재판을 하는 때에 더욱 강하게 제기되었다. 그러나 헌법재판을 약화한 3권분립의 견제·균형 장치를 보완하는 기능적 권력통제의 수단으로서 통치기관의 구성원리로 보는 관점에서는 그런 논리는 설득력이 없다. 헌법재판기관의 구성방법이 중요한 이유도 그 때문이다.

이러한 논리를 극복하는 하나의 방법으로 입법기능을 존중하면서도 헌법의 최고규범성을 지킬 수 있도록 법률의 위헌심사권과 위헌결정권을 분리하는 **관할분리제**를 채택하고 있다. 즉 법률의 위헌심사권은 각급 법원에 맡기지만, 법률의 위헌결정권은 민주적 정당성이 있는 독립한 기관에 맡기는 것이다. 많은 나라가 채택하고 있고 우리나라도 이에 따라 각급 법원이 위헌심사권을 갖고 위헌결정권은 헌법재판소의 전속관할사항으로 하고 있다.

구체적 규범통제는 사후통제와 사전통제의 두 가지 유형이 있다. 즉 사후통제는 법률의 효력발생 후에 규범통제를 하는 것인데, 사전통제는 법률안이 입법기관을 통과한 후 아직 효력을 발생하기 전에 미리 규범통제를 함으로써 위헌법률의 시행을 사전에 차단하는 제도이다. 프랑스에서 전통적으로 시행하고 있는 사전적 규범통제제도가 이 유형의 대표적인 예이다.

(나) 추상적 규범통제제도

추상적 규범통제는 법률의 위헌 여부가 재판의 전제가 되지 않아도 법률의 위헌 여부에 대한 다툼이 생긴 경우 정해진 국가기관의 신청으로 헌법재판기관이 규범통제를 하는 제도이다. 추상적 규범통제의 신청권은 나라마다 다르긴 해도 법률제정에 관여하는 모든 헌법기관에 부여하는 것이 일반적이다. 특히 입법기관의 **소수세력**이 신청권을 갖는 것은 입법과정에서 다수당의 독주와 전제를 견제하는 기능뿐 아니라 소수세력의 극한적인 입법반대를 순화하는 효과도 있어 입법과정에서 타협과 절충을 촉진해 민주주의 실현에 매우 바람직한 제도이다. 독일을 비롯한 여러 나라에서 시행하고 있지만 우리나라는 채택하지 않은 제도이다.

(3) 헌법소원제도

헌법소원제도는 국가의 위법한 공권력의 행사로 국민의 자유와 권리를 침해한 때에 피해자가 직접 헌법재판기관에 권리구제를 신청해서 구제받을 수 있는 제도이다. 헌법소원제도의 유형에는 **민중소송**도 있는데, 권리침해를 받은 당사자뿐 아니라 제3자도 피해자를 위해서 헌법소원을 제기할 수 있는 제도이다. 우리나라는 민중소송을 배제한 헌법소원제도를 채택하고 있다.

(4) 선거심사제도

선거심사제도는 대의기관을 구성하는 선거와 국민투표의 실시에서 합헌성·합법성에 대한 다툼이 생긴 경우에 헌법재판기관이 그 분쟁을 해결해서 선거와 국민투표의 합헌성을 보장하는 제도이다. 독일은 연방국회의원 선거에 관한 다툼이 생기면 선거무효 또는 당선무효에 관한 심사권을 연방국회가 가지는데, 연방의회의 결정에 이의가 있으면 연방헌법재판소에 선거심사소송을 제기해서 연방헌법재판소가 최종적인 결정을 한다. 우리나라는 전통적으로 선거소송을 법원의 관할사항으로 정해서 선거의 종류에 따라 대법원 또는 관할고등법원이 심판한다.

(5) 소추절차적 헌법재판제도

소추절차적 헌법재판은 헌법적인 가치질서를 파괴하려는 국가기관 또는 정치세력(정당)에 대항해서 헌법적 가치질서를 지키기 위한 헌법재판으로서 방어적·투쟁적 민주주의의 제도적인 표현이다. 고위 공직자에 대한 **탄핵심판제도**, **위헌정당해산제도**, **기본권의 실효제도** 등이 여기에 속한다. 우리나라는 탄핵심판제도와 위헌정당해산제도를 채택하고 있지만 기본권 실효제도는 채택하지 않았다. 기본권을 악용·남용해서 헌법가치를 침해하는 기본권 주체의 해당 기본권의 효력을 일정기간 정지시키는 헌법재판제도가 기본권 실효제도이다. 독일은 이 제도도 시행하고 있다.

(6) 연방국가적 쟁의제도

연방국가적 쟁의는 연방국가의 구조에서 생기는 연방과 지방(주) 또는 지방국 상호 간의 관할권 다툼을 조정하고 해결해서 연방국가적 체제안정을 실현하는 헌법재판이다. 연방국가적 쟁의에는 지방정부의 연방법 집행과정, 지방정부에 대한 연방정부의 행정감독의 과정에서 생기는 연방과 지방의 분쟁과, 연방과 지방 간 또는 여러 지방 간에 생기는 기타의 공법상 분쟁이 모두 포함된다. 그래서 연방정부와 지방정부가 소송당사자가 된다. 연방국가적 쟁의는 그 성격과 기능이 권한쟁의와 유사한 점이 많다.

그래서 권한쟁의의 절차규정이 준용되기도 한다. 연방국가에서는 매우 중요한 헌법재판제도이다.

5) 헌법재판의 한계

종래 헌법재판에는 **제도 본질적** 또는 **정책적 한계**가 있다는 주장이 제기되었다. 즉 헌법을 국민의 정치적 결단으로 이해하는 헌법철학의 관점에서 정치적 결단인 헌법에 대한 사법적인 통제는 모순이므로 헌법재판에는 제도 본질적으로 일정한 한계가 있다고 주장했다. 또 헌법재판의 본질을 전통적인 사법작용으로 이해하는 관점에서 수동적인 사법작용의 본질에 비추어 민감하고 능동적인 정치문제에 깊이 관여하는 것은 옳지 않다고 주장했다. 또 이러한 제도 본질적인 한계론과는 달리 정책적 차원에서 헌법재판의 한계를 주장하기도 했다. 즉 헌법재판의 권위와 실효성을 높이고 헌법재판제도를 오래 유지하기 위해서는 헌법재판이 이른바 **정치문제**(political-question)에 지나치게 간섭하지 않는 것이 정책적으로 바람직하다는 논리이다(이른바 political-question doctrine).

생각건대 헌법재판을 기능적 권력통제를 위한 제4의 국가작용으로 이해하는 관점에서는 헌법재판에 제도 본질적으로 한계가 있다는 두 가지 논리는 수용할 수 없다. 또 political-question doctrine으로 불리는 정책적 한계론도 제한 없이 수용할 수는 없다고 생각한다. 헌법재판은 율동적인 정치생활을 헌법규범의 영역으로 불러들여 헌법이 국가생활을 주도할 수 있는 규범적인 힘을 계속 가지도록 하는 헌법의 실현수단이므로 당연히 모든 국가작용이 그 규제와 통제의 대상이 되어야 한다. 따라서 헌법재판의 대상에서 정책적으로 제외해야 하는 국가작용(**통치작용** 포함)은 있을 수 없다. 다만 국가안보 등 매우 민감한 외교 또는 국제 관계적인 문제에 대해서는 합목적성의 관점에서 **사법적 자제**(judicial self restraint)의 자세를 갖는 것이 국익에 도움이 될 수 있다. 헌법재판소도 금융실명제를 위한 긴급재정·경제명령 등에 대한 헌법소원사건에서 모든 통치행위가 헌법재판의 대상이 된다고 판시했다.[1] 그리고 국군의 이라크 파병 결정에 대해서는 '고도의 정치적 결단이 요구되는 사안으로서 대의기관의 판단은 가급적 존중되어야 하므로 사법적 기준만으로 이를 심판하는 것은 자제되어야 한다'[2]고 사법적인 자제설에 따른 판시를 하기도 했다. 그렇지만 '한인 위안부' 헌법소

1) 헌재결 1996. 2. 29. 93헌마186 참조.
2) 헌재결 2004. 4. 29. 2003헌마814 참조.

원사건[1] 및 '사할린 한인문제'에 대한 위헌심판청구사건[2]에서는 본안판단 없이 각하결정을 했다.

6) 우리나라의 헌법재판제도

우리 헌법(제111조-제113조)도 헌법재판제도를 통치기관의 구성원리로 채택했다. 즉 구체적규범통제제도(제107조 제1항, 제111조 제1항 제1호), 탄핵심판제도(제65조, 제111조 제1항 제2호), 위헌정당해산제도(제8조 제4항, 제111조 제1항 제3호), 권한쟁의제도(제111조 제1항 제4호), 헌법소원제도(제111조 제1항 제5호) 등이 바로 그것이다. 그리고 독립한 헌법재판소를 설치해서 헌법재판을 전담하게 했다.[3]

(1) 헌법재판소

(가) 헌법재판소의 조직과 헌법상 지위

(a) 헌법재판소의 조직

① 재판관의 자격과 임명방법 및 임기

헌법재판소는 법관의 자격을 가진 9인의 재판관으로 구성하는데 대통령, 국회, 대법원장이 각각 3인씩 추천하고 대통령이 임명한다. 헌법재판소의 장은 재판관 중에서 대통령이 국회의 동의를 얻어 임명한다(제111조 제2항-제4항). 재판관의 임기는 6년이고 연임이 가능한데 정년은 70세이다(제112조 제1항). 재판관의 임기가 만료되거나 정년이 도래한 때에는 임기만료일 또는 정년 도래일까지 후임자를 임명해야 한다. 임기 중 재판관이 결원된 때에는 30일 이내에 후임자를 임명해야 한다. 국회 폐회·휴회 중에 국회에서 선출한 재판관이 임기만료·정년도래 기타 사유로 결원이 생기면 국회는 다음 집회 개시 후 30일 이내에 후임자를 선출해야 한다(헌재법 제6조 제3항-제5항). 국회가 퇴임한 재판관을 법정기간이 경과 후에도 '상당한 기간' 내에 선출하지 않아 장기간 재판관 공백사태를 빚었다면 국민의 공정한 재판을 받을 권리를 침해하는 것이라는 헌법판례가 있다.[4] 그래서 헌법재판소는 국회가 임기 만료된 후임 재판관을 상당한 기간 내에 선출해야 할 헌법상의 작위의무를 이행하지 않아 헌법재판소

---

1) 헌재결 2019. 12. 27. 2016헌마253 참조.
2) 헌재결 2019. 12. 27. 2012헌마939 참조.
3) 헌법재판에 관한 보다 자세한 내용은 졸저, '헌법소송법론' 제17판(2023)을 참조할 것.
4) 헌재결 2014. 4. 24. 2012헌마2 참조.

가 심판정족수 부족으로 심판을 할 수 없다면 사실상 재판 외의 사유로 재판절차를 정지시키는 것이고 그로 인해 국민의 신속한 재판을 받을 권리가 침해될 가능성이 크므로 이런 때에는 심판정족수를 정한 헌법재판소법 제23조 제1항의 효력을 정지시켜 6인만으로 심판할 수 있다고 결정했다.[1)]

② 재판관의 신분보장과 정치적 중립성의 보장

재판관은 탄핵 또는 금고 이상의 형의 선고에 의하지 않으면 파면되지 않는다(제112조 제3항). 재판관은 정당에 가입하거나 정치에 관여하지 못한다(제112조 제2항). 재판소장과 재판관은 각각 대법원장과 대법관에 준하는 대우를 받으며 다른 공직과 영리 목적의 사업을 영위할 수 없다(법 제14조, 제15조).

③ 재판관회의의 구성과 기능

헌법재판소에는 재판관 전원으로 구성하는 재판관회의를 두는데 헌법재판소장이 의장이 된다. 재판관회의는 재판관 전원의 3분의 2를 초과하는 인원의 출석과 출석 인원 과반수의 찬성으로 의결한다. 의장은 의결에서 표결권을 갖는다. 재판관회의는 헌법재판소의 조직 기타 운영에 관한 중요한 사항을 심의·의결한다(법 제16조). 재판관회의와 헌법재판 사건의 심판기관인 '**재판부**'는 그 구성방법과 업무가 다르다는 점을 유의해야 한다. 재판부는 헌법재판의 일반심판절차에서 자세히 다룬다.

④ 사무처와 헌법연구관 및 헌법재판연구원

헌법재판소의 행정사무를 처리하기 위하여 사무처를 둔다. 사무처에는 사무처장과 사무차장을 둔다. 사무처장과 사무차장은 헌법재판소장이 임명하는데, 사무처장은 헌법재판소장의 지휘를 받아 사무처의 사무를 관장하고 소속 공무원을 지휘·감독하며 국회 또는 국무회의에 출석하여 헌법재판소의 행정에 관하여 발언할 수 있다. 또 사무처장은 헌법재판소장이 행한 처분에 대한 행정소송의 피고가 되어 소송업무를 수행한다(법 제17조).

헌법재판소에는 헌법연구관 또는 헌법연구관보와 헌법연구위원을 두고 헌법재판소장의 명에 따라 사건의 심리 및 심판에 관한 조사·연구를 하게 한다(법 제19조, 제19조의2, 제19조의3). 헌법재판소에 헌법재판연구원을 두어 헌법 및 헌법재판연구와 헌법연구관과 소속 공무원 등의 교육을 맡게 한다(법 제19조의4).

1) 헌재결 2024. 10. 14. 2024헌사1250 참조.

(b) 헌법재판소의 헌법상 지위

헌법재판소는 헌법재판을 전담하기 위해서 설치한 헌법상의 헌법재판기관이다. 따라서 헌법재판소는 헌법재판의 여러 기능(헌법보호 · 자유보호 · 권력통제 · 평화보장)에 상응하는 헌법상의 지위를 갖는다. 그리고 헌법재판은 제4의 국가작용이므로 입법 · 행정 · 사법기관과 병렬적인 제4의 국가기관의 지위도 갖는다.

(나) 헌법재판소의 일반심판절차

헌법재판소의 심판절차는 헌법재판소법에서 자세히 정하고 있다. 즉 헌법재판소의 심판에서는 법이 특별히 규정한 경우를 제외하고는 헌법재판의 성질에 반하지 않는 한도 내에서 민사소송에 관한 규정이 준용되지만, 예외적으로 형사소송에 관한 법령의 규정과 행정소송법의 규정도 준용한다(법 제40조). 다만 헌법재판에는 변호사강제주의가 적용되어 반드시 변호인의 선임을 해야 하는데(법 제25조 제3항), 공익상 필요성이 인정되는 무자력자의 헌법소원 청구에는 국선변호인이 선정된다(법 제70조).

헌법재판은 재판부의 심판 평의를 제외하고는 그 심리절차와 결심의 선고가 모두 공개되는 것이 원칙이다(법 제34조). 헌법재판소는 헌법재판사건 접수 수리일로부터 180일 이내에 종국결정의 선고를 해야 한다(법 제38조). 헌법재판소의 재판에는 **일사부재리의 원칙**이 적용된다(법 제39조).

헌법재판소의 심판은 재판관 전원으로 구성하고 헌법재판소장이 재판장이 되는 **재판부**에서 하는데 재판관 7인 이상의 출석으로 사건을 심리해서 종국심리에 관여한 재판관의 과반수의 찬성으로 결정한다. 다만 헌법에 따라 법률의 위헌결정, 탄핵의 결정, 정당해산결정, 헌법소원 인용결정, 헌법 또는 법률해석에 관한 헌법재판소의 종전 판시를 변경하는 때에는 재판관 6인 이상의 찬성이 있어야 한다(제113조 제1항, 법 제22조, 제23조). 결정은 심판에 관여한 재판관 전원이 서명 · 날인한 결정서로 하며 결정서에는 주문 및 결정 이유와 재판관의 의견 등이 표시되어야 한다(법 제36조 제2항, 제3항). 헌법재판소의 종국결정은 관보에 게재함으로써 이를 공시한다(법 제36조 제5항).

(2) 헌법재판의 유형

(가) 구체적 규범통제

우리 헌법은 법률의 위헌 여부가 재판의 전제가 된 때에는 법원은 헌법재판소에 제청하여 그 심판에 따라 재판한다고 구체적 규범통제를 규정하고 있다(제107조 제1항). 우리가 채택한 구체적 규범통제는 효력 발생 후의 법률을 대상으로 하는 사후적인 규범통제인데, 법률에 대한 **위헌심사권**과 **위헌결정권**을 분리해서 전자는 일반법원에 맡기고 후자는 헌법재판소가 전담하는 2원적인 **관할분리제**를 채택하고 있다.

(a) 법률에 대한 위헌심사와 헌법재판소에의 제청

① 법원의 위헌심사

각급 법원은 적용할 법률의 위헌 여부가 재판의 전제가 되면 직권 또는 소송당사자의 신청으로 그 법률의 위헌 여부를 심사할 수 있다. 헌법재판소의 판례로 확립된 위헌심사의 요건은 다음과 같다.

㉠ 재판의 의미

재판은 법원이 하는 모든 형태의 **법인식 기능**을 다 포함한다. 즉 본안재판·소송절차재판·중간재판·종국재판이 다 포함되며, 판결·결정·명령 등 재판의 형식을 불문하므로 법원의 증거채부결정·체포·구속·압수·수색영장 발부와 구속적부심사 청구 및 보석허가신청에 관한 재판이 모두 포함된다.

㉡ 재판의 전제성

재판의 전제성이란 법원에 현재 **계속중인 사건**에 해당 법률이 적용되는 것을 말하며, 그 법률의 위헌여부가 재판의 주문과 이유에 어떤 영향을 주는 것을 의미한다. 또 재판의 내용이나 효력 중 어느 하나라도 법률의 위헌 여부에 따라 그 법률적 의미가 달라지는 경우까지를 포함하는 개념이다.

㉢ 위헌심사대상

법원의 위헌심사대상은 현재 시행중인 **형식적 의미의 법률**이다. 폐지된 법률은 재판의 전제성요건을 충족하는 때에만 예외적으로 심사의 대상이 된다. 형식적 의미의 법률과 동일한 효력을 갖는 긴급명령을 비롯한 조약 및 일반적으로 승인된 국제법규와 관습법 등도 심사의 대상이다. **부진정입법부작위**는 불완전한 법률조항 자체가 위헌심사의 대상이다. 개별 헌법규정은 위헌심사의 기준이지 심사대상이 될 수 없다. 또 헌법재판소가 이미 위헌으로 결정한 법률조항도 위헌심사의 대상이 되지 않는다.

② 법원의 위헌심사 제청

법원은 법률을 위헌으로 판단하면 헌법재판소에 제청하여 그 결정에 따라 재판해야 하는데, 법원의 제청은 당해 사건의 **재판을 정지**시키는 효력이 있다(법 제42조). 제청을 위한 법원의 위헌 판단은 심사대상 법률에 대한 위헌의 확신이 아니라 위헌의 '**합리적인 의심**'이 있으면 된다. 또 재판의 전제가 되는 법률조항의 특정한 해석이나 적용 부분을 위헌으로 판단하면 그 부분만 한정해서 위헌심사를 제청할 수 있다. 법원의 제청은 제청서로 해야 하는데 하급법원의 제청에는 대법원을 경유해서 헌법재판소에 송부한다(법 41조 제5항). 소송 당사자가 법원에 위헌심사의 제청을 신청했는데 법원이 그 신청을 기각하면 기각결정에 대해 항고는 할 수 없으나 그 법률에 대해서 위헌을 구하는 **헌법소원심판**(이른바 **위헌소원**)을 헌법재판소에 청구할 수 있다(법 제41조 제4항, 제68조 제2항).

(b) 헌법재판소의 심판

① 헌법재판소의 심리원칙

㉠ 재판의 전제성 요건의 심사

법원의 제청이 제청의 요건을 충족했는지의 심사는 법원의 법률적 견해를 존중하는 것이 원칙이다. 다만 그 전제성에 대한 법원의 법률적 견해가 명백히 유지될 수 없을 때만 헌법재판소가 직권으로 조사할 수 있다. 그래서 제청법률의 위헌 여부가 법원의 재판 결론에 아무런 영향을 미칠 수 없는 때에만 재판의 전제성을 부인한다. 확정된 종국판결이 나온 후에 동일 사항에 대하여 다시 후소가 제기되면 **전소의 기판력** 때문에 재판의 전제성은 없다. 법원의 제청 당시 재판의 전제성이 인정되면 당해 소송이 종료했더라도 예외적으로 객관적인 헌법질서의 수호·유지를 위해서 필요한 때에는 심판의 필요성을 인정해서 위헌 여부를 판단한다.

㉡ 심판의 범위

헌법재판소는 원칙적으로 제청된 법률 또는 법률조항의 위헌 여부만을 최종적으로 심판한다. 그러나 위헌제청되지 않은 법률조항이라도 위헌제청된 법률과 일체를 형성하고 있으면 함께 판단할 수 있다. 또 법질서의 통일성의 요청과 소송경제적인 필요가 있으면 제청법률의 심판범위를 **확대·축소**하는 것도 가능하다. 제청된 법률조항의 위헌결정으로 당해 법률전부를 시행할 수 없다고 판단하면 그 전부를 위헌결정할 수 있다(법 제45조).

㉢ 심판의 기준

헌법재판소는 헌법의 통일성을 존중해서 개별적인 헌법 규정뿐 아니라 이들 규정의 기초가 되는 **기본적인 헌법원리**도 당연히 그 심판의 기준으로 삼는다. 헌법재판소는 제청법원이나 제청신청인의 법적인 주장에 구애받지 않고 심판 대상 법률조항의 법적 효과를 고려해서 모든 헌법적 관점에서 심사한다.

㉣ 심판절차와 방법

헌법재판소의 위헌심판에서 당해 소송당사자와 법무부장관은 법률의 위헌여부에 대한 의견서를 제출할 수 있다(법 제44조). 법률의 위헌결정은 재판관 6인 이상의 찬성이 있어야 한다(제113조 제1항). 헌법재판소의 결정서는 결정일로부터 14일 이내에 대법원을 경유해서 제청법원에 송달한다(법 제46조).

② 헌법재판소의 결정유형

구체적 규범통제의 결과는 합헌 또는 위헌으로 결정한다. 그러나 헌법재판소는 종래 이른바 변형결정의 여러 유형을 추가해서 활용하고 있다. **변형결정**은 합헌적 법률해석의 요청과 사법적 자제의 필요성에서 나오는 불가피한 현상으로 우리 헌법재판제도의 모델이 된 독일연방헌법재판소도 활용하고 있다. 그러나 헌법재판소가 초창기에 너무 다양한 변형결정(위헌불선언·일부위헌·부분위헌·조건부위헌·한정합헌·한정위헌·헌법불합치결정)유형을 활용해서 혼란을 낳기도 했다. 다행히 지금은 변형결정의 유형으로 **한정합헌결정**과 **한정위헌결정** 및 **헌법불합치결정**의 세 가지 유형만 활용하고 있다. 다만 아직도 헌법불합치결정을 지나치게 남용하는 경향이 있다. 앞으로 필요 불가피한 최소한으로 줄이는 개선이 필요하다.

㉠ 한정합헌결정

한정합헌결정은 한정위헌결정과 함께 전형적인 **합헌적 법률해석**의 불가피한 결과인데, 심판대상의 법률조항을 헌법과 조화할 수 있게 축소해석함으로써 그 법률조항의 효력을 유지하는 결정유형이다. 예컨대 '국가보안법 제7조 제1항 및 제5항은 각 그 소정행위가 국가의 존립·안정을 위태롭게 하거나 자유민주적 기본질서에 위해를 줄 경우에 적용된다고 할 것이므로 이러한 해석하에 헌법에 위반되지 않는다'[1)]는 결정이 대표적이다.

㉡ 한정위헌결정

한정위헌결정은 심판의 대상인 법률조항의 해석 중에서 특히 헌법과 조화할 수 없는 내용을 한정해서 밝혀 그런 해석의 법적용을 배제하는 결정유형이다. 예컨대 '민법 제764조의 '명예회복에 적당한 처분'에 사죄광고를 포함시키는 것은 헌법에 위반된다'[2)]는 결정이 대표적이다.

㉢ 헌법불합치결정

헌법불합치결정은 실질적으로 **위헌결정**이지만, 법률의 공백상태를 방지하고 입법권자의 입법개선을 촉구하기 위해서 심판대상이 된 법률조항을 바로 위헌결정하는 대

1) 헌재결 1990. 4. 2. 89헌가113 참조.
2) 헌재결 1991. 4. 1. 89헌마160 참조.

신 단순히 '헌법에 합치되지 아니한다'고 결정하는 유형이다. 예컨대 공직선거법의 기탁금조항에 대한 여러 번의 헌법불합치결정[1]이 대표적이다. 헌법불합치결정은 주로 **평등원칙**에 반하는 법률조항에 활용되는데, 평등권 침해로 인한 권리구제방법의 특수성(수익자와 피해자의 동시 발생)과 밀접한 관련이 있다.

헌법불합치결정은 일종의 사법적 자제의 표현인 동시에 법률의 위헌결정으로 초래될 법적인 공백상태가 공익에 중대한 악영향을 미칠 가능성을 미리 차단하기 위한 결정유형이다. 헌법재판소도 법률조항의 위헌요소를 제거할 여러 가능성이 있는 경우 입법권자의 입법형성권이 헌법불합치결정을 정당화하는 근거가 될 수 있다고 판시했다.[2] 그래서 헌법불합치결정한 법률조항은 위헌이긴 해도 입법권자가 입법개선을 할 때까지는 잠정적으로 **효력을 유지**하는 것이 원칙이다. 다만 헌법재판소가 헌법불합치결정을 하면서 그 잠정적인 **유효기간**을 정하는 것은 가능하다. 입법권자의 조속한 입법개선을 촉구하는 의미도 있기 때문이다. 그런데 헌법재판소가 이와 달리 동성동본금혼금지규정에 대해서 헌법불합치결정을 하면서 입법개선의 시한을 정해주면서도 그때까지 이 법규정의 적용을 중지시킨 주문이나,[3] 토초세법에 대해서 시한을 정하지 않은 채 적용중지를 명한 주문은[4] 헌법불합치결정의 본질과 조화하기 어렵다. 헌법불합치결정과 **적용중지**는 상호 양립할 수 없는 내용이다. 적용중지의 헌법불합치결정을 하려면 위헌결정을 하는 것이 옳다. 다만 형벌법규에 이 내용을 적용하면 위헌결정의 소급효력 때문에 여러 법적인 문제가 제기될 수 있다. 그래서 **형벌법규**는 원칙적으로 헌법불합치결정의 대상이 될 수 없다. 앞으로 개선이 필요하다.

(c) 법률에 대한 위헌결정의 효력

헌법재판소가 법률조항에 대해서 위헌결정을 하면 그 해당 법률조항은 그 결정이 있는 날로부터 효력을 상실하는데(ex-nunc: **장래무효**), 형벌에 관한 조항만은 제정 시에 소급하여 그 효력을 상실한다(ex-tunc: **소급무효**). 무효의 효력은 개별사건은 물론이고 그 법률조항 자체의 효력을 무효로 하는 일반적인 효력이다. 다만 해당 형벌법규에 대하여 종전에 합헌으로 결정한 사건이 있는 때에는 그 결정이 있는 날의 다음 날로 소급하여 효력을 상실하도록 소급효력의 시간적인 범위를 제한했다(법 제47조 제2

1) 헌재결 1989. 9. 8. 88헌가6; 헌재결 1991. 3. 11. 91헌마21 참조.
2) 헌재결 2002. 5. 30. 2000헌마81 참조.
3) 헌재결 1997. 7. 16. 93헌가6 등 참조.
4) 헌재결 1994. 7. 29. 92헌바49·52(병합) 참조.

항, 제3항). 그 결과 위헌결정한 법률에 근거한 유죄의 확정판결에 대해서는 형사소송법상의 **재심청구**가 가능하다(법 제47조 제4항, 제5항). 그리고 법률의 위헌결정은 법원 기타 국가기관이나 지방자치단체를 기속한다(법 47조 제1항). 이 **기속력**은 위헌결정의 주문뿐 아니라 결정주문을 뒷받침하는 주요 논거에도 미친다고 보아야 한다. 주문이 나오게 된 이유의 논증과 유리된 주문은 생각할 수 없기 때문이다.

위헌결정의 원칙적인 장래효력은 법적 안정성을 위한 것이고 형벌법규에 대한 소급효력은 실질적 정의의 실현을 중요시한 결과이다. 그런데 헌법불합치결정의 경우에는 해당 법률조항이 미래의 일정한 시점에 효력을 잃게 되는 **장래무효**(ex-post)가 생기는데 이는 법적 공백 상태의 방지를 위한 결과이다.

(나) 탄핵심판제도

우리 헌법은 탄핵심판제도를 채택해서 탄핵소추권은 국회에 그리고 탄핵심판권은 헌법재판소에 주고 있다(제65조 제1항, 법 제111조 제1항 제2호).

탄핵심판제도는 고위공직자의 직무상 헌법침해로부터 헌법을 보호하기 위한 제도이다. 이 제도는 입헌군주제도의 초기에 의회의 군주통제 수단으로 도입한 고전적인 제도로서 오늘날 대부분의 나라에서 별로 활용하지 않지만, 미국에서는 대통령 탄핵제도가 여전히 기능을 하고 있다. 우리나라에서도 노무현 대통령에 대한 탄핵소추[1]와 박근혜 대통령과 윤석열 대통령에 대한 탄핵파면[2]에서 보듯 아직도 현실적인 의미와 기능을 갖는 헌법재판제도이다. 다만 22대 국회에서 국회 다수당인 야당이 정치적인 목적으로 탄핵소추를 무분별하게 남용한 것은 탄핵심판제도의 본질에 어긋나는 위헌적인 행태이다. 남용된 탄핵소추는 헌법재판소가 모두 기각했지만 그 결정까지 상당한 기간 국정수행에 막대한 지장을 초래했다.

(a) 탄핵의 소추절차

탄핵소추는 탄핵대상자에 대한 법적인 책임추궁이지만 정치적·대의적인 책임추궁의 의미도 함께 갖는다.

① 탄핵의 대상

탄핵의 대상이 되는 공직자는 대통령, 국무총리, 국무위원, 행정각부의 장, 헌법재판소 재판관과 법관, 중앙선거관리위원회 위원, 감사원장과 감사위원 기타 법률이 정한 공무원이다(제65조 제1항). 헌법에 규정한 공직자와 직무 성격이 비슷한 고위공직

1) 헌재결 2004. 5. 14. 2004헌나1 참조.
2) 헌재결 2017. 3. 10. 2016헌나1; 헌재결 2025. 4. 4. 2024헌나8 참조.

자(검찰총장·합참의장·각군참모총장·경찰청장)도 탄핵의 대상에 포함된다고 볼 수 있지만, 탄핵 이외의 다른 방법으로 그 법적 책임을 물을 수 있는 공직자는 탄핵의 대상에서 제외된다고 보아야 한다. 선출직 공직자와 고위직 직업공무원 등이 그 예이다.

② 탄핵의 사유

탄핵 심판의 대상 공직자가 '그 직무집행에 있어서 **헌법이나 법률을 위배**한 때'에는 탄핵의 사유가 된다. 이때 위헌·위법행위는 반드시 고의·과실을 요건으로 하지 않는다. 헌법재판소는 대통령의 탄핵사유로 **'중대한' 위법행위**를 들면서 '중대한 위법행위란 자유민주적 기본질서를 위협하는 행위로서 법치국가원리와 민주국가원리를 구성하는 기본원칙에 대한 적극적인 위반행위를 말하는데, 그 밖에도 뇌물수수·부정부패·국익의 명백한 침해 등 국민의 신임을 배반하는 행위도 파면사유가 된다'고 판시했다.[1] 따라서 직무집행과 무관한 행위, 단순히 헌법·법률의 해석을 잘못한 행위, 그릇된 정책결정행위, 정치적 무능력으로 야기되는 행위 등은 탄핵사유가 되지 않는다.

③ 탄핵의 소추

탄핵소추는 국회가 하는데 국회 재적의원 1/3 이상의 발의와 국회 재적의원 과반수의 찬성으로 탄핵의 소추를 의결할 수 있다. 다만 대통령은 재적의원 과반수의 발의와 재적의원 2/3 이상의 찬성이 있어야 한다. 국회의 탄핵소추가 있으면 국회 법제사법위원회 위원장이 소추위원이 되어 탄핵심판에 관여한다(법 제49조). 국회의장도 탄핵소추의 의결 후에 지체없이 소추의결성서의 등본을 헌법재판소에 송달해야 한다(국회법 제134조).

(b) 탄핵의 심판절차

헌법재판소의 탄핵심판은 국회 소추위원이 소추의결서의 정본을 헌법재판소에 제출함으로써 그 절차가 개시된다.

헌법재판소는 수추의결서의 등본을 지체없이 피소추자 또는 변호인에게 송달하고, 직권 또는 신청으로 필요한 증거조사를 하는데 형사소송법의 관련규정이 준용된다. 소추위원은 탄핵심판소추의결서에 기재되지 않은 새로운 사실을 임의로 추가할 수 없다. 헌법재판소는 피소추자를 소환하여 신문할 수 있다(법 제31조). 헌법재판소는 탄핵사유와 동일한 사유에 관한 형사소송이 계속되는 동안 심판절차를 정지할 수 있다(법 제52조).

1) 앞의 두 대통령 탄핵심판 사건(헌재결 2004. 5. 14. 2004헌나1; 헌재결 2017. 3. 10. 2016헌나1) 참조.

탄핵사건의 심판은 변론주의에 따라 변론의 전취지와 증거조사의 결과를 종합해서 해야 하므로 당사자가 변론기일에 출석하지 않으면 다시 기일을 정해야 하고, 다시 정한 기일에도 출석하지 않으면 그 출석 없이 심리할 수 있다(법 제52조).

(c) **탄핵의 결정 및 그 효과**

헌법재판소는 재판관 6인 이상의 찬성으로 탄핵의 결정을 할 수 있다(제113조 제1항). 그러나 탄핵소추 대상자가 심판 전에 파면된 때에는 심판청구를 기각한다(법 제53조 제2항). 피소추자는 탄핵결정의 선고로 그 공직에서 파면된다(제65조 제4항, 법 제53조 제1항). 그러나 이에 의하여 민사상·형사상 책임이 면제되지는 않는다(제65조 제4항, 법 제54조 제1항). 따라서 탄핵결정 후에 민사소송이나 형사상의 소추가 별도로 가능하다. 탄핵결정을 받은 자는 탄핵결정의 선고를 받은 날로부터 5년이 경과하지 않으면 공무원이 될 수 없다(법 제54조 제2항). 탄핵결정을 받은 자에 대한 사면은 탄핵제도의 본질에 비추어 허용되지 않는다고 보아야 한다. 그런데도 대통령이 사면권(제79조)을 행사하면 그것을 다툴 수 있는 소송법적인 방법은 없다.

(다) 위헌정당해산제도

우리 헌법(제8조 제4항)은 위헌정당을 해산할 수 있는 위헌정당해산제도를 규정했다. 정부가 위헌정당의 해산제소를 하고 헌법재판소가 해산결정을 한다. 정당의 형식으로 모인 반헌법적인 정치집단으로부터 헌법적 가치질서를 지키기 위한 중요한 **방어적 민주주의**의 헌법보호 수단이다.

(a) **정당해산의 제소**

정부는 정당의 목적이나 활동이 민주적 기본질서를 위배하면 국무회의의 심의를 거쳐 헌법재판소에 그 해산을 제소할 수 있다(제8조 제4항, 제89조 제14호, 법 제55조). 정부의 제소는 **정치적인 재량**에 속하는 일이어서 제소여부·제소시기 등의 결정은 정부의 정치적인 판단에 달려있다. 다만 헌법이 정한 제소사유는 엄격하게 해석해서 남용되지 않도록 해야 한다. 정부가 제소권을 남용하면 방어적인 민주주의 수단이 오히려 자유민주주의를 파괴하는 수단으로 역기능할 수 있기 때문이다. 정당해소의 제소에도 일사부재리의 원칙이 적용되므로 정부는 동일한 정당을 동일한 사유로 재차 제소할 수는 없다.

정부의 제소는 법무부장관이 정부를 대표해서 제소장을 헌법재판소에 제출해야 한다. 제소장에는 피제소정당과 제소의 이유를 명시하고 필요한 경우 증거물을 첨부해야 한다(법 제56조).

(b) 정당해산제소의 심리

헌법재판소는 제소인의 신청 또는 직권으로 종국결정의 선고 때까지 제소된 정당의 활동을 정지하는 가처분결정을 할 수 있다(법 제57조). 헌법재판소의 장은 정당해산의 제소가 있는 때 또는 **가처분결정**을 한 때 및 그 심판이 종료한 때에는 그 사실을 국회와 중앙선거관리위원회에 통지해야 한다(법 제58조 제1항).

(c) 정당해산의 결정

헌법재판소의 정당해산결정은 재판관 6인 이상의 찬성이 있어야 한다(제113조 제1항). 헌법재판소가 정당해산을 결정한 때에는 그 결정서를 정부와 당해 정당의 대표자 그리고 국회와 중앙선거관리위원회에 송달해야 한다(법 제58조 제2항). 정당해산결정은 중앙선거관리위원회가 정당법의 규정에 따라 집행한다(법 제60조).

(d) 정당해산결정의 효과

헌법재판소의 정당해산결정은 **자동해산, 대체정당금지, 소속의원 의원직 상실**의 세 가지 효력을 갖는다. 첫째 정당해산결정은 일종의 창설적 효력을 가져 정당은 해산결정이 선고된 때에 자동적으로 해산된다. 따라서 중앙선거관리위원회가 정당법(제47조)에 따라 그 정당의 등록을 말소하고 공고하는 행위는 단순한 선언적·확인적인 의미를 가질 뿐이다. 해산된 정당의 잔여재산은 중앙선거관리위원회 규칙이 정하는 바에 따라 국고에 귀속한다(정당법 제48조 제2항, 제3항). 둘째 해산된 정당과 유사한 정당과 유사한 목적을 가진 이른바 '대체정당'의 창당이 금지된다. 따라서 해산된 정당의 대표자와 간부는 해산된 정당의 강령 또는 기본정책과 동일하거나 유사한 정당을 설립할 수 없고(정당법 제40조), 해산된 정당의 명칭과 동일한 명칭은 다시는 정당의 이름으로 사용하지 못한다(정당법 제41조). 셋째 위헌정당에 소속하고 있던 의원은 당연히 그 의원직을 잃게 된다. 이 의원직 상실에 관한 명문규정은 없지만, 방어적 민주주의의 수단인 위헌정당해산제도의 본질상 당연한 효과이다. 헌법재판소도 2014년 통합진보당의 해산결정에서 같은 이유로 통합진보당 소속 국회의원의 의원직을 상실하도록 결정했다.[1)]

(라) 권한쟁의제도

우리 헌법(제11조 제1항 제4호)은 '국가기관 상호 간, 국가기관과 지방자치단체 간 및 지방자치단체 상호 간의 권한쟁의에 관한 심판'을 헌법재판소가 심판하도록 권한쟁

1) 헌재결 2014. 12. 19. 2013헌다1 참조.

의심판제도를 채택했다.

권한쟁의제도는 헌법이 정한 권한쟁의 기관들 상호 간에 헌법과 법률이 정한 권한과 의무의 범위와 내용에 관한 다툼이 생긴 경우 이를 유권적으로 심판함으로써 국가기능의 수행을 원활히 하고, 이들 기관 간의 견제와 균형을 유지해 헌법의 규범적 효력을 보호하려는 헌법재판제도이다.

(a) 권한쟁의심판 청구의 당사자와 청구사유

국가기관 상호 간, 국가기관과 지방자치단체 간 및 지방자치단체 상호 간에 권한의 유무 또는 범위에 관한 다툼이 있을 때는 당해 국가기관 또는 지방자치단체는 헌법재판소에 권한쟁의심판을 청구할 수 있다(법 제61조 제1항).

다만 피청구인의 처분 또는 부작위가 헌법 또는 법률로 부여받은 청구인의 권한을 침해했거나 침해할 현저한 위험이 있는 때에만 권한쟁의심판을 청구할 수 있도록 청구사유를 제한했다(법 제61조 제2항). 그리고 구체적인 **권리보호의 필요성**이 있어야 청구할 수 있다. 피청구인의 **부작위**는 피청구인에게 헌법상 또는 법률상 유래하는 작위의무가 있음에도 불구하고 피청구인이 그 의무를 다하지 않은 때에만 권한쟁의심판을 청구할 수 있다.[1] **장래처분**의 경우에는 장래처분이 확실히 예정되어 있고 장래처분에 의하여 권한이 침해될 위험성이 있어 권한을 사전에 보호할 필요성이 매우 큰 예외적인 경우에만 권한쟁의심판을 청구할 수 있다.[2]

(b) 권한쟁의심판의 종류와 소송 당사자능력

권한쟁의심판은 세 가지 종류가 있다. 즉 국가기관 상호 간, 국가기관과 지방자치단체 상호 간, 그리고 지방자치간체 상호 간의 권한쟁의심판이 그 것이다.

① 국가기관 상호 간의 권한쟁의심판

국회, 정부, 법원 및 중앙선거관리위원회 상호 간의 권한쟁의심판(법 제62조 제1항 제1호)이다. 그런데 권한쟁의의 소송당사자가 되기 위해서는 적어도 독자적인 권한과 의무를 전제로 한 '**헌법적인 법률관계**'가 존재해야 한다. 헌법재판소도 '국가기관에의 해당 여부는 그 국가기관이 헌법에 의해서 설치되고 헌법과 법률에 의해 독자적인 권한을 부여받고 있는지, 그리고 이들 국가기관 상호 간의 권한쟁의를 해결할 수 있는 적당한 기관과 방법이 있는지 등을 종합적으로 고려해서 판단해야 한다'[3]고 판시했

1) 같은 취지 헌재결 1998. 7. 14. 98헌라3 참조.
2) 헌재결 2004. 9. 23. 2000헌라2 참조.
3) 헌재결 1997. 7. 16. 96헌라2 참조.

다. 따라서 헌법으로 일정한 권한·의무의 주체로 설치된 헌법기관이 소송당사자능력을 갖는 것은 의문의 여지가 없다. 그리고 독자적인 권능과 의무를 가지고 헌법기관의 기능에 참여하는 헌법기관의 구성 부분도 소송당사자 능력을 갖는다. 예컨대 국회 상임위원회와 국회의장 등이다. 헌법재판소도 법(제62조 제1항 제1호)에서 정한 권한쟁의 심판의 당사자는 **예시적인 조항**으로 해석해야 한다면서 **국회의장**과 **국회의원**은 권한쟁의심판의 당사자가 될 수 있다고 판시했다.[1] 국회의장이 교섭단체 대표의원의 요청에 따라 상임위원을 개선하는 행위가 그 예이다.[2] 그리고 국회의 **원내교섭단체**는 헌법에 따라 여러 권능(법률안 제출권·탄핵소추발의권·국회 임시회 소집요구권·국무총리와 국무위원에 대한 해임건의 발의권·국정감사 및 국정조사 발의권 등)을 부여받고 있어 권한쟁의심판의 당사자가 될 수 있다.[3] 그런데 헌법재판소는 **국회 다수당**은 권한쟁의심판의 당사자가 될 수 없다고 판시했다.[4] 헌법재판소는 국회 소수당과 다수당의 권한쟁의의 경우 다수당은 다수결로 스스로 분쟁을 해결할 수 있는 지위에 있다는 점을 그 논거로 하지만, 다수당이 다수결로 해결하기 어려운 경우(소수당의 회의장 농성 등 극한 투쟁)도 충분히 예상할 수 있어 재고의 여지가 있다.

② 국가기관과 지방자치단체 상호 간의 권한쟁의 심판

정부와 각 지방자치단체(특별시·광역시·특별자치시·도 또는 특별자치도·시·군·구(자치구) 간의 권한쟁의가 발생한 때에 이를 해결하는 권한쟁의심판이다(법 제62조 제1항 제2호). 이 경우에 국가기관은 **정부**로 한정하고 있다. 지방자치단체는 **단체의 장**과 **지방의회**가 각각 권한쟁의의 소송당사자가 될 수 있다. 지방자치단체는 위임사무가 아닌 **고유사무**에 대해서만 권한쟁의심판을 청구할 수 있다.[5] 또 교육·학예에 관한 지방자치단체의 사무와 관련한 권한쟁의가 생기면 **교육감**이 소송당사자가 된다(법 제62조 제2항).

③ 지방자치단체 상호 간의 권한쟁의심판

광역자치단체 상호 간, 광역자치단체와 기초자치단체 상호 간, 기초자치단체 상호 간의 권한쟁의를 심판하는 것이다. 다만 지방교육자치에 관한 법률(제2조)에 정한 교육·학예에 관한 지방자치단체의 사무에 관한 권한쟁의는 해당 교육감이 소송 당사

1) 바로 위의 결정 참조.
2) 헌재결 2003. 10. 30. 2002헌라1 참조.
3) 헌재결 2009. 10. 29. 2009헌라8 등 참조.
4) 헌재결 1998. 7. 14. 98헌라1·2 참조.
5) 같은 취지 헌재결 1999. 7. 22. 98헌라4 참조.

자가 된다.

(c) 권한쟁의심판의 청구기간

권한쟁의 심판청구는 그 사유가 있음을 안 날로부터 60일 이내, 그 사유가 있은 날로부터 180일 이내에 권한쟁의심판을 청구해야 하는데 이 청구기간은 **불변기간**이다(법 제63조).

(d) 권한쟁의심판청구에 대한 심리 및 결정과 효력

권한쟁의심판제도는 다툼의 대상이 된 헌법상의 권한과 의무의 범위를 분명히 밝히기 위한 **객관적 기능**을 가진 것이고 기관구성원의 주관적 권리를 보호하기 위한 제도가 아니므로 다른 분쟁사건과 달리 소송당사자의 소송과정에서의 **처분권**(예컨대 소의 취하)에는 일정한 제약이 있다고 보는 것이 합리적이다. 그런데 헌법재판소는 국회의원이 법률안 심의·표결권의 침해를 이유로 국회 운영위원장 등을 상대로 청구한 권한쟁의심판에서 '권한쟁의심판의 공익적 성격만을 이유로 심판청구의 취하를 배제하는 것은 타당하지 않으며 소 취하에 관한 민소법 규정(제239조)이 권한쟁의심판절차에 준용된다고' 결정했다.[1] 그러나 권한쟁의심판이 비록 권리보호이익을 전제로 하지만 다툼이 된 헌법상 권한과 의무를 명백히 밝히기 위한 일종의 객관적 소송으로서의 성격을 가지므로 소 취하 등 소송 당사자의 소송행위를 제약 없이 허용하는 것은 권한쟁의심판제도의 본질과 조화하지 않는다고 할 것이다. 권한쟁의심판의 객관적 소송의 성격과 심판 결과가 모든 국가기관에 미치는 기속력을 고려할 때 권한쟁의소송 절차에는 소송 당사자가 아닌 국가기관이나 지방자치단체의 소송참가가 허용되는 것이 바람직하다.

헌법재판소는 심판의 대상이 된 국가기관 또는 지방자치단체의 권한의 유무 또는 범위에 관해서 판단하고, 권한쟁의의 원인이 된 피청구인의 처분을 취소하거나 그 무효를 확인할 수 있다. 헌법재판소가 부작위에 대한 심판청구를 인용하는 결정을 하면 피청구인은 결정의 취지에 따른 처분을 해야 한다(법 제66조). 또 헌법재판소는 직권 또는 청구인의 신청으로 종국결정의 선고 때까지 심판대상이 된 피청구인이 처분의 효력을 정지하는 결정을 할 수 있다(법 제65조). 헌법재판소의 권한쟁의심판은 재판관 7인 이상의 출석으로 심리하고 종국심리에 관여한 재판관 과반수의 찬성으로 결정한다(법 제23조).

---

1) 헌재결 2001. 6. 28. 2000헌라1 참조.

헌법재판소의 권한쟁의심판의 결정은 모든 국가기관과 지방자치단체를 기속한다(법 제67조 제1항). 따라서 다툼의 당사자가 아닌 다른 국가기관이나 지방자치단체도 헌법재판소의 결정을 존중해야 한다. 그러나 국가기관이나 지방자치단체의 처분을 취소하는 헌법재판소의 결정은 그 처분의 상대방에 대하여 이미 생긴 효력에는 영향을 미치지 아니한다(법 제67조 제2항).

(마) 헌법소원제도

우리 헌법(제111조 제1항 제5호)은 '법률이 정하는 헌법소원에 관한 심판'을 헌법재판소의 관할로 정했다. 우리 헌정사에서 처음으로 채택한 제도이다. 헌법소원제도는 공권력의 악용·남용으로부터 국민의 기본권을 보호하는 헌법재판제도이어서 **통치권의 기본권 기속성**을 실현할 수 있는 가장 실효성 있는 권력통제장치에 속한다. 헌법소원제도는 기본권보호를 통한 객관적인 헌법질서의 유지·수호에도 이바지한다.

헌법소원제도의 구체적인 내용은 헌법의 입법위임에 따라 법률로 정하는데 헌법재판소법(제68조-제75조)에서 자세하게 정하고 있다. 그러나 법률이 정한 헌법` 소원제도는 법원의 재판을 헌법소원에서 제외하는 등 개선의 여지가 많다.

법률이 정하는 헌법소원제도는 **권리구제형 헌법소원**(법 제68조 제1항)과 **규범통제형 헌법소원**(법 제68조 제2항)의 두 가지인데 헌법재판소는 후자를 위헌소원으로 표현하고 있다.[1] 그러나 권리구제형 헌법소원도 위헌적인 공권력 행사에 대한 것이어서 본질상 위헌소송이라고 볼 수 있고, 규범통제형 헌법소원은 구체적 규범통제의 과정에서 생기는 부산물로 볼 수 있으므로 그대로 규범통제형 헌법소원 또는 줄여서 '규범소원'으로 표현해서 '권리소원'과 구별하는 것이 더 합리적이라고 생각한다.

(a) 권리구제형 헌법소원

① 제소권자

권리구제형 헌법소원의 제소권자는 '공권력의 행사 또는 불행사로 헌법상 보장된 기본권을 침해받은' 사람이다(법 제68조 제1항). 따라서 모든 기본권 주체가 제소권을 가지므로 자연인뿐 아니라 사법인도 포함된다. 정당도 헌법소원을 제기할 수 있다. 그러나 헌법소원은 민중소송이 아니므로 기본권을 침해받은 본인만이 제소권을 갖는다.

② 제소요건

헌법소원은 보충적인 권리구제 수단이어서 공권력의 기본권 침해가 있으면 먼저 통상적인 사법적 권리구제절차에 따라 권리구제를 받도록 노력해야 한다(**헌법소원의**

1) 예컨대 헌재결 2003. 5. 15. 2001헌바98 참조.

보충성)(법 제68조 제1항 단서). 행정심판법과 행정소송법이 정하는 권리구제절차가 대표적이다. 국민고충처리위원회나 정부합동민원실 등에 제출한 진정은 법률에 의한 구제절차에 해당하지 않는다는 헌법판례가 있다.[1] 헌법재판소는 판례[2]를 통해 다음 세 가지 경우에는 **보충성의 예외**를 인정하고 있다. 즉 i) 심판청구인이 그의 불이익으로 돌릴 수 없는 정당한 이유 있는 착오로 전심절차를 밟지 않은 경우, ii) 전심절차로 권리가 구제될 가능성이 거의 없는 경우, iii) 권리구제절차가 허용되는지 여부가 객관적으로 불확실하여 전심절차 이행의 기대가능성이 없는 경우 등이다. 이러한 세 가지 경우에 통상적인 권리구제절차를 거치게 하는 것은 제소권자에게 회복할 수 없는 불이익이 발생하기 때문에 보충성의 예외는 매우 필요하다.

③ 헌법소원의 대상

위헌·위법적인 공권력 작용은 모두 헌법소원의 대상이므로, 위헌법률, 위헌적인 행정처분, 위헌적인 사법작용 등이 헌법소원의 대상이다.

㉠ 위헌법률

법률은 일반적으로 그 집행 또는 적용을 통해서 비로소 국민 생활에 영향을 미치고 기본권을 침해할 수 있다. 따라서 법률은 원칙적으로 헌법소원의 대상이 되지 않는다. 그러나 법률의 집행·적용 없이도 위헌법률 그 자체가 특정한 기본권 주체의 기본권을 직접·현실적으로 침해하면 **예외적**으로 법률도 헌법소원의 대상이 된다. 정당한 보상을 규정하지 않은 토지보상법, 차별대우금지원칙에 어긋나는 가족법 규정, 평등권을 침해하는 선거구획정 등이 그 예이다. 헌법재판소도 법률이 직접적으로 국민의 권리를 침해하거나 박탈하면 누구든지 다른 구제절차를 거치지 않고도 피해구제를 위한 헌법소원심판청구를 할 수 있다고 판시했다.[3]

헌법에 의해서 체결·공포된 **조약**과 일반적으로 승인된 **국제법규**는 국내법과 같은 효력을 가지므로(제6조 제1항) 헌법소원의 대상이 된다. 헌법재판소는 한일어업협정을 헌법소원의 대상으로 인정해서 심판했다.[4] 또 **관습법**[5]과 광복 후 미군정청이 발령한 **군정법령**[6]도 헌법소원의 대상으로 인정했다.

1) 헌재결 1997. 9. 25. 96헌마159 참조.
2) 헌재결 1989. 9. 4. 88헌마22 등 참조.
3) 헌재결 1992. 11. 22. 91헌마192 참조.
4) 헌재결 2001. 3. 21. 99헌마139 등 참조.
5) 헌재결 2020. 10. 29. 2017헌바208 참조.
6) 헌재결 2021. 1. 28. 2018헌바88 참조.

㉡ 입법부작위

입법부작위도 헌법소원의 대상이 된다. 즉 **진정입법부작위**는 '헌법에서 기본권 보장을 위해서 명시적인 입법 위임을 했음에도 입법자가 이를 이행하지 않거나, 헌법해석상 특정인에게 구체적인 기본권이 생겨 이를 보장하기 위한 국가의 행위의무 또는 보호의무가 발생했음이 명백한데도 입법자가 아무런 입법조치를 하지 않고 있는 경우에만 예외적으로 헌법소원의 대상이 된다'.[1] **부진정입법부작위**는 불완전한 법률규정 자체를 대상으로 하는 적극적인 헌법소원을 제기해야 한다.[2]

㉢ 위헌적인 행정처분

위헌적인 행정처분은 헌법소원의 **보충성**으로 인해서 1차적으로 행정쟁송의 대상이지 헌법소원의 대상은 아니다. 그러나 제소기간의 경과, 소의 이익의 부인 등으로 행정소송에 의한 권리구제가 불가능하거나 행정소송에 의한 권리구제의 가능성이 없어 **보충성의 예외**가 인정되는 때에는 헌법소원의 대상이 된다. 그 결과 헌법소원의 대상이 되는 행정작용은 기본권을 침해하는 통치행위, 행정입법, 행정입법부작위, 권력적 사실행위, 재정신청의 대상이 되지 않는 검찰의 불기소처분과 기소유예처분[3] 등이다. 공법상의 사단 및 재단 등의 공법인과 국립대학교와 같은 영조물 등의 작용도 헌법소원의 대상이 된다는 헌법판례가 있다.[4] 헌법재판소는 다음과 같은 경우에 헌법소원의 대상이 된다고 결정했다. 즉 i) 행정소송에서 소의 이익이 부인된 권력적 사실행위(예, 교도소 내의 과잉제한 조치), ii) 구속력 있는 비권력적·유도적인 권고·조언·행정지도 등의 사실행위에 의해 기본권의 침해를 받은 경우,[5] iii) 행정소송의 이익이 부인되어 온 계획적 행정작용(예, 도시계획 등)이 그대로 실시될 것이 확실히 예상되는 경우,[6] iv) 청원처리[7] 또는 사전안내의 성격을 갖는 통지행위로 기본권 침해를 받은 경우,[8] v) 계엄선포 및 긴급재정·경제처분 등 이른바 통치행위에 의한 기본권 침해,[9] vi) 행정청이 헌법과 법률이 정한 구체적인 작위의무를 게을리하여 기본권을 침해한

1) 헌재결 1989. 3. 17. 88헌마1 참조.
2) 헌재결 1989. 7. 28. 89헌마1 참조.
3) 헌재결 1999. 12. 23. 99헌마403 참조.
4) 헌재결 2013. 5. 30. 2009헌마514 참조.
5) 헌재결 2003. 6. 26. 2002헌마337 등 참조.
6) 헌재결 2000. 6. 1. 99헌마538 등 참조.
7) 헌재결 1994. 2. 24. 93헌마213(병합) 참조.
8) 헌재결 2001. 9. 27. 2000헌마159 참조.
9) 헌재결 1996. 2. 29. 93헌마186 참조.

경우[1] 등이다.

㉣ **법원의 재판**

헌법재판소법은 법원의 재판을 원칙적으로 헌법소원의 대상에서 제외하면서(제68조 제1항) 소송의 당사자가 재판의 전제가 되는 법률의 위헌심판을 신청했는데 법원이 기각하는 결정을 한 경우에 그 기각결정에 대해서만 헌법소원(**규범소원**)(법 제68조 제2항)을 인정했다. 그렇지만 헌법재판소는 다음 경우에도 법원의 재판을 헌법소원의 대상으로 인정했다. 즉 헌법재판소가 **위헌결정한 법률을 적용**해서 기본권을 침해하는 법원의 재판은 예외적으로 헌법소원의 대상이 된다고 결정했다.[2] 헌법재판소의 한정위헌결정을 부인하는 법원의 재판도 여기에 속한다.[3] 그러나 헌법재판소는 다음의 경우에는 헌법소원의 대상이 되는 법원의 재판이 아니라고 결정했다. 즉 i) 헌법재판소가 헌법불합치결정으로 신법의 적용을 명했는데 법원이 구법을 적용하여 재판했어도 신법과 구법의 내용에 차이가 없어 위헌결정한 구법의 적용으로 기본권 침해가 생겼다고 볼 수 없는 경우,[4] ii) 헌법재판소가 위헌결정한 법령이라도 법령의 위헌결정 이전에 그에 근거하여 행해진 행정처분에 대하여 위헌결정 이후에 행해진 법원의 재판에서 이를 무효라고 보지 않았다 하더라도, 그 재판은 헌법재판소가 위헌결정한 법령을 적용함으로써 국민의 기본권을 침해한 것으로 볼 수 없는 경우[5] 등이다.

이처럼 법원의 재판을 원칙적으로 헌법소원의 대상에서 제외하면 헌법소원의 보충성으로 인해 헌법소원의 대상이 되는 것은 극히 제한적이어서 기본권 보호를 위한 헌법소원제도가 실효성을 나타내기 어렵다. 따라서 헌법소원의 도입 취지를 살려 헌법의 해석을 잘못했거나 헌법정신에 어긋나는 법원의 재판은 헌법소원의 대상이 되도록 입법개선을 할 필요가 있다. 법원의 재판이 헌법소원의 대상이 된다고 해서 헌법재판소가 법원의 상위기관으로 되거나 **4심제**가 도입되는 것은 아니다. 대법원은 일반사건의 최고법원이고, 헌법재판소는 헌법재판사건의 최고법원일 따름이다. 헌법재판소와 법원은 무의미한 위상 다툼보다 통치권의 기본권 기속성을 강화하는 방향으로 제도개선을 하는 것이 헌법을 실현하는 길이다.

---

1) 헌재결 1996. 11. 28. 92헌마237 참조.
2) 헌재결 1997. 12. 24. 96헌마172 · 173(병합) 참조.
3) 헌재결 2003. 4. 24. 2001헌마386 참조.
4) 헌재결 1999. 10. 21. 96헌마61 등(병합) 참조.
5) 헌재결 2001. 2. 22. 99헌마605 참조.

ⓜ 위헌명령 · 규칙 · 조례

집행행위 없이도 명령 · 규칙 · 조례로 기본권을 직접 · 현실적으로 침해받은 기본권 주체는 권리구제를 위해서 헌법소원을 제기할 수 있다.[1] 즉 집행을 통해서 비로소 국민의 기본권을 제한하는 명령 · 규칙 · 조례가 재판의 전제가 된 경우에는 그 위헌 여부는 대법원이 최종적으로 심판하지만(제107조 제2항), 집행 없이 바로 기본권을 제한하는 **처분성**이 있거나 **구속력**을 갖는 명령 · 규칙 · 조례는 바로 헌법소원의 대상이 된다.[2]

④ 헌법소원에 대한 심판

㉠ 청구기간과 청구방식

헌법소원은 소원사유가 있음을 안 날로부터 90일 이내, 소원사유가 발생한 날로부터 1년 이내에 청구해야 하는데(법 제69조 제1항), 90일의 기간과 1년의 제척기간을 모두 준수해야 적법한 청구가 되고 그 중 어느 하나라도 경과하면 부적법한 청구가 된다.[3] 다만 법률에 의한 구제절차를 거친 헌법소원의 심판은 그 최종결정을 통지받은 날로부터 30일 이내에 청구해야 한다(법 제69조 제1항). 그리고 재판의 전제가 된 법률의 위헌심판제청신청을 기각하는 법원의 결정을 대상으로 하는 헌법소원(규범소원)은 기각결정의 통지를 받은 날로부터 30일 이내에 청구해야 한다(법 제69조 제2항).

헌법소원을 제기하려면 일정한 요건(청구인 및 대리인, 침해된 권리, 청구이유 등)을 갖춘 헌법소원심판청구서를 헌법재판소에 제출해야 하는데(법 제26조, 제71조), 청구서에는 필요한 증거서류 또는 참고자료를 첨부할 수 있다(법 제26조 제1항). 그리고 변호사의 자격을 가진 사람이 아니면 **변호사강제주의**에 따라 대리인선임서류 또는 국선대리인 선임통지서를 첨부해야 한다(법 제25조 제3항, 제70조, 제71조 제3항).

㉡ 공탁금납부명령과 사전심사제도

헌법소원의 남용을 방지하기 위해서 공탁금제도와 사전심사제도를 두고 있다.

a) 공탁금납부

헌법재판소는 헌법소원심판 청구인에게 헌법재판소규칙으로 정하는 공탁금의 납부를 명할 수 있는데, 헌법소원 심판청구를 각하 · 기각하는 경우에 그 심판청구가 권

---

1) 헌재결 1990. 10. 15. 89헌마178 참조.
2) 헌재결 1995. 4. 20. 92헌마264 · 279(병합); 헌재결 2001. 5. 31. 99헌마413; 헌재결 1990. 9. 3. 90헌마13 참조.
3) 헌재결 2004. 4. 29. 2003헌마484 참조.

리남용이라고 인정되는 때에는 공탁금의 전부 또는 일부를 국고에 귀속시킬 수 있다(법 제37조 제2항, 제3항).

b) 지정재판부의 사전심사제도

헌법재판소장은 재판관 3인으로 구성하는 지정재판부를 두어 헌법소원심판의 사전심사를 맡게 할 수 있다(법 제72조 제1항). 지정재판부는 헌법소원심판청구가 그 대상·청구기간·청구방식 등 형식요건에 하자가 있거나, 그 내용이 부적법하고 중대한 흠결이 있는 경우에는 재판관 **3인의 전원일치** 합의로 헌법소원심판청구를 각하하는 결정을 한다. 각하결정을 하지 않으면 헌법소원을 재판부의 심판에 회부해야 한다. 지정재판부가 헌법소원심판청구 후 30일이 경과할 때까지 각하결정을 하지 않은 때에는 심판회부결정이 있는 것으로 본다(법 제72조 제3항, 제4항). 지정재판부는 헌법소원을 각하하거나 심판회부결정을 한 때에는 그 결정일로부터 14일 이내에 청구인 또는 그 대리인 및 피청구인에게 그 사실을 통지해야 한다. 나아가 헌법재판소장은 그 밖에도 법무부장관과 기타 청구인이 아닌 당해 사건의 모든 당사자에게도 심판회부결정사실을 지체없이 통보해야 한다(법 제73조).

ⓒ 헌법소원의 심리절차

헌법소원이 제기되면 재판부가 청구서를 심사해서 심판청구가 부적법하더라도 보정할 수 있다고 인정하는 때에는 상당한 기간을 정하여 청구인에게 **보정을 요구**해야 한다(법 제28조). 그리고 헌법재판소는 청구서의 등본을 피청구기관 또는 피청구인에게 송달해야 한다(법 제27조 제1항). 청구서 또는 보정서면의 송달을 받은 피청구기관 등은 헌법재판소에 답변서를 제출할 수 있을 뿐만 아니라(법 제29조), 헌법소원의 재판에 이해관계가 있는 국가기관·공공단체와 법무부장관도 헌법재판소에 그 심판에 관한 의견서를 제출할 수 있다(법 제74조). 헌법재판소는 직권 또는 당사자의 신청으로 필요한 증거조사를 할 수 있고(법 제31조), 다른 국가기관 또는 공공단체 등에 대하여 필요한 자료의 제출을 요구할 수 있다(법 제32조).

헌법소원에 관한 심판은 원칙적으로 서면심리이기 때문에 공개하지 않지만(법 제30조 제2항, 제34조 제1항), 재판부가 필요하다고 인정하는 때에는 변론기일을 정하고 당사자와 관계인을 소환하여 변론을 열고, 당사자·이해관계인 기타 참고인의 진술을 들을 수 있다(법 제30조 제2항 단서, 제3항).

헌법소원에 대한 본안심리가 개시되면 모든 관련 당사자들에게 서면 또는 구두로 의견진술의 기회를 주어야 한다. 본안심리의 초점은 헌법소원의 대상이 된 공권력 작용의 위헌여부를 가리는 것이다. 헌법재판소는 사실심이 아니라 헌법해석의 유권적이고 최종적인 기관이기 때문이다. 그 결과 헌법재판소의 본안심리는 헌법소원의 대상이 된 공권력 작용의 근거가 된 실정법의 위헌여부를 따지는 규범통제로 귀착될 수 있다. 헌법소원심판에서 공권력 작용의 기본권 침해를 **인용하는 결정** 외에도 많은 법률이 **위헌결정**되는 이유도 그 때문이다.

헌법소원은 심판청구인의 주관적인 권리구제뿐 아니라 객관적인 헌법질서의 수호·유지를 동시에 추구하는 헌법재판제도이므로 일단 본안심리가 시작된 후에는 당사자의 **소 취하**가 있어도 중요한 헌법문제의 해명을 위해서 필요하다면 본안판단을 할 수 있다고 할 것이다. 그런데도 헌법재판소는 '5·18 사건'에서 소 취하를 이유로 종료선언결정[1]을 한데 이어, 헌법재판소의 한정위헌결정의 기속력을 부인하는 대법원의 재심사유 배제해석에 관한 헌법소원 사건에서 재판관 전원 일치된 평의를 마친 상태인데도 소의 취하를 이유로 종료선언결정[2]을 해서 비판을 받고 있다.

⑤ **헌법소원의 인용결정과 그 효력**

헌법소원의 본안심리 결과 헌법소원의 대상이 된 공권력 작용이 위헌이거나 위헌적인 법률에 근거하고 있어 이유 있다고 판단하면 재판관 6인 이상의 찬성으로 헌법소원에 대한 인용결정을 한다(제113조 제1항, 법 제75조). 헌법재판소가 인용결정을 할 때에는 인용결정서의 주문에서 침해된 기본권과 침해의 원인이 된 공권력의 행사 또는 불행사를 특정해야 하고(법 제75조 제2항), 기본권 침해의 원인이 된 공권력의 행사를 **취소**하거나, 그 불행사가 위헌임을 **확인**할 수 있다(법 제75조 제3항). 또 헌법재판소는 공권력의 행사 또는 불행사가 위헌인 법률 또는 법률의 조항에 기인한 것이라고 인정하면 인용결정에서 당해 법률 또는 법률조항이 **위헌**임을 선고할 수 있다(법 제75조 제5항). 법률의 위헌이 선고된 때에는 구체적 규범통제에서의 위헌결정의 효력에 관한 규정(법 제45조, 제47조)이 준용된다(법 제75조 제5항, 제6항).

법률의 위헌심판제청신청을 기각하는 법원의 결정이 헌법소원(**규범소원**)의 대상이 되고 그것이 헌법재판소에 의해 인용된 때에 당해 헌법소원과 관련된 소송사건이 이미 확정된 때에는 당사자는 **재심을 청구**할 수 있다(법 제75조 제7항). 재심에서 형사사건에는 형사소송법규정이, 그리고 그 외의 사건에는 민사소송법의 규정이 준용된다(법 제75조 제8항). 헌법재판소가 공권력의 불행사에 대한 헌법소원을 인용하는 결정을

1) 헌재결 1995. 12. 15. 95헌마221 등(병합) 참조.
2) 헌재결 2003. 4. 24. 2001헌마386 참조.

하면 피청구기관이나 피청구인은 결정취지에 따라 **새로운 처분**을 해야 한다(법 제75조 제4항).

헌법소원의 인용결정은 소원 청구자와 피청구기관을 비롯해서 모든 국가기관과 지방자치단체를 기속한다(법 제75조 제1항).

(b) 규범통제형 헌법소원

규범통제형 헌법소원은 소송당사자가 재판의 전제가 된 법률의 위헌심판제청을 법원에 신청했는데 법원이 이를 기각하면 신청 당사자가 헌법재판소에 직접 그 법률의 위헌여부를 헌법소원으로 다툴 수 있는 제도이다. 이 경우 그 당사자는 당해 사건의 소송절차에서 같은 사유를 이유로 다시 위헌여부 심판의 제청을 신청할 수 없다(법 제68조 제2항). 이를 **규범소원** 또는 **위헌소원**으로 불러 위에서 설명한 권리구제형 헌법소원과 구별한다. 규범통제형 헌법소원에는 구체적 규범통제에 관한 규정이 준용된다(법 제75조 제6항). 그리고 이 규범소원은 법원이 직권으로 헌법재판소에 위헌심판 제청을 한 때(법 제42조)와 달리 **진행중인 재판**이 정지되지 않고 계속된다. 따라서 규범소원이 헌법재판소에서 인용되는 경우 이 규범소원과 관련된 소송사건이 이미 확정된 때에는 당사자는 **재심**을 청구해서 권리구제를 받을 수 있다(법 제75조 제7항).

제4장 우리 헌법상의 통치기관

우리 헌법은 자유민주적 통치구조의 기본원리를 존중하고 자유민주적 통치기관의 여러 구성원리에 따라 통치기관을 조직해서 통치기능을 수행하게 하고 있다. 국민은 주권자로서 헌법제정권력을 가지고 선거권을 통해서 헌법상의 여러 통치기관과 통치권능을 창설함으로써 통치권 행사에 민주적 정당성을 제공해 준다. 그리고 정치적인 의사결정과정에 투입(input)을 통해 영향력을 행사해서 통치기능의 민주적인 조종자 역할을 한다. 국민은 이처럼 주권자이지만 통치권을 직접 맡지는 않으므로 구체적인 통치권의 행사는 이를 입법권·집행권·사법권으로 나누어 각각 국회, 대통령을 수반으로 하는 정부 그리고 법원에 맡기고 있다.

1. 국회

입법기관인 국회는 의회주의의 이념에 따라 국민이 선거하는 의원으로 구성하는 합의제국가기관으로서 국정운영의 기초가 되는 법률을 제정하고 예산을 심의의결하는 중요한 국민의 대의기관이다.

1) 의회주의의 내용과 변화

(1) 의회주의의 개념

의회주의는 민주적 정당성에 바탕을 두고 구성된 합의체의 국민 대의기관이 국가의사결정의 원동력이 되어야 한다는 정치원리를 뜻한다. 따라서 의회주의는 '**의원내각제**'와 동의어가 아니다. 의회주의는 정치원리이고 의원내각제는 정부형태원리 내지 권력분립의 실현형태를 의미하기 때문이다. 그러나 의회가 통치기관의 조직 모체로 기능하고 통치기구 내에서 중심적인 좌표를 차지하는 의원내각제가 의회주의의 가장 순수하고도 직접적인 표현형태로 평가되는 것은 사실이다. 또 의회주의와 **의회민주주의**도 엄격한 의미에서 구별해야 한다. 의회민주주의는 흔히 의원내각제를 지칭하는 개념으로 사용되지만, 의회주의는 정부형태면에서는 중립적인 개념이기 때문에 의원내각제뿐 아니라 대통령제, 혼합정부형태를 모두 포괄하는 개념이다. 우리나라는 의회주의에 따라 통치기관을 구성하지만, 그렇다고 해서 의회민주주의 또는 의원내각제는 아니다.

(2) 의회주의의 기원과 발전 및 변화

(가) 의회주의의 기원과 발전

의회주의의 기원은 영국의 중세 '영주회의'에까지 거슬러 올라갈 수 있지만, 이 영주회의는 자유위임에 바탕을 둔 대의이념과는 거리가 먼 '명령적 위임'의 신분대표기구에 지나지 않았다. 영국에서 대의제도가 확립된 것은 그보다 훨씬 후인 **명예혁명**(1688) 후였다. 즉 스튜어트(Stuart)왕조의 왕정복고(1660)에 종지부를 찍은 명예혁명은 영국헌정사에서 국왕에 대한 의회의 정치적 우위를 확보하고 의회주권의 바탕을 마련하는 중요한 전기를 의미한다. 1689년에 제정된 **권리장전**(Bill of Rights)에 따라 의회의 선거제도와 의회의 입법 및 군권통제기능이 일반적으로 인정되어 조세문제와 법률제정·국방문제 등에 대한 의회의 정책간섭이 공식화하기에 이르렀다.

영국에서 기원한 의회주의가 **프랑스**에도 영향을 미쳐 1789년 프랑스 대혁명 후에는 '국민의회'가 국민의 대표기관인 동시에 '일반의지'의 표상으로서 국가의사결정의 중심적인 기구로 기능했다. 의회주의는 **독일**과 **미국**에도 영향을 미쳐 대의의 이념과 자유주의정치사상 및 선거제도의 민주적인 개혁 등을 통해서 국민의 정치참여가 폭넓게 이루어졌다.

의회주의의 발전은 17/8세기에 유럽을 지배하던 여러 사상의 복합적인 영향에 의한 것으로서 국민의 대표기관인 의회가 제정한 법률에 따르지 않고는 기본권을 제한할 수 없다는 **기본권의 법률유보이론**을 탄생시키는 모태적인 기능을 하게 되었다. 그 결과 의회주의는 영국·프랑스·독일 등에서 의회가 통치기구 내에서 가장 중심적인 좌표를 차지하는 '의원내각제'에서 가장 표본적인 형태로 나타났다.

(나) 의회주의의 변화

의회주의는 그 후 여러 가지 정치현상의 복합적인 요인으로 그 기능이 약화하는 변화의 모습을 보이게 되었다. 의회주의를 변화시킨 주요 요인으로 특히 다음의 여섯 가지 정치현상을 꼽을 수 있다. 즉 i) **정당국가현상**이다. 의회주의의 핵심은 '자유위임'에 따른 의원의 자유로운 정책결정활동인데, 정당국가현상으로 인해서 의회의 실질적인 정책결정기능이 정당 수뇌부로 넘어가고 의원은 정당 수뇌부가 결정한 정책을 그대로 따를 수밖에 없게 되었다. 그 결과 의회주의의 본질인 '자유위임'에 따른 의원활동이 '명령적 위임'의 형태로 변해 정책결정의 투명성을 위한 의회 내의 자유토론 등 의회주의의 핵심적인 기본원리가 모두 공허하게 되었다. ii) **의회의 전문성과 능률성의 한계**이다. 사회국가 현상으로 경제·사회·과학·환경·인공지능 등 다양한 분야에서 증가하는 새로운 정책수요를 해결하는데 의회는 전문성과 능률성의 한계를 보이게 되었다. 그 결과 전문성을 가진 행정관료의 전문적이고 민첩한 정책결정의 효율성이 높아져 국정운영의 주도권이 정부로 넘어가는 행정국가 현상이 불가피해졌다. iii) 선거기능의 변화로 인한 **의원대표성의 약화**이다. 정당국가의 선거가 의원 개인의 인물선거라기보다는 정당의 정책과 수뇌부에 대한 신임투표의 성격이 강해져 선거인과 의원 간의 직접적인 유대관계가 약화하고 선거제도의 결함이 초래하는 대의적인 소외계층이 생겨 의회의 국민 대표성이 약화했다. iv) **의원내각제의 부정적인 경험**이다. 의회주의의 표본형태로 간주되는 의원내각제가 영국, 프랑스(제3·4 공화국), 독일 바이마르 공화국, 이탈리아 등에서 극도의 정치불안정의 부정적인 결과로 나타나자 마치 의회주의 자체의 본질적인 결함으로 인식되어 의회주의에 대한 믿음이 약해졌다. v) **반의회주의적인 헌법철학의 영향**이다. 프랑스 루소(Rousseu)의 동일성이론(치자=피치자)에 따른 직접민주주의 사상의 영향을 받은 반의회주의적인 헌법철학의 영향으로 의회주의가 약화했다. vi) **의회운영과 의사절차의 비효율성**이다. 의회의 핵심적인 기능인 정책결정을 위한 의원들의 자유토론이 비능률적으로 운영되어 국정운영의 장애요인으로 작용하자 의회에 대한 국민의 신임에도 부정적인 영향을 미쳤다.

따라서 의회주의가 본래의 기능을 회복하려면 앞에서 열거한 부정적인 현상들을 개선하는 것이 불가피하다. 즉 정당국가현상에 대해서는 의원의 정당기속과 자유위임이 조화점을 찾을수 있도록 정당조직과 정당의 의사결정의 민주화를 통해서 의원의 정당기속의 정당성을 높혀야 한다. 의원의 전문성을 높이기 위해서는 직능대표제를 통한 각 분야 전문인의 의회진출의 길을 넓히고 의회의 정책적인 전문기구를 확충해야 한다. 선거제도의 문제점은 민주적 선거법의 기본원칙을 충실하게 반영하는 선거제도를 확립해야 한다. 의회운영의 비효율성을 개선하기 위해서는 의회의 정책결정을 위한 자유토론이 능률적으로 운영되도록 개선하고 정책결정과정에서 야당(소수)의 발언권을 강화해서 야당활동이 의회의 새로운 존립근거로 인식되도록 노력해야 한다.

의회주의가 직면한 여러 가지 부정적인 요인에도 불구하고 의회주의는 현대국가의 통치기능에서 필수적인 이념임을 부인할 수는 없다.

2) 국회의 헌법상 지위

국회는 국민이 선거하는 의원들로 구성하는 합의체의 국가정책 결정기관이다. 의회주의의 본질에 비추어 국회는 **자유위임의 원칙**에 따라 활동하는 국민의 대의기관이며, 입법기관인 동시에 국정통제기관으로서의 지위를 갖는다.

(1) 대의기관으로서의 지위

국회는 국민의 대의기관으로서의 지위를 갖는다. 헌법재판소도 대의제 민주주의는 헌법의 기본원리에 속한다고 판시했다.[1] 국회는 대의제도의 이념을 가장 순수하고 직접적으로 표현하는 통치기관이다. 즉 대의제도의 이념에 따라 국민이 선출한 의원이 독자적인 양식과 판단에 따라 정책결정에 임하고 그 결과에 대해서 국민에게 책임을 지는 대의기관이 바로 국회이다. 국회가 국민대표기관이라고 평가되는 이유도 그 때문이다. 그러나 국회를 국민대표기관이라고 평가할 때는 대의의 이념을 전제로 한 개념형식임으로 엄격한 법적 대리 또는 법적 대표관계가 성립한 것을 뜻하지는 않는다.

우리 헌법도 국민의 민주적인 선거로 구성하는 국회(제41조 제1항)를 대의기관으로 설치하고 국회의원의 자유위임을 강조하기 위해서 '국회의원은 국가이익을 우선하여 양심에 따라 직무를 행한다'(제46조 제2항)는 명문규정을 통해 국회의 대의기관으로서의 지위를 밝히고 있다.

(2) 입법기관으로서의 지위

국회는 입법기관으로서의 지위를 갖는다. 국회의 가장 중요한 기능이 입법기능인데, 국회입법의 원칙은 의회주의의 본질에 비추어 국회의 지위를 설명하는 가장 상징

---

1) 헌재결 1998. 10. 29. 96헌마186 참조.

적인 원리이다. 우리 헌법도 국회입법의 원칙에 따라 '입법권은 국회에 속한다'(제40조) 고 규정하고 있다.

그런데 국회가 입법기관으로서의 지위를 갖는다는 것은 국회만이 단독으로 입법권을 행사한다든지(**국회 단독입법의 원칙**), 국회가 입법권을 독점적으로 행사한다(**국회 독점입법의 원칙**)는 의미는 아니다. 국회입법의 원칙에도 불구하고 다른 통치기관이 입법과정에 참여하는 권한을 배제하지 않는다. 즉 정부의 법률안 제출권(제52조), 대통령의 법률안 공포권(제53조 제1항)과 법률안거부권(제53조 제2항) 그리고 긴급명령권과 긴급재정 · 경제명령권(제76조), 행정부의 행정입법권(제75조, 제96조), 다른 헌법기관(헌법재판소 · 대법원 · 중앙선거관리위원회)의 규칙제정권(제113조 제2항, 제108조, 제114조 제6항), 지방자치단체의 자치입법권(제117조 제1항) 등이 그것이다.

그 결과 국회입법의 원칙에 따른 국회의 입법기관으로서의 지위의 참뜻은 '**국회 중심입법의 원칙**'과 국민에게 부담을 주고 국민을 구속하는 법규사항을 비롯한 통치기관의 조직과 권한에 관한 본질적이고 기본적인 사항(**본질성이론**)은 반드시 국회가 형식적 의미의 법률로 제정해야 한다는 것이다. 헌법재판소도 TV 수신료의 결정에서 국회가 배제되는 것은 위헌이라고 결정했다.[1)]

(3) 국정통제기관으로서의 지위

국회는 국정통제기관으로서의 지위를 가진다. 즉 국회는 대의기관이요 입법기관으로 기능하면서 집행부와 사법부의 국정수행을 감시 · 견제 · 비판함으로써 통치권 행사의 절차적 정당성을 보장하는 기관이다. 3권분립의 통치구조 내에서 권력 상호 간의 '견제와 균형'의 불가피한 수단이기도 하다.

우리 헌법도 국회의 탄핵소추의결권(제65조), 국정감사 · 조사권(제61조) 등 국회의 국정통제기관으로서의 기능을 강조하고 있다.

(4) 합의체의 국가의사결정기관으로서의 지위

국회는 합의체의 국가의사 결정기관으로서의 지위를 갖는다. 국가기관 중에서 유일한 합의체의 대의기관이다. 합의체 의사결정의 장점은 한 사람 또는 소수의 결정보다는 여러 사람의 중지를 모아 보다 객관적이고 합리적인 결정을 할 수 있다는 점이

1) 헌재결 1999. 5. 27. 98헌바70 참조.

다. 따라서 합의체 대의기관이 순기능을 나타내려면 의사결정과정의 투명성과 자유토론이 매우 중요한 필수적인 요소이다. **다수결원리의 합리적인 운영**이 요청되는 이유이다. 다수결 원리의 순기능의 전제인 자유토론, 타협과 절충, 소수의 보호 등 합의도출과정의 충분한 협의가 무시되는 다수결은 다수의 횡포에 불과해서 공정한 합의의 의사결정이라고 볼 수 없다. 합의체 의사결정기관이 다수결 원리를 악용해서 합의도출과정을 왜곡하며 소수의 의사를 무시하고 다수가 일방적으로 의사결정을 하는 역기능을 하면 오히려 양식 있는 한 사람의 의사결정보다 질적으로 저하되는 경우가 많다. 합의체 의사결정이 추구하는 이상과 의회 의사결정의 현실 사이에 틈(gap)이 생기는 것은 다수결원리의 역기능에서 유래한다.

우리 헌법도 합의체 의사결정 기관인 국회의 의사결정 방법으로서 다수결원리(제49조)를 채택하면서도 소수의 권리를 보호하기 위한 여러 규정을 함께 두고 있다. 국회의원의 법률안 발의권(제52조)과 국회재적의원 1/4의 임시회 소집 요구권이 대표적이다.

3) 국회의 구성과 조직

(1) 국회의 구성원리

국회의 구성은 양원제와 단원제의 두 가지 방법이 있다. 이 중 어느 방법을 따르는가는 각 나라의 역사와 정치전통에 따라 다르다. 또 양원제와 단원제는 각각의 제도적인 특징을 가지고 있어 그 제도적인 우열을 말하기도 어렵다. 어느 제도든 그 제도의 역기능을 줄이고 순기능이 최대한 나타날 수 있도록 운영하는 것이 중요하다.

(가) 양원제

(a) 양원제의 의의와 연혁

양원제란 국회를 두 개의 상호 독립한 합의체기관(상원과 하원)으로 구성하고 상호 독립해서 활동하되 원칙적으로 두 합의체기관의 일치된 의사만을 국회의 의사로 간주하는 국회의 구성원리를 말한다. 연혁적으로 양원제는 영국에 그 기원을 두고 있는데, 영국과 같은 **입헌군주제**의 정치전통 그리고 미국 같은 **연방국가적 국가형태**와 특히 친화적인 관계에 있다. 양원제가 입헌군주제의 2원적(귀족계급과 기타계급)인 신분사회의 2원적인 대의에 더 적합하고 연방국가의 구조적인 특성을 살리는 국가의사결정에도 보다 유리하고 실용적이기 때문이다.

(b) 양원제의 유형과 제도적 징표

양원제의 유형을 구별하는 기준은 매우 다양하지만, 주로 상원의 성격과 국가형태가 양원제 유형 구별의 중요한 기준이 된다. 즉 신분형과 민주형 양원제, 연방국가형과 단일국가형 양원제 등이 양원제의 일반적인 유형이다. 예컨대 우리 제2공화국(민의원과 참의원)과 일본(상원과 하원)의 양원제는 민주형인 동시에 단일국가형이고, 영국의 양원제(2011년 이전)는 신분형인 동시에 단일국가형이고, 미국(상원과 항원)과 독일(연방참사원과 하원)의 양원제는 민주형인 동시에 연방국가형이다.

양원제는 양원이 독립적으로 구성되고 독립적으로 의사결정을 하되 두 원이 서로 다른 의사를 가진 경우 이를 조정해서 두 원의 일치된 의사를 결정할 필요가 있는 경우에만 예외적으로 두 원이 합동회의를 하게 되는 국회의 구성원리이다. 따라서 양원제의 제도적인 징표로는 **조직독립의 원칙**, **의결 독립의 원칙**, **의사 병행의 원칙**, **권한 불균형의 원칙** 등을 들 수 있다. 양원제의 이러한 제도적 징표는 양원의 선거방법, 의원수, 의원임기, 의원의 피선거권, 양원의 권한 등의 차이로 나타난다. 이 중에서 앞의 세 가지 원칙과 달리 양원의 '권한관계'는 나라마다 다르다. 즉 미국은 상원이 우월한 권한을 가지지만, 독일은 하원이 우월한 권한을 갖는다.

(나) 단원제

(a) 단원제의 의의

단원제란 국회를 하나의 합의체기관으로 구성하는 국회의 구성원리를 말한다. 세계 대다수 나라가 단원제를 채택하고 있다. 단원제는 의회정치의 역사가 짧고 대의민주정치의 경험이 많지 않은 나라에서 선호하기 때문이다.

(b) 단원제의 사상적 유래

단원제는 프랑스 Sieyès의 사상에서 유래하는 것으로 전해지고 있다. 즉 그가 양원제의 폐단과 모순을 지적하면서, '양원제에서 제2원과 제1원이 같은 결정을 하면 제2원은 무용한 존재이고, 반대로 제2원이 제1원과 다른 결정을 한다면 제2원은 유해한 존재이다'라고 강조한 것이 단원제의 사상적인 유래라고 전해지고 있다. 프랑스 혁명(1789) 후에 채택한 혁명헌법(1791)이 단원제를 채택한 것도 이러한 사상의 영향이라고 볼 수 있다.

우리 헌정사에서 제1차 개정헌법(1952)과 제2공화국 헌법(1960)을 제외하고는 계속해서 단원제를 채택하고 있다.

(다) 양원제와 단원제의 구조적 허실(장 · 단점)

두 유형의 장·단점으로 표현되는 구조적 허실은 서로 표리관계라고 볼 수 있다. 즉 일반적으로 양원제의 장점인 동시에 단원제의 단점으로 꼽는 것은 i) 신중한 의안처리 및 하원의 경솔방지, ii) 국회의 권력분립적 구성, iii) 상원이 갖는 하원과 정부간의 완충역할, iv) 연방국가적인 구조의 국회구성 반영, v) 지역대표와 직능대표의 활용 등이다. 반면에 양원제의 단점인 동시에 단원제의 장점으로 꼽는 것은 i) 의안처리의 지연, ii) 국가예산 낭비, iii) 국회의 책임소재 불명, iv) 국회의 대정부 견제력의 약화, v) 상원의 보수화로 인한 국민의사의 굴절반영 등이다.

그러나 그와 같은 획일적인 두 제도의 장·단점의 평가는 옳지 않다. 두 제도의 장·단점은 모두 해소 가능성이 없는 제도의 내재적인 요소가 아니라 충분히 해결할 수 있는 상대적인 성질의 것이기 때문이다. 따라서 두 제도의 구조적인 허실을 말하는 것보다 앞서 먼저 두 제도를 채택한 나라의 정치전통과 의회주의의 역사 그리고 민주정치의 수준 등을 살피는 것이 중요하다고 할 것이다.

(2) 우리 헌법상의 국회의 구성

우리 헌법은 국회의 구성을 단원제로 하고 있다. 즉 '국회는 국민의 보통·평등·직접·비밀선거에 의하여 선출된 국회의원으로 구성'하는데 '국회의원의 수는 법률로 정하되 200인 이상으로' 하며(제41조 제1항, 제2항), 국회의원은 4년의 임기(제42조) 동안 법률이 정하는 직을 겸할 수 없도록 했다(제43조). '국회의원의 선거구와 비례대표제 기타 선거에 관한 사항은 법률로 정'(제41조 제3항)하게 위임해서 공직선거법(이하 선거법)이 제정·시행되고 있다. 그에 따르면 우리의 국회의원 선거제도는 지역구 중심의 상대다수대표선거제도와 전국을 단위로 하는 비례대표선거제도의 혼합형태이다. 또 지역선거구별 1인 대표제, 지역구 선거의 '단수투표제', 정당별 비례대표선거를 위한 정당투표제, 비례대표의 부분적인 준연동형제의 분할방법, 비례대표의 저지규정 등이 주요내용이다. 즉 국회는 각 지역선거구에서 상대다수대표선거로 선출하는 254명의 지역구다수대표와 정당별 후보명부에 대한 별도의 정당투표로 선출하는 46명의 비례대표를 합해서 300명으로 구성한다.

(3) 국회의 조직

국회의 조직은 국회법(이하 법)에서 자세히 정하고 있다. 즉 국회는 의장과 부의

장을 두어 국회를 대표하게 하고, 국회운영의 효율성을 높이기 위해서 국회 내에 여러 위원회와 교섭단체를 두며, 국회의 사무를 처리하고 국회의원의 의정활동을 뒷받침하기 위해서 국회사무처와 국회도서관, 국회예산정책처와 국회입법조사처를 두고 있다. 국회는 세종특별자치시에 국회분원인 국회 세종의사당을 두는데 그 설치와 운영 및 그 밖의 필요한 사항은 국회규칙으로 정한다(법 제22조의4).

(가) 국회의 기관(의장과 부의장)

우리 헌법은 국회의 기관으로 의장 1인과 부의장 2인을 선출하게 했는데 법에서 자세한 사항을 규정하고 있다.

(a) 선거

의장과 부의장은 국회에서 무기명투표로 선거하되 재적의원 과반수의 득표로 당선된다. 이 과반수의 득표자가 없으면 2차 투표를 하고 2차 투표에서도 당선자가 없으면 최고득표자와 차점자에 대한 결선투표를 하되 재적의원 과반수의 출석과 출석의원 다수득표자를 당선자로 한다(법 제15조). 의장과 부의장이 궐위되면 지체없이 보궐선거를 해야 한다(법 제16조).

국회의원 총선거로 국회가 새로 구성된 때에는 총선거 후 최초의 임시회 집회일에 의장단을 선출해야 하는데, 최초의 임시회는 의원의 임기개시 후 7일에 최다선 의원(2인 이상이면 그 중 연장자)의 사회로 집회한다. 처음 선출된 의장의 임기가 폐회중에 만료되는 때에는 늦어도 임기만료 5일 전까지 집회해서 후임자를 선출한다(법 제5조 제3항, 제18조).

(b) 임기

의장과 부의장이 임기는 2년이다. 다만 국회의원 총선거 후 처음 선출된 의장과 부의장의 임기는 그 선출된 날부터 개시하여 의원의 임기 개시 후 2년이 되는 날까지로 한다. 보궐선거로 당선된 의장 또는 부의장의 임기는 전임자의 잔여기간으로 하며, 의장과 부의장의 임기는 언제나 같이 종료한다(법 제9조).

(c) 지위 및 권한

의장과 부의장은 국회의 대표자, 의사정리 및 질서유지책임자, 사무감독자로서의 지위를 가지며(법 제10조), 이 지위에 상응하는 권한이 주어진다. 국회의 정기회 및 임시회집회공고권(법 제4조, 제5조), 연간 국회운영기본일정수립권(제5조의2), 위원회 출석·발언권(제11조), 무소속의원의 상임위원선임권(법 제48조 제2항), 의사일정의 작성·변경권(법 제76조 이하), 의안소관위원회의 결정권(법 제81조 제2항), 국회의결의안의 정부이송권(법 제98조 제1항), 확정법률의 대리공포권(제53조 제6항, 법 제98조 제3항), 의원의 청가서수리권(법 제32조 제1항), 폐회중의 의원사직허가권(법 제135조 제1항), 국회내 경호권(법 제143조), 의원발언허가권(법 제99조) 등이 바로 그것이다.

의장의 직무는 부의장이 대리하는데, 의장이 직무대리자를 지정할 수 없는 때에는 큰 교섭단체 소속 부의장의 순으로 의장의 직무를 행한다(법 제12조).

(d) 사임 및 겸직제한

의장과 부의장이 사임하려면 반드시 국회의 동의를 얻어야 하고(법 제19조), 의장과 부의장은 원칙적으로 의원 이외의 직을 겸할 수 없다(법 제20조). 따라서 의장과 부의장은 다른 의원과는 달리 국무위원의 직을 겸할 수 없다. 의장은 의장직에 있는 동안 당적을 가질 수 없다(법 제20조의2).

(나) 국회의 위원회

(a) 위원회 제도의 의의와 기능

① 위원회제도의 의의

국회의 위원회는 국회 본회의의 의안 심사에 앞서 의안을 예비적으로 심사하고 의안의 본회의상정 여부를 결정함으로써 본회의의 의사진행을 효율적으로 하기 위해서 소수의원들로 구성된 합의체기관이다. 우리 국회법은 국회운영을 **상임위원회 중심주의**와 **본회의 결정주의**에 따라 하도록 정했기 때문에 위원회는 실질적으로 국회의 기능을 상당 부분 대행하고 있다고 볼 수 있다.

② 위원회제도의 기능

위원회제도는 국회 심의 의안의 양적 증대와 질적 전문화 및 국회 의안처리의 효율성의 요청에 부응해서 의안처리의 전문성과 효율성을 높여 국회가 의안심의를 능률적으로 처리할 수 있게 함으로써 국회의 기능을 강화하는 순기능을 갖는다.

그러나 위원회제도는 이와는 달리 역기능을 나타낼 수도 있다. 즉 여러 이익단체들의 로비활동을 쉽게 해서 의안처리의 공정성을 해칠 우려도 있고, 당리당략적인 의사방해를 쉽게 하며, 국회의원들에게 폭넓은 국정심의의 기회를 박탈하는 등 국회의 기능을 오히려 약화하는 역기능이 나타날 수도 있다.

(b) 위원회의 종류와 직무

국회의 위원회는 17개의 상임위원회와 상설 예산결산위원회와 비상설 특별위원회가 있다.

① 상임위원회

상임위원회는 일정한 소관사항에 속하는 의안과 청원 등을 심사하고 기타 법률이 정하는 직무를 하기 위하여 상설적으로 설치된 위원회를 말한다.

상임위원회의 수와 소관사무는 법이 정하고 있는데(법 제37조) 현재 17개의 상임위원회를 두고 있다. 즉 국회운영·법제사법·정무·기획재정·교육·과학기술정보방송통신·외교통일·국방·행정안전·문화체육관광·농림축산식품해양수산·산업통상자원중소벤처기업·보건복지·환경노동·국토교통·정보·여성가족 위원회 등이다.

국회의장을 제외한 모든 국회의원은 둘 이상의 상임위원회의 위원이 되지만, 각 교섭단체의 대표의원은 국회운영위원회의 위원이 된다(법 제39조). 상임위원회의 위원정수는 국회규칙으로 정하지만, 정보위원회의 위원정수는 12인으로 한다(법 제38조). 상임위원은 교섭단체 소속의원수의 비율에 따라 각 교섭단체대표의원의 요청으로 의장이 선임하고 2년간 재임한다. 상임위원회는 임기 2년의 위원장 1인을 두어 위원회를 대표하게 하는데, 상임위원장은 법(제48조 제1항-제3항)에 따라 선임된 당해 상임위원 중에서 국회 본회의에서 선거하는데, 재적의원 과반수의 출석과 출석의원 다수의 득표자를 당선자로 한다(법 제41조, 제49조, 제17조). 상임위원회는 각 교섭단체별로 간사 1인을 두는데 간사는 위원회에서 호선한다(법 제50조).

② 특별위원회

특병위원회는 둘 이상의 상임위원회소관과 관련되거나 특히 필요하다고 인정되는 안건을 효율적으로 심사하기 위하여 본회의의 의결로 일시적으로 설치하거나 국회법에 따라 설치하는 위원회이다(법 제44조). 국회법에서 명시적으로 설치한 특별위원회로는 윤리특별위원회와 임기 1년인 50인의 예산결산특별위원회(예결위) 그리고 인사청문특별위원회가 있는데, 이 중 예결위는 상설이다(법 제45조, 제46조, 제46조의3). 비상설특별위원회는 구성할 때 활동기간을 정하고 원칙적으로 그 활동기간이 끝날 때까지만 존속하는 한시적인 위원회이다(법 제44조 제2항, 제3항). 특별위원회의 위원도 상임위원회위원 선임과 같은 방법으로 선임하지만, 예결위의 위원은 교섭단체 소속 의원수의 비율과 상임위원회의 위원수의 비율에 따라 각 교섭단체 대표의원의 요청으로 의장이 선임한다(법 제45조 제2항). 예결위의 위원장은 예결위 위원 중에서 임시의장 선거의 예에 준해서 본회의에서 선거한다(법 제45조 제4항). 나머지 특별위원회의 위원장은 위원회에서 호선한다(법 제47조).

(c) 위원회의 운영

① 소위원회 구성

위원회는 소관사항을 분담·심사하기 위하여 상설소위원회를 둘 수 있고, 필요한 경우 특정한 안건의 심사를 위해서도 소위원회를 둘 수 있다. 이 경우 국회규칙으로 정하는 바에 따라 필요한 인원 및 예산 등을 지원할 수 있다(법 제57조 제1항). 상임위원회는 소관 법률안의 심사를 분담하는 둘 이상의 소위원회를 둘 수 있고, 법률안을 심사하는 소위원회(운영·정보·여성가족위 제외)는 매월 3회 이상 개회한다(법 제57조 제2항, 제6항).

② 위원회의 의사일정과 개회일시

위원회는 위원장의 책임 아래 운영되는데 위원장은 간사와 협의하여 위원회의 의사일정과 개회일시를 정한다(법 제49조). 그러나 위원장(소위원장 포함)은 특별한 사정이 없는 한 위원회는 매주 월요일·화요일 오후 2시, 소위원회는 매주 수요일·목요일 오전 10시에 개회하도록 개회일시를 정한다(법 제49조의2). 위원회는 본회의의 의결이 있거나 의장 또는 위원장이 필요하다고 인정할 때 그리고 재적의원 1/4 이상의 요구가 있을 때 개회한다(법 제52조).

③ 위원회의 활동내용과 보고의무

위원회는 그 소관에 속하는 사항에 관하여 법률안 기타 의안을 제출할 수 있는데(법 제51조) 위원회는 재적위원 1/5 이상의 출석으로 개회하고 재적위원 과반수의 출석과 출석위원 과반수의 찬성으로 의결한다(법 제54조). 그러나 위원회는 발의 또는 제출된 법률안이나 의안(예산안·기금운용계획안 등 제외)이 그 위원회에 회부된 후 15일(법사위의 체계·자구심사의 경우는 5일) 또는 20일(제정 및 전부개정법률안과 법률안 외의 의안의 경우)의 **숙려기간**을 경과하지 아니한 때에는 이를 의사일정으로 상정할 수 없는 것이 원칙이다(법 제59조).

위원회는 안건심사에서 상설소위원회에 회부하여 이를 심사·보고하도록 하고, 위원회의 안건심사에서 제정법률안 및 전부개정법률안에 대해서는 **축조심사**를 생략할 수 없고 **공청회** 또는 **청문회**를 개최해야 한다. 위원회는 예산상의 조치를 수반하는 안건에는 정부의 의견을 들어야 한다(법 제58조). 소위원회의 회의는 원칙적으로 공개한다. 그리고 소위원회는 안건심사에서 축조심사를 생략할 수 없다(법 제57조 제8항). 소위원회의 회의도 속기방법에 의한 회의록을 작성해야 한다(법 제69조). 예결위는 필요한 경우에는 소위원회 외에 여러 개의 분과위원회를 둘 수도 있다(법 제57조 제9항). 위원회는 안건심사를 마친 때에는 심사경과와 결과 기타 필요한 사항(예컨대 소수의견의 요지 및 관련위원회의 의견요지)을 서면으로 의장에게 보고하고(법 제66조), 위원장은 그 안건이 본회의에서 의제가 된 때에는 위원회의 심사경과 및 결과와 기타 필요한 사항을 본회의에 보고한다(법 제67조).

④ 공청회와 청문회

위원회와 소위원회는 중요한 안건 또는 전문지식이 필요한 안건을 심사할 때 재적위원 1/3 이상의 요구가 있으면 공청회를 열 수 있고(법 제64조), 필요한 증언 등을 듣기 위해서 위원회의 의결로 청문회를 열 수 있다(법 제65조). 그리고 다른 법률에 따라 그 임명에 국회의 인사청문을 거쳐야 하는 고위 공직자후보자에 대한 인사청문을 소관상임위원회에서 실시한다(법 제65조의2 제2항).

⑤ 안건조정위원회

위원회는 이견을 조정할 필요가 있는 안건(예산안·자금운용계획안 등 일부 안건 제외)을 심사하기 위해서 재적위원 1/3 이상의 요구로 여·야 동수로 위원회에 조정위원장 1명을 포함한 6명의 안건조정위원회를 두는데, 해당 안건에 대해서는 대체토론이 끝난 후에 안건조정위원회에 회부해서 심의한다(법 제57조의2 제1항, 제3항, 제4항). 심의 후 안건에 대한 조정안을 재적 조정의원 2/3 이상의 찬성으로 의결하며, 의결된 조정안에 대해서는 소위원회의 심사를 거친 것으로 보아 30일 이내에 표결한다(법 제57조의2 제6항, 제7항). 안건조정위원회는 원칙적으로 90일 동안 활동하는데(법 제57조의2 제2항), 이 기간 내에 조정안이 성립되지 않으면 심사경과를 위원회에 보고하는데, 위원장은 해당안건이 소위원회의 심사 전이면 소위원회에 회부한다(법 제57조의2 제8항). 신속처리대상안건(법 제85조의2 제2항)을 심사하는 안건조정위원회는 그 안건이 법제사법위원회에 회부 또는 본회의에 부의된 것으로 보는 때에는 그 활동을 종료한다(법 제57조의2 제9항).

(다) 국회의 교섭단체

(a) 교섭단체의 의의와 기능

교섭단체란 원칙적으로 같은 정당 소속의원들로 구성되는 원내 정치단체를 말한다. 교섭단체는 정당민주주의 국가에서 정당 소속의원들의 원내행동통일을 위한 정당기속을 통해서 정당의 정책목표를 효율적으로 달성하는 기능을 가진다. 그러나 의원의 정당기속이 지나치게 강조되는 때에는 헌법이 보장한 의원의 **자유위임적**인 의정활동과 갈등을 일으킬 수도 있다. 따라서 이러한 역기능이 나타나지 않는 범위 내에서 이루어지는 교섭단체의 **정당기속**은 국회 의사결정의 촉진제로 기능한다.

(b) 교섭단체의 구성

국회에 20인 이상의 소속의원을 가진 정당은 하나의 교섭단체가 된다. 그러나 단독으로 교섭단체를 구성할 수 없는 여러 정당의 소속의원들이 하나의 교섭단체를 구성하는 것도 가능하다. 교섭단체에는 대표의원을 두고 소속의원의 연서·날인한 명부를 의장에게 제출함으로써 비로서 교섭단체가 된다(법 제33조). 교섭단체 대표의원은 정당의 원내 지도자로서 소속 의원들의 통일된 의사형성과 행동통일을 위해서 노력하고 의원총회를 소집할 수 있다. 그리고 매년 첫번째 임시회와 정기회에서 1회 40분까지 연설 기타 발언을 할 수 있다(법 제104조 제2항). 헌법재판소는 교섭단체에만 정책연구위원을 배정하는 규정(법 제34조 제1항)은 비교섭단체 내지 그 정당에 대한 불합리한 차별이 아니라고 결정했다.[1)]

(라) 국회사무처 · 국회도서관 및 국회예산정책처와 국회입법조사처

국회에는 의정활동의 보조기관으로 국회사무처와 국회도서관 및 국회예산정책처와 국회입법조사처를 둔다. 국회사무처는 국회의 입법·예산결산심사 등의 활동을 지원하고 행정사무를 처리하는데 사무총장 1인과 기타 필요한 공무원으로 구성하며, 사무총장은 의장이 각 교섭단체 대표의원과의 협의를 거쳐 본회의의 승인을 얻어 임면한다. 사무총장은 의장의 감독을 받아 국회의 사무를 통할하고 소속공무원을 지휘·감독한다(법 제21조). 또 사무총장은 국회의원 총선거 후 최초의 임시회 집회공고와 폐회중에 의장·부의장이 모두 궐위된 때의 임시회 집회공고에 관해서는 의장의 직무를 대행한다(법 제14조).

국회도서관은 국회의 도서 및 입법자료에 관한 업무를 처리하는데, 도서관장 1명과 필요한 공무원을 둔다. 도서관장은 의장이 국회 운영위원회의 동의를 얻어 임명한다(법 제22조).

국회예산정책처는 국가의 예산결산·기금 및 재정운용과 관련된 사항에 관하여 연구·분석하고 의정활동을 지원하는데 처장 1인과 필요한 공무원을 둔다. 예산정책처장은 의장이 국회운영위원회의 동의를 얻어 임면한다(법 제22조의2).

국회입법조사처는 입법 및 정책관련 사항을 조사 연구하고 관련정보 및 자료를 제공하는 등 입법정보서비스와 관련된 의정활동을 지원하는데, 처장 1인과 필요한 공

1) 헌재결 2008. 3. 27. 2004헌마645 참조.

무원을 둔다. 처장은 의장이 국회 운영위원회의 동의를 얻어 임면한다(법 제22조의3).

4) 국회의 회의운영과 의사원칙

국회의 회의운영과 의사원칙에 관해서는 헌법과 국회법에서 자세히 규정하고 있지만 헌법과 국회법에 따로 규정이 없는 사항에 대해서는 국회의 자율권에 의해서 국회규칙으로 정하든지 국회의 관행에 따른다.

(1) 국회의 회의운영

국회의장은 국회의 연중 상시운영을 위해서 각 교섭단체대표의원과 협의하여 매년 12월 31일까지 법이 정하는 기준에 따라 다음 연도의 **국회운영기본일정**(국정감사를 포함)을 정하여야 한다. 총선거 후 처음 구성되는 국회는 6월 30일까지 당해연도 국회운영일정을 정해야 한다(법 제5조의2). 국회운영기본일정은 2월·3월·4월 및 6월 1일과 8월 16일의 임시회 집회를 기준으로 작성해야 한다. 다만 국회의원 총선거가 있는 경우에는 그러하지 아니하며, 집회일이 공휴일인 때에는 그 다음 날에 집회한다(법 제5조의2 제2항 제1호).

국회의 회의는 회기, 정기회와 임시회, 회계연도 등에 따라 운영된다(제44조, 제47조, 제54조).

(가) 회 기

회기란 국회가 의안처리를 위하여 집회한 날로부터 폐회일까지의 국회활동기간을 말한다. 회기는 의결로 정하는데 국회는 집회 후 즉시 이를 정하여야 하지만 연장할 수 있다(법 제7조). 회기와는 구별하여야 하는 것이 의회기 또는 입법기이다. **의회기**(**입법기**)란 '제 몇 대 국회'라는 말처럼 한 번 구성된 국회가 동일한 의원들로 활동하는 전체 기간을 말한다. 따라서 의회기는 원칙적으로 의원의 임기와 일치하지만 의회해산 기타 정변 등에 의해서 의원임기와 의회기가 일치하지 않는 경우도 있다. 의회기는 원칙적으로 여러 회기로 구분되는데, 회기에 의한 국회의 회의운영이 특별히 중요한 의미를 갖는 것은 미국처럼 '**회기불계속의 원칙**'이 적용되는 경우이다. 이 경우에는 회기중에 처리되지 못한 의안은 자동적으로 폐기되기 때문이다.

회기의 기간은 정기회의 집회와 임시회의 집회가 같지 않다. 국회는 회기중이라도 의결로 기간을 정하여 휴회할 수 있지만, 휴회중이라도 대통령의 요구가 있거나, 의장이 필요하다고 인정하거나 또는 재적의원 1/4 이상의 요구가 있을 때에는 회의를 재개한다(법 제8조). 따라서 휴회는 회기종료시에 하는 폐회와는 다르다.

(나) 정기회와 임시회

국회의 집회는 정기회와 임시회로 구분된다.

(a) 정기회

정기회란 국회가 매년 1회 정기적으로 집회하는 것을 말한다. 우리 국회는 매년 9월 1일에(그 날이 공휴일이면 그 다음날) 정기회를 집회해서 최장 100일 동안 활동한다(제47조, 법 제4조).

정기회의 의안은 회계연도에 맞춘 예산안심의규정(제54조) 때문에 제1차적으로 다음 회계연도의 예산안처리이다. 예산안처리를 위한 자료수집을 위해서 국회는 매년 정기회 집회일 이전에 30일 이내의 기간을 정하여 국정전반에 대하여 소관 상임위원회별로 국정감사를 한다. 다만, 본회의의 의결로 그 시기를 변경할 수는 있다(국감법 제2조 제1항 단서). 정기회가 **예산국회·감사국회**로 불리는 이유도 그 때문이다.

(b) 임시회

임시회란 국회가 필요에 따라 수시로 집회하는 것을 말한다. 임시회의 회기는 30일로 한다(법 제5조의2 제2항 제2호). 그런데 국회법은 **국회 상시개원체제**를 도입하여 2월·4월·5월 및 6월 1일과 8월 16일에 30일 회기의 임시회를 집회하게 했다(법 제5조의2 제2항 제1호). 국회의원총선거 후 최초의 임시회는 국회의원임기 개시 후 7일에 국회사무총장의 집회공고에 따라 집회한다(법 제5조 제3항, 제14조). 그리고 처음 선출된 의장의 임기가 폐회중에 만료되는 때에는 늦어도 임기만료일 전 5일까지 임시회가 집회한다(법 제5조 제3항). 임시회의 집회를 요구할 수 있는 사람은 대통령과 국회 재적의원 1/4 이상인데 대통령이 임시회의 집회를 구할 때에는 기간과 집회요구의 이유를 밝혀야 한다(제47조 제1항, 제3항). 국회 재적의원 1/4이 임시회집회를 요구할 수 있도록 한 것은 소수의 보호를 위한 것으로 매우 중요한 의미를 갖는다. 임시회의 집회요구가 있는 경우에는 의장은 집회기일 3일 전에 공고한다(법 제5조 제1항). 다만 헌법(제76조, 제77조)이 정하는 국가비상사태에서는 집회기일 1일 전에 공고할 수 있다(법 제5조 제2항).

(다) 회계연도

회계연도란 국가예산편성과 집행의 기준기간을 말한다. 우리나라의 회계연도는 매년 1월 1일에 시작해서 같은 해 12월 31일에 끝나는데(회계법 제5조) **'예산 1년주의'**와의 상호연관성 때문에 국회의 의사운영과도 불가분의 관계에 있다. 즉 정부가 회계연도마다 예산안을 편성하여 회계연도 개시 90일 전까지 국회에 제출하면, 국회는 회계연도 개시 30일 전까지 이를 의결하도록 헌법이 규정하고 있기 때문이다(제54조 제2항). 따라서 국회의 정기회는 회계연도에 맞춘 예산안심의를 의사운영의 기본과제로 삼을 수밖에 없다.

(2) 국회의 의사원칙

국회의 의사원칙을 어떻게 정하는가 하는 것은 의안처리의 효율성과도 직결될 뿐 아니라 국회의 의사결정의 민주성과도 불가분의 관계에 있다.

우리 헌법과 국회법은 **의사공개의 원칙**, **다수결의 원칙**, **회기계속의 원칙**, **일사부재의의 원칙**, **정족수의 원리** 등을 의사절차의 기본원리로 채택하고 있다.

(가) 의사공개의 원칙

우리 헌법은 '국회의 회의는 공개한다'(제50조 제1항)고 의사공개의 원칙을 규정하고 있다. 따라서 우리 국회의 의사절차는 공개회의를 원칙으로 하여야 한다. 의사공개의 원칙은 의회주의의 핵심적인 기본원리일 뿐 아니라 대의제도의 이념에 따라 주권자인 국민이 국회의원의 의정활동을 감시하고 비판함으로써 책임정치를 실현할 수 있는 불가결의 전제조건이기 때문이다. 우리 헌법(제50조 제1항 단서)이 규정하는 의사공개의 원칙에 대한 예외사유(출석의원 과반수 찬성 또는 의장이 인정하는 국가안전보장상의 필요)를 지나치게 확대해석해서는 아니 된다.

이렇게 볼 때 의사공개의 원칙은 본회의와 위원회 및 소위원회의 의사절차에서 모두 존중하여야 하는데 정보위원회의 회의만은 특례규정에 따라 공청회·인사청문회를 제외하고는 공개하지 않았는데, 헌법재판소의 결정에 따라 이젠 공개한다(법 제54조의2). 의사공개의 원칙에 따라 구체적으로는 방청의 자유, 보도의 자유, 중계방송의 자유, 회의록열람·공표의 자유 등이 보장된다. 헌법재판소는 방청불허행위가 명백히 자의적인 것이 아닌 한 국민의 알 권리를 침해하는 공권력 행위가 아니라고 결정했다. 국회에 의한 음성 또는 영상방송(법 제149조)도 의사공개에 기여한다. 다만 비공개회의의 결정이 있는 경우에는 이러한 자유가 제한 내지 배제된다. 우리 헌법은 비공개회의 내용의 공표에 관하여는 따로 법률로 정하도록 했다(제50조 제2항).

(나) 다수결의 원칙

우리 헌법은 국회의 의사결정방법으로 다수결원리를 채택하고 있다. '국회는 헌법 또는 법률에 특별한 규정이 없는 한 재적의원 과반수의 출석과 출석의원 과반수의 찬성으로 의결한다. 가부동수인 때에는 부결된 것으로 본다'(제49조)는 것이 그 대표적인 규정이다. 다수결원칙은 민주주의를 실현하기 위한 하나의 형식원리에 불과하지만 합의체통치기관으로서의 국회가 의안을 심의해서 국회의 의사를 결정하기 위한 불가피한 수단이다.

그런데 다수결원리는 그 자체가 민주주의원리를 뜻하는 것이 아니고 민주주의를 실현하기 위한 하나의 형식원리에 지나지 않기 때문에 민주주의의 실질적 가치라고 볼 수 있는 자유·평등·정의·국민주권의 본질적 내용은 어떤 경우라도 다수결의 대상이 될 수 없다고 할 것이다. 바로 이곳에 의사절차에서 다수결원리를 적용하는 데 있어서의 한계가 있다. 다수결원칙에서 **결과**뿐 아니라 **그 결과에 이르는 과정**이 더욱 중요하다고 평가되는 이유도 그 때문이다. 따라서 소수당인 교섭단체와 절충과 타협의 절차를 거치지 않은 의안의 다수결처리는 다수결원리에 어긋나는 다수의 독재이다.

(다) 회기계속의 원칙

우리 헌법(제51조)은 회기계속의 원칙을 채택해서 '국회에 제출된 법률안 기타의 의안은 회기중에 의결되지 못한 이유로 폐기되지 아니한다'고 규정하고 있다. 따라서 회기 내에 의결하지 못한 의안심의는 다음 회기에 계속할 수 있다. 이 점이 미국이 채택하는 회기불계속의 원칙과 다르다. 그러나 회기계속의 원칙은 선거에 의한 대의민주주의의 본질상 같은 **의회기 내에서만** 효력이 있어야 한다. 우리 헌법(제51조 단서)이 국회의원의 임기가 만료된 때에는 회기가 계속되지 않도록 한 것도 바로 그 때문이다.

(라) 일사부재의의 원칙

우리 국회법(제92조)은 한 번 '부결된 안건은 같은 회기중에 다시 발의 또는 제출하지 못한다'고 일사부재의의 원칙을 채택하고 있다. 의사절차의 능률성이라는 관점에서는 물론이고, 소수집단의 의도적인 의사방해를 막기 위해서도 불가피한 원칙이다. 의사진행의 능률을 높이고 소수의 의사방해를 막기 위한 방법으로는 발언횟수 및 시간의 제한(법 제103조, 제104조), 교섭단체별 발언자수 제한(법 제104조, 제105조) 등도 생각할 수 있지만 일사부재의의 원칙이 가장 실효성이 있는 방법이다.

그러나 일사부재의의 원칙은 국회의 의사결정이 왜곡되지 않도록 매우 신중하게 적용해야 한다. 따라서 한 번 철회된 안건의 재의, 회기를 달리하는 안건의 재의, 사유를 달리하는 해임건의안건의 재의, 위원회처리안건의 본회의 재의 등은 일사부재의의 원칙에 어긋난다고 볼 수 없다. 일사부재의의 원칙은 '**본회의의 의제가 된 안건**'(법 제90조 제2항)에만 적용되므로 탄핵소추안을 국회 본회의에 보고한 후에 표결을 위해 안건으로 상정하기 전에 철회하고 동일 회기 내에 재발의해서 안건으로 처리해도 일사부재리의 원칙을 어긴 것은 아니라는 헌법판례가 있다.[1)]

(마) 정족수의 원리

우리 헌법과 국회법은 여러 규정에서 국회의 회의가 성립하기 위한 최소한의 출석의원수와 국회의 의결이 성립하기 위한 최소한의 찬성의원 수를 규정하고 있는데 전자를 의사정족수, 후자를 의결정족수라고 말한다. 그리고 국회의 의사절차에서 이처럼 의사정족수와 의결정족수를 요구하는 것을 정족수의 원리라고 말한다. 합의체의 국가의사결정기관으로서의 국회가 의안심의와 의사절차를 원만하게 진행해서 국회의 의사결정에 민주적 정당성과 절차적 정당성을 부여하기 위한 불가피한 원리이다.

(a) 의사정족수

우리 국회법(제73조)은 '본회의는 재적의원 1/5 이상의 출석으로 개의한다'고 의사정족수를 규정하고 있다. 따라서 회의중 의원들의 퇴장 등으로 이 의사정족수에 달하지 못하게 되면 의장은 원칙적으로 회의를 중지하거나 산회를 선포하여야 한다. 그런데 국회법은 본회의 개의 후에 의사정족수에 미달하더라도 의장은 교섭단체대표의원이 의사정족수의 충족을 요청하는 경우 이외에는 회의를 계속할 수 있도록 규정하고 있다(제73조 제3항). 의사정족수를 **개의정족수**라고도 한다. 위원회의 의사정족수도 재적위원 1/5 이상의 출석이다(법 제54조).

(b) 의결정족수

의결정족수는 다시 일반정족수와 특별정족수로 나뉜다.

① 일반정족수

우리 헌법(제49조)과 국회법(제109조)은 국회는 헌법 또는 국회법에 '특별한 규정이 없는 한 재적의원 과반수의 출석과 출석의원 과반수의 찬성으로 의결한다'고 의결정족수를 정하면서 가부동수는 부결된 것으로 보도록 했다. 위원회도 재적위원 과반수의 출석과 출석위원 과반수의 찬성으로 의결한다(법 제54조).

② 특별정족수

우리 헌법은 특히 신중을 요하는 의안처리에 대해서는 의결정족수를 한층 높이고 있는데 이를 특별정족수라고 한다.

특별정족수를 규정한 예로서는 i) 헌법개정안의 의결(재적의원 2/3 이상의 찬성, 제130조 제1항), ii) 국회의원의 제명처분(재적의원 2/3 이상의 찬성, 제64조 제3항), iii) 탄핵

1) 헌재결 2024. 3. 28. 2023헌라9 참조.

소추의결(재적의원 과반수 또는 재적의원 2/3 이상의 찬성(대통령의 경우), 제65조 제2항), iv) 국무총리·국무위원해임건의(재적의원 과반수의 찬성, 제63조 제2항), v) 계엄의 해제요구(재적의원 과반수의 찬성, 제77조 제5항), vi) 거부된 법률안의 재의결(재적의원 과반수 출석과 출석의원 2/3 이상의 찬성, 제53조 제4항) 등을 들 수 있다. 그 밖에도 국회법에는 쟁점안건에 대한 효율적이고 신속한 심의를 위해서 특별정족수를 정하고 있다. 즉 **재적의원 3/5** 이상의 찬성으로 국회 본회의에서의 **무제한 토론**(**필리버스터**) 종료의결(법 제106조의2 제6항), 소관 상임위 재적위원 3/5 이상의 찬성으로 **신속처리안건지정의결**(법 제85조의2 제1항) 그리고 법사위 재적위원 3/5 이상의 찬성으로 심의지연안건에 대한 **본회의 부의의결**(법 제86조 제3항)을 할 수 있게 했다. 이 경우 소관 상임위는 180일 이내에, 법사위는 90일 이내에 심사를 마쳐야 하고 이 기간이 지나면 바로 본회의에 부의된 것으로 본다(법 제85조의2 제3항-제5항). 그러면 본회의에 부의된 것으로 보는 날부터 60일 이내에 본회의에 상정되어야 한다(법 제85조의2 제6항). 신속처리안건으로 지정된 안건은 최장 330일 이내에 본회의에 상정되어 본회의 심의가 되도록 한 것이다. 그렇지만 본회의에서 재적의원 1/3의 소수세력이 무제한 토론으로 심의를 지연시키는 것(법 제106조의2 제1항)을 종료시키려면 재적의원 3/5의 의결이 필요하므로(법 제106조의2 제6항) 신속처리안건이 신속하게 처리되기 위해서는 재적의원 3/5 이상의 찬성을 받을 수 있는 안건이어야 한다.

5) 국회의 기능

국회의 기능은 통치권의 기본권기속성, 대의의 이념, 의회주의의 역사와 불가분의 관계에 있으며 권력분립의 원칙과 정부형태도 국회의 기능의 범위와 한계를 정해주는 중요한 요인으로 작용하게 된다. 통치권의 기본권기속성의 관점에서 볼 때 국회는 무엇보다도 입법을 통한 기본권실현기능을 갖게 되고, 대의의 이념에서 볼 때 국회는 국민의 추정적인 의사를 대변하여야 할 제1차적인 책임을 지고 있으며, 의회주의의 역사에 비추어 본다면 국회는 국정운영의 중심적인 통치기관으로서 포괄적인 기능을 수행하되 오늘날에는 특히 국정통제기능이 중요시된다. 그리고 권력분립의 원칙에 입각해서 말한다면 국회는 입법권의 행사를 통해서 다른 통치기관을 견제·감시해야 할 기능을 가지며, 정부형태면에서도 국회는 내각의 산실로서 내각의 정책에 대해서 '**지원적인 통제**'를 하여야 할 입장에 서거나(의원내각제) 독립성의 원칙에 따라 대통령의 정책에 대해서 '**견제적인 통제**'를 하여야 할 책임을 지게 된다(대통령제).

따라서 국회의 기능을 결정해 주는 이들 이념과 원리를 통합적으로 고찰한다면 국회는 **입법·재정·통제·인사·자율기능** 등을 갖는다고 말할 수 있다. 그런데 이들 다섯 가지 기능이 행해지는 형식은 매우 다양해서 의결·동의·승인·통지 등 여러 형식이 있다.

(1) 입법기능

국회는 입법기관이기 때문에 입법기능을 갖는다. 우리 헌법(제40조)도 '입법권은 국회에 속한다'고 국회의 입법기능을 강조하고 있다.

(가) 입법의 개념

입법이란 법규범의 정립작용을 말한다. 법규범이란 일반적이고 추상적인 구속력을 가지고 국가의 강제력에 의해서 그 효력이 담보되는 국가의 규범적인 의사표시를 말한다. 입법은 매우 포괄적인 개념으로서 모든 법규범의 정립작용을 총칭하는 것이기 때문에 법률·명령·규칙·조례제정이 모두 입법에 포함된다. 국회입법뿐 아니라 행정입법·사법입법·자치입법 등 그 제정주체가 다양한 이유도 바로 그 때문이다.

(나) 국회가 갖는 입법기능의 의의와 성질

일반적인 입법의 개념과 엄격히 구별하여야 하는 것이 국회가 갖는 구체적인 입법기능이다. 즉 우리 헌법(제40조)이 국회에게 준 '입법권'은 결코 모든 법규범의 정립작용을 국회만이 행사하라는 뜻은 아니기 때문이다. 우리 헌법이 정하는 '입법권은 국회에 속한다'(제40조)는 말은 다음 두 가지 내용을 내포하고 있다고 할 것이다. 즉 첫째 적어도 '법률'의 형식으로 이루어지는 법규범의 정립작용만은 그 내용이 무엇이든 간에 반드시 국회가 해야 하고, 둘째 국민의 권리·의무의 형성에 관한 사항(예컨대 기본권제한)을 비롯해서 국가의 통치조직과 작용에 관한 기본적이고 본질적인 사항은 반드시 '법률'의 형식으로 정해져야 한다는 뜻이다. 국회가 갖는 입법기능을 이렇게 이해할 때 국회입법은 행정입법·사법입법·자치입법 등과 그 규율영역을 달리하게 되고 그것은 또한 행정입법·사법입법·자치입법기능에 뚜렷한 한계를 제시해 주게 된다. 결국 '입법권은 국회에 속한다'는 말은 '국회단독입법의 원칙'도 '국회독점입법의 원칙'도 아닌 '**국회중심입법의 원칙**'을 천명한 것이라고 이해하여야 한다.

(다) 국회가 갖는 입법기능의 내용과 범위

국회가 갖는 입법기능의 가장 중요한 내용은 법률제정기능이지만, 그 밖에도 헌법개정의결과 조약의 체결·비준에 대한 동의도 입법기능의 범위에 속한다. 그리고 국회의 규칙제정 기능도 그것이 국회의 자율기능에 속하는 것이긴 하지만 넓은 의미에서는 입법기능의 범위에 포함할 수 있다.

(a) 법률제정권

① 법률의 개념과 효력

국회는 법률의 제정권을 갖는다. 이 경우 '법률'이란 국회가 헌법이 정하는 일정한 입법절차에 따라 심의·의결하고 대통령이 서명·공포함으로써 효력을 발생하는 법규범을 말한다. 국회가 제정하는 법률을 흔히 **형식적 의미의 법률**이라고 말하는데 형식적 의미의 법률은 우리나라의 법질서 내에서 헌법 다음으로 강한 규범적 효력을 가지고 헌법과 함께 명령·조례·규칙·처분 등의 효력근거가 된다. 법률에 위배되는 명령·조례·규칙·처분 등의 효력이 부인되는 이유도 그 때문이다.

② 법률의 필수적 규율사항

법치국가원리를 헌법상의 구조적 원리로 채택하고 있는 우리 헌법질서 내에서는 모든 국가작용이 법우선의 원칙에 따라 법률의 근거가 있어야 하므로 법률의 수요가 매우 많다. 그렇지만 특히 국민의 권리·의무의 형성에 관한 사항(**법규사항**)이라든지 통치조직과 작용에 관한 기본적이고 본질적인 사항(**헌법상의 법률사항**)은 반드시 법률의 형식으로 규율해야 한다. 하지만 법우선의 원칙은 결코 국가작용의 모든 분야를 빠짐없이 법률로만 규율할 것을 요구하는 것은 아니다. 따라서 행정입법·자치입법 등이 허용된다. 헌법재판소도 법률이 공법인의 정관에 국민의 권리·의무의 형성과 관련이 없는 자치법적 사항을 위임하는 것을 위헌이 아니라고 결정한 이유도 그 때문이다.[1)]

③ 처분적 법률의 문제

처분적 법률이란 일반적·추상적 사항을 규율하는 일반적 법률과는 달리 개별적·구체적 사항을 규율하는 법률을 말하는 것으로서 그 규율대상이나 규범수신인이 특정되어 있거나 그 효력이 한시적인 것이 특징이다. **개별사건법률**, **개인대상법률**, **한시적 법률** 등이 바로 그것이다. 이러한 처분적 법률은 법규범이 갖추어야 하는 기본적 특성으로서의 일반성과 추상성이 결여되어 있을 뿐 아니라 그 과잉행사가 자칫 기본권침해의 결과를 초래할 수도 있다는 점 때문에 논란의 대상이 된다. 또 처분적 법률은 권력분립의 원칙과 평등의 원칙에도 위배되는 것으로 지적해 왔다. 특히 '**개인대상법률**'은 어떠한 경우에도 허용될 수 없다고 하는 것이 공통된 입장이다. 결국 처분적

1) 헌재결 2001. 4. 26. 2000헌마122 참조.

법률은 국회가 갖는 법률제정권의 한계를 뜻한다고 이해하는 것이 옳을 것이다.

④ 법률제정권의 헌법상 의의와 입법형성권

국회가 갖는 법률제정권은 기본권실현 내지 구체화의 수단인 동시에 대의민주주의 내지 법치주의의 실현수단이라고 볼 수 있다. 국민의 기본권을 형성·제한하거나 통치작용에 필요한 기본적이고 본질적인 사항은 반드시 국회가 제정하는 법률로 정해야 하는 이유도 그 때문이다. 더욱이 우리 헌법은 기본권조항 중에 많은 기본권형성적 법률유보조항을 내포하고 있고 통치기관의 조직과 직무범위, 통치기능의 범위와 한계, 직업공무원제도와 지방자치제도 그리고 선거제도, 헌법재판의 구체적인 내용, 경제활동의 기본적인 틀 등을 모두 법률사항으로 위임하고 있으므로 국회의 법률제정권은 통치작용의 가장 기본이 되는 법질서형성적인 의미를 갖지 않을 수 없다. 국회의 이와 같은 법질서형성기능은 물론 헌법과 기본권에 기속되지만, 그 기속의 범위 내에서는 대의민주주의의 정신에 따라 폭넓은 입법형성권이 인정되는 기능이라는 점도 간과해서는 아니 된다. 따라서 국회는 헌법에 명기된 법규사항과 법률사항뿐 아니라 스스로 필요하다고 판단하는 사항에 대해서 법률로 규정할 수 있다. 그러나 **법률만능주의**가 최상의 법치주의는 아니라는 것을 잊지 말고 필요한 합리적인 범위에 그쳐야 한다. 헌법재판소가 입법재량의 한계를 지적하면서 입법수단의 선택에서 현저하게 불합리하고 불공정한 선택은 피해야 한다고 판시한 이유도 그 때문이다.[1)]

(b) 헌법개정안의결권

국회의 입법기능에는 헌법개정에 관한 권한도 포함되는데, 국회는 그 재적의원 과반수의 찬성을 얻어 헌법개정안을 발의하고, 20일 이상의 공고기간을 거쳐 그 재적의원 2/3 이상의 찬성으로 헌법개정안을 의결할 수 있는 권한을 갖는다(제128조 제1항, 제130조 제1항). 물론 국회의 의결로 헌법개정이 확정되는 것도 아니고 또 국회는 법률의 제정 때와는 달리 한 번 공고된 헌법개정안에 대해서 수정할 수도 없지만 국회에서의 헌법개정안발의와 의결은 헌법개정절차에서 가장 핵심적인 부분이기 때문에 국회가 갖는 헌법개정안의결권은 국회의 입법기능 중에서도 매우 중요한 의미를 갖는다. 헌법의 최고규범성을 비롯한 여러 특성과 헌법개정이 헌법질서에 미치는 심각한 영향을 고려해서 우리 국회법(제112조 제4항)은 헌법개정안에 대한 표결만은 반드시 기명투표로 하도록 했다.

---

1) 헌재결 1996. 4. 25. 92헌바47 참조.

(c) 조약의 체결·비준에 대한 동의권

헌법(제60조 제1항)에 특히 열거한 중요 조약(상호원조 또는 안전보장에 관한 조약, 중요한 국제조직에 관한 조약, 우호통상항해조약, 주권의 제약에 관한 조약, 강화조약, 국가나 국민에게 중대한 재정적 부담을 지우는 조약, 입법사항에 관한 조약)의 체결·비준에 대해서 국회가 동의권을 갖는 것도 국회의 입법기능에 속한다고 볼 수 있다. 조약은 국회의 동의라는 절차를 거쳐야 비로소 국회가 제정한 국내법과 같은 효력을 가지기 때문이다(제6조 제1항). 그런데 조약을 체결하고 비준하는 것은 국가를 대표하는 대통령의 권한이기(제73조) 때문에 국회가 그에 대한 동의권을 갖는다는 것은 대통령의 외교권에 대한 **국회의 통제**라는 의미도 함께 갖게 된다.

(d) 국회규칙제정권

국회는 법률에 저촉되지 아니하는 범위 안에서 의사와 내부규율에 관한 규칙을 제정할 수 있다(제64조 제1항). 이것은 국회의 자율기능에 속하는 것이긴 하지만 그것은 또한 국회가 갖는 입법기능에도 포함된다고 볼 수 있다. 국회규칙은 다른 통치기관의 규칙과 마찬가지로 그 규율대상이나 효력이 그 기관 내에 한정되는 것이 원칙이지만 국회방청규칙처럼 국회에 들어가는 외부인에게도 효력이 미칠 수도 있다.

(라) 국회가 갖는 입법기능의 한계

국회가 갖는 입법기능도 다른 통치기능과 마찬가지로 일정한 한계가 있다. 입법기능의 **능동적 한계**와 **수동적 한계**가 바로 그것이다. 입법기능의 능동적 한계란 입법기능의 본질에서 나오는 한계를 말하며, 입법기능의 수동적 한계란 다른 통치기관의 입법관여기능 내지 입법통제기능 때문에 나타나는 한계를 말한다.

(a) 입법기능의 능동적 한계

입법기능의 능동적 한계는 다시 헌법원리상의 한계와 이론상의 한계로 나눌 수 있다.

① 헌법원리상의 한계

국회의 입법기능은 우리 헌법으로 정한 기능이다. 따라서 헌법이 추구하는 근본이념과 기본원리를 존중하고, 헌법이 정해 준 입법기능의 내용과 범위를 지켜야 할 헌법원리상의 한계를 준수하여야 한다. 즉 우리 헌법이 추구하는 국민주권·정의사회·문화민족·평화추구의 이념을 존중하여야 하기 때문에 구체적인 입법권의 행사는 언제나 기본권에 기속되고 자유민주주의·법치주의·사회국가·문화국가·사회적 시장경제질서·평화통일·국제적 우호주의를 실현할 수 있는 방향으로 이루어져야 한다.

이와 같은 헌법상의 근본이념과 기본원리를 비롯한 그 구체적인 실현원리를 존중해야 하는 입법기능의 한계는 입법기능의 내용에서뿐 아니라 입법기능을 행사하는 과정과 절차에서도 반드시 지켜져야만 한다. 또 우리 헌법은 예외적으로 입법기능이 존중해야 할 한계를 명문으로 분명히 밝힌 경우도 있는데 i) 참정권제한 또는 재산권 박탈을 위한 소급입법의 금지(제13조 제2항), ii) 기본권의 본질적 내용을 침해하는 입법의 금지(제37조 제2항) 등이 바로 그것이다. 또 우리 헌법은 입법형성권의 한계를 명문으로 분명히 밝힌 경우도 있는데 재산권의 손실보상에 관한 법률에서 반드시 정당한 보상의 지급을 그 내용으로 하여야 한다는 것이 바로 그것이다(제23조 제3항).

아무튼 헌법원리상의 한계는 입법기능의 한계 중에서도 가장 포괄적이고 본질적인 성질을 갖는 것으로서 이 헌법원리상의 한계가 특히 기본권과의 관계에서 과잉금지의 원칙으로 표현된다는 점은 이미 기본권편에서 자세히 살펴보았다. 또 처분적 법률이 제한되는 이유도 바로 이 헌법원리상의 한계 때문이다.

② 이론상의 한계

국회의 입법기능은 법질서를 형성하는 기능이기 때문에 모든 법질서형성기능이 존중하여야 하는 일정한 이론상의 한계를 무시할 수 없다. 즉 '**체계정당성(정합성)의 원리**'가 바로 그것이다. 체계정당성의 원리란 법규범 상호 간에는 규범구조나 규범내용면에서 서로 상치 내지 모순되어서는 아니 된다는 것이다. 체계정당성의 요청은 동일법률에서는 물론이고 다른 법률 간에도 그것이 수직적인 관계이건 수평적인 관계이건 반드시 존중해야 하므로 규범통제를 불가피하게 한다. 상·하 규범 간의 규범통제와 동등규범 간의 규범통제, 신·구 규범 간의 규범통제 등이 입법기능에서 반드시 선행 내지 병행되어야 하는 것은 그 때문이다. 헌법은 이 중에서 상·하 규범 간의 규범통제만은 이를 국회에만 맡기지 않고 법원 또는 헌법재판소에 맡기고 있는데 위헌법령심사제도(제107조)가 바로 그것이다. 그런데 법원과 헌법재판소에 의한 규범통제는 바로 입법기능의 수동적 한계로 나타난다.

(b) 입법기능의 수동적 한계

우리 헌법은 국회단독입법의 원칙이나 국회독점입법의 원칙을 따르지 않고 다른 통치기관에게도 입법과정에 참여할 수 있는 권한과 규범통제권을 부여하고 있다. 따라서 국회의 입법기능은 이들 다른 통치기관의 입법관여기능 내지 규범통제기능에 의해서 제약을 받을 수밖에 없다.

① 정부의 입법관여기능

국회의 입법기능은 정부의 법률안제출권(제52조)과 대통령의 법률안공포권(제53조 제1항), 법률안거부권(제53조 제2항), 긴급명령권과 긴급재정·경제명령권(제7조)에 의해서 제약을 받는다. 그리고 행정부의 행정입법권(제75조, 제95조), 다른 헌법기관의 규칙제정권(제108조, 제113조 제2항, 제114조 제6항), 지방자치단체의 자치입법권(제117조 제1항) 등의 필요성으로 생기는 한계를 존중하여야 한다.

② 법원과 헌법재판소의 규범통제권

국회의 입법기능은 법원이 갖는 법률의 위헌심사권(제107조 제1항)과 헌법재판소가 갖는 법률의 위헌결정권(제108조, 제113조 제2항, 제114조 제6항)에 의해서 강력한 통제를 받는다. 이들 기관에 의한 규범심사결과 위헌으로 결정된 법률은 그 효력이 상실되고 헌법재판소의 위헌결정은 모든 국가기관을 기속하기 때문이다(헌재법 제47조).

(마) 입법의 절차와 과정

국회의 입법기능 중에서 입법의 절차와 과정이 특히 문제가 되는 것은 법률제정의 경우이다. 그런데 법률제정의 절차와 과정은 법률안제안절차, 법률안심의·의결절차, 법률안서명·공포절차로 구분할 수 있다. 이들 절차에 관해서는 헌법과 국회법에서 자세히 규정하고 있다.

(a) 법률안의 제안

법률안의 제안권은 국회의원과 정부에게 있다(제52조).

① 국회의원의 법률안제안절차

국회의원이 법률안을 제출하려면 발의의원과 찬성의원을 구분·명기하되(법안실명제) 10인 이상의 찬성을 얻어 찬성자와 연서하여 의장에게 제출하여야 한다(법 제79조). 또 의원 또는 위원회가 예산 또는 기금상의 조치를 수반하는 의안을 제출하는 경우에는 그 의안의 시행에 수반될 것으로 예상되는 비용에 관한 국회예산정책처의 추계서를 함께 제출하여야 한다(법 제79조의2 제1항-제3항). 상임위원회나 특별위원회가 그 소관에 속하는 사항에 관하여 법률안을 제출하는 경우에는 그 위원장이 제출자가 되는데 이때에는 10인 이상의 찬성이라는 수적 제한을 받지 않는다(법 제51조).

② 정부의 법률안제안절차

정부가 법률안을 제출하려면 국무회의의 심의를 거쳐(제89조 제3호) 국무총리와 관계국무위원의 부서를 받은 후(제82조) 대통령이 문서로 국회의장에게 제출하여야 한다. 그런데 예산 또는 기금상의 조치를 수반하는 의안의 제출에는 비용추계서 및 재원조달방안에 관한 자료를 첨부하여야 한다(법 제79조의2 제4항). 정부는 원칙적으로 매년 1월 31일까지 당해연도의 법률안제출계획을 국회에 통지하고 계획변경시에는 분기별로 국회에 통지해야 한다(법 제5조의3).

(b) 법률안의 심의와 의결

법률안의 심의와 의결은 **상임위원회중심주의와 본회의결정주의**에 따라 행해진다. 즉 법률안이 제출되면 국회의장은 이를 본회의에 보고하고, 법률안의 내용과 성질에 따라 소관상임위원회(공정한 심사가 필요하면 다른 위원회)에 회부해서 심의하게 한다(법 제81조). 이때 국회의장은 특히 천재지변이나 전시·사변 또는 이에 준하는 국가비상사태의 경우 각 교섭단체 대표의원과 협의하여 관련 안건의 심사기간을 지정할 수 있다(법 제85조).

위원회에 회부된 안건을 **신속처리대상 안건**으로 지정하려면 의원 또는 소관 위원회 위원은 각각 재적의원 또는 소관 위원회 재적위원 과반수가 서명한 신속처리안건 지정동의를 의장 또는 소관 위원회 위원장에게 제출하여 무기명투표를 실시하고 재적의원 또는 소관 위원회 재적위원 3/5 이상이 찬성하면 신속처리대상 안건으로 지정된다(법 제85조의2 제1항, 제2항). 신속처리대상안건은 그 지정한 날부터 180일(법사위 체계·자구심사의 경우는 90일) 이내에 심사를 마치지 못하면 법제사법위원회로 회부되거나 본회의에 부의된 것으로 본다(법 제85조의2 제3항-제5항). 그러면 신속처리대상안건은 60일 이내에 본회의에 상정되어야 하는데(법 제85조의2 제6항), 본회의에 상정되지 아니한 때에는 그 기간 경과 후 처음으로 개의되는 본회의 의사일정으로 상정된다(법 제85조의2 제7항).

① 상임위원회의 심의

상임위원회에서는 법률안이 그 위원회에 회부된 후 원칙적으로 최소한 15일(일부개정법률안) 또는 20일(제정 및 전부개정법률안)이 지난 후에야 이를 상정할 수 있다(법 제59조)(**숙려기간**). 위원장은 간사와 협의하여 회부된 법률안(체계·자구심사를 위해 법사위 회부 법률안 제외)을 **입법예고**해야 한다. 다만 긴급을 요하는 입법 등은 간사와 협의하여 입법예고를 안할 수 있다. 입법예고기간은 특별한 단축사유가 없는 한 10일 이상으로 한다. 그 밖에 입법예고의 시기·방법·절차 등 필요한 사항은 국회규칙으로 정한다(법 제82조의2). 위원회는 안건을 심사할 때 먼저 그 취지설명과 전문위원의 검토보고를 듣고 **대체토론**과 **축조심사** 및 찬반토론을 거쳐 표결한다. 다만 제정법률안 및 전부개정법률안 이외에는 위원회의 의결로 축조심사를 생략할 수 있다. 위원회는 안건심사에서 상설소위원회에 회부하여 심사·보고하게 하되 필요하면 **소위원회에** 회부할 수 있다. 그리고 위원회가 안건을 소위원회에 회부하고자 하는 때에는 대체토론이 끝난 후에 해야 한다. 소위원회는 축조심사를 생략해서는 아니 된다는 점을 제외하고는 원칙적으로 위원회에 관한 규정을 적용한다(법 제57조 제8항). 위원회는 대체토론이 끝난 안건에 관한 이견을 조정할 필요가 있는 경우에는 재적위원 1/3 이상의 요구로 여·야 각 3인으로 구성하고 여당 위원이 위원장을 맡는 **안건조정위원회**를 구성하여 원칙적으로 90일간 숙의·조정할 수 있다. 안건조정위원회의 조정안은 재적위원 2/3 이상의 찬성으로 의결하여 지체 없이 위원회에 보고한다. 위원회는 조정안의 의결일로부터 30일 이내에 그 안건을 표결한다. 안건조정위원회의 활동기한까지 안건 조정에 실패하거나 조정안이 부결된 경우에는 안건조정위원장은 심사경과를 위원회에 보고하고 위원장은 해당 안건을 소위원회에 회부한다. 신속처리대상안건을 심사하는 안건조정위원회는 그 안건이 법에 따라 법제사법위원회에 회부되거나 바로 본회의에 부의된 것으로 보는 경우에는 그 활동을 종료한다(법 제57조의2). 위원회는 제정법률안 및 전부개정법률안에 대해서는 원칙적으로 공청회 또는 청문회를 개최해야 한다(법 제58조 제6항). 나아가 기획재정부 소관 재정관련 법률안과 국회규칙으로 정하는 규모의 예산 또는 기금상의 조치를 수반하는 법률안을 심사하는 소관 위원회는 미리 예산결산특별위원회와 협의를 거쳐야 한다(법 제83조의2). 상임위원회에서 심의·채택된 법률안은 일단 법제사법위원회에 넘겨 체계와 자구심사를 거쳐(법 제86조) 본회의에 부의한다(법 제81조).

위원회는 예산안, 기금운용계획안, 임대형 민자사업 한도액안 및 세입예산안 부수법률안으로 지정된 법률안에 대한 심사를 매년 11월 30일까지 마쳐야 한다. 심사를 마치지 않은 경우 해당 의안은 그 다음날에 본회의에 바로 부의된 것으로 본다(법 제85조의3).

위원회에서 법률안의 심사를 마치거나 입안한 때에는 **법제사법위원회에 회부**하여 체계·자구심사를 거쳐야 한다(법 제86조 제1항). 이 경우 체계와 자구의 심사를 벗어나 심사해서는 아니 된다(법 제86조 제5항). 법제사법위원회가 회부된 안건에 대해서 이유 없이 회부 후 60일 이내에 심사를 마치지 않으면 소관위원회 위원장은 간사와 합의하거나 재적위원 3/5 이상의 찬성의결로 의장에게 본회의 부의를 요구하고(법 제86조 제3항), 의장은 30일 이내에 각 교섭단체 대표의원과 합의하여 본회의에 부의하여야 한다. 30일 이내에 합의되지 않으면 그 기간 경과 후 처음 개의되는 본회의에서 무기명 투표로 본회의 부의 여부를 결정한다(법 제86조 제4항).

② 전원위원회의 심의

국회는 주요의안의 본회의 상정 전이나 상정 후에 재적의원 1/4 이상의 요구로 의원전원으로 구성되는 전원위원회에 넘겨 심사하게 할 수 있다. 전원위원회는 의장이 지명하는 부의장이 위원장이 되어 의안심사를 할 수 있다. 전원위원회는 재적위원 1/5 이상으로 개회하고 재적위원 1/4 이상의 출석과 출석위원 과반수의 찬성으로 의결한다. 전원위원회는 의안에 대한 수정안을 낼 수도 있는데 위원장이 제출자가 된다(법 제63조의2).

③ 본회의심의 · 의결

본회의는 위원회가 법률안의 심사보고서를 의장에게 제출한 후 1일을 지나지 않으면 의사일정으로 상정할 수 없는 것이 원칙이다(법 제93조의2).

본회의에서는 소관상임위원장의 심사보고를 듣고 질의와 토론을 거쳐 표결처리한다. 그러나 본회의는 의결로 질의와 토론 또는 그 중의 하나를 생략할 수도 있다(법 제93조). 법률안에 대한 수정안은 30인 이상(예산안에 대한 것은 50인 이상)의 찬성을 얻어 의장에게 제출할 수 있다(법 제95조 제1항). 의안에 대한 수정동의는 원칙적으로 원안 또는 위원회안의 취지 및 내용과 직접 관련성이 있어야 한다(법 제95조 제5항). 그러나 소관위원회에서 심사 · 보고한 수정안은 찬성 없이 의제가 된다(법 제95조 제2항). 법률안이 본회의를 통과하려면 재적의원 과반수의 출석과 출석의원 과반수의 찬성이 있어야 한다(제49조, 법 제109조).

그런데 본회의에서 **무제한 토론**(**필리버스터**)이 실시되면 본회의 심의 · 의결은 지연될 수밖에 없다. 즉 의원은 본회의 심의안건에 대해서 재적의원 1/3 이상이 서명한 무제한토론요구서를 의장에게 제출해서 시간 제한 없는 무제한 토론을 할 수 있다. 무제한 토론을 하는 본회의는 '1일 1차회의'의 원칙에도 불구하고 출석의원 수를 따지지 않고 무제한 토론 종결선포 전까지 산회하지 않는다(법 제106조의2 제4항). 무제한 토론 종결은 다음 세 가지 경우에 하는데, 더는 토론할 의원이 없거나, 재적의원 1/3 이상의 연서로 제출한 무제한 토론의 종결동의가 무기명표결에서 재적의원 3/5 이상의 찬성으로 의결되거나, 무제한 토론 중 회기가 끝난 경우 등이다(법 제106조의2 제5항-제8항). 예산안 등 세입예산안 부수법률안에 대해서는 무제한 토론 절차가 매년 12월 1일 자정에 종료한다(법 제106조의2 제10항).

또 한번 무제한 토론이 종결된 안건은 더 이상 무제한 토론을 요구할 수 없고, 회기종료로 무제한 토론이 종결선포되면 해당 안건은 다음 회기에서 지체없이 표결해야 한다(법 제106조의2 제8항-제9항).

(c) 법률안의 서명·공포

국회에서 의결된 법률안은 국회의장이 정부에 이송하며 15일 이내에 대통령이 서명·공포하고(제53조 제1항), 지체없이 국회에 통지한다(법 제98조 제2항).

법률안의 서명·공포절차에서 대통령은 **거부권**을 행사할 수 있다. 즉 이송된 법률안에 이의가 있을 때에는 대통령은 15일 이내에 이의서를 붙여 국회로 환부하고 그 재의를 요구할 수 있다(제53조 제2항). 이것을 **환부거부**라고 말한다. 법률안이 환부거부되면 국회는 재의에 부치고, 재적의원 과반수의 출석과 출석의원 2/3 이상의 찬성으로 재의결(override)하면 법률로서 확정된다(제53조 제4항).

이렇게 확정된 법률은 다시 정부로 이송되어 5일 이내에 대통령이 공포하지 않으면 국회의장이 이를 공포한다(제53조 제6항). 법률안이 정부에 이송된 후 공포나 재의요구도 없이 15일을 경과함으로써 법률로 확정된 경우에도 국회의장이 이를 공포한다(제53조 제5항, 제6항).

공포된 법률은 특별한 규정이 없는 한 공포한 날로부터 20일을 경과함으로써 효력을 발생한다(제53조 제7항). 법률에 시행일이 명시되었어도 공포되기 전에는 효력을 발생하지 않는다.

(2) 재정기능

국회는 재정기능을 갖는다. 우리 헌법에 '국회는 국가의 예산안을 심의·확정한다'(제54조 제1항)는 규정을 비롯해서 여러 가지 국가재정에 관한 권한을 국회에게 주고 있는 것이 바로 그것이다. 국회가 이처럼 국가의 재정작용에 관한 강력한 발언권을 행사하는 것은 연혁적으로 의회주의의 역사에서 유래한다. 군주의 무절제한 세금징수에 대한 견제적 장치로 탄생된 것이 바로 의회주의였기 때문이다. '조세의 종목과 세율은 법률로 정한다'(제59조)는 조세법률주의에 관한 우리 헌법규정도 그와 같은 전통의 산물이라고 볼 수 있다.

국회의 재정기능에는 조세입법권, 예산의결권, 결산심사권, 정부의 중요 재정행위에 대한 동의·승인권 등이 있다.

(가) 조세입법권

(a) 조세입법권의 의의와 기능

우리 헌법(제59조)은 **조세법률주의**를 채택하고 있어 국회는 조세입법권을 갖는다.

조세입법권이란 과세의 근거가 되는 법률의 제정권을 말한다. 과세란 국가 또는 지방자치단체가 재원확보를 위해서 국민에게 직접적인 반대급부 없는 금전적인 부담(조세)을 과하는 것이다. 조세는 국가재정의 가장 중요한 재원이긴 하지만 국민의 재산권 내지는 경제활동에 매우 민감한 영향을 미치기 때문에 의회주의의 초기부터 대의기관으로 하여금 정부의 조세정책에 적극적으로 관여할 수 있도록 했었다. 「**대표 없이 과세 없다**」는 사상이 바로 그것이다. '조세의 종목과 세율은 법률로 정한다'는 우리 헌법규정도 바로 그와 같은 사상의 직접적인 표현이다. 따라서 우리 헌법질서 내에서는 국회가 제정하는 조세법에 근거하지 아니하는 어떠한 형태의 세금징수도 허용되지 아니한다. 우리 헌법이 납세의 의무를 규정하면서 '모든 국민은 법률이 정하는 바에 의하여 납세의 의무를 진다'(제38조)고 밝히고 있는 것도 국회의 조세입법권 내지는 조세법률주의와 불가분의 사상적인 연관성이 있다. 그런데 우리나라는 조세입법에서 1년세주의가 아닌 **영구세주의**를 따르고 있기 때문에 한 번 제정된 조세법은 그 법률이 폐지될 때까지는 반복적인 과세의 근거가 된다.

(b) 조세입법권의 내용과 범위

조세입법권은 납세의무의 법률유보와 조세법률주의에 바탕을 두고 있어 헌법에서 명시하고 있는 조세의 종목과 세율은 물론이고 납세의무자·과세물건·과세표준·과세절차·과세에 대한 권리구제 등이 반드시 법률로 정해질 것을 그 내용으로 한다. 따라서 이들 기본적인 조세요건과 과세기준은 결코 행정입법의 대상이 될 수 없다. 조세행정분야에서 행정재량권이 특히 축소될 수밖에 없는 이유이다. 헌법재판소는 상속(증여)세를 자진 신고하지 않은 경우 세무서가 상속(증여)재산을 상속(증여) 당시의 가액이 아닌 세금부과 당시의 가액으로 평가, 세금을 부과하도록 한 구상속세법 관련규정은 위헌이라고 결정했다.[1)]

조세입법권은 조세징수에 관한 것이기 때문에 반대급부적인 **사용료**와 **수수료**의 징수 또는 이해관계자만을 그 대상으로 하는 **부담금** 등의 부과에는 미치지 아니한다. 사용료·수수료·부담금 등이 설령 법률의 근거에 의해서 부과된다고 해도 그것은 조세입법권에 의한 것은 아니고, 법치행정의 당연한 표현이라고 보아야 한다.

국회의 조세입법권은 지방자치단체의 자율과세권보다는 우선하는 권한이기 때문에 지방세의 종류와 그 부과·징수에 관한 사항도 반드시 법률로 정하여야 한다. 지방

1) 헌재결 1992. 12. 24. 90헌바21 참조.

세법이 바로 그와 같은 산물이다. 그러나 지방세법이 정하는 위임의 범위 내에서 지방자치단체가 조례로써 지방세의 부과와 징수에 관한 필요한 세부사항을 정하는 것은 조세입법권의 침해가 아니다. 그것은 지방자치단체의 자치권에 속하는 자율과세권의 행사라고 볼 수 있기 때문이다.

또 외국과의 조약에 의하여 관세에 관한 협정세율을 정하는 것도(관세법 제3조) 조세입법권의 침해라고 볼 수 없다. 그러한 조약의 체결·비준에는 국회의 동의가 필요하고, 국회의 동의를 얻은 조약은 국내법과 같은 효력을 갖기 때문이다.

조세입법권과 외견상 가장 큰 갈등을 일으키는 것처럼 보이는 것이 대통령의 긴급재정·경제명령(제76조 제1항)이다. 대통령의 긴급재정·경제명령으로 조세법을 개정 또는 폐지하는 것도 가능하기 때문이다. 그러나 대통령의 긴급재정·경제명령은 지체없이 국회의 승인을 얻어야 하고, 승인을 얻지 못한 때에는 그때부터 효력을 상실하며, 긴급재정·경제명령으로 개정·폐지되었던 법률은 당연히 효력을 회복하기 때문에 조세입법권이 배제되는 예외의 경우라고 보기는 어렵다. 더욱이 대통령이 행사하는 국가긴급권의 본질을 헌법보호의 비상수단이라고 이해하는 경우 그것은 오히려 조세입법권을 보호하기 위한 불가피한 수단이라고 볼 수 있기 때문이다.

(c) 조세입법권의 한계

국회의 조세입법권은 국민의 재산권 내지 경제활동과 불가분의 관계에 있으므로 법률제정권의 일반적인 한계를 존중하여야 하는 것은 당연하다. 그 밖에도 조세분야에서의 평등권의 효과라고 볼 수 있는 **조세평등의 원칙**이 조세입법권에서 특히 중요한 한계로서 기능한다고 할 것이다. 따라서 국민 한 사람 한 사람의 **담세능력**을 무시한 획일적인 세율책정이라든지 또는 형평을 잃은 불공평한 조세제도는 분명히 조세입법권의 한계를 일탈한 것이라고 볼 수 있다. 헌법재판소가 재산권보장과 조세법률주의 등 조세입법권의 한계를 강조하면서 미실현가상이득을 과세대상으로 삼은 '토지초과이득세법'에 대해서 헌법불합치결정을 한 것은 신중치 못한 조세입법에 제동을 건 매우 의미 있는 판례라고 할 것이다.[1)]

(나) 예산의결권

'국회는 국가의 예산안을 심의·확정한다'(제54조 제1항). 이것을 국회의 예산의결권이라고 한다. 국회의 예산의결권은 국회의 재정기능 중에서도 가장 핵심적인 기능

1) 헌재결 1994. 7. 29. 92헌바49·52(병합) 참조.

으로서 국가생활에 미치는 영향이 매우 크다.

(a) 예산의 개념과 본질

① 예산의 개념

예산이라 함은 1회계연도에 예상되는 총세입과 총세출을 총괄적으로 계상·편성하여 국회의 의결을 얻은 국가재정작용의 준칙규범을 말한다. 따라서 예산은 한 회계연도를 단위로 편성되는 세입과 세출의 예정계획서이기도 하다. 예산상의 뒷받침이 없는 국가작용이란 상상할 수 없으므로 국가의 통치기능에서 예산은 매우 중요한 의미를 갖는다.

② 예산의 본질

예산의 존재형식에는 크게 두 가지가 있다. 하나는 미국처럼 예산이 법률의 형식으로 존재하는 경우이고(**예산법률주의**), 다른 하나는 우리나라처럼 예산이 법률과는 다른 독립한 형식으로 존재하는 경우(**예산비법률주의**)이다. 예산이 법률의 형식을 취하는 경우와는 달라서 예산이 법률과는 다른 형식으로 존재하는 경우에는 예산의 본질에 관한 논란이 있다. 훈령설·승인설·법규범설 등이 대립하고 있다. 그 논란의 초점은 예산이 법규범으로서의 성질을 갖는다고 볼 수 있는가의 점이다.

우리나라의 지배적인 견해처럼 **법규범설**에 따라 비법률의 형식으로 존재하는 예산도 법규범으로서의 성질을 갖는다고 보아야 한다. 다만 예산과 법률은 그 존재형식(비법률 또는 법률), 제출권(정부 단독 또는 정부와 국회 양자), 심의절차(수정제한 또는 수정자유), 공포의 절차와 의미(거부권배제 또는 거부권인정), 기속력의 대상과 범위(국가기관만 또는 국민도 함께), 효력(1년 또는 장기간) 등에서 차이가 인정될 뿐이다.

③ 예산과 법률의 상호관계

예산과 법률은 서로 독립해서 성립하고 기능하지만 예산과 법률의 상호 간에는 기능적으로 밀접한 관계가 있다. 예산의 뒷받침이 없는 법률이나 집행의 근거법이 없는 예산은 각각 제 기능을 할 수 없기 때문이다. 따라서 예산과 법률의 상호 간에도 일정한 연계성이 확보되어야 한다. 우리 국회법(제79조의2)에서 예산상의 조치가 수반하는 법률안을 제출하는 경우에는 반드시 비용추계서를 아울러 제출하도록 한 것도 그와 같은 연계성확보의 한 수단이라고 볼 수 있다. 또 세목 또는 세율과 관계있는 법률의 제정 또는 개정을 전제로 하여 미리 제출된 세입예산안을 국회가 심사할 수 없도록 한 것도(국회법 제84조 제7항) 같은 취지라고 할 것이다. 그에 더하여 국회의 예산안 심의시에 새 비목의 임의적인 설치를 금지시킨 규정에도(제57조) 같은 정신이 들어 있다고 생각한다.

그러나 그와 같은 노력에도 불구하고 예산과 법률이 상호 기능적인 뒷받침을 하지 못하거나 불일치한 때에 대비해서 **예비비제도**(재정법 제22조)와 **추가경정예산제도**(법 제89조) 등을 두고 있다. 그러나 무엇보다도 바람직한 것은 예산과 법률의 그러한 기능적인 공동화현상이 일어나지 않도록 예산과 법률 사이에도 일정한 체계적(정)합성의 원칙을 지켜나가는 일이다.

(b) 예산의 내용과 효력

① 예산의 내용

예산은 재정법(제19조)에 따라 예산총칙, 세입세출예산, 계속비, 명시이월비와 국고채무부담행위를 모두 그 내용으로 한다. 예산총칙은 예산의 내용에 관한 총괄적 규정이고, 세입세출예산은 한 회계연도의 모든 수입과 지출을 말하며, 계속비는 완성에 여러 해가 걸리는 공사나 제조 및 연구개발사업비처럼 한 회계연도를 넘어 계속하여 지출할 필요가 있는 경비이고, 명시이월비란 세출예산 중 경비의 성질상 연도 내에 그 지출을 다 하지 못할 것이 예측되어 다음 연도에 이월하는 금액이고, 국고채무부담행위란 국가가 채무를 부담하는 행위를 말한다. 우리 헌법(제55조 제2항)과 재정법(제22조)은 예비비제도를 두어 예측할 수 없는 예산 외의 지출 또는 예산초과지출에 충당할 수 있도록 했기 때문에 예비비가 설치되면 예비비도 당연히 예산의 내용에 포함된다. 다만 예비비는 그 성질상 총액으로만 계상할 수 있고 그 지출이 정부의 재량에 맡겨져 국회의 사후승인을 받게 되어 있다는 점에서 다른 예산내용과 다르다.

② 예산의 효력

우리 헌법은 회계연도마다 예산을 편성하는 **1년예산주의**를 원칙으로 하고 있기 때문에(제54조 제2항) 예산의 효력도 당해 회계연도에 끝난다(**시간적 효력**). 다만 계속비의 경우에는 예산의 효력도 그만큼 연장되지만 5년을 넘을 수는 없다(제55조 제1항, 재정법 제23조 제2항). 또 예산은 국가재정작용의 준칙규범이기 때문에 국가기관만을 구속하고 국민에게는 그 직접적인 효력이 미치지 아니한다(**대인적 효력**). 그런데 예산이 갖는 국가기관구속력(실질적 효력)은 특히 세출예산에서 강하게 나타난다. 세출예산의 집행은 재정법(제42조 이하)에 의한 엄격한 제약을 받기 때문이다. 그에 반해서 세입예산은 영구세주의의 본질상 일종의 세입예정표에 지나지 않는다. 끝으로 예산은 어떠한 경우라도 법률을 개정하는 효력을 나타낼 수는 없다(**형식적 효력**).

(c) 예산의 성립

예산이 성립하기 위해서는 정부에 의해서 예산안이 편성되어 국회에 제출되고 국회의 심의를 거쳐 의결한 후 정부에 이송되어 대통령이 서명·공포하여야 한다.

① 예산안의 편성

예산안편성은 기획재정부 장관의 주도 아래 정부만이 할 수 있는데 이때 예산안 편성의 기본자료는 각 부처에서 제출한(5월 31일한) 예산요구서(재정법 제29조, 제31조)이다. 우리나라는 예산안편성에 있어서 회계연도(1월 1일부터 12월 31일까지)에 따른 **1년예산주의**, 각 회계연도의 경비는 그 연도의 세입으로서 충당하는 **회계연도독립의 원칙**, 총세입과 총세출을 계상·편성하는 '**예산총계주의**', 총세입과 총세출을 단일회계로 통일·편성하는 **예산단일주의**, 세입세출예산을 성질과 기능에 따라 장·관·항으로 구분하는 **예산구분주의**, 예산이 여성과 남성에게 미칠 영향을 미리 분석한 **성인지예산서**, **온실가스 감축 인지 예·결산제도**(재정법 제16조의 제6호, 제27조, 제34조 제9호의2, 제57조의2, 제68조의3, 제71조 제6호의2, 제73조의3, 회계법 제15조의2) 등을 그 기본원리로 채택하고 있다.

② 예산안의 제출

정부는 늦어도 회계연도 개시 90일 전까지 예산안을 국회에 제출하여야 하는데(제54조 제2항), 정부의 예산안제출은 정부의 독립권한이지만 국무회의의 심의사항이다(제89조 제4항). 정부는 한 번 제출한 예산안을 수정 또는 철회할 수 있지만 그러기 위해서는 본회의 또는 위원회의 동의를 얻어야 한다(국회법 제90조 제2항, 재정법 제35조).

③ 예산안의 심의·의결

국회는 제출된 예산안을 심의해서 늦어도 회계연도 개시 30일 전까지 이를 의결하여야 한다(제54조 제2항). 국회는 예산안 등과 세입예산안 부수법률안의 심사를 매년 11월 30일까지 마쳐야 한다. 이 기간 내에 심사를 마치지 아니한 때에는 그 다음날에 위원회에서 심사를 마치고 바로 본회의에 부의된 것으로 본다. 다만 의장이 각 교섭단체 대표의원과 합의하면 그러하지 아니하다(법 제85조의3 제1항, 제2항). 예산안의 심의는 법률안의 심의와 그 절차와 방법이 유사하다(법 제84조의2-4, 제84조).

그런데 국회의 예산안심의에서는 법률안심의 때와는 달리 몇 가지 제약을 받는다. i) 정부의 동의 없이 정부가 제출한 지출예산 각 항의 금액을 증액하거나 새 비목을 설치하지 못하고(제57조), ii) 예산안에 대한 수정동의는 의원 50인 이상의 찬성이 있어야만 가능하며(법 제95조 제1항), iii) 계속비로서 이미 국회의 의결을 얻은 항목은 수정할 수 없는 것(제55조 제1항) 등이 바로 그것이다. iv) 또 국회가 늦어도 회계연도 개시 30일 전까지는 예산안을 의결하여야 하는 것도(제54조 제2항) 하나의 제약요인이다.

그런데 이 법정기일 내에 국회에서 예산안이 의결되지 못하는 상황을 예상해서 우리 헌법(제54조 제3항)은 일종의 임시예산에 속하는 **준예산제도**를 채택하고 있다. 즉 새로운 회계연도가 개시될 때까지 예산안이 의결되지 못한 때에는 정부는 국회에서 예산안이 의결될 때까지 i) 헌법이나 법률에 의하여 설치된 기관 또는 시설의 유지·운영, ii) 법률상의 지출의무의 이행, iii) 이미 예산으로 승인된 사업의 계속을 위한 경비는 전년도예산에 준하여 집행할 수 있도록 했다. 예산공백으로 인한 국정의 정지상태를 예방하기 위한 불가피한 제도적인 장치이다.

④ 예산의 공포

국회가 의결한 예산은 정부로 이송되어 대통령이 서명하고 관보에 게재함으로써 공포하게 되는데 국무총리와 관계국무위원의 부서(副署)가 필요하다. 예산의 관보게재는 법률의 공포와는 달리 효력발생요건은 아니다. 예산은 국민을 수신인으로 하는 것은 아니기 때문이다.

(d) 예산의 변경

예산은 한 번 성립된 다음에는 임의로 변경할 수 없는 것이 원칙이다. 예산의 내용 중에 예비비를 둘 수 있도록 한 것도 예산변경을 억제하기 위한 하나의 예방장치라고 볼 수 있다. 그러나 예산성립 후에 예비비만으로 해결할 수 없는 불가피한 사유(전쟁·대규모재해 발생·경기침체·대량실업 등)가 생기면 정부는 **추가경정예산안**을 편성하여 국회에 제출하여 예산을 변경할 수 있도록 했다(제56조, 재정법 제89조). 추가경정예산안에 대해서는 그 제출시기와 심의기간 등을 제외하고는 원칙적으로 본예산안의 심의절차가 준용된다.

(다) 결산심사권

국회는 결산심사권을 갖는다. 예산의결권을 갖는 국회에게 결산을 심사할 수 있는 권한이 주어지는 것은 너무나 당연한 이치이다. 결산심사는 예산집행에 대한 일종의 사후심사적인 성질을 가지기 때문이다. 우리 헌법은 국회에 대한 감사원의 결산검사보고의무(제99조)의 형식으로 국회의 결산심사권을 간접적으로 규정하고 있다. 그런데 정부의 결산보고에 대해서는 재정법(제5조 이하)이 자세히 정하고 있다. 재정법(제46조 제4항, 제47조 제4항, 제50조 제2항, 제3항, 제70조 제6항 등)은 결산심사 전에도 정부의 예산집행에 대한 국회의 심의기능과 감시기능을 강화하는 규정을 두고 있다.

(a) 결산서의 작성·제출

기획재정부장관은 각 중앙관서의 장이 국가회계법에 따라 작성·제출(다음연도 2월 말일한)한 중앙관서결산보고서를 토대로 국가회계법에서 정하는 바에 따라 회계연도마다 국가결산보고서를 작성하여 국무회의의 심의를 거쳐 대통령의 승인을 얻어야 한다. 기획재정부장관은 대통령의 승인을 받은 국가결산보고서를 감사원에 제출(다음 연도 4월 10일한)하여야 한다(재정법 제58조, 제59조). 정부는 감사원의 검사를 거친 국가결산보고서를 국회에 제출(다음 연도 5월 31일까지)한다(재정법 제60조, 제61조). 결산보고서의 부속서류인 세계잉여금의 내용 및 사용계획도 함께 제출해야 한다(회계법 제15조의2).

(b) 국회의 결산심사절차와 방법

국회의 결산심사절차와 방법은 예산안심사의 경우와 같다. 즉 결산이 국회에 제출된 후 지체없이 소관상임위원회에 회부해서 심사를 거쳐 예산결산특별위원회의 심사에 부치고 그것이 끝나면 본회의에 부의해서 의결한다(국회법 제84조).

(c) 결산심사의 사후조치

국회의 결산심사 결과 위법·부당한 예산집행사항이 발견된 때에는 국회는 본회의 의결 후 정부 또는 해당기관에 변상 및 징계조치 등 그 시정을 요구하고 그 처리결과를 국회에 보고하도록 한다(법 제84조 제2항 후단). 그 밖에 국무총리와 관계국무위원의 해임건의(제63조), 탄핵소추의 의결(제65조), 해당부서의 예산안 수정·삭감, 관련자의 형사고발 등도 또 다른 정치적·법적 책임추궁방법이다.

(라) 정부의 중요 재정행위에 대한 동의·승인권

국회는 정부의 중요 재정행위에 대한 동의·승인권을 갖는다. 정부의 국채모집에 대한 동의권(기채동의권)(제58조), 예산 외에 국가의 부담이 될 계약체결에 대한 동의권(제58조), 국가나 국민에게 중대한 재정적 부담을 지우는 조약의 체결·비준에 대한 동의권(제60조 제1항), 예비비지출에 대한 승인권(제55조 제2항 제2문), 대통령의 긴급재정·경제처분 또는 명령에 대한 승인권(제76조 제3항, 제4항) 등이 바로 그것이다.

그런데 국회의 동의권은 원칙적으로 사전동의를 말하며 승인권은 사후승인을 뜻한다. 아무튼 정부의 중요 재정행위에 대한 동의·승인권은 국회의 재정기능이기는 하지만 동시에 국회의 통제기능의 성격도 아울러 가지고 있다는 점을 간과할 수 없다.

(3) 통제기능

국회는 국민의 가장 중심적인 대의기관으로서 국정전반에 대한 통제권을 갖는다. 의회주의의 역사에 비추어 볼 때 국회는 본래 입법기능과 재정기능을 그 중심적인 과제로 삼아야 하지만 오늘날에 와서는 국회의 국정통제기능이 그들 기능에 못지않은 중요한 기능으로 간주되고 있다. 이 점 의회주의의 성쇠와 불가분의 연관성이 있다.

우리 헌법은 변형된 대통령제를 채택하고 있기 때문에 특히 정부의 국정수행에 대해서 적지 않은 '견제적인 통제'의 메커니즘을 마련하고 있다. 국회의 탄핵소추의결권(제65조)과 국정감사 및 조사권(제61조)이 그 가장 대표적인 것이지만 그 밖에도 국가긴급권 등의 대통령의 통치권행사(제76조 제3항, 제77조 제5항), 국방·외교정책(제60조), 은사권(제79조 제2항)에 대한 통제를 비롯해서 국무총리와 국무위원에 대한 해임건의권(제63조), 국무총리·국무위원 등을 상대로 한 국회출석요구 및 질문권(제62조) 등도 중요한 의미를 갖는다.

국회가 갖는 이들 여러 가지 통제기능은 **고전적·사법적 통제기능**(탄핵소추의결권), **조사적 통제기능**(국정감사 및 조사권), **정책적 통제기능**(나머지 통제기능)으로 나눌 수 있다.

(가) 탄핵소추의결권

국회는 대통령을 비롯한 고위공직자에 대해서 탄핵소추의결권을 갖는다(제65조).

우리 헌법은 탄핵제도에 관해서 소추기관과 심판기관을 나누어서 국회에게는 소추권만 주고(제65조), 심판권은 헌법재판소에게 맡김으로써(제111조 제1항 제2호) 탄핵제도가 갖는 국회의 통제기능적 성질보다는 헌법보호제도로서의 기능을 더욱 강조하고 있다. 그런데 우리 국회는 탄핵소추의결권을 정치적인 목적으로 악용하는 경향이 있어[1] 제도적·운용상 반드시 개선해야 한다.

(나) 국정감사 및 조사권

국회는 국정감사권과 국정조사권을 갖는다. '국회는 국정을 감사하거나 특정한 국정사안에 대하여 조사할 수 있으며, 이에 필요한 서류의 제출, 증인의 출석과 증언이나 의견의 진술을 요구할 수 있다'(제61조 제1항)는 우리 헌법규정이 바로 그것이다. 그런데 '국정감사 및 조사에 관한 절차 기타 필요한 사항은 법률로 정'하게 했는데(제

1) 예컨대 야당이 지배하는 22대 국회가 정치적인 목적으로 대통령 권한대행 국무총리, 감사원장, 법무부장관, 행안부 장관, 방통위원장, 4명의 검사 등에 대한 탄핵소추를 남발했지만 헌재가 모두 기각했다. 헌재결 2025. 4. 24. 2024헌나9; 헌재결 2025. 3. 13. 2024헌나2; 헌재결 2025. 4. 10. 2024헌나6; 헌재결 2023. 7. 25. 2023헌나1; 헌재결 2025. 1. 23. 2024헌나1; 헌재결 2024. 8. 29. 2023헌나4; 헌재결 2025. 3. 13. 2024헌나3·4·5 참조.

61조 제2항) '국정감사 및 조사에 관한 법률'(국감법)과 '국회에서의 증언·감정 등에 관한 법률'(증언법)이 제정·시행되고 있다. 그 밖에 국회법(제127조-제129조)도 국정감사 및 조사에 관한 규정을 두고 있다.

다만 우리 헌법처럼 국정감사권과 국정조사권을 구별해서 따로 규정하는 입법례는 드물다. 우리의 관련법은 국정감사권을 국회의 예산의결권과 연계시켜 예산안심의·의결을 위한 선행기능으로 제도화하고, 국정조사권을 특정한 국정사안에 대한 수시적인 조사적 통제기능으로 2원화하고 있다.

(a) 우리의 국정감사 및 조사권의 변천과정

우리나라는 1948년 건국헌법(제43조)에서 국회의 국정감사권을 규정한 이래 1972년 제4공화국헌법(유신헌법)에서 폐지될 때까지 예산심의에 앞서 행해지는 국정전반에 관한 일반감사와 특정부분에 대한 특별감사가 실시되었다. 제4공화국헌법에서 국정감사권은 폐지되었으나 특정사안을 대상으로 하는 국정조사권만은 1975년 국회법에 명문화되었다. 그 후 1980년 제5공화국헌법(제97조)에서 특정사안에 대한 국정조사권을 헌법으로 수용·규정했다가 1987년 제9차 헌법개정시에 국정감사권이 다시 부활되어 국정조사권과 함께 규정되었다.

(b) 국정감사 및 조사권의 본질에 관한 논리형식

국정감사 및 조사권의 본질을 어떻게 이해할 것인가에 관해서는 대체로 세 가지 서로 다른 논리형식이 있다. 고전적 이론, 기능적 이론, 기본권적 이론이 바로 그것이다.

① 고전적 이론

국회의 국정감사 및 조사권은 전통적으로 국민주권·권력분립·의회주권의 사상적 세계를 바탕으로 주장해 왔다. 즉 주권자인 국민의 대표기관으로 간주되는 최고기관으로서의 의회가 국정, 특히 행정부의 시정(施政)사항을 조사함으로써 그를 감시·비판하며, 그 비행을 적발·시정하는 권한을 가지는 것은 너무나 당연한 일로 인식한 것이다.

② 기능적 이론

국정조사권의 당위성을 국회의 기능과 결부시켜 이해하려는 비교적 근대적인 이론이 있다. 즉 국회의 국정감사 및 조사권은 국회가 가지는 일종의 '보조적 권한'에 불과하다는 것이다(**보조적 권한설**).

이처럼 국회의 국정감사 및 조사권을 국회의 고유기능을 수행하기 위한 일종의 보조기능으로 설명하는 경우, 국회의 고유한 권한에 속하지 않는 사항에 대한 국정감사 및 조사는 처음부터 배제된다. 이것이 이른바 '**화관이론**'이라고 불리는 근대적인 이론이고 미국연방대법원의 판례의 입장이기도 하다.

③ 기본권적 이론

국회의 국정조사기능을 다수와 소수의 문제 또는 국민의 기본권보장의 시각에서 정당화하려는 현대적인 이론이 있다. 의회다수당이 의회와 행정부를 동시에 지배하는 정당국가적 민주질서에서는 국회의 조사권은 말하자면 다수에 맞설 수 있는 소수의 권한의 차원에서 이해하고 운용해야 한다는 것이다.

또 국정조사를 통해서 진실을 밝혀냄으로써 국민의 알 권리를 보장하고 실현한다는 의의도 매우 중요하다는 점을 강조한다. 더욱이 통치권능을 바로 국민의 기본권실현수단이라고 이해하는 현대적인 통합론적 헌법관에서 볼 때 알 권리를 실현하는 수단의 하나가 바로 국정조사권이라는 것이다.

④ 비판 및 사견

생각건대 국민주권·권력분립·의회주권 등 고전적인 이념이나 원리들이 오늘날 그 의미와 기능면에서 크게 변질된 상황 속에서 국정조사권의 본질을 여전히 이들 고전적 원리의 사상적 테두리 내에서만 이해하려고 하는 것은 무리라고 느껴진다.

따라서 오늘날에 와서는 국정조사권의 본질을 기능적이고 기본권적인 관점에서 이해하는 것을 완전히 배척할 수는 없다고 생각한다. 결국 국정조사권은 국회가 갖는 통제적 기능의 관점에서 본다면 하나의 독립적 권한이라고 볼 수 있지만, 국회가 갖는 입법기능과 재정기능, 인사기능 등의 관점에서 본다면 그들 기능을 보조하는 일종의 보조적 권한으로서 기능한다는 점도 부인할 수 없다. 또 국정조사권은 국민의 기본권적인 시각에서 평가한다면 하나의 기본권실현수단으로서 국정상황에 대한 국민의 알 권리를 충족시켜 국민의 정치적 의사형성에 활력소를 불어넣어 주는 촉매역할도 하게 된다.

이렇게 볼 때 국정조사권은 그 본질면에서, 독립적 권한일 수도 있고, 보조적 권한일 수도 있고 또 알 권리를 실현하는 하나의 수단일 수도 있다고 보아야 한다. 따라서 국정조사권의 본질이 독립적 권한이냐 보조적 권한이냐에 관한 논란은 별로 실익이 없다고 생각한다.

(c) 국정감사 및 조사권의 내용과 행사방법

① 국정감사권과 국정조사권의 구별

우리 헌법은 국정감사권과 국정조사권을 함께 규정하고 있지만 그 내용은 반드시 같은 것은 아니다. 특히 국정감사와 국정조사는 그 주체·동인·대상·시기의 면에서 구별된다. 즉 **국정감사**는 국정전반(자율입법·재정·행정·사법행정)에 관하여 소관상임위원회별로 매년 정기회 집회일 이전에 감사 시작일로부터 30일 이내의 기간을 정하여 감사계획서에 따라(국감법 제2조 제2항-제5항) 정기적으로 법률이 정하는 감사의 대상기관을 상대로 공개리에 행해지지만, **국정조사**는 특정한 국정사안에 대하여 조사할 필요가 생겨 국회의 재적의원 1/4 이상의 요구가 있는 경우에 조사위원회(특별위원회 또는 상임위원회)가 공개리에 행한다는 차이가 있다. 따라서 국정감사는 매년 예산안심의에 앞서 일정기간 행하는 일종의 포괄적 통제기능이라면, 국정조사는 수시로 국정의 특정사안에 관해서만 행하는 일종의 제한적 통제기능이라고 볼 수 있다. 따라서 우리의 현행법질서 아래서는 국정감사가 국정조사로 발전할 수는 있어도 국정조사가 국정감사로 확대될 수는 없다고 할 것이다.

② 국정감사 및 조사권의 행사방법

㉠ 국정감사 및 조사의 방법

국정감사권과 국정조사권의 여러 가지 차이에도 불구하고 우리의 현행법은 국정감사와 국정조사의 방법에 관해서는 이를 함께 규정하고 있지만, 감사의 대상기관은 따로 정하고 있다(국감법 제7조). 본회의·위원회·소위원회 또는 반은 감사 또는 조사를 위하여 그 의결로 감사 또는 조사와 관련된 보고 또는 서류의 제출을 관계인 또는 기관 기타에 요구하고 증인·감정인·참고인의 출석을 요구하며 검증을 행할 수 있다. 의원 또는 위원의 증인출석요구가 투명하고 책임 있게 이루어지도록 증인출석요구서에는 증인 신청의 이유, 안건 또는 국정감사·국정조사와의 관련성 등을 기재해야 한다(증언법 제5조 제2항). 위원회가 청문회, 국정감사 또는 국정조사와 관련된 서류제출요구를 하는 경우에는 재적위원 1/3 이상의 요구로 할 수 있다(국감법 제10조 제1항, 국회법 제128조 제1항). 위원회는 증거의 채택 또는 증거의 조사를 위하여 청문회를 열 수 있다. 위원회의 요구를 받은 자 또는 기관은 국회에서의 증언·감정 등에 관한 법률에서 특별히 규정한 경우를 제외하고는 누구든지 이에 응하여야 하며 위원회의 검증 기타의 활동에 협조하여야 한다(국감법 제10조). 그리고 지방자치단체에 대한 감사는 여러 위원회가 합동으로 할 수 있고(법 제7조의2), 국정조사에서는 전문위원·전문가 등이 예비조사를 하게 할 수도 있다(법 제9조의2). 또 본회의 또는 위원회는 그 의결로 감사원 등 관계행정기관의 장에게 인력·시설·장비 등의 지원요청을 할 수 있는데 특별한 사정이 없는 한 이에 응해야 한다(법 제15조의2). 그 밖에도 국회가 그 의결로 감사원에 특정사안의 감사를 요구하면 감사원은 원칙적으로 3월 이내에(특별한 사정이 있으면 중간

보고 후 2월의 범위 내에서 연장허가 가능) 감사결과를 국회에 보고해야 한다(국회법 제127조의2). 국회는 국정감사의 과정 및 결과를 전자적 방식으로 일반에게 공개·관리하기 위하여 국정감사정보시스템을 구축해서 운영할 수 있다(국감법 제12조의2).

그런데 감사 또는 조사를 위한 증인·감정인·참고인의 증언·감정 등에 관한 절차는 '국회에서의 증언·감정 등에 관한 법률'(증언법 제2조, 제3조, 제4조, 제4조의2, 제5조, 제5조의2, 제5조의3, 제12조-제15조)에서 자세히 정하고 있다.

ⓛ 국정감사 및 조사결과에 대한 처리

감사 또는 조사를 마친 위원회는 감사 또는 조사보고서를 의장에게 제출해야 하는데 이 보고서에는 증인 채택현황 및 증인신문 결과를 포함한 감사 또는 조사경과와 결과 및 처리의견을 기재하고 그 중요 근거서류를 첨부해야 한다. 의장은 이 조사보고서를 지체없이 본회의에 보고하여야 한다(국감법 제15조). 본회의는 의결로 감사 또는 조사결과를 처리한다. 국회는 감사 또는 조사결과 위법·부당한 사항이 있을 때에는 그 정도에 따라 정부 또는 해당기관에 변상, 징계조치, 제도개선, 예산조정 등 시정을 요구하고, 정부 또는 해당기관에서 처리함이 타당하다고 인정되는 사항은 정부 또는 해당기관에 이송한다. 이때 정부 또는 해당기관은 시정요구를 받거나 이송받은 사항을 지체없이 처리하고 그 결과를 국회에 보고하여야 한다. 국회 소관위원회의 활동기간 종료 등의 사유로 처리결과에 대하여 조치할 위원회가 불분명한 경우에는 의장이 각 교섭단체 대표의원과 협의하여 지정하는 위원회로 하여금 이를 대신하게 한다(법 제16조 제5항). 국회는 그 처리결과보고에 대하여 필요하다고 판단되면 법적·정치적 책임추궁 등 적절한 조치를 취할 수 있다(법 제16조).

(d) 국정감사 및 조사권의 한계

국정감사 및 조사권은 국회의 조사적 통제기능에 해당하는 것으로서 결코 자기목적적인 것이 아니기 때문에 그 남용 내지 악용이 허용되지 아니한다. 국정감사 및 조사권에 관해서 그 권력분립적·기능적·기본권적·규범조화적 한계가 강조되는 이유도 그 때문이다.

① 권력분립적 한계

국정감사 및 조사권은 권력분립사상을 기초로 하는 권력간의 견제·균형의 메커니즘이다. 우리 '국정감사 및 조사에 관한 법률'(제8조)에서 계류중인 재판 또는 수사중인 사건의 소추에 관여할 목적으로 행사되는 국정감사와 조사를 금지하고 있는 이유도 바로 그 때문이다.

② 기능적 한계

국정감사 및 조사권은 국회가 갖는 입법기능·재정기능·인사기능 등을 합리적으로 수행하기 위한 하나의 보조적 기능이기도 하기 때문에 국회의 기능과는 관계 없는 방향으로 행사되어서는 아니 된다. 「국회가 감사 또는 조사를 할 때에는 그 대상기관의 기능과 활동이 현저히 저해되거나 기밀이 누설되지 아니하도록」 주의하라고 명한 것도(국감법 제14조 제1항) 바로 그러한 취지를 명백히 한 것이라고 볼 수 있다.

③ 기본권적 한계

국정감사 및 조사권은 국민의 기본권을 실현하는 하나의 수단으로 인정되는 것이기 때문에 알 권리의 실현이 또 다른 기본권을 침해하지 않는 범위 내에서만 허용된다고 할 것이다. 우리 실정법도 국정감사 또는 조사가 사생활을 침해할 목적으로 행사되어서는 아니 된다고 그 한계를 분명히 밝히고 있다(법 제8조). 그런데 국정감사 또는 조사에서 침해해서는 아니 되는 기본권은 사생활의 비밀과 자유만이 아니고 인신에 관한 실체적 권리와 인신보호를 위한 사법절차적 기본권 등도 마땅히 존중되어야만 한다.

④ 규범조화적 한계

국정감사 및 조사권은 우리 헌법이 추구하는 모든 가치세계를 균형 있게 실현함으로써 자유민주주의 통치질서를 확고히 뿌리내리게 하는 것이어야 하므로 모든 헌법적 가치를 균형 있게 조화시킬 수 있는 방향으로 행사되어야만 한다. 우리 실정법이 국정감사 및 조사과정에서 증언할 사실이나 제출할 서류의 내용이 직무상 비밀에 속한다는 이유로 증언이나 서류제출을 거부할 수 없도록 하면서도, 「군사·외교·대북관계의 국가기밀에 관한 사항으로서 그 발표로 말미암아 국가안위에 중대한 영향을 미친다」는 사실이 주무부장관의 설득력 있는 소명 또는 국무총리의 성명으로 입증된 경우에 한해서는 그 예외를 허용하고 있는 것도 바로 그 때문이라고 할 것이다(증언법 제4조). 또 지방자치제도와의 조화를 위해서 광역자치단체에 대한 국정감사는 국가위임사무와 국가가 보조금 등 예산을 지원하는 사업으로 한정하고 있다(법 제7조 제2호).

(다) 정책통제권

정책통제권은 직접 정책통제를 목적으로 하는 국회의 기능을 말하는데, 대통령의 통치권행사에 대한 정책통제권과 일반국정에 대한 정책통제권으로 나눌 수 있다.

(a) 대통령의 통치권행사에 대한 정책통제권

국회는 대통령의 통치권행사를 통제할 수 있는 권한을 가진다. 대통령의 긴급재정·경제처분 및 명령과 긴급명령에 대한 승인권(제76조 제3항)과 대통령의 계엄선포에 대한 해제요구권(제77조 제5항), 대통령의 일반사면에 대한 동의권(제79조 제2항) 등이 바로 그것이다. 대통령의 통치권행사가 국가긴급권의 성질을 가진 경우에는 그에 대한 국회의 통제도 사후적인 통제의 성질을 띨 수밖에 없지만, 그렇지 않은 일반사면의 경우에는 사전통제가 이루어져야 한다. 우리 헌법은 대통령의 국가긴급권행사의 효과에 대해서도 자세히 규정하고 있다. 국회의 승인을 얻지 못한 처분 또는 명령의 효력상실과 국가긴급권으로 개폐된 법률의 자동적인 효력회복(제76조 제4항) 그리고 국회의 계엄해제요구에 상응한 대통령의 계엄해제의무 등은 국회가 갖는 국정통제의 당연한 효과이다.

(b) 일반국정에 대한 정책통제권

국회는 행정부의 일반적인 정책수행에 대해서도 강력한 통제권을 갖는다. 정부의 외교정책과 방위정책에 대한 통제권(제60조), 대정부출석요구 및 질문권(제62조), 각료해임건의권(제63조) 등이 그것이다.

① 정부의 외교정책과 방위정책에 대한 통제권

국회는 그 입법기능의 일환으로 중요한 조약의 체결·비준에 대한 동의권을 갖는데 그것은 국회의 통제기능적 시각에서 본다면 대통령이 행사하는 외교적 권한(제73조)에 대한 정책통제적인 의미를 갖게 된다. 또 국회는 정부의 외국에 대한 선전포고, 국군의 외국에의 파견 또는 외국군대의 우리 영역 안에서의 주류결정에 대한 동의권을 갖는데(제60조 제2항), 이것은 대통령의 외교적 권한과 국군통수권을 바탕으로 하는 그의 외교정책과 방위정책에 대한 국회의 통제기능을 뜻한다.

② 대정부출석요구 및 질문권

국회는 국무총리·국무위원 또는 정부위원을 국회 본회의 또는 위원회에 출석시켜 정책에 대한 질문을 할 수 있다(제62조, 국회법 제119조–제122조의3). 우리 국회법(제121조 제5항)은 국회의 정책통제적 출석요구 및 질문권을 심지어 대법원장·헌법재판소장·중앙선거관리위원회위원장·감사원장에게까지도 확대하고 있다.

정부는 국회의 요구가 없어도 필요한 경우 국회본회의나 그 위원회에 출석하여 국정처리상황을 보고하거나 의견을 진술할 수 있지만(제62조 제1항), 국회의 요구가 있는 경우에는 반드시 출석·답변하여야 한다. 다만 의장 또는 위원장의 승인을 얻어 국무총리는 국무위원을, 그리고 국무위원은 정부위원을 대리로 출석·답변하게 할 수 있다.

㉠ 출석요구 및 질문의 절차

국회가 국무총리 등의 출석을 요구할 때에는 의원 20인 이상의 발의에 의한 본회의의 결정이 있어야 하며, 위원회도 그 의결로 이들의 출석을 요구할 수 있지만 이 경우에는 위원장이 의장에게 보고해야 한다(법 제121조 제1항, 제2항).

의장은 의원의 질문과 정부답변이 교대로 균형 있게 유지되도록 해야 한다. 질문 희망의원은 미리 질문요지서를 구체적으로 작성해서 의장에게 제출하고, 의장은 늦어도 질문시간 48시간 전까지 질문요지서가 정부에 도달하도록 송부한다. 각 교섭단체 대표의원은 질문의원과 질문순서를 질문 전일까지 의장에게 통지해야 한다. 의장은 이 통지내용에 따라 질문순서를 정한 후 본회의 개의 전에 각 교섭단체와 정부에 통지한다(법 제122조의2).

긴급현안질문의원은 20인 이상의 찬성으로 현안인 중요사안에 대해 대정부질문을 의장에게 요구할 수 있으며, 의장은 운영위원회와의 협의를 거쳐 그 실시 여부와 의사일정을 정하는데 그 실시 여부를 본회의의 표결에 부쳐 정할 수도 있다. 의장의 결정 또는 본회의 의결은 국무총리 또는 국무위원에 대한 출석요구의 의결로 간주한다.

ⓛ 대정부서면질문

국회의원은 정부에 대해서 서면으로도 질문할 수 있는데, 이때에도 질문서를 의장에게 제출하고, 의장은 제출된 질문서를 지체없이 정부에 보낸다. 정부는 질문서를 받은 날로부터 10일 이내에 서면으로 답변하는 것이 원칙이지만, 부득이한 사유가 있으면 답변기한을 국회에 미리 통지하여야 한다. 정부의 답변에 대한 보충질문이 가능한 것은 물론이다. 그리고 정부는 서면질문에 대하여 답변할 때 회의록에 게재할 답변서와 기타 답변 관계자료를 구분하여 국회에 제출하여야 한다(법 제122조).

③ 각료해임건의권

국회는 국무총리 또는 국무위원의 해임을 대통령에게 건의할 수 있다(제63조 제1항). 이것은 대통령이 갖는 국무총리 및 국무위원 임면권에 대한 국회의 통제장치로서 국회의 국무총리 임명동의권(제86조 제1항)과 함께 변형된 대통령제의 내용을 이루는 하나의 제도적인 징표이다. 그런데 국회가 해임건의안을 다루기 위해서는 국회 재적의원 1/3 이상의 발의가 있어야 하고(제63조 제2항), 해임건의안이 발의된 때에는 의장은 발의 후 처음 개의하는 본회의에 보고하고 그때로부터 24시간 이후 72시간 이내에 무기명투표로 표결하는데(법 제112조 제7항), 국회 재적의원 과반수의 찬성이 있어야만 국회는 해임건의를 할 수 있다(제63조 제2항). 표결기간 내에 표결하지 아니한 해임건의안은 폐기된 것으로 처리된다(국회법 제112조 제7항).

우리 헌법이 규정하는 국회의 해임건의는 기속력이 없다. 따라서 해임 여부는 임면권자인 대통령의 재량사항이다. 헌법재판소도 같은 취지로 설명하면서 구속력이 있는 것으로 해석하는 것은 국회해산권이 없는 우리 헌법의 권력분립질서와 조화되지 않는다고 판시했다.[1)]

(라) 인사기능

국회는 여러 통치기관 중에서도 민주적 정당성이 가장 강한 대의기관이기 때문에 다른 통치기관의 구성에 관여해서 인선기능을 수행함으로써 통치기구의 민주적 정당성을 높이는 기능을 하는데, 이것을 국회의 인사기능이라고 한다. 국회의 대통령결선투표권(제67조 제2항), 국회가 갖는 헌법재판소재판관(3인) 및 중앙선거관리위원회위원(3인)선출권(제111조 제3항, 제114조 제2항), 국회의 국무총리·감사원장·대법원장과 대법관·헌법재판소의 장 임명동의권(제86조 제1항, 제98조 제2항, 제104조 제1항, 제2항, 제111조 제4항)과 이들을 비롯한 헌법재판소재판관·중앙선거관리위원회위원·국무위원·방송통신위원회위원장·국가정보원장·공정거래위원회 위원장·금융위원회 위원장·국가인권위원회 위원장·국세청장·검찰총장·경찰청장·합동참모의장·한국은행 총재·특별감찰관·KBS 사장 후보자에 대한 인사청문권(법 제46조의3, 제65조의2, 인사청문회법 제6조 제2항) 등이 바로 그것이다.

(a) 대통령결선투표권

우리 헌법은 대통령직선제를 채택하고 있지만, 대통령선거에서 상대다수대표선거제도를 도입했기 때문에 경우에 따라서는 최고득표자가 2인 이상인 선거결과가 나타날 수도 있다. 그런 경우 우리 헌법은 국회가 그 결선투표권을 갖도록 해서 국회의 재적의원 과반수가 출석한 공개회의에서 무기명으로 결선투표를 실시하고 다수표를 얻은 사람을 대통령당선자로 정하도록 했다(제67조 제2항, 국회법 제112조 제6항).

(b) 헌법기관구성원의 선출권

국회는 헌법재판소재판관 1/3에 해당하는 3인의 재판관과 중앙선거관리위원회위원 1/3에 해당하는 3인의 위원을 선출할 수 있는 권한을 가지고 이들 헌법기관의 구성에 참여해서 이들 기관에 간접적이나마 민주적 정당성을 부여하는 인사기능을 갖는다.

그러나 보다 합리적인 제도는 이들 헌법기관의 민주적 정당성을 강화함으로써 그 기능의 독립성을 보장하려면 헌법재판소재판관 전원과 중앙선거관리위원회위원 전원을 국회가 선출하도록 해야 한다.

1) 헌재결 2004. 5. 14. 2004헌나1 참조.

(c) 헌법기관구성원의 임명에 대한 동의권

국회는 대통령이 행사하는 통치기관의 조직적 권한으로서의 국무총리·감사원장·대법원장과 대법관·헌법재판소의 장의 임명에 대한 동의권을 가지고 이들 헌법기관의 구성에 참여해서 한편으로는 대통령의 조직적 권한을 견제하고 또 한편으로는 이들 기관의 민주적 정당성 확보에 기여하고 있다.

그러나 국회의 임명동의권은 대통령의 조직적 권한에 대한 가장 강력한 제동장치인 동시에 대통령의 헌법기관구성원 임명권행사에 적극적인 제약요인이 된다. 예컨대 국무총리임명에 대한 국회의 동의거부는 법리적으로 국무총리의 제청에 의해서만 가능한 대통령의 국무위원임명을 불가능하게 하기 때문이다.

아무튼 헌법기관구성원의 임명에 대한 국회의 동의권은 하나의 추인적인 성질의 것이 아니고 창설적인 성질을 갖기 때문에 원칙적으로 국회의 동의가 없는 임명은 허용되지 않는다고 보아야 한다. 대통령에게 국회의 임시회의 집회요구권이 주어지고(제47조 제1항), 임시회의 집회가 3일 전의 집회공고로 가능한(법 제5조) 현행헌법질서 아래서는 대통령의 '서리'임명행위는 정당화할 수 없다. 서리로 임명된 사람이 국회의 임명동의를 받지 못한 경우 그가 서리로서 그 동안 행한 국정행위가 민주적으로 정당한 국정행위였다고 평가하기 어렵기 때문이다. 더욱이 우리 헌법은 대통령의 궐위시에 국무총리가 최장 60일간 그 권한을 대행하게 하고 있어(제71조, 제68조 제2항) 국무총리 임명에 대한 국회의 임명동의는 통치구조의 민주적 정당성의 관점에서도 매우 중요한 의미를 갖는다. 우리 헌법은 국무총리서리가 대통령권한을 60일 동안이나 대행하는 지극히 비민주적인 통치상황을 이념적으로 용납하지 않는다. 그런데도 헌법재판소는 대통령의 국무총리 및 감사원장서리 임명에 대한 국회 다수당의 권한[1]쟁의심판청구를 각하하는 결정을 했다.

(마) 자율기능

국회는 하나의 헌법기관으로서 자신의 문제를 자주적으로 처리할 수 있는 폭넓은 자율권을 갖는다. 국회의 자율기능은 의회주의사상에 그 뿌리를 두고 권력분립의 원칙에 의해서 뒷받침되면서 현대 헌법국가의 의회에서는 하나의 당연한 국회의 기능으로 간주되고 있다. 국회의 자율기능은 국회가 갖는 입법·재정·통제·인사기능의 실효성을 높이기 위한 불가결한 전제조건을 뜻하기 때문이다.

우리 헌법과 국회법도 국회의 자율기능을 규정하고 있는데 규칙자율권·신분자율

1) 헌재결 1998. 7. 14. 98헌라1·2 참조.

권·조직자율권·의사자율권·질서자율권 등이 그것이다.

(a) 규칙자율권

국회는 법률에 저촉되지 아니하는 범위 안에서 의사와 내부규율에 관한 규칙을 제정할 수 있다(제64조 제1항, 국회법 제169조). 이것을 국회의 규칙제정권 또는 규칙자율권이라고 말한다. 국회가 규칙으로 정할 수 있는 것은 '의사'와 '내부규율'에 관한 사항인데 의사와 내부규율에 관한 사항도 대부분 국회법에서 상세히 규정하고 있으므로 규칙으로 정할 사항은 별로 많지 않다. 또 규칙제정은 '법률에 저촉되지 아니하는 범위' 내에서만 허용되기 때문에 국회규칙도 규범통제의 대상이 된다.

(b) 신분자율권

국회는 의원의 자격심사·윤리심사 및 징계·사직 등 의원의 신분에 관한 사항에 대해서 자율처리권을 갖는다(제64조 제2항-제4항). 또 국회는 의원이 갖는 불체포특권과 면책특권의 적용에 관한 자율결정권을 갖는다(제44조, 제45조). 이것을 국회의 신분자율권이라고 말한다. 국회가 갖는 신분자율권의 자율권적 특성은 의원의 신분문제에 대한 국회의 결정에 대해서는 법원에 제소할 수 없다는 데 있다(제64조 제4항). 사법심사가 허용되는 한 그것은 신분자율권이라고 보기는 어렵기 때문이다.

① 의원의 자격심사권

의원의 자격에 대하여 의원 30인 이상의 연서로 이의가 제기된 때에는 국회는 스스로 의원의 자격을 심사해서 자격 유무를 결정한다. 국회가 행하는 의원의 자격심사는 의원선거에 관한 선거소송 또는 당선소송과는 달라서 선거나 당선자결정의 유·무효를 결정하는 것이 아니고, 의원의 의원으로서의 **적격성을 심사**하는 것이다. 의원의 자격심사에 관해서는 국회법(제138조-제142조)에서 그 절차와 방법을 자세하게 규정하고 있는데 자격심사의 소관위원회는 윤리특별위원회이고 최종결정은 본회의가 그 의결로써 하지만 의원의 무자격결정에는 국회 재적의원 2/3 이상의 찬성이 필요하다(법 제142조).

② 의원에 대한 징계권

국회는 일정한 사유가 있는 경우 의원을 징계할 수 있다. 징계는 형벌과는 다르지만 신분상의 불이익과 의원활동의 제약을 가져오는 것이기 때문에 매우 공정하고 신중한 처리가 요청된다. 국회법(제155조-제164조)에서 의원의 징계에 관해서 그 사유·절차·종류 등 비교적 상세한 규정을 두고 있는 이유도 바로 그 때문이다. 그에 따르면 의원이 국회의원윤리강령 및 국회의원윤리실천규범을 위반한 때를 비롯해서 청렴의무위반·이권운동 등 헌법상의 품위규정(제46조)을 어긴 경우, 의사에 관한 국회법(제155조)상의 여러 규정(정보위에 대한 특례, 발언시간제한규정, 회의 출석의무, 질서문란 금지 등 14개 사항)을 위반하는 행동을 한때 그리고 국정감사 및 조사에 관한 법률의 금지규정을 어긴 때에는 징계사유가 된다. 그 밖에도 공직자윤리법에서 정한 징계사유에 해당하거나 겸직금지 및 영리업무종사금지를 위반해도 국회에서의 징계사유가 된다(법 제155조). 징계요구권자는 의장, 위원장, 의원 20인 이상, 모욕당한 의원 등인데(법 제156조) 징계요구시한은 매우 단기간(3일 또는 10일)이다(법 제157조). 위원장 또는 위원 5인 이상이 징계대상자에 대한 징계를 요구한 때에는 의장에게 보고하고 직권심사에 착수할 수 있다(법 제156조 제6항). 징계사건은 윤리특별위원회가 맡아서 심사하는데 징계에 관한 회의는 그 성질상 징계대상자가 불참한 가운데 비공개(본회의 또는 위원회의 의결이 있으면 예외)로 하지만 본인은 출석하여 심문에 응하거나 변명한 후 퇴장한다(법 제158조-제160조). 윤리특별위원회는 징계사항을 심사하기 전에 의원이 아닌 자로 구성되는 **윤리심사자문위원회**(법 제46조의2)의 의견을 청취하고 그 의견을 존중해야 한다(법 제46조 제3항). 의장은 윤리특별위원회의 징계심사보고서를 접수하면 바로 본회의에 부의하여 의결해야 한다. 다만 불징계의 심사보고서를 접수하면 바로 본회의에 보고한다(법 제162조).

그런데 의원이 의장석 또는 위원장석을 점거하고 점거해제를 위한 의장 또는 위원장의 조치에 불응하는 질서문란행위를 한 때에는 앞에서 설명한 윤리특별위원회의 심사를 거치지 않고 바로 그 의결로써 징계할 수 있다(법 제155조 단서). 질서문란행위를 방지하려는 **특별한 신속징계절차**이다. 이 경우 징계의 종류는 I) 공개회의에서의 경고 또는 사과, ii) 30일 이내의 출석정지, iii) 제명의 세 가지인데 경고 또는 사과의 경우 2개월 동안 수당 등 월액의 1/2을 감액하고, 출석정지의 경우 3개월 동안 수당 등 월액의 전액을 감액하도록 하여 징계수준을 강화했다(법 제163조 제2항). 그에 더하여 국회의 회의를 방해할 목적으로 회의장 또는 그 부근에서 폭력행위 등을 하는 것을 금지하는 국회 회의 방해죄를 신설해서 형법상의 폭행죄 등 보다 높은 형량으로 처벌하게 했다(법 제165조-제167조). 그리고 국회 회의 방해죄로 500만원 이상의 벌금형을 받으면 5년간, 징역 또는 금고형을 받으면 10년간 피선거권의 제한을 받도록 했다(선거법 제19조 제4호). 그 밖에 앞에서 설명한 정상적인 징계절차에 따른 징계의 종류는 i) 공개회의에서의 경고, ii) 공개회의에서의 사과, iii) 30일(겸직금지 및 영리업무종사금지의무 위반시는 90일) 이내의 출석정지, iv) 제명의 네 가지가 있는데(법 제163조 제1항) 제명결정에는 국회 재적의원 2/3 이상의 찬성이 있어야 한다(제64조 제3항). 제명이 부결되면 본회의는 다른 종류의 징계를 의결할 수 있다(법 제163조 제3항). 징계의 의결은 의장이 공개회의에서 선포한다(법 제163조 제4항). 징계로 제명된 의원은 그로 인한 보궐선거에 입후보할 수 없다(법 제164조).

③ 의원의 사직허가권

의원이 사직하고자 사직서를 의장에게 제출한 때에는 국회는 그 의결로 의원의 사직을 허가할 수 있는데 사직의 허가 여부는 토론을 하지 아니하고 표결에 부쳐서 처리한다. 다만 폐회중에는 의장이 허가 여부를 결정할 수 있다(국회법 제135조).

④ 의원특권의 적용에 관한 자율결정권

국회는 구체적인 사안마다 헌법상 의원에게 부여된 불체포특권(제44조)과 면책특권(제45조)의 적용을 자율적으로 결정할 수 있다. 즉 국회는 의원의 체포·구금에 대한 동의권과 체포·구금된 의원의 회기중 석방요구권을 통해서 의원의 불체포특권의 적용을 사안마다 자율적으로 결정한다(제44조). 또 국회는 구체적인 경우에 의원의 발언과 표결이 '직무상' 행한 것인지의 여부를 결정함으로써 면책특권의 적용에 관해서도 자율적인 결정을 한다(제45조).

(c) 조직자율권

국회는 외부의 간섭 없이 독자적으로 그 내부조직을 할 수 있는 조직자율권을 갖는다. 국회의 기관인 의장 1인과 부의장 2인을 선거하고 그 궐위시에 보궐선거를 실시하며, 의장·부의장의 사임을 처리하고, 필요할 때 임시의장을 선출하고, 국회사무총장·국회도서관장·국회예산정책처장을 비롯한 그 직원을 임면하고 교섭단체와 위원회를 구성하는 것 등이 모두 조직자율권에 의해서 행해진다.

(d) 의사자율권

국회의 의사에 관해서는 헌법과 국회법에서 자세히 규정하고 있지만, 헌법과 국회법에 따로 규정이 없는 사항에 대해서는 국회의 의사자율권과 규칙자율권에 의해서 국회규칙으로 정하든지, 국회 스스로가 의사에 관한 관행을 확립해 나갈 수 있다. 따라서 국회의 의사절차, 회의운영, 의사결정의 형식적·실질적 요건 등은 국회가 독자적으로 판단하고 결정할 사항이기 때문에 그에 대한 이의나 다툼이 있는 경우에도 원칙적으로 사법적 심사의 대상이 되지 아니한다고 할 것이다. 다만 명백하고 현저한 의사절차상의 잘못이 있고 그것이 국회의 의사결정에 직접적인 영향을 미쳤다고 인정할 충분한 근거가 있는 경우에는 헌법재판의 과정에서 그에 대한 심사가 가능하다. 국회가 의사에 관해서 자율적으로 정하는 것은 자유이지만, 한 번 정해진 의사에 관한 규칙을 존중했는지의 여부는 헌법재판적 평가에서 제외될 수 없다. 헌법재판소도 같은 취지의 판시를 하고 있다.[1)]

(e) 질서자율권

국회는 국회건물 내외의 안전과 본회의 또는 위원회의 회의장의 질서를 유지하기 위한 필요한 조치를 스스로 결정할 수 있다. 이것을 국회의 질서자율권이라고 말하는데 질서자율권은 국회를 대표하는 의장의 **경호권**을 통해서 행사되는 경우가 많다(법 제143조). 국회는 질서자율권을 행사하기 위해서 국회에 경위를 두고 필요한 경우에는 정부에 경찰관의 파견을 요구할 수도 있다(법 제144조). 의장은 그 경호권에 의해서 국회건물 내 또는 회의장 안에 있는 의원·방청인 기타 외부인에 대해서 명령하고 필요하다면 실력으로 강제할 수도 있다. 또 국회 안에 있는 현행범인을 경위 또는 경찰관이 체포한 경우에는 의장의 지시를 받아야 되고, 의원은 회의장 안에서는 의장의 명령 없이 체포할 수 없도록 한 것도(법 제150조) 질서자율권의 표현이라고 볼 수 있다. 의원이 회의장 안에서 직무와 관련하여 범법행위를 한 경우에도 그 소추에는 의장의 동의 내지는 국회의 고발이 있어야 하는데 이것도 국회가 갖는 질서자율권의 요청이라고 볼 수 있다.

6) 국회의원의 지위와 책임

국회는 합의체의 국가의사결정기관이기 때문에 그 합의체구성원인 국회의원이 어떤 지위에서 어떤 권리와 의무를 가지고 어떻게 활동하느냐 하는 것은 국회의 위상과도 불가분의 연관성이 있다. 우리 헌법도 국회의원의 권리와 의무에 관한 여러 규정을 통해서 국회의원이 갖는 지위와 책임을 분명히 밝히고 있다.

(1) 국회의원의 헌법상 지위와 책임

국회의원은 선거에 의해서 선출된 선거직공직자로서 국민의 의사를 국정에 반영시킬 책임을 지는 합의체통치기관의 구성원으로서의 지위를 가진다.

(가) 선거직공직자로서의 지위와 책임

국회의원은 국민의 보통·평등·직접·비밀선거에 의해서 선출된(제41조 제1항) 선거직 공직자로서의 지위를 가진다. 우리 통치구조 내에서 국민에 의해서 직접 선출되는 공직자는 대통령과 국회의원 그리고 지방의회의원과 지방자치단체의 장 및 교육감

1) 헌재결 1997. 7. 16. 96헌라2 참조.

뿐이다. 따라서 국회의원도 다른 공직자와 마찬가지로 공직자로서의 책임과 의무를 지게 되지만, 우리 헌법은 특별히 국회의원의 청렴의무·지위남용금지의무(제46조) 등을 명문화함으로써 국회의원의 지위와 책임이 다른 공직자와는 다르다는 점을 강조하고 있다. 국회의원이 지는 국민전체에 대한 봉사자로서의 책임은 다른 공직자에서보다 더 한층 크다는 점을 분명히 밝히기 위한 것이라고 볼 수 있다. 그것은 국회의원이 갖는 국민의사대변자로서의 지위와도 불가분의 관계에 있다.

(나) 국민의사대변자로서의 지위와 책임

국회의원은 국민의 의사를 국가의 의사결정에 반영하여야 할 책임을 지는 국민의사대변자로서의 지위를 가진다. 국회의원의 공직은 다른 공직과는 달리 능력주의 내지 성적주의가 아닌 국민의 정치적 신임에 의해서 정당화되는 관직인 관계로 국회의원과 국민과의 사이에는 두터운 신임관계가 성립한다.

그런데 국민의 국회의원에 대한 신임은 국민의 추정적 의사를 국정에 충실히 반영해 주기를 기대하는 대의적 신임이기 때문에 국회의원과 국민과의 사이에 엄격한 법적 의미에서의 대표관계나 대리관계가 성립하는 것은 아니다. 헌법에서 국회의원의 자유위임(무기속위임)과 책임(제46조 제2항)을 강조하면서 '국회의원은 국가이익을 우선하여 양심에 따라 직무를 행한다'고 정하고 있는 것도 국회의원의 대의적 지위와 책임을 확인한 것이라고 볼 수 있다. 국회의원의 불체포특권(제44조)과 면책특권(제45조)에 관한 헌법규정도 따지고 보면 국회의원의 대의적인 의정활동을 뒷받침해 주기 위한 것이고, 의사공개의 원칙(제50조)도 대의적 신임의 바탕이 되는 공개정치를 실현하기 위한 것이라고 풀이할 수 있다. 자유위임을 그 바탕으로 하는 대의적 신임의 본질은 국회의원이 일상적으로 독자적인 양식과 판단에 따라 의정활동을 해 나가되 그 결과에 대해서는 국민에게 정치적인 책임을 진다는 데 있다. 따라서 국회의원의 정책결정이 설령 추정적 국민의사와 일치하지 아니하는 경우에도 그것은 국민을 기속하는 힘을 갖는다. 그러나 추정적 국민의사를 무시하는 국회의원의 정책결정이 오래 지속되지 못하도록 하는 일정한 input-channel이 제도적으로 보장되어야 하는데 주기적인 선거를 통한 책임추궁과 신임철회가 바로 그것이다.

(다) 합의체통치기관의 구성원으로서의 지위와 책임

국회의원은 합의체통치기관인 국회의 구성원으로서 국가의사결정에 적극적으로 참여할 책임을 지는 **헌법기관**으로서의 지위를 가진다. 국회의원은 헌법기관인 국회의 구성원인 동시에 헌법에 의하여 그 권한과 의무의 내용이 분명히 정해진 하나의 헌법기관이라는 **2중적 지위**를 가진다. 국회의원의 이와 같은 2중적 지위를 분명하게 나타내 주는 것이 자유위임(무기속위임)적 대의의무(제46조 제2항), 국회의원의 불체포특권(제44조)과 면책특권(제45조), 국회의원의 청렴의무와 지위남용금지의무(제46조), 국회의원의 겸직금지의무(제43조), 국회의원의 법률안제출권(제52조) 등이다.

의원은 한 정당의 대표만은 아니고 전체국민을 대표하는 헌법기관이기 때문에 전체국민의 이익을 희생시키지 않는 범위 내에서만 소속정당의 정책과 결정에 기속되므로 정당기속 내지 교섭단체기속보다는 언제나 자유위임적 대의활동이 우선하는 효력을 갖게 된다. 헌법재판소도 국회의원의 자유위임적 지위는 그 의원직을 얻는 방법, 즉 비례대표의원인가 지역구의원인가에 따라 차이가 있을 수 없음을 강조한다.[1) 선거법(제192조 제4항)은 비례대표국회의원은 그 임기중 소속정당이 합당·해산되거나 소속정당으로부터 제명되는 이외의 사유로 당적을 이탈·변경하거나 둘 이상의 당적을 가지고 있는 때에는 그 의원직을 상실한다고 규정하고 있다. 다만 국회법(제20조의2)에 따라 당적을 이탈해야 하는 국회의장에 당선되는 경우에만 예외로 하고 있다.

(2) 의원자격의 발생과 소멸

(가) 의원자격의 발생

의원자격의 발생시기에 관해서는 다른 견해(취임승낙시 또는 당선인결정시)가 없는 것은 아니지만 임기의 개시와 동시에(**임기개시시**) 의원자격이 발생한다고 생각한다. 그런데 헌법은 의원의 임기를 4년으로 정하고(제42조), 의원의 임기는 총선거에 의한 전임의원의 임기만료일의 다음 날로부터 개시하도록 했다(선거법 제14조 제2항). 다만 보궐선거에 의한 의원의 임기는 당선된 날로부터 개시되기 때문에 의원자격도 그 때 함께 발생하지만 그 임기는 전임자의 잔임기간으로 국한된다(법 제14조 제2항 단서). 또 비례대표의원직을 승계하는 의원의 자격은 중앙선관위가 승계를 결정·통고한 때로부터 발생한다(법 제200조 제2항).

(나) 의원자격의 소멸

헌법과 법률에 따르면 의원자격은 다음과 같은 사유가 발생하면 소멸한다. 즉 의원의 사망, 임기의 만료(제42조), 선거무효 또는 당선무효판결의 확정(선거법 제224조), 사직의 허가(국회법 제135조), 국회의 제명(제64조 제3항), 국회의 자격심사에서 무자격 결정(제64조 제2항, 국회법 제142조 제3항), 피선거권의 상실(국회법 제136조 제2항, 선거법

1) 헌재결 1994. 4. 28. 92헌마153 참조.

제19조), 공직선거법 제53조의 규정에 의하여 국회의원직을 가지고 입후보할 수 없어 사직원을 제출하고 공직선거후보자로 등록한 경우(국회법 제136조 제1항) 등이 바로 그것이다.

(3) 국회의원의 권리와 의무

국회의원은 그 헌법상의 책임을 다하기 위한 여러 가지 권리를 가지며 의무도 지고 있다.

(가) 국회의원의 권리

국회의원의 권리는 이를 단독으로 행사할 수 있는 권리와 다른 의원과 공동으로 행사할 수 있는 권리로 나눌 수 있다.

(a) 단독으로 행사할 수 있는 권리

① 상임위원회소속활동권

의원은 적어도 둘 이상의 상임위원회의 위원이 되어 의정활동을 할 수 있는 권리를 갖는다(국회법 제39조 제1항). 상임위원회중심주의에 의해서 운영되는 국회에서 상임위소속활동권은 의원의 책임을 다하기 위한 매우 중요한 권리이다.

② 발언 · 동의권

의원은 위원회와 본회의에서 의제 또는 의사진행에 관해서 발언하고(제45조) 동의를 함으로써 의제를 성립시킬 수 있는 권리를 가진다. 또 본회의 개의시에 국회가 심의중인 의안과 청원 기타 중요한 관심사안에 대해서 5분 이내의 **자유발언권**을 갖는다(국회법 제105조 제1항). 다만 본회의에서 발언하고자 할 때에는 미리 의장에게 통지하여 허가를 받아야 하고(법 제99조) 5분자유발언을 하고자 할 때는 늦어도 본회의의 개의 4시간 전까지 그 발언취지를 간략히 기재하여 의장에게 신청해야 한다(법 제105조 제2항). 동의가 의제로 성립되기 위해서는 동의자 외 1인 이상의 찬성자가 있어야 한다(법 제89조). 동의권에는 동의철회권도 당연히 포함되지만 발의의원 1/2 이상의 철회의사가 있어야 하며 이미 의제가 된 의안 또는 동의를 철회하려면 본회의 또는 위원회의 동의가 필요하다(법 제90조). 그런데 의원의 발언권은 의제외 발언금지를 비롯해서 표결선포 후 발언금지, 발언횟수와 발언시간 등의 제한을 받는다(법 제102조-제104조, 제110조 제2항).

③ 질문 · 질의권

의원은 의제와 관계 없이 국정전반에 관하여 그리고 긴급현안문제에 대해서 정부를 상대로 구두 또는 서면으로 질문할 수 있는 권리를 갖는다. 구두질문은 정부관계자의 국회출석을 전제로 하며 질문요지서 또는 질문요구서를 미리 의장에게 제출하여야 하고, 서면질문은 질문서를 의장을 경유 정부에 미리 보내야 한다. 질문은 정부의 답변의무를 발생시킨다(법 제121조 내지 제122조의3).

또 의원은 의제가 된 안건에 관하여 발의자를 비롯한 관계자를 상대로 그 내용상의 의문점이나 자세한 내용에 대하여 물을 수 있는 권리를 가진다(법 제93조, 제108조). 이것을 질문권과 구별해서 질의권이라고 부른다.

④ 토론·표결권

의원은 위원회와 본회의에서 의제에 대하여 찬·반토론을 할 수 있는 권리를 갖는다. 그런데 토론하고자 하는 의원은 미리 찬·반의 뜻을 의장에게 통지하여야 한다(법 제106조 제1항).

또 의원은 위원회와 본회의에서 표결에 참가할 권리를 갖는다(제45조, 법 제111조). 표결은 의제에 대한 최종적인 찬·반의 의사표시이기 때문에 소속정당의 의사에 기속되지 않고 양심에 따라야 하며 한 번 표결하면 변경할 수 없다(법 제111조 제2항, 제114조의2). 표결은 전자투표에 의한 기록표결이 원칙인데 기립표결과 기명·호명·무기명투표의 표결도 할 수 있다(법 제112조).

⑤ 수당·여비수령권

의원은 그 의정활동을 원활히 하기 위해서 월정수당(세비)·입법 및 정책개발비·특별활동비·여비 등을 지급받을 권리를 갖는다(법 제30조). '국회의원수당 등에 관한 법률'에서 자세히 그 내용을 규정하고 있는데, 세비는 실질적으로는 의원의 근무대가에 해당하는 보수인 동시에 의원과 그 가족의 생계유지를 위한 급여임에도 불구하고 우리 실정법은 이를 의원의 직무에 소요되는 비용의 변상이라는 관점에서 다루고 있다.

⑥ 보좌진을 둘 권리

의원은 입법 및 의원활동에 도움을 받기 위해서 자신이 선임하는 9명의 보좌진을 둘 수 있다(국회의원 수당 등에 관한 법률 별표). 그러나 국회에 입법조사처가 있고 상임위원회마다 다수의 전문위원이 활동하는 상황에서 의회 선진국에서는 쉽게 찾아볼 수 없는 불필요한 예산낭비라고 생각한다. 보좌진의 수를 한 명으로 줄이고 그 이상의 보좌진은 의원의 개인비용으로 채용할 수 있게 해야 한다.[1]

---

1) 참고로 독일연방의회(Bundestag)는 의원 개인이 의원직의 수행에 필요한 공적인 업무(사적인 업무는 배제)의 도움을 받기 위한 보좌진을 채용하고 그 비용을 의회로부터 보상받는데, 보좌진은

(b) 공동으로 행사할 수 있는 권리

① 임시회집회요구권 및 국정조사요구권

의원은 국회 재적의원 1/4 이상이 공동으로 국회임시회의 집회를 요구할 수 있는 권리(제47조 제1항)와 국정조사를 요구할 수 있는 권리(국감법 제3조)를 갖는다. 이것은 소수의 권리로서 국회의 운영에서 다수를 견제할 수 있는 중요한 기능을 갖는다.

② 의안발의권

의원은 다른 의원과 공동으로 의안을 발의할 수 있는 권리를 갖는다. 의원 **10인** 이상이 발의할 수 있는 주요 의안으로는 법률안(제52조, 법 제79조 제1항), 체포 또는 구금된 의원의 석방요구권(제44조 제2항, 법 제28조), 정부관계자의 출석요구안(제62조 제2항, 법 제121조 제1항, 제122조의3 제1항), 의원에 대한 윤리심사 및 징계요구안(제64조 제2항, 법 제156조 제3항) 등이 있다. 또 의원 **30인** 이상의 찬성으로는 의원의 자격심사를 요구할 수 있다(제64조 제2항, 법 제138조). 더 나아가 **재적의원 1/3** 이상은 공동으로 국무총리 또는 국무위원의 해임건의안(제63조 제2항)과 탄핵소추안(제65조 제2항)을 발의할 수 있으며, 본회의에서 합법적으로 의사진행방해목적의 무제한 토론(**필리버스터**)을 할 수 있고, 위원회 재적위원 1/3 이상은 공동으로 공청회 또는 청문회를 요구할 수 있다(법 제64조 제1항, 제65조 제2항). **재적의원 과반수**의 동의가 있으면 헌법개정안(제128조 제1항)과 대통령에 대한 탄핵소추안(제65조 제2항)도 발의할 수 있다. 그 밖에도 **재적의원 1/5** 이상은 공동으로 표결방법을 기명·호명 또는 무기명투표로 할 것을 요구할 수 있고 전자투표에서는 전자적인 방법 등을 통하여 정당한 투표권자임을 확인한 후 실시하도록 요구할 수 있다(법 제112조 제2항, 제8항). 또 **재적의원 1/4** 이상은 공동으로 전원위원회의 개회를 요구할 수 있다(법 제63조의2).

③ 의안 신속처리요구권

의원은 본회의 **재적의원 1/3** 이상이 공동으로 무제한 토론 종결동의를 하고 **재적의원 3/5** 이상의 찬성을 얻어 본회의 무제한토론 종료를 요구할 수 있다(법 제106조의2). 또 위원회에 회부된 안건에 대해서 의원은 재적의원 과반수의 동의를 얻어서 의장에게, 그리고 안건 소관 상임위원회 위원은 소속 위원회 재적위원 과반수의 동의를 얻어 위원장에게 신속처리안건지정동의를 제출할 수 있고, 본회의 또는 소속 상임위원회에서 재적의원 또는 재적위원 3/5 이상이 찬성하면 신속처리대상안건으로 지정할

연방의회의 소속 공무원이 아니고 의원과 사적인 고용계약관계에 있을 따름이다(의원법(AbgG) 제12조 제3항과 제3a항).

것을 요구할 수 있다(법 제85조의2). 그리고 의원은 법제사법위원회에서도 심의지연 안건에 대해서 재적위원 3/5 이상과 공동으로 본회의에 부의할 것을 요구할 수 있다(법 제86조 제3항).

(나) 국회의원의 의무

의원은 헌법을 준수하고 국민의 자유와 복리의 증진 및 조국의 평화적 통일을 위하여 노력하며, 국가이익을 우선으로 하여 그 직무를 양심에 따라 성실히 수행할 의무를 진다(국회법 제24조). 의원의 의무는 이를 헌법상의 의무와 국회법상의 의무로 나눌 수 있는데 의무위반은 윤리심사 및 징계의 사유가 되는 경우가 많다.

(a) 헌법상의 의무

① 국익우선존중의 의무

의원은 국가이익을 우선하여 양심에 따라 직무를 행하여야 한다(제46조 제2항). 특히 오늘날 정당국가적 경향의 심화로 인한 의원의 정당기속이 강화되고, 각종 이익단체들의 의원상대 로비활동이 활성화되는 상황 속에서 의원이 어떠한 압력과 유혹에도 굴하지 않고 독자적인 양식과 판단에 따라 국정에 임하는 것은 대의제도의 사활과 관련되는 가장 본질적인 의원의 의무라고 할 것이다. 따라서 국익우선존중의 의무는 의원이 갖는 정당기속의 한계로서의 의미를 갖는다.

② 청렴의무와 지위남용금지

의원은 청렴의무를 지켜야 하고 그 지위를 남용하여 이권운동이나 청탁 등을 하지 말아야 할 의무를 진다(제46조 제3항). **국회의원윤리강령** 및 **국회의원윤리실천규범**이 그 자세한 내용을 규정하고 있다. 국회법(제48조 제6항)도 국회 상임위원회위원의 선임시에 의원이 기업체 또는 단체의 임·직원 등 다른 직을 겸하고 있는 경우 직접 이해관계가 있는 상임위원회의 위원으로 선임되지 못하도록 하는 제한규정을 두고 있다. 의원이 부정부패에 물들고 그 신분을 악용하여 경제적인 이익만을 추구하는 혼탁한 정치풍토 속에서는 진정한 대의민주주의는 꽃필 수 없기 때문이다.

③ 겸직금지

의원은 국회구성원으로서의 지위와 조화될 수 없는 다른 직을 겸할 수 없다(제43조). 의원직과 겸직이 금지되는 직은 주로 권력분립의 정신을 해치거나 청렴의무 내지는 지위남용금지 정신과 양립하기 어려운 직업인데 국회법(제29조)에서 자세히 규정하고 있다. 그에 따르면 국회의원은 국무총리 또는 국무위원의 직 이외의 다른 직을 겸할 수 없는데 다만 공익목적의 명예직, 다른 법률에서 의원이 임명·위촉되도록 한 직,

정당법에 따른 정당의 직 등만 겸직이 허용된다(법 제29조 제1항). 의원이 당선 전부터 겸직이 금지된 직을 가진 경우에는 법률이 정하는 절차에 따라 정해진 기한 내에 겸직이 금지된 직을 정리해야 한다(법 제29조 제2항-제6항). 국회의장은 의원의 겸직내용을 국회공보 등에 공개해야 하고, 의원은 겸직에 따른 보수를 수령할 수 없다(법 제29조 제7항-제8항).

(b) 국회법상의 의무

국회법에도 의원의 의무를 여러 가지 규정하고 있는데, i) 품위유지의 의무(법 제25조), ii) 회의출석의무(법 제155조 제8호), iii) 의사에 관한 법령과 규칙의 준수의무(법 제102조, 제104조, 제146조, 제147조 등), iv) 회의장질서준수의무(법 제146조-제148조), v) 의장의 경호권존중의무(법 제155조 제10호), vi) 소속 상임위원회의 직무와 관련한 영리행위를 하지 않을 의무(법 제40조의2), vii) 금지된 겸직을 하지 않을 의무(법 제29조), viii) 영리업무에 종사하지 않을 의무(법 제29조의2) 등이 특히 중요한 것들이다.

(4) 국회의원의 직무상의 특권

국회의원은 그 헌법상의 책임을 다하기 위해서 그 의원으로서의 직무를 수행하는 데 헌법에 의한 특별한 보호를 받는다. 국회의원의 '불체포특권'(제44조)과 '면책특권'(제45조)이 바로 그것이다. 헌법상 의원은 합의체통치기관인 국회의 구성원일 뿐 아니라 그 자신도 하나의 헌법기관으로서의 2중적 지위를 갖기 때문에 의원활동에 대한 특별한 보호는 결과적으로 국회의 기능과 활동을 보호하는 것이 된다. 따라서 의원이 임의로 그 불체포특권과 면책특권을 명시적으로 포기하는 것은 허용되지 않는다. 그러나 의원이 국회에서 범죄혐의에 대해서 적극적으로 자기방어를 하지 않는 것은 불체포틀권의 포기로 볼 수 없다.

(가) 의원의 불체포특권

(a) 불체포특권의 의의와 연혁

① 불체포특권의 의의

의원의 불체포특권이란 의원은 현행범인이 아닌 한 회기중 국회의 동의 없이는 체포 또는 구금되지 아니하며 회기 전에 체포 또는 구금된 경우라도 국회의 요구에 의해서 회기중 석방될 수 있는 권리를 말한다(제44조).

② 불체포특권의 연혁

의원의 불체포특권은 연혁적으로 영국의 의회주의역사에서 유래한다. 즉 영국헌정사에서 절대군주의 지위가 약해지고 의회의 지위가 향상되기 시작한 17세기 초반

(1603년) 영국의 의회가 Stuart왕조로부터 얻어낸 Privilege of Parliament Act에 의해서 불체포특권은 비로소 법적인 보장을 받게 되었다. 이렇게 시작된 의원의 불체포특권은 미국연방헌법에 영향을 미쳐 최초로 성문화되어(Art.1, Sec.6, Cl. 1) 헌법상의 제도로 발전하고 그 후 여러 나라가 이 제도를 헌법에 수용하기에 이르렀다.

(b) 불체포특권의 기능과 한계

불체포특권은 국회의 기능을 강화해 준다는 의미와 의원의 대의활동을 보호해 준다는 의미를 함께 갖는다고 할 것이다. 불체포특권은 어디까지나 의회가 제대로 기능하기 위해서 필요하다는 이유 때문에 정당화되는 제도인 이상 그것이 남용 또는 악용되는 경우까지 정당화된다고 보기는 어렵다. 불체포특권의 남용 또는 악용은 오히려 의회의 명예를 실추시켜 의회의 기능을 약화시키는 원인이 될 수도 있기 때문이다. 따라서 의회가 의원의 체포·구금에 대한 동의를 거부하거나, 체포·구금된 의원에 대한 석방요구를 하는 것은 의원의 범죄혐의에 대한 소명이 부족하거나 의회의 원활한 기능을 위해서 꼭 필요한 경우로 한정하는 것이 바람직할 것이다.

(c) 불체포특권의 내용

의원의 불체포특권은 국회의 동의가 없거나 석방요구가 있는 경우의 체포·구금으로부터의 자유를 그 내용으로 한다. 그러나 이 특권은 현행범인 제외의 원칙과 회기중 한정의 원칙에 의한 제약을 받는다.

즉 의원은 현행범인인 경우를 제외하고는 회기중 국회의 동의 없이 체포 또는 구금되지 아니한다(제44조 제1항). 현행범인에게 불체포특권을 인정하지 않는 것은 현행범인의 경우에는 형사정의의 실현이 보다 중요하기 때문이다. 체포·구금이란 신체의 자유를 제한하는 모든 공권력의 강제처분을 망라하는 포괄적인 개념이다. 회기중이라 함은 집회일로부터 폐회일까지의 전기간을 말하기 때문에 휴회중의 기간도 포함된다. 회기중 의원을 체포·구금하기 위해서 국회의 동의를 얻으려면 영장발부담당 판사가 정부에 보낸 체포동의요구서의 사본을 첨부해서 정부가 국회에 체포·구금의 동의를 요청하여야 한다(법 제26조). 정부로부터 체포·구금의 동의요청을 받은 국회는 의장이 정부의 요청 후 처음 개의하는 본 회의에 이를 보고하고 보고된 때부터 24시간 이후 72시간 이내에(법 제26조 제2항) 정부가 제출한 여러 증거자료를 토대로 동의 여부를 본회의의 의결로써 결정하게 되는데 그 결정의 내용은 정부 요구대로 동의를 하든지 아니면 거부하는 것이다. 따라서 조건 또는 기한을 부치는 것은 허용되지 않는다고 할 것이다. 기한을 정한 체포·구금동의는 국회의 석방요구권으로도 그 목적달성이 가능하고 조건부 동의는 제도의 본질상 거부라고 볼 수 있기 때문이다. 그런데 체포동의안이 72시간 이내에 표결되지 않으면 그 이후에 최초로 개의하는 본회의에 상정하여 표결한다(법 제26조 제2항 단서).

헌법이 의원에게 보장하는 불체포특권은 **불소추특권**과는 달라 범법행위를 행한 의원에 대한 국가의 소추권까지를 제한하는 것은 아니기 때문에 의원이 저지른 범법행위라 하더라도 범죄수사·공소제기 등 국가의 소추권은 발동할 수 있다. 다만 의원을 체포·구금하는 데에는 불체포특권을 존중해야 한다.

또 의원이 회기 전에 체포·구금된 때에는 현행범인이 아닌 한 국회의 요구가 있으면 회기중 석방된다(제44조 제2항). 그렇기 때문에 체포·구금된 의원이 있으면 정부는 지체없이 의장에게 통지하여야 한다(법 제27조). 폐회 중에 체포·구금된 의원뿐 아니라 전 회기 중에 국회의 동의에 의해서 체포·구금된 의원도 국회가 재적의원 1/4 이상의 발의로(법 제28조) 석방요구를 의결하면 회기 동안 석방된다. 현행범인이 석방요구의 대상에서 제외되는 것은 물론이고, 석방요구의 효력은 회기 동안에만 미치므로 회기가 끝난 후에 다시 구금하는 것은 허용된다.

(나) 의원의 면책특권

(a) 면책특권의 의의와 연혁

① 면책특권의 의의

의원의 면책특권이란 의원이 국회에서 그 직무상 행한 발언과 표결에 관하여 국회 외에서 책임을 지지 아니하는 것을 말한다(제45조).

② 면책특권의 연혁

면책특권은 의회주의와 대의제도의 모국이라고 볼 수 있는 영국에서 의원의 자유토론과 기관의 독립성을 보장하고 야당을 보호함으로써 의회의 기능을 활성화하기 위한 수단으로 발전한 제도이다. 그 기원은 중세 영국의 헨리 4세(Henry Ⅳ) 때(1397)까지 거슬러 올라갈 수 있지만, 그것이 확실한 제도적인 뿌리를 내리기 시작한 것은 1689년의 권리장전(제9조)에서 명문화된 후부터라고 볼 수 있다. 그런데 현대국가에서 면책특권을 최초로 헌법전에 수용한 것은 미국연방헌법(Art.1, Sec. 6, Cl. 1)이었고 그것이 여러 나라 헌법에 영향을 미쳤다.

(b) 면책특권의 본질과 기능

의원의 면책특권은 그 연혁이 말해 주듯이 의견의 대립과 갈등을 정치의 불가결한 기본요소로 생각하고, 건전한 국가의사 형성을 위해서 자유토론과 야당활동의 보호가 반드시 필요하다는 대립주의와 2원주의, 그리고 의회주의와 대의사상에 그 기초를 두고 발전해 온 제도이기 때문에 우리 헌법질서 내에서도 대의민주주의가 제대로 기능하기 위한 불가결한 전제조건이다. 따라서 면책특권은 대의민주주의의 본질 및 기능과 불가분의 관계에 있다.

또 면책특권은 불체포특권과는 달라서 국회의 의결로도 그 효력을 제한할 수 없는 일종의 절대적인 권리이기 때문에 의원의 임기 동안은 물론이고 임기가 끝난 후에도 계속적인 효력을 갖는 대의정치의 기본이 되는 제도이다. 즉 의원이 국회에서 행한 발언과 표결내용을 보호해 줌으로써 국회 내의 자유로운 토론과 그에 바탕을 둔 효율적이고 합리적인 정책결정을 뒷받침해 주기 위한 절대적인 권리로서의 본질과 기능을 갖는다.

그에 더하여 면책특권은 의원으로 하여금 대의민주주의의 이념적 기초인 자유위임적 신임관계에 입각해서 독자적인 양식과 판단에 따라 의회활동을 하게 함으로써 의원의 발언과 표결의 독립성을 보장해 주기 위한 것이다. 따라서 이러한 제도의 정신에 비추어 볼 때, 면책특권에 의해서 보호받는 면책행위의 범위는 본회의와 위원회에서 행한 발언과 표결행위 그 자체에 국한되는 것이 아니고, 원내발언 및 표결과 직접적인 연관성이 있는 대의적 의사표현행위까지도 면책행위에 포함된다고 이해하는 것이 바람직하다.

(c) 면책특권의 내용과 효력

① 면책특권의 주체

헌법상 면책특권의 주체는 국회의원이다. 그러나 의원의 임기중에 발생한 면책사유는 의원임기가 끝난 후에도 그 효력이 지속된다. 겸직이 허용된 다른 직을 겸하고 있는 의원도 의원으로서의 직무와 관련된 발언과 표결에 대해서는 당연히 면책특권의 주체가 된다.

② 면책특권의 내용

면책특권은 의원이 국회에서 직무상 행한 발언과 표결에 관하여 국회외에서 책임을 지지 아니하는 것이다. '국회'라 함은 국회본회의와 위원회뿐 아니라 소속 교섭단체를 포괄하는 개념으로서 특정장소나 건물이 중요한 것이 아니라 국회의 실질적인 기능을 중심으로 이해해야 한다. **직무상의 발언과 표결**은 모든 대의적 의사표현행위를 포괄하는 개념으로 보아야 한다. 따라서 의원이 의회에서 행한 발언내용을 발언직전에 원내기자실에서 공표하는 행위는 직무상 발언과 직접적인 연관성이 있는 대의적

의사표현행위에 포섭될 수 있다고 할 것이다. 그러나 '직무상의 발언과 표결'에는 **언어적인 발언**이 아닌 **물리적인 발언**은 포함되지 아니한다. 회의장 내에서의 폭력행위가 면책특권에 의한 보호를 받을 수 없는 것은 그 때문이다. 또 타인을 **모욕**하거나 **허위사실**을 말하고 **타인의 사생활**에 대한 발언은 면책특권에 의해서 보호할 가치가 없다고 할 것이다. 그것은 의회의 기능과는 무관할 뿐 아니라 의원의 대의책임의 본질과도 거리가 멀기 때문이다.

③ 면책특권의 효력

면책특권의 효력은 국회에서 행한 직무상의 발언과 표결에 관해서 임기중은 물론이고 임기 후에도 국회 외에서 책임을 지지 아니하는 데 있다. '국회외에서 책임을 지지 아니한다'는 뜻은 국가의 공권력에 의한 소추의 대상이 되지도 않을 뿐 아니라, 사법상의 책임과 징계법상의 책임도 지지 않는다는 의미이다. 따라서 설령 형사상 위법하고 구성요건을 충족했다 하더라도 그 형사상의 책임을 물을 수 없는 경우에 해당한다. 면책특권의 효력은 국회 외에서의 책임에만 미치기 때문에 국회 내에서의 징계 등의 책임추궁에는 미치지 아니한다. 또 국회 외에서도 법적 책임이 아닌 정치적 책임까지 면제되는 것은 아니다. 왜냐하면 면책특권은 바로 국민에 의한 정치적 책임의 추궁을 그 본질로 하는 대의민주주의를 활성화하기 위한 제도이기 때문이다.

그런데 면책특권의 효력은 국회에서 행한 직무상의 대의적 의사표현에만 미치기 때문에 국회 외에서 행한 대의적 의사표현까지 면책특권에 의해서 보호되는 것은 아니다. 따라서 의원이 국회에서 직무상 행한 발언내용이라도 그것이 국회 외에서 또 다시 되풀이되는 경우에는 면책특권의 효력이 미치지 아니한다. 다만 의원이 국회법(제118조)에 의해서 공표할 수 있는 회의록을 그대로 반포함으로써 자신의 국회발언내용을 널리 알리는 행위는 의원의 당연한 대의활동에 포함된다고 보아야 한다. 그러나 이것은 엄격한 의미에서는 면책특권의 효력 때문은 아니고, 국민의 알 권리 내지 의원의 의정활동보고의 책임 또는 언론의 자유의 효과라고 할 것이다.

2. 정부

집행기관으로서의 정부가 어떠한 조직과 권한을 가지는가 하는 것은 직접적으로는 정부형태와 불가분의 관계에 있으며 간접적으로는 통치기구의 조직원리가 어떻게 구체화되는가에 달려 있다. 우리 헌법은 변형된 대통령제를 취하고 있기 때문에 대통령을 행정부의 수반으로 정하면서도 국무총리제도를 두어 **집행부의 2원화**를 제도화하고 있다.

1) 우리 정부구조의 특징과 의의

우리 헌법상의 정부구조는 2원적이라는 데 그 특징이 있다. 즉 행정권은 대통령을 수반으로 하는 정부에 속하게 하면서도(제66조 제4항) 집행기능의 2원주의를 채택해서 정치적 집행기능은 대통령의 전속관할로 남겨두고, 고유한 행정기능은 국무총리에 의해서 통할되는 좁은 의미의 행정부에 맡겨 처리하지만, 대통령은 국무회의를 통해서 고유한 행정기능에도 관여하는 **2원적 정부구조**를 채택하고 있다. 이와 같은 2원적 정부구조는 대통령이 국가의 원수인 동시에(제66조 제1항) 행정부의 수반(제66조 제4항)이라는 지위의 2중성에서 나오는 것이긴 하지만 미국식 대통령제의 일원적 정부구조와는 본질적으로 다른 점이다.

우리의 2원적 구조는 과거 군사독재정권의 잔재로서 자유민주적 통치구조의 근본이념과 조화한다고 보기 어렵다. 실질적인 권한은 없으면서 대통령을 대신한 책임만을 지는 국무총리제도는 폐지하는 것이 바람직하다.

2) 대통령

대통령의 지위와 권한은 정부형태에 따라 다른데 대통령제의 대통령은 강력한 민주적 정당성을 바탕으로 국정의 최고책임자로서 기능하는 데 반해서, 의원내각제의 대통령은 국가통합의 상징으로서 다만 형식적이고 의례적인 기능만을 맡게 된다.

우리나라는 헌정사상 제2공화국 헌법의 의원내각제를 제외하고는 언제나 변형된 대통령제를 채택했다. 따라서 대통령의 지위와 권한은 외형상 크게 변한 것이 없어 보이지만, 실제에 있어서는 헌법이 개정될 때마다 개정의 중심적인 표적이 되어온 것이 바로 대통령의 위상에 관한 부분이었다. 그렇지만 대통령이 국가의 원수인 동시에 행정권의 수반이라는 2중적 지위를 가져, 행정권의 수반으로서보다는 국가원수로서 입법부와 사법부와의 수평적인 관계보다는 그들과 수직적인 관계에 서기 위해서 국무총리제를 두고 정부구조를 2원화한 것은 거의 일관되게(제2차 개헌만 제외) 지켜진 하나의 전통처럼 되어왔다.

(1) 대통령의 헌법상의 지위

우리 헌법상 대통령은 국가의 원수이며 행정부의 수반으로서 국민에 의해서 직선되는데 그 임기(5년)중 국회의 탄핵소추를 받지 않는 한 아무런 정치적 책임도 지지 않는 국정의 최고책임자로서의 지위를 갖는다(제66조 제1항, 제4항, 제67조 제1항, 제70조, 제65조). 이와 같은 대통령의 지위는 국가원수로서의 지위, 국정의 최고책임자로서의 지위, 행정부수반으로서의 지위, 대의기관으로서의 지위, 기본권보호기관으로서의 지위로 나눌 수 있다.

(가) 국가원수로서의 지위

대통령은 국제법적으로 우리나라를 대표하는 국가원수로서의 지위를 갖는다. 헌법에 '대통령은 국가의 원수이며, 외국에 대하여 국가를 대표한다'(제66조 제1항)는 규정이 바로 그것이다. 그런데 대통령이 '국가의 원수'라는 말은 대외적인 국제관계에서 대통령이 국가를 대표한다는 뜻이다. 우리나라처럼 자유민주적 통치구조를 가지고 있는 헌법질서 아래서 대통령은 대내적인 관계에서는 국정의 최고책임자일 수는 있어도 국가원수일 수는 없다.

대통령의 외교적 권한(조약의 체결·비준, 외교사절의 신임·접수·파견, 선전포고와 강화(제73조))은 대통령의 국가원수로서의 지위와 불가분의 관계에 있다.

(나) 국정의 최고책임자로서의 지위

대통령은 국내에서는 국정의 최고책임자로서의 지위를 갖는다. 헌법이 대통령에게 '국가의 독립, 영토의 보전, 국가의 계속성과 헌법을 수호할 책임'(제66조 제2항)과 '조국의 평화적 통일을 위한 성실한 의무'(제66조 제3항)를 지우면서 대통령이 그에 상응한 취임선서를 하도록 하는 것도(제69조) 대통령이 갖는 국정의 최고책임자로서의 지위 때문이다. 대통령은 국정의 최고책임자로서의 지위에서의 통치적 권한(국가긴급권(제76조, 제77조), 헌법개정발의권(제128조 제1항), 중요정책의 국민투표부의권(제72조), 은전권(제79조, 제80조))과 조직적 권한(대법원장과 대법관임명권(제104조 제1항, 제2항), 헌법재판소의 장과 재판관임명권(제111조 제2항, 제4항), 중앙선거관리위원회위원 3인 임명권(제114조 제2항), 감사원장과 감사위원임명권(제98조 제2항, 제3항), 국무총리와 국무위원임명권(제86조 제1항, 제87조 제1항))을 행사한다.

(다) 행정부수반으로서의 지위

대통령은 행정부의 수반으로서의 지위를 가진다. 우리 헌법은 '행정권은 대통령을 수반으로 하는 정부에 속한다'(제66조 제4항)고 규정함으로써 3권분립적인 통치구조

내에서 대통령은 행정권을 총괄하는 행정부 수장으로서의 지위를 갖는다는 점을 분명히 밝히고 있다. 대통령이 국무회의의 의장으로서 여러 가지 집행기능을 정책적으로 주도하는 것도(제88조) 바로 대통령의 행정부 수반으로서의 지위에서 나온다. 대통령은 행정부의 수반으로서 집행에 관한 최종결정권을 갖는 것은 말할 것도 없고 입법에 관해서도 행정입법(제75조)을 비롯해서 법률제정과정에서도 적지 않은 견제적인 권한(법률안제안권(제52조), 국회임시회소집요구권(제47조 제1항, 제3항), 국회출석발언권(제81조), 법률안공포권과 거부권(제53조 제1항, 제2항))을 행사한다. 대통령의 공무원임면권(제78조)과 국군통수권(제74조)도 행정부 수반으로서의 지위와 불가분의 연관성이 있다.

(라) 대의기관으로서의 지위

대통령은 국민에 의해서 직선되는 대의기관으로서의 지위를 갖는다. 우리 통치구조 내에서 가장 중심적인 대의기관은 국회이지만, 대통령도 국민의 신임에 바탕을 두고 존재하는 대의적 통치기관임을 부인할 수 없다. 헌법에 대통령의 직선제도(제67조 제1항)를 마련함으로써 대통령과 국민 사이의 정치적인 신임관계를 중요시한 점이라든지 대통령은 그 임기중 오로지 탄핵결정(제65조)에 의해서만 물러나게 함으로써 책임정치를 강조한 점 등은 간접적으로 대통령의 대의기관으로서의 지위를 말해 주는 것이라고 볼 수 있다.

다만 대통령이 갖는 대의기관으로서의 지위는 국회의 대의기관적인 지위와는 그 성질이 다소 다르다는 점을 유의할 필요가 있다. 즉 국회는 합의체의사결정기관이기 때문에 그 대의의 기능도 마땅히 고전적인 대의의 이념에 따라 부분보다는 전체를, 그리고 경험적·가시적인 국민의사보다는 추정적·잠재적인 국민의사를 존중하는 것이어야 하지만, 대통령은 단독의사결정기관이기 때문에 대통령선거에서 나타나는 경험적이고 가시적인 국민의사를 완전히 도외시할 수 없게 된다. 그러나 국민에 의한 대통령 직선제도는 국민에 의해서 집행부의 수장이라는 대의기관이 선거된다는 점에서, 그리고 대통령은 경험적·가시적인 국민의사와 추정적·잠재적인 국민의사의 경중을 가려 통합적 대의를 실현하는 데 국회보다 유리한 입장에 선다는 점에서 역시 그 대의기관으로서의 지위를 무시할 수 없다고 할 것이다.

(마) 기본권보호기관으로서의 지위

대통령은 기본권 보호기관으로서의 지위를 갖는다. 국가원수인 동시에 행정부의 수반으로서 국정의 최고책임을 지고 있는 대통령은 기본권의 보호에 있어서도 매우 중요한 위치를 차지하고 있다. 구태여 대통령의 헌법수호의무(제66조 제2항)와 국민의 자유와 복리의 증진에 노력한다는 취임선서(제69조)를 상기시키지 않더라도 대통령이 갖는 법률안공포권 및 거부권(제53조 제1항, 제2항), 공무원임면권(제78조), 사면권(제79조), 국가긴급권(제76조, 제77조) 등은 기본권보장의 관점에서도 중요한 의미를 갖는다.

(2) 대통령의 신분관계

대통령은 그 헌법상 지위 때문에 직무수행에 있어서도 다른 통치기관과는 다른 특수한 신분관계에 서게 된다. 즉 우리 헌법은 대통령의 선거방법과 임기, 궐위 또는 사고시의 권한대행, 그 신분에 따른 특권과 의무, 퇴임 후의 예우 등을 헌법사항으로 규정하면서 대통령의 신분관계를 분명히 하고 있다.

(가) 대통령의 선거와 임기

헌법상 대통령은 국민의 보통·평등·직접·비밀선거에 의해서 선출한다(제67조 제1항). 대통령의 임기에 관해서 헌법은 '대통령의 임기는 5년으로 하며, 중임할 수 없'도록 하면서(제70조), '대통령의 임기연장 또는 중임변경을 위한 헌법개정은 그 헌법개정 제안 당시의 대통령에 대하여는 효력이 없다'(제128조 제2항)고 밝힘으로써 **대통령의 5년 단임**을 하나의 중요한 헌법적인 결단으로 강조하고 있다.

대통령의 임기가 만료되는 때에는 임기만료 70일 내지 40일 전에 후임자를 선거한다(제68조 제1항). 또는 대통령이 궐위된 때 또는 대통령 당선자가 사망하거나 판결 기타의 사유로 그 자격을 상실한 때에는 60일 이내에 후임자를 선거한다(제68조 제2항).

대통령의 임기는 전임대통령의 임기만료일의 다음날 0시부터 개시된다. 그러나 대통령의 임기만료 후에 선거를 하거나 궐위로 선거를 하는 경우에는 대통령의 임기는 당선이 결정된 때부터 개시된다(선거법 제14조 제1항).

(나) 대통령의 직무와 권한대행

(a) 대통령권한대행의 일반원칙

대통령은 강한 민주적 정당성에 바탕을 두고 그 직무를 수행하는 통치기관이기 때문에 그 직무가 일신전속적이어서 원칙적으로 다른 통치기관에 의한 직무대행이 허용되지 아니한다. 따라서 대통령제 내지 변형된 대통령제를 기본으로 하는 통치구조에서는 대통령의 궐위 또는 사고시에 대비해서 대통령과 함께 부통령을 선출해 놓고, 대통령 유고시에 대통령의 권한을 대행하거나 대통령직을 승계하도록 하는 것이 원칙인데, 우리는 제1공화국헌법의 부통령제도를 제외하고는 부통령제를 채택하지 않았다.

(b) 헌법상의 권한대행규정

대통령이 궐위(사망, 탄핵파면, 판결에 의한 피선자격상실, 사임 등)되거나 사고(질병, 요양, 해외여행, 탄핵소추에 의한 권한정지 등)로 인하여 직무를 수행할 수 없을 때에는 국무총리를 제1순위자로 하고 정부조직법(제26조 제1항)이 정하는 국무위원의 순서로 그 권한을 대행한다(제71조).

① 궐위시의 권한대행과 직무범위

그런데 헌법은 대통령이 궐위된 때 또는 대통령당선자가 사망하거나 판결에 의해서 그 피선자격을 상실한 때에는 60일 이내에 후임자를 선거하도록 했기 때문에(제68조 제2항) 이때 대통령의 권한을 대행하는 기간은 최장 60일을 넘지 않도록 하고 있다. 대통령직이 요구하는 강한 민주적 정당성의 요청에 비추어 볼 때 권한대행기간은 짧을수록 좋다. 따라서 대통령의 직무를 대행해야 하는 사태가 발생하면 그 원인이 무엇이든 간에 권한대행자의 직무범위는 대통령의 직무범위와 결코 같을 수는 없다. 대통령의 권한대행자는 대통령직이 필요로 하는 민주적 정당성을 확보하지 못하고 있어 **대통령직의 잠정적인 관리자**일 뿐이고 그 스스로가 대통령이 된 것은 아니기 때문이다. 대통령궐위시에 대통령권한대행자의 제1차적인 헌법적 과제는 헌법이 정하는 60일 이내에 대통령선거를 실시해서 새로운 대통령에게 그 권한을 넘겨주는 것이다.

② 사고시의 권한대행과 대행기간

대통령 사고시에도 대통령의 권한대행자는 대통령이 다시 그 직무를 맡을 수 있을 때까지 선량한 관리자로서의 책임을 진다고 할 것이다. 대통령이 궐위된 때와 달리 사고로 인해서 대통령이 그 직무를 수행할 수 없을 때에는 헌법에 **권한대행기간**에 관한 명문규정이 없기 때문에 해석상 어려움이 있다. 대통령이 합리적인 의사결정을 하기 어려울 정도로 건강상태가 악화된 경우(의식불명·정신질환·식물인간 등)가 현실적으로 문제가 되겠지만, 이러한 경우에는 국무회의의 심의(제89조 제1호, 제5호, 제11호, 제17호)를 거쳐 그 권한대행기간을 구체적으로 결정할 수밖에 없을 것이다. 그러나 대통령직이 장기간 직무불능상태로 있는 것은 통치질서 전체에 심각한 영향을 미치는 **헌법장애상태**인 동시에 경우에 따라서는 **국가비상사태**로 발전할 수도 있기 때문에 그러한 상황에 대비해서 그 직위승계권자를 미리 뽑아 놓는 것은 통치기능의 원활한 수행과 통치권의 민주적 정당성의 관점에서 반드시 필요하다. **부통령제**가 절실하게 필요한 이유가 여기에도 있다. 국무총리와 부총리 내지 국무위원이 대통령의 사고로 인해서 야기되는 정치적 혼란을 제대로 수습하기에는 그들이 갖는 민주적 정당성의 기반이 너무나 약하기 때문이다.

(다) 대통령의 신분상 특권과 의무

대통령은 국가원수인 동시에 국정의 최고책임자로서의 지위에 서서 헌법적 가치질서를 실현해야 하는 막중한 책임을 지고 있으므로 헌법은 대통령에게 일정한 신분상의 특권을 인정하고 있는데, **재직중 형사상의 불소추권**이 바로 그것이다. 즉 '대통령은 내란 또는 외환의 죄를 범한 경우를 제외하고는 재직중 형사상의 소추를 받지 아니한다'(제84조). 그러나 대통령의 신분상 특권은 재직중의 형사상의 불소추권이기 때문에 재직중의 범법행위를 퇴직 후에 소추하는 것은 가능하다. 따라서 대통령 재직중 형사소추할 수 없는 범죄의 공소시효는 그 대통령 재직기간 동안은 정지된다.[1] 그리고 재직중에 민사상의 소추를 하는 것 그리고 헌법이 정하는 탄핵소추를 하는 것 등은 모두 허용된다.

대통령은 그 헌법상 지위 때문에 재직중 앞서 말한 신분상의 특권을 누리지만 그 반면에 특별한 의무도 지고 있다. 즉 대통령이 취임선서한 내용(제69조)에 따라 대통령 직책을 성실히 수행할 의무가 바로 그것이다. 그런데 헌법은 대통령이 그 책임과 의무를 다하도록 대통령은 권력집중의 위험성이 있는 각료직과 사리사욕을 유발하기 쉬운 일정한 공사의 직을 겸할 수 없도록 했다(제83조).

(라) 대통령의 퇴임 후의 예우

대통령이 임기를 마치거나 사임하고 퇴임하면 대통령의 헌법상 지위를 고려해서 법률에 따른 특별한 예우를 받도록 했다(제85조). 그 예우의 구체적인 내용은 법률(전직대통령 예우에 관한 법률)이 정하고 있는데, 전직대통령과 그 가족에 대한 생활보장과 경호 및 생활편의 등을 그 주된 내용으로 한다. 그러나 현행법의 예우규정은 헌법이 정하는 특수계급 설치 금지(제11조 제2항)의 정신에 어긋날 뿐 아니라 선진국에 비해서 지나치게 과잉예우를 하고 있어 개선할 필요가 있다. 또 퇴임한 직전대통령은 헌법상 임의기관인 국가원로자문회의가 구성되는 경우에는 그 의장이 된다(제90조 제2항). 그러나 전직대통령에게 국익을 위하고 국민의 알 권리를 충족하기 위해서 필요한 증언 또는 참고인진술을 요구하는 것은 예우에 어긋나는 것은 아니다. 또 탄핵파면되었거나 금고 이상의 형이 확정된 경우 등에는 예우를 하지 않는다(법 제7조 제2항).

---

1) 헌재결 1995. 1. 20. 94헌마246 참조.

(3) 대통령의 권한과 그에 대한 통제

변형된 대통령제정부형태를 채택한 우리의 통치구조 내에서 대통령은 그의 헌법상 지위에 상응한 여러 가지 권한을 갖는다. 대통령의 **외교적 권한**, **통치적 권한**, **조직적 권한**, **정책적 권한** 등이 바로 그것이다. 그런데 대통령은 단독의사결정기관이기 때문에 그 권한행사에 대한 적절한 통제장치가 필요하다. 우리 헌법이 대통령의 권한행사에 대해서 여러 가지 기관 내의 통제수단과 기관 간의 통제수단을 마련해 놓고 있는 이유도 그 때문이다.

(가) 외교적 권한

(a) 외교적 권한의 내용

대통령은 국가의 원수로서 외국에 대하여 국가를 대표하기 위한 외교적 권한을 갖는다. 대통령이 외국과 조약을 체결·비준하고, 외교사절을 신임·접수 또는 파견하며, 외국에 대하여 방위를 위한 선전포고를 하고 외국과 강화를 하는 권한 등이 바로 그것이다(제73조). 또 대통령이 국군을 외국에 파견하거나 외국군대를 우리 영역 안에 주류시키는 결정을 하는 것도 그의 외교적 권한이다(제60조 제2항). 더 나아가 대통령은 그의 외교적 권한에 의해서 국제법적 의미를 갖는 국가승인·정부승인·교전단체승인 등을 할 수도 있다.

(b) 외교적 권한행사에 대한 통제

① 기관내의 통제

대통령이 외교적 권한을 행사하려면 반드시 국무회의의 심의를 거쳐(제89조 제2호–제6호) 국무총리와 관계국무위원이 부서한 문서로써 하여야 한다(제82조).

② 기관 간의 통제

대통령이 중요한 조약을 체결·비준하거나(제60조 제1항), 선전포고를 하고, 국군을 외국에 파견하거나 외국군대를 우리 영역 내에 주류시키려면 미리 국회의 동의를 얻어야 한다(제60조 제2항).

(나) 통치적 권한

대통령은 국정의 최고책임자로서 국가의 독립과 계속성을 지키고 헌법을 수호하기 위한 통치적 권한을 갖는다. 중요정책의 **국민투표부의권**(제72조), **헌법개정발의권**(제128조 제1항), **국가긴급권**(제76조, 제77조) 등이 여기에 속한다. **은사권**(제79조)은 통치적 권한으로서의 성질과 정책적 권한으로서의 성질을 함께 갖기 때문에 정책적 권한에서 다루기로 한다.

(a) 중요정책의 국민투표부의권

대통령은 필요하다고 인정하면 외교·국방·통일 기타 국가안위에 관한 중요정책을 국민투표에 붙일 수 있는 권한을 갖는다(제72조). 이것은 헌법이 마련한 **임의적 국민투표제도**로서 대의제도에 바탕을 둔 우리 통치구조에서 하나의 예외적인 **직접민주주의적 요소**라고 볼 수 있다. 그러나 또 한편 우리 헌법은 이 국민투표제도를 통해서 대의의 이념과 직접민주주의적 이념의 조화를 추구하는 현대적인 형태의 대의제도를 모색하고 있다고도 이해할 수 있다.

우리 헌법상 대통령은 비교적 넓은 재량권을 가지고 행사할 수 있는 국민투표부의권을 갖기 때문에 스스로 '국가안위에 관계된다고 판단하는 정책'은 그 사안의 제한을 받지 않고 언제든지 국민투표에 붙여 국민의 뜻을 물을 수 있다. 따라서 대통령이 특정정책과 자신의 **신임을 결부시켜 국민투표**에 부치는 것도 가능하다고 할 것이다. 그러나 헌법재판소는 부정적인 결정을 했다. 즉 '헌법 제72조는 정치적 남용을 방지할 수 있도록 엄격하고 축소적으로 해석해야 한다. 따라서 「**중요정책**」에는 대통령 재신임 국민투표는 포함되지 않고, 특정정책과 대통령의 재신임을 결부시키는 것도 허용되지 않는다'고 판시했다.[1] 그러나 대통령이 헌법이 정한 특정정책을 국민투표에 부치면서 자신의 퇴임 여부를 묻는 것이 과연 헌법재판소가 말하는 '정치적 남용'에 해당하는지는 의문의 여지가 많다. 국민투표제도를 도입한 선진 외국에서는 정책과 대통령의 신임을 결부하는 국민투표를 허용하고 있다. 프랑스 드골 대통령이 정책에 대한 국민투표와 자신의 신임을 결부시킨 국민투표결과 퇴임한 것이 그 좋은 예이다.

일단 국민투표에 부친 사안에 대해서는 다수결로 나타나는 국민의 의사가 모든 국가기관을 기속하기 때문에 국민의사와 배치되는 정책결정은 할 수 없다.

(b) 헌법개정발의권

대통령은 헌법개정을 발의해서 헌법개정안을 제출할 수 있는 권한을 갖는다(제128조 제1항). 헌법수호의 책임을 지고 있는 대통령은 헌법규범과 헌법현실 사이에 gap이 생겨 헌법의 규범적 효력이 현저히 약해졌을 때는 헌법개정안을 제출함으로써 헌법의 최고규범성을 지키도록 노력하여야 한다. 따라서 대통령의 헌법개정발의권은 그의 헌법수호책임에서 나오는 당연한 권리이다. 그러나 대통령의 헌법개정안공고권(제129조)과 확정된 개정헌법의 공포권(제130조 제3항)은 같은 헌법개정에 관한 권한이기

1) 헌재결 2004. 5. 14. 2004헌나1 참조.

는 하지만, 엄밀한 의미에서는 대통령의 통치적 권한에 속한다기보다는 대통령의 입법에 관한 권한에 속한다고 보아야 한다. 헌법개정안공고권과 개정헌법공포권은 대통령의 재량권이 없는 헌법적 의무에 속하기 때문이다.

(c) 국가긴급권

대통령은 국정의 최고책임자로서 국가의 독립, 영토의 보전, 국가의 계속성과 헌법을 수호할 책무를 지고 있으므로 국가비상사태에서도 그 책무를 다하기 위해서 국가긴급권을 갖는다(제76조, 제77조). 대통령의 긴급재정·경제처분 및 명령권(제76조 제1항), 긴급명령권(제76조 제2항), 계엄선포권(제77조)이 바로 그것이다.

① 국가긴급권의 본질

대통령의 국가긴급권은 대통령의 임의적인 비상대권은 결코 아니고, 헌법보호의 비상수단이다. 그러나 헌법보호를 위한 대통령의 국가긴급권은 그 남용 또는 악용의 위험성이 크다. 우리 헌법도 국가긴급권을 그 권력주체의 면에서 대통령의 권한으로 규정하면서도 국가긴급권의 내용과 효력, 통제와 한계를 분명히 함으로써 그 남용과 악용을 막아 국가긴급권이 헌법보호의 비상수단으로서 제 기능을 나타내도록 배려하고 있다.

② 긴급재정·경제처분 및 명령권

대통령은 중대한 재정·경제상의 위기를 극복하기 위하여 긴급한 조치가 필요할 때 최소한의 재정·경제상의 긴급처분을 하거나 이에 관하여 법률의 효력을 가진 명령을 발할 수 있다(제76조 제1항).

㉠ 발동요건

대통령의 긴급재정·경제처분 및 명령은 다음 네 가지 요건이 충족된 경우에만 가능하다. 즉 i) 내우, 외환, 천재, 지변 또는 중대한 재정·경제상의 위기상황이 발생하여야 한다(**상황요건**). 이 상황요건의 판단권은 우선은 대통령이 갖지만 사후에 국회의 통제를 받는다. ii) 국가의 안전보장 또는 공공의 안녕질서를 유지하기 위하여 긴급한 조치가 필요하여야 한다(**목적요건**). 이 목적요건의 판단권도 대통령이 갖지만 목적요건은 현상유지적인 의미를 갖는 것이기 때문에 현상개선의 적극적인 목적은 목적요건에 포함되지 아니한다.[1] iii) 국회의 집회를 기다릴 여유가 없을 정도로 급박하여야 한다(**긴급요건**). 이 긴급요건은 국회가 폐회중이어서 임시회의 집회에 필요한 1일간을

1) 헌재결 1996. 2. 29. 93헌마186 참조.

기다릴 여유조차 없는 경우를 말한다(국회법 제5조 제2항). iv) 국무회의의 심의를 거쳐야 한다(**절차요건**)(제89조 제5호).

㉡ 처분 및 명령의 내용과 효력

현상유지를 위해서 필요한 최소한의 재정·경제상의 처분을 하거나 재정·경제명령을 발할 수 있는데, 그 처분이나 명령의 규율대상은 재정사항과 경제사항으로 엄격히 제한된다. 따라서 처분이나 명령은 엄격히 과잉금지원칙을 존중하는 내용이어야 한다. 긴급재정·경제처분은 어디까지나 처분적 효력만을 나타내기 때문에 그것이 법률적 효력을 나타내기 위해서는 긴급재정·경제명령의 형식으로 행해져야 한다. 긴급재정·경제명령이 발동되면 그 명령은 법률의 효력을 가지기 때문에 이 명령으로 기존의 법률을 개정 또는 폐지하는 것도 가능하고, 또 법률과 마찬가지로 국민의 재정·경제생활영역을 제한하는 조치도 할 수 있다.

㉢ 통제장치

a) 사전통제(기관 내의 통제)

긴급재정·경제처분 및 명령은 국무회의의 심의를 거쳐야 하고(제89조 제5호), 국무총리와 관계국무위원이 부서한 문서로써 하여야 하는(제82조) 기관 내의 통제를 받는다.

b) 사후통제(기관 간의 통제)

긴급재정·경제처분 및 명령은 대의기관인 국회의 사후통제를 받는다. 즉 대통령은 긴급조치를 한 후에는 지체없이 국회에 그 조치내용을 보고하고 그 승인을 얻어야 하는데, 승인을 얻지 못하면 그 조치는 그때부터 효력을 상실하고, 명령에 의해서 개정·폐지된 법률은 당연히 그 효력을 회복한다(제76조 제3항, 제4항). 이때 대통령은 긴급조치가 효력을 상실한 사실을 지체없이 공포하여야 함은 물론이다(제76조 제5항). 이것을 **정치적·대의적 통제**라고 말한다.

대통령의 긴급재정·경제처분 및 명령은 국회의 정치적·대의적 통제 외에도 법원 또는 헌법재판소의 **법적·사법적 통제**도 받는다. 즉 긴급재정·경제처분 및 명령은 법원과 헌법재판소의 구체적 규범통제의 대상이 될 뿐 아니라(제107조), 그로 인해서 국민의 기본권이 침해되면 당연히 헌법소원의 대상이 된다(제111조 제1항 제5호, 헌재법 제68조). 헌법재판소도 긴급명령이 통치행위이므로 헌법재판의 대상이 될 수 없다는 주장은 옳지 않다고 같은 취지로 판시했다.[1] 그런데 이러한 법적·사법적 통제는 정치적·대의적 통제와는 그 성질이 다르므로 국회의 승인 여부와는 관계 없이 이루어진다.

③ 긴급명령권

대통령은 중대한 교전상태 등 국가비상사태를 맞아 국가보위를 위한 긴급입법적 조치가 필요하고 국회의 집회가 불가능한 때에는 법률의 효력을 가진 긴급명령을 발할 수 있다(제76조 제2항).

㉠ 발동요건

긴급명령권은 다음과 같은 네 가지 요건을 전제로 해서만 그 발동이 허용된다. 즉 i) 국가의 안위에 관계되는 중대한 교전상태가 발생하여야 한다(**상황요건**). 중대한 교전상태란 정규전뿐 아니라 비정규전을 포함해서 대규모 무력충돌이 발생한 경우를 말한다. ii) 국가를 보위하기 위한 긴급조치가 필요하여야 한다(**목적요건**). 그것은 즉 긴급입법적 조치가 아니고서는 국가의 방위가 불가능한 경우이어야 한다. 따라서 국력신장·통일촉진·복리증진 등의 현상개선적인 필요성은 목적요건으로 볼 수 없다. iii) 국회의 집회가 불가능하여야 한다(**집회불능요건**). 국회의 집회가 법률적·사실적으로 불가능한 때를 말하는데, 국회의 개회·휴회·폐회중임을 묻지 않고 또는 국회의 집회가 불가능하게 된 원인도 따지지 않는다. 그러나 긴급명령을 발하기 위해서 인위적으로 국회폐쇄 등 집회불능의 원인을 만드는 것은 여기에 포함되지 않는다. iv) 국무회의의 심의를 거쳐야 한다(**절차요건**)(제89조 제5호).

㉡ 명령의 내용과 효력

긴급명령은 긴급입법적 조치를 뜻하기 때문에 법률사항에 대한 명령적 규율을 그 내용으로 한다. 긴급재정·경제명령은 오직 재정·경제사항만을 그 규율대상으로 하지만 긴급명령은 모든 법률사항을 그 규율대상으로 한다는 점에서 매우 포괄적이다.

긴급명령은 법률사항을 그 규율대상으로 하므로 그 효력도 법률의 효력을 가진다. 따라서 기존법률의 개정과 폐지는 물론이고 국민의 기본권을 제한하는 것도 가능하다. 그러나 과잉금지의 원칙은 존중되어야 한다. 긴급명령으로 규율된 법률사항은 마치 국회입법에 의해서 규율된 것과 같은 효력을 나타내기 때문에 그 개폐에는 또 다른 법률적 조치가 필요하게 된다. 그런데 긴급명령에 의한 헌법침해가 허용되지 않는 것은 긴급명령의 헌법보호기능상 당연한 이치이다.

---

1) 헌재결 1996. 2. 29. 93헌마186 참조.

ⓒ 통제장치

a) 사전통제(기관내의 통제)

긴급명령은 국무회의의 심의를 거쳐야 하고(제89조 제5호), 국무총리와 관계국무위원이 부서한 문서로써 하여야 한다(제82조).

b) 사후통제(기관 간의 통제)

긴급명령은 지체없이 국회에 보고하여 그 승인을 얻어야만 계속적인 효력을 발생한다(제76조 제3항). 일종의 **정치적·대의적 통제**이다. 긴급명령은 그 발동요건이 국회의 집회가 불가능한 것을 전제로 하지만 국회의 집회가 다시 가능해지는 즉시 국회에 보고하여 그 승인을 얻어야 한다(제76조 제3항). 승인을 받지 못한 경우에는 긴급명령은 그때부터 효력을 상실하고, 긴급명령에 의해서 개정·폐지된 법률은 당연히 그 효력을 회복한다(제76조 제4항). 그리고 대통령은 그 사실을 지체없이 공포하여야 한다(제76조 제5항).

긴급명령은 법원과 헌법재판소에 의한 **법적·사법적 통제**도 받는데 긴급명령에 대한 구체적 규범통제(제107조 제1항, 제111조 제1항 제1호)가 바로 그것이다. 또 긴급명령이 기본권을 침해한 경우에는 법률의 경우처럼 헌법소원의 대상이 된다(제111조 제1항, 제5항, 헌재법 제68조). 긴급명령에 대한 법적·사법적 통제는 국회에 의한 정치적·대의적 통제와는 별도로 이루어진다.

④ 계엄선포권

대통령은 전시와 같은 국가비상사태에 있어서 병력으로써 군사상의 필요에 대응하거나 공공의 안녕질서를 유지할 필요가 있으면 법률에 따라 계엄을 선포할 수 있는 권한을 갖는다(제77조). 계엄의 선포와 그 시행 및 해제 등에 관하여 자세한 사항은 **계엄법**에서 정하고 있다.

㉠ 다른 국가긴급권과의 차이

긴급재정·경제처분 및 명령권과 긴급명령권은 헌법에 따라 직접 그 효력이 발생하는 국가긴급권인 데 반해서, 계엄선포권은 헌법상의 권한이긴 하지만 헌법을 근거로 제정된 법률(계엄법)에 따라 발동되는 국가긴급권이라는 점에서 차이가 있다. 또 전자는 일종의 긴급처분 또는 긴급입법적 성질을 갖는 데 반해서, 계엄선포권은 입법기능을 제외한 행정·사법분야에서의 **한시적인 군정통치**를 가능케 하는 것이라는 점에서도 본질적인 차이가 있다. 그에 더하여 그 통제의 메커니즘에도 차이가 있다. 즉 전자의 경우에는 국회에 의한 대의적 통제에 있어 일반정족수로 처리할 수 있는 승인사항으로 규정하고 있는 데(**긍정적 통제**) 반해서, 계엄의 경우에는 국회의 재적의원 과반수의 찬성을 필요로 하는 해제요구사항으로 규정하고(**부정적 통제**) 있다. 그 밖에도 발동요건과 내용 및 효력면에서도 차이가 있는 것은 물론이다.

ⓛ 발동요건

대통령은 다음과 같은 네 가지 요건이 충족된 경우에만 계엄을 선포할 수 있다. 즉 i) 전시, 사변 또는 이에 준하는 국가비상사태가 발생하여야 한다(**상황요건**). 외국과의 전쟁, 무장집단에 의한 폭동, 천재 또는 다중의 불법행위로 인한 극도의 사회질서 혼란상태 등이 현실적으로 발생한 경우에 한하고 앞으로 발생할 가능성이 있는 상황은 여기에 포함되지 아니한다. 계엄은 일종의 **진압적인 비상조치**이지 예방적인 조치는 아니기 때문이다. 상황요건에 대한 판단권은 대통령이 갖지만, 국회에 의한 사후통제를 받는다. ii) 병력으로써 군사상의 필요에 응하거나 공공의 안녕질서를 유지할 필요가 있어야 한다(**필요요건**). 군병력을 동원하지 않고는 비상사태의 수습이 도저히 불가능한 경우에 한하기 때문에 경찰병력만으로도 사태의 수습이 가능한 때에는 계엄선포의 긴급성은 없다. 이 필요요건의 판단도 우선은 대통령이 하게 되겠지만, 국회에 의한 사후통제를 받고 그것은 헌법재판의 심사대상이 된다. iii) 국무회의의 심의를 거쳐야 한다(**절차요건**)(제89조 제5호, 제6호). iv) 법률(계엄법)이 정하는 절차와 방법에 따라야 한다(**준법요건**). 즉 계엄을 선포할 때에는 계엄선포의 이유, 계엄의 종류, 계엄시행일시 및 시행지역 그리고 계엄사령관을 공고하여야 한다(법 제3조).

ⓒ 계엄의 종류

계엄에는 비상계엄과 경비계엄의 두 종류가 있다(제77조 제2항). 비상계엄과 경비계엄은 그 선포요건과 효과면에서 차이가 있다. 비상계엄은 국가비상사태에 있어서 행정 및 사법기능의 수행이 현저히 곤란한 경우에(법 제2조 제2항), 그리고 경비계엄은 일반행정기관만으로는 치안을 확보할 수 없는 경우에(법 제2조 제3항) 각각 선포하는 것이다. 따라서 계엄에 따른 비상조치의 내용도 비상계엄의 경우가 훨씬 강하나, 우리 헌법(제77조 제3항)은 비상계엄선포시에 취할 수 있는 비상조치의 내용을 한정적으로 정하고 있기 때문에 헌법이 명시한 내용 이외의 조치를 취할 수는 없다. 그러나 대통령은 계엄선포 후에도 사태의 추이에 따라 계엄의 종류, 시행지역 또는 계엄사령관을 변경할 수 있다(법 제2조 제4항).

ⓔ 계엄선포의 내용과 효력

a) 비상계엄의 내용과 효력

비상계엄은 계엄사령관으로 하여금 계엄지역 내의 모든 행정·사법사무를 관장해서 당해 지역 내의 모든 행정·사법기관을 지휘·감독하게 하고, 계엄지역 내에서는 군사상 필요시에 체포·구금·수색·거주이전·언론·출판·집회·결사 또는 단체행동에 대한 특별한 제한조치를 할 수 있도록 하는 것을 그 내용으로 한다. 다만 국회의원의 불체포특권은 비상계엄에 의해서도 제한할 수 없다(법 제13조). 또 계엄사령관은 동원·징발권, 군수용품의 반출금지명령권, 작전상 필요에 의한 국민재산의 파괴·훼손권(정당한 보상 필요)도 갖는다(법 제7조-제9조).

비상계엄이 선포되면 계엄지역 내에서는 **군사법원의 재판관할권**이 확대되어 계엄법(제10조)이 열거하는 죄를 범한 사람은 민간인도 군사법원에서 재판한다. 또 헌법(제110조 제4항)에 따라 비상계엄하에서의 군사재판은 사형선고의 경우가 아니라면 헌법과 법률이 정하는 일정한 죄에 대해서는 단심도 허용된다.

그런데 헌법(제77조 제3항)에서 정한 기본권에 관한 **특별조치의 내용**이 한정적 규정이냐 예시적 규정이냐에 관한 논란이 있지만 **한정적 규정**으로 해석하는 것이 남용·악용의 피해를 줄이는 방법이 될 것이다. 또 계엄선포권의 본질을 헌법보호의 비상수단이라고 이해하는 경우에도 그것을 반드시 예시적 규정으로 해석해야 한다는 논리는 성립하지 않는다. 대통령의 권력남용 내지 헌법침해의 소지를 줄이는 것은 헌법보호의 또 다른 수단이기 때문이다.

b) 경비계엄의 내용과 효력

경비계엄은 계엄사령관으로 하여금 계엄지역 내의 군사에 관한 행정·사법사무를 관장해서 당해 지역 내의 군사에 관한 행정·사법기관을 지휘·감독하게 하는 것을 그 내용으로 한다. 따라서 비상계엄과는 달리 오로지 **군사에 관한 행정·사법사무**만이 계엄조치의 대상이 된다. 경비계엄에 의해서 국민의 기본권에 관한 특별조치를 하는 것은 허용되지 않는다. 또 군사법원의 재판관할권도 평상시와 같다. 비상계엄은 행정·사법기능의 회복 내지 보강에 의한 비상사태의 수습이 그 목적이지만 경비계엄은 **치안질서회복** 내지 보강에 의한 비상사태의 수습이 그 목표이기 때문이다.

ⓜ 계엄에 대한 통제장치

a) 사전통제(기관 내의 통제)

대통령이 계엄을 선포하거나 변경하고자 할 때는 반드시 국무회의의 심의를 거쳐야 하고(제89조 제5호, 제6호), 계엄선포는 국방부장관 또는 행정안전부장관이 국무총리를 거쳐 대통령에게 건의하는 것이 원칙이다(법 제2조 제6항). 계엄의 선포나 해제도 대통령이 반드시 문서로써 하되 국무총리와 관계국무위원의 부서가 있어야 한다(제82조). 또 대통령이 계엄사령관을 임명할 때는 국방부장관이 추천한 사람 중에서 국무회의의 심의를 거쳐야 한다(법 제5조 제1항). 계엄사령관은 문민통제의 원칙에 따라 계엄의 시행에 관하여 국방부장관의 지휘·감독을 받으며, 전국을 계엄지역으로 하는 경우이거나 기타 필요하다고 인정하는 때에는 대통령이 직접 계엄사령관을 지휘·감독한다(법 제6조).

b) 사후통제(기관 간의 통제)

대통령이 계엄을 선포하면 지체없이 국회에 통고하여야 한다(제77조 제4항). 그런데 계엄에 대한 국회의 대의적 통제는 계엄을 승인하여야 하는 긍정적 통제가 아니고 계엄이 부당하다고 인정하는 경우에 그 재적의원 과반수의 찬성으로써 계엄의 해제를 요구하는 부정적 통제의 성질을 갖는다(제77조 제5항). **부정적 통제의 특징**은 국회의 부정적 의사표시가 있기까지는 계엄은 그 효력을 지속한다는 데 있다. 이 점이 국회의 승인이라는 긍정적 의사표시에 의해서 비로소 계속적 효력을 갖는 긴급재정·경제처분 및 명령 또는 긴급명령과 다른 점이다. 국회가 계엄의 해제를 요구한 때에는 대통령은 즉시 계엄을 해제하여야 한다(제77조 제5항). 국회의 요구에도 불구하고 대통령이 계엄을 해제하지 않는 경우 그것은 명백한 탄핵소추의 사유가 되며 또 국민의 저항권을 발생시킨다.

계엄해제는 대통령이 이를 공고하여야 하는데(법 제11조), 계엄이 해제되면 그날로부터 모든 행정·사법사무가 정상화되어 평상상태로 돌아가기 때문에 군사법원에 계류중인 재판사건도 일반법원으로 넘어간다. 다만 대통령은 1월 이내의 범위 내에서 군사법원의 재판권을 연기할 수 있도록 했다(법 제12조). 그러나 이 **군사재판권연기규정**(법 제12조 제2항 단서)은 국민의 정당한 재판을 받을 권리와 민간인에 대한 군사재판의 예외규정에 어긋나는 위헌적인 규정이라고 볼 수 있는데, 대법원은 반대의 입장이다.[1)]

계엄에 대한 정치적·대의적 통제를 실효성 있는 것으로 하기 위해서 우리 헌법과 계엄법은 계엄에 의해서 국회의 기능을 제한하지 못하게 하고 있다. 국회의원의 불체포특권은 계엄 중에도 제한하지 못하게 한 것은 그 때문이다(법 제13조). 따라서 계

1) 대법원 1985. 5. 28. 선고 81도1045 판결 참조.

엄 중에도 국회의 정상적인 기능은 최대한으로 보장하여야 한다.

대통령의 계엄선포는 선포행위 그 자체뿐 아니라 계엄에 근거한 구체적·개별적인 비상조치의 내용도 **법적·사법적 통제**의 대상이 된다고 할 것이다. 특히 계엄선포의 요건이 충족되었는지 계엄을 근거로 한 구체적인 비상조치의 내용이 우리 헌법정신 내지 계엄법의 규정과 조화될 수 있는지를 판단하는 것은 바로 헌법재판의 당위적인 요청이기 때문이다. 또 계엄선포 및 계엄에 의한 특별조치로 인해서 기본권의 침해를 받은 국민은 헌법소원을 제기할 수도 있다(제111조 제1항 제5호, 헌재법 제68조).

(다) 조직적 권한

대통령은 국정의 최고책임자로서 다른 헌법기관의 구성에 관여할 수 있는 조직적 권한을 갖는다. 우리 헌법상 대법원·헌법재판소·중앙선거관리위원회·감사원·행정부의 구성에는 반드시 대통령이 관여하게 되어 있다.

(a) 대법원장과 대법관임명권

대통령은 대법원장과 대법관 임명권을 가지고 최고법원인 대법원구성에 관여하는데 대법원장임명에는 국회의 동의가 필요하고 대법관 임명에는 대법원장의 제청과 국회의 동의가 있어야 한다(제104조 제1항, 제2항). 그러나 사법권의 독립을 위해서 일반법관의 임명권은 대법원장이 갖는다(제104조 제3항).

(b) 헌법재판소의 장과 재판관임명권

대통령은 헌법재판소의 장과 재판관에 대한 임명권을 가지는데 헌법재판소의 장은 재판관 중에서 국회의 동의를 얻어 임명하고, 재판관 임명에서는 국회에서 선출하는 3인과 대법원장이 지명하는 3인을 반드시 포함해야 한다(제111조 제3항, 제4항). 따라서 대통령은 헌법재판소의 구성에 있어서는 재판관 3인에 대한 실질적 임명권과 헌법재판소의 장의 지명권 그리고 재판관 6인에 대한 형식적 임명권을 행사한다고 볼 수 있다.

(c) 중앙선거관리위원회위원임명권

대통령은 중앙선거관리위원회위원 9인 중에서 3인에 대한 임명권을 통해서 중앙선관위의 구성에 관여한다(제114조 제2항). 나머지 위원은 국회와 대법원장이 각각 3인씩 선출 내지 지명하고 위원장은 위원 중에서 호선한다. 따라서 헌법재판소의 구성에서보다 대통령의 관여권은 약하다고 볼 수 있다.

(d) 감사원장과 감사위원임명권

대통령은 국회의 동의를 얻어 감사원장을 임명하고, 감사원장의 제청으로 감사위원을 임명한다. 감사원은 원장을 포함해서 5인 이상 11인 이하의 감사위원으로 구성되는 헌법기관이다(제98조).

(e) 국무총리와 국무위원임명권

대통령은 국회의 동의를 얻어 국무총리를 임명하고(제86조 제1항), 국무총리의 제청으로 국무위원을 임명한다(제87조 제1항). 또 대통령은 국무위원 중에서 국무총리의 제청으로 행정각부의 장을 임명하는데(제94조 제1항) 대통령의 행정부 구성에 관한 각료임명권은 행정부수반으로서의 지위와도 불가분의 연관성이 있다.

(라) 정책적 권한

대통령은 행정부의 수반으로서 여러 가지 집행업무를 정책적으로 주도하고 집행사항에 관한 최종결정권을 갖는다. 또 대통령은 집행업무에 관한 행정입법권을 가지며 국회의 입법과정에서도 적극적인 발언권을 행사함으로써 정책집행의 법적 근거를 마련하는 권한을 갖는다. 그에 더하여 대통령은 그의 통치적 권한이라고 볼 수 있는 은사권을 통해서 사법기능에서도 정책적인 관여를 한다. 대통령의 여러 가지 정책적 권한은 그 업무성질에 따라 **집행에 관한 권한**, **입법에 관한 권한**, **사법에 관한 권한**으로 나눌 수 있다.

(a) 집행에 관한 권한

대통령은 행정부의 수반으로서 집행에 관한 여러 가지 권한을 갖는다. 헌법도 '행정권은 대통령을 수반으로 하는 정부에 속한다'(제66조 제4항)고 규정해서 대통령이 행정권의 최고책임자임을 분명히 하고 있다. 그런데 대통령이 행정부의 수반으로서 행정권을 갖는다는 의미는 모든 행정작용을 대통령이 독점한다는 뜻이 아니고 적어도 행정에 관한 최종결정권자는 대통령이라는 뜻이다. 또 헌법이 행정권은 '정부에 속한다'고 하는 것도 모든 법집행작용은 정부만이 독점하라는 뜻이 아니고 적어도 고유한 행정작용이라고 볼 수 있는 **법집행적 정책작용** 내지 **정책형성작용**만은 정부가 맡아야 한다는 뜻이다. 따라서 정부도 입법과 사법에 관한 권한을 가질 수도 있고 국회와 법원도 예산집행·인사·내부조직·사법행정 등 행정에 관한 권한을 가질 수도 있다.

대통령이 갖는 중요한 집행에 관한 권한은 공무원임면권(제78조), 국군통수권(제74조), 재정권(제54조-제58조), 영전수여권(제80조) 등이다.

① 공무원임면권

대통령은 헌법과 법률이 정하는 바에 의하여 공무원의 임면 권한을 갖는다(제78조). 그런데 대통령의 공무원임면권은 우리 통치기구의 조직원리라고 볼 수 있는 3권분립주의와 공직제도의 기본원리에 의한 제약을 받을 뿐 아니라 헌법과 법률규정에 의해서도 제한된다. 즉 i) 그 임명에 법정의 자격을 요하는 공무원(대법원장과 대법관, 검사, 교수 등), ii) 그 임명에 다른 기관의 제청을 요하는 공무원(대법관, 국무위원, 행정각부의 장, 감사위원 등), iii) 그 임명에 다른 기관의 선거 내지 지명을 요하는 공무원(헌법재판소재판관 6인과 중앙선관위위원 6인 및 특별감찰관), iv) 그 임명에 국회의 동의를 요하는 공무원(대법원장과 대법관, 헌법재판소의 장, 감사원장, 국무총리 등), v) 그 임명에 국무회의의 심의를 요하는 공무원(검찰총장, 합참의장, 각군참모총장, 국립대학교총장, 대사 등), vi) 그 임명에 국회 상임위원회의 인사청문을 거쳐야 하는 공무원(헌법재판소재판관, 중앙선거관리위원회위원, 국무위원, 방송통신위원회 위원장, 국가정보원장, 공정거래위원회 위원장, 금융위원회 위원장, 국가인권위원회 위원장, 고위공직자범죄수사처장, 국세청장, 검찰총장, 경찰청장, 합동참모의장, 한국은행 총재·특별감찰관·KBS사장)의 경우에는 대통령의 공무원임명권은 제한적 권리로서의 성질을 갖는다. 또 대통령은 선거직공직자와 일반법관의 임면권을 갖지 않는 것과 같이 우리 공직구조 내에서 유일한 공무원임면권자는 아니다.

대통령의 공무원면직권도 공직자에 대한 헌법상의 신분보장 내지 임기제(대법원장과 대법관, 헌법재판소의 장과 재판관, 감사원장과 감사위원)와 직업공무원제도상의 신분보장에 의한 제약을 받는다. 더 나아가 대통령의 공무원임면권은 국민의 공직취임권에서 나오는 파급효과(방사효과) 때문에도 영향을 받는다.

② **국군통수권**

대통령은 헌법과 법률이 정하는 바에 의하여 국군을 통수하는 권한을 갖는다(제74조 제1항). 우리 헌법은 국가의 안전보장과 국토방위의 신성한 과업을 맡는 국군을 헌법사항으로 정하고(제5조) 대통령에게 국군통수권을 줌으로써 대통령이 국군의 최고사령관임을 분명히 하고 있다. 따라서 대통령은 국군에 관한 최고지휘 내지 명령자로서 기능하는데 이와 같은 대통령의 국군통수권은 행정조직의 한 단위로서의 국군에 대한 지휘·명령권이라는 의미에서는 행정부수반으로서의 지위와 관련이 있지만 또한 국가안보, 외침으로부터의 영토보전, 국가독립성보장기능이라는 관점에서는 국정의 최고책임자로서의 지위와도 불가분의 관계에 있다. 그런데 대통령의 국군통수권은 헌법과 법률이 정하는 내용에 따라 행사할 수 있는 권한이기 때문에 우리 헌법이 정하는 국군의 기본구조와도 관련이 있다.

㉠ 헌법이 정하는 국군의 기본구조

우리 헌법은 국군의 조직을 통치구조의 당위적인 요소로 전제하고 있는데 국군의 사명(제5조)과 대통령의 국군통수권에 관한 헌법규정 외에도 국민의 병역의무(제39조), 군사법원의 설치(제27조 제2항, 제110조), 군인의 국가배상청구권제한(제29조 제2항), 상이·전몰군인유가족의 우선적 근로권(제32조 제6항), 일정한 군사행동에 대한 국회의 동의권(제60조 제2항), 계엄제도(제77조), 군사에 관한 국정행위의 부서제도(제82조), 각료임명에서의 현역군인배제(제86조 제3항, 제87조 제4항), 군사문제 내지 군수뇌인사의 국무회의심의요건(제89조 제2호, 제5호, 제6호, 제16호), 국군조직의 법정(제74조 제2항), 국가안전보장회의(제91조)에 관한 규정 등이 그 직접적인 증거이다.

그런데 이들 여러 규정을 통해서 우리 헌법이 설정하고 있는 국군의 기본구조는 **정치적 중립주의, 군정·군령일원주의, 문민통치 내지 문민통제주의, 각군분리주의, 조직의 법정주의** 등을 그 바탕으로 하고 있다. 즉 i) 국군이 국방의 신성한 의무를 수행하기 위해서는 그 정치적 중립이 준수되어야 하고, ii) 국군을 조직·편성·관리하는 군정작용(양병작용)과 국군을 동원·작전지휘하는 군령작용(용병작용)은 일원화시켜 병정을 통합적으로 운영하고, iii) 군사에 관한 사항도 문민통치 내지 문민통제가 가능한 형태로 조직·운영하기 위해서 현역군인이 아닌 국무위원(국방부장관)이 군정과 군령에 관한 대의적 책임을 지고, iv) 각군의 전문성과 특수성을 살리고 군 내부의 견제·균형을 위해서 3군을 병립체제로 편성·운영하고, v) 국군의 조직과 편성은 법률로 정하여야 하는 것 등이 바로 그것이다. 그런데 우리 헌법은 국군의 수뇌부조직을 합참의장과 각군의 참모총장으로 정하고 이들을 수뇌부로 하는 국군의 조직과 편성만을 입법형성권에 맡겨 법률로 정하도록 했다(제89조 제16호).

㉡ 국군통수권의 한계

대통령의 국군통수권은 군에 관한 헌법상의 여러 규정과 국군의 기본구조에 관한 헌법상의 기본원리에 의한 제약을 받는다. 대통령의 국군통수권이 군정과 군령을 포괄하는 권한이고, 군정과 군령을 2원화하는 통수권의 행사가 허용되지 않는 것은 그 때문이다. 또 군사에 관한 문민통제를 배제하는 통수권의 행사나 행정입법에 의한 국군조직, 군수뇌부의 임의적인 교체, 군령권의 포괄적인 위임행사 등이 헌법과 조화될 수 없는 것은 당연하다. 그에 더하여 일정한 군사행동에 대한 대의적 통제를 무시해서도 아니 된다. 또 대통령은 침략적 전쟁의 목적으로 국군통수권을 행사해서도 아니 된다. 대통령의 국군통수권과 관련되는 실정법으로서는 국군조직법·예비군법·군인

사법·계엄법 등이 있다.

③ 재정권

대통령은 재정에 관한 여러 가지 권한을 가지는데 그것은 국회의 재정기능과도 불가분의 연관성이 있다. 대통령의 재정권은 국회의 재정기능에 의한 보완에 의해서만 비로소 그 실효성을 나타내는 국가의 재정작용에 관한 것이기 때문이다.

대통령의 재정권에 속하는 것으로는 i) 예산안편성제출권(제54조 제1항, 제2항), ii) 준예산집행권(제54조 제3항), iii) 예비비지출권(제55조 제2항), iv) 추가경정예산안편성제출권(제56조), v) 국채모집권 및 예산외국가부담계약체결권(제58조), vi) 긴급재정·경제처분 및 명령권(제76조 제1항), vii) 결산검사권(제99조) 등이 있다. 대통령이 그의 재정에 관한 권한을 행사하는 데에는 대의기관인 국회의 의결·승인·동의·감사 등을 받아야 하는 경우가 많다는 것은 이미 국회의 재정기능에서 설명한 바와 같다.

④ 영전수여권

대통령은 법률이 정하는 바에 의하여 훈장 기타의 영전을 수여하는 권한을 갖는다(제80조). 대통령은 국정의 최고책임자인 동시에 행정부의 수반으로서 표창을 받을 만한 공적이 있는 국민과 외국인에게 훈장과 영전을 수여하는데 국무회의의 심의를 거쳐서(제89조 제8호) 국무총리와 관계국무위원의 부서를 받아야 한다(제82조). 영전수여권의 자세한 내용은 상훈법이 정하고 있다. 그런데 대통령의 영전수여권의 행사에는 영전일대의 원칙과 특권불인정원칙(제11조 제3항)을 존중하여야 한다.

(b) 입법에 관한 권한

대통령은 입법에 관해서도 여러 가지 정책적 권한을 가지는데, 대통령의 입법에 관한 권한은 대통령의 행정부수반으로서의 지위뿐 아니라, 국정의 최고책임자로서의 지위, 대의기관으로서의 지위, 기본권보호기관으로서의 지위와도 관련이 있다.

대통령이 갖는 입법에 관한 중요 정책적 권한으로는 국회임시회집회요구권(제47조 제1항) 및 국회출석·발언권(제81조), 헌법개정안공고 및 공포권(제129조, 제130조 제3항), 법률제정관여권(제52조, 제53조), 행정입법권(제75조) 등을 들 수 있지만, 여기서는 앞에서 자세한 언급이 없었던 법률제정관여권과 행정입법권만을 살펴보기로 한다.

① 법률제정관여권

대통령은 법률제정에 관여할 수 있는 권한을 가지는데 법률안제출권(제52조)·법률안공포권(제53조 제1항)·법률안거부권(제53조 제2항)이 바로 그것이다.

㉠ 법률안제출권

대통령은 정부를 대표해서 국회에 법률안을 제출할 수 있다(제52조). 대통령이 법률안을 제출하려면 국무회의의 심의를 거쳐야 하고(제89조 제3호) 국무총리와 관계국무위원이 부서한 문서로써 하여야 한다(제82조). 대통령의 법률안제출권은 우리 헌법처럼 변형된 대통령제에서나 인정되며 미국의 대통령제에서는 찾아볼 수 없는 제도이다. 입법의 전문화경향 때문에 의원제출법률안보다는 정부제출법률안의 숫자가 많아지고 있어 대통령의 법률안제출권은 무시할 수 없는 대통령의 법률제정관여권이다.

㉡ 법률안공포권

대통령은 국회에서 의결된 법률안을 이송받아 공포하는 권한을 갖는다(제53조 제1항). 이 법률안공포권의 행사에도 대통령은 기관 내의 통제(국무회의심의와 부서)를 받는다. 그런데 대통령의 법률안공포권은 법률의 효력발생시기에도 영향을 미치기 때문에 법률제정절차에서 중요한 의미를 갖는다. 따라서 우리 헌법은 대통령이 법률안공포권을 악용하는 경우에 대비해서 두 가지 대책을 강구해 두고 있다. 즉 첫째는 대통령이 법률안을 이송받은 후 15일 이내에 공포나 재의요구를 하지 아니하면 그 법률안은 법률로서 확정되고(제53조 제5항), 둘째 법률이 확정된 후 대통령이 공포하지 아니하면 국회의장이 이를 공포하도록 했다(제53조 제6항).

㉢ 법률안거부권

대통령은 법률안거부권을 갖는다(제53조 제2항, 제3항). 대통령의 법률안거부권은 미국의 대통령제에서 행정부가 갖는 유일한 입법부견제수단으로 발달한 제도이다. 우리 헌법처럼 변형된 대통령제를 채택하고 대통령에게 여러 가지 입법에 관한 권한을 부여하고 있는 경우에 법률안거부권까지 인정하면 역기능이 나타날 수도 있으므로 대통령의 법률안거부권 행사는 필요한 최소한에 그쳐야 한다. 다만 국회 다수당인 야당이 여당과 협의 없이 입법독재를 하는 때에는 대통령의 법률안거부권은 국회를 견제하는 불가피한 헌법상의 유일한 입법견제수단이다.

a) 법률안거부권의 의의와 유형 및 기능

법률안거부권이란 국회에서 의결되어 정부로 이송된 법률안에 대하여 이의가 있는 경우에 대통령이 이의서를 붙여 국회에 환부하고 그 재의를 요구하거나(**환부거부**), 환부거부가 허용되는 기간 내에 국회가 회기만료로 폐회케 되는 경우 대통령이 그 법률안을 국회에 환부하지 않고 그대로 보류시킴으로써 폐기시키는 것(**보류거부**)을 말한다. 보류거부는 미국처럼 회기불계속의 원칙에 따라 운영되는 회기제도에서 큰 위력을 발휘하고 있지만 우리처럼 회기계속의 원칙에 따르는 국회에서는 그 제도적인 의의가 없다. 따라서 우리 헌법은 환부거부만을 규정하고(제53조 제2항, 제3항) 보류거부는 인정하지 않는다. 국회의원의 임기가 만료되어 폐회된 경우에는 임기만료에 따른 법률안폐기이지(제51조 단서) 보류거부는 아니다.

법률안거부권은 다음 세 가지 기능을 갖는 대통령의 권한이다. 즉 ① 대통령으로 하여금 국회의 법률제정권을 견제하게 하는 기능(**견제적 기능**), ② 대통령의 헌법수호의무를 뒷받침하기 위해서 대통령에게 법률안의 실질적·형식적 심사권을 인정하는 기능(**심사적 기능**), ③ 국회의 재의결이 있을 때까지 법률안의 법률로서의 확정을 정지시키는 기능(**정지적 기능**) 등이 바로 그것이다.

b) 법률안거부의 사유와 절차

대통령이 법률안을 거부하기 위해서는 우선 법률안에 대한 이의가 있어야 한다. 그 이의의 내용은 헌법에서 규정하지 않았지만, 정당하고 합리적이어야 한다. 법률안이 위헌적인 요소를 내포하고 있다든가, 예산상의 뒷받침이 없는 것이라든지, 집행이 불가능한 경우 등은 이의를 제기할 만한 정당한 사유가 된다고 할 것이다.

법률안거부는 법률안이 정부로 이송된 후 15일 이내에 국무회의의 심의를 거쳐 국무총리와 관계국무위원이 부서한 이의서를 붙여 국회의장에게 환부하고 재의를 요구하는 방법으로 행하지만, 법률안의 일부에 대하여 또는 법률안을 수정하여 재의를 요구할 수는 없다(제53조 제3항).

c) 법률안거부권에 대한 국회의 통제

대통령이 거부권을 행사한 경우에는 국회는 그 법률안을 재의에 부치고, 재적의원 과반수의 출석과 출석의원 2/3 이상의 찬성으로 재의결(override)함으로써 그 법률안을 법률로서 확정시킬 수 있다(제53조 제4항). 또 이렇게 확정된 법률이 정부로 이송된 후 5일 이내에 대통령이 공포하지 아니하면 국회의장이 이를 공포함으로써(제53조 제6항) 대통령의 법률공포권을 무력화시킬 수 있다.

② 행정입법권

대통령은 행정부의 수반으로서 법률에서 구체적으로 범위를 정하여 위임받은 사항과 법률을 집행하기 위하여 필요한 사항에 관하여 대통령령을 발할 수 있는 권한을 갖는다(제75조). 대통령의 **위임명령**과 **집행명령**이 바로 그것인데 이것을 대통령의 행정입법권이라고 말한다.

㉠ 행정입법권의 헌법상 의의와 기능

'국회중심입법의 원칙'에 따라 입법권이 국회에 속하는 경우에도 국회의 입법기능에는 일정한 한계가 있다. 합의체대의기관으로서의 국회가 갖는 전문성의 취약점을 비롯해서 입법기술과 입법효과면에서의 여러 가지 제약요인이 바로 그것이다. 국회가 법률제정권을 독점하고 국민의 권리·의무 및 통치조직과 작용에 관한 본질적인 사항만은 반드시 법률의 형식으로 규율하지만 그 법률을 집행하기 위한 세부적인 사항이나 본질적인 법률사항이라고 볼 수 없는 것들은 행정입법권에 맡길 수밖에 없는 이유도 그 때문이다. 따라서 행정입법권은 국회의 입법기능을 보완함으로써 법치행정의 기초를 마련한다는 헌법상 의의와 기능을 갖는다. 따라서 국회가 특정한 사항에 대하여 행정부에 입법을 위임했음에도 불구하고 행정부가 정당한 이유 없이 이를 이행하지 않는다면 권력분립의 원칙과 법치행정의 원칙에 어긋나 **행정입법부작위**로 인한 기본권침해가 발생할 수 있다. 법률이 군법무관의 봉급과 보수를 법관 및 검사의 예에 준하여 대통령령으로 정하도록 위임했는데도 37년간 행정입법을 하지 않은 것은 법률에 의하여 형성된 군법무관의 보수청구권(재산권)을 침해하는 것이라는 헌법판례가 그 예이다.[1)]

그런데 오늘날 행정입법이 질·양면에서 증대하고 있는 현상은 사회국가의 요청에 의한 일반적인 입법수요의 증가와도 관련이 있지만 국회기능의 변화와도 무관하지 않다. 즉 입법기관으로서의 국회가 통제기관으로서의 국회로 그 활동방향을 바꾼 것이 행정입법권에 새로운 의미를 부여해 주는 계기가 되었다. 현대국가에서 행정입법권에 대한 통제의 문제가 특별히 중요한 문제로 대두되고 있는 이유도 그 때문이다.

㉡ 행정입법권의 내용과 한계

행정입법권은 넓은 의미로는 국회입법권·사법입법권·자치입법권을 제외한 정부의 규범정립권을 그 내용으로 하기 때문에 대통령, 국무총리, 각부장관, 중앙행정관청의 장 등이 갖는 법규명령과 행정명령의 제정권을 모두 포괄하지만, 좁은 의미로는 대통령이 갖는 **법규명령제정권**, 즉 위임명령과 집행명령의 제정권만을 그 내용으로 한다. 행정명령은 행정기관 내부에서만 효력을 갖는 업무처리규칙(훈령·고시·통첩 등)에 불과하기 때문에 원칙적으로 헌법적 관심의 대상이 아니고 총리령·부령 등은 그것이 설령 법규명령으로서의 성질을 갖는다 하더라도 법률 또는 대통령령이 위임한 사항이

---

1) 헌재결 2004. 2. 26. 2001헌마718 참조.

나 법률 또는 대통령령을 실시하기 위해서 필요한 사항으로 그 규율대상이 매우 한정되어 있기 때문이다. 또 대통령의 긴급재정·경제명령과 긴급명령은 그 본질상 헌법보호의 비상수단일 뿐 아니라 법률을 개폐하는 효력을 갖기 때문에 대통령의 국가긴급권으로 분류되어야지 행정입법권에 포함하지 않는 것이 원칙이다.

a) 위임명령

위임명령이라 함은 헌법을 근거로 법률에서 위임한 사항에 관하여 규율하는 **법규명령**을 말한다. 대통령의 위임명령은 '법률에서 구체적으로 범위를 정하여 위임받은 사항'에 국한된다. 위임명령은 법률에서 위임받은 사항에 관해서는 국민의 권리·의무에 관해서도 규율할 수 있고 대외적·일반적 효력을 갖는 법규범(실질적 의미의 법률)이기 때문에 국민의 기본권에 매우 심각한 영향을 미칠 수가 있다. 위임명령의 제정에 있어서 본질성이론에 따라 **일반적·포괄적 위임입법이 금지**되는 이유도 그 때문이다. 우리 헌법(제75조 전단)도 위임명령은 '구체적으로 범위를 정한' 개별적·구체적인 사항에 관한 것이어야 한다고 위임명령의 한계를 명시하고 있다.

헌법재판소는 헌법 제75조에서 포괄적 위임입법을 금지하고 있다고 판시하면서, '국민주권주의, 권력분립주의 및 법치주의를 기본원리로 하는 우리 헌법하에서 국민의 헌법상 기본권 및 기본의무와 관련된 중요한 사항 내지 본질적인 내용에 대한 정책형성기능은 원칙적으로 주권자인 국민에 의하여 선출된 대표자들로 구성되는 입법부가 담당하여 법률의 형식으로써 이를 수행하여야 하고, 이러한 입법화된 정책을 집행하거나 적용함을 임무로 하는 행정부나 사법부에 그 기능을 넘겨서는 아니 되기 때문'[1]이라고 설명하고 있다. 그러면서 '법률에서 구체적인 범위를 정하여 위임받은 사항이란 법률에 이미 대통령령으로 규정될 내용 및 범위의 기본사항이 구체적으로 규정되어 있어서 누구라도 당해 법률로부터 대통령령에 규정될 내용의 대강을 예측할 수 있어야 함을 의미한다'[2]고 위임입법의 **구체성·명확성·예측가능성**을 강조하고 있다. 그러나 또 한편 '여기서 그 예측가능성의 유무는 당해 특정사항 하나만을 가지고 판단할 것이 아니고 관련 법조항 전체를 유기적·체계적으로 종합 판단하여야 하며, 각 대상법률의 성질에 따라 구체적·개별적으로 검토하여야 한다'[3]는 판시와, '위임조항 자체에서 위임의 구체적인 범위를 명확히 규정하고 있지 않다고 하더라도 당해 법률의 전

1) 예컨대 헌재결 1995. 7. 21. 94헌마125 참조.
2) 헌재결 1996. 8. 29. 95헌바36 참조.
3) 헌재결 1996. 8. 29. 94헌마113 참조.

반적 체계와 관련규정에 비추어 위임조항의 내재적인 위임의 범위나 한계를 객관적으로 분명히 확정할 수 있다면 이를 일반적이고 포괄적인 백지위임에 해당하는 것으로 볼 수는 없다'[1]는 판시를 통하여 위임입법에서의 예측가능성과 구체성의 정도를 다소 완화해서 판단하고 있다. 그리고 '처벌법규나 조세법규와 같이 국민의 기본권을 직접적으로 제한하거나 침해할 소지가 있는 법규에서는 구체성·명확성의 요구가 강화되어 그 위임의 요건과 범위가 일반적인 급부행정의 경우보다 더 엄격하게 제한적으로 규정되어야 하는 반면에,[2] 규율대상이 지극히 다양하거나 수시로 변화하는 성질의 것일 때에는 위임의 구체성·명확성의 요건이 완화되어야 할 것이라고'[3] 위임의 구체성과 명확성의 정도를 규율대상에 따라 다르게 평가하고 있다.[4] 또 우리 헌법재판소에 따르면 '헌법 제75조는 대통령에 대한 입법권한의 위임에 관한 규정이지만, 국무총리나 행정각부의 장으로 하여금 법률의 위임에 따라 총리령 또는 부령을 발할 수 있도록 하고 있는 헌법 제95조의 취지에 비추어 볼 때, 입법자는 법률에서 구체적으로 범위를 정하기만 한다면 대통령뿐만 아니라 부령에 입법사항을 위임할 수도 있다'고 판시하고 있다.[5] 나아가 헌법이 인정하고 있는 위임입법의 형식은 예시적인 것으로 보아야 하기 때문에 법률이 일정한 사항을 행정규칙에 위임하더라도 국회입법의 원칙과 상치되지는 않는다. 다만 고시와 같은 형식으로 위임입법을 할 때에는 법령이 전문적·기술적 사항이거나 경미한 사항으로서 업무의 성질상 위임이 불가피한 사항에 한정해야 한다는 판시도 있다.[6] 위임명령은 법률의 위임에 의한 것이기 때문에 위임한 법률(모법)에 어긋나는 내용을 담을 수 없을 뿐 아니라[7] 위임한 법률이 효력을 지속하는 동안만 유효한 것은 자명한 이치이다. 또 위임받은 사항을 그대로 부령에 재위임하는 것은 허용되지 않는다(**복위임금지원칙**).[8]

b) 집행명령

집행명령이라 함은 헌법을 근거로 법률을 집행하기 위하여 필요한 사항을 규율하는 법규명령을 말한다. 집행명령은 일종의 **법률시행세칙**이다. 집행명령은 위임명령과

1) 헌재결 1996. 10. 31. 93헌바14 참조.
2) 헌재결 2010. 5. 27. 2009헌바183; 헌재결 2011. 9. 29. 2010헌가93 참조.
3) 헌재결 1998. 2. 27. 97헌마64 참조.
4) 헌재결 1998. 5. 28. 96헌가1 참조.
5) 헌재결 1998. 2. 27. 97헌마64 참조.
6) 헌재결 2016. 3. 31. 2014헌바382 참조.
7) 헌재결 2010. 4. 29. 2007헌마910 참조.
8) 동지: 헌재결 1996. 2. 29. 94헌마213.

는 달라서 새로운 입법사항을 그 대상으로 하는 것은 아니고, 법률을 구체적으로 집행하기 위한 세부적인 사항을 규율하는 것이기 때문에 법률(모법)의 내용에 철저히 기속된다. 집행할 법률(모법)에 없는 사항을 규율하거나 집행할 법률의 내용을 변경 내지 왜곡시키는 집행명령이 허용될 수 없는 것은 그 때문이다.[1] 이러한 시각에서 볼 때 집행명령이 남용될 소지가 있는 법률을 제정하는 것은 금지된다. 본질성이론에서 나오는 법률제정권의 한계가 바로 그것이다.

ⓒ 행정입법권에 대한 통제

대통령의 행정입법권에 대한 통제의 필요성이 커지고 있다고 하는 것은 이미 앞에서도 언급했는데 우리 헌법도 기관 내의 통제수단과 기관 간의 통제수단을 마련해 놓고 있다.

a) 기관 내의 통제수단

대통령이 위임명령과 집행명령을 발하기 위해서는 국무회의의 심의를 거쳐서(제89조 제3호) 국무총리와 관계국무위원이 부서한 문서로써 하여야 한다(제82조).

b) 기관 간의 통제수단

대통령이 그의 행정입법권을 남용 또는 악용함으로써 헌법이나 법률을 위배하면 원칙적으로 법원에 의한 **규범통제**가 가능하다. 즉 대통령의 위임명령 또는 집행명령이 헌법이나 법률에 위배되는 여부가 재판의 전제가 된 경우에는 대법원이 이를 최종적으로 심사할 권한을 갖는다(제107조 제2항). 또 대통령의 행정입법권에 의해서 국민의 기본권이 직접 그리고 현실적으로 침해된 경우에는 피해자가 제기하는 **헌법소원**의 심판청구에 의해서도(제111조 제1항 제5호, 헌재법 제68조) 통제된다. 그 밖에도 국회는 그 법률제정권에 의해서 위임명령이나 집행명령의 근거가 되는 법률의 개폐를 통해서 대통령의 행정입법권을 통제할 수 있을 뿐 아니라 **국회가 갖는 여러 가지 통제기능**도 행정입법권에 대한 중요한 통제수단이 된다. 즉 중앙행정기관의 장이 행정입법(대통령령·총리령·부령·훈령·예규·고시 등 제정·개정·폐지)을 하면(대통령령은 입법예고일로부터) 10일 이내에 국회 소관 상임위원회에 제출하게 했다(기간 내 미제출시 이유통지해야)(국회법 제98조의2 제1항, 제2항). 상임위원회 또는 상설소위원회는 제출된 행정입법안의 법률위반 여부 등을 검토해야 한다(법 제98조의2 제3항). 검토결과에 따른 처리방법은 대통령령·총리령과 부령을 다르게 정했다. 즉 대통령령 또는 총리령이 법률의 취지 내지 내용에 합치되지 않는다고 판단하면 상임위원회는 검토결과보고서를 국회의장에게

1) 같은 취지 대법원 1990. 9. 28. 선고 89누2493 판결 참조.

제출해야 하고(법 제98조의2 제4항), 국회의장은 이 검토결과보고서를 본회의에 보고하고, 국회는 본회의의 의결로 이를 처리한 후 정부에 송부한다(국회법 제98조의2 제5항). 정부는 송부 받은 검토결과에 대한 처리결과(국회의 검토결과를 따르지 못했으면 그 사유 포함)를 국회에 제출하도록 했다(법 제98조의2 제6항). 반면 부령의 검토결과 부령이 법률의 취지 또는 내용에 합치되지 않는다고 판단하면 소관 중앙행정기관의 장에게 그 내용을 통보할 수 있게 하고 중앙행정기관의 장은 통보받은 내용의 처리계획과 그 결과를 지체없이 소관 상임위원회에 보고하도록 한 것은 모두 행정입법권의 통제를 강화하기 위한 것이다(법 제98조의2 제7항, 제8항).

(c) 사법에 관한 권한

대통령은 국정의 최고책임자인 동시에 기본권보호기관으로서 그리고 행정부수반으로서 사법에 관한 정책적 권한을 갖는다. 위헌정당해산제소권(제8조 제4항)과 은사권(恩赦權)(제79조)이 바로 그것이다.

① 위헌정당해산제소권

우리 헌법은 **투쟁적·방어적 민주주의**의 수단으로 위헌정당해산제도를 채택하고 정당의 목적이나 활동이 민주적 기본질서에 위배되는 경우에는 헌법재판에 의해서 그 정당을 해산시킬 수 있도록 하고 있다(제8조 제4항, 제111조 제1항 제3호). 그런데 위헌정당의 해산결정에는 반드시 정부의 제소가 선행되어야 하고 정부의 제소권은 대통령이 국무회의의 심의를 거쳐(제89조 제14호), 국무총리와 관계국무위원의 부서를 받은 문서로써 행사하여야 한다(제82조). 위헌정당의 제소 여부는 대통령의 **정치적 재량**에 속하는 문제라고 보아야 하므로 일종의 정책적 판단사항이다. 위헌정당의 해산을 제소함으로써 정당탄압의 인상을 주는 것보다는 민주적인 공론과정과 선거를 통해서 위헌정당의 사회적 지지기반을 붕괴시키는 것이 자유민주주의의 보호에 더 효과적이라고 판단하면 해산제소를 보류할 수도 있어야 하기 때문이다.

② 은사권

대통령은 법률이 정하는 바에 의하여 **사면**, **감형** 또는 **복권**을 명할 수 있는 은사권을 갖는다(제79조 제1항). 대통령의 은사권은 법원이 행한 사법작용의 효력을 제한하는 의미를 갖기 때문에 엄격한 기준과 요건에 따라서만 행사할 수 있는 권한이다. 우리 헌법이 은사권의 구체적인 내용을 법률로 정하게 한 것이나(제79조 제3항) 일반사면에는 국회의 동의를 얻도록 한 것(제79조 제2항)은 바로 그 때문이다. 사면법이 은사권에 관해서 자세히 규정하고 있다. 대통령의 은사권의 행사는 기관 내의 통제(국무회의심의와 각료의 부서)를 받으며, 특히 일반사면의 경우에는 기관 간의 통제(국회의 동의)도 받는다. 그러나 대통령의 은사권은 그 성질상 사법적 심사의 대상이 되지는 않는다.

㉠ 사면권

사면권이란 범죄인에 대한 소추권이나 재판권의 효력을 제한하는 것을 내용으로 하는 대통령의 은사권을 말한다. 사면에는 **일반사면과 특별사면**의 두 종류가 있는데 일반사면에는 국회의 동의가 있어야 한다. 일반사면은 대통령령으로 정하는 특정한 죄를 범한 모든 사람을 대상으로 그에 대한 공소권이나 형의 선고의 효력을 소멸시키는 것이고, 특별사면은 형의 선고를 받은 특정인을 대상으로 그 형의 집행을 면제해 주거나 형의 선고의 효력을 소멸시키는 것을 말한다. 그런데 징역형의 집행유예에 대한 특별사면이 반드시 병과된 벌금형에도 미치는 것은 아니라는 헌법판례가 있다.[1] 특별사면은 검찰총장이 상신신청하고 법무부장관이 그의 소속 사면심사위원회(9인으로 구성)의 심사를 거쳐 대통령에 상신하여 대통령이 사면장을 교부하는 방식으로 행한다.

㉡ 감형권

감형권이란 형을 선고받은 사람을 대상으로 그 형을 경감시켜 주거나 그 형의 집행을 줄여 주는 것을 내용으로 하는 대통령의 은사권을 말한다. 감형에도 **일반감형**과 **특별감형**이 있지만 대통령령으로 행하는 일반감형의 경우에 국회의 동의가 필요한 것은 아니다. 이 점이 일반사면과 다르다.

㉢ 복권권

복권권이란 형의 선고로 인해서 상실 내지 정지된 법률상의 자격을 회복시켜 주는 것을 내용으로 하는 대통령의 은사권을 말한다. 복권은 그 성질상 이미 형의 집행을 마쳤거나 그 집행이 면제된 사람을 대상으로 하는 것인데, **일반복권**과 **특별복권**이 있다. 일반복권은 대통령령으로 행하지만 국회의 동의는 필요하지 않다.

(마) 대통령의 권한행사의 절차와 방법

헌법은 대통령의 권한행사가 절차적 정당성을 확보하기 위해서 대통령의 권한행사에 관한 절차와 방법을 자세히 규정하고 있다. 문서주의와 부서제도(제82조), 국무회의의 심의(제89조)와 각종 자문기관의 자문(제90조-제93조, 제127조 제3항), 국회의 동의·의결·승인절차(제54조-제58조, 제60조, 제76조 제3항, 제79조 제2항, 제86조 제1항, 제98조 제2항, 제104조 제1항, 제2항, 제111조 제4항) 등이 바로 그것이다. 따라서 이와 같

1) 헌재결 2000. 6. 1. 97헌바74 참조.

은 절차와 방법을 어긴 대통령의 권한행사는 적법한 것으로 간주할 수 없어 그 효력을 인정할 수 없는 경우가 많다. 특히 문서주의를 어기거나 국회의 동의·의결·승인절차와 국무회의심의절차를 무시한 대통령의 권한행사는 그 효력이 인정될 수 없다고 할 것이다. 그러나 자문절차를 거치지 아니한 경우에는 그 효력에는 영향을 미치지 않는다고 보아야 한다. 대통령이 그 권한행사의 절차와 방법을 어긴 경우에는 어떤 경우라도 탄핵의 사유가 된다.

3) 행정부

행정부는 넓은 의미로는 입법부·사법부에 대칭되는 개념으로도 사용하지만 우리 헌법은 입법부·사법부와의 대칭개념으로는 '**정부**'라는 말을 사용하고 행정부는 대통령의 보좌 내지 자문기관만을 가리키는 좁은 의미로 쓰고 있다. 국무총리, 국무위원, 국무회의와 행정각부 및 감사원 등 대통령의 보좌기관 내지 중앙행정관청과 대통령의 각종 자문기관(국가원로자문회의·국가안전보장회의·민주평화통일자문회의·국민경제자문회의)만을 행정부에 포함하고 대통령은 행정부와 독립해서 다루고 있다. **2원적**인 우리 정부구조를 잘 나타내주고 있는 증거라고 할 것이다.

아무튼 우리 헌법상 행정부는 대통령을 보좌하고 자문하는 통치기관을 말하는데, 국무총리, 국무위원, 국무회의와 행정각부 및 감사원 그리고 각종 자문기관(위의 자문회의와 제127조 제3항에 의해 설치된 국가과학기술자문회의)이 여기에 속한다.

(1) 국무총리

(가) 국무총리제의 헌법상 의의

우리 헌법상 국무총리는 국회의 동의를 얻어 대통령이 임명하는 집행부의 제2인자로서 대통령을 포괄적으로 보좌하는 헌법기관이다. 우리의 국무총리제는 우리 집행부구조의 2원성을 잘 나타내주는 징표로서 대통령직을 성역화해서 대통령직을 격상시키기 위한 특유한 제도이다. 따라서 우리 국무총리제의 헌법상 의의를 구태여 찾는다면 대통령의 정치적인 방탄벽을 설치함으로써 대통령이 정책집행의 일상적인 책임에서 초연할 수 있게 한다는 데 있다고 할 것이다. 그러나 우리 정부형태에서는 국무총리제를 폐지하고 부통령제를 두는 것이 헌법이론적으로 옳다고 생각한다.

(나) 국무총리의 헌법상 지위

국무총리는 대통령의 포괄적 보좌기관이며 집행부의 제2인자로서 국무회의의 부의장이 되고 대통령궐위 또는 사고시에 제1순위로 그 권한을 대행할 뿐 아니라 차상급중앙행정관청으로서의 지위를 갖는다.

(a) 대통령의 포괄적 보좌기관으로서의 지위

국무총리는 대통령의 포괄적 보좌기관이라는 점에서 국무위원과 다른 지위에 있다. 국무총리가 행정에 관하여 대통령의 명을 받아 행정각부를 통할하고(제86조 제2항) 대통령이 문서로써 하는 모든 국정행위에 그가 반드시 부서함으로써(제82조) 보좌의 책임을 밝히는 것은 바로 그 때문이다.

(b) 집행부의 제2인자로서의 지위

국무총리는 집행부 내에서 대통령에 다음가는 제2인자로서의 지위를 갖는다. 국무총리의 임명에 국회의 동의를 필요케 함으로써(제86조 제1항) 간접적이나마 그의 민주적 정당성을 높이려고 하는 것이나, 국무총리에게 국무위원 및 행정각부의 장의 임명제청권(제87조 제1항, 제94조)과 국무위원의 해임건의권(제87조 제3항)을 준 것은 바로 그 때문이다. 또 국무총리가 집행부의 최고정책심의기관인 국무회의의 부의장이 되고(제88조 제3항), 대통령이 궐위되거나 사고가 있을 때에 제1순위로 그 권한을 대행하는 것도(제71조) 국무총리의 제2인자로서의 지위에서 나오는 당연한 결과라고 볼 수 있다.

(c) 차상급중앙행정관청으로서의 지위

국무총리는 대통령의 명을 받아 각 중앙행정기관의 장을 지휘·감독하는 차상급중앙행정관청으로서의 지위를 갖는다(제86조 제2항). 중앙행정기관의 장의 명령이나 처분이 위법 또는 부당하다고 인정하면 국무총리가 대통령의 승인을 얻어 이를 중지 또는 취소할 수 있도록 한 것은 그 때문이다(정조법 제18조 제2항). 국무총리는 차상급중앙행정관청으로서 독자적인 업무도 맡아서 처리한다. 또 중앙행정기관 사이의 사무조정업무(정조법 제7조 제5항)도 맡는다. 우리 정부조직법상 국무총리에 직접 소속된 중앙행정관청으로는 3처(인사혁신처·법제처·식품의약품안전처)가 있다.

(다) 국무총리의 신분관계

(a) 국무총리의 임명과 해임

국무총리는 국회의 동의를 얻어 대통령이 임명한다(제86조 제1항). 국무총리임명에 국회의 동의를 얻도록 한 것은 집행부의 제2인자인 지위에 있는 국무총리로 하여금 대통령의 권한을 대행하거나 그 직무를 수행하는 데 필요한 민주적 정당성을 확보토록 하기 위한 것이다.

헌법은 국무총리의 해임에 관해서는 국회의 해임건의권(제63조)만을 규정하고 있는데 국회가 국무총리의 해임을 건의(재적의원 1/3 이상의 발의와 재적의원 과반수 찬성)한 경우에도 대통령은 반드시 이에 기속되는 것은 아니기 때문에 국무총리를 해임하는 것은 대통령의 자유재량에 속하는 일이라고 할 것이다.

(b) 국무총리의 문민원칙

헌법은 현역군인은 국무총리로 임명될 수 없도록 함으로써(제86조 제3항) 문민통치의 원칙과 군의 정치적 중립성의 원칙(제5조 제2항)을 행정부의 구성에서도 존중하도록 했다. 현역군인은 국무위원으로도 임명될 수 없도록 한 것(제87조 제4항)이 이를 잘 말해 주고 있다.

(c) 국무총리와 의원직

헌법은 국무총리가 의원직을 겸할 수 있는지에 관한 명문의 규정을 두지 않고 있다. 다만 국회의원은 법률이 정하는 일정한 직을 겸할 수 없도록 했는데(제43조), 국회법(제29조 제1항)에서 의원은 국무총리직을 겸할 수 있다고 정했다. 우리의 정부형태가 변형된 대통령제로 분류될 수밖에 없는 이유 중의 하나가 바로 그것이다.

(d) 부총리제도와 국무총리의 직무대행

국무총리가 특별히 위임하는 사무를 수행하기 위하여 부총리 2명을 두는데 부총리는 국무위원으로 보하며 기획재정부장관과 교육부장관이 각각 겸임한다(정조법 제19조). 국무총리의 직무대행에 관해서는 정부조직법(제22조)에서 규정하고 있는데 그에 따르면 국무총리의 유고시(사고·궐위)에는 기획재정부장관이 겸임하는 부총리, 교육부장관이 겸임하는 부총리의 순으로 그 직무를 대행하고 부총리도 유고시에는 대통령이 지명한 국무위원, 지명이 없는 경우에는 법률이 정하는 국무위원의 순서(정조법 제26조 제1항)로 그 직무를 대행하게 되어 있다. 이 점이 대통령의 권한대행과 다른 점이다.

(라) 국무총리의 권한

국무총리는 그의 헌법상 지위에 상응하는 여러 가지 권한을 갖는다. 대통령의 권한대행권(제71조), 행정부구성관여권(제87조 제1항, 제3항, 제94조), 국정심의권(제88조 제2항, 제3항), 부서권(제82조), 행정통할권(제86조 제2항), 총리령제정권(제95조), 의정관여권(제62조 제1항) 등이 그것이다.

(a) 대통령의 권한대행권

국무총리는 집행부의 제2인자로서 대통령유고시에 그 권한을 대행하는 권한을 갖는다(제71조). 대통령의 권한을 국무총리가 대행하는 데 따른 헌법이론상의 문제점에 대해서는 이미 앞에서 말했다.

(b) 행정부구성관여권

국무총리는 집행부의 제2인자로서 행정부의 구성에 적극적으로 관여할 수 있는 권한을 갖는데, 국무위원과 행정각부의 장의 임명에 대한 제청권(제87조 제1항, 제94조)과 국무위원해임건의권(제87조 제3항)이 바로 그것이다.

① 임명제청의 의미와 효력

국무총리가 갖는 국무위원과 행정각부의 장의 임명제청권은 국무총리의 헌법상 지위와의 연관성 속에서 이해하여야 한다. 국무총리는 집행부의 제2인자로서 행정각부를 통할하는 지위에 있지만 또 한편 대통령의 포괄적 보좌기관이기 때문에 대통령의 행정부구성에 제청권을 가지고 관여하는 경우에도 그것은 어디까지나 보좌기능에 불과하다고 보아야 한다. 따라서 대통령은 국무총리의 제청에 기속되지 않으며 국무총리의 제청 없이 국무위원과 행정각부의 장을 임명한 경우에도 그 임명행위가 당연히 무효로 되는 것은 아니다. 국무총리의 제청권이 대통령의 조직적 권한에 대한 기관내 통제수단으로서 거의 형식적인 의미밖에는 갖지 못하고 실효성이 없는 것은 그 때문이다.

② 해임건의의 의미와 효력

국무총리의 국무위원에 대한 해임건의도 대통령을 기속하지 않는다. 대통령이 국무위원을 해임하는 것은 그의 조직적 권한에 의해서 독자적인 판단에 따라 할 수 있는 것이기 때문에 국무총리의 해임건의는 하나의 고려의 계기를 마련해 줄 수 있을 뿐이다. 다만 국무총리가 특정국무위원의 해임을 건의한 경우에 그것이 대통령에 의해 무시된 상황은 국무총리를 사임하게 하는 사태로 발전할 수도 있을 것이다. 이때에도 다른 국무위원들이 함께 총사퇴하여야 하는 것은 아니다. 임명제청권과 해임건의권의 기속력이 부인되는 당연한 결과이다.

(c) 국정심의권

국무총리는 집행부의 제2인자인 동시에 대통령의 포괄적 보좌기관이기 때문에 집행부의 최고정책심의기관인 국무회의에서도 그 부의장이 되어(제88조 제3항) 중요한 정책을 심의하는데(제89조) 적극적이고 주도적으로 참여할 수 있는 권한을 갖는다.

(d) 부서권

국무총리는 대통령의 포괄적 보좌기관으로서 대통령의 모든 국정행위문서에 부서할 수 있는 권한을 갖는다(제82조).

① 부서제도의 연혁과 기능

우리 헌법이 부서제도를 마련한 것은 정부구조의 2원성에 따른 대통령의 무책임성과도 무관하지 않다. 대통령 대신에 정치적으로 책임질 수 있는 사람을 분명히 밝혀둔다는 의미가 바로 그것이다. 그러나 또 한편 부서제도는 대통령의 국정행위에 대한 기관내 통제수단으로서의 의미도 함께 갖는다는 점을 무시할 수 없다. 물론 우리의 정부구조가 갖는 특수성 때문에 부서제도가 그 본래의 통제적 기능을 나타내지는 못해도 부서제도는 적어도 국정행위의 책임소재를 분명히 밝힌다는 기능은 여전히 하고 있다고 볼 수 있다. 이렇게 볼 때 부서제도는 아직 그 민주적·현대적 기능으로서의 통제기능보다는 연혁적·고전적 기능으로서의 책임소재확인기능에 의해서 그 제도적 의의를 나타내고 있다고 할 것이다.

② 부서의 성질과 효력

국무총리가 대통령의 모든 국정행위문서에 부서하는 것은 대통령의 국정행위에 대한 포괄적 보좌기관으로서의 책임을 지겠다는 의미와 대통령의 국정행위가 절차적으로 정당하게 이루어질 수 있도록 기관 내 통제권을 행사한다는 의미를 함께 갖는 복합적 성질의 행위라고 보아야 할 것이다. 따라서 국무총리는 부서를 거부할 수도 있으며, 국무총리의 부서가 없는 대통령의 국정행위는 그 효력을 나타내지 못한다고 보아야 한다. 책임소재가 확인되지도 않고 또 그 절차적 정당성의 요건도 갖추지 않은 국정행위가 효력을 발생한다는 것은 우리 헌법이 추구하는 통치구조의 기본이념과 조화될 수 없기 때문이다.

(e) 행정통할권

국무총리는 대통령의 명을 받아 행정에 관하여 행정각부를 통할하는 권한을 갖는다(제86조 제2항). 국무총리는 정치적 기능에 있어서도 집행부의 제2인자이지만 행정에 관해서도 대통령 다음가는 차상급중앙행정관청으로서 각 중앙행정기관의 장을 지휘·감독하는 권한을 갖는다(정조법 제18조). 그러나 국가정보원(구 국가안전기획부)을 대통령직속으로 두어 국무총리의 지휘·감독을 받지 않도록 한 정부조직은 위헌이 아니라는 헌법판례가 있다.[1)]

(f) 총리령제정권

국무총리는 그 소관사무에 관하여 법률이나 대통령령의 위임 또는 직권으로 총리

1) 헌재결 1994. 4. 28. 89헌마221 참조.

ㄴ령을 발할 수 있는 권한을 갖는다(제95조). 일종의 행정입법권(최협의)이라고 볼 수 있는데 국무총리는 법률이나 대통령령의 위임에 의한 위임명령과 법률이나 대통령령의 집행을 위한 집행명령 그리고 행정기관내부에서만 효력을 갖는 행정명령을 발할 수 있다. 국무총리가 제정하는 위임명령과 집행명령은 각각 행정입법권의 한계를 존중하는 범위 내에서만 그 효력이 인정될 수 있으므로 법률이나 대통령령의 위임이 없는 사항을 총리령(위임명령)으로 규율함으로써 국민의 자유와 권리를 제한한다든지 법률이나 대통령령의 집행을 위한 집행명령으로 법률이나 대통령령의 내용과는 다른 규정을 만들어 국민의 자유와 권리를 침해하는 것은 허용되지 아니한다. 국무총리가 제정하는 총리령과 행정각부의 장이 제정하는 부령과의 사이에는 규범논리적으로는 효력상 우열의 차이는 없다고 할 것이다.

다만 국무총리는 그의 행정감독권에 따라 부령이 위법 또는 부당하다고 인정하면 대통령의 승인을 얻어 이를 고치게 할 수는 있을 것이다(정조법 제18조). 그러나 이것은 국무총리가 갖는 행정감독권의 행사이지 규범효력의 우열문제는 아니다.

(g) 의정관여권

국무총리는 국회 본회의 또는 그 위원회에 출석하여 국정처리상황을 보고하거나 의견을 진술하고 질문에 응답할 수 있다. 또 국회나 그 위원회의 요구가 있으면 출석·답변하여야 하지만 국무총리는 국무위원으로 하여금 대리로 출석·답변하게 할 수도 있다(제62조).

(마) 국무총리의 책임

국무총리는 그 직무집행에 대하여 정치적·법적·대의적 책임을 진다. 국무총리는 그 임면권자인 대통령에게는 그 포괄적 보좌기관으로서의 정치적 책임을 지고, 임명동의권자인 국회에게는 집행부의 제2인자인 동시에 차상급중앙행정관청으로서의 정치적·법적·대의적 책임을 진다. 국회의 요구가 있으면 집행부를 대표해서 국회에 출석·답변·보고하여야 하고(제62조 제2항), 국회가 그 정치적 책임을 물어 해임건의를 하고 대통령이 그 건의를 받아들이면 물러나야 하고(제63조), 국회가 국무총리의 직무집행에 대한 법적 책임을 물어 그에 대한 탄핵소추의 의결(재적의원 1/3 이상의 발의와 재적의원 과반수의 찬성)을 하면 헌법재판소에서 탄핵심판이 있을 때까지 그 권한행사가 정지된다(제65조). 또 헌법재판소가 그에 대해서 탄핵결정을 하면 공직에서 파면됨은 물론이고 5년 동안 공무원이 될 수 없고(헌재법 제54조), 위법한 직무집행으로 발생한 모든 민사·형사상의 책임도 진다(제65조 제4항).

(2) 국무위원

(가) 국무위원의 헌법상 지위

국무위원은 국무회의의 구성원이 되어 대통령을 보좌하는 지위를 갖는다.

(a) 국무회의의 구성원으로서의 지위

국무위원은 집행부의 최고정책심의기관인 국무회의의 구성원으로서 집행부의 중요정책심의에 참여한다(제87조 제2항). 국무회의가 대통령을 의장으로 하고 국무총리를 부의장으로 하는 단순한 심의기관에 지나지 않기 때문에 국무위원의 국무회의에서의 지위는 별로 강력한 것이 되지 못한다.

(b) 대통령의 보좌기관으로서의 지위

국무위원은 국정에 관하여 대통령을 보좌하는 지위를 갖는다(제87조 제2항). 국무위원의 대통령에 대한 보좌는 주로 정책보좌를 뜻하기 때문에 국무위원 중에서 행정각부의 장이 임명되도록 했다(제94조). 따라서 특별한 경우를 제외하고는 국무위원은 행정각부의 장으로서의 특정한 행정업무를 담당하는 2중적 지위에 서서 담당한 행정업무에 관해서 대통령을 보좌하는 것이 원칙이다. 국무위원의 보좌책임은 그의 부서에 의해서 나타난다(제82조).

(나) 국무위원의 신분관계

국무위원은 국무총리의 제청으로 대통령이 임명하지만(제87조 제1항), 현역군인은 국무위원이 될 수 없다(제87조 제4항). 국무위원은 임명권자가 임의로 해임시킬 수 있는데, 국무총리와 국회도 국무위원의 해임을 대통령에게 건의할 수 있다(제63조, 제87조 제3항). 그러나 해임건의는 대통령을 기속하지 않는다. 국무위원은 의원직을 겸할 수 있고(제43조), 행정각부의 장도 겸할 수 있다(제94조). 행정각부의 장은 반드시 국무위원의 신분을 가져야 한다.

(다) 국무위원의 권한

국무위원은 국정심의권(제87조 제2항, 제88조, 제89조), 부서권(제82조), 의정관여권(제62조 제1항), 대통령의 권한대행권(제71조) 등을 갖는다.

(a) 국정심의권

국무위원은 집행부의 최고정책심의기관인 국무회의의 구성원으로서 적극적으로 정책을 심의할 수 있는 권한을 갖는다. 국무위원은 국무회의의 소집을 의장에게 요구하고 의안을 제출할 수 있는데(정조법 제12조 제3항), 국무회의는 국무위원이 제출한 의안을 심의하여야 한다(제89조 제17호).

(b) 부서권

국무위원은 자신의 업무와 관련되는 대통령의 국정행위문서에 부서할 수 있는 권한을 갖는다(제82조). 부서권에는 부서거부권도 포함되는데 부서의 성질과 효력은 국무총리의 부서와 같다.

(c) 의정관여권

국무위원은 국회나 그 위원회에 출석하여 국정처리상황을 보고하거나 의견을 진술하고 질문에 응답할 수 있는 권한을 갖는다(제62조 제1항). 국무위원이 의원직을 겸할 수 있는 제도 아래서는 당연한 이치이다.

(d) 대통령의 권한대행권

국무위원은 대통령유고시에 국무총리마저도 유고한 때에는 정부조직법(제26조 제1항)이 정하는 순서에 따라 부총리 내지 국무위원이 대통령의 권한을 대행할 수 있는 권한을 갖는다(제71조, 법 제22조).

(라) 국무위원의 책임

국무위원은 그 임면권자인 대통령에게 그 보좌기관으로서의 정치적 책임을 지고, 대의기관인 국회에는 정치적·법적·대의적 책임을 진다. 즉 대통령에 의해서 언제든지 해임될 수 있고, 국회에 의한 해임건의와 탄핵소추의 의결에 의해서도 책임을 진다(제63조, 제65조). 또 국회의 요구가 있으면 언제든지 국회에 출석·답변하여야 한다(제62조 제2항). 또 국무위원은 그 임명제청권자인 국무총리에 대해서도 정치적 책임을 지는데 국무총리의 해임건의권이 바로 그것이다(제87조 제3항).

(3) 국무회의

우리 헌법(제88조, 제89조)은 대통령의 정책결정에 관한 **회의체보좌기관**으로서 국무회의를 설치하고 집행부의 권한에 속하는 중요한 정책은 반드시 국무회의의 심의를 거치도록 했다. 대통령의 권한행사에 대한 기관내 통제수단으로서의 의미도 갖는 이 국무회의제는 미국의 대통령제 정부형태에서는 찾아볼 수 없는 우리 변형된 대통령제의 특유한 제도이다. 우리의 국무회의는 대통령의 단순한 자문기관에 지나지 않아 미국의 임의적인 각료회의 또는 의결기관인 의원내각제의 내각회의와도 그 기능이 다르다.

(가) 국무회의의 헌법상 지위

국무회의는 대통령을 정책적으로 보좌하기 위해서 집행부의 권한에 속하는 중요한 정책을 심의하는 집행부의 최고정책심의기관으로서 회의체헌법기관의 지위를 갖는다.

(a) 대통령의 회의체보좌기관으로서의 지위

국무회의는 대통령과 국무총리 및 국무위원으로 구성되는 회의체로서 대통령을 수반으로 하는 집행부의 권한에 속하는 중요정책을 심의함으로써 대통령의 정책결정을 용이하게 해 주는 대통령의 보좌기관으로서의 지위를 갖는다(제88조). 국무회의는 회의체보좌기관이라는 점에서 다른 단독형보좌기관과 다르다.

(b) 집행부의 최고정책심의기관으로서의 지위

국무회의는 집행부의 권한에 속하는 중요한 정책을 심의하는 집행부 내의 최고정책심의기관이다(제88조 제1항, 제89조). **최고정책심의기관**이라는 뜻은 다음과 같은 여러 가지 의미를 내포하고 있다. 즉 i) 국무회의보다 우월한 지위를 갖는 정책심의기관이 집행부 내에는 있을 수 없다는 뜻이다. 국가안전보장회의의 사전자문을 거친 국가안전보장에 관계되는 정책도 반드시 국무회의의 심의에 부치게 한 것은 그 때문이다(제91조 제1항). 따라서 특정시국사안에 관한 이른바 '관계기관대책회의'도 국무회의에 우선하는 지위를 가질 수 없다. ii) 국무회의는 정책을 심의하는 데 그치고 다수결로 정책결정을 하는 기관이 아니라는 뜻이다. 이 점에서 의결기관보다는 약하지만 자문기관보다는 강한 지위를 갖는다. 따라서 국무회의는 정책을 실질적으로 심의하는 기관이지 대통령의 정책을 형식적으로 추인하는 기관은 아니다. iii) 국무회의는 집행부의 권한에 속하는 중요한 정책을 모두 심의할 수 있고 또 심의하여야 하지만 그 심의내용은 대통령을 기속할 수는 없다는 뜻이다. 따라서 대통령은 국무회의에서 개진된 다수의견과는 다른 정책결정을 할 수도 있다.

(c) 회의체헌법기관으로서의 지위

국무회의는 대통령과 국무총리 및 국무위원으로 구성되는 회의체헌법기관으로서의 지위를 갖는다(제88조 제2항). 국무회의에서 대통령이 의장이 되고 국무총리가 부의장이 되는 것도 국무회의의 회의체로서의 성격 때문이다. 국무회의는 헌법에서 그 권한·의무의 내용과 범위가 분명히 정해진 필수적인 헌법기관이기 때문에 그 설치·운영은 헌법상의 명령으로서 반드시 지켜져야 한다. 이 점에서 헌법상의 임의기관인 국가원로자문회의(제90조) 등과는 그 성질이 다르다.

(나) 국무회의의 구성

국무회의는 회의체헌법기관이기 때문에 대통령을 의장으로 하고 국무총리를 부의장으로 해서 15인 이상 30인 이하의 국무위원으로 구성한다(제88조 제2항). 대통령은 국무회의를 소집하고 그 회의를 주재하는데, 의장이 유고시에는 부의장인 국무총리가 그 직무를 대행하고, 부의장도 유고시에는 부총리 및 정부조직법 제26조 제1항에 규정된 국무위원의 순으로 그 직무를 대행한다(정조법 제12조). 국무회의에는 국무조정실장·인사혁신처장·법제처장·식품의약품안전처장 그 밖에 법률이 정하는 공무원(대통령비서실장·국가정보원장·공정거래위원장·방송통신위원장·금융위원장·서울특별시장 등)이 출석하여 발언할 수 있다(법 제13조).

(다) 국무회의의 기능

국무회의는 집행부의 권한에 속하는 중요한 정책을 심의하는 기능을 갖는데(제88조 제1항), 우리 헌법은 국무회의의 심의를 반드시 거쳐야 되는 정책사항을 16개 항목에 걸쳐 자세히 열거하고(제89조 제1호-제16호) 그 이외에도 국무회의의 구성원이 제출한 사항도 심의의 대상이 되도록 했다(제87조 제17호). 따라서 국무회의는 매우 광범위하고 포괄적인 정책심의기능을 갖는다고 할 것이다.

그런데 국무회의의 심의에 붙여진 정책사안에 대해서 대통령은 국무회의의 심의내용에 기속되지는 않지만, 헌법이 정하는 필요적인 국무회의심의사항에 대해서 국무회의의 심의를 거치지 아니한 경우에는 대통령의 국정행위는 그 효력을 발생하지 않는다고 할 것이다. 국무회의의 심의 자체가 하나의 기관내통제수단일 뿐 아니라 통치권행사의 절차적 정당성을 확보하기 위한 통치구조상의 메커니즘에 해당하기 때문이다. 따라서 대통령이 국무회의의 심의내용에 기속되지 아니한다는 것과 대통령이 국무회의의 심의절차를 무시한다는 것과는 엄격히 구별하여야 한다. 국무회의의 심의절차를 거치지 아니한 대통령의 국정행위가 헌법재판의 대상이 된 경우 헌법재판소는 그 심판권을 갖는다.

(4) 행정각부

(가) 행정각부의 의의와 기능

행정각부란 대통령의 통할하에 있는 집행부의 구성단위인 동시에 정책집행의 책임을 맡는 중앙행정기관을 말한다. 행정각부는 집행업무를 구체적으로 실천하는 기능과 책임을 맡기 때문에 그 소관사무에 관한 **중앙행정관청**으로서의 지위에 서서 최상급중앙행정관청인 대통령과 차상급중앙행정관청인 국무총리의 통할하에 그 소관사무에 관하여 지방행정의 장을 지휘·감독하는 기능을 갖는다. 행정각부가 대통령 또는 국무총리의 단순한 정책보좌기관만은 아니고 독자적인 행정업무를 처리하는 중앙행정관청으로서의 지위를 갖는다고 강조되는 이유도 그 때문이다. 이 점이 단순한 정책보좌기관에 불과한 국무위원과 다른 점이다.

(나) 행정각부의 장

(a) 행정각부의 장의 지위

행정각부의 장은 국무위원 중에서 국무총리의 제청으로 대통령이 임명한다(제94조). 그러므로 현역군인은 행정각부의 장이 될 수 없다. 현역군인은 국무위원으로 임명될 수 없기 때문이다(제87조 제4항). 행정각부의 장으로 임명된 국무위원은 집행부 내에서 국무위원으로서의 지위와 행정각부의 장으로서의 **2중적 지위**를 갖게 되는데 국무위원으로서 국무회의의 정책심의에 참여해서 결정된 정책을 행정각부의 장으로서 실천에 옮기기 때문에 정책결정의 현장성을 높일 수 있게 된다. 행정각부의 장은 행정업무의 집행기관으로서의 지위 때문에 소관사무에 관해서는 대통령의 명을 받은 국무총리의 지휘·감독을 받는다. 이 점에서 국무회의의 구성원이 되어 포괄적인 정책심의권을 갖고 대통령을 보좌하는 국무위원의 지위와는 구별된다. 이와 같은 구별은 동일인이 국무위원과 행정각부의 장의 2중적 지위를 갖는 경우에도 필요한데, 그 이유는 그 지위에 따라 그 기능과 책임이 달라지기 때문이다.

(b) 행정각부의 장의 권한

① 업무통할·지휘권

행정각부의 장은 중앙행정관청으로서 소관사무를 통할하고 소속공무원을 지휘·감독하며 소관사무에 관하여 지방행정의 장을 지휘·감독하는 권한을 갖는다(정조법 제7조 제1항, 제26조 제3항).

② 부령제정권

행정각부의 장은 소관사무에 관하여 법률이나 대통령령의 위임 또는 직권으로 부령을 제정할 수 있는 권한을 갖는다(제95조). 부령에는 위임명령·집행명령·행정명령의 세 가지가 있는데 그 성질과 효력은 총리령과 같다.

③ 정책·재정·인사권

행정각부의 장은 그 소관사무에 관하여 정책을 개발하고 법령을 제정·개폐하며 예산안을 작성하고 예산을 집행하는데 주도적인 권한을 가지며, 인사에서도 중요한 인선기능을 수행한다.

(다) 행정각부의 설치·조직과 직무범위

헌법은 법치주의의 원칙에 따라 행정각부의 설치·조직과 직무범위는 법률로 정

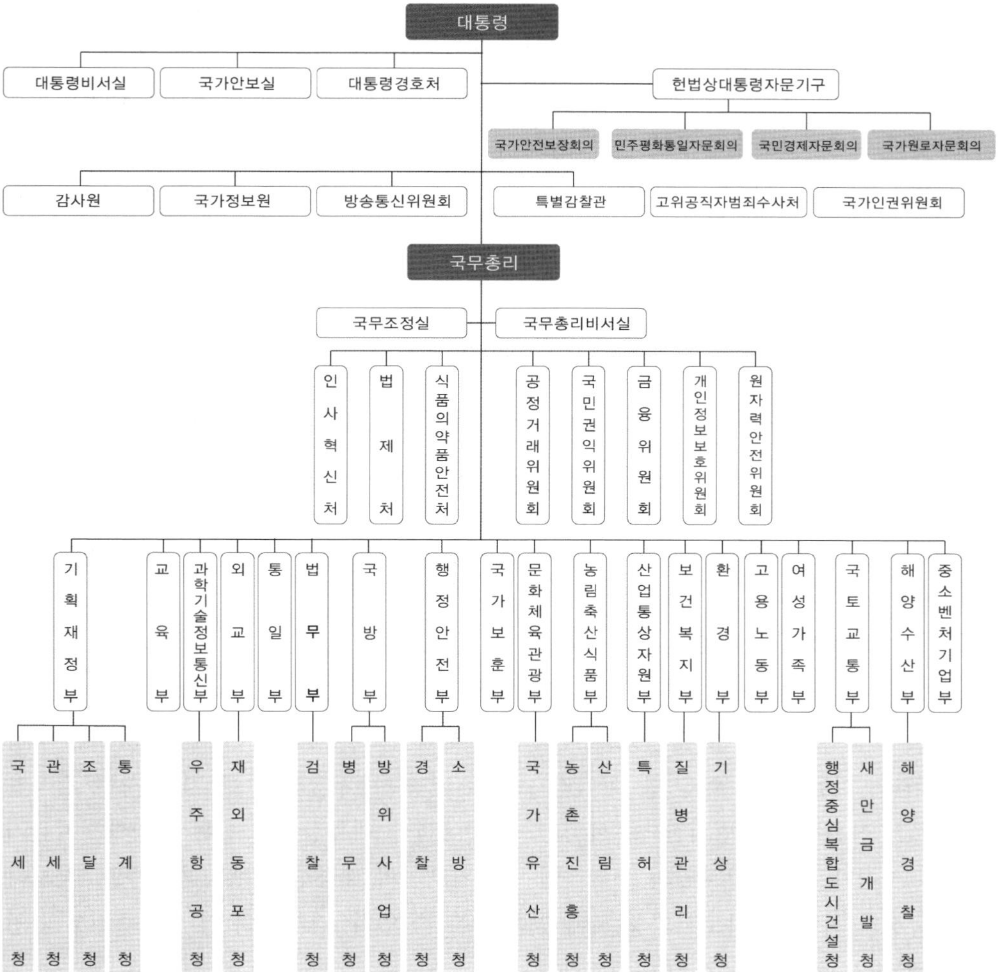

하도록 하고 있는데(제96조), 정부조직법에서 그에 관해서 자세히 규정하고 있다. 그에 따르면 우리나라의 정부조직은 대통령을 수반으로 하는 중앙집권식 행정조직으로서 대통령 및 그 소속기관(감사원·국가정보원·방송통신위원회)과 국무회의, 국무총리 및 그 소속기관(인사혁신처·법제처·식품의약품안전처·공정거래위원회·금융위원회·국민권익위원회·원자력안전위원회·개인정보보호위원회), 행정각부(19부: 기획재정·교육·과학기술정보통신·외교·통일·법무·국방·행정안전·국가보훈·문화체육관광·농림축산식품·산업통상자원·보건복지·환경·고용노동·여성가족·국토교통·해양수산·중소벤처기업)와 그 소속본부(과학

기술혁신본부·재난안전관리본부·통상교섭본부)로 되어 있다. 그 밖에도 독립기관인 국가인권위원회가 있지만 이 위원회는 정부조직법 제2조에 따른 중앙행정기관은 아니다. 일반적으로 우리 정부조직을 19부 3처 20청(국세청·관세청·조달청·통계청·검찰청·병무청·방위사업청·경찰청·소방청·기상청·국가유산청·농촌진흥청·산림청·특허청·해양경찰청·질병관리청·새만금개발청·재외동포청·특별법으로 설치된 건설청, 우주항공청을 포함) 6위원회라고 말한다.

(5) 감사원

우리 헌법(제97조-제100조)은 대통령 소속하에 감사원을 두고 국가예산집행에 대한 **회계검사**와 공무원의 직무에 관한 **감찰업무**를 맡기고 있다. 감사원법(법)에서 감사원의 조직과 기능에 관해서 자세히 규정하고 있다.

(가) 감사원의 헌법상의 지위

감사원은 조직적으로는 대통령에 소속되지만 기능적으로는 독립해서 활동하는 합의제헌법기관이다.

(a) 대통령소속기관으로서의 지위

감사원은 조직적으로는 대통령에 소속된 **중앙행정기관**으로서의 지위를 갖는다(제97조). 대통령에 소속된 중앙행정기관으로는 국가정보원(정조법 제17조)도 있지만 국가정보원은 헌법기관이 아닐 뿐 아니라 조직과 기능면에서 모두 대통령의 지휘·감독을 받지만, 감사원은 헌법기관으로서 그 조직면에서만 대통령에 소속된 중앙행정기관이라는 차이가 있다. 감사원의 조직적인 귀속처로서의 대통령은 행정부수반으로서보다는 국정의 최고책임자로서의 지위에 있다고 볼 수 있다. 감사원의 업무가 행정부의 업무감사에만 국한되는 것은 아니기 때문이다.

(b) 독립기관으로서의 지위

감사원은 기능적으로 누구의 지시나 간섭도 받지 않고 독립적으로 그 업무를 수행하는 독립기관으로서의 지위를 갖는다. 감사원이 맡고 있는 업무의 성질상 기관의 독립성이 보장되지 않고는 그 실효성을 기대할 수 없기 때문이다. 감사위원의 정치운동을 금지하고(법 제10조), 감사위원의 겸직을 엄격히 제한하고 있는 것도(법 제9조), 그리고 감사원의 인사·조직 및 예산편성상의 독립성을 존중하도록 한 것도(법 제2조 제2항, 제18조) 기관의 독립성을 위한 불가피한 조치이다.

감사원법(제2조)도 감사원이 그 직무에 관하여는 독립의 지위를 가진다는 뜻을 분명히 밝히고 있는데, 감사원의 독립기관으로서의 지위와 감사원의 합의제기관으로서의 지위는 상호 밀접한 관계에 있다. 합의제의 기관은 기관의 독립성을 강화하기도 하지만 또 한편 독립기관의 경솔한 업무처리와 권력남용을 억제하는 효과도 갖기 때문이다. 감사위원의 임기제와 신분보장은 감사원의 독립기관으로서의 지위와 관련이 있다(제98조 제2항, 제3항).

(c) 합의제기관으로서의 지위

감사원은 원장을 포함한 5인 이상 11인 이하의 감사위원으로 구성되는 **감사위원회의**에 의해서 그 업무가 처리되는 합의제기관으로서의 지위를 갖는다(제98조 제1항, 법 제3조, 제11조 이하). 국무회의가 의결권이 없는 회의체기관인 것과는 달리 감사원은 의결권(재적 감사위원 과반수의 찬성으로 의결)이 있는 감사위원회의에 의해서 그 주요업무가 처리되는 합의제기관이다(법 제11조 이하). 합의제의 업무처리는 기관의 독립성에도 도움이 되지만 업무처리의 경솔함을 막아 주는 효과도 있다.

(d) 필수적 헌법기관으로서의 지위

감사원은 헌법에 의해서 그 권한·의무의 내용과 범위가 분명히 정해진 필수적인 헌법기관으로서의 지위를 갖는다(제97조, 제99조). 필수적인 헌법기관이기 때문에 그 설치·운영은 헌법의 절대명령이다. 이 점이 임의적인 헌법기관인 국가원로자문회의 등과는 다르다.

(나) 감사원의 구성

감사원은 원장을 포함한 5인 이상 11인 이하의 감사위원으로 구성하는데(제98조 제1항) 감사원법(제3조)에서는 감사원장을 포함한 7인의 감사위원을 두고 있다. 감사원장은 감사원을 대표하며 소속공무원을 지휘·감독하는데 원장의 유고시에는 선임감사위원이 그 직무를 대행한다(법 제4조). 감사원에는 사무처와 감사교육원(법 제16조 이하, 제19조의2와 3) 및 감사연구원(법 제19조의4와 5)을 두며 원장의 자문기관을 둘 수 있다(법 제4조 제4항).

(a) 감사원장과 감사위원의 임명

감사원장은 대통령이 임명하는데 반드시 국회의 동의를 얻어야 하고, 감사위원은 감사원장의 제청으로 대통령이 임명한다(제98조 제2항, 제3항). 감사원장 임명에 대한 국회의 동의권은 통치기관의 민주적 정당성의 요청을 충족하기 위한 것이고, 감사위원임명시의 감사원장이 갖는 제청권은 국회의 임명동의에 의해서 간접적이나마 민주적 정당성을 확보한 감사원장에게 기관구성에 관한 관여권을 인정한 것이라고 볼 수 있다. 그러나 대통령은 감사원장의 제청에 반드시 기속되는 것은 아니다. 이 점은 국무총리의 국무위원 및 행정각부의 장 임명제청과 본질적으로 같다. 헌법의 수권(제100조)에 의해서 제정된 감사원법(제7조)에서는 감사위원의 임용자격에 관해서 자세히 규정하고 있다.

(b) 감사원장과 감사위원의 임기 및 신분보장

감사원장과 감사위원의 임기는 4년이며 1차에 한해서 중임할 수 있다(제98조 제2항, 제3항). 원장인 감사위원의 정년은 70세이며, 감사위원의 정년은 65세이다(법 제6조 제2항). 정년에 달한 때에는 임기 전이라도 퇴직한다. 대통령의 임기 5년과 다르게 된 것은 헌법기관의 차등임기제를 실현한 것으로 기관의 독립성과 감사업무수행의 절차적 정당성을 위해서 유익하다고 할 것이다. 감사원장과 감사위원에 대한 헌법상의 임기제가 이미 그들에 대한 신분보장의 의미도 갖는 것이지만, 감사원법(제8조)에서는 법관에 준하는 강력한 신분보장을 하고 있다. 반면에 감사위원은 정치활동에 관여하지 못하게 하고 또 감사위원의 겸직을 엄격히 제한함으로써(법 제9조, 제10조) 감사위원의 신분과 업무의 독립성을 철저히 지키도록 하고 있다. 감사원장은 국무총리와 국무위원의 보수의 범위 안에서 대통령령이 정하는 보수를, 그리고 감사위원은 차관과 동액의 보수를 받는다(법 제5조 제2항).

(다) 감사원의 권한

감사원은 국가의 결산 및 회계검사권 그리고 행정기관 및 공무원의 직무감찰권을 갖는다(제97조, 제99조).

(a) 국가의 결산 및 회계검사권

감사원은 국가의 세입·세출의 결산과 국가 및 법률이 정한 단체의 회계를 검사하는 권한을 갖는다(제97조, 법 제20조). 감사원의 이 권한은 i) 국가의 결산검사권, ii) 국가의 회계검사권, iii) 법률이 정한 단체의 회계검사권으로 구분할 수 있는데 그 구체적인 검사사항과 검사범위 등에 관해서는 감사원법(제21조-제23조)에서 자세히 규정하고 있다.

아무튼 감사원은 국가의 세입·세출의 결산을 매년 검사하여 그 결과를 대통령과 차년도국회에 보고하여야 한다(제99조). 감사원의 결산검사보고는 대통령의 업무감독과 국회의 예산심의 및 결산감사에 중요한 자료가 될 뿐 아니라 공공단체의 부정방지에도 큰 기여를 한다. 감사원에게 결산 및 회계검사의 결과를 처리하기 위한 여러 가지 권한(변상책임의 판정, 징계요구, 시정 및 개선요구, 권고, 고발 등)을 준 것도 그 때문이다(법 제31조-제35조).

(b) 직무감찰권

감사원은 행정기관 및 공무원의 직무에 관한 감찰을 할 수 있는 권한을 갖는다(제97조). 직무감찰에는 행정기관 및 공무원의 비위사실을 밝히기 위한 **비위감찰**은 물론이고, 법령·제도·운영상의 모순을 찾아내기 위한 **행정감찰**까지도 포함된다(법 제33조, 제34조). 그런데 직무감찰의 구체적인 범위는 감사원법에서 정하고 있는데 국회·법원 및 헌법재판소에 속한 공무원은 감찰의 대상에서 제외되고 있다(법 제24조 제3항). 그리고 국무총리로부터 국가기밀에 속한다는 소명이 있는 사항 그리고 국방부장관으로부터 군기밀 또는 작전상 지장이 있다는 소명이 있는 사항은 감찰할 수 없도록 했다(법 제24조 제4항). 감사원이 지자체의 자치사무에 대해서 합법성뿐 아니라 합목적성 감사를 할 수 있게 정한 감사원법 규정(제24조 제1항 제2호 등)은 지자체의 자치권을 침해한다고 볼 수 없다는 헌법판례가 있다.[1] 직무감찰의 결과처리는 결산 및 회계검사의 경우와 같다.

감사원은 감사원법(제25조-제28조)과 감사원규칙이 정하는 방법에 따라 감사를 실시하는데, 금융기관을 상대로 감사에 필요한 범위 내에서 특정인의 금융거래정보 내지 자료의 제출을 요구할 수 있고, 감사대상기관의 자체감사에 의존해서 감사의 일부 또는 전부를 생략할 수 있다.

(6) 대통령자문기관

우리 헌법은 국정의 중요한 사항에 관하여 수시로 또는 국무회의의 심의에 앞서 대통령의 자문에 응하게 하기 위하여 여러 가지 헌법상의 자문기관을 설치하고 있는데 국가원로자문회의(제90조), 국가안전보장회의(제91조), 민주평화통일자문회의(제92조), 국민경제자문회의(제93조) 등이 바로 그것이다. 이 중에서 국가안전보장회의만은 필수적인 자문기관이기 때문에 반드시 설치하여야 하지만 나머지는 모두 임의적인 자문기관이기 때문에 그 설치 여부는 대통령의 재량결정사항이다.

우리 헌법은 이들 자문기관의 설치에 관해서 구체적인 사항을 법률에 위임하고 있기 때문에 그 동안 대통령자문기관에 관한 여러 가지 법률(국가안전보장회의법·민주평화통일자문회의법)이 제정되었다. 그 밖에도 우리 헌법(제127조 제3항)은 과학기술자문

1) 헌재결 2008. 5. 29. 2005헌라3 참조.

기구를 둘 수 있도록 했지만, 이 기구는 헌법기관이 아니라는 점에서 다른 자문기관과는 구별된다.

우리 헌법상의 통치구조에서 대통령자문기관은 별로 그 실효성을 나타낼 수 없는 하나의 장식적인 성격밖에는 갖지 못한다. 이미 설치·운영되고 있는 국가안전보장회의와 민주평화통일자문회의의 실상이 이를 잘 입증해 주고 있다.

4) 선거관리위원회

우리 헌법은 선거와 국민투표 및 정당에 관한 사무를 담당하는 독립된 헌법기관으로서의 선거관리위원회를 두고 있다(제114조-제116조). 선거와 국민투표의 관리 및 정당에 관한 사무의 처리는 그 업무의 성질상 집행작용에 속하는 것이기 때문에 일반행정관청이 맡아서 처리할 수도 있지만, 선거와 국민투표 및 정당활동이 갖는 중요한 민주정치적 기능을 반영해서 우리 헌법은 이들 **정치발전적 집행업무**를 일반집행업무와 구별해서 독립된 헌법기관에 맡기고 있다.

(1) 선거관리위원회의 헌법상 의의와 기능

대의제도에 바탕을 둔 자유민주적 통치구조 내에서 선거제도와 정당제도는 그 필수불가결한 조직원리를 뜻한다. 또 대의제도와 직접민주주의를 조화시키려고 꾀하는 우리 통치구조 내에서 국민투표제도는 국민주권의 원리를 실현하고 정책의 민주적 정당성을 확보하는 데 매우 중요한 의미를 갖는다. 그런데 선거와 국민투표의 관리가 공정하게 이루어지지 못하고 정당에 관한 사무가 불공정하게 처리되면 선거와 국민투표는 그 본래의 민주정치적 기능을 나타내지 못하고 하나의 장식적이고 형식적인 기능밖에는 갖지 못하게 된다. 그래서 선거와 국민투표관리 등의 정치발전적 집행업무담당기관을 일반행정기관과는 별도의 독립기관으로 구성해야 한다는 요청이 타당성을 갖는다. 우리 헌법상의 선거관리위원회도 이와 같은 요청을 제도화한 것이라고 볼 수 있다.

즉 우리의 선거관리위원회는 통치권의 민주적 정당성을 위해서 매우 중요한 의미를 갖는 각종 선거 및 국민투표관리와 정당에 관한 사무를 일반행정업무와 기능적으로 분리해서 이를 독립된 헌법기관에 맡김으로써 일반행정관서의 부당한 선거간섭을 제도적으로 배제 내지 견제할 수 있도록 한다는 일종의 **기능적인 권력통제장치**로서의 의미를 갖는다고 할 것이다.

(2) 선거관리위원회의 헌법상 지위

선거관리위원회는 선거 및 국민투표관리와 정당에 관한 사무를 공정하게 처리하기 위해서 설치된 독립된 기관으로서 합의제로 운영되는 필수적인 헌법기관이다.

(가) 독립기관으로서의 지위

선거관리위원회는 조직과 기능면에서 입법·행정·사법부로부터 완전히 독립된 기관으로서의 지위를 갖는다. 선거관리위원회가 담당하는 업무의 성질은 집행업무이지만 그 업무의 수행에 있어서는 집행부로부터 완전히 독립되어 있다. 또 그 조직도 중앙선거관리위원회의 경우 대통령이 임명하는 3인, 국회에서 선출하는 3인, 대법원장이 지명하는 3인의 위원으로 구성되기 때문에 독립성의 유지에 유리하도록 되어 있다. 선거관리위원의 헌법상의 임기제와 신분보장 및 정치활동금지(제114조)도 기관의 독립성을 지키기 위한 당위적인 조치이다. 선거관리위원회가 소관사무에 관하여 관계행정기관에 필요한 지시를 하고, 또 지시를 받은 당해 행정기관은 이에 응하여야 하는 것(제115조)도 선거관리위원회의 독립성에서 나오는 당연한 결과이다.

(나) 합의제기관으로서의 지위

선거관리위원회는 9인의 선거관리위원으로 구성되는 합의제기관으로서 그 의사결정도 위원 과반수 출석과 출석위원 과반수의 찬성으로 행한다(법 제10조). 선거관리위원회는 합의제헌법기관이라는 점에서 감사원과 같지만, 회의체헌법기관인 국무회의와는 다르다. 선거관리위원회는 합의제기관이기 때문에 위원장을 위원 중에서 호선하며(제114조 제2항), 위원장은 회의를 소집하고 주재하며 표결권과 가부동수인 경우의 결정권을 갖는다(법 제10조 제2항, 제11조).

(다) 필수적인 헌법기관으로서의 지위

선거관리위원회는 반드시 설치하여야 하는 필수적인 헌법기관으로서의 지위를 갖는다. 우리 헌법은 중앙선거관리위원회와 각급선거관리위원회의 설치를 통치구조의 당위적인 기구로 전제하고 있다.

(3) 선거관리위원회의 종류와 구성

(가) 선거관리위원회의 종류

우리 헌법은 각급선거관리위원회의 조직·직무범위 기타 필요한 사항을 법률로 정하도록 하고 있기 때문에(제114조 제7항) 선거관리위원회에 여러 종류가 있다는 것을 전제로 하고 있다. 이에 따라 제정된 선거관리위원회법(제2조)은 각각 9인 또는 7

인(읍·면·동선관위)의 위원으로 구성되는 네 종류의 선거관리위원회를 두고 있다. 중앙선거관리위원회, 서울특별시·광역시·도선거관리위원회, 구·시·군선거관리위원회, 읍·면·동선거관리위원회가 바로 그것이다.

(나) 선거관리위원회의 구성

중앙선거관리위원회의 구성은 헌법에서 직접 정했지만 나머지 선거관리위원회의 구성은 법률에서 정하도록 했다. 중앙선거관리위원회는 대통령이 임명하는 3인, 국회에서 선출하는 3인, 대법원장이 지명하는 3인의 위원으로 구성하고 위원장은 위원 중에서 호선한다(제114조 제2항). 이 경우 모든 위원은 국회의 인사청문을 거쳐 임명·선출·지명해야 한다(법 제4조 제1항). 중앙선거관리위원회와 시·도선거관리위원회에는 위원장을 보좌하고 그 명을 받아 소속 사무처의 사무를 감독하게 하기 위하여 각 1인의 **상임위원**을 두고 나머지 위원은 **비상임의 명예직**으로 한다(법 제6조). 중앙선거관리위원회에는 사무총장 및 사무차장을 두는데 그 직급은 각각 국무위원과 차관급으로 한다(법 제15조). 각급선거관리위원의 임기는 6년으로 하되 연임제한이 없으며(제114조 제3항), 법관의 신분보장에 준하는 강력한 신분보장을 받는다(제114조 제5항). 다만 기관의 정치적 중립성과 독립성을 위해서 위원의 정당가입이나 정치관여를 금지하고 있다(제114조 제4항).

(4) 선거관리위원회의 기능과 책임

선거관리위원회는 정당에 관한 사무를 처리하고, 선거 및 국민투표에 관한 업무를 관장해서 선거운동을 관리하고 국민투표를 계도하며, 정치자금을 관리·배분하고 기관운영에 관한 자율권을 갖는다.

(가) 정당사무처리

선거관리위원회는 헌법과 정당법 및 선거관리위원회법에 따라 정당에 관한 사무를 맡아서 처리하고 있는데, 정당등록 접수, 변경등록 접수, 등록 및 변경등록, 신청받은 정당의 정강정책(강령 또는 기본정책과 당헌)의 보존과 그 내용의 인터넷 홈페이지에의 공개, 등록증의 교부 및 공고, 정기보고 접수, 자료 등의 제출요구, 등록의 취소 등 그 업무가 매우 다양하다.

(나) 선거 및 국민투표업무관장

선거관리위원회는 헌법과 법령이 정하는 바에 의하여 국가 및 지방자치단체의 선거에 관한 사무, 국민투표에 관한 사무, 위탁선거에 관한 사무(법 제3조) 등을 관장해서 처리하되 선거인명부의 작성 등 선거사무와 국민투표사무에 관하여 관계행정기관에 필요한 지시 또는 협조요구를, 그리고 공공단체 및 금융기관(개표사무종사원 위촉의 경우에 한함)에 협조요구를 할 수도 있다(제115조 제1항, 법 제16조 제2항). 이때 지시 또는 협조요구를 받은 당해 행정기관·공공단체 등은 이에 우선적으로 응하여야 할 헌법상·법률상의 의무가 있다(제115조 제2항, 법 제16조 제3항). 선거관리위원회는 선거 또는 국민투표가 있을 때마다 선거권자의 주권의식의 앙양을 위하여 적절한 방법으로 필요한 계도를 실시하여야 한다(법 제14조). 그러나 선거계도가 선거결과에 영향을 미치기 위한 것이어서는 아니 된다. 또 각급선거관리위원회는 선거기간 동안 10인 이내의 중립적인 사람으로 구성되는 **선거부정감시단**을 두어 선거부정을 감시하게 한다(선거법 제10조의2). 그리고 각급선거관리위원회의 위원과 직원은 **선거범죄조사권**을 가지며(선거법 제272조의2와 3) 선거법위반행위에 대해서 중지·경고·시정명령을 하며 그 위반행위가 선거의 공정을 현저하게 해치거나 명령불이행에 대해서는 관할수사기관에 수사의뢰 또는 고발할 수 있다(법 제14조의2). 그 밖에도 선거관리위원회는 선거비용의 수입·지출에 관한 자료제출요구 등 광범위한 **선거비용 실사권**을 가진다(정자법 제43조).

(다) 정치자금관리·배분

선거관리위원회는 정치자금법에 따라 정치자금의 기탁을 받고(제22조) 기탁된 정치자금을 각 정당에 배분지급하며(제23조) 정당에 대한 국고보조금을 배분지급(제25조-제29조)하고 그 지출에 관하여 조사(제43조)하는 기능을 맡고 있다. 헌법재판소는 정당에 대한 국고보조금의 배분에서 배분기준으로 정당의 의석수비율이나 득표수비율도 고려한 국회교섭단체구성 여부에 따른 차등은 평등권 침해가 아니라고 결정했다.[1] 정당이 보조금회계를 허위보고하거나 보조금을 법이 정한 용도에 위반해서 사용하는 때에는 보조금을 회수하거나 차후의 보조금을 감액지급할 수 있다(제29조).

(라) 자율입법권

선거관리위원회는 헌법상의 독립기관으로서 자율입법권을 갖는데, 자율입법권은 성질상 중앙선거관리위원회의 권한이다. 즉 중앙선거관리위원회는 법령의 범위 안에서 선거·국민투표관리 또는 정당사무에 관한 규칙을 제정할 수 있으며, 법률에 저촉되지 아니하는 범위 안에서 내부규율에 관한 규칙을 제정할 수 있다(제114조 제6항). 그에 더하여 중앙선거관리위원회는 선거·국민투표·주민투표·국민소환 및 정당관계

1) 헌재결 2006. 7. 27. 2004헌마655 참조.

법률의 제정·개정 등이 필요하다고 인정하면 국회에 그 의견을 서면으로 제출할 수도 있다(법 제17조 제2항).

(5) 선거공영제

우리 헌법은 선거가 갖는 중요한 정치형성적 기능을 반영해서 민주적 선거법의 기본원칙(보통·평등·직접·비밀·자유선거)이 존중될 수 있도록 선거를 관리·운영하기 위해서 제한적인 선거공영제를 채택하고 그 관리를 선거관리위원회에 맡기고 있다. 우리 헌법이 **제한적인 선거공영제**의 수단으로 규정한 것이 선거운동관리의 원칙과 선거경비국고부담의 원칙(제116조)이다. 공직선거법의 선거비용 보전 제한조항이 예비후보자의 선거비용을 보전대상에서 제외하여 후보자에게 부담하도록 하는 것은 선거공영제에 반하거나 침해최소성과 법익균형성을 어긴 선거운동의 자유의 침해라고 할 수 없다는 헌법판례가 있다.[1]

(가) 선거운동관리의 원칙

우리 헌법은 각종 선거에서 행해지는 선거운동을 자유방임하지 않고 각급선거관리위원회의 관리하에 두어 선거운동의 기회균등을 보장함으로써 민주적인 선거가 되도록 배려하고 있는데(제116조 제1항) 이것을 선거운동관리의 원칙이라고 말한다. 따라서 우리 헌법은 **선거운동자유의 원칙**을 배척하고 있다. 선거운동자유의 원칙이 채택되는 경우 선거운동의 기회균등이 지켜질 수 없어 평등선거의 원칙이 침해될 위험성이 있다고 판단했기 때문이다. 헌법재판소는 각종 선거에서 선거운동기간을 제한하고, 선거운동에서 호별방문을 금지하는 선거법규정은 선거운동의 자유의 침해가 아니라고 결정했다.[2] 그러나 선거운동의 지나친 제한은 표현의 자유 및 선거권과도 관련되어 오히려 헌법에 위배될 수 있다는 점을 주의해야 한다. 예컨대 헌법재판소가 당원이 아닌 사람에게도 투표권을 부여하여 실시하는 정당 내 경선에서 서울교통공사의 상근직원에 대해서 경선운동을 일률적으로 금지·처벌하는 것은 침해최소성과 법익균형성을 충족하지 못하는 정치적 표현의 자유의 침해라고 결정한 이유도 그 때문이다.[3]

(나) 선거경비국고부담의 원칙

우리 헌법은 선거에 관한 경비는 법률이 정하는 경우를 제외하고는 선거에 참여

1) 헌재결 2018. 7. 26. 2016헌마524 등 참조.
2) 헌재결 2005. 2. 3. 2004헌마216; 헌재결 2016. 12. 29. 2015헌마1160 참조.
3) 헌재결 2022. 6. 30. 2021헌가24 참조.

하는 정당 또는 후보자에게 부담시킬 수 없도록 함으로써 선거경비에 관한 국고부담의 원칙을 분명히 밝히고 있다(제116조 제2항). 우리 실정법(선거법)은 이와 같은 헌법의 정신에 따라 선거에서 정당 또는 후보자가 부담하는 선거경비를 최소한의 범위 내에서 정하고 있다[1](선거법 제64조-제66조, 제71조, 제73조, 제83조, 제161조, 제181조). 현행선거법에서는 지역구국회의원의 경우 후보자의 득표수가 유효투표총수의 10/100 이상 15/100 미만인 경우에는 기탁금의 50/100에 해당하는 금액을, 그리고 유효투표총수의 10/100 미만인 때와 비례대표국회의원의 경우 당해 후보자명부의 후보자 중 당선인이 없는 때에는 그 기탁금 전액을 국고에 귀속시키고 있다(법 제57조 제1항 제1호, 제2호). 그리고 각종 주요공직선거의 공영화를 위해서 매년 정당에 지급되는 **국고보조금**(선거권자 1인당 계상단가) 외에 선거(대통령선거·국회의원선거·동시지방선거)가 있는 해에는 선거마다 **추가보조금**(선거권자 1인당 계상단가)을 지급하도록 했다(정자법 제25조). 그리고 국회의원 또는 시·도의회의원선거가 있는 해에는 지역구에 여성후보자를 5% 이상 추천하는 정당에 **여성후보보조금**(선거권자 1인당 100원)을 지급한다(정자법 제26조).

(다) 선거공영제의 한계

우리 헌법이 채택한 제한적인 선거공영제는 그 근본취지는 매우 긍정적인 것임에 틀림없다. 그러나 이것을 법률로 실현하고 구체화하는 과정에서 지나치게 엄격한 제한과 금지위주의 공영제로 변질하면 오히려 선거의 기능을 약화하거나 무의미하게 할 위험성이 있다. 따라서 선거의 기능을 해치지 아니하는 범위 내에서 선거공영제가 제도화되어야 한다. 바로 이곳에 선거공영제에 관한 입법형성권의 한계가 있다. 이와 같은 관점에서 볼 때 우리의 통합선거법은 특히 선거운동관리의 원칙을 제도화하는 데 있어서 선거운동의 자유를 확대하기 위해서 포괄적 제한·금지방식을 **개별적 제한·금지방식**으로 바꾸고 **예비후보자제도**(선거법 제59조 제1호, 제60조의2와 3, 제61조의2 및 제62조)를 도입하는 등 입법형성권의 한계를 존중하려고 노력한 흔적이 없지 않지만 아직도 입법개선의 여지는 많다.

1) 【결정례】 i) 우리 헌법재판소도 구국회의원선거법(제33조, 제34조)의 위헌심판청구사건의 결정문에서 선거경비국고부담의 원칙을 강조하고 있다. 즉 「유효투표 총수의 1/3을 얻지 못한 낙선자 등의 기탁금을 국고에 귀속시키게 하는 것은 그 기준이 너무 엄격하여 국가존립의 기초가 되는 선거제도의 원리에 반하며, 선거경비를 후보자에게 부담시킬 수 없다는 헌법 제116조에도 위반된다」고 지적했다(헌재결 1989. 9. 8. 88헌가6). ii) 국회의원선거에서 유효투표총수의 20/100 이상 득표한 경우에만 기탁금을 반환하도록 한 선거법 제57조 제1항 제1호는 피선거권의 과잉제한으로서 위헌이다(헌재결 2001. 7. 19. 2000헌마91 등).

3. 법원

우리 헌법은 사법권을 법원에 맡기고 있다. '사법권은 법관으로 구성된 법원에 속한다'(제101조 제1항)는 규정이 바로 그것이다. 3권분립의 원칙을 통치기구의 조직원리로 채택하고 있는 우리 헌법질서 내에서 사법권을 입법부와 집행부로부터 독립한 법원에 맡긴다고 하는 것은 너무나 당연한 이치이다. 그런데 사법기능의 본질적인 특성 때문에 사법기능이 그 실효성을 나타내기 위해서는 법원의 조직을 비롯해서 사법권의 독립이 실질적으로 보장되어야 한다. 그런데 사법권의 독립은 제도와 의지가 함께 상승작용을 하는 경우에만 비로소 기대할 수 있으므로 제도가 합리적으로 마련되어야 하고 법관도 법관으로서의 투철한 관직사명을 가지고 정의실현과 법적 평화 및 기본권의 보호를 위해서 노력하는 진지한 자세를 가져야 한다.

1) 사법기능의 의의와 특질

사법기능은 국가의 통치기능 중에서도 **합법성**을 가장 중요시하는 기능으로서 일체의 정치적인 고려나 합목적성의 판단으로부터 해방되어야 하는 정치적인 무풍지대의 국가작용이다. 정치적으로 오염된 이른바 '**정치적인 사법작용**'은 이미 사법작용이 아니다.

(1) 사법기능의 의의

사법기능이란 구체적인 쟁송을 전제로 해서 신분이 독립된 법관의 재판을 통해 법을 선언함으로써 법질서의 유지와 법적 평화에 기여하는 **비정치적인 법인식기능**을 말한다. 우리 헌법에서 '사법권은 법관으로 구성된 법원에 속한다'는 말은 적어도 이러한 **고유한 사법기능**만은 법관으로 구성된 독립된 법원이 맡아야 한다는 뜻이다. 따라서 이 헌법규정은 법원이 맡는 자율입법기능과 사법행정기능 등을 배척하는 개념이 결코 아니다. 또 이 헌법규정은 법원 이외의 국가기관이 헌법에 따라 예외적으로 사법유사의 기능을 맡게 되는 것을 금지하는 내용도 아니다. 그래서 '사법권은 … 법원에 속한다'는 말은 결코 법원만이 고유한 사법기능과 모든 사법유사의 기능을 독점한다는 뜻도 아니고 또 법원은 오로지 고유한 사법기능만을 맡는다는 뜻도 아니다. 그 말은 적어도 고유한 사법기능만은 법원에 속한다는 뜻이다.

(2) 사법기능의 특질

사법기능은 구체적인 쟁송을 전제로 해서 신분이 독립된 법관의 재판을 통해 법을 선언함으로써 법질서의 유지와 법적 평화에 기여하는 비정치적인 법인식기능이기 때문에 그 기능의 전제·방법·목적·성질·효과면에서 다른 국가작용과는 다른 특질을 가지고 있다. 사법기능은 입법기능 또는 집행기능과는 달라서 스스로 능동적으로 활동할 수 없고 분쟁의 당사자만이 소를 제기할 수 있어 그 활동영역이 다른 국가작용에 비해서 비교적 제한되어 있다. 그럼에도 불구하고 사법기능은 그 조직과 절차의 특수성 때문에 기본권의 보호를 위해서는 매우 중요한 의미를 갖는다. 사법권에 의한 기본권의 보호가 강조되는 이유도 그 때문이다. 아무튼 사법기능은 입법·집행기능과는 구별되는 다음과 같은 특질을 가지고 있다.

(가) 기능전제적 특질

사법기능은 구체적인 쟁송을 전제로 해서만 행해지는 분쟁해결의 **소극적·수동적 기능**이라는 점에서 다른 국가작용과 구별된다. 즉 입법기능과 집행기능이 국가의사와 국가정책을 적극적이고 능동적으로 결정하는 것과는 달리 사법기능은 그 기능의 전제가 소극적·수동적이라는 특질을 갖는다. 사법기능이 기본권보호기능을 갖는 경우에도 그것은 다른 국가작용과는 달리 사후적 보호 수단이 될 수밖에 없는 이유도 사법기능의 기능전제적 특질 때문이다.

(나) 기능방법적 특질

사법기능은 구체적인 쟁송이 있을 때 신분이 독립된 법관의 재판을 통해서 무엇이 **법인가를 선언**하는 방법으로 행해지는 국가작용이라는 점에서 대의적인 의사결정과정을 거쳐 법의 내용을 형성하는 입법기능과 다르고, 또 상명하복에 따라 행해지는 법집행기능과도 구별된다.

(다) 기능목적적 특질

사법기능은 분쟁해결을 통해서 **법질서의 유지**와 법적 평화의 실현을 그 직접적인 목적으로 하는 국가작용이라는 특징을 갖는다. 입법 및 집행기능도 공익목적을 위한 국가작용이지만 사법기능은 그 기능목적이 법질서유지와 법적 평화의 실현에만 국한되어 있기 때문에 현상유지적인 성격이 강해서 다른 국가작용처럼 개발적인 공익목적 달성을 추구할 수는 없다. 사법기능의 보수성이 여기에서 나온다.

(라) 기능성질적 특질

사법기능은 **비정치적인 법인식기능**이라는 특징을 갖는다. 입법기능은 법의 정립

내지 형성기능이고, 집행기능은 법의 집행 내지 정책형성기능인 것과 다른 점이다. 헌법재판도 본질적으로는 법인식기능이지만 그것은 합법성의 고려와 정치적인 합목적성의 고려가 함께 작용하는 정치적인 법인식기능이라는 점에서 사법기능과는 구별된다.

(마) 기능효과적 특질

사법기능은 그 기능의 전제·방법·목적·성질의 면에서 다른 국가작용과는 다른 특질을 가지고 있으므로 그 기능의 효과면에서도 독특한 특징을 나타낸다. 즉 사법기능은 다른 국가작용에 의한 기본권침해를 구제해 주는 **기본권보호효과**를 나타내는 것이 원칙이다. 그러나 사법기능이 제 구실을 못하는 경우에는 기본권은 오히려 사법기능에 의해서 결정적으로 침해받게 된다. 이 점이 다른 국가작용에 의한 기본권침해의 경우에 구제방법이 있는 것과 다른 점이다. 사법권에 의한 기본권보호뿐 아니라 사법권에 대한 기본권보호가 함께 강조되는 이유가 그 때문이다. 헌법재판에 의한 최후의 구제방법이 제한적으로 마련되어 있다고 하더라도 법원의 재판이 헌법소원의 대상에서 제외된 우리의 헌법재판제도하에서는 별로 실효성을 기대할 수 없다고 할 것이다. 그러나 사법기능이 제구실을 하는 경우 사법기능은 다른 국가작용에 대한 권력통제적 효과를 나타내고 기본권을 실현하며 법적 정의를 활성화해서 사회를 평화로운 생활터전으로 만드는 중요한 효과를 가져온다.

2) 사법기능의 범위와 한계

(1) 사법기능의 범위

우리 헌법은 사법기능을 법관으로 구성된 법원에 맡기고 있어 적어도 법원이 행사할 수 있는 사법기능의 범위가 특별히 문제되지는 않는다. 다만 우리 헌법은 고유한 사법기능과는 구별되는 사법유사의 기능을 법원 이외의 다른 국가기관에 맡기고 있어 그러한 사법유사의 기능은 마땅히 법원이 행사하는 사법기능의 범위에는 포함되지 않는다. 헌법재판소의 권한으로 되어 있는 헌법재판사항(제111조 제1항), 집행부에 속하는 행정심판사항(제107조 제3항), 특별법원인 군사법원의 심판사항(제110조, 제27조 제2항), 국회의 자율권에 속하는 의원징계사항(제64조 제2항, 제4항), 대통령에게 부여된 은사에 관한 사항(제79조) 등이 바로 그것이다.

그러나 또 한편 우리 헌법은 법원이 **고유한 사법기능** 이외에도 **일부 사법유사의 기능**도 함께 맡도록 하고 있는데 헌법재판기능 중에서 **법률에 대한 위헌심사권**(제107조 제1항, 제111조 제1항 제1호)과 **명령·규칙에 대한 규범통제권**(제107조 제2항)이 여기에 속한다. 또 선거법(제222조-제229조)에 의해서 각종 **선거소송사건**도 법원의 관할로 되어 있다. 따라서 법원에 속하는 사법기능에는 민사·형사·가사·행정·회생·특허재판기능 등 고유한 사법기능과 헌법과 법률에 따라 특별히 법원에 속하게 된 사법유사의 기능이 포함된다.

(가) 법원에 속하는 고유한 사법기능

법원에 속하는 고유한 사법기능으로는 민사·형사·가사·행정·회생·특허재판기능을 들 수 있다.

(a) 민사재판기능

민사재판기능이란 사인 간의 재산관계와 신분관계에 관한 분쟁을 해결하기 위한 사법기능을 말한다. 민사소송의 중심적인 부분은 재판절차이지만 강제집행절차도 넓은 의미의 민사소송에 포함된다. 또 넓은 의미의 민사소송에는 통상절차 외에도 특별절차(가사소송·독촉절차·집행보전절차·공시최고절차·파산절차 등)와 등기·경매 등도 포함된다.

(b) 형사재판기능

형사재판기능이란 국가가 소추한 범죄인을 대상으로 유죄 여부를 가려 그 형량을 정하는 사법기능을 말한다. 형사소송에는 수사·공판·집행절차가 모두 포함되지만 법원의 사법기능영역은 주로 공판절차이다. 그러나 넓은 의미의 형사소송에는 수사단계에서의 영장발부·약식절차·즉심절차 등이 모두 포함된다.

(c) 가사재판기능

가사재판기능이란 주로 신분법분야에서 발생하는 가사에 관한 분쟁(혼인·이혼·인지·입양·친생자관계·파양·가사비송(家事非訟) 등)을 해결하기 위한 사법기능을 말한다. 가사에 관한 소송도 성질상 민사소송의 유형에 속하지만 그 분쟁의 특수성을 고려해서 그 소송절차는 가사소송법이 따로 정하고 가사사건의 심리와 재판은 가정법원의 전속관할로 하고 있다.

(d) 행정재판기능

행정재판기능이란 행정작용에 관한 법적 분쟁을 해결하기 위한 사법기능을 말한다. 즉 행정청의 위법한 처분 또는 공권력의 행사·불행사 등으로 인한 국민의 권리·이익의 침해, 기타 공법상의 권리관계 또는 법적용에 관한 분쟁을 해결하기 위한 사법기능이 바로 행정재판이다.

사법제도개혁의 일환으로 행정재판제도가 1998년 3월 1일부터는 획기적으로 바뀌었다. 즉 1998년 3월 1일부터는 지방법원급의 전문적인 행정법원을 따로 설치해서(법조법 제3조) 행정소송법에 의한 행정소송사건을 제1심으로 심판하도록 함으로써 행정소송도 3심제로 바뀌었다. 국민의 권리구제가 한층 더 강화된 셈이다. 그리고 **행정심판전치주의**도 **임의적 전치주의**로 바뀌어 당사자의 자유로운 선택에 따라 행정심판을 거치지 아니하고도 직접 행정소송을 제기할 수 있도록 했다(행소법 제18조). 행정심판의 임의적 전치화에 따라 취소소송의 제소기간도 처분 등이 있음을 안 날로부터 90일 이내에 제기하도록 고쳤다(행소법 제20조). 이때 취소소송의 제1심관할법원은 피고의 소재지를 관할하는 행정법원으로 하지만, 중앙행정기관 또는 그 장이 피고인 경우에는 대법원소재지의 행정법원이 관할기관이 된다. 그리고 부동산 또는 특정의 장소에 관계되는 처분 등에 대한 행정소송은 그 부동산소재지 또는 장소소재지를 관할하는 행정법원에 제기할 수 있게 된다(행소법 제9조).

(e) 회생재판기능

회생재판기능이란 기업과 개인의 회생 및 파산사건만을 전문적으로 다루는 사법기능을 말한다. 세계적인 금융위기 이후 경기불황으로 한계기업이 늘어나고 가계부채가 증가하면서 어려움을 겪는 채무자에 대한 구조조정의 필요성이 커졌다. 그래서 채무자 회생 및 파산에 관한 법률이 제정·시행되고 있는 상황에서 이 법률을 적용하는 도산사건 재판에서 재판기관 구성원 모두의 전문성을 높이는 것은 도산사건에 대한 재판의 공정성과 형평성 및 신뢰성을 높이는 일이다. 그것은 결과적으로 도산사건 재판의 예측가능성을 높이게 되어 재판수요자가 법원의 재판을 믿고 법원에 더 가까이 다가갈 수 있게 되어 국민의 재판받을 권리를 실현하는 길이기도 하다. 회생법원은 기업이나 개인회생 및 파산사건뿐 아니라 외국도산절차의 승인 및 지원과 관련한 국제도산사건재판도 관할하게 될 것이다.

(f) 특허재판기능

특허재판기능이란 특허법·실용신안법·디자인보호법·상표법 등 **산업재산권**에 관한 법률영역에서 발생하는 법적 분쟁을 해결하기 위한 사법기능을 말한다. 산업재산권의 재산권적 가치가 날로 더해가고, 그에 관한 법적 분쟁도 점점 늘어나는 오늘날의 산업·기술사회에서 특허재판은 산업 및 과학기술의 발전에 매우 큰 영향을 미친다. 특허재판이 단지 분쟁을 해결하는 쟁송제도의 일종으로만 평가될 수 없는 이유도 그 때문이다.

법원조직법은 특허재판을 전담하는 고등법원급의 전문적인 특허법원을 따로 설치해서 특허재판의 제1심사건을 관할하게 했다. 그리고 특허재판이 갖는 기술적 특성을 감안해서 특허법원에는 **기술심리관**을 두어 특허·실용신안·디자인보호에 관한 특허재판절차의 심리에 참여하게 함으로써 특허재판의 전문성을 높이도록 했다.

(나) 법원에 속하는 사법유사의 기능

법원에 속하는 사법유사의 기능에는 법률에 대한 위헌심사권과 명령·규칙에 대한 위헌·위법심사권 그리고 대통령선거와 국회의원선거 그리고 지방자치를 위한 선거에 관한 소송의 심판권과 지방자치법상의 기관소송의 심판권 등이 있다.

(a) 법률에 대한 위헌심사권

법원은 그 사법기능을 수행할 때 법률이 헌법에 위반되는 여부가 재판의 전제가 된 경우에는 직권 또는 소송당사자의 신청으로 그 법률의 위헌 여부를 심사하고 위헌으로 판단하면 재판을 정지하고 헌법재판소에 그 법률에 대한 위헌 여부의 심판을 제청하여 그 심판에 의하여 재판한다(제107조 제1항, 헌재법 제41조-제43조). 이른바 법률에 대한 구체적 규범통제에 관한 법원의 기능인데, 우리 헌법은 규범통제의 제도를 마련하면서 **관할분리제**를 채택했기 때문에 법원에는 법률에 대한 위헌심사권과 합헌결정권만을 주고 법률에 대한 위헌결정권은 헌법재판소에 독점시키고 있다.

(b) 명령·규칙에 대한 위헌·위법심사권

법원은 명령·규칙이 헌법이나 법률에 위반되는 여부가 재판의 전제가 된 때에는 독자적으로 그에 대한 심판권을 갖고, 위헌·위법으로 판단되는 명령과 규칙의 적용을 거부할 수 있다(제107조 제2항). 다만 우리 헌법은 명령·규칙에 대한 위헌·위법심사권에 관해서 그 최종적인 심판권만은 최고법원인 대법원의 권한으로 하고 있으므로 하급법원에서 명령·규칙이 위헌·위법으로 적용이 거부된 사건은 반드시 대법원까지 상소할 수 있는 제도적 장치가 마련되어야만 한다. 법원조직법(제7조 제1항)에서 대법원에서의 명령·규칙의 위헌·위법심판사건은 반드시 대법관전원의 합의체(대법관 2/3의 출석과 출석대법관 과반수 찬성으로 결정)에서 다루도록 규정하고 있는 이유도 그 때문이라고 생각한다. 우리 헌법이 이처럼 법률에 대한 규범통제와 명령·규칙에 대한 규범통제를 다르게 규정하고 있는 이유는 규범의 단계구조에 따라 민주주의원칙도 존중하면서 3권분립이 요구하는 권력 간의 견제·균형의 정신도 충분히 살리려는 취지 때문이라고 볼 수 있다.

(c) 선거에 관한 소송의 심판권

우리 선거법(제222조, 제223조)과 지방교육자치법(제49조, 제57조)은 대통령과 국회의원 그리고 시·도지사 및 교육감 선거에 관한 소송의 심판권을 대법원에 맡기고 있으므로 대법원은 이 네 선거에 관한 선거소송과 당선소송의 심판권을 행사한다. 선거에 관한 소송의 심판은 그 본질면에서 헌법재판의 유형에 속하는 것이기 때문에 헌법재판제도가 확립된 나라에서는 헌법재판기관에게 맡기는 것이 원칙인데, 우리나라는 이를 대법원의 전속관할사항으로 정하고 있다. 다만 지방자치를 위한 지방의회의원선거와 기초지방자치단체장의 선거에 관한 소송과 심판권은 선거구를 관할하는 고등법원이 갖도록 했다(선거법 제222조, 제223조).

(d) 지방자치법상의 기관소송의 심판권

우리 지방자치법은 기관소송의 심판권을 대법원에 맡기고 있다. 즉 자치사무에 관한 지방자치단체의 장의 명령이나 처분이 **감독기관의 감독권행사**로 취소 또는 정지된 때 이의가 있는 지방자치단체의 장은 그 취소 또는 정지처분을 통보받은 날로부터 15일 이내에 대법원에 소를 제기할 수 있다(지자법 제169조 제2항). 또 **지방의회가 재의결한 사항**이 법령에 위반된다고 판단하는 지방자치단체의 장은 재의결된 날로부터 20일 이내에 대법원에 소를 제기할 수 있는데, 이 경우 필요하다고 인정되는 때에는 그 의결의 집행을 정지하게 하는 집행정지결정을 신청할 수 있다(법 제172조 제3항). 이때 지방자치단체의 장이 제소하지 않으면 주무부장관 또는 시·도지사가 직접 대법원에 제소하고 집행정지결정을 신청할 수도 있다(법 제172조 제4항). 그 밖에도 지방자치단체의 장은 주무부장관 또는 시·도지사로부터 **직무이행명령**을 받았는데 그 이행명령에 이의가 있으면 15일 이내에 대법원에 소를 제기하고 이행명령의 집행정지결정을 신청할 수 있다(법 제170조).

(2) 사법기능의 한계

법원이 고유한 사법기능과 사법유사의 기능을 수행하는 데 있어서 어떤 제약을 받는가를 검토하는 것이 바로 사법기능의 한계의 문제이다. 그런데 사법기능이 헌법의 명문규정이나 국제법상의 확립된 관행에 의해서 제약을 받는 것은 의문의 여지가 없다. 따라서 사법기능의 한계는 그와 같은 규범적 한계 이외에 헌법이론상 또 다른 한계를 인정할 수 있겠는가 하는 점이다.

(가) 사법기능의 규범적 한계

사법기능은 헌법과 국제법에 의한 일정한 제약을 받는다.

(a) 헌법상의 한계

① 소극적 한계

사법기능은 헌법에 따라 법원에 속하게 된 고유한 사법기능과 사법유사의 기능에 국한되기 때문에 그 이외의 사법유사기능을 수행할 수 없다는 소극적 한계가 있다. 우리 헌법(제111조 제1항)이 명문으로 헌법재판소의 관할사항으로 지정하고 있는 헌법재판기능(법률의 위헌심판, 탄핵심판, 위헌정당해산심판, 권한쟁의심판, 헌법소원심판)이 사법기능의 소극적 한계가 되는 것은 물론이다. 또 사법기능은 헌법(제27조 제2항, 제110조 제4항, 제77조 제3항)과 법률(군사법원법·군형법·군사기밀보호법·계엄법)에 의한 군사법원의 재판권 때문에도 제약을 받는데, 특히 비상계엄하에서는 군사법원의 단심재판이 허용되는 범위 내에서는(사형선고를 제외한 군인·군무원의 범죄, 군사에 관한 간첩죄, 초병·초소·유독음식물공급 및 포로에 관한 죄 중 법률이 정한 경우) 대법원의 사법기능마저도 제약을 받는다(제110조 제4항).

② 적극적 한계

헌법이 명문으로 사법적 통제를 배제하고 있는 사항은 사법기능의 적극적 한계가 된다. 우리 헌법이 국회의 자율기능으로 규정하고 있는 **의원의 자격심사와 징계 및 제명결정**에 대해서는 법원에 제소할 수 없도록(제64조 제2항-제4항) 명시하고 있는 것이 바로 그것이다.

(b) 국제법상의 한계

국제법상 확립된 **치외법권**의 이론에 따라 외교특권을 누리는 국내체류 외국인에 대해서는 우리의 사법기능이 미치지 아니한다. 외국의 원수와 그 가족 및 수행원, 외교사절과 그 가족 및 직원, 정박중인 외국군함의 승무원, 국내주둔외국군인 등이 여기에 속한다.

(나) 사법기능의 헌법이론적 한계

사법기능의 헌법이론적 한계에서는 사법기능의 특질에서 나오는 사법본질적 한계와 기타 헌법정책적 내지 법리적 한계가 논의의 대상이 되고 있다.

(a) 사법본질적 한계

사법기능은 구체적인 쟁송을 전제로 해서 신분이 독립한 법관의 재판을 통해 법을 선언함으로써 법질서의 유지와 법적 평화에 기여하는 비정치적인 법인식기능이라는 특질을 가지고 있기 때문에 언제나 구체적인 쟁송을 전제로 해서(사건성), 소를 제기한 정당한 당사자(당사자적격)가 그 소송에 의해서 실질적인 이익을 얻을 수 있는 경우에만(소의 이익) 현실적으로 발생한 급박한 사건만을 그 대상으로(사건의 성숙성) 하여야 한다. 따라서 i) 구체적인 쟁송이 없거나(사건성의 결핍), ii) 소송의 정당한 당사자가 아니거나(당사자부적격), iii) 소송에 의해서 얻을 실질적인 이익이 없거나(소의 이익 부존재), iv) 추상적이고 잠재적인 사건에 불과한(사건의 미성숙성) 경우에는 사법기능은 행해지지 아니한다. 이처럼 **사건성·당사자적격·소의 이익·사건의 성숙성**을 사법기능을 정당화시켜 주는 불가결한 전제조건이라고 볼 때 이들 전제조건을 갖추지 아니한 사건에 대해서는 사법기능이 미치지 아니한다. 이것을 사법기능의 사법본질적 한계라고 말한다.

(b) 헌법정책적 내지 법리적 한계

사법기능의 한계에서 가장 심각한 논란의 대상이 되는 것이 바로 헌법정책적 내지 법리적 한계의 문제이다. 특별히 다투어지고 있는 문제는 이른바 통치행위, 국회의 자율기능에 속하는 사항, 집행부의 자유재량행위, 특수한 신분관계에서의 행위 등이 법원에 의한 사법적 심사의 대상이 될 수 있는가 하는 점이다. 또 법원의 행정재판권에 행정관청을 대신하는 적극적 형성재판권까지도 포함되는가 하는 것도 다투어지고 있다.

① 통치행위

㉠ 통치행위의 개념

통치행위란 고도의 정치결단적 국정행위를 말한다. 통치행위의 개념과 관련해서 통치행위와 **정치문제**(political question)를 구별해서, 통치행위는 행위의 주체를 강조하려는 경우에 국한하고 행위의 주체보다는 그 행위의 내용을 강조하려는 경우에는 정치문제라는 개념을 더 많이 사용하고 있다. 이러한 구별의 실익은 통치행위의 개념을 되도록 좁게 이해함으로써 국가의 원수 내지 국정의 최고책임자가 행하는 최고의 정치결단적 국정행위만을 통치행위로 평가해서 그에 대한 사법적 통제를 배제하고, 다른 통치기관이 행하는 정치적인 내용의 국정행위는 되도록이면 사법적 통제의 대상에 포함시키려는 데 있다. 즉 통치행위에 대한 사법기능의 한계를 줄여 나가려는 노력의 한 표현이라고 할 것이다.

㉡ 통치행위에 대한 사법적 통제

통치행위가 법원에 의한 사법적 심사의 대상이 될 수 있는가에 대해서는 긍정설과 부정설이 대립되고 있다.

a) 긍정설

긍정설은 통치행위도 마땅히 법원에 의한 사법적 심사의 대상이 되어야 한다고 한다. 긍정설의 논거는 크게 두 가지로 갈라지는데, 하나는 통치행위라는 개념 자체를 부인하는 입장이고, 또 하나는 통치행위라는 개념 자체는 인정하지만 사법적 심사의 대상이 될 수 없는 국가작용은 원칙적으로 존재하지 않는다는 것이다. 이 입장에서는 통치행위에 대한 사법적 심사와 일반국정행위에 대한 사법적 심사는 다만 그 심사의 기준과 방법만을 달리하는 것이라고 한다.

b) 부정설

부정설에 따르면 통치행위는 법원에 의한 사법적 심사에 적당치 않은 고도의 정치결단적인 국정행위이기 때문에 법원의 심사대상이 될 수 없다고 한다. 부정설은 그 논증방법을 달리하는 두 가지 학설로 갈라지는데 논리적 부정설과 정책적 부정설이 바로 그것이다. **논리적 부정설**은 통치기구의 조직원리에 속하는 대의민주주의와 권력분립의 정신에 비추어 보거나 자유민주적 통치구조의 근본이념이라고 볼 수 있는 통치권의 민주적 정당성의 관점에서 볼 때 정치적인 결단이나 정책형성은 민주적 정당성에 바탕을 두고 활동하는 대통령과 국회의 정치적인 자유재량행위이기 때문에 민주적 정당성이 제일 취약하다고 볼 수 있는 법원이 그에 대한 심사를 하는 것은 옳지 않다는 것이다. 이에 반해서 **정책적 부정설**에 따르면 통치행위도 원칙적으로 사법적 심사의 대상이 되어야 하지만 통치행위에 대한 사법적 심사가 오히려 사법의 정치화를 초래해 사법권의 독립을 약화하는 부정적 결과를 가져올 위험성이 있으므로 사법부 스스로가 통치행위에 대한 심사를 자제하여야 한다고 한다. 정책적 부정설이 **사법적 자제설**(judicial self-restraint)로 불리는 이유도 그 때문이다.

c) 비판 및 사견

통치행위가 사법심사의 대상이 되는가에 관한 논리적 부정설은 헌법을 지나치게 미시적으로 관찰하고 헌법의 본질을 오해한 데에서 나온 단편적인 주장이라는 비판을 면할 길이 없다. 헌법의 통일성을 존중하고 헌법의 본질에 따라 우리 헌법을 통일적으로 해석하는 경우 모든 국가작용은 누구에 의해서 행해지든 결코 자기목적적인 작용일 수가 없고 반드시 기본권적 가치를 실현하기 위한 수단으로서의 성질을 갖는다는 점을 잊어서는 아니 된다. 따라서 비록 통치행위 또는 정치행위라는 이름으로 행해지는 국가작용이라 하더라도 그것이 국민의 기본권을 침해한 경우에는 마땅히 사법적 심사의 대상이 되어야 한다. 통치행위를 이유로 사법적 심사를 거부해 온 우리 대법원의 태도[1]는 반드시 시정되어야 한다. 다만 국민은 법원이 통치행위에 대한 사법적 심사를 기피하고 있는 상황에서 현실적으로 통치행위에 의한 기본권침해에 대해서 헌법소원을 통해 직접 헌법재판소에 그 권리구제를 청구하는 방법을 고려해 볼 수 있다. 헌법재판소는 헌법재판의 본질상 통치행위는 마땅히 헌법재판의 대상이 된다고 판시했기 때문이다.[2]

다만 통치행위 중에서 대통령이 국가의 원수 또는 국정의 최고책임자로서의 지위에서 행하는 고도의 정치적 결단에 속한다고 볼 수 있는 국정행위(예컨대 외교행위, 중요정책의 국민투표부의행위, 헌법개정발의행위, 법률안에 대한 거부권행사, 헌법기관구성행위, 은사행위 등)로서 국민의 기본권침해와 직접적인 관련이 없고 그 행위에 대한 정치적 통제(직접민주주의적 또는 대의적 통제)수단이 따로 마련되어 있는 경우에는 법원은 그러한 행위에 대한 사법적 심사를 스스로 자제하는 것도 헌법의 규범조화적 실현을 위해서 허용된다고 할 것이다. 헌법재판소도 국군의 이라크파병사건의 결정에서 같은 입장을 취하고 있다.[3]

이렇게 볼 때 원칙적으로 통치행위라는 개념을 인정하는 바탕 위에서 통치행위에 대한 사법적 심사를 긍정하는 긍정설이 옳지만, 기본권침해와는 무관한 통치행위의 영역에서는 사법적 자제설도 충분한 설득력을 갖는다고 생각한다.

② 국회의 자율기능과 사법적 심사

국회가 헌법에 따라 그 자율기능의 테두리 내에서 행하는 행위가 사법적 심사의 대상이 되는가는 다툼이 있었지만 종래 부정설이 지배적이었다. 즉 국회가 행하는 신분자율권·조직자율권·의사자율권의 행사는 국회의 독자적인 자율의 영역을 뜻하기 때문에 사법부가 그 당·부당을 가릴 문제가 아니라고 한다. 또 우리 헌법은 국회가 행하는 의원의 자격심사와 징계 및 제명결정에 대해서는 법원에 제소할 수 없게 함으로써 부분적으로 국회의 신분자율권에 대한 사법기능의 적극적 한계를 명문화하고 있다. 그러나 국회의 의사자율권은 존중되어야 하지만, 명백하고 현저한 의사절차적인 잘못이 있고 그것이 국회의 의사결정에 직접적인 영향을 미쳤다고 인정할 만한 충분한 근거가 있는 경우에는 헌법재판의 과정에서 그에 대한 심사가 가능하다고 보아야 한다.

---

1) 예컨대 대법원 1964. 7. 21. 선고 64초6 판결(재정신청); 대법원 1981. 12 3. 선고 80도2756 판결; 대법원 1981. 2. 10. 선고 80도3147 판결; 대법원 1981. 4. 28. 선고 81도874 판결; 대법원 1981. 9. 22. 선고 81도1833 판결.
2) 헌재결 1996. 2. 29. 93헌마186 참조.
3) 헌재결 2004. 4. 29. 2003헌마814 참조.

우리 헌법재판소도 입법절차의 하자에 대하여 심판권을 행사하고 있다.[1]

③ 집행부의 자유재량행위와 사법적 심사

고전적 행정법이론에서는 행정행위를 기속행위와 재량행위로 나누고, 재량행위는 다시 기속재량행위와 자유재량행위로 구분해서 자유재량행위에 대한 사법적 심사를 부정하려는 경향을 보여 왔다. 그러나 현대의 행정법이론에서는 행정관청의 완전한 자유재량행위를 인정하지 않으려는 경향이 강해졌을 뿐 아니라 설령 자유재량행위가 존재한다 하더라도 재량권의 일탈 내지 남용은 합리적인 재량권의 행사라고 볼 수 없기 때문에 사법적 심사의 대상이 되어야 한다고 하는 것이 대법원의 견해이다.[2]

④ 특수한 신분관계에서의 행위와 사법적 심사

고전적 특별권력관계이론에 따라 특별권력관계를 기본권보호의 사각지대로 이해하고 특별권력관계에서는 법률에 의한 기본권제한의 원칙이 적용되지 않는다고 생각하던 시대에는 특별권력관계에서 이루어진 일은 사법적 심사의 대상이 되지 않는다고 이해했다. 그러나 근대적 특별권력관계이론에서는 적어도 특별권력관계의 설정·변경·존속에 직접적인 영향을 미치는 기본관계에서 이루어진 공권력작용만은 사법적 심사의 대상이 된다는 방향으로 그 인식이 바뀌었다. 그리고 현대적 특별권력관계이론에서는 특수한 신분관계에서의 행위라고 해서 당연히 사법적 심사의 대상에서 제외되는 것은 아니라는 주장이 지배적인 이론으로 굳어지고 있다.

⑤ 행정청의 부작위나 거부처분과 사법적 심사

법원의 행정재판기능 중에 행정관청의 처분을 취소하거나 그 무효를 확인하고 행정관청의 부작위에 대해서 그 위법을 확인하는 판결 외에, 법원이 행정관청을 대신해서 직접 구체적인 처분을 하거나 어떤 구체적인 처분을 명하는 **적극적 형성판결**(**의무이행판결**)에 관한 권한까지도 포함되는가에 대해서는 다툼이 있다. 행정소송법에서 이를 명시적으로 인정하지 않는 한 해석을 통해서 의무이행소송을 인정하는 것은 권력분립원칙상 타당하지 않다고 할 것이다. 우리 헌법상의 통치구조에서는 사법기능이 집행기능을 대신하는 형태의 권리구제 제도는 없다. 그렇지만 의무이행소송을 제도적으로 도입하는 것이 국민의 권리구제와 행정권의 통제를 위해서 바람직한 것은 의문의 여지가 없다.

---

1) 헌재결 1997. 1. 16. 92헌바6 등; 헌재결 1998. 8. 27. 97헌마8 등; 헌재결 1997. 7. 16. 96헌라2; 헌재결 2023. 3. 23. 2022헌라4 참조.

2) 예컨대 대법원 1967. 11. 18. 선고 62누139 판결; 대법원 1960. 10. 31. 선고 4292행상9 판결 참조.

3) 사법권의 독립

사법기능은 구체적인 쟁송을 전제로 해서 신분이 독립된 법관의 재판을 통해 법을 선언함으로써 법질서의 유지와 법적 평화에 기여하는 비정치적인 법인식기능이기 때문에 사법부의 조직 및 기능상의 독립이 절대적으로 필요하다. 그뿐 아니라 법관의 신분보장도 사법권의 독립을 위한 불가결한 요소이다.

(1) 사법권독립의 의의와 기능

(가) 사법권독립의 의의

사법권의 독립이란 법관이 사법기능을 수행하는데 누구의 간섭이나 지시도 받지 아니하고 오로지 헌법과 법률에 의하여 그 양심에 따라 독립하여 심판하는 것을 말한다. 따라서 사법권의 독립은 최종적인 판결 내지 결정의 독립만이 아니라 판결 내지 결정에 이르는 모든 심리절차의 독립을 함께 의미한다. 구속영장의 발부와 같은 수사단계에서의 독립도 사법권의 독립에 포함되는 것은 물론이다. 그런데 사법권의 독립은 합리적인 사법제도를 통해서만 실현할 수 있고 또 법관의 투철한 관직사명을 떠나서 생각할 수 없는 것이기 때문에 제도와 의지의 상승작용에 의해서만 비로소 그 실효성을 기대할 수 있다.

(나) 사법권독립의 기능

사법권독립은 이념적으로는 3권분립의 원칙에서 유래하고 연혁적으로는 사법기능이 특히 군권 내지 집행권으로부터 독립하기 위한 제도적인 장치로 발전했기 때문에 오늘날까지도 주로 집행부의 재판간섭을 배제하는 기능을 나타내고 있다. 법관의 대통령 비서실 파견과 대통령 비서실 직위의 겸임을 금지하고 법관 퇴직 후 2년이 지나지 않으면 대통령 비서실 직위에 임용되지 못하게 한 이유도 그 때문이다(법조법 제50조의2). 그렇지만 현대자유민주주의의 통치구조에서는 사법부가 맡고 있는 사법기능과 사법유사의 기능 때문에 사법권의 독립은 집행부의 간섭배제라는 소극적 기능뿐 아니라 오히려 집행기능과 입법기능의 합헌성과 합법성을 간접적으로 유도하는 적극적 기능까지도 함께 하고 있다고 볼 수 있다. 그것은 즉 사법권의 독립이 결과적으로 집행기능과 입법기능에 대한 강력한 견제장치로 작용해서 **통치권행사의 절차적 정당성**을 확보하는 데 중요한 역할을 한다는 것이다. 통치권행사가 절차적 정당성을 확보한다는 것은 궁극적으로는 통치권의 기본권기속성에 도움이 되는 것이기 때문에 사법권의 독립은 기본권실현이라는 통치기능의 궁극적인 목표달성에도 큰 기여를 한다고 볼 수 있다. 따라서 이제는 사법권의 독립은 그 방어적·소극적 기능보다는 **통제적·적극적 기능**의 측면에서 이해하여야 할 것이다.

(2) 사법권독립의 내용과 한계

사법권독립은 크게는 법원의 독립과 법관의 독립을 그 내용으로 하는데 법원의 독립은 다시 법원의 조직상의 독립과 법원의 기능상의 독립으로 나누고, 법관의 독립은 바로 법관의 신분보장에 의해서 이루어지는 내용이다.

(가) 법원의 조직상의 독립

(a) 법원의 조직상의 독립에 관한 헌법규정과 그 의미

우리 헌법은 사법기능을 법관으로 구성된 법원에 맡기면서 법원은 최고법원인 대법원과 각급법원으로 조직하고 법관의 자격과 법원의 조직은 법률로 정하도록 했다(제101조, 제102조). 이처럼 법원을 구성하는 법관의 자격과 법원조직에 관해서 법정주의를 채택하고 있는 것은 법원이 맡은 사법기능의 비대체성을 강조함과 동시에 법원조직이 적어도 집행부의 임의적인 행정조직권으로부터 독립하게 하기 위한 것이라고 볼 수 있다. 따라서 법원의 조직은 적어도 행정부의 조직으로부터는 완전히 독립해야 하고, 법관의 인사권도 집행권으로부터 독립해야 한다. 다만 우리 헌법은 최고법원인 대법원의 구성만은 대통령의 대법원장 및 대법관임명권과 이들에 대한 국회의 임명동의권에 의한 간섭을 허용하고 있는데, 이것은 법원의 조직상의 독립에 장해적인 요인이 되는 것은 사실이다. 그렇지만 집행부와 입법부가 그와 같은 대법원구성관여권을 통해서 사법부를 견제하고 있다고 생각한다면 3권분립의 원칙이 요구하는 기관 간의 견제·균형을 위해서 불가피한 수단이라고도 볼 수 있다. 우리 헌법이 대법원장과 대법관이 아닌 법관은 대법관회의의 동의를 얻어 대법원장이 임명하도록 한 것은(제104조 제3항) 법원의 조직상의 독립을 실현하려는 강력한 의지의 표현이라고 할 것이다. 또 최고법원인 대법원으로 하여금 법률에 저촉되지 아니하는 범위 안에서 소송에 관한 절차, 법원의 내부규율과 사무처리에 관한 규칙을 제정할 수 있는 규칙제정권을 갖도록 한 것도(제108조) 법원의 조직상의 독립과 무관하지 않다.

(b) 법원의 조직상의 독립의 한계

우리 헌법은 최고법원인 대법원의 구성권을 대통령과 국회의 공동권한으로 하고 있어 대통령과 국회가 **대법원의 구성에 관여**하는 범위 내에서는 법원의 조직상의 독립은 제약을 받을 수밖에 없다. 또 그것이 법원조직 전체의 독립성에도 적지 않은 부정적인 영향을 미칠 수도 있다. 바로 이곳에 우리 헌법상 사법권독립의 한계가 있다. 따라서 대법원장이 갖는 대법관임명제청권(제104조 제2항)만이라도 법원조직의 독립에 도움이 되는 방향으로 운영되어야 할 것이다. 대법관후보추천위원회(법 제41조의 2)의 합리적인 구성과 공정한 추천이 요청되는 이유도 그 때문이다.

또 법원의 조직상의 독립성은 집행부가 갖는 **사법부 예산안편성권** 때문에도 제약을 받는다. 예산상의 뒷받침이 없는 조직이란 그 기능을 발휘할 수 없기 때문이다. 사법부의 독자적인 예산안편성권이 절대적으로 필요한 이유도 그 때문이다. 그런데 우리 법원조직법(제82조 제2항)은 사법부에 독자적인 예산편성권을 주지 않고 법원의 예산을 편성함에 있어서는 사법부의 독립성과 자율성을 존중해야 한다는 선언적 규정만 두고 있다.

법원조직의 법정주의에 의해서 국회가 갖는 법원조직에 관한 **입법권**도 법원의 조직상의 독립에 제약이 될 수 있다. 그렇기 때문에 대법원장은 법원의 조직·인사·운영·재판절차 등 법원업무에 관련된 법률의 제정 또는 개정이 필요하다고 인정하는 경우에는 국회에 서면으로 그 의견을 제출할 수 있도록 했다(법조법 제9조 제3항).

(나) 법원의 기능상의 독립

우리 헌법은 법원의 기능상의 독립을 보장하고 있다. 즉 '법관은 헌법과 법률에 의하여 그 양심에 따라 독립하여 심판한다'(제103조)는 규정이 바로 그것이다. 사법기능이 법관의 재판을 통해서 법을 선언하는 비정치적인 법인식기능이기 때문에 법원을 구성하는 법관이 재판에서 독립성을 지킨다고 하는 것은 바로 법원이 그 기능상의 독립을 지키는 것이 된다. 우리 헌법이 법관의 심판기능상의 독립성을 사법권독립의 핵심적인 내용으로 규정한 것은 법관이 재판에서 사법부 내외를 막론하고 그 누구의 간섭이나 지시도 받지 않는 기관의 독립성을 지키게 하기 위한 것인데 구체적으로는 외부적 간섭으로부터의 독립, 내부적 간섭으로부터의 독립, 소송당사자로부터의 독립, 기속이론 등을 그 내용으로 한다.

(a) 외부적 간섭으로부터의 독립

① 타국가기관으로부터의 독립

법관의 재판기능은 우선 타 국가기관으로부터 완전히 독립된 기능이다. 집행부와 입법부는 말할 것도 없고 헌법상의 독립기관인 중앙선거관리위원회와 헌법재판소도 법관의 재판에 간섭할 수 없다. 헌법재판소의 결정은 모든 국가기관을 기속하므로(헌재법 제47조, 제67조, 제75조) 법관도 헌법재판소의 결정을 존중하여야 하지만, 그것은 법관의 재판기능에 대한 외부적 간섭이 아니라 헌법재판의 당연한 효과이다.

② 사회적 압력단체로부터의 독립

법관의 재판은 사회적 압력단체로부터도 그 독립성이 유지되어야 한다. **여론재판**은 사법권의 독립과는 거리가 멀기 때문이다. 따라서 정당·각종 사회적 압력단체나 이익집단이 법관의 재판에 대해서 부당한 간섭을 하거나 법관에게 심리적인 폭력을 행사하는 것은 법관의 심판기능의 독립에 대한 중대한 침해라고 할 것이다. 다만 전문적이고 진실한 사실에 입각한 건전한 비판은 민주시민의 당연한 권리이기 때문에 법관이 양심에 따라 그러한 비판을 수용하는 것은 사법권독립의 침해가 아니다.

(b) 내부적 간섭으로부터의 독립

법관은 사법부내에서도 기능상의 독립성을 갖는다. 즉 법관의 임명권자인 동시에 보직권자인 대법원장도 법관의 재판에 대해서는 지시나 간섭을 할 수 없다. 또 각급 법원장도 소속 법관의 재판에 관한 지휘·감독권이 없다. 그뿐 아니라 상급법원도 하급법원에 대해서 사법행정상의 지시·감독은 할 수 있어도 구체적인 재판사건에는 간섭할 수 없다. 다만 **심급제도**의 본질상 상급법원의 재판에서의 판단은 당해 사건에 관하여 하급심을 기속하지만(법조법 제8조) 이것은 심급제도의 당연한 효과이지 재판의 간섭이 아니다. 또 대법원 이외의 법원과 일부 지원에 설치되는 판사회의는 단순한 사법행정에 관한 자문기관일 뿐 법관의 심판에 간섭할 수 없다(법조법 제9조의2). 합의부 재판의 경우에도 법관은 재판장의 사실 및 법률판단에 기속되지 않는다. 다만 합의평결이 이루어진 다음에는 법관은 그에 따라야 하지만 대법관의 경우에는 이견발표의 권리와 의무(법조법 제15조)가 있다. 또 법관은 형사재판에 참여하는 배심원의 유·무죄 평결과 의견에 기속되지 않는다(배심법 제46조 제5항).

(c) 소송당사자로부터의 독립

법관은 재판에서 소송당사자로부터도 어떠한 간섭도 받지 아니한다. 민사재판에서의 소송당사자는 물론이고, 형사재판에서 소추권을 행사하는 검찰, 행정재판에서 피고인 행정관청도 법관의 재판에 소송절차를 통하지 않은 어떠한 간섭도 해서는 아니된다. 법관이 소송당사자로부터 독립성을 지키게 하는 제도적 장치의 하나가 법관의 **제척·기피·회피제도**이다(민소법 제41조-제49조, 형소법 제17조-제24조).

(d) 기속이론

법관은 재판에서 오로지 헌법과 법률 및 자신의 양심에만 기속된다.

① 헌법과 법률에의 기속

법관이 헌법과 법률에 기속되는 것은 법치국가의 당연한 요청이다. 헌법은 국가의 최고규범이고 모든 하위법규범의 효력근거를 뜻하기 때문에 헌법을 무시한 재판이란 있을 수 없다. 법률은 형식적 의미의 법률뿐 아니라 실질적 의미의 법률까지를 포함하는 개념이다. 또 국내법과 동일한 효력을 갖는 조약과 일반적으로 승인된 국제법규도 당연히 법관을 기속한다. 다만 법관은 하위법규범보다는 상위법규범에 더 강하게 기속되므로 규범통제권을 갖고, 규범 상호 간의 저촉 여부를 심사해서 **상위법우선의 원칙**과 **신법우선의 원칙** 그리고 **특별법우선의 원칙** 등에 따라 재판해야 한다. 그러나 우리 헌법은 법관의 규범통제권을 제한해서 법률에 대한 위헌결정권만은 헌법재판소에 독점시키고 있어 법관은 법률의 위헌 여부가 재판의 전제가 된 경우에는 헌법재판소에 제청해서 그 결정에 따라 재판하여야 한다(제107조 제1항).

② 양심에의 기속

양심은 옳고 바른 것을 추구하는 윤리적·도덕적 마음가짐인데 법관의 재판에 영향을 미칠 수 있는 가장 최후적인 작용요인이다. 모든 인간은 양심의 주체이기 때문에 당연히 인간으로서 양심을 갖는데, 법관도 법관이기 이전에 한 인간으로서의 양심을 갖는다. 그러나 법관이 재판에서 기속되는 양심은 누구나가 갖는 인간적인 양심이라기보다는 법관이라는 직업이 요구하는 **직업수행상의 양심**을 뜻한다고 보아야 하므로 특별히 공정성과 합리성이 요구되는 법관으로서의 양심이라고 할 것이다. 법관의 재판에 엄정 중립적인 공정성과 강한 합리성이 요구되는 이유도 그 때문이다.

(e) 법원의 기능상의 독립의 한계

법원의 기능상의 독립은 대통령의 비상계엄선포권(제77조), 은사권(제79조), 국회의 국정감사 및 조사권(제61조)에 의해서 제약을 받을 수도 있다. 그러나 이들 제도도 사법권의 독립과 마찬가지로 헌법의 보호 내지는 기본권보호라는 헌법적 가치를 실현하기 위한 것이기 때문에 사법권의 독립과 규범적인 조화가 이루어질 수 있는 범위 내에서는 사법권의 침해라고 보기 어렵다고 할 것이다. 그러나 그 남용이나 악용은 법원의 기능상의 독립에 대한 중대한 위협이 되는 것은 물론이다. 바로 이곳에 법원의 기능상의 독립의 한계가 있다. 사법권의 독립이 제도만의 문제가 아니고 법관의 강한 의지가 함께 작용하여야 한다고 강조되는 이유도 바로 이와 같은 한계상황을 극복하는

데 있어서 무엇보다도 법관의 강한 의지가 필요하기 때문이다.

(다) 법관의 신분보장

사법권의 독립은 법관에 대한 완전한 신분보장에 의해서만 그 소기의 성과를 올릴 수 있다. 법관의 신분보장이 제대로 되어 있지 아니한 경우에는 사법권독립의 핵심적인 내용이라고 볼 수 있는 법관의 기능상의 독립성이 약화될 가능성이 크기 때문이다.

우리 헌법은 법관의 신분보장을 위해서 법관자격의 법정주의(제101조 제3항), 법관의 임기제(제105조 제1항-제3항), 법관정년의 법정주의(제105조 제4항)를 채택하고, 신분상 불리한 처분사유를 제한(제106조)하고 있다. 그에 더하여 법원조직법(제49조)에서는 법관의 신분보장과 조화될 수 없는 일정한 행위를 법관에게 금지시켜 법관의 신분보장이 실효성을 나타낼 수 있도록 노력하고 있다.

(a) 법관자격의 법정주의

우리 헌법은 법관의 자격을 법률로 정하도록 했다(제101조 제3항). 헌법의 수권에 따라 법원조직법이 법관의 임용자격(제42조)과 결격사유(제43조)를 자세히 규정함으로써 임의적인 법관임명이 가져올 수도 있는 사법부의 임명권자에 대한 예속화현상을 제도적으로 방지하고 있다. 법관자격의 법정주의와 상호 기능적인 보완관계에 있는 것이 대법원장의 법관임명권(제104조 제3항)과 법관보직권(법조법 제44조) 및 법관근무성적평정권(법조법 제44조의2)이다. 개정 법이 근무성적평정권의 행사기준을 마련한 이유이다.

(b) 법관의 임기제

우리 헌법(제105조)은 법관의 임기를 직접 헌법에 규정함으로써 집행부와 입법부가 법관의 신분보장을 쉽사리 침해하지 못하도록 했다. 즉 대법원장과 대법관의 임기는 6년인데 대법관의 연임제와는 달리 대법원장은 중임되지 못하게 했다. 중임허용이 오히려 사법권의 독립을 약화한다는 인식에 바탕을 둔 것으로 보이지만 그것을 대법원장에게만 적용한 것은 별로 설득력이 없다. 대법원장이 사법부의 수장이긴 하지만, 대법관의 연임제도 경우에 따라서는 적지 않은 부작용을 가져올 수 있기 때문이다. 대법원장과 대법관이 아닌 일반법관의 임기는 10년으로 하며 법률이 정하는 바에 의하여 연임될 수 있도록 했다.

(c) 법관정년의 법정주의

법관의 정년을 법률로 정하도록 한 헌법규정(제105조 제4항)에 따라 법원조직법(제45조 제4항)은 법관의 정년을 정하고 있는데, 대법원장과 대법관은 70세, 그 이외의 법관은 65세가 정년이다. 법관의 정년제는 사법부 구성원의 신진대사를 가능하게 해서 사법부가 지나치게 보수화하는 것을 막는다는 제도의 의의를 가진다. 헌법재판소도 '법관정년제는 법관의 쇠퇴화·보수화·관료화를 방지하기 위한 것이고 법관의 신분보장에도 기여한다. 그리고 법관의 직위에 따른 **차등정년제**는 법관 업무의 성격과 특수성·평균수명·조직체의 질서 등을 고려한 것으로 합리적인 이유가 있는 차별'이라고 판시했다.[1)]

(d) 신분상 불리한 처분사유의 제한

우리 헌법은 법관의 신분보장을 강화하기 위해서 법관에게 신분상 불리한 처분을 할 수 있는 사유를 명문으로 제한하고 있다(제106조). 즉 파면사유와 징계처분효력을 제한하고 임기전 퇴직사유를 헌법이 직접 정하고 있다. 헌법재판소는 '1980년 해직공무원의 보상에 관한 특별조치법이 법관을 그 적용에서 배제하고 있는 것은 법관의 신분을 직접 가중적으로 보장하고 있는 헌법(제106조 제1항)의 규정취지에 정면으로 배치되며, 직업공무원으로서 그 신분이 보장되고 있는 일반직 공무원과 비교하더라도 그 처우가 차별되고 있다'고 판시했다.[2)]

① 파면사유의 제한

법관은 탄핵 또는 금고 이상의 형의 선고에 의하지 아니하고는 파면되지 아니한다(제106조 제1항). 법관의 파면사유를 이처럼 탄핵과 금고 이상의 형의 선고로 엄격히 제한한 것은 법관의 신분보장을 위해서 중요한 의미를 갖는다.

② 징계처분의 효력제한

법관도 징계처분을 받을 수 있고 대법원에는 법관징계위원회를 두되 법관징계에 관한 사항은 반드시 따로 법률로 정하여야 한다(법조법 제48조). 그런데 우리 헌법은 법관에 대한 징계처분은 정직·감봉조치보다 무거울 수 없게 정하고 있다(제106조 제1항). '징계처분에 의하지 아니하고는 정직·감봉 기타 불리한 처분을 받지 아니한다'고 규정한 것이 바로 그것이다. 이 헌법정신에 따라 법관징계법(제3조)은 법관에 대한 징계의 종류를 견책·감봉·정직의 세 가지로 제한하고 있다.

③ 임기전퇴직사유의 제한

법관은 그 임기제에 의한 신분보장을 받기 때문에 원칙적으로 임기 전에는 본인의 의사에 반해서 퇴직하게 할 수 없다. 다만 우리 헌법은 '법관이 중대한 심신상의 장

1) 헌재결 2002. 10. 31. 2001헌마557 참조.
2) 헌재결 1992. 11. 12. 91헌가2 참조.

해로 직무를 수행할 수 없으면 법률이 정하는 바에 의하여 퇴직하게 할 수 있다'(제106조 제2항)고 그 퇴직사유를 직접 정하고 있다.

그리고 그 퇴직절차는 반드시 법률로써만 정하게 했는데 법원조직법(제47조)은 헌법이 정하는 퇴직요건이 충족된 때에도 대법관인 경우에는 대법원장의 제청으로 대통령이, 기타 법관의 경우에는 인사위원회의 심의를 거쳐 대법원장만이 퇴직을 명할 수 있게 했다.

④ 법관의 파견근무제한

대법원장은 법관의 임명권자인 동시에 보직권자이긴 하지만 법관을 사법부 이외의 다른 국가기관에 파견 근무시키려면 그 국가기관의 파견요청이 있고 업무의 성질상 법관을 파견하는 것이 타당하다고 인정될 뿐 아니라 당해 법관이 이에 동의하는 경우에만 기간을 정하여 파견할 수 있도록 제한하고 있다(법조법 제50조).

(e) 법관의 금지사항

법원조직법(제49조)은 법관의 신분보장에 부정적인 영향을 미친다고 생각하는 행위를 법관에게 금지하고 있는데 의원직 또는 행정공무원직 겸직, 정치운동관여, 보수 또는 금전상의 이익을 목적으로 하는 업무, 보수의 유무를 떠나 법인·단체 등의 고문·임원·직원의 겸직 등이 바로 그것이다.

(f) 법관의 신분보장의 한계

법관의 신분보장은 우선 법관인사권의 2원주의에 의한 제약을 받는다. 즉 대법원장과 대법관의 임명권을 대통령이 갖고 있고, 국회가 그 임명동의권을 갖고 있는 통치구조하에서 아무리 일반법관의 인사권(임명 및 보직권)을 대법원장이 행사해도 거기에는 스스로 일정한 한계가 있기 마련이다. 더욱이 대법관임명에 대한 대법관 후보추천위원회의 추천과 대법원장의 제청권이 형식화되고, 대법관연임제가 연임을 노린 대법관들의 관직사명을 약하게 만드는 원인으로 작용하며 대법원장의 법관보직권이 악용된다면 법관의 신분보장은 일정한 한계에 부딪치게 된다. 심급제도의 본질상 대법원의 독립 없는 사법권의 독립은 기대할 수 없기 때문이다. 헌법재판소는 법관 신분보장의 한계를 인정해서 '대법원장의 법관보직권 행사에 대한 헌법소원도 소청심사와 행정소송 등 보충성원칙을 지켜야 한다'고 판시했다.[1]

---

1) 헌재결 1993. 12. 23. 92헌마247 참조.

4) 법원의 조직과 권한

우리 헌법은 법원의 조직에 관해서는 그 조직의 기본적인 틀만을 제시하고 조직의 구체적인 세부사항은 법률에 위임하고 있다(제102조 제3항). 헌법이 제시하고 있는 법원조직의 기본적인 틀은 세 가지인데, 첫째 법원은 대법원을 최고법원으로 하는 각급법원으로 조직해야 하고(제102조 제2항), 둘째 대법원에는 부를 둘 수 있고(제102조

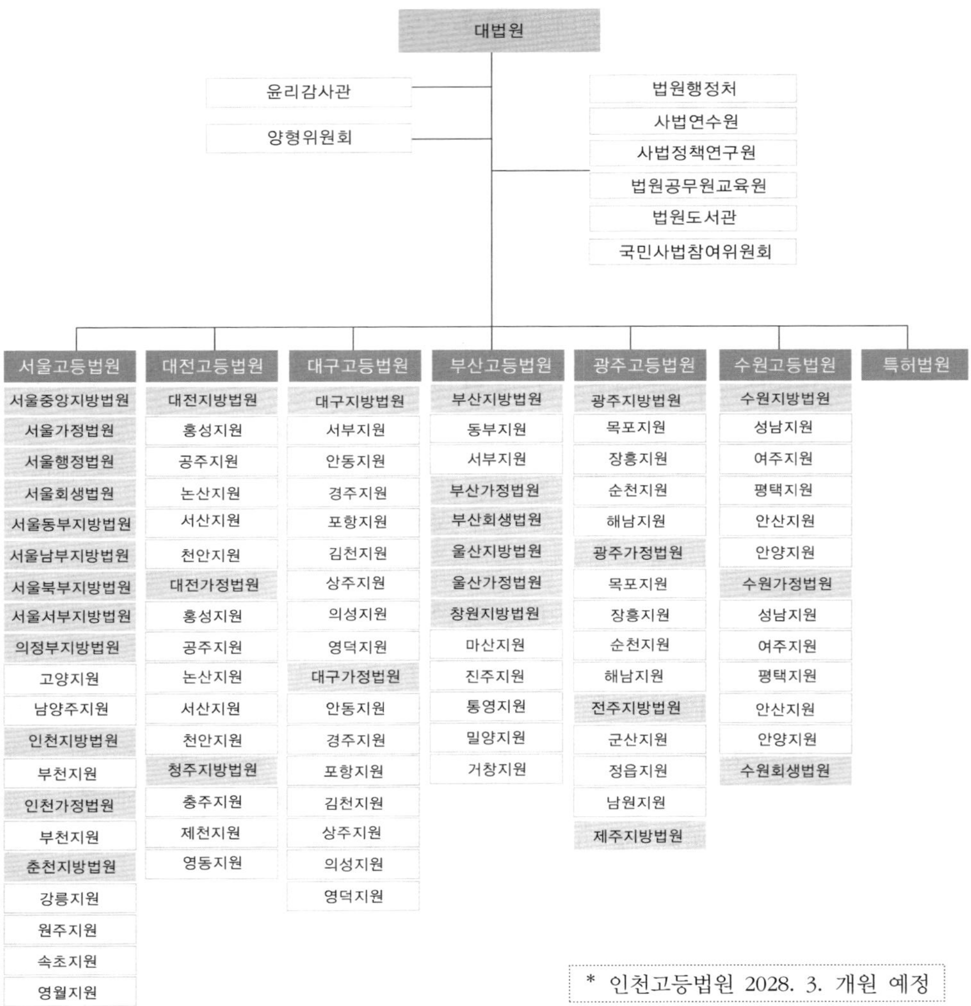

* 인천고등법원 2028. 3. 개원 예정

제1항), 대법원은 원칙적으로 대법관만으로 구성하지만 대법관 아닌 법관도 둘 수 있고(제102조 제2항), 셋째 특별법원으로서 군사법원을 둘 수 있으나 그 상고심은 대법원에서 맡는다는 것(제110조 제1항, 제2항) 등이 바로 그것이다. 헌법의 이러한 기본적인 조직의 틀에 따라 법원조직법(제3조)은 법원을 대법원·고등법원[1]·특허법원·지방법원·가정법원·행정법원·회생법원의 일곱 종류로 구분했다. 그리고 지방법원 및 가정법원의 관할구역 안에 지원과 가정지원, 시법원 또는 군법원(시·군법원) 및 등기소를 둘 수 있도록 했다. 다만 지방법원 및 가정법원의 지원은 2개를 합하여 1개의 지원으로 할 수 있도록 했다. 그런데 이들 법원의 설치·폐지 및 관할구역은 따로 법률로 정하고, 등기소에 관한 것은 대법원규칙으로 정한다. 그리고 대법원과 각급법원에 사법보좌관을 두어 법원조직법(제54조)과 대법원규칙으로 정하는 업무를 처리하게 한다.

(1) 대법원의 조직과 권한

(가) 대법원의 헌법상의 지위

우리 통치구조 내에서 대법원은 최고법원으로서 기본권적 가치를 실현 내지 보호하며 법률에 대한 최종적인 유권해석을 통해 법질서의 확립 내지 법적 평화에 기여하는 법적 평화보장기관으로서의 지위를 갖는다.

(a) 최고법원으로서의 지위

대법원은 최고법원으로서의 지위를 갖는다. 우리 헌법은 대법원을 최고법원으로 밝히고 있으므로(제101조 제2항) 사법부 내의 법원조직은 대법원을 최고법원으로 하는 것이어야 한다. 그것은 사법기능뿐 아니라 사법행정기능도 대법원은 최고법원이어야 한다는 뜻이다.

대법원이 갖는 최고법원으로서의 지위는 특별법원과의 관계에서도 존중되어야 한다. 우리 헌법이 특별법원인 군사법원의 상고심을 대법원으로 하고 있는(제110조) 이유도 그 때문이다. 그러나 대법원의 최고법원성은 법원에 속하는 사법기능과의 연관성 속에서 인정되는 헌법상의 지위이기 때문에 그것은 **사실심** 내지 **법률심**을 전제로 한 지위이다. 따라서 **헌법심**에 관해서는 대법원은 최고법원이 아니다. 우리 헌법은 헌법심을 전담하는 헌법재판소를 따로 설치하고 있기 때문에 헌법심에 관한 한 헌법재판소가 최고기관이다. 그렇지만 헌법재판소는 그 기능이 헌법심에 국한되어 있어 사실문제에 관한 판단이나 헌법의 규범적인 테두리 내에서 이루어지는 법률해석에 관

1) 인천고등법원을 증설해서 2028년 3월 개원 예정이다.

해서는 대법원의 견해를 존중하여야 한다. 헌법재판소는 헌법재판을 위해서 설치된 제4의 국가기관이고, 대법원은 사법부의 최고기관이기 때문에 두 헌법기관 사이에 기능과 조직면에서 **상하의 관계**는 성립하지 않는다.

(b) 기본권보호기관으로서의 지위

대법원은 사실심 내지 법률심에 관한 최고법원이기 때문에 사법기능에 의한 기본권보호의 최후보루라고 할 수 있다. 헌법재판소도 '기본권의 보호는 제도적으로 독립된 헌법재판소의 전유물이 아니라, 모든 법원의 가장 중요한 과제이기도 하다'고 판시했다.[1] 심급제도의 본질상 대법원의 판례가 하급심을 기속하는 사법제도 아래서 사법부가 수행하는 기본권보호기능은 궁극적으로는 대법원의 기본권보호기능에 의해서만 그 실효성을 나타낼 수 있기 때문이다. 더욱이 행정입법에 의한 기본권침해의 사례가 점점 많아지고 있는 행정국가적 징후 속에서 대법원이 갖는 명령·규칙에 대한 최종적인 규범통제권(제107조 제2항)은 기본권보호기관으로서의 대법원의 위상에 큰 의미를 부여해 준다.

(c) 법적 평화보장기관으로서의 지위

대법원은 모든 쟁송사건에서 발생하는 법률해석을 둘러싼 논쟁을 유권적으로 종결시킴으로써 법의 실효성을 높여 법적인 평화를 보장해 주는 기관으로서의 지위를 갖는다. 법치국가는 법적 안정성과 법적 평화를 떠나서 생각할 수 없으므로 법의 해석에 관한 논란이 대법원의 최종적인 유권해석을 통해 해결될 수 있다는 것은 법적 평화를 위해서 매우 중요한 의미를 갖는다.

(나) 대법원의 구성과 조직

(a) 대법원의 구성

대법원의 구성은 헌법에서 직접 규정하고 있다. 즉 대법원은 대법원장과 대법관으로 구성하는데 대법원장은 대통령이 국회의 동의를 얻어 임명하고 대법관은 대법원장의 제청으로 대통령이 국회의 동의를 얻어 임명한다(제104조 제1항, 제2항). 우리 헌법은 대법원구성원의 수를 명기하지 않아 법원조직법(제4조 제2항)에서 대법원장을 포함하여 14인으로 정하고 있다. 그러나 대법관의 수는 헌법에서 직접 정해 주는 것이 사법권의 독립을 위해서 필요하다. 우리 헌법은 대법원에 대법관 아닌 법관을 둘 수 있도록 했는데(제102조 제2항), 법원조직법(제24조)은 **재판연구관제도**를 두어 대법원에 소속시키고 있다. 즉 대법원장에 의해서 재판연구관으로 지명된 법관은 대법원장의

1) 헌재결 1997. 12. 24. 96헌마172 등 참조.

명을 받아 대법원에서 사건의 심리 및 재판에 관한 조사·연구업무를 담당하도록 했다. 대법원에서 근무하는 재판연구관은 대법관의 재판업무를 보조하는 보조기관에 불과하다. 사법권의 독립을 위해서 대법원장과 대법관의 임기제와 정년제가 실시되고 있다는 것은 이미 법관의 신분보장에서 말한 바와 같다.

(b) 대법원의 조직

① 대법원의 내부조직

대법원의 내부조직으로는 헌법에서 정하는 대법관회의(제104조 제3항)와 부(제102조 제1항)가 있고 법원조직법에 의한 대법관전원합의체(법 제7조)가 있다.

㉠ 대법관회의

대법관회의는 대법관으로 구성되며 대법원장이 그 의장이 된다. 대법관회의는 대법관전원의 2/3 이상의 출석과 출석인원 과반수의 찬성으로 의결하는데, 의장은 의결에 있어서 의결권을 가지며 가부동수면 결정권을 갖는다(법 제16조). 대법관회의는 대법원이 맡는 사법행정에 관한 사항을 주로 결정하는 기관이다(법 제17조). 이 점이 사법기능을 수행하는 대법관전원합의체(법 제7조)와 다르다.

㉡ 대법관전원합의체

대법관전원합의체는 대법관전원의 2/3 이상으로 구성하고 대법원장이 재판장이 된다. 대법원의 심판권은 대법관전원합의체에서 과반수 찬성으로(법 제66조) 행하는 것이 원칙인데 특히 명령·규칙의 위헌·위법결정, 종전 대법원판례의 변경 등은 반드시 이 합의체에서 심판하여야 한다(법 제7조).

㉢ 부

대법원에 부를 둘 수 있다는(제102조 제1항) 헌법규정에 따라 대법원장은 필요하다고 인정하면 부를 둘 수 있는데 부에는 일반부와 특정부가 있고 일반부에는 민사·형사부, 그리고 특정부에는 행정·조세·노동·군사·특허부가 있다. 특정부가 재판의 전문성을 살리기 위한 것이라면 일반부는 재판의 효율성을 높이기 위한 것이다. 부는 대법관 3인 이상으로 구성하는데 부에서 심리한 사건에 관하여 대법관의 의견이 일치한 때에는 그것이 필수적인 합의체심판사항이 아닌 한 그 부에서 최종재판을 할 수 있다(법 제7조 제1항, 제2항).

② 대법원의 부설기관

대법원에는 여러 부설기관이 있다. 사법행정사무를 관장하는 법원행정처(법 제19조), 판사의 연수 및 사법연수생의 수습에 관한 사무를 맡는 사법연수원(법 제20조), 사법제도 및 재판제도의 개선에 관한 연구를 하기 위한 사법정책연구원(법 제20조의2), 법원직원·집행관 등의 연수 및 양성에 관한 사무를 맡는 법원공무원교육원(법 제21조), 재판사무를 지원하고 법률문화를 창달하기 위한 법원도서관(법 제22조), 대법원장의 보좌사무를 맡는 대법원장비서실(법 제23조), 대법원장의 법관인사운영에 관한 심의기관인 법관인사위원회(법 제25조의2, 제41조 제3항, 제45조의2 제1항, 제47조), 대법원장이 제청할 대법관 후보자를 추천할 때마다 대법원에 한시적으로 두는 대법관후보추천위원회(법 제41조의2) 등이 필수적인 부설기관이고 대법원장의 자문에 응하기 위한 사법정책자문위원회(법 제25조)는 임의적인 부설기관이다. 그리고 양형기준의 설정·변경 등 양형정책의 심의·의결을 위해서 대법원에 양형위원회를 설치·운영한다(법 제81조의2 내지 제81조의12). 또 국민참여재판(배심재판)의 연구조직으로 대법원에 사법참여기획단과 국민사법참여위원회를 두는데 구체적 사항은 대법원 규칙으로 정한다(배심법 제54조, 제55조). 그 밖에도 대법원에는 개방직인 동시에 정무직인 윤리감사관(임기 2년)을 둔다(법 제71조의2).

(다) 대법원장과 대법원의 권한과 관할

(a) 대법원장의 권한

대법원장은 대법원의 일반사무를 관장하며, 대법원의 직원과 각급법원 및 그 소속기관의 사법행정사무에 관하여 직원을 지휘·감독한다(법 제13조). 따라서 대법원장은 대법원의 최고책임자인 동시에 사법부를 대표한다. 그에 더하여 대법원장은 대법관회의의 의장인 동시에 대법관전원합의체의 재판장이 된다. 또 대법원장은 대법관임명제청권, 헌법재판소재판관 3인과 중앙선거관리위원회위원 3인의 지명권을 행사하며, 법원행정처장 보직권(법 제68조 제1항)과 법관임명 및 보직권을 갖는다. 그리고 각급법원에 두는 계약직 공무원인 재판연구원(Law Clerk)(법 제53조의2)의 임용권도 갖는다. 대법원장유고시에는 선임대법관이 그 권한을 대행한다(법 제13조 제3항).

(b) 대법원의 관할과 권한

① 헌법상의 관할과 권한

대법원은 헌법에 따라 명령·규칙에 대하여 최종적인 위헌·위법심사(제107조 제2항)를 하며 군사법원의 상고심(제110조 제2항)으로 기능하는 외에도 법률에 저촉되지 아니하는 범위 내에서 소송에 관한 절차, 법원의 내부규율과 사무처리에 관한 규칙을 제정할 수 있는 규칙제정권(제108조)을 갖는다.

② 법률상의 관할과 권한

대법원은 법원조직법(제14조)에 의해서 i) 고등법원 또는 항소법원·특허법원의 판결에 대한 상고사건, ii) 항고법원·고등법원 또는 항소법원·특허법원의 결정·명령에 대한 재항고사건, iii) 다른 법률에 의하여 대법원의 권한에 속하는 사건의 종심재판권을 갖는다. 그런데 다른 법률에 의하여 대법원의 권한에 속한 사건으로는 선거법에 의한 대통령·국회의원선거소송사건과 시·도지사선거소송사건, 비례대표시·도의원선거소송사건(법 제222조), 지방교육자치법에 의한 교육감선거소송(법 제3조, 제6장), 국민투표법(제92조)에 의한 국민투표무효소송사건, 주민투표법(제25조 제2항)에 의한 광역자치단체 주민투표소송사건, 주민소환법(제24조)에 의한 광역자치단체장 대상 주민소환투표소송사건, 그리고 지방자치법(제188조 제6항, 제189조 제6항, 제192조 제4항, 제8항)에 의한 기관소송사건이 있다.

(2) 하급법원의 조직과 관할

(가) 고등법원의 조직과 관할

(a) 고등법원의 조직

고등법원은 판사로 구성하는데 고등법원장을 둔다. 고등법원구성원의 임용자격에 관해서 법원조직법(제44조 제2항)은 고등법원장의 경우에 15년 이상의 법조경력을 요구하고 있다.

고등법원장은 그 법원의 사법행정사무를 관장하며 소속공무원을 지휘·감독하는데 고등법원장의 유고시에는 수석판사·선임판사의 순으로 그 권한을 대행한다(법 제26조).

고등법원에는 부를 두는데 그 부의 재판에서 그 부의 판사 1인이 재판장이 되며 고등법원장의 지휘에 따라 그 부의 사무를 감독한다(법 제27조). 그런데 고등법원의 심판권은 판사 3인으로 구성된 합의부에서 행한다(제7조 제3항). 재판업무 수행상의 필요가 있는 경우 대법원규칙으로 정하는 바에 따라 고등법원의 부로 하여금 그 관할구역안의 지방법원 소재지에서 사무를 처리하게 할 수 있다. 이때 해당 고등법원의 부가 2개 이상인 경우 대법원장은 그 부와 관련된 사법행정사무를 관장하는 법관을 지정할 수 있다(법 제27조 제4항, 제5항).

(b) 고등법원의 관할

고등법원은 항소심기관으로서 i) 지방법원합의부·가정법원합의부 또는 행정법원의 제1심판결·심판·결정·명령에 대한 항소 또는 항고사건, ii) 지방법원단독판사·가정법원단독판사의 제1심 판결·심판·결정·명령에 대한 항소 또는 항고사건으로서 형사사건을 제외한 사건 중 대법원 규칙으로 정하는 사건, iii) 다른 법률에 의하여 고등법원의 권한에 속하는 사건을 관할한다. 다른 법률에 의한 관할사건으로는 선거법(제222조 제2항, 제223조 제2항)에 의한 지방선거(지방의회의원 및 기초자치단체장 선거)소송사건, 주민투표법(제25조 제2항)에 의한 기초자치단체 주민투표소송, 주민소환법(제24조)에 의한 지방의회의원과 기초자치단체장 대상 주민소환투표소송이 있다.

(나) 특허법원의 조직과 관할

(a) 특허법원의 조직

특허법원은 판사로 구성하는데 판사로 보하는 특허법원장을 둔다(법 제28조의2 및 제28조의3). 특허법원 구성원의 임용자격에 관해서 법원조직법(제44조 제2항)은 특허법원장인 판사의 경우에 15년 이상의 법조경력을 요구하고 있다. 특허법원에는 **기술심리관**을 두는데 그 자격 등 필요한 사항은 대법원규칙으로 정한다(법 제54조의2). 특허법원장은 그 법원의 사법행정사무를 관장하며 소속공무원을 지휘·감독한다. 특허법원장의 유고시에는 수석판사·선임판사의 순으로 그 권한을 대행한다(법 제28조의2 제4항).

특허법원에 부를 두는데 그 부의 재판에서 부 소속 판사 1인이 재판장이 되며 특허법원장의 지휘에 따라 그 부의 사무를 감독한다(법 제28조의3). 특허법원의 심판권은 판사 3인으로 구성한 합의부에서 행하는데(법 제7조 제3항), 필요하다고 인정하는 경우 기술심리관을 소송의 심리에 참여하게 하거나 재판의 합의에서 의견을 진술하게 할 수 있다(법 제54조의2). 특허법원에는 외국어변론을 전담하는 부를 둘 수 있다(법 제62조의2).

(b) 특허법원의 관할

특허법원은 다음의 사건을 심판한다. 즉 특허법(제186조 제1항), 실용신안법(제33조), 디자인보호법(제166조 제1항) 및 상표법(제162조)이 정하는 제1심사건과 민사소송법(제24조 제2항, 제3항)에 따른 특허권 등에 관한 침해소송의 항소심 사건 등 다른 법률에 의하여 특허법원의 권한에 속하는 사건이 바로 그것이다(법 제28조의4).

(다) 지방법원의 조직과 관할

(a) 지방법원의 조직

① 지방법원본원의 조직

지방법원은 판사로 구성하는데 지방법원장을 둔다. 지방법원 구성원의 임용자격은 법원조직법(제42조 제2항-제3항)에서 정하고 있다. 지방법원장은 그 법원과 소속지원, 시·군법원 및 등기소의 사법행정사무를 관장하며, 소속공무원을 지휘·감독하는데 지방법원장의 유고시에는 수석부장판사·선임부장판사의 순으로 그 권한을 대행한다(법 제29조).

지방법원에 부를 두는데 부에 부장판사를 둘 수 있다. 그 부의 재판에서 그 부 소속 판사 1인이 재판장이 되며 지방법원장의 지휘에 따라 그 부의 사무를 감독한다(법 제30조).

② 지방법원관할기관의 조직

지방법원의 사무의 일부를 처리하기 위하여 그 관할구역 안에 지원과 가정지원, 시·군법원을 설치할 수 있는데(법 제3조 제2항), 지원과 가정지원에는 지원장을 두어 소속지방법원장의 지휘를 받아 그 지원과 관할구역 안에 위치한 시·군법원의 사법행정사무를 관장하고, 소속공무원을 지휘·감독하게 한다(법 제31조). 또 사무국을 둔 지원의 지원장은 소속지방법원장의 지휘를 받아 구역 안에 위치한 등기소의 사무를 관장하며 소속공무원을 지휘·감독한다(법 제31조 제4항). 지방법원의 지원과 가정지원에도 부를 둘 수 있는데 부를 두면 부장판사로 하여금 재판장이 되게 한다(법 제31조 제5항, 제6항). 등기소의 설치·폐지 및 관할구역은 대법원규칙으로 정한다(법 제3조 제3항). 등기소에는 소장을 둔다(법 제36조).

(b) 지방법원의 관할

① 지방법원본원의 관할

지방법원의 심판권은 단독판사가 행하는 것이 원칙이지만(법 제7조 제4항), 합의심판을 요하는 경우에는 판사 3인으로 구성된 합의부에서 이를 행한다(법 제7조 제5항). 그런데 지방법원본원합의부는 제1심법원으로서의 관할과 제2심법원으로서의 관할이 각각 다르다. 제1심법원으로서는 i) 합의부에서 심판할 것을 합의부가 결정한 사건, ii) 대법원규칙으로 정하는 민사사건, iii) 사형·무기 또는 단기 1년 이상의 징역 또는 금고에 해당하는 사건(병역법위반사건 등은 제외), iv) iii)의 사건과 동시에 심판할 공범사건, v) 지방법원판사에 대한 제척·기피사건, vi) 다른 법률에 의하여 지방법원합의부에 속하는 사건 등을 관할한다(법 제32조 제1항).

제2심법원으로서는 지방법원단독판사의 판결·결정·명령에 대한 항소사건과 항고사건 중 제28조 제2호에 해당하지 아니하는 사건을 심판한다(법 제32조 제2항).

지방법원단독판사는 i) 대법원규칙이 정하는 민사사건과, ii) 절도·폭행사건 등과 단기 1년 미만의 징역이나 금고·벌금형에 처할 형사사건 등 합의부의 심판권에 속하지 않는 형사사건에 관한 심판권을 갖는다(법 제32조 제1항 제3호 단서). 또 소속지방법원장의 명령을 받아 소속법원의 관할사건과 관계 없이 즉결심판청구사건을 심판할 수 있다(즉심법 제3조의2).

② 지방법원지원과 시·군법원의 관할

㉠ 지방법원지원의 관할

지방법원지원의 합의부는 지방법원본원합의부가 제1심법원으로서 갖는 관할권과 같은 심판권을 가지며, 특히 춘천지방법원 강릉지원의 합의부는 지방법원단독판사의 판결·결정·명령에 대한 항소 또는 항고사건 중 제28조 제2호에 해당하지 아니하는 사건을 제2심으로 심판한다(법 제32조 제2항). 지방법원지원의 단독판사의 심판권도 본원단독판사의 경우와 같다. 지방법원지원 합의부가 심판권을 가지는 사건 중 지원합의부가 국민참여재판절차 회부결정을 한 사건은 지방법원본원 합의부로 이송하고 지방법원본원 합의부가 관할권을 갖는다(배심법 제10조).

㉡ 시·군법원의 관할

시·군법원은 i) 소액사건심판법의 적용을 받는 민사사건, ii) 화해·독촉 및 조정에 관한 사건, iii) 20만원 이하의 벌금 또는 구류나 과료에 처할 범죄사건, iv) 가족관계의 등록 등에 관한 법률(제75조)에 의한 협의상 이혼의 확인사건에 관한 심판권을 갖는다(법 제34조 제1항). 그런데 iii)에 해당하는 범죄사건에 대하여는 이를 즉결심판하지만(법 제34조 제3항), 즉결심판에 대해서는 고지를 받은 날로부터 7일 이내에 정식재판을 청구할 수 있다(법 제35조, 즉심법 제11조 제1항). ii)와 iii)의 사건이 불복신청으로 제1심법원에 계속하게 된 경우에는 그 지역을 관할하는 지방법원 또는 그 지원이 관할한다. 다만 소액사건심판법의 적용을 받는 사건은 그 시·군법원에서 관할한다(법 제34조 제2항).

시·군법원의 관할사건은 시·군법원의 판사가 심판하는데, 대법원장이 지방법원 또는 그 지원소속 판사 중에서 그 관할구역 안에 위치한 시·군법원 판사를 지명한다. 대법원장은 1인의 판사를 2 이상의 시·군법원의 판사로 지명할 수 있다. 시·군법원판사는 관할사건의 심판 외에도 소속지방법원장 또는 그 지원장의 지휘를 받아 시·군법원의 사법행정사무를 관장하며 그 소속직원을 지휘·감독한다. 다만 가사사건에 관해서는 관할 가정법원장 또는 그 지원장의 지휘를 받는다(법 제33조).

(라) 가정법원의 조직과 관할

(a) 가정법원의 조직

가정법원은 판사로 구성하는데 판사로 보하는 가정법원장을 둔다. 가정법원 구성원의 임용자격은 법원조직법(제42조 제2항, 제3항)이 정하고 있다. 가정법원장은 15년 이상의 법조경력자 중에서 임명하는데(법 제44조 제2항) 그 법원과 소속 지원의 사법행정사무를 관장하며, 소속공무원을 지휘·감독한다. 가정법원장의 유고시에는 수석부장판사·선임부장판사의 순으로 그 권한을 대행한다(제37조). 가정법원에 부를 두는데 부소속 판사 1인이 그 부의 재판장이 되며 가정법원장의 지휘에 따라 그 부의 사무를 감독한다(제38조).

가정법원의 일부 사무를 처리하기 위하여 그 관할구역 안에 지원을 둘 수 있는데(법 제3조 제2항) 지원에는 지원장을 두어 그 지원의 사법행정사무를 맡기고 소속공무원의 지휘·감독권을 준다(법 제39조). 가정지원은 가정법원이 설치되지 아니한 지역에서 가정법원의 권한에 속하는 사항을 관할한다. 다만, 가정법원단독판사의 판결·심판·결정·명령에 대한 항소 또는 항고사건에 관한 심판에 해당하는 사항을 제외한다(법 제31조의2).

(b) 가정법원의 관할

① 합의부의 관할

가정법원 및 가정법원지원의 합의부는 제1심법원으로서 i) 가사소송법에서 정한 가사소송과 '마류'가사비송사건 중 대법원규칙으로 정하는 사건, ii) 가정법원판사에 대한 제척·기피사건, iii) 다른 법률이 정한 가정법원합의부에 속하는 사건을 관할한다(법 제40조 제1항). 가정법원본원합의부 및 서울가정법원의정부지원과 춘천지방법원강릉지원합의부는 제2심법원으로서 가정법원단독판사의 판결·심판·결정·명령에 대한 항소 또는 항고사건 중 제28조 제2호에 해당하지 아니하는 사건을 제2심으로 심판한다(법 제40조 제2항).

② 단독판사의 관할

가정법원 및 가정법원지원의 단독판사는 가사소송법(제2조)에서 정하는 '라류'가사비송사건과 합의부의 권한에 속하지 아니하는 마류가사비송사건 그리고 가사조정사건(가소법 제49조)을 관할한다.

(마) 행정법원의 조직과 관할

(a) 행정법원의 조직

행정법원은 판사로 구성하는데 판사로 보하는 행정법원장을 둔다. 행정법원 구성원의 임용자격은 법원조직법(제42조 제2항, 제3항)이 정하는데 행정법원장은 15년 이상의 법조경력자 중에서 임명한다(법 제44조 제2항). 행정법원장은 그 법원의 사법행정사무를 관장하며, 소속공무원을 지휘·감독한다. 행정법원장의 유고시에는 수석부장판사·선임부장판사의 순으로 그 권한을 대행한다(법 제40조의2). 행정법원에 부를 두는데 부 소속 판사 1인이 그 부의 재판장이 되며 행정법원장의 지휘에 따라 그 부의 사무를 감독한다(법 제40조의3). 행정법원의 심판권은 판사 3인으로 구성된 합의부에서 행한다(법 제7조 제3항). 다만 행정법원 합의부의 결정으로 사건의 심판권을 단독판사가 행하게 할 수도 있다(법 제7조 제3항 단서).

(b) 행정법원의 관할

행정법원은 행정소송법에서 정한 행정사건과 다른 법률에 의하여 행정법원의 권한에 속하는 사건을 제1심으로 심판한다(법 제40조의4). 그런데 취소소송의 제1심 관할법원은 피고의 소재지를 관할하는 행정법원이며, 중앙행정기관 또는 그 장이 피고인 경우의 관할법원은 대법원소재지의 행정법원이 된다(행소법 제9조 제1항). 토지의 수용 기타 부동산 또는 특정의 장소에 관계되는 처분 등에 대한 취소소송은 그 부동산 또는 장소의 소재지를 관할하는 행정법원에 이를 제기할 수 있다(행소법 제9조 제2항).

(바) 회생법원의 조직과 관할

(a) 회생법원의 조직

회생법원은 판사로 구성하는데, 판사로 보하는 회생법원장을 둔다(법 제40조의5 제1항, 제2항). 회생법원장은 15년 이상의 법조경력이 있는 사람이어야 한다(법 제44조 제2항). 회생법원장은 그 법원의 사법행정사무를 관장하며, 소속 공무원을 지휘·감독한다(법 제40조의5 제3항). 회생법원장이 궐위되거나 부득이한 사유로 직무를 수행할 수 없을 때에는 수석부장판사, 선임부장판사의 순으로 그 권한을 대행한다(법 제40조의5 제4항).

회생법원에 부를 두고 부 소속 판사 1인이 그 부의 재판에서 재판장이 되며, 회생법원장의 지휘에 따라 그 부의 사무를 감독한다(법 제40조의6 제1항, 제2항).

회생법원의 심판권은 단독판사가 행사하지만(법 제7조 제4항), 회생법원에서 합의심판을 해야 하는 때에는 판사 3명으로 구성하는 합의부에서 심판권을 행사한다(법 제7조 제5항). 회생법원에 사법행정에 관한 자문기관으로 판사회의를 둔다(법 제9조의2 제1항). 회생법원에 사무국을 둔다(법 제10조 제1항).

(b) 회생법원의 관할

회생법원은 개인회생 및 파산관련 도산사건을 제1심으로 심판하는데, 회생법원 합의부는 회생법원단독판사의 판결·결정·명령에 대한 항소 또는 항고사건을 제2심으로 심판한다(법 제40조의7 제2항). 회생법원 합의부는 그 밖에도 다음 사건을 제1심으로 심판한다. 즉 i) 채무자 회생 및 파산에 관한 법률에 따라 회생법원 합의부의 권한에 속하는 사건, ii) 합의부에서 심판할 것으로 합의부에서 결정한 사건, iii) 회생법원판사에 대한 제척·기피사건 및 관리위원에 대한 기피사건, iv) 다른 법률에 따라 회생법원 합의부의 권한에 속하는 사건 등이다(법 제40조의7 제1항).

(사) 특별법원의 조직과 관할

(a) 특별법원설치금지의 원칙

특별법원이란 헌법이 정하는 사법권독립의 요건을 갖추지 아니한 예외법원과 대법원을 최종심으로 하지 않는 모든 법원을 말한다. 헌법과 법률이 정하는 법관의 자격을 갖지 못한 자가 그 기능상의 독립을 지킬 수 없는 신분예속상태에서 심판할 수밖에 없는 예외법원은 모두 특별법원에 속한다. 우리 헌법은 모든 국민에게 헌법과 법률이 정한 법관에 의한 정당한 재판을 받을 권리를 기본권으로 보장하고 있어(제27조) 그러한 특별법원의 설치는 원칙적으로 금지된다. 또 비록 법관의 자격을 가진 사람으로 구성된 독립기능의 법원이라도 그 재판에 대해서 대법원에 상고하는 것을 금지하는 법원은 역시 그 설치가 허용되지 않는다. 대법원을 최고법원이라고 명시하고 있는 사법제도하에서 대법원에 의한 최후의 심판을 봉쇄하는 법원은 우리 헌법제도에서는 하나의 예외법원일 수밖에 없기 때문이다. 그러나 헌법이 정하는 사법권독립의 요건을 갖추고 사법기능을 수행하면서 그 재판에 대해서 대법원이 최종적으로 심판하도록 하는 법원은 그것이 비록 전문적인 특수사건만을 심판하게 하는 때에도 그 설치가 금지되는 것은 아니라고 할 것이다. 우리 헌법은 그러한 특수법원의 설치를 금지하는 명문규정을 두지 않았을 뿐 아니라, 그러한 특수법원은 국민의 기본권실현에도 오히려 도움이 되기 때문이다.

(b) 특별법원으로서의 군사법원

우리 헌법은 유일한 특별법원으로서 군사법원의 설치를 규정하고 있다(제110조 제1항). 그렇지만 군사법원의 기능을 가능한 헌법정신에 맞도록 조화하기 위해서 세 가지 제한조치를 함께 마련하고 있다. 즉 i) 군인 또는 군무원이 아닌 국민은 예외적으로만 군사법원에 의해서 재판받게 제한하고(제27조 제2항), ii) 군사법원의 상고심은 대법원에서 관할하도록 했다(제110조 제2항). 다만 비상계엄하에서는 사형을 선고한 경우가 아니면 일정한 범죄에만 군사법원의 단심을 허용하고 있다(제110조 제4항). iii) 또 군사법원의 조직·권한 및 재판관의 자격을 법률로써 정하게 했다(제110조 제3항). 이 헌법규정에 따라 군사법원법이 제정·시행되어 군사법원이 설치·운영되고 있다. 그런데 군사법제도는 2021년 군사법원법(법)의 큰 폭 개정으로 완전히 새로운 모습을 갖게 되었다.

① 군사법원의 조직

국방부장관 소속으로 5개의 군사법원을 설치하는데, 서울특별시에 중앙지역군사법원, 충청남도에 제1지역 군사법원, 경기도에 제2지역 군사법원, 강원도에 제3지역 군사법원, 대구광역시에 제4지역 군사법원을 둔다(법 제6조 및 별표 1). 각 군사법원의 관할구역은 소재지를 포함한 인접지역으로 정했다(별표 2). 군사법원에 군 판사가 맡는 군사법원장을 둔다. 중앙지역군사법원장은 국방부 장관의 명을 받아 군사법원의 사법행정사무를 총괄하고, 각 군사법원의 사법행정사무에 관하여 직원을 지휘·감독한다. 군사법원장은 그 군사법원의 사법행정사무를 관장하며, 소속 직원을 지휘·감독한다. 군사법원장이 궐위되거나 그 직무를 수행할 수 없을 때에는 그 군사법원의 선임판사의 순으로 그 권한을 대행한다(법 제7조).

㉠ 군사법원의 관할과 재판부 구성

군사법원은 군인과 국군부대가 관리하는 포로에 대한 재판권을 갖지만, 군내의 성폭력범죄와 군 사망사건 및 군인 신분 취득 전에 저지른 범죄에 대해서는 군사법원의 재판권이 제한되고 일반 민간법원이 재판권을 행사한다(법 제2조 제2항). 군사법원과 법원 사이에서 재판권에 대한 다툼이 생기면 해당 사건이 계속되어 있는 법원 또는 군사법원이나 해당 사건의 상소권자가 대법원에 재판권의 유무에 대한 재정을 신청할 수 있다. 재판권 쟁의에 대한 재정신청이 있으면 해당 사건에 대한 소송절차는 그 신청에 대한 대법원의 재정이 있을 때까지 정지된다(법 제3조의2). 군사법원의 항소심은 서울고등법원이다(법 제10조). 군사법원은 계엄법에 따른 재판권도 갖는다(법 제3조). 군사법원에는 부를 두는데, 부에 부장 군판사를 두고(군사법원장은 부장 군판사를 겸할 수 있다) 그 부의 재판장이 되며 군사법원장의 지휘에 따라 그 부의 사무를 감독한다(법 제8조). 군사법원에서는 군 판사 3명을 재판관으로 하지만, 약식절차에서는 군 판사 1명을 재판관으로 한다(법 제22조). 대법원은 군사법원 운영위원회(법 제4조의2)의 의결을 거쳐 군사법원의 재판에 관한 내부규율과 사무처리에 관한 사항을 군사법원규칙으로 정한다(법 제4조).

㉡ 군사법원의 재판관

재판관인 군판사는 국방부에 설치된 군판사인사위원회에서 심의를 거치고 군사법원 운영위원회의 동의를 받아 국방부장관이 임명하는데, 군 판사는 군법무관으로서 10년 이상(군사법원장은 15년 이상) 복무한 영관급 이상의 장교 중에서 임명한다(법 제22조의2, 제23조, 제24조). 군사법원장과 군 판사의 임기는 각 2년과 5년인데 연임할 수 있다(법 제26조, 제27조). 군사법원장과 군 판사의 정년은 각 58세와 56세이다(법 제26조). 군 판사의 정원은 대통령령으로 정한다(법 제30조의3).

② 전시군사법원의 조직

㉠ 전시군사법원의 종류

전시·사변 또는 이에 준하는 국가비상사태시에는 전시군사법원을 설치하는데, 고등군사법원과 보통군사법원의 두 종류로 한다(법 제534조의2).

고등군사법원은 국방부에 설치하고, 보통군사법원은 편제상 장성급 장교가 지휘하는 부대 또는 기관에 설치할 수 있다(법 제534조의3).

전시군사법원의 행정사무를 관장하는 관할관을 두는데, 국방부장관이 고등군사법원의 관할관이다. 보통군사법원의 관할관은 그 설치되는 부대와 지역의 사령관, 장 또는 책임지휘관으로 한다. 다만 국방부 보통군사법원의 관할관은 국방부장관이 겸임한다(법 제534조의4).

고등군사법원은 보통군사법원의 재판에 대한 항소·항고사건 및 그 밖에 법률에 따라 고등군사법원의 권한에 속하는 사건의 심판권을 가지고, 보통군사법원의 심판사항은 법률에서 자세히 정하고 있다(법 제534조의5).

㉡ 전시군사법원의 구성

보통군사법원은 재판관 1명 또는 3명으로, 고등군사법원은 재판관 3명으로 구성한다. 재판관은 군판사와 심판관으로 하고 재판장은 선임 군 판사가 맡는다(법 제534조의8). 각 군의 군판사는 각군 참모총장이, 국방부의 군 판사는 국방부장관이 영관급 이상의 소속 군법무관 중에서 임명하는데, 평상시 군판사 임명시에 거쳐야 하는 심의와 승인절차(법 제23조 제1항, 제2항)를 생략할 수 있다(법 제534조의9). 심판관은 법에 관한 소양이 있는 사람 또는 재판관으로서 인격과 학식이 충분한 영관급 이상의 장교 중에서 관할관이 임명한다(법 제534조의10). 재판관은 관할관이 지정하는데, 국방부 장관, 각 군 참모총장 이외의 관할관이 심판관인 재판관을 지정하는 경우에는 각 군 참모총장의 승인을 받아야 하고, 각 군 참모총장인 관할관이 심판관인 재판관을 지정하는 때에는 국방부장관의 승인을 받아야 한다(법 제534조의11).

ⓒ 전시군사법원의 재판관

보통군사법원과 고등군사법원에서는 군 판사 3명을 재판관으로 하지만, 관할관이 지정한 사건(법 제534조의13)에서는 보통군사법원의 경우 군 판사 2명과 심판관 1명을 재판관으로, 고등군사법원의 경우 군 판사 3명과 심판관 2명을 재판관으로 한다. 관할관은 군 판사인 재판관 중 1명을 주심판사로 지정한다(법 제534조의12). 군 판사인 재판관을 제외하고 재판관은 피고인보다 동급 이상인 사람이어야 한다. 항소 또는 재심의 심판에서 재판관이 군 판사만으로 구성되는 경우가 아니면 재판장은 원심 군사법원의 재판장보다 동급 이상의 사람이어야 한다(법 제534조의14). 국방부장관은 국가비상사태시에 군사법원에 배치할 군 판사의 계급 및 그 수를 평상시(제30조의3)와 달리 정할 수 있다(법 제534조의18).

5) 사법목적의 절차적 보장

우리 헌법은 모든 국민에게 재판을 받을 권리를 보장하고(제27조 제1항), 사법권은 법관으로 구성된 법원에 맡기고 있기(제101조 제1항) 때문에 공권력에 의한 기본권침해만이 아니라 사인에 의한 기본권침해에 대해서도 법원에 정당한 재판을 요구함으로써 사법권에 의한 기본권의 보호를 받을 수 있도록 했다. 우리 헌법은 사법권에 의한 기본권보장의 실효를 거두기 위해서 사법권독립을 보장하고 군사법원을 제외한 특별법원의 설치를 금지하는 등 여러 가지 조직적·기능적 배려를 하고 있다. 그에 더하여 우리 헌법은 사법의 절차에서 발생할 수도 있는 사법적 과오를 최대한으로 줄이기 위한 절차적 배려를 함께 하고 있는데, 재판의 심급제도, 재판의 공개제도, 국민참여재판, 법정의 질서유지장치 등이 바로 그것이다.

(1) 재판의 심급제도

법원에서 사실판단과 법률적용을 잘못함으로 인하여 발생하는 기본권의 침해를 사법절차를 통해 구제하기 위해서 재판의 심급제도를 마련하고 있다. 우리 헌법이 법원의 조직을 대법원과 각급법원으로 계층화한 것이라든지, 군사법원의 상고심을 대법원으로 정한 것이라든지, 비상계엄하의 단심군사재판을 어디까지나 예외현상으로 규정한 것이라든지, 명령·규칙에 대한 대법원의 심사권을 최종적인 것으로 정한 것 등은 우리의 사법절차가 심급제도이어야 한다는 것을 분명히 말해 주고 있다. 따라서 심급제도는 우리 사법절차에서 불가결한 요소이다.

(가) 3심제의 원칙

우리 헌법은 사법절차상의 심급제도를 필수적인 것으로 마련하면서도 그것이 반드시 3심제이어야 한다는 명문규정은 두지 않았다. 3심제의 원칙은 법원조직법에 의해서 도입된 제도이다. 즉 항소, 상고제도와 항고, 재항고제도가 바로 그것이다(법 제28조, 제28조의4, 제32조, 제40조, 제40조의4, 제14조). 군사법원법도 3심제의 원칙을 채택하고 있다(법 제9조-제11조). 그러나 '상고심절차에 관한 특례법'(1994. 7.)은 민사소송·가사소송·행정소송·특허소송의 상고사건(재항고 및 특별항고사건에도 준용)의 경우 상고이유에 중대한 법령위반에 관한 사항이 포함되어 있지 아니한 경우에는 더 심리를 속행하지 아니하고 판결로 상고를 기각할 수 있도록 하는 **심리불속행제도**를 도입함으로써 3심제의 원칙을 부분적으로 제한하고 있다. 헌법재판소도 '헌법이 특별히 대법원의 심판을 규정한 경우 이외에 다른 모든 경우에도 심급제를 인정해야 한다거나 대법원을 상고심으로 하는 것이 헌법상 요구된다고 할 수 없다. 또 국민의 재판청구권이 대법원에 의한 상고심재판을 받을 권리를 의미하는 것이라고 할 수도 없다'고 판시해서 3심제의 제한은 위헌이 아니라고 결정했다.[1]

(나) 3심제에 대한 예외

우리의 3심제가 법률상의 제도이기 때문에 헌법과 법률은 3심제에 대한 예외로서 단심제와 2심제를 인정하고 있다.

(a) 단심제

① 비상계엄하의 군사재판

비상계엄이 선포된 경우에 군사재판은 군인·군무원의 범죄나 군사에 관한 간첩죄의 경우와 초병·초소·유독음식물공급·포로에 관한 죄 중 법률이 정한 경우에만 단심으로 할 수 있지만, 사형이 선고된 경우에는 대법원의 최종심이 보장된다(제110조 제4항).

② 대통령·국회의원 및 시·도지사·교육감선거소송

대통령선거와 국회의원선거 및 시·도지사와 교육감선거에 관한 소송은 대법원의 전속관할로 되어 있어 자연히 단심일 수밖에 없다(선거법 제222조, 제223조, 지교자법 제49조, 제57조). 선거소송이 헌법재판적 성격을 가질 뿐 아니라 소송경제적인 측면에서

1) 헌재결 1997. 10. 30. 97헌바37, 95헌마142·215, 96헌마95(병합) 참조.

도 심급제로 인한 선거소송의 장기화는 소의 이익을 상실하게 만들기 때문이다. 선거소송의 처리기간을 180일 이내로 제한하고 있는 이유도 여기에 있다(선거법 제225조, 지교자법 제49조).

(b) 특허소송의 2심제

우리 법원조직법(제28조의4)은 특허소송의 제1심관할법원을 특허법원으로 하고, 특허법원의 재판에 대해서 대법원에 상고할 수 있도록 함으로써(법 제14조) 2심제를 채택하고 있다. 헌법재판소도 '행정심판임이 분명한 특허청의 항고심판심결이나 결정에 대한 하급법원의 심사를 배제하고 대법원으로 하여금 특허사건의 최종심으로서 단지 법률적 측면의 심사만을 할 수 있도록 하는 것은 모든 법률적 쟁송에 대한 재판기능을 대법원을 최고법원으로 하는 법원에 속하도록 한 헌법에 위반된다'고 판시해서 특허소송의 2심제를 강조했다.[1] 특허소송의 2심제는 특허심판의 기술적 전문성과도 관련이 있는 것으로, 특허법원에 특별히 기술심리관을 두도록 한 것도 그 때문이다.

(2) 재판의 공개제도

공개재판은 사법절차의 정당성을 확보하기 위한 불가결한 전제조건이다.

우리 헌법은 공개재판을 받을 권리를 국민의 사법절차적 기본권으로 보장하고 있어서(제27조 제3항) 공개재판제도는 사법절차의 당위적인 요청이다. 우리 헌법(제109조)이 재판의 공개제도를 채택해서 재판의 심리와 판결을 원칙적으로 공개하도록 한 것도 그 때문이다.

(가) 재판공개제도의 의의와 기능

재판공개제도란 재판의 심리와 판결이 일반인의 방청이 허용된 공개법정에서 행해져야 한다는 것을 말한다. 따라서 재판공개제도는 재판비밀주의를 배척하는 개념으로서 비밀재판에 의해서 인권이 침해되던 **비민주적 사법제도**에 대한 단호한 결별을 뜻한다. 재판공개제도는 비밀재판이 범하기 쉬운 절차의 졸속과 심리과정에서의 인권유린 그리고 불공정한 소송진행 등을 제도적으로 방지함으로써 사법절차에서도 기본권을 실현 내지 보호한다는 인권보호적인 기능을 갖는다. 그뿐 아니라 공개주의가 갖게 되는 통제적 기능 또한 무시할 수 없다고 할 것이다. 공개된 상황 속에서 진행되는 재판은 법관에게는 물론이고 소송당사자에게도 실체적 진실발견에 도움이 되는 통제효

1) 헌재결 1995. 9. 28. 92헌가11 등 참조.

과를 나타내기 때문이다. 이처럼 재판공개제도가 인권보호의 기능을 갖는다는 점 때문에, 제도적으로 인권보호를 위해서 필요한 비공개재판도 허용되어야 한다는 논리가 성립될 수 있다. 그러나 인권보호를 이유로 하는 비공개재판은 어디까지나 예외적인 현상일 뿐 아니라 오히려 인권보호에 역효과를 나타낼 수 있어 그 허용의 폭을 제한할 필요가 있다. 우리의 실정법이 공개재판의 예외를 제한적으로만 인정하고 있는 이유도 그 때문이다.

(나) 재판공개의 원칙

재판공개제도는 재판공개의 원칙을 그 내용으로 한다. 즉 재판의 심리와 판결은 공개하여야 한다는 것이 바로 그것이다(제109조 본문). 민사소송에서의 구술변론절차와 형사소송에서의 공판절차, 민사소송에 준하는 행정소송과 특허소송에서의 구술변론절차 그리고 사건의 실체에 대한 법원의 판단고지는 반드시 일반적으로 공개된 법정에서 이루어져야 한다는 뜻이다. 그래서 공판준비절차, 심판의 합의과정, 결정이나 명령, 비송사건절차는 재판공개의 원칙에 당연히 포함되는 것은 아니다. 또 재판공개의 원칙은 소송과 무관한 제3자에게도 재판의 심리와 재판을 지켜볼 수 있도록 공개한다는 뜻이지 반드시 원하는 모든 사람에게 방청을 허용한다는 뜻은 아니기 때문에 법정의 수용능력 때문에 방청인의 수를 제한하는 것은 허용된다고 할 것이다.

(다) 재판공개의 예외

우리 헌법은 재판공개의 원칙에 대한 예외를 인정하고 있다. 즉 재판의 심리만은 법원의 결정으로 공개하지 아니할 수 있도록 한 것이 바로 그것이다(제109조 단서).

(a) 재판비공개의 사유

재판을 공개하지 아니하는 사유로는 공익목적을 위한 경우와 소송당사자의 권익을 위한 경우가 있는데 우리 헌법은 공익목적을 위한 비공개의 경우만을 규정하고, 소송당사자의 권익을 위한 비공개에 관해서는 비송사건절차법(제13조)과 가사소송법(제34조) 등에서 규정하고 있다. 그에 따라 비송사건에서의 심문과 가사비송절차에서의 재판은 공개하지 않는 것이 원칙이다.

(b) 공익목적을 위한 재판비공개의 요건

공익목적을 이유로 한 비공개재판은 원칙적으로 법원의 비공개결정 또는 공개정지결정으로 이루어지는데, 재판의 심리를 공개하는 것이 '국가의 안전보장 또는 안녕질서를 방해하거나 선량한 풍속을 해칠 염려가 있을 때'(제109조 단서)에 한해서 법원은 비공개결정(공개정지결정 포함)을 할 수 있다. 이 헌법상의 요건은 매우 엄격하게 해석해야 할 것이다. 재판공개의 원칙이 갖는 기능의 면에서도 재판의 비공개는 지극히 예외적인 경우에만 허용하여야 하기 때문이다. 법원이 행하는 비공개결정은 반드시 그 이유를 밝혀서 선고하여야 한다(법조법 제57조 제2항). 비공개는 절대적인 비공개와 상대적인 비공개로 나눌 수 있는데 상대적인 비공개는 재판장이 적당하다고 인정하는 사람만은 법정에 남을 수 있도록 허가하는 경우이다(법 제57조 제3항).

(c) 공익목적을 위한 재판비공개의 한계

공익목적을 이유로 하는 비공개결정(공개정지결정 포함)은 재판의 심리에만 허용되고 판결에서는 허용되지 않는다. 따라서 판결은 언제나 공개적으로 선고되어야 한다.

(d) 위법한 비공개재판의 효과

재판공개의 원칙을 어긴 비공개재판은 당연히 무효가 되는 것은 아니지만 절대적 상고이유가 되어 대법원의 심판을 받는다. 또 법원의 결정에 대해서는 헌법소원을 제기할 수 없도록 한 우리 헌법재판소법(제68조 제1항)의 규정에도 불구하고 이 경우는 헌법소원이 가능하도록 합헌적인 법률해석이 필요하다고 생각한다.

(3) 국민참여재판

(가) 국민참여재판의 의의와 기능

국민참여재판이란 배심원이 참여하는 형사재판을 말한다. 사법의 민주적 정당성과 신뢰를 높이기 위하여 법률(국민의 형사재판참여에 관한 법률(법))로 2008년부터 도입했다. 사실인정에 관한 배심원의 유·무죄결정에 권고적 효력만을 인정한 점 등에서 미국 등의 배심재판제도와 다르다.

(나) 국민참여재판의 대상

사형·무기 또는 단기 1년 이상의 징역 또는 금고에 해당하는 모든 합의부 사건이 원칙적으로 그 대상이다(법 제5조 제1항 제1호). 즉 피고인은 공소장 부본을 송달받은 날부터 7일 이내에 국민참여재판을 받겠다는 의사를 법원에 서면으로 제출해야 한다(법 제8조). 그런데 대법원은 이 기간을 경과하더라도 1심 공판기일 전까지만 국민참여재판 신청을 하면 되는 것으로 신청기간을 넓게 인정했다.[1] 그러나 피고인의 국민참여재판 신청이 있어도 법원은 국민참여재판 배제결정을 할 수도 있고(법 제9조), 국

---

1) 대법원 2009. 10. 23. 자 2009모1032 결정 참조.

민참여재판의 속행이 부적절하다고 인정되는 경우에는 국민참여 재판을 중단하고 통상재판절차에 회부하는 결정을 할 수도 있다(법 제11조). 헌법재판소는 '법원의 재량으로 국민참여재판을 하지 아니하기로 결정할 수 있도록 한 것은 무죄추정의 원칙에 위배되지 않고, 재판받을 권리의 보호범위에 배심재판을 받을 권리가 포함되지도 않으며 참여재판 배제조항은 그 절차와 내용상 합리성과 정당성을 갖추었으므로 적법절차원리에 위배되지도 않는다'고 판시했다.[1]

(다) 배심원

(a) 배심원의 선정

만 20세 이상의 국민 중에서 피성년후견인 등 결격사유(법 제17조)와 당해 사건 피해자 등 제척사유(법 제19조)가 없는 비공직자(법 제18조) 중에서 일정한 선정절차에 따라 배심원후보자를 선정한다(법 제22조, 제23조). 배심원 선정기일에 출석한 배심원후보자 중에서 당해 재판에서 필요한 배심원과 예비배심원 수에 해당하는 배심원 후보자를 무작위로 뽑고, 이들을 대상으로 직권, 기피신청 또는 무이유부 기피신청(이유제시 없는 기피신청)(법 제30조) 등의 절차를 통과한 후보자 중에서 무작위로 배심원과 예비배심원을 선정한다(법 제24조-제31조). 예비배심원이 복수이면 그 순번을 정해야 한다(법 제31조 제3항). 검사와 변호인은 선정기일에 출석해야 하며(법 제27조 제2항), 배심원 후보자에 대한 기피신청(법 제28조) 또는 무이유부 기피신청을 할 수 있다. 선정된 배심원 또는 예비배심원은 법원에 의해 해임될 수도 있고(법 제32조), 스스로 사임할 수도 있다(법 제33조). 배심원의 해임·사임 등으로 배심원이 부족하게 되고 배심원이 될 예비배심원이 없으면 배심원을 추가로 선정한다. 그러나 배심원이 5인 미만이 되는 경우가 아니라면 검사·피고인 또는 변호인의 의견을 듣거나 동의를 얻어 남은 배심원만으로 재판을 진행할 수 있다(법 제34조).

(b) 배심원의 수

사형·무기형에 해당하는 대상사건에서는 9인, 그 밖의 대상사건에서는 7인의 배심원이 참여한다. 다만 공판준비절차에서 피고인 또는 변호인이 공소사실의 주요내용을 인정한 때에는 5인의 배심원이 참여하게 할 수 있다(법 제13조 제1항). 또 법원은 특별한 사정이 있다고 인정되고 검사·피고인 또는 변호인이 동의하는 경우에는 배심원의 수를 7인과 9인 중에서 제1항의 규정과 달리 정할 수 있다(동조 제2항). 예비배심원

1) 헌재결 2014. 1. 28. 2012헌바298 참조.

의 수는 5인 이내이다(법 제14조).

(c) 배심원의 권한과 의무

배심원은 참여사건에 관하여 사실의 인정, 법령의 적용 및 형의 양정에 관한 의견을 제시할 권한을 갖는다(법 제12조 제1항). 공판기일에 출석하여 피고인·증인에 대한 필요사항의 신문을 재판장에게 요청할 수 있고, 재판장의 허가를 받아 평의에 필요한 기록을 할 수 있다(법 제41조). 국민참여재판에 선행되는 공판준비절차에는 배심원이 참여하지 않는다(법 제36조, 제37조). 또 배심원은 법원의 증거능력에 관한 심리에 관여할 수 없다(법 제44조). 배심원은 공정한 직무수행을 다짐하는 선서의무가 있고(법 제42조), 직무상의 비밀준수의무를 진다(법 제12조 제3항, 제47조). 배심원과 예비배심원은 대법원규칙이 정하는 여비·일당 등을 지급받는다(법 제15조). 배심원의 임무는 종국재판을 고지하거나 통상절차 회부결정을 고지한 때 종료한다(법 제35조).

(d) 배심원의 평의·평결

배심원은 변론종결 후 법정에서 공소사실의 요지, 적용법조, 피고인과 변호인의 주장요지, 증거능력·증거요지 등 유의사항에 관한 재판장의 설명을 들은 후(법 제46조 제1항) 유·무죄에 관하여 평의·평결한다. 이때 전원의 의견이 일치하면 그에 따라 평결하지만, 배심원 과반수가 요청하면 심리관여 판사의 의견을 들을 수 있다(동조 제2항). 평의 결과 유·무죄에 관한 의견이 나뉘면 평결 전에 판사의 의견을 들어야 한다. 이 경우 유·무죄 평결은 다수결로 한다. 판사는 평결에는 참여할 수 없다(동조 제3항). 평의결과 유죄평결이 나면 배심원은 판사와 함께 양형에 관해 토의하고 의견을 개진한다. 재판장은 양형토의 전에 처벌범위와 양형조건 등을 설명해야 한다(동조 제4항). 배심원의 평결과 의견은 법원을 기속하지 않는다(동조 제5항). 배심원의 평결과 양형에 대한 의견의 집계는 소송기록에 편철한다(동조 제6항). 판결선고는 변론종결기일에 하는 것이 원칙이지만, 변론종결 후 14일 이내에 따로 선고기일을 정할 수도 있다. 재판장은 판결 선고 때 배심원의 평결결과를 고지해야 하고, 평결결과와 다른 판결을 선고하는 때에는 그 이유를 설명해야 한다(법 제48조). 판결서에도 이를 기재하여야 한다(법 제49조).

(e) 배심원 등의 보호조치와 벌칙

배심원 등은 직무로 인해서 불이익취급을 받지 않으며(법 제50조), 배심원 등에 대한 접촉은 엄격히 규제되고(법 제51조), 배심원 등의 개인정보를 공개하는 것은 금지된다(법 제52조). 그리고 배심원 등에 대한 신변보호조치(법 제53조) 등 배심원 등을 보호하기 위한 여러 규정을 두고 있다.

반면 배심원 등에 대한 청탁·위협과 배심원 등의 비밀누설·금품수수 등을 처벌하는 벌칙규정(법 제56조-제59조)과 배심원후보자의 불출석 등에 대한 과태료 규정(법 제60조)을 두고 있다.

(4) 법정의 질서유지장치

법원의 심리와 판결은 실체적 진실발견의 과정인 동시에 그 결과를 의미하기 때문에 법정의 질서가 유지되는 것은 재판의 목적달성을 위해서 매우 중요하다. 우리 법원조직법이 법정의 질서유지를 위한 일련의 제도적 장치를 마련해 놓고 있는 것도 그 때문이다. 그런데 법정의 질서유지는 재판의 공개제도에서만 의미를 갖는 것이기 때문에 우리 헌법이 채택하고 있는 재판공개의 원칙은 법정의 질서유지와 상호 기능적인 보완관계에 있다고 할 것이다. 바로 이곳에 법정의 질서유지장치가 갖는 사법목적의 절차적 보장의 성격이 있다.

(가) 법정의 질서유지책임자와 그 권한

법정의 질서유지책임은 재판장에게 있다. 따라서 재판장은 법정의 존엄과 질서를 해할 우려가 있는 사람의 입정을 금지하거나 퇴정을 명할 수 있고 기타 필요한 명령을 할 수 있다. 그뿐 아니라 법정질서를 해할 우려가 있는 보도활동(녹화·촬영·중계방송 등)을 금지할 수 있다. 또 법정의 질서유지를 위해서 꼭 필요하다고 판단하면 언제든지 관할경찰서장에게 경찰관의 파견을 요청할 수 있고 파견된 경찰관을 지휘하여 법정 내외의 질서를 유지한다(법 제58조-제60조).

법정의 질서유지를 위한 법원의 권한 중에 가장 강력한 강제수단이 **감치처분**이다(법 제61조). 감치처분이란 법정질서를 유지하기 위한 재판장의 명령을 어기거나 폭언·소란 등의 행위로 법정의 심리를 방해하거나 재판의 위신을 현저히 훼손한 사람에게 20일 이내의 기간 그 신체의 자유를 구속하거나 100만원 이하의 과태료에 처하는 법원의 결정을 말한다. 감치처분은 일종의 질서벌에 해당하는 것으로서 형벌은 아니지만 신체의 자유에 대한 제한과 금전상의 불이익을 그 내용으로 하는 것이기 때문에 신중하게 행해져야 하고 또 그에 대한 권리구제절차가 마련되어야 한다. 감치처분에 대해서 이의신청·항고·특별항고가 허용되는 것도 그 때문이다.

(나) 법원의 질서유지명령·처분의 한계

사법목적을 달성하고 재판공개의 원칙을 지켜나가기 위해서 법원이 행사하는 질서유지명령과 처분에도 헌법이론상 일정한 한계가 있다. 즉 헌법상 기본권제한의 한계를 뜻하는 과잉금지의 원칙은 이 경우에도 반드시 존중해야 한다. 법원이 행하는 질서유지명령·처분은 법정의 질서유지 그 자체가 목적이 아니고 재판공개의 원칙을 지키기 위한 하나의 불가피한 수단이라는 점을 인식하고 재판공개를 지속하기 위해서 필요 불가피한 최소한의 조치에 그쳐야 한다. 공개재판의 불가피한 결과로서의 다소의 법정소란행위라든지 보도기관의 보도활동은 원칙적으로 질서유지명령이나 처분의 사유가 되지 않는다고 할 것이다. 재판과 관련된 보도의 한계는 다른 실정법(예컨대 가사소송법 제10조, 제72조, 소년법 제68조)에 의해서 정해지거나 보도기관의 자율적인 보도윤리에 의해서 결정될 사항이지 법원의 질서유지명령이나 처분으로 해결될 문제는 아니라고 생각한다.

부 록

대한민국 헌법

[시행 1988.2.25.] [헌법 제10호, 1987.10.29., 전부개정]

유구한 역사와 전통에 빛나는 우리 대한국민은 3·1운동으로 건립된 대한민국임시정부의 법통과 불의에 항거한 4·19민주이념을 계승하고, 조국의 민주개혁과 평화적 통일의 사명에 입각하여 정의·인도와 동포애로써 민족의 단결을 공고히 하고, 모든 사회적 폐습과 불의를 타파하며, 자율과 조화를 바탕으로 자유민주적 기본질서를 더욱 확고히 하여 정치·경제·사회·문화의 모든 영역에 있어서 각인의 기회를 균등히 하고, 능력을 최고도로 발휘하게 하며, 자유와 권리에 따르는 책임과 의무를 완수하게 하여, 안으로는 국민생활의 균등한 향상을 기하고 밖으로는 항구적인 세계평화와 인류공영에 이바지함으로써 우리들과 우리들의 자손의 안전과 자유와 행복을 영원히 확보할 것을 다짐하면서 1948년 7월 12일에 제정되고 8차에 걸쳐 개정된 헌법을 이제 국회의 의결을 거쳐 국민투표에 의하여 개정한다.

제1장 총강

제1조 ① 대한민국은 민주공화국이다.
② 대한민국의 주권은 국민에게 있고, 모든 권력은 국민으로부터 나온다.

제2조 ① 대한민국의 국민이 되는 요건은 법률로 정한다.
② 국가는 법률이 정하는 바에 의하여 재외국민을 보호할 의무를 진다.

제3조 대한민국의 영토는 한반도와 그 부속도서로 한다.

제4조 대한민국은 통일을 지향하며, 자유민주적 기본질서에 입각한 평화적 통일 정책을 수립하고 이를 추진한다.

제5조 ① 대한민국은 국제평화의 유지에 노력하고 침략적 전쟁을 부인한다.
② 국군은 국가의 안전보장과 국토방위의 신성한 의무를 수행함을 사명으로 하며, 그 정치적 중립성은 준수된다.

제6조 ① 헌법에 의하여 체결·공포된 조약과 일반적으로 승인된 국제법규는 국내법과 같은 효력을 가진다.
② 외국인은 국제법과 조약이 정하는 바에 의하여 그 지위가 보장된다.

제7조 ① 공무원은 국민전체에 대한 봉사자이며, 국민에 대하여 책임을 진다.
② 공무원의 신분과 정치적 중립성은 법률이 정하는 바에 의하여 보장된다.

제8조 ① 정당의 설립은 자유이며, 복수정당제는 보장된다.
② 정당은 그 목적·조직과 활동이 민주적이어야 하며, 국민의 정치적 의사형성에 참여하는데 필요한 조직을 가져야 한다.
③ 정당은 법률이 정하는 바에 의하여 국가의 보호를 받으며, 국가는 법률이 정하는 바

에 의하여 정당운영에 필요한 자금을 보조할 수 있다.

④ 정당의 목적이나 활동이 민주적 기본질서에 위배될 때에는 정부는 헌법재판소에 그 해산을 제소할 수 있고, 정당은 헌법재판소의 심판에 의하여 해산된다.

제9조 국가는 전통문화의 계승·발전과 민족문화의 창달에 노력하여야 한다.

제2장 국민의 권리와 의무

제10조 모든 국민은 인간으로서의 존엄과 가치를 가지며, 행복을 추구할 권리를 가진다. 국가는 개인이 가지는 불가침의 기본적 인권을 확인하고 이를 보장할 의무를 진다.

제11조 ① 모든 국민은 법 앞에 평등하다. 누구든지 성별·종교 또는 사회적 신분에 의하여 정치적·경제적·사회적·문화적 생활의 모든 영역에 있어서 차별을 받지 아니한다.

② 사회적 특수계급의 제도는 인정되지 아니하며, 어떠한 형태로도 이를 창설할 수 없다.

③ 훈장등의 영전은 이를 받은 자에게만 효력이 있고, 어떠한 특권도 이에 따르지 아니한다.

제12조 ① 모든 국민은 신체의 자유를 가진다. 누구든지 법률에 의하지 아니하고는 체포·구속·압수·수색 또는 심문을 받지 아니하며, 법률과 적법한 절차에 의하지 아니하고는 처벌·보안처분 또는 강제노역을 받지 아니한다.

② 모든 국민은 고문을 받지 아니하며, 형사상 자기에게 불리한 진술을 강요당하지 아니한다.

③ 체포·구속·압수 또는 수색을 할 때에는 적법한 절차에 따라 검사의 신청에 의하여 법관이 발부한 영장을 제시하여야 한다. 다만, 현행범인인 경우와 장기 3년 이상의 형에 해당하는 죄를 범하고 도피 또는 증거인멸의 염려가 있을 때에는 사후에 영장을 청구할 수 있다.

④ 누구든지 체포 또는 구속을 당한 때에는 즉시 변호인의 조력을 받을 권리를 가진다. 다만, 형사피고인이 스스로 변호인을 구할 수 없을 때에는 법률이 정하는 바에 의하여 국가가 변호인을 붙인다.

⑤ 누구든지 체포 또는 구속의 이유와 변호인의 조력을 받을 권리가 있음을 고지받지 아니하고는 체포 또는 구속을 당하지 아니한다. 체포 또는 구속을 당한 자의 가족등 법률이 정하는 자에게는 그 이유와 일시·장소가 지체없이 통지되어야 한다.

⑥ 누구든지 체포 또는 구속을 당한 때에는 적부의 심사를 법원에 청구할 권리를 가진다.

⑦ 피고인의 자백이 고문·폭행·협박·구속의 부당한 장기화 또는 기망 기타의 방법에 의하여 자의로 진술된 것이 아니라고 인정될 때 또는 정식재판에 있어서 피고인의 자백이 그에게 불리한 유일한 증거일 때에는 이를 유죄의 증거로 삼거나 이를 이유로 처벌할 수 없다.

제13조 ① 모든 국민은 행위시의 법률에 의하여 범죄를 구성하지 아니하는 행위로 소추되지 아니하며, 동일한 범죄에 대하여 거듭 처벌받지 아니한다.

② 모든 국민은 소급입법에 의하여 참정권의 제한을 받거나 재산권을 박탈당하지 아니한다.

③ 모든 국민은 자기의 행위가 아닌 친족의 행위로 인하여 불이익한 처우를 받지 아니한다.

제14조 모든 국민은 거주·이전의 자유를 가진다.

제15조 모든 국민은 직업선택의 자유를 가

진다.

제16조 모든 국민은 주거의 자유를 침해받지 아니한다. 주거에 대한 압수나 수색을 할 때에는 검사의 신청에 의하여 법관이 발부한 영장을 제시하여야 한다.

제17조 모든 국민은 사생활의 비밀과 자유를 침해받지 아니한다.

제18조 모든 국민은 통신의 비밀을 침해받지 아니한다.

제19조 모든 국민은 양심의 자유를 가진다.

제20조 ① 모든 국민은 종교의 자유를 가진다.

② 국교는 인정되지 아니하며, 종교와 정치는 분리된다.

제21조 ① 모든 국민은 언론·출판의 자유와 집회·결사의 자유를 가진다.

② 언론·출판에 대한 허가나 검열과 집회·결사에 대한 허가는 인정되지 아니한다.

③ 통신·방송의 시설기준과 신문의 기능을 보장하기 위하여 필요한 사항은 법률로 정한다.

④ 언론·출판은 타인의 명예나 권리 또는 공중도덕이나 사회윤리를 침해하여서는 아니된다. 언론·출판이 타인의 명예나 권리를 침해한 때에는 피해자는 이에 대한 피해의 배상을 청구할 수 있다.

제22조 ① 모든 국민은 학문과 예술의 자유를 가진다.

② 저작자·발명가·과학기술자와 예술가의 권리는 법률로써 보호한다.

제23조 ① 모든 국민의 재산권은 보장된다. 그 내용과 한계는 법률로 정한다.

② 재산권의 행사는 공공복리에 적합하도록 하여야 한다.

③ 공공필요에 의한 재산권의 수용·사용 또는 제한 및 그에 대한 보상은 법률로써 하되, 정당한 보상을 지급하여야 한다.

제24조 모든 국민은 법률이 정하는 바에 의하여 선거권을 가진다.

제25조 모든 국민은 법률이 정하는 바에 의하여 공무담임권을 가진다.

제26조 ① 모든 국민은 법률이 정하는 바에 의하여 국가기관에 문서로 청원할 권리를 가진다.

② 국가는 청원에 대하여 심사할 의무를 진다.

제27조 ① 모든 국민은 헌법과 법률이 정한 법관에 의하여 법률에 의한 재판을 받을 권리를 가진다.

② 군인 또는 군무원이 아닌 국민은 대한민국의 영역안에서는 중대한 군사상 기밀·초병·초소·유독음식물공급·포로·군용물에 관한 죄중 법률이 정한 경우와 비상계엄이 선포된 경우를 제외하고는 군사법원의 재판을 받지 아니한다.

③ 모든 국민은 신속한 재판을 받을 권리를 가진다. 형사피고인은 상당한 이유가 없는 한 지체없이 공개재판을 받을 권리를 가진다.

④ 형사피고인은 유죄의 판결이 확정될 때까지는 무죄로 추정된다.

⑤ 형사피해자는 법률이 정하는 바에 의하여 당해 사건의 재판절차에서 진술할 수 있다.

제28조 형사피의자 또는 형사피고인으로서 구금되었던 자가 법률이 정하는 불기소처분을 받거나 무죄판결을 받은 때에는 법률이 정하는 바에 의하여 국가에 정당한 보상을 청구할 수 있다.

제29조 ① 공무원의 직무상 불법행위로 손해를 받은 국민은 법률이 정하는 바에 의하여 국가 또는 공공단체에 정당한 배상을 청구할 수 있다. 이 경우 공무원 자신의 책임은 면제되지 아니한다.

② 군인·군무원·경찰공무원 기타 법률이 정하는 자가 전투·훈련등 직무집행과 관련하여 받은 손해에 대하여는 법률이 정하는 보상외에 국가 또는 공공단체에 공무원의 직무상 불법행위로 인한 배상은 청구할 수 없다.

제30조 타인의 범죄행위로 인하여 생명·신체에 대한 피해를 받은 국민은 법률이 정하는 바에 의하여 국가로부터 구조를 받을 수 있다.

제31조 ① 모든 국민은 능력에 따라 균등하게 교육을 받을 권리를 가진다.

② 모든 국민은 그 보호하는 자녀에게 적어도 초등교육과 법률이 정하는 교육을 받게 할 의무를 진다.

③ 의무교육은 무상으로 한다.

④ 교육의 자주성·전문성·정치적 중립성 및 대학의 자율성은 법률이 정하는 바에 의하여 보장된다.

⑤ 국가는 평생교육을 진흥하여야 한다.

⑥ 학교교육 및 평생교육을 포함한 교육제도와 그 운영, 교육재정 및 교원의 지위에 관한 기본적인 사항은 법률로 정한다.

제32조 ① 모든 국민은 근로의 권리를 가진다. 국가는 사회적·경제적 방법으로 근로자의 고용의 증진과 적정임금의 보장에 노력하여야 하며, 법률이 정하는 바에 의하여 최저임금제를 시행하여야 한다.

② 모든 국민은 근로의 의무를 진다. 국가는 근로의 의무의 내용과 조건을 민주주의원칙에 따라 법률로 정한다.

③ 근로조건의 기준은 인간의 존엄성을 보장하도록 법률로 정한다.

④ 여자의 근로는 특별한 보호를 받으며, 고용·임금 및 근로조건에 있어서 부당한 차별을 받지 아니한다.

⑤ 연소자의 근로는 특별한 보호를 받는다.

⑥ 국가유공자·상이군경 및 전몰군경의 유가족은 법률이 정하는 바에 의하여 우선적으로 근로의 기회를 부여받는다.

제33조 ① 근로자는 근로조건의 향상을 위하여 자주적인 단결권·단체교섭권 및 단체행동권을 가진다.

② 공무원인 근로자는 법률이 정하는 자에 한하여 단결권·단체교섭권 및 단체행동권을 가진다.

③ 법률이 정하는 주요방위산업체에 종사하는 근로자의 단체행동권은 법률이 정하는 바에 의하여 이를 제한하거나 인정하지 아니할 수 있다.

제34조 ① 모든 국민은 인간다운 생활을 할 권리를 가진다.

② 국가는 사회보장·사회복지의 증진에 노력할 의무를 진다.

③ 국가는 여자의 복지와 권익의 향상을 위하여 노력하여야 한다.

④ 국가는 노인과 청소년의 복지향상을 위한 정책을 실시할 의무를 진다.

⑤ 신체장애자 및 질병·노령 기타의 사유로 생활능력이 없는 국민은 법률이 정하는 바에 의하여 국가의 보호를 받는다.

⑥ 국가는 재해를 예방하고 그 위험으로부터 국민을 보호하기 위하여 노력하여야 한다.

제35조 ① 모든 국민은 건강하고 쾌적한 환경에서 생활할 권리를 가지며, 국가와 국민은 환경보전을 위하여 노력하여야 한다.

② 환경권의 내용과 행사에 관하여는 법률로 정한다.

③ 국가는 주택개발정책등을 통하여 모든 국민이 쾌적한 주거생활을 할 수 있도록 노력하여야 한다.

제36조 ① 혼인과 가족생활은 개인의 존엄과 양성의 평등을 기초로 성립되고 유지되어야 하며, 국가는 이를 보장한다.
② 국가는 모성의 보호를 위하여 노력하여야 한다.
③ 모든 국민은 보건에 관하여 국가의 보호를 받는다.
제37조 ① 국민의 자유와 권리는 헌법에 열거되지 아니한 이유로 경시되지 아니한다.
② 국민의 모든 자유와 권리는 국가안전보장·질서유지 또는 공공복리를 위하여 필요한 경우에 한하여 법률로써 제한할 수 있으며, 제한하는 경우에도 자유와 권리의 본질적인 내용을 침해할 수 없다.
제38조 모든 국민은 법률이 정하는 바에 의하여 납세의 의무를 진다.
제39조 ① 모든 국민은 법률이 정하는 바에 의하여 국방의 의무를 진다.
② 누구든지 병역의무의 이행으로 인하여 불이익한 처우를 받지 아니한다.

제3장 국회

제40조 입법권은 국회에 속한다.
제41조 ① 국회는 국민의 보통·평등·직접·비밀선거에 의하여 선출된 국회의원으로 구성한다.
② 국회의원의 수는 법률로 정하되, 200인 이상으로 한다.
③ 국회의원의 선거구와 비례대표제 기타 선거에 관한 사항은 법률로 정한다.
제42조 국회의원의 임기는 4년으로 한다.
제43조 국회의원은 법률이 정하는 직을 겸할 수 없다.
제44조 ① 국회의원은 현행범인인 경우를 제외하고는 회기중 국회의 동의없이 체포 또는 구금되지 아니한다.
② 국회의원이 회기전에 체포 또는 구금된 때에는 현행범인이 아닌 한 국회의 요구가 있으면 회기중 석방된다.
제45조 국회의원은 국회에서 직무상 행한 발언과 표결에 관하여 국회외에서 책임을 지지 아니한다.
제46조 ① 국회의원은 청렴의 의무가 있다.
② 국회의원은 국가이익을 우선하여 양심에 따라 직무를 행한다.
③ 국회의원은 그 지위를 남용하여 국가·공공단체 또는 기업체와의 계약이나 그 처분에 의하여 재산상의 권리·이익 또는 직위를 취득하거나 타인을 위하여 그 취득을 알선할 수 없다.
제47조 ① 국회의 정기회는 법률이 정하는 바에 의하여 매년 1회 집회되며, 국회의 임시회는 대통령 또는 국회재적의원 4분의 1 이상의 요구에 의하여 집회된다.
② 정기회의 회기는 100일을, 임시회의 회기는 30일을 초과할 수 없다.
③ 대통령이 임시회의 집회를 요구할 때에는 기간과 집회요구의 이유를 명시하여야 한다.
제48조 국회는 의장 1인과 부의장 2인을 선출한다.
제49조 국회는 헌법 또는 법률에 특별한 규정이 없는 한 재적의원 과반수의 출석과 출석의원 과반수의 찬성으로 의결한다. 가부동수인 때에는 부결된 것으로 본다.
제50조 ① 국회의 회의는 공개한다. 다만, 출석의원 과반수의 찬성이 있거나 의장이 국가의 안전보장을 위하여 필요하다고 인정할 때에는 공개하지 아니할 수 있다.
② 공개하지 아니한 회의내용의 공표에 관하여는 법률이 정하는 바에 의한다.

제51조 국회에 제출된 법률안 기타의 의안은 회기중에 의결되지 못한 이유로 폐기되지 아니한다. 다만, 국회의원의 임기가 만료된 때에는 그러하지 아니하다.

제52조 국회의원과 정부는 법률안을 제출할 수 있다.

제53조 ① 국회에서 의결된 법률안은 정부에 이송되어 15일 이내에 대통령이 공포한다.

② 법률안에 이의가 있을 때에는 대통령은 제1항의 기간내에 이의서를 붙여 국회로 환부하고, 그 재의를 요구할 수 있다. 국회의 폐회중에도 또한 같다.

③ 대통령은 법률안의 일부에 대하여 또는 법률안을 수정하여 재의를 요구할 수 없다.

④ 재의의 요구가 있을 때에는 국회는 재의에 붙이고, 재적의원과반수의 출석과 출석의원 3분의 2 이상의 찬성으로 전과 같은 의결을 하면 그 법률안은 법률로서 확정된다.

⑤ 대통령이 제1항의 기간내에 공포나 재의의 요구를 하지 아니한 때에도 그 법률안은 법률로서 확정된다.

⑥ 대통령은 제4항과 제5항의 규정에 의하여 확정된 법률을 지체없이 공포하여야 한다. 제5항에 의하여 법률이 확정된 후 또는 제4항에 의한 확정법률이 정부에 이송된 후 5일 이내에 대통령이 공포하지 아니할 때에는 국회의장이 이를 공포한다.

⑦ 법률은 특별한 규정이 없는 한 공포한 날로부터 20일을 경과함으로써 효력을 발생한다.

제54조 ① 국회는 국가의 예산안을 심의·확정한다.

② 정부는 회계연도마다 예산안을 편성하여 회계연도 개시 90일전까지 국회에 제출하고, 국회는 회계연도 개시 30일전까지 이를 의결하여야 한다.

③ 새로운 회계연도가 개시될 때까지 예산안이 의결되지 못한 때에는 정부는 국회에서 예산안이 의결될 때까지 다음의 목적을 위한 경비는 전년도 예산에 준하여 집행할 수 있다.

1. 헌법이나 법률에 의하여 설치된 기관 또는 시설의 유지·운영
2. 법률상 지출의무의 이행
3. 이미 예산으로 승인된 사업의 계속

제55조 ① 한 회계연도를 넘어 계속하여 지출할 필요가 있을 때에는 정부는 연한을 정하여 계속비로서 국회의 의결을 얻어야 한다.

② 예비비는 총액으로 국회의 의결을 얻어야 한다. 예비비의 지출은 차기국회의 승인을 얻어야 한다.

제56조 정부는 예산에 변경을 가할 필요가 있을 때에는 추가경정예산안을 편성하여 국회에 제출할 수 있다.

제57조 국회는 정부의 동의없이 정부가 제출한 지출예산 각항의 금액을 증가하거나 새 비목을 설치할 수 없다.

제58조 국채를 모집하거나 예산외에 국가의 부담이 될 계약을 체결하려 할 때에는 정부는 미리 국회의 의결을 얻어야 한다.

제59조 조세의 종목과 세율은 법률로 정한다.

제60조 ① 국회는 상호원조 또는 안전보장에 관한 조약, 중요한 국제조직에 관한 조약, 우호통상항해조약, 주권의 제약에 관한 조약, 강화조약, 국가나 국민에게 중대한 재정적 부담을 지우는 조약 또는 입법사항에 관한 조약의 체결·비준에 대한 동의권을 가진다.

② 국회는 선전포고, 국군의 외국에의 파견 또는 외국군대의 대한민국 영역안에서의 주류에 대한 동의권을 가진다.

제61조 ① 국회는 국정을 감사하거나 특정한 국정사안에 대하여 조사할 수 있으며, 이

에 필요한 서류의 제출 또는 증인의 출석과 증언이나 의견의 진술을 요구할 수 있다.
② 국정감사 및 조사에 관한 절차 기타 필요한 사항은 법률로 정한다.
제62조 ① 국무총리·국무위원 또는 정부위원은 국회나 그 위원회에 출석하여 국정처리상황을 보고하거나 의견을 진술하고 질문에 응답할 수 있다.
② 국회나 그 위원회의 요구가 있을 때에는 국무총리·국무위원 또는 정부위원은 출석·답변하여야 하며, 국무총리 또는 국무위원이 출석요구를 받은 때에는 국무위원 또는 정부위원으로 하여금 출석·답변하게 할 수 있다.
제63조 ① 국회는 국무총리 또는 국무위원의 해임을 대통령에게 건의할 수 있다.
② 제1항의 해임건의는 국회재적의원 3분의 1 이상의 발의에 의하여 국회재적의원 과반수의 찬성이 있어야 한다.
제64조 ① 국회는 법률에 저촉되지 아니하는 범위안에서 의사와 내부규율에 관한 규칙을 제정할 수 있다.
② 국회는 의원의 자격을 심사하며, 의원을 징계할 수 있다.
③ 의원을 제명하려면 국회재적의원 3분의 2 이상의 찬성이 있어야 한다.
④ 제2항과 제3항의 처분에 대하여는 법원에 제소할 수 없다.
제65조 ① 대통령·국무총리·국무위원·행정각부의 장·헌법재판소 재판관·법관·중앙선거관리위원회 위원·감사원장·감사위원 기타 법률이 정한 공무원이 그 직무집행에 있어서 헌법이나 법률을 위배한 때에는 국회는 탄핵의 소추를 의결할 수 있다.
② 제1항의 탄핵소추는 국회재적의원 3분의 1 이상의 발의가 있어야 하며, 그 의결은 국회재적의원 과반수의 찬성이 있어야 한다. 다만, 대통령에 대한 탄핵소추는 국회재적의원 과반수의 발의와 국회재적의원 3분의 2 이상의 찬성이 있어야 한다.
③ 탄핵소추의 의결을 받은 자는 탄핵심판이 있을 때까지 그 권한행사가 정지된다.
④ 탄핵결정은 공직으로부터 파면함에 그친다. 그러나, 이에 의하여 민사상이나 형사상의 책임이 면제되지는 아니한다.

제4장 정부

제1절 대통령

제66조 ① 대통령은 국가의 원수이며, 외국에 대하여 국가를 대표한다.
② 대통령은 국가의 독립·영토의 보전·국가의 계속성과 헌법을 수호할 책무를 진다.
③ 대통령은 조국의 평화적 통일을 위한 성실한 의무를 진다.
④ 행정권은 대통령을 수반으로 하는 정부에 속한다.
제67조 ① 대통령은 국민의 보통·평등·직접·비밀선거에 의하여 선출한다.
② 제1항의 선거에 있어서 최고득표자가 2인 이상인 때에는 국회의 재적의원 과반수가 출석한 공개회의에서 다수표를 얻은 자를 당선자로 한다.
③ 대통령후보자가 1인일 때에는 그 득표수가 선거권자 총수의 3분의 1 이상이 아니면 대통령으로 당선될 수 없다.
④ 대통령으로 선거될 수 있는 자는 국회의원의 피선거권이 있고 선거일 현재 40세에 달하여야 한다.
⑤ 대통령의 선거에 관한 사항은 법률로 정한다.
제68조 ① 대통령의 임기가 만료되는 때에는

임기만료 70일 내지 40일전에 후임자를 선거한다.

② 대통령이 궐위된 때 또는 대통령 당선자가 사망하거나 판결 기타의 사유로 그 자격을 상실한 때에는 60일 이내에 후임자를 선거한다.

제69조 대통령은 취임에 즈음하여 다음의 선서를 한다.

"나는 헌법을 준수하고 국가를 보위하며 조국의 평화적 통일과 국민의 자유와 복리의 증진 및 민족문화의 창달에 노력하여 대통령으로서의 직책을 성실히 수행할 것을 국민 앞에 엄숙히 선서합니다."

제70조 대통령의 임기는 5년으로 하며, 중임할 수 없다.

제71조 대통령이 궐위되거나 사고로 인하여 직무를 수행할 수 없을 때에는 국무총리, 법률이 정한 국무위원의 순서로 그 권한을 대행한다.

제72조 대통령은 필요하다고 인정할 때에는 외교·국방·통일 기타 국가안위에 관한 중요정책을 국민투표에 붙일 수 있다.

제73조 대통령은 조약을 체결·비준하고, 외교사절을 신임·접수 또는 파견하며, 선전포고와 강화를 한다.

제74조 ① 대통령은 헌법과 법률이 정하는 바에 의하여 국군을 통수한다.

② 국군의 조직과 편성은 법률로 정한다.

제75조 대통령은 법률에서 구체적으로 범위를 정하여 위임받은 사항과 법률을 집행하기 위하여 필요한 사항에 관하여 대통령령을 발할 수 있다.

제76조 ① 대통령은 내우·외환·천재·지변 또는 중대한 재정·경제상의 위기에 있어서 국가의 안전보장 또는 공공의 안녕질서를 유지하기 위하여 긴급한 조치가 필요하고 국회의 집회를 기다릴 여유가 없을 때에 한하여 최소한으로 필요한 재정·경제상의 처분을 하거나 이에 관하여 법률의 효력을 가지는 명령을 발할 수 있다.

② 대통령은 국가의 안위에 관계되는 중대한 교전상태에 있어서 국가를 보위하기 위하여 긴급한 조치가 필요하고 국회의 집회가 불가능한 때에 한하여 법률의 효력을 가지는 명령을 발할 수 있다.

③ 대통령은 제1항과 제2항의 처분 또는 명령을 한 때에는 지체없이 국회에 보고하여 그 승인을 얻어야 한다.

④ 제3항의 승인을 얻지 못한 때에는 그 처분 또는 명령은 그때부터 효력을 상실한다. 이 경우 그 명령에 의하여 개정 또는 폐지되었던 법률은 그 명령이 승인을 얻지 못한 때부터 당연히 효력을 회복한다.

⑤ 대통령은 제3항과 제4항의 사유를 지체없이 공포하여야 한다.

제77조 ① 대통령은 전시·사변 또는 이에 준하는 국가비상사태에 있어서 병력으로써 군사상의 필요에 응하거나 공공의 안녕질서를 유지할 필요가 있을 때에는 법률이 정하는 바에 의하여 계엄을 선포할 수 있다.

② 계엄은 비상계엄과 경비계엄으로 한다.

③ 비상계엄이 선포된 때에는 법률이 정하는 바에 의하여 영장제도, 언론·출판·집회·결사의 자유, 정부나 법원의 권한에 관하여 특별한 조치를 할 수 있다.

④ 계엄을 선포한 때에는 대통령은 지체없이 국회에 통고하여야 한다.

⑤ 국회가 재적의원 과반수의 찬성으로 계엄의 해제를 요구한 때에는 대통령은 이를 해제하여야 한다.

제78조 대통령은 헌법과 법률이 정하는 바에 의하여 공무원을 임면한다.

제79조 ① 대통령은 법률이 정하는 바에 의하여 사면·감형 또는 복권을 명할 수 있다.

② 일반사면을 명하려면 국회의 동의를 얻어야 한다.

③ 사면·감형 및 복권에 관한 사항은 법률로 정한다.

제80조 대통령은 법률이 정하는 바에 의하여 훈장 기타의 영전을 수여한다.

제81조 대통령은 국회에 출석하여 발언하거나 서한으로 의견을 표시할 수 있다.

제82조 대통령의 국법상 행위는 문서로써 하며, 이 문서에는 국무총리와 관계 국무위원이 부서한다. 군사에 관한 것도 또한 같다.

제83조 대통령은 국무총리·국무위원·행정각부의 장 기타 법률이 정하는 공사의 직을 겸할 수 없다.

제84조 대통령은 내란 또는 외환의 죄를 범한 경우를 제외하고는 재직중 형사상의 소추를 받지 아니한다.

제85조 전직대통령의 신분과 예우에 관하여는 법률로 정한다.

제2절 행정부

제1관 국무총리와 국무위원

제86조 ① 국무총리는 국회의 동의를 얻어 대통령이 임명한다.

② 국무총리는 대통령을 보좌하며, 행정에 관하여 대통령의 명을 받아 행정각부를 통할한다.

③ 군인은 현역을 면한 후가 아니면 국무총리로 임명될 수 없다.

제87조 ① 국무위원은 국무총리의 제청으로 대통령이 임명한다.

② 국무위원은 국정에 관하여 대통령을 보좌하며, 국무회의의 구성원으로서 국정을 심의한다.

③ 국무총리는 국무위원의 해임을 대통령에게 건의할 수 있다.

④ 군인은 현역을 면한 후가 아니면 국무위원으로 임명될 수 없다.

제2관 국무회의

제88조 ① 국무회의는 정부의 권한에 속하는 중요한 정책을 심의한다.

② 국무회의는 대통령·국무총리와 15인 이상 30인 이하의 국무위원으로 구성한다.

③ 대통령은 국무회의의 의장이 되고, 국무총리는 부의장이 된다.

제89조 다음 사항은 국무회의의 심의를 거쳐야 한다.

1. 국정의 기본계획과 정부의 일반정책
2. 선전·강화 기타 중요한 대외정책
3. 헌법개정안·국민투표안·조약안·법률안 및 대통령령안
4. 예산안·결산·국유재산처분의 기본계획·국가의 부담이 될 계약 기타 재정에 관한 중요사항
5. 대통령의 긴급명령·긴급재정경제처분 및 명령 또는 계엄과 그 해제
6. 군사에 관한 중요사항
7. 국회의 임시회 집회의 요구
8. 영전수여
9. 사면·감형과 복권
10. 행정각부간의 권한의 획정
11. 정부안의 권한의 위임 또는 배정에 관한 기본계획
12. 국정처리상황의 평가·분석
13. 행정각부의 중요한 정책의 수립과 조정

14. 정당해산의 제소
15. 정부에 제출 또는 회부된 정부의 정책에 관계되는 청원의 심사
16. 검찰총장·합동참모의장·각군참모총장·국립대학교총장·대사 기타 법률이 정한 공무원과 국영기업체관리자의 임명
17. 기타 대통령·국무총리 또는 국무위원이 제출한 사항

제90조 ① 국정의 중요한 사항에 관한 대통령의 자문에 응하기 위하여 국가원로로 구성되는 국가원로자문회의를 둘 수 있다.
② 국가원로자문회의의 의장은 직전대통령이 된다. 다만, 직전대통령이 없을 때에는 대통령이 지명한다.
③ 국가원로자문회의의 조직·직무범위 기타 필요한 사항은 법률로 정한다.

제91조 ① 국가안전보장에 관련되는 대외정책·군사정책과 국내정책의 수립에 관하여 국무회의의 심의에 앞서 대통령의 자문에 응하기 위하여 국가안전보장회의를 둔다.
② 국가안전보장회의는 대통령이 주재한다.
③ 국가안전보장회의의 조직·직무범위 기타 필요한 사항은 법률로 정한다.

제92조 ① 평화통일정책의 수립에 관한 대통령의 자문에 응하기 위하여 민주평화통일자문회의를 둘 수 있다.
② 민주평화통일자문회의의 조직·직무범위 기타 필요한 사항은 법률로 정한다.

제93조 ① 국민경제의 발전을 위한 중요정책의 수립에 관하여 대통령의 자문에 응하기 위하여 국민경제자문회의를 둘 수 있다.
② 국민경제자문회의의 조직·직무범위 기타 필요한 사항은 법률로 정한다.

제3관 행정각부

제94조 행정각부의 장은 국무위원 중에서 국무총리의 제청으로 대통령이 임명한다.

제95조 국무총리 또는 행정각부의 장은 소관사무에 관하여 법률이나 대통령령의 위임 또는 직권으로 총리령 또는 부령을 발할 수 있다.

제96조 행정각부의 설치·조직과 직무범위는 법률로 정한다.

제4관 감사원

제97조 국가의 세입·세출의 결산, 국가 및 법률이 정한 단체의 회계검사와 행정기관 및 공무원의 직무에 관한 감찰을 하기 위하여 대통령 소속하에 감사원을 둔다.

제98조 ① 감사원은 원장을 포함한 5인 이상 11인 이하의 감사위원으로 구성한다.
② 원장은 국회의 동의를 얻어 대통령이 임명하고, 그 임기는 4년으로 하며, 1차에 한하여 중임할 수 있다.
③ 감사위원은 원장의 제청으로 대통령이 임명하고, 그 임기는 4년으로 하며, 1차에 한하여 중임할 수 있다.

제99조 감사원은 세입·세출의 결산을 매년 검사하여 대통령과 차년도국회에 그 결과를 보고하여야 한다.

제100조 감사원의 조직·직무범위·감사위원의 자격·감사대상공무원의 범위 기타 필요한 사항은 법률로 정한다.

제5장 법원

제101조 ① 사법권은 법관으로 구성된 법원에 속한다.
② 법원은 최고법원인 대법원과 각급법원으로 조직된다.

③ 법관의 자격은 법률로 정한다.

제102조 ① 대법원에 부를 둘 수 있다.

② 대법원에 대법관을 둔다. 다만, 법률이 정하는 바에 의하여 대법관이 아닌 법관을 둘 수 있다.

③ 대법원과 각급법원의 조직은 법률로 정한다.

제103조 법관은 헌법과 법률에 의하여 그 양심에 따라 독립하여 심판한다.

제104조 ① 대법원장은 국회의 동의를 얻어 대통령이 임명한다.

② 대법관은 대법원장의 제청으로 국회의 동의를 얻어 대통령이 임명한다.

③ 대법원장과 대법관이 아닌 법관은 대법관회의의 동의를 얻어 대법원장이 임명한다.

제105조 ① 대법원장의 임기는 6년으로 하며, 중임할 수 없다.

② 대법관의 임기는 6년으로 하며, 법률이 정하는 바에 의하여 연임할 수 있다.

③ 대법원장과 대법관이 아닌 법관의 임기는 10년으로 하며, 법률이 정하는 바에 의하여 연임할 수 있다.

④ 법관의 정년은 법률로 정한다.

제106조 ① 법관은 탄핵 또는 금고 이상의 형의 선고에 의하지 아니하고는 파면되지 아니하며, 징계처분에 의하지 아니하고는 정직·감봉 기타 불리한 처분을 받지 아니한다.

② 법관이 중대한 심신상의 장해로 직무를 수행할 수 없을 때에는 법률이 정하는 바에 의하여 퇴직하게 할 수 있다.

제107조 ① 법률이 헌법에 위반되는 여부가 재판의 전제가 된 경우에는 법원은 헌법재판소에 제청하여 그 심판에 의하여 재판한다.

② 명령·규칙 또는 처분이 헌법이나 법률에 위반되는 여부가 재판의 전제가 된 경우에는 대법원은 이를 최종적으로 심사할 권한을 가진다.

③ 재판의 전심절차로서 행정심판을 할 수 있다. 행정심판의 절차는 법률로 정하되, 사법절차가 준용되어야 한다.

제108조 대법원은 법률에 저촉되지 아니하는 범위안에서 소송에 관한 절차, 법원의 내부규율과 사무처리에 관한 규칙을 제정할 수 있다.

제109조 재판의 심리와 판결은 공개한다. 다만, 심리는 국가의 안전보장 또는 안녕질서를 방해하거나 선량한 풍속을 해할 염려가 있을 때에는 법원의 결정으로 공개하지 아니할 수 있다.

제110조 ① 군사재판을 관할하기 위하여 특별법원으로서 군사법원을 둘 수 있다.

② 군사법원의 상고심은 대법원에서 관할한다.

③ 군사법원의 조직·권한 및 재판관의 자격은 법률로 정한다.

④ 비상계엄하의 군사재판은 군인·군무원의 범죄나 군사에 관한 간첩죄의 경우와 초병·초소·유독음식물공급·포로에 관한 죄중 법률이 정한 경우에 한하여 단심으로 할 수 있다. 다만, 사형을 선고한 경우에는 그러하지 아니하다.

제6장 헌법재판소

제111조 ① 헌법재판소는 다음 사항을 관장한다.

1. 법원의 제청에 의한 법률의 위헌여부 심판
2. 탄핵의 심판
3. 정당의 해산 심판
4. 국가기관 상호간, 국가기관과 지방자치단체간 및 지방자치단체 상호간의 권한쟁의에 관한 심판
5. 법률이 정하는 헌법소원에 관한 심판

② 헌법재판소는 법관의 자격을 가진 9인의 재판관으로 구성하며, 재판관은 대통령이 임명한다.
③ 제2항의 재판관중 3인은 국회에서 선출하는 자를, 3인은 대법원장이 지명하는 자를 임명한다.
④ 헌법재판소의 장은 국회의 동의를 얻어 재판관중에서 대통령이 임명한다.
제112조 ① 헌법재판소 재판관의 임기는 6년으로 하며, 법률이 정하는 바에 의하여 연임할 수 있다.
② 헌법재판소 재판관은 정당에 가입하거나 정치에 관여할 수 없다.
③ 헌법재판소 재판관은 탄핵 또는 금고 이상의 형의 선고에 의하지 아니하고는 파면되지 아니한다.
제113조 ① 헌법재판소에서 법률의 위헌결정, 탄핵의 결정, 정당해산의 결정 또는 헌법소원에 관한 인용결정을 할 때에는 재판관 6인 이상의 찬성이 있어야 한다.
② 헌법재판소는 법률에 저촉되지 아니하는 범위안에서 심판에 관한 절차, 내부규율과 사무처리에 관한 규칙을 제정할 수 있다.
③ 헌법재판소의 조직과 운영 기타 필요한 사항은 법률로 정한다.

제7장 선거관리

제114조 ① 선거와 국민투표의 공정한 관리 및 정당에 관한 사무를 처리하기 위하여 선거관리위원회를 둔다.
② 중앙선거관리위원회는 대통령이 임명하는 3인, 국회에서 선출하는 3인과 대법원장이 지명하는 3인의 위원으로 구성한다. 위원장은 위원중에서 호선한다.
③ 위원의 임기는 6년으로 한다.
④ 위원은 정당에 가입하거나 정치에 관여할 수 없다.
⑤ 위원은 탄핵 또는 금고 이상의 형의 선고에 의하지 아니하고는 파면되지 아니한다.
⑥ 중앙선거관리위원회는 법령의 범위안에서 선거관리·국민투표관리 또는 정당사무에 관한 규칙을 제정할 수 있으며, 법률에 저촉되지 아니하는 범위안에서 내부규율에 관한 규칙을 제정할 수 있다.
⑦ 각급 선거관리위원회의 조직·직무범위 기타 필요한 사항은 법률로 정한다.
제115조 ① 각급 선거관리위원회는 선거인명부의 작성등 선거사무와 국민투표사무에 관하여 관계 행정기관에 필요한 지시를 할 수 있다.
② 제1항의 지시를 받은 당해 행정기관은 이에 응하여야 한다.
제116조 ① 선거운동은 각급 선거관리위원회의 관리하에 법률이 정하는 범위안에서 하되, 균등한 기회가 보장되어야 한다.
② 선거에 관한 경비는 법률이 정하는 경우를 제외하고는 정당 또는 후보자에게 부담시킬 수 없다.

제8장 지방자치

제117조 ① 지방자치단체는 주민의 복리에 관한 사무를 처리하고 재산을 관리하며, 법령의 범위안에서 자치에 관한 규정을 제정할 수 있다.
② 지방자치단체의 종류는 법률로 정한다.
제118조 ① 지방자치단체에 의회를 둔다.
② 지방의회의 조직·권한·의원선거와 지방자치단체의 장의 선임방법 기타 지방자치단체의 조직과 운영에 관한 사항은 법률로 정한다.

제9장 경제

제119조 ① 대한민국의 경제질서는 개인과 기업의 경제상의 자유와 창의를 존중함을 기본으로 한다.

② 국가는 균형있는 국민경제의 성장 및 안정과 적정한 소득의 분배를 유지하고, 시장의 지배와 경제력의 남용을 방지하며, 경제주체간의 조화를 통한 경제의 민주화를 위하여 경제에 관한 규제와 조정을 할 수 있다.

제120조 ① 광물 기타 중요한 지하자원·수산자원·수력과 경제상 이용할 수 있는 자연력은 법률이 정하는 바에 의하여 일정한 기간 그 채취·개발 또는 이용을 특허할 수 있다.

② 국토와 자원은 국가의 보호를 받으며, 국가는 그 균형있는 개발과 이용을 위하여 필요한 계획을 수립한다.

제121조 ① 국가는 농지에 관하여 경자유전의 원칙이 달성될 수 있도록 노력하여야 하며, 농지의 소작제도는 금지된다.

② 농업생산성의 제고와 농지의 합리적인 이용을 위하거나 불가피한 사정으로 발생하는 농지의 임대차와 위탁경영은 법률이 정하는 바에 의하여 인정된다.

제122조 국가는 국민 모두의 생산 및 생활의 기반이 되는 국토의 효율적이고 균형있는 이용·개발과 보전을 위하여 법률이 정하는 바에 의하여 그에 관한 필요한 제한과 의무를 과할 수 있다.

제123조 ① 국가는 농업 및 어업을 보호·육성하기 위하여 농·어촌종합개발과 그 지원 등 필요한 계획을 수립·시행하여야 한다.

② 국가는 지역간의 균형있는 발전을 위하여 지역경제를 육성할 의무를 진다.

③ 국가는 중소기업을 보호·육성하여야 한다.

④ 국가는 농수산물의 수급균형과 유통구조의 개선에 노력하여 가격안정을 도모함으로써 농·어민의 이익을 보호한다.

⑤ 국가는 농·어민과 중소기업의 자조조직을 육성하여야 하며, 그 자율적 활동과 발전을 보장한다.

제124조 국가는 건전한 소비행위를 계도하고 생산품의 품질향상을 촉구하기 위한 소비자보호운동을 법률이 정하는 바에 의하여 보장한다.

제125조 국가는 대외무역을 육성하며, 이를 규제·조정할 수 있다.

제126조 국방상 또는 국민경제상 긴절한 필요로 인하여 법률이 정하는 경우를 제외하고는, 사영기업을 국유 또는 공유로 이전하거나 그 경영을 통제 또는 관리할 수 없다.

제127조 ① 국가는 과학기술의 혁신과 정보 및 인력의 개발을 통하여 국민경제의 발전에 노력하여야 한다.

② 국가는 국가표준제도를 확립한다.

③ 대통령은 제1항의 목적을 달성하기 위하여 필요한 자문기구를 둘 수 있다.

제10장 헌법개정

제128조 ① 헌법개정은 국회재적의원 과반수 또는 대통령의 발의로 제안된다.

② 대통령의 임기연장 또는 중임변경을 위한 헌법개정은 그 헌법개정 제안 당시의 대통령에 대하여는 효력이 없다.

제129조 제안된 헌법개정안은 대통령이 20일 이상의 기간 이를 공고하여야 한다.

제130조 ① 국회는 헌법개정안이 공고된 날로부터 60일 이내에 의결하여야 하며, 국회의 의결은 재적의원 3분의 2 이상의 찬성을 얻어야 한다.

② 헌법개정안은 국회가 의결한 후 30일 이

내에 국민투표에 붙여 국회의원선거권자 과반수의 투표와 투표자 과반수의 찬성을 얻어야 한다.

③ 헌법개정안이 제2항의 찬성을 얻은 때에는 헌법개정은 확정되며, 대통령은 즉시 이를 공포하여야 한다.

부칙 〈제10호, 1987.10.29.〉

제1조 이 헌법은 1988년 2월 25일부터 시행한다. 다만, 이 헌법을 시행하기 위하여 필요한 법률의 제정·개정과 이 헌법에 의한 대통령 및 국회의원의 선거 기타 이 헌법시행에 관한 준비는 이 헌법시행 전에 할 수 있다.

제2조 ① 이 헌법에 의한 최초의 대통령선거는 이 헌법시행일 40일 전까지 실시한다.

② 이 헌법에 의한 최초의 대통령의 임기는 이 헌법시행일로부터 개시한다.

제3조 ① 이 헌법에 의한 최초의 국회의원선거는 이 헌법공포일로부터 6월 이내에 실시하며, 이 헌법에 의하여 선출된 최초의 국회의원의 임기는 국회의원선거후 이 헌법에 의한 국회의 최초의 집회일로부터 개시한다.

② 이 헌법공포 당시의 국회의원의 임기는 제1항에 의한 국회의 최초의 집회일 전일까지로 한다.

제4조 ① 이 헌법시행 당시의 공무원과 정부가 임명한 기업체의 임원은 이 헌법에 의하여 임명된 것으로 본다. 다만, 이 헌법에 의하여 선임방법이나 임명권자가 변경된 공무원과 대법원장 및 감사원장은 이 헌법에 의하여 후임자가 선임될 때까지 그 직무를 행하며, 이 경우 전임자인 공무원의 임기는 후임자가 선임되는 전일까지로 한다.

② 이 헌법시행 당시의 대법원장과 대법원판사가 아닌 법관은 제1항 단서의 규정에 불구하고 이 헌법에 의하여 임명된 것으로 본다.

③ 이 헌법중 공무원의 임기 또는 중임제한에 관한 규정은 이 헌법에 의하여 그 공무원이 최초로 선출 또는 임명된 때로부터 적용한다.

제5조 이 헌법시행 당시의 법령과 조약은 이 헌법에 위배되지 아니하는 한 그 효력을 지속한다.

제6조 이 헌법시행 당시에 이 헌법에 의하여 새로 설치될 기관의 권한에 속하는 직무를 행하고 있는 기관은 이 헌법에 의하여 새로운 기관이 설치될 때까지 존속하며 그 직무를 행한다.

판례색인

[헌법재판소 결정]

[대법원 판례]

[지방법원 판례]

사항색인

ㄴ

ㄷ

ㅅ

ㅊ

저자약력

경희대학교 법과대학 졸업
독일 München대학교에서 법학박사학위(Dr. jur.) 취득
독일 München대학교 공법연구소 연구위원
독일 Saarbrücken대학교 법경대학 조교수
독일 Bonn대학교 법과대학 초청교수
독일 Bayreuth대학교 법경대학에서 공법정교수자격 취득
독일 Bayreuth대학교 법경대학 교수(계약)
독일 München대학교 법과대학 교수(계약)
경희대학교 교수 역임
사법시험위원, 행정·외무고등고시위원
한국공법학회 회장
독일 Bonn대학교에서 명예법학박사학위(Dr. jur. h. c.) 수령(2007)
연세대학교 법과대학 교수 정년퇴임
헌법재판소 초대 헌법재판연구원장
현 경희대학교 법학전문대학원 석좌교수

상 훈
독일 훔불트 국제학술상(1997)
목촌 법률문화상(2011)
제54회 한국법률문화상(2023)
국민훈장무궁화장(2024)

저 서(국내출판)

한국헌법론	헌법이론과 헌법
헌법소송법론	헌법학
사례헌법학	판례헌법(공저)
헌법의 이해	

논 문(독일발표 독문 주요논문)
Begegnung europäischer und ostasiatischer Rechtskultur, in: H. Krüger(Hrsg.), Verfassung und Recht in Übersee, Hamburg, 1977, S. 117ff.
Rechtsstaatliche Grenzen der Sozialstaatlichkeit?, in: Der Staat, 1979, S. 183ff. in: Neue Entwicklungen im öffentlichen Recht, Stuttgart, 1979, S. 281ff.
Parallelen im deutsch-koreanischen Rechtsdenken, in: FS. f. H. Pfeiffer, 1987, S. 46ff.
Die Grundzüge der neuen koreanischen Verfassung von 1987, JÖR Bd. 38, 1989, S. 565ff.
Sechs Jahre Verfassungsgerichtsbarkeit in der Republik Korea, JÖR Bd. 45, 1997, S. 535ff.
Zur neueren Entwicklung des Verfassungsrechts in der Republik Korea, JÖR Bd. 48, 2000, S. 471ff.
Parteienstaat, repräsentative Demokratie und Wahlsystem, JÖR Bd. 51, 2003, S. 695ff.
Brücken zwischen der europäischen und koreanischen Rechtskultur, JÖR Bd. 52, 2004, S. 93ff.
Entwicklung und Stand der Verfassungsgerichtsbarkeit in Korea, in: Ch. Starck(Hrsg.), Fortschritte der Verfassungsgerichtsbarkeit in der Welt-Teil 1, 2004, S. 85ff.
Demographischer Wandel in Korea als sozialstaatliche Herausforderung, in: Ch. Starck-Festschrift, 2007, S. 813ff.
Präsidialsystem und kontrollmechanismen, in: FS f. Josef Isensee, 2007, S. 459ff.
60 Jahre Grundgesetz aus der Sicht Koreas, JÖR Bd. 58, 2011, S. 199ff.
Digitale Entwicklung der Medien als rechtliche Herausforderung, in: Klaus Stern (Hrsg.), Medien und Recht, Thyssen Symposium Asien/Deutschland, Bd. 2, Carl Heymanns Verlag, Köln, 2014, S. 19ff.
Rezeption und gegenseitige Befruchtung des Rechts, in: Hess/Hopt/Sieber/Starck(Hrsg.), Unternehmen im globalen Umfeld, Fünftes internationales Symposion der Fritz Thyssen Stiftung, Carl Heymanns Verlag, Köln 2017, S. 37ff.

개정판

헌법의 이해

초판발행 2024년 7월 5일
개정판발행 2025년 7월 20일

지은이 허 영
펴낸이 안종만 · 안상준

편 집 김선민
기획/마케팅 조성호
표지디자인 이은지
제 작 고철민 · 김원표

펴낸곳 (주) 박영사
서울특별시 금천구 가산디지털2로 53, 210호(가산동, 한라시그마밸리)
등록 1959. 3. 11. 제300-1959-1호(倫)
전 화 02)733-6771
f a x 02)736-4818
e-mail pys@pybook.co.kr
homepage www.pybook.co.kr
ISBN 979-11-303-2471-5 93360

정 가 37,000원